데이터세트 보호 법제에 관한 연구

유민총서

20

데이터세트 보호 법제에 관한 연구

| 이상용 지음 |

홍진기법률연구재단

서 문

이 책은 데이터세트의 보호 법제에 관한 저자의 박사학위 논문[1]을 단행본으로 출간한 것이다. 10여 년간의 판사 생활을 마치고 대학으로 옮긴 지도 7년이나 지난 뒤에야 받은 박사학위이다. 학위과정을 무사히 마칠 수 있었던 것에 안도하고 있던 중에 홍진기법률연구재단으로부터 과분한 상을 받고 또 이렇게 출간할 기회까지 얻으니 감사할 따름이다.

막상 책으로 내려 하니 새로 손보고 싶은 마음이 굴뚝같다. 박사논문의 주제로 삼은 데이터 법제는 하루가 다르게 변화하고 새로운 학문적 성과도 그치지 않는 분야라서 더욱 그랬다. 하지만 동시에 본래의 글에 담으려 했던 선명함이 사라질까 걱정이 되기도 했다. 궁여지책으로 논문 출간 전후에 있었던 국내외의 제도적 변화를 서문을 통해 소개하는 방식을 택하기로 하였다. 독자들은 책을 읽기 전에, 혹은 그 후에 이 서문에 담긴 내용을 참고하면 도움이 될 것이다.

우선 우리나라의 경우 기존 법안 일부가 법률로 성립한 것이 있다. 「산업의 디지털 전환 및 지능화 촉진에 관한 법안」[2]과 「산업디지털 전환 촉진법안」[3]은 「산업 디지털 전환 촉진법」[4]으로 입법하였다. 「전자정부법 일부개정법률안」[5]은 대안을 통해 「전자정부법」[6]에 반영되었다. 한편 「데이

---

[1] 이상용, "데이터세트 보호 법제에 관한 연구", 고려대학교 박사학위 논문, 2022.

[2] 2020. 10. 14. 고민정 의원 대표발의, 의안번호 제2104509호.

[3] 2020. 9. 14. 조정식 의원 대표발의, 의안번호 제2103873호.

[4] 2022. 1. 4. 법률 제18692호로 제정되어 2022. 7. 5.부터 시행되었다.

[5] 2020. 10. 28. 김용판 의원 대표발의, 의안번호 제2104733호.

[6] 2021. 6. 8. 법률 제18207호로 개정되어 2021. 12. 9.부터 시행되었다. 그 후 전자정부법은 두 차례 더 개정되었는데, 현재 2022. 11. 15. 법률 제19030호로 개정된 전자정

터재산권 법안」[7] 역시 소개할 필요가 있을 듯하다. 위 법안은 '데이터재산권'을 새로이 도입하고 있는데, 이것은 데이터 자체를 저작물과 같이 직접 보호하려는 것으로서 데이터베이스의 개별 소재가 아닌 데이터베이스에 대한 투자를 보호하는 데이터베이스권과는 근본적인 차이가 있다. 이러한 태도는 데이터가 본래 비경합재로서 생산 및 개방을 위한 인센티브 제공의 필요가 없는 한 원칙적으로 공유되어야 한다는 점을 경시한 것으로서 독점과 공유의 조화를 깨뜨리는 결과를 낳는다. 위 법안이 데이터재산권의 존속기간에 제한을 두지 않고 있다는 점 때문에 이러한 우려는 더욱 커진다.

데이터베이스권의 요건을 구체화한 판례가 나온 것도 특기할 만하다. 대법원은 상당한 부분의 복제 등에 해당하는지 여부를 판단할 때는 양적인 측면만이 아니라 질적인 측면도 함께 고려하여야 한다면서, "양적으로 상당한 부분인지 여부는 복제 등이 된 부분을 전체 데이터베이스의 규모와 비교하여 판단하여야 하며, 질적으로 상당한 부분인지 여부는 복제 등이 된 부분에 포함되어 있는 개별 소재 자체의 가치나 그 개별 소재의 생산에 들어간 투자가 아니라 데이터베이스제작자가 그 복제 등이 된 부분의 제작 또는 그 소재의 갱신·검증 또는 보충에 인적 또는 물적으로 상당한 투자를 하였는지를 기준으로 제반 사정에 비추어 판단하여야 한다"고 판시하였다.[8] 이는 투자의 상당성이 침해 판단에도 영향을 미친다는 점을 보여주는

부법이 2023. 5. 16. 시행을 앞두고 있다.

7) 2021. 4. 13. 박성중 의원 대표발의, 의안번호 제2109453호.

8) 대법원 2022. 5. 12. 선고 2021도1533 판결. 위 판결은 데이터 스크레이핑(data scraping)에 의한 권리 침해 여부가 문제된 '야놀자 사건'의 형사적 측면을 다룬 판결로서, 데이터베이스권의 침해를 인정하지 않고 무죄 취지로 판결한 원심의 판단을 수긍한 것이다. 이에 비하여 위 사건의 민사적 측면을 다룬 하급심 판결은 성과물 무단사용 금지규정에 의한 구제를 허용하였다(서울고등법원 2022. 8. 25. 선고 2021나2034740 판결). 다만 위 민사판결에서는 데이터베이스권 침해 여부에 관한 판단은 이루어지지 않았음을 유의할 필요가 있다. 위 형사판결에 관한 상세한 평석으로는 정현순, "저작권법상 데이터베이스제작자 권리 침해에 관한 연구─ 대법원 2022. 5.

것으로서 아래에서 소개하는 EU 사법재판소(Court of Justice of the European Union, CJEU)의 판례 변화와도 방향을 같이 하는 것이다.

해외에서도 주목할 만한 변화의 움직임이 있었다. 먼저 EU에서는 데이터에 대한 규제 강화의 흐름이 이어졌다. 법안[9] 단계에 머무르던 「Data Governance Act」[10]가 실제로 입법에 이르렀고, 이를 기반으로 하여 「Data Act」 법안[11]이 제출되기도 하였다. 특히 「Data Act」 법안은 IoT 기기의 사용으로부터 생성되는 데이터에 대한 접근권(제4조)과 제3자와의 공유권(제5조)을 사용자에게 부여하는 한편, 그러한 권리가 무력화되지 않도록 IoT 기기 또는 관련 서비스에 의해 획득 또는 생성된 데이터베이스에는 데이터베이스권이 적용되지 않도록 하고 있다.[12] 대규모 플랫폼 업체를 게이트키퍼(Gatekeeper)로 지정하여 기존 공정거래법상 규제를 대폭 확장한 「Digital Markets Act」[13]의 성립도 획기적인 사건이라고 할 수 있다. 개인적으로는 이러한 규제 강화의 움직임을 무비판적으로 추종하는 것은 부적절하다고 생각하는데, 이에 관하여는 향후 보다 깊은 연구가 있어야 할 것이다.

EU 사법재판소가 2021년 데이터베이스권의 요건과 관련하여 새로운 법

---

12. 선고 2021도1533 판결을 중심으로 -", 계간 저작권 제35권 제3호, 한국저작권위원회, 2022 참조.

9) Proposal for a Regulation on European data governance (Data Governance Act), COM/2020/767 final.

10) Regulation 2022/868 of the European Parliament and of the Council of 30 May 2022 on European data governance and amending Regulation 2018/1724 (Data Governance Act).

11) Proposal for a Regulation of the european parliament and of the council on harmonised rules on fair access to and use of data (Data Act) COM/2022/68 final.

12) 김현경, "데이터베이스권에 대한 재검토 - EU 사례(CV-Online vs. Melons) 및 지침의 개정 동향을 중심으로", 계간 저작권 제35권 제3호, 한국저작권위원회, 2022.

13) Regulation 2022/1925 of the European Parliament and of the Council of 14 September 2022 on contestable and fair markets in the digital sector and amending Directives 2019/1937 and 2020/1828 (Digital Markets Act).

리를 제시한 점도 특기할 만하다.14) 위 판례는 데이터베이스권의 침해를 인정하기 위하여 투자 회수 기회의 박탈이 있었을 것을 요구함으로써 침해 판단과 투자의 상당성 판단 사이의 관련성을 강화하였다. 이는 데이터베이스권의 입법취지를 근거로 하여 데이터의 독점과 공유의 조화를 꾀한 것으로 이해할 수 있다.

한편 미국의 경우 2022년 연방 차원에서 시도된 최초의 개인정보보호법안인 「American Data Privacy and Protection Act, ADPPA」15)가 발의된 점을 눈여겨볼 만하다. 위 법안은 비록 회기 종료로 폐기되기는 하였지만, 2018년에 입법된 「Califormia Consumer Privacy Act, CCPA」와 함께 GDPR의 영향력이 미국에도 미치고 있다는 점을 여실히 보여준다.

저자의 박사논문은 주로 우리나라의 데이터세트 보호 법제를 분석하고 개선하기 위한 이론적 틀을 다룬 것으로서, 부정경쟁 모델과 지배권 모델에 입각한 대략적인 개선 방향을 제시하기는 했지만 구체적인 입법 대안을 마련하는 데는 이르지 못했다. 다행히 작년에 한국저작권위원회로부터 데이터베이스의 효율적인 보호방안에 관한 연구를 의뢰받아 이를 보완할 기회를 얻게 되었다. 위 연구를 통해 저자는 데이터 경제로의 이행을 뒷받침하고 데이터의 독점과 공유의 조화를 이루기 위하여 데이터베이스권이 의미 있는 역할을 할 수 있도록 몇 가지 구체적 조항을 담은 저작권법 개정안을 제시하였다. 검색 가능성 요건의 완화, 보호 요건의 불명확성을 보완하기 위한 새로운 추정 조항, 그리고 데이터베이스가 데이터의 유일한 출처인 경우 FRAND 법리를 응용한 강제 라이센스의 도입 등이 그것이다. 관심 있는 독자들은 위 연구보고서16)와 이를 요약하고 수정·보완하여 학

---

14) Judgment of 3 June 2021, C-762/19, ECLI:EU:C:2021:434 (CV-Online v. Melons 사건). 이 판결에 대한 보다 상세한 소개로는 김현경, 앞의 논문, 44-48면 참조.

15) H.R. 8152 - American Data Privacy and Protection Act, 117th Congress (2021-2022).

16) 이상용/정연덕, 데이터베이스의 효율적인 보호방안 도출을 위한 연구, 저작권정책연구

술지에 발표한 논문[17]을 참고하기를 권한다.

    마지막으로 이 책이 세상에 나올 수 있도록 도와주신 분들에게 감사를 전하고 싶다. 우선 늦은 나이에 공부를 계속할 수 있도록 격려해주시고 지도해주신 지원림 선생님께 감사드린다. 선생님의 세심한 조언과 가르침이 없었다면 주제를 선정하고 흐름과 체계를 잡으며 세부를 다듬는 것까지 어느 것 하나 제대로 이룰 수 없었을 것이다. 오랜 집필 기간동안 배려와 응원을 아끼지 않았던 아내 이혜리 교수, 그리고 작업에 몰두하느라 함께 충분한 시간을 보내지 못한 아빠를 참아준 어린 아들 윤제에게도 고마울 따름이다. 마지막으로 부족한 논문에 과분한 상을 주신 홍진기법률연구재단과 홍석조 이사장님께 깊은 감사를 드린다. 그 뜻을 새겨 앞으로도 연구에 정진하기를 다짐해본다.

2022-10, 한국저작권위원회, 2022.

17) 이상용, "데이터 경제 발전을 위한 데이터베이스권의 보완 및 개선", 계간 저작권 36권 제1호(통권 제141호), 한국저작권위원회, 2023.

논문 개요

바야흐로 데이터 경제의 시대를 맞이하여 중요한 자원이자 재화로서 혁신과 생산성 향상의 원천으로 주목받고 있는 데이터의 생산과 유통을 장려하는 것이 국가적 과제가 되었다. 이를 뒷받침하기 위한 법제도의 분석에 있어서는 개별데이터와 그 집합물인 데이터세트를 구별할 필요가 있다. 양자는 인센티브 구조가 전혀 다르기 때문이다. 서비스 과정에서 자연스럽게 생산되기도 하는 개별데이터와 달리 양질의 데이터세트를 생산하기 위해서는 많은 비용과 노력이 필요하다. 오늘날 데이터 경제로의 전환을 이끌고 있는 빅데이터 분석이나 인공지능 학습 등 새로운 기술에서 의미를 갖는 것은 결국 데이터세트이다. 이 때문에 데이터세트 생산과 유통을 증진하기 위한 제도적 방안이 요구되고 있다.

이러한 목적을 위하여 물권법, 지적재산권법, 부정경쟁방지법, 불법행위법, 계약법 등 기존의 법제도들의 활용이 검토될 수 있지만, 면밀한 분석 결과 이들은 위와 같은 목적을 이루기에 불충분한 것으로 드러났다. 어떤 제도는 요건의 충족은 쉽지만 충분한 보호를 제공하지 못하고, 다른 제도는 충분한 보호를 제공하지만 요건의 충족이 어렵기 때문이다.

이에 대한 해결책으로서 데이터세트에 대한 배타적 보호를 부여하는 방안이 논의되어 왔다. 입법정책적 목적을 위한 기능적 관점에서는 배타적으로 할당된 보호영역을 지닌 전통적 지배권만이 아니라 금지청구에 의하여 타인을 배제할 수 있는 사실상의 독점권도 넓은 의미의 배타적 권리에 포함시켜 분석하는 것이 합리적이다. 법철학적, 법경제학적, 법철학적 검토 결과는 데이터세트에 대한 배타적 권리의 정당성 근거와 함께 그러한 권리의 한계에 관한 근거도 제공한다. 즉 데이터세트에 있어서는 독점과 공유의 조화가 무엇보다 중요한 것이다. 데이터세트에 대한 권리는 생산자에게 귀속되는 것이 정당하다. 다만 생산자의 개념은 작성, 투자, 기획 등의 다양한 요소에 의하여 정의될 수 있으며, 다수 권리자의 존재로 인한 자원의 과소 활용 문제를 방지하고 거래비용의 증가를 막으려면 기획이나 투자 등의 요소에 중점을 두어 생산자를 정의함으로써 권리자의 수를 제한할 필요가 있다.

데이터세트에 대한 배타적 보호를 인정할 경우 그 구현 방안으로는 지배권 모델과 부정경쟁 모델이 있을 수 있다. 전자는 배타적으로 할당된 보호 영역이 존재하여 법적 처분을 뒷받침하고 명확성을 제공해주는 장점이 있는 반면, 후자는 유연성과 공유 영역의 확보에 유리하다는 장점이 있다. 어느 하나가 우월하다고 단정할 수 없는 만큼 데이터세트의 적법한 보유자에게 자신이 처한 상황에 따라 선택의 여지를 주는 것이 합리적일 것이다. 지배권 모델을 구현하는 방안으로는 데이터베이스제작자의 권리를 데이터세트 보호의 목적에 맞게 수정하는 것이 합리적이다. 특히 비정형데이터로 구성된 데이터세트를 보호할 수 있도록 체계성과 검색가능성의 요건을 완화할 필요가 있다. 부정경쟁 모델을 구현하는 방안으로는, 비공지성의 요건을 제거함으로써 영업비밀의 법리를 수정하는 방안과, 침해행위의 태양을 구체화함으로써 성과물 무단사용의 법리를 보완하는 방안이 있을 수 있다. 개정 부정경쟁방지법상 데이터 부정사용 금지가 전자에 해당한다면, 데이터산업법상 데이터자산의 부정이용 금지는 후자에 가깝다고 볼 수 있다.

주제어 : 데이터, 데이터세트, 데이터베이스, 데이터 오너십,
　　　　지배권 모델, 부정경쟁 모델

목 차

제1편

서 론

제1장 연구의 배경

산업혁명이 에너지와 자원의 측면에서 인간의 능력을 확장시켰다면 정보기술은 지난 수십 년간 이들을 조직하고 재구성하는 지적 활동 자체를 자동화함으로써 인간의 능력을 한 차원 더 고양하였다. 이러한 정보화에 힘입은 컴퓨팅 기술의 고도화, 인터넷의 확산, 혁신적인 알고리즘의 개발 등은 최근 들어 인공지능(artificial intelligence, AI), 빅데이터(big data), 사물 인터넷(internet of things, IoT), 클라우드(cloud service) 등의 기술적 발전으로 이어졌다. 이러한 발전은 이른바 4차 산업혁명[1] 또는 디지털 전환(digital transformation)으로 불리는 급속한 생산성 증가 및 경제 조직의 변화를 만들어내고 있으며, 장차 사회·문화·정치적으로도 큰 영향을 미칠 것으로 예상되고 있다. 다가올 새로운 시대에는 정보화의 심화에 따라 사물은 물론 생명이나 인간의 정신적 작용까지도 '정보'의 측면에서 근본적으로 다룰 수 있게 되고,[2] 그 결과 정보 자체가 데이터로서 에너지, 물질과 함께 기본적인 자원으로 기능하게 될 것이다.[3] 인공지능이나 빅데이터와

---

[1] Klaus Schwab, The Fourth Industrial Revolution, Crown Business, 2017. Schwab는 4차산업혁명의 핵심 기술로서 인공지능, 로보틱스, 사물인터넷, 자율주행차, 3D 프린팅, 나노 기술 등을 제시하고 있다.

[2] Kurzweil은 그의 저서에서 이른바 GNR 기술, 즉 유전공학(genetics), 나노 기술(nanotechnology), 로봇 및 인공지능 기술(robotics) 등을 새로운 시대의 핵심 기술로 제시한 바 있다(Ray Kurzweil, The Singularity Is Near: When Humans Transcend Biology, Viking, 2005). Kurzweil의 견해는 생명, 사물, 그리고 인간의 정신을 모두 '정보'의 측면에서 근본적으로 다룰 수 있게 된다는 점을 강조함으로써 정보화의 심화라는 새로운 시대의 기술적 기반을 보다 정확하게 짚어낸 것으로 생각된다.

[3] 이상용, "데이터 거래의 법적 기초", 법조 제67권 제2호, 법조협회, 2018, 7면.

같이 최근의 변화를 뒷받침하고 있는 기술들은 모두 데이터를 기반으로 하며, 그 개발 및 운용을 위하여 대규모의 데이터를 필요로 하는 동시에 가치 있는 데이터를 대량으로 생성해낸다. 이 때문에 오늘날 데이터는 재산적 가치 있는 자산으로 취급되며,[4] 원유(Oil)[5] 또는 금(Gold)[6]으로 비유되기도 한다. 데이터 관련 법제의 대가인 체히(H. Zech)는 데이터를 '경제재(Wirtschaftsgut)'라고 부름으로써 이러한 현상을 단적으로 표현하였다.[7] 가히 데이터 경제(data economy)[8]의 시대라고 할 만하다. 특히 인공지능과 빅데이터 등 새로운 기술의 맥락에서는 다수의 개별데이터를 모아놓은 데이터세트가 중요한 의미를 갖는다.

이처럼 자원이자 재화로서의 중요성을 더해가고 있는 데이터세트가 보다 많이 생산되고 널리 활용될 수 있도록 하기 위해서는 생산과 유통을 위한 충분한 인센티브가 제도적으로 보장될 필요가 있다. 다음과 같은 가상의 사례가 이를 잘 보여준다.

애견 인구가 늘면서 반려견의 건강에 대한 관심도 함께 늘어나자 A 회사는 반려견의 암 진단 사업에 진출하기로 했다. A 회사는 암세포의 DNA와 건강한 세포의 DNA 사이에 손상 정도의 차이가 존재한다는 점을 이용하여 인공지능 기술을 활용한 암 진단 알고리즘을 개발하기로 했다. 이를 위해 A 회사는 다수의 동물 병원들을 통해 병원에 내원하는 반려견 주인들에게 대가를 지급하고 동의를 받아 반려견의 혈액 샘플 정밀 사진을 촬

---

4) Andreas Börding et al, "Data Ownership - A Property Rights Approach From a European Perspective", 11 J. Civ. L. Stud. 323, 325, 2018.

5) Dennis Hirsch, "The Glass House Effect: Big Data, The New Oil, and The Power of Analogy", 66 Maine Law Review 373, 2014, p. 374

6) Thomas Farkas, "Data Created by the Internet of Things: The New Gold without Ownership", 23 Rev. Prop. Inmaterial 5, 2017.

7) Herbert Zech, "Daten als Wirtschaftsgut - Überlegung zu einem "Recht des Datenerzeugers"", Computer und Recht 3/2015, 37ff.

8) 고학수·임용 편, 데이터 이코노미, 한스미디어, 2017, 245-246면.

영하였다. 이렇게 수집된 사진 데이터들은 최종적인 암 진단 결과와 함께 인공지능 솔루션 및 데이터 플랫폼 서비스를 제공하는 B 회사의 클라우드에 저장되어 암 진단을 위한 최적의 인공지능 알고리즘을 학습하는데 이용되었다. 암 진단의 정확성이 상당한 수준에 이르자 A 회사는 반려견 암 진단 서비스를 출시하는 한편 진단 과정에서 촬영된 혈액 샘플 정밀 사진과 최종적인 암 진단 결과를 지속적으로 데이터세트에 추가하였다. 그 후 A 회사는 매출 증대 및 사회 공헌을 위하여 위 데이터세트의 일부를 B 회사의 데이터 플랫폼을 통하여 판매하기 시작했고, C 연구소는 암 진단이 아닌 다른 연구 목적을 위하여 데이터세트의 일부를 매수하였다. 그런데 C 연구소와 함께 위 데이터세트를 이용한 공동연구를 진행하던 D는 위 데이터세트가 다양한 연구 목적을 위하여 가치 있게 활용될 수 있다고 생각하여 자신이 운영하는 웹사이트에 공개하였다.

위의 사례에서 A 회사는 많은 비용과 노력으로 만들어지고 회사의 주요한 수입원이자 경쟁력의 원천이 된 데이터세트를 지키기 위하여 더 이상의 공개행위가 금지되기를 원할 것이다. 만약 그렇지 않을 경우 데이터세트는 무한히 복제되어 A 회사의 영업이 큰 타격을 받게 될 것이기 때문이다. 그런데 공개행위의 금지를 구하는 것이 법적으로 보장되지 않는다면 어떻게 될까. A 회사가 이를 예상했다면 데이터세트를 판매하려는 시도를 하지 않았을 것이고, C 연구소를 비롯하여 위 데이터세트를 제공받은 사람들은 이를 이용한 가치 있는 연구나 생산 활동을 하지 못했을 것이다. A 회사뿐만 아니라 다른 가치 있는 데이터세트의 보유자들 역시 이를 시장에 내놓을 생각을 하지 않을 것이다. 또한 결과적으로 데이터세트는 오직 이를 구축하는데 들어가는 비용을 감당할 수 있는 기업들에 의하여 생산되어 그들 기업 내부에만 머물러 있으면서 경쟁상의 우위나 독점적 지위의 강화에만 활용될 수도 있다.

그렇다면 현행 법제도는 데이터세트의 생산과 유통을 위한 충분한 인센티브를 제공하고 있을까? 안타깝게도 그렇지 못하다는 의심이 든다. 커다란 잠재적 가치에도 불구하고 기업이 필요로 하는 양질의 데이터세트는 충분히 생산되거나 유통되지 못하고 있는 것이 현실이다. 여러 원인들이 있겠지만, 아무래도 가장 큰 이유는 데이터세트가 유체물이 아닌 정보에 불과한 까닭에 쉽게 복제될 수 있고 다른 사람의 이용을 통제하기 어렵다는 점에 있다. 즉 노력과 비용을 들여 데이터세트를 생산하더라도 그로 인한 이익을 생산자가 전유(專有)하기 어렵기 때문에 생산이나 유통의 유인이 부족한 것이다. 이러한 상황을 타개하고 데이터 경제로의 이행을 뒷받침하기 위해서는 어떠한 제도적 기반이 필요할까.

제2장 연구의 범위

데이터세트의 활용을 촉진하기 위해서는 ① 데이터세트의 보호를 위한 제도, ② 개별데이터 이용의 적법성 확보를 위한 제도, 그리고 ③ 데이터세트의 거래 및 접근을 위한 제도들이 모두 잘 갖추어져 있을 필요가 있다. 이들 제도들은 하나같이 복잡하고 까다로운 문제들을 많이 내포하고 있다. 이러한 문제들의 검토에 있어서는 개별 데이터와 데이터세트를 구별하는 것이 매우 중요하다. 개별데이터와 데이터세트는 문제의 맥락과 인센티브 구조 및 법적 성격이 전혀 다르기 때문이다. 이하의 서술에서는 되도록 개별 데이터와 데이터세트를 구별하여 표현하려고 하였지만, 혼동의 여지가 없거나 표현상 어색한 부분에서는 데이터세트를 데이터라고 표현하는 경우도 간혹 있음을 밝혀둔다.

제1절 개별데이터 이용의 적법성 확보

오늘날 가치 있는 데이터세트의 상당수는 개인정보에 해당하는 개별데이터들을 대량으로 포함하고 있기 때문에 ② 개별데이터 이용의 적법성 확보를 위한 제도는 데이터세트의 보호를 위한 제도 못지않게 중요하며, 해결되어야 할 어려운 문제들도 산적해 있다.

먼저 계약적 이용과 관련해서는 정보주체의 능력을 확장하는 한편 정보주체의 자유를 확대할 필요가 있다. 정보주체의 능력을 확장하기 위한 방편으로는 대리의 법리나 신탁의 법리를 적극적으로 활용하는 것이 있을 수 있는데, 최근 정부가 역점을 두어 추진하고 있는 마이데이터 정책이 이에 기반한 것이다. 정보주체의 자유를 확대하기 위해서는 무엇보다 포괄적이고 유연한 동의가 허용될 필요가 있다. 그 밖에 수집·이용·제공으로 분절된 행위 태양에 따른 개별적 규율(제15조 내지 제19조) 대신에 이들을 모두 포함하는 처리(processing) 개념에 기반한 통합적 규율9)을 채택하는 방안, 개인정보를 제공받을 자를 범주화하여 공동으로 이용할 수 있도록 하는 방안,10) 경직된 목적 제한의 원칙(제3조 제2항)을 완화하는 방안11) 등도 검토될 수 있다. 한편, 불필요하게 지나친 비효율을 초래하는 후견적 조항들도 재검토될 필요가 있다. 개인정보처리자가 단절적 고지 대신에 포괄적인 고지를 할 수 있도록 허용하는 것이 그러한 방안 중 하나가 될 수 있다.

다음으로 비계약적 이용과 관련해서는 무엇보다 개정 개인정보보호법이 채택한 가명정보의 법리를 하위법령이나 가이드라인의 제정을 통해 보다 명확히 함으로써 수범자들의 의사결정에 도움을 줄 필요가 있다. 그 밖에도 개인 식별가능성의 개념(제2조 제1호)을 보다 명확하고 예측가능한 방식으로 발전시키는 방안, 가명처리나 익명처리의 기준과 절차를 정하고 이를 준수한 경우 적법성을 추정하도록 하는 방안, 공개된 개인정보의 이용에 관한 법리12)를 발전시키는 방안, 개인정보처리자의 정당한 이익을 위한

---

9) EU GDPR §6 (lawfulness of processing) 참조

10) EU GDPR §26 (joint controller) 참조.

11) 개인정보의 보호에 관한 전통적인 목적 제한의 원칙(Zweckbindungsprinzip, Purpose Limitation Principle)이 지닌 경직성을 완화하기 위한 대안으로서 목적 합치의 원칙(Zweckvereinbarkeitsprinzip, compatibility Principle)이 주목받아 왔다. 우리나라는 이를 구현한 EU GDPR의 규정들(§5①b, §6④)을 본받아 2020년 개인정보보호법을 개정하면서 당초 수집 목적과 합리적으로 관련된 범위에서는 일정한 요건 하에 정보주체의 동의 없이 개인정보를 이용하거나 제3자에게 제공할 수 있도록 하였다(제15조 제3항, 제17조 제3항). 목적합치의 원칙에 관한 설명으로는 이동진, "목적합치의 원칙", 이성엽 편, 데이터와 법, 박영사, 2021, 173-196면 및 정종구, "개인정보처리의 허용범위와 그 한계 -목적합치의 원칙을 중심으로-", 법학논총 제27권 제2호, 조선대학교 법학연구원, 2020 참조.

비동의 이용(제15조 제1항 제6호)에 관한 법리를 명확히 하는 방안 등이 검토될 수 있을 것이다. 그 밖에 자율주행차나 배달로봇 또는 드론 등의 활용이 늘어나면서 불가피하게 수집되는 개인영상정보에 관한 특칙을 마련할 필요성이 제기되는 등 산업 영역에 따라 발생하는 특수한 문제들에 대한 고민도 필요하다.

제2절 데이터세트의 거래 및 접근

③ 데이터세트의 거래 및 접근을 위한 제도 역시 상당히 많은 쟁점들을 내포하고 있다. 먼저 계약적 이용과 관련해서는 데이터세트의 거래를 위한 데이터 계약의 관행과 법리를 발전시킬 필요가 있다. 나아가 이를 바탕으로 데이터 계약을 하나의 전형계약으로 입법화한다면 거래비용을 상당히 절감시킬 수 있을 것이다. 대리나 신탁의 법리는 개별데이터의 계약적 이용의 국면에서만이 아니라 데이터세트 거래를 위하여도 유용하게 활용될 수 있을 것이다.

다음으로 비계약적 이용과 관련해서는 정보의 독점과 공유 사이의 섬세한 균형을 위하여 다양한 제도가 검토될 필요가 있다. 많은 경우 이들 제도의 모습은 데이터세트에 대한 배타적 보호 여부와 그 방식과 밀접하게 관련되어 있다. 뒤에서 보다 상세히 살펴보겠지만, 지배권적 방식에 의한 보호가 이루어지는 경우에는 권능 범위의 획정이나 각종의 권리제한 규정을 통해, 부정경쟁 방식에 의한 보호가 이루어지는 경우에는 열거적 행위유형과 위법성 판단의 구조를 통해 공유 영역이 확보된다.

한편 비계약적 이용은 이른바 데이터 독점과 관련해서도 중요한 의미를 갖는다. 오늘날 데이터가 기업의 경쟁에 미치는 영향이 점차 커짐에 따라

---

12) 대법원 2016. 8. 17. 선고 2014다235080 판결 참조.

데이터 독점의 폐해에 대한 우려가 커지고 있는데, 이를 해소하기 위하여 데이터세트 보유자의 자발적 의사와 무관하게 접근을 허용해야 한다는 주장이 제기되고 있는 것이다. 이를 위하여 데이터 독점을 기업결합의 승인 여부 판단을 위한 고려 요소로 삼는 등 경쟁법적 접근방법13)도 검토되고 있는 상황이다. 그러나 정보주체의 개인정보에 관한 통제권을 활용하여 그의 자발적 의사에 따라 데이터를 이전시키는 데이터이동권(Right to Data Portability)14)이 보다 자율적이고 시장친화적인 접근방법이라고 생각된다. 그런 점에서 개인정보보호법 개정안15) 제35조의2에서 정한 개인정보 전송 요구권 제도는 큰 의미를 갖는다고 할 것이다.

제3절 데이터세트의 보호

데이터세트의 보호를 위한 제도, 개별데이터 이용의 적법성 확보를 위한 제도, 그리고 데이터세트의 거래 및 접근을 위한 제도는 모두 데이터세트의 활용 촉진을 뒷받침하지만, 구체적인 역할이나 기제의 성격은 매우 다르다. 뿐만 아니라 이들 제도들에 관하여 설득력 있는 결론을 제시할 수 있을 정도로 충분한 분석과 검토를 수행하는 것은 하나의 논문에서 수행하기에는 지나치게 방대한 작업이다. 아쉽지만 본고는 이들 가운데 우선 ① 데

---

13) 데이터 집중과 기업결합 규제에 관한 상세한 내용으로는 최난설헌, "기업결합 심사에 있어서 빅데이터의 경쟁법적 의미 - 최근 해외 주요 기업결합 사례를 중심으로 -", 외법논집 제41권 제4호, 한국외국어대학교 법학연구소, 2017 및 홍대식, "데이터 소유권을 둘러싼 법적 쟁점과 경쟁법 원칙의 적용", 고학수·임용(편), 데이터오너십, 박영사, 2019 참조.
14) GDPR § 20 참조.
15) 2021. 9. 28. 정부 발의, 의안번호 제2112723호. 한편 「신용정보의 이용 및 보호에 관한 법률」(이하 '신용정보법'이라고만 한다) 제33조의2는 이미 제한된 범위에서 개인신용정보의 전송요구권을 규정하고 있다.

이터세트의 보호를 위한 제도에 초점을 맞추어 특히 배타적 보호방안을 중심으로 검토를 진행하고자 한다.

시장이 효율적으로 작동하는 한 시장에 의한 자원배분은 규제에 의한 자원배분보다 효율적이다. 또한 자유와 권리를 존중하는 것이 우리의 헌법적 가치에 좀 더 부합하는 것임은 말할 것도 없다. 인센티브의 문제를 차치하고라도 노력과 비용을 들여 데이터세트를 생산한 자를 보호하는 것은 그 자체로 정의의 관념에 부합하는 일일 수도 있는 것이다. 그렇다면 문제는 현행법상 데이터세트 보유자를 보호하기 위한 수단은 어떠한 것이 있는지, 그러한 수단들은 데이터세트 보유자에게 데이터세트의 생산·유통에 인센티브를 부여하기에 충분한지, 만약 그렇지 않다면 새로운 데이터세트 보호방안을 마련할 필요가 있는지, 그럴 필요가 있다면 새로운 보호방안은 어떠한 모습을 갖고 있어야 하는지 등일 것이다. 본 연구는 이러한 질문에 답하는 것을 목적으로 한다.

제3장 연구의 방법

데이터에 대한 배타적 보호에 관한 선행 연구들은 대체로 이에 부정적인 경향이 있었다.16) 그러나 이들 연구는 다음과 같은 점에서 아쉬움이 있다. 첫째, 데이터세트와 이를 구성하는 개별데이터는 인센티브 구조와 법적 구조에 명백한 차이가 있어서 별개로 검토해야 함에도 불구하고, 기존의 연구들은 이를 간과한 채 뭉뚱그려 검토한 경우가 많았다. 예컨대 개별데이터 가운데는 별다른 노력 없이 인간의 활동이나 기계의 작동에 따라 자연스럽게 생겨나는 경우가 많이 있고, 이를 근거로 권리 부여를 통한 인센티브가 불필요하다고 주장하는 경우도 많았다.17) 하지만 개별데이터를 모아 양질의 데이터세트를 만들기 위해서는 상당히 많은 비용과 노력이 들어가므로 위와 같은 분석은 문제에 제대로 답한 것이라고 보기 어렵다. 오히려 데이터 경제의 맥락에서 중요한 것은 개별데이터가 아니라 데이터세트의

---

16) Josef Drexl et al, *Data Ownership and Access to Data - Position Statement of the Max Planck Institute for Innovation and Competition of 16 August 2016 on the Current European Debate,* Max Planck Institute for Innovation and Competition Research Paper No. 16-10, 2016; Thomas Heymann, "Rechte an Daten", Computer und Recht, 10/2016; European Political Strategy Centre, Enter the Data Economy EU Policies for a Thriving Data Ecosystem, EPSC Strategic Notes Issue 21, 2017; Bernt Hugenholtz, "Data Property: Unwelcome Guest in the House of IP", Paper presented at 「Trading Data in the Digital Economy: Legal Concepts and Tools」, 2017; Thomas Hoeren, "Datenbesitz statt Dateneigentum", MultiMedia und Recht, 1/2019; MünchKomm/Wagner, 8. Auflage, 2020, § 823, Rn. 335; 이동진, "데이터 소유권 (Data Ownership), 개념과 그 실익," 정보법학 제22권 제3호, 한국정보법학회, 2018; 홍대식, 앞의 논문(2019); 권영준, "데이터 귀속·보호·거래에 관한 법리 체계와 방향", 비교사법 제28권 제1호, 한국비교사법학회, 2021.

17) Heymann, op. cit., 653.

생산과 유통이라고 할 수 있으며, 이 때문에 본 연구는 데이터세트에 초점을 맞추고 있다. 둘째, 기존의 연구들은 빅데이터나 인공지능과 같은 기술적 배경에서 데이터가 활용되는 새로운 맥락을 충분히 고려하지 않은 경우가 많았다. 이러한 맥락에서는 체계성이 없는 비정형 데이터의 단순한 집합이라도 큰 잠재적 가치를 가질 수 있음에도 불구하고 기존의 연구들 중 상당수는 전통적인 데이터베이스를 상정하여 새로운 제도의 필요성을 과소평가하고 있다. 셋째, 기존의 연구들은 기존 법제도가 데이터의 보호와 거래를 충분히 뒷받침할 수 있다고 하면서도 구체적으로 기존 법제도가 데이터의 보호를 위하여 어떻게 해석, 적용될 수 있고 어떠한 한계를 지니는지에 관한 실무적인 지침을 제공하지는 못했다는 문제가 있다. 넷째, 기존의 연구들은 데이터에 대한 배타적 보호의 정당화 근거에 관하여 충분한 고려를 하지 않은 채 실정법의 해석론이나 비교법적 검토 또는 산발적인 법경제학적 논거들에 호소하는 것에 그치는 경향이 있었다. 그러나 데이터에 대한 배타적 보호를 인정할 것인지 여부는 궁극적으로 그것이 '어떤 세상이 좋은 세상인가'라는 질문에 대한 답일 때 가장 설득력이 있으며, 따라서 법경제학적 분석을 포함한 전반적인 법철학적 검토와 헌법적 근거에 대한 논의가 바탕이 되어야 한다. 다섯째, 기존 연구들은 데이터라는 자원을 자발적 교환에 의하여 배분할 것인지 아니면 강제에 의하여 배분할 것인지에 관한 문제를 비롯하여 데이터 경제의 전체 체계를 조망할 수 있는 포괄적인 분석 틀을 갖고 있지 않은 경우가 많았다. 본 연구는 그러한 전체적 분석 틀을 상정하여 연구 범위를 설정하고 분석을 진행하고자 한다. 여섯째, 기존 연구들은 데이터에 대한 배타적 보호의 부작용에 대하여 과도한 우려를 하거나, 그러한 우려에 대한 해결방안으로서 배타적 보호의 거부라는 단순한 해법에 의존하는 경향이 있다. 본 연구는 데이터에 대한 배타적 보호의 부작용을 면밀히 검증하고 부작용의 해소를 위한 다양한 방법을 모색해보고자 한다. 일곱째, 기존 연구들은 도그마적인 접근을 취하여 데이터에 대한 배타적 보호를 데이터에 대한 권리가 갖는 법적 성질의 문제로 보는 경향이 있었다. 그러나 입법론으로서의 데이터 보호에 관한 논의는 기능적 접근을 취하여 어떠한 구제수단이 주어지는가를 중심으로 전개될 필요가 있다.

본 연구는 이러한 선행연구들의 한계를 딛고 새로운 통찰을 얻어내기 위해 귀납적 접근방법과 연역적 접근방법을 모두 활용하고자 한다. 법은 사람들이 미래를 예측하고 어떠한 행위를 할 때 기준이 되는 규범이며, 법학은 현실세계에서 일어나는 문제들을 정당하고 적정하게 해결하기 위한 실용적 학문이다. 따라서 법제도에 관한 연구의 기본은 귀납적일 수밖에 없다. 하지만 기존 법제도가 현실세계의 문제들을 제대로 해결하지 못할 때에는 귀납적 연구에서 얻은 지혜를 바탕으로 연역적 방법에 의하여 바람직한 법제도를 고안해보아야 한다. 따라서 본 연구는 먼저 귀납적 방법을 취하여 기존의 법제도 가운데 데이터세트의 보호를 위하여 활용될 수 있는 것은 무엇이 있는지 식별하고, 그 보호내용을 분석하여 의미와 한계를 살펴보고자 한다. 나중에 자세히 살펴보겠지만, 본 연구는 기존 법제도가 데이터 경제를 뒷받침하기에 불충분하다는 결론에 이르렀다. 따라서 이제는 이러한 귀납적 검토 및 그 결과를 바탕으로 일종의 연역적 방법에 따라 어떠한 법제도가 요구되는지 살펴보아야 한다. 이를 위해 본 연구는 먼저 데이터세트에 대한 배타적 권리와 그 범위 및 한계가 어떻게 정당화되는지를 법철학적, 법경제학적, 헌법적 방법론을 이용하여 검토하고, 나아가 이러한 권리가 구체적으로 어떠한 모습을 갖고 있어야 할 것인지 살펴보기 위하여 전통적인 지배권 모델과 부정경쟁 모델로 나누어 검토해보고자 한다. 다만 본격적으로 위와 같은 분석에 나서기에 앞서 데이터의 의의와 그 활용의 실태에 관하여 일별해볼 필요가 있다. 다음 장은 이를 위한 것이다.

제2편

데이터와 데이터 경제

제1장 데이터 경제

제1절 데이터 경제의 대두

데이터 경제란 다양한 데이터를 경쟁력 향상에 활용하는 새로운 경제를 가리키며, 데이터 시장이 경제에 미치는 직접효과, 전방효과나 후발효과 등의 간접효과, 유발 효과(induced effects) 등을 모두 포함한다고 할 수 있다.[18] 데이터 경제에서는 데이터의 활용이 거래비용을 감소시키면서[19] 모든 산업의 발전과 새로운 가치 창출에 촉매 역할을 하게 된다.[20] '데이터는 새로운 석유'라는 경구[21]에서 알 수 있듯이, 오늘날 데이터는 자원이자 상품일 뿐만 아니라 혁신과 생산성 향상의 원천이라고 할 수 있다. 데이터 경제에서는 경제적 부가가치를 창출하기 위하여 데이터의 생산·거래 등과 이와 관련되는 서비스를 제공하는 산업, 즉 데이터 산업[22]이 새로운 기반 산업으로서 중요한 역할을 떠맡게 된다.

데이터 경제로의 변화는 이미 상당히 진행되어 있다. 2020년 데이터 산업 시장 규모는 미국, EU, 일본 등 주요국의 경우 3,808억 달러[23]로 전년 대비 12.0% 성장하였고, 중국의 경우 1,015억 달러로 전년 대비 23% 성장

---

18) IDC·Open Evidence, European Data Market Smart 2013/063, 2017.
19) 고학수, "데이터 이코노미의 특징과 법제도적 이슈", 고학수·임용 편, 데이터 오너십: 내 정보는 누구의 것인가?, 박영사, 2019, 3-40면 참조.
20) European Commission, Communication : Building a European Data Economy, 2017; 한국정보화진흥원, "데이터 경제의 부상과 사회경제적 영향", IT & Future Strategy 제7호, 2018, 7-13면.
21) Hirsch, op. cit., p. 374
22) 「데이터 산업진흥 및 이용촉진에 관한 기본법」 제2조 제4호 참조.
23) 주요 내역은 미국 2,388억 달러, EU 907억 달러, 일본 418억 달러, 브라질 95억 달러 등이다.

하였다.[24] 2018년에 33제타바이트로 추정되던 데이터 생산량은 2025년 175 제타바이트까지 증가할 것으로 예상되고 있다.[25] 데이터의 처리 및 분석은 현재 데이터센터 등 중앙집중식 컴퓨팅 시설에서 이루어지고 있지만, 2025년 경에는 자동차나 가전제품 또는 제조 로봇처럼 사용자와 가까운 컴퓨팅 시설(에지 컴퓨팅, edge computing)에서 이루어지는 것이 더 많아질 가능성이 있다.[26]

개별 국가를 보더라도 데이터 경제로의 변화 속도와 규모는 상당히 크다. 가장 두드러진 것은 세계 데이터 시장의 50% 이상을 차지하고 있는 미국이다. 미국은 이른바 GAFA(Google, Apple, Facebook, Amazon 등 거대 정보기업의 머리글자를 딴 것이다)로 대표되는 소수의 대규모 데이터 기업에 의존하고 있지만, 유럽에 비해 직접효과가 약 2배, 후방효과가 약 3배 높은 수치를 보이면서 매우 발전되고 심화된 데이터 생태계를 보유하고 있다.[27] 세계 2위의 데이터 시장인 유럽의 직접효과 및 후방효과는 미국에 미치지는 못하지만 최근의 증가 속도는 미국보다 오히려 빠르다. 유럽연합에서는 데이터 경제의 가치를 추산한 바 있는데, 이미 2014년 GDP의 1.85%에 이르렀고, 연간 5.6%의 성장률을 보이면서 2020년 경에는 GDP의 3.17%에 이르는 것으로 예측되었다.[28] 한편 중국은 거대 인구를 배경으로 독자적인 데이터경제를 구축하고 있으며, 일본 역시 최근 들어 정보통신기술에 많은 투자를 하면서 직접효과와 후방효과도 지속적으로 증가하고 있다.[29] 자타가 공인하는 정보통신 강국인 우리나라에서도 데이터 경제로의

---

24) 관계부처 합동, 데이터 플랫폼 발전전략, 2021, 9면.
25) 정보통신산업진흥원, 글로벌 ICT 포털 품목별 보고서 - 빅데이터, 2019, 4면.
26) James Nurton, European Commission Proposes Strategies for Data and AI, February 20, 2020, available at <https://www.ipwatchdog.com/2020/02/20/european-commission-proposes-strategies-data-ai/id=119068/>
27) IDC·Lisbon Council, D2.2 First Report on Policy Conclusions, 2018, p. 19.
28) European Commission, op. cit.(2017A), p. 2.
29) IDC·Open Evidence, op. cit.

변화가 빨라지고 있다. 한국의 데이터 산업 시장은 2016년부터 2020년까지 연평균 10% 이상 성장하면서 2020년에 19조원이던 시장 규모는 2025년에 43조원에 이를 것으로 예측되고 있으며, 데이터 거래시장만 보더라도 2017 년 6,608억원에서 2020년 1조 6,080원으로 확대되었다.[30) 또한 정부는 2020년에 13.4%에 불과하던 빅데이터 도입률을 30%로 끌어올릴 계획이 며,[31) 과학기술정보통신부의 조사에 따르면 인공지능 이용률도 2016년 1.9%에서 2018년 13.9%로 크게 증가하였다.[32) 그러나 빠른 성장속도에도 불구하고 국내 산업의 데이터 활용은 아직 초기 단계이고, 세계 데이터 산 업 시장에서의 점유율은 1%에도 미치지 못하는 미미한 수준에 불과하며, 특히 데이터 유통 시장은 아직 활성화되어 있지 않다.[33)

---

30) 국내 데이터산업 성장 추이 (단위 : 억원) [한국데이터산업진흥원, 2020 데이터산업 현황조사, 2021]

<국내 데이터산업 규모>

<국내 데이터 거래시장 규모>

31) 관계부처 합동, 앞의 자료(2021), 3면.
32) 아주경제, "국내 기업들 AI 활용률 1%→10%로 대폭 늘어… 클라우드 이용률도 20% 돌파", 2020. 1. 21.
33) 한국데이터산업진흥원, 2018 데이터산업 현황조사, 2019 참조

제2절 데이터 활용과 유통의 모습

1. 서설

데이터는 수집·생성, 가공·이용, 이전·배포 등의 과정을 거치며 여러 사람과 다양한 관계를 맺는다. 이러한 과정과 구조를 데이터의 관점에서 바라본 것이 데이터 생애주기[34]라면 참여자의 관점에서 바라본 것은 데이터 생태계라고 할 수 있다. 이를 법적인 표현으로 다시 서술한다면 데이터의 취득, 이용, 처분이라고 표현할 수 있을 것이다. 데이터의 취득이나 이용은 데이터 보유자와의 자유로운 합의에 의하여 이루어질 수도 있고, 데이터 보유자의 동의 없이 이루어지도록 제도가 마련될 수도 있다. 어느 편이 더 나은 것인가에 관하여는 많은 논쟁이 있으나, 가능하다면 시장의 효율성을 이용하는 것이 바람직할 것이며 그런 점에서 데이터 시장의 모습과 특성을 살펴볼 필요가 있다. 특히, 데이터 시장은 여러 측면에서 거래비용이 높게 나타나는데, 데이터플랫폼은 이를 해소하기 위한 대표적인 방안으로 주목받고 있다.

2. 데이터 생애주기와 데이터 생태계

데이터의 수집·생성은 데이터 경제의 자원이자 재화인 데이터를 생산하는 핵심적 단계이다. 그러나 공공 영역과 민간 영역 모두 인센티브의 부족으로 인해 양질의 데이터가 충분히 생산되지 못하고 있다. 그마저 생산되

---

34) 데이터 생애주기에 포함되는 활동들의 목록은 논자들마다 다르게 제시된다. 예컨대 데이터의 획득, 저장과 처리 및 융합, 분석 및 이용, 보관, 재사용 및 폐기 등의 5단계를 제시하는 경우도 있고[한국정보화진흥원, "데이터 기반 산업 활성화를 위한 4대 공공정책 분석과 제언", IT & Future Strategy 제12호, 2017, 4-5면], 수집·생성, 유통·거래, 분석·활용 등의 3단계를 제시하는 경우도 있다[관계부처 합동, 앞의 자료 (2021), 2면].

는 데이터는 금융·통신 등 수익화가 쉬운 특정 분야에 치우쳐 있고, 데이터를 다루는 대기업에 집중되어 있는 상황이다.[35]

데이터의 가공은 데이터의 가치를 높이며 때로는 새로운 2차적 데이터를 생성하기도 한다. 데이터 가공의 대표적인 예로는 표준화, 품질 제고, 가명처리[36] 및 익명처리,[37] 데이터 결합 등이 있다. 가명처리 및 익명처리는 개인정보가 포함된 데이터를 정보주체의 통제 없이 적법하게 이용하기 위하여 꼭 필요한 가공이다. 한편 데이터 결합 대상이 되는 데이터의 보유자가 다른 경우에는 결합된 데이터의 귀속이나 이용과 관련된 사항을 정하기 위하여 특수한 내용의 데이터 계약이 필요하다. 이에 관하여는 뒤에서 데이터 계약을 다루면서 좀 더 상세히 검토하기로 한다.[38] 데이터는 가공을 통한 변형이 매우 용이하며, 결합을 통해 가치가 더욱 상승하는 특성이 있다.[39]

데이터의 이용은 이용자의 생산성 및 경쟁력 향상과 혁신의 원천이 된다. 전통적으로 지식과 정보를 얻기 위한 수단으로서 데이터가 이용되어 왔으며, 정보화가 진행되면서는 체계적인 검색을 위하여 데이터베이스가 활용되어 왔다. 그런데 최근에는 빅데이터 기술과 인공지능 기술의 맥락에서 데이터 활용이 강조되는 새로운 양상이 나타나고 있다. 빅데이터 기술은 대규모의(volume) 다양한(variety) 데이터를 신속하게(velocity) 분석하여 의사결정에 도움을 주는 강화된 통찰을 제공한다.[40] 예를 들어 2020년 코

---

35) 관계부처 합동, 앞의 자료, 12면.
36) 개인정보의 일부를 삭제하거나 일부 또는 전부를 대체하는 등의 방법으로 추가 정보가 없이는 특정 개인을 알아볼 수 없도록 처리하는 것을 말한다(개인정보보호법 제2조 1의2호).
37) 더 이상 개인의 식별가능성이 없어 개인정보에 해당하지 않도록 처리하는 것을 말한다(신용정보법 제2조 제17호 참조).
38) 데이터에 대한 권리를 인정하는 경우에는 2차적 데이터의 권리 귀속에 관한 원칙이 마련되어야 한다.
39) 금융보안원, 금융권 데이터 유통 가이드, 2020, 1면.
40) Trute, Hans-Heinrich(김태호 역), "빅데이터와 알고리즘: 독일 관점에서의 예비적 고

로나 바이러스가 급속도로 확산하는 위기 상황에서, 방역 당국은 빅데이터 기술을 이용하여 통신사 위치 데이터를 기반으로 확진자의 동선을 추출하고 감염 위험지역과 감염 네트워크를 자동적으로 분석함으로써, 역학조사에 소요되는 시간을 8시간에서 10분으로 획기적으로 단축하였다.[41] 인공지능 기술은 판단과 의사결정을 자동화하는 기술로서, 최근에는 전통적인 규칙 기반의 인공지능이 아닌 학습 기반의 인공지능 기술이 발전하고 있다. 이에 따라 학습용 데이터(training data)의 중요성이 강조되고 있다. 기계학습(machine learning), 특히 인공신경망(artificial neural network)에 의한 심층학습(deep learning)을 이용하는 인공지능 시스템의 성능은 학습용 데이터세트에 크게 의존하기 때문이다. 이에 따라 원시데이터를 인공지능 학습용 데이터세트로 가공하여 제공하는 비즈니스가 점차 활성화되고 있다. 예를 들어, 성모병원과 ㈜싸이버로지텍은 한국정보화진흥원과 AI 국책사업 계약을 맺고, 대장암의 진단 및 병기 판단에 활용될 수 있도록 인공지능을 훈련하기 위하여, 내시경, CT, PET-CT 사진으로 구성된 약 11만 장의 원천데이터를 수집하여 암 조직에 레이블링(labeling)을 하는 등의 가공을 거쳐 학습용 데이터세트를 구축한 뒤, 2021년 'AI Hub' 데이터플랫폼을 통해 이를 일반에 개방하였다.[42] 이처럼 빅데이터 기술과 인공지능 기술의 맥락에서 데이터를 활용하는 데에는 상당한 전문성과 인적·물적 자원이 요구되기 때문에 전문적 기업의 도움을 얻어야 하는 경우가 많다.

데이터의 이전·배포는 제3자에게 데이터에 관한 권리를 양도하거나(이전), 데이터 자체의 원본 또는 복제물을 양도 또는 대여함으로써(배포)[43]

찰", 경제규제와 법 제8권 제1호, 서울대학교 법학연구소, 2015, 89면; Gartner IT Glossary, Big data (http://www.gartner.com/it-glossary/big-data)

41) 4차산업혁명위원회, 디지털 경제 대전환을 위한 국가 데이터 정책 추진방향, 2021, 7면.

42) NIA AI Hub, "대장암 진단 의료 영상" (https://aihub.or.kr/aidata/33989)

43) 저작권법 제2조 제23호는 '배포'를 저작물등의 원본 또는 그 복제물을 공중에게 대가를 받거나 받지 아니하고 양도 또는 대여하는 것으로 정의한다.

제3자가 데이터를 이용할 수 있도록 하는 것을 말한다. 데이터 보유자가 아닌 제3자가 데이터를 이용할 수 있는 것을 비록 적절한 표현은 아니지만 '데이터 공유'[44]라고 흔히 부른다. 본고에서는 이러한 데이터 공유가 데이터 보유자의 동의 아래 이루어지는 것을 '데이터 유통'이라고 하고, 그 중 유상인 경우를 '데이터 거래', 무상인 경우를 '데이터 개방'이라고 표현하고자 한다. 이와 달리 데이터 보유자의 동의 없이 데이터 공유가 이루어지는 것을 '데이터 접근'이라고 할 수 있을 것이다. 다만 '데이터 접근'은 데이터에 대한 배타적 권리 부여 없이 계약적 방법에 의하여 데이터를 이용하는 것을 포함하는 의미로 사용되는 경우도 많다.

그런데 현실에서는 데이터의 유통이 잘 이루어지지 않는 경향이 있다. 즉 데이터 보유자가 제3자에게 데이터를 이전·배포하지 않고 이를 영업비밀로 관리하면서 경쟁 우위 확보를 위한 수단으로 삼는 이른바 데이터 전유(專有)의 관행이 만연해 있는 것이다.[45] 데이터의 규모가 커지고 경쟁에 미치는 영향이 커짐에 따라 이를 데이터 독점의 관점에서 바라보려는 경향도 생기고 있다. 이런 관점에서는 자발적인 데이터 거래 못지않게 비자발적인 데이터 접근을 통해 데이터 활용을 제고하는 것을 중요하게 생각하게 된다. 그러나 시장의 효율성을 이용하려는 관점에서는 자발적인 데이터 거래가 가장 중요하며, 데이터 거래를 가로막는 요인들을 찾아 개선하는 방식으로, 즉 시장실패를 교정하여 시장의 효율성을 회복하는 방식으로 데이터 활용을 늘리려고 한다.

---

44) 데이터의 공유는 일정 부분 이익공유제 또는 공유경제가 품고 있는 목적과 맞닿아 있지만 이들과 동일한 개념인 것은 아니다. 오히려 데이터의 공유는 다수의 당사자가 데이터를 활용할 수 있는 가능성을 열어줌으로써 데이터가 가지는 각기 다른 측면에서의 가치를 증대하는 것을 중심 관념으로 한다(선지원, "데이터 공유, 위험하고도 매혹적인 생각", 이성엽 편, 데이터와 법, 박영사, 2021, 99면, 101면).

45) Heiko Richter & Peter Slowinski, "The Data Sharing Economy: On the Emergence of New Intermediaries", International Review of Intellectual Property and Competition Law, Vol. 50, 2019, p. 7.도 유사한 견해이다.

한편, 데이터 생태계는 데이터 생애주기를 참여자의 관점에서 바라본 것으로서,[46] 데이터 공급자와 수요자, 데이터 서비스 공급자와 수요자, 데이터 거래를 중개하거나 주선하는 데이터 거래소(플랫폼), 데이터 결합이나 익명처리의 적정성 평가 등을 수행하는 데이터 전문기관[47] 등 여러 주체가 참여한다. 「데이터 산업진흥 및 이용촉진에 관한 기본법」(이하 '데이터산업법'이라고만 한다)은 데이터의 생산·유통·거래·활용에 종사하는 데이터 사업자 중에서도 특히 데이터의 판매나 중개를 담당하는 '데이터거래사업자'와 데이터의 가공 및 분석을 담당하는 '데이터분석제공사업자'를 중시하여 이에 관한 규정을 마련하고 있다.[48]

3. 데이터 시장

데이터 거래를 중시하는 입장에서 볼 때 데이터 생태계에서 핵심적 위치를 차지하는 것은 '데이터 시장'이다. 데이터 시장은 데이터 수요자와 데이터 공급자 사이에 데이터 거래가 일어나는 시스템이다. 앞서 본 것처럼 데이터 시장은 빠른 속도로 성장하고 있기는 하지만 아직은 초기 단계여서 거래 관행이 확립되어 있지 않다.

데이터 시장의 가장 큰 특징은 거래 대상[49]인 데이터의 특징과 관련되어 있다. 데이터는 전형적인 형태가 없는 무형의 것이기 때문에 특정이 어렵고 품질을 알기 어렵다. 데이터는 실제로 이용하기 전에는 그 가치를 판

---

46) 데이터 생태계를 "다양한 데이터가 자유롭게 공유·활용되어 산업 발전의 촉매 역할을 하고 혁신적 비즈니스와 서비스를 창출하는 시스템"으로 정의하기도 한다(4차산업혁명위원회, 앞의 자료(2021), 9면).
47) 신용정보법 제26조의4 참조.
48) 데이터산업법 제2조 제6호 내지 제8호, 제16조 참조.
49) 데이터 시장에서의 거래 대상은 데이터만 있는 것은 아니다. 원천 데이터뿐만 아니라, 이를 가공한 가공 데이터도 데이터 상품이며, 분석 내용이 담긴 보고서, 데이터로 기계학습을 한 분석모델 등도 데이터 서비스 상품으로서 거래된다.

단하기 어렵고 동일한 데이터라도 이용하는 사람마다 다르게 가치를 평가하기 때문에 시장가격이 형성되기 어렵다.[50] 또한 데이터베이스제작자의 권리가 인정되는 경우를 제외하면 데이터에 대한 배타적 지배권이 아직 인정되지 않고 있고 데이터 공급자에게 적법한 권한이 있음을 공시하는 방법도 없기 때문에 데이터 공급자에게 데이터 공급에 관한 권한이 있는지 확인하기 어렵다. 나아가 데이터에 개인정보나 저작물 등이 포함되어 있는 경우 공급자가 적법하게 이용 권한을 취득했는지 확인하기도 어렵다. 만약 어떠한 데이터의 처분을 막을 수 있는 권리자가 다수 존재한다면 일일이 처분에 관한 동의를 받는 것도 쉽지 않다.

위와 같은 i) 품질, ii) 가치, iii) 적법성에 관한 불명확성은 높은 거래비용을 초래한다. 따라서 데이터 거래가 보다 효율적으로 이루어지고 활성화되기 위해서는 위와 같은 문제들이 해결되어 거래비용이 낮아져야 한다. 위에서 본 문제들은 대부분 정보 불균형에서 비롯된 것이므로 데이터 상품 설명서나 데이터 속성 정의서를 통한 정보제공에 의하여 어느 정도 완화될 수 있다.[51]

i) 데이터의 품질에 관한 불명확성을 해소하기 위한 방안으로는 표준화와 품질관리가 있다. 데이터의 표준화는 명칭, 정의, 유형(type), 규칙의 차원에서 이루어질 수 있는데,[52] 이를 통해 품질 관리가 가능해지고 데이터의 결합이나 데이터 플랫폼 간의 연계가 용이해진다. 데이터 품질관리는 데이터의 가치를 높이고 신뢰를 제고하기 위한 필수적 요소이다. 요구되는 품질의 구체적 내용은 궁극적으로 거래 당사자 사이의 합의에 의하여 정해져야 하겠지만, 일반적으로 데이터의 품질은 정확성, 일관성, 활용성, 최신성, 접근성, 준거성 등의 기준에 의하여 평가된다.[53] ii) 데이터의 가치에

---

50) 관계부처 합동, 앞의 자료, 7면.
51) 금융보안원, 앞의 자료, 30-31면.
52) 금융보안원, 앞의 자료, 25-27면.
53) 정확성이란 데이터를 구성하는 각각의 값이 올바른 값인지를 나타내는 특성으로 정해

관한 불명확성을 해소하기 위한 방안으로는 합리적인 가격 산정 모델을 개발하여 보급하는 방안이 언급된다. iii) 한편 데이터의 적법성에 관한 불명확성을 해소하기 위해서는 표준계약서를 작성하여 보급하거나 컨설팅을 제공하는 방안이 논의되고 있다. 다만 데이터의 가치나 적법성에 관한 불명확성은 법제도 자체의 불명확성에서 기인하는 측면이 크기 때문에 위와 같은 방법에 의한 해결에는 한계가 있을 것으로 여겨진다. 데이터산업법은 데이터 표준화(제28조)와 품질관리 및 인증(제20조), 가치평가 지원(제14조), 전문적 조언을 제공할 수 있는 데이터거래사 양성(제23조) 등을 통하여 거래비용의 절감을 도모하고 있는데, 특히 거래 당사자가 전문성을 갖춘 지정 평가기관으로부터 데이터의 가치를 평가받을 수 있도록 한 것(제14조)은 거래 활성화에 큰 도움을 줄 수 있을 것으로 생각된다.

4. 데이터 플랫폼

데이터 거래의 불명확성을 완화하고 거래비용을 낮추기 위한 위와 같은 방안들은 개별 데이터 공급자가 감당하기에는 지나치게 어렵고 비용이 많이 드는 일이다. 나아가 데이터 수요자가 데이터를 이용하는 것도 어렵기는 마찬가지이다. 오늘날 데이터 이용의 대종을 이루는 것은 빅데이터 기

진 범위를 벗어난 이상값(outlier), 잘못된 계산 값, 결측값 등이 없는 것을 말한다. 일관성이란 동일한 개념을 표현하는 데이터 값이 일정한 기준에 의해 발생하는지 여부를 나타내는 특성으로 무결성과 정합성을 포함한다. 활용성이란 수요자 입장에서 비즈니스에 활용하기에 충분한 항목들로 구성되어 있는지 여부를 나타내는 특성을 말한다. 최신성은 데이터가 얼마나 최근의 정보로 구성되어 있는지를 나타내는 특성으로서 데이터 상품은 구매 당시 최신의 정보임이 보장되는 것이 중요하다. 구매 후 주기적인 데이터 갱신을 보장하는 경우 상품 가치가 증가하게 된다. 접근성은 데이터 이해와 활용에 필요한 자원 소모가 얼마나 적은지를 나타내는 특성으로서 문서화, 데이터 표준화, API 제공을 통해 강화할 수 있다. 준거성은 데이터가 법률적으로 유통되거나 사용되는 데 문제가 없음을 보장하는 특성으로서, 구매자가 적법성 검토 과정을 최소화할 수 있게 해 준다(금융보안원, 앞의 자료, 29면).

술이나 인공지능 기술을 이용하여 데이터를 분석하는 것인데, 데이터 전문가와 컴퓨팅 자원을 확보한 일부 대기업이나 데이터 전문 기업 외에는 사실상 이를 감당하기 쉽지 않은 것이다. 데이터 플랫폼은 보다 효율적으로 이러한 과제들을 실현할 수 있게 해준다. 즉, 데이터 플랫폼은 데이터의 수집이나 분석 또는 유통 등을 지원하는 체계로서, 데이터 공급자와 수요자를 효율적으로 연결하고,54) 데이터를 매개로 다양한 참여자 간의 협력과 경제적 가치 창출을 촉진하는 역할을 한다.55)

이 때문에 각국은 데이터 플랫폼을 사회적 기반시설(infrastructure)로서 확충하기 위한 정책적 노력을 기울이고 있다. 예컨대 유럽에서는 2019년부터 500여 개의 기업과 공공기관이 참여하는 클라우드 기반의 데이터 인프라 프로젝트 'GAIA-X'를 추진하고 있다.56) 또한 중국은 이미 2014년부터 각 지역에 오픈마켓 방식의 16개 데이터 거래 플랫폼들을 운영해오고 있다.57) 우리나라 역시 데이터 플랫폼 활성화 정책을 추진해 온 결과 2021년 기준 129개의 데이터 플랫폼(공공 108개, 민간 21개)이 운영 중이다. 특히 정부는 2021년 '데이터 플랫폼 발전전략'을 마련하여 강력히 추진 중에 있다. 주된 내용으로는, 데이터 전주기를 지원하고 거래 및 분석을 통합한 클라우드 환경 구축(Data-as-a-Service),58) 플랫폼들 간의 연계(Platform of

---

54) 데이터 플랫폼이 반드시 중개 역할만 하는 것은 아니며, 스스로 확보한 데이터를 가공·판매하는 경우도 있다. 전자를 오픈마켓형 플랫폼, 후자를 브로커형 플랫폼이라고 한다. 2018년 기준 매출액이 1조원이 넘는 미국의 'Acxiom'은 전 세계 7억 명 이상의 소비자 데이터를 기반으로 연간 50조 건의 거래내역을 자체적으로 분석하여 맞춤형 광고정보를 제공하는 브로커형 플랫폼이다(한국법제연구원, 2020년 데이터 지식재산권 보호방안 연구, 2020, 8면).

55) 관계부처 합동, 앞의 자료, 2면.

56) 관계부처 합동, 앞의 자료, 9면. 위 프로젝트에는 데이터 경제를 활성화하는 동시에 미국의 클라우드 업체들에 대한 의존도를 낮춰 데이터 주권을 확보하려는 목적이 담겨 있다.

57) 관계부처 합동, 앞의 자료, 10면.

58) 현재는 위 129개의 플랫폼 가운데 21개(16.3%)가 데이터 전주기를 지원하고, 56개

Platform), 분야별로 전문화된 플랫폼, 표준화 규격 개발, 가격·품질·법률 관련 정보를 담은 가이드라인 개발, 가격산정 모델 고도화 및 보급, 데이터 바우처 및 분석서비스 바우처, 데이터 조달,[59] 데이터 수요 예보제, 데이터 안심구역[60] 확대, 거래지원센터 운영 및 가명정보 활용을 위한 컨설팅 지원 등이다. 이러한 방안들이 실현되면 데이터 거래비용이 감소되어 데이터 유통 및 활용이 어느 정도 늘어날 것으로 기대된다. 특히 데이터산업법은 데이터의 유통·거래 촉진을 위한 데이터거래소의 지원을 명문화하고 있다 (제19조).

다만, 플랫폼이 지닌 네트워크 효과가 가져올 역기능을 우려하는 견해도 있을 수 있다. 관련된 네트워크의 크기의 변화에 따라 소비자가 이익을 얻거나 비용을 부담하게 되는 경우 네트워크 외부효과(network effect)가 있다고 한다.[61] 양면시장에서는 간접적으로 네트워크 외부효과가 발생할 수도 있다. 즉 소비자와 판매자와 같이 두 사용자 집단을 중개하는 플랫폼에서는 한 쪽의 이용자 수 증가가 반대쪽 이용자의 편익을 증대시켜 이용자 수를 증가시키고 이로 인해 원래 쪽의 이용자 수가 증가하는 상호작용이 발생한다. 이 경우 간접적 네트워크 외부효과로 인해 한쪽 이용자 집단에 대한 플랫폼의 가치는 다른 쪽 이용자 집단의 규모가 얼마나 큰지에 영향을 받는다.[62] 소셜 네트워크 서비스와 같이 이용자 활동 데이터를 중심으로 하는 서비스의 경우 네트워크 효과로 인한 불완전경쟁의 우려는 많은 공감

(43.4%)가 데이터 분석환경을 제공하고 있다.

59) '디지털 서비스 전문계약' 제도의 적용을 받도록 하여 납품까지 2~3개월 걸리던 기간을 1~2주로 획기적으로 단축하는 것을 목표로 한다.

60) 플랫폼 내 미개방·가명정보를 다양하게 분석하고 그 결과만을 반출할 수 있는 장소를 말한다.

61) Stan Liebowitz & Stephen Margolis, "Network externality: An uncommon tragedy", Journal of Economic Perspectives, Vol. 8 No. 2, 1994, p. 134

62) 김지홍·김승현, "미국 AMEX카드 판결과 양면시장 이론의 경쟁법적 적용", 저스티스 제176호, 한국법학원, 2020, 173면

을 받고 있다. 유럽연합은 2020년에 디지털 시장에서 상당한 영향력을 지닌 핵심 플랫폼 서비스(core platform services) 제공자, 이른바 '게이트키퍼(gatekeeper)' 사업자들의 경쟁 제한 행위를 규제하기 위한 디지털 시장법(Digital Markets Act) 초안[63]을 발표하기도 했다. 다만 데이터 플랫폼처럼 거래비용을 완화시키는 것을 주된 목적으로 하는 플랫폼의 경우에도 이러한 우려가 그대로 타당할 것인지는 의문이다.

제3절 각국의 데이터 정책

이처럼 데이터가 중요한 역할을 떠맡게 된 이상 그 활용과 유통을 촉진하여 개인적, 사회적 편익을 도모하는 것은 중요한 정책 목표가 될 수밖에 없다. 특히 데이터의 경우 정보로서의 속성상 여러 가지 외부효과가 발생하기 때문에 시장실패의 교정을 위한 국가의 정책적 역할이 요구되기도 한다.[64] 이에 따라 각국에서는 수년 전부터 데이터 경제의 육성을 위한 아젠다를 설정하고 제도적 기반을 마련하기 위한 노력을 경주하여 왔다.

1. 미국과 영국

데이터 경제가 가장 앞서 있는 미국의 경우 주로 민간기업에 의하여 자발적으로 데이터 경제로의 이행이 이루어져 왔지만, 그 과정에서 정부의 정책적, 제도적 지원이 긴요하다는 점이 드러나게 되었다. 이에 따라 미국 정부는 '빅데이터 R&D 전략계획'[65]을 수립하는 등 적극적인 데이터 정책

---

63) European Commission, Proposal for a Regulation on contestable and fair markets in the digital sector (Digital Markets Act), COM/2020/842 final.
64) 4차산업혁명위원회, 앞의 자료(2021), 4면.
65) NITRD, The Federal Big Data Research and Development Strategic Plan, 2016.

을 마련하기 시작했다.

미국 정부는 우선 공공데이터의 개방을 통해 데이터 자원을 늘리고자 하였다. 즉 2009년 경 '오픈 데이터 지침'(Open Government Directive)을 채택하고 'Data.gov'를 개설하여 공공데이터를 공개하기 시작한 이래 2020년에는 '연방 데이터 전략 시행계획'(Federal Data Strategy 2020 Action Plan)[66]을 마련하는 등 공공데이터 개방을 정책적으로 추진해 오고 있다.[67] 이러한 노력은 2019년 「오픈 데이터법」(Open Government Data Act)의 제정으로 이어졌다.

한편 개인정보의 경우, 미국은 우리나라나 유럽과 달리 비교적 유연한 보호체계를 갖추고 있다. 미국에서 개인정보는 헌법상 기본권이 아니라 프라이버시(privacy) 보호 문제의 일부에 불과하다. 법률적 차원에서 보더라도 개인정보 보호를 위한 일반법은 없고, 의료와 관련된 개인정보를 보호하는 「건강보험의 이전과 책임에 관한 법률」(Health Insurance Portability and Accountability Act, HIPAA)과 같이 중요한 영역에 한하여 개인정보를 보호하는 법률이 산재해 있을 뿐이다. 이들 법률은 개인정보의 이용에 정보주체의 사전적 동의를 요하지 않는 이른바 옵트아웃(opt-out) 형태로 되어 있어서 개인정보 수집·이용이 비교적 용이한 형식으로 되어 있기도 하다. 이러한 법제도는 민간 데이터 기업이 급속도로 성장할 수 있는 배경이

(available at: https://www.nitrd.gov/pubs/bigdatardstrategicplan.pdf)

66) President's Management Agenda team, Federal Data Strategy 2020 Action Plan, 2020. (available at: https://strategy.data.gov/action-plan/) 위 시행계획은 향후 10년간의 전략을 구체화하고 있으며, 특히 표준화, 품질, 보안 등에 관하여 각 연방기관이 준수할 가이드라인을 개발하고, 포털에 정책, 도구, 사례 등 관련 정보를 공개하도록 하고 있다.

67) 미국 정부는 2012년부터는 전자정부 전략에 입각해 수치 데이터뿐만 아니라 문서와 같은 비정형 데이터도 공개하기 시작했다(White House Office, Digital Government: Building a 21st Century Platform to Better Serve the American People, 2012). 그 결과 2017. 11. 기준 198,280개의 데이터세트를 확보하여 사용자의 활용이 용이한 다양한 형식으로 다운로드할 수 있게 되었다(박진아, "데이터의 보호 및 유통 법제 정립 방안", 서강법률논총 제9권 제2호, 서강대학교 법학연구소, 2020, 8면).

되기도 했지만, 수집된 개인정보의 남용이나 독점 등의 문제를 야기하기도 했다. 이에 따라 유럽과 같은 강력한 개인정보보호 법제를 요구하는 소비자의 목소리가 커지게 되었으며, 마침내 2018년에는 개인정보보호에 관한 미국 최초의 일반법이라고 할 수 있는 「캘리포니아 소비자 프라이버시 보호법」(Califormia Consumer Privacy Act, CCPA)이 제정되기에 이르렀다.[68]

영국은 미국과 마찬가지로 데이터의 자발적 교환과 공공데이터의 공급에 초점을 맞추고 있다. 즉 영국은 「정보공개법」(Freedom of Information Act 2000)을 시작으로 2014년의 오픈데이터 전략(Open Data Strategy), 2015년의 오픈 데이터 로드맵(Open Data Roadmap)으로 이어지는 오픈 데이터 정책을 통해 공공데이터의 개방 확대와 개방되는 데이터의 양적·질적 수준 향상을 통해 혁신을 고취하고자 하였다.[69] 이어서 2017년 '영국 디지털 전략'[70]을 통해 기업과 정부가 효과적으로 데이터를 활용할 수 있도록 강력한 데이터 기반을 구축하고자 하였고, 2020년의 '국가 데이터 전략'[71]은 최고 데이터 책임자(Chief data officer, CDO) 등 거버넌스의 정비와 데이터 시장 개방 추진에 관한 내용도 포함하였다.]

2. 유럽연합

유럽연합은 미국이 선도하는 데이터 경제에서 뒤처지지 않기 위해 역내

---

68) 위 법률은 개인정보에 대한 정보주체의 지배권을 인정한다는 점에서 개인정보에 관한 권리를 인격권으로 보는 유럽이나 우리나라의 태도와 유사하며, 데이터이동권을 도입하는 등 유럽 일반개인정보보호규정(General Data Protection Regulation, GDPR)과 상당히 유사한 내용으로 되어 있다. 다만 GDPR과 달리 미국법 특유의 옵트아웃 체제는 그대로 유지되고 있다.
69) 박진아, 앞의 논문, 8면 참조.
70) UK Digital Strategy 2017. (available at:https://www.gov.uk/government/publications/uk-digital-strategy/uk-digital-strategy)
71) National Data Strategy, 2020. (available at:https://www.gov.uk/government/publications/uk-national-data-strategy/national-data-strategy)

의 데이터 시장을 통합하는 한편 암묵적으로는 미국 기업들의 유럽 내 활동을 견제하는 방향으로 정책을 추진하고 있다. 즉 유럽연합은 2014년 데이터 경제 활성화를 정책 목표로 제시한 데 이어,72) 2016년에는 유럽을 하나의 디지털 시장으로 통합하기 위하여 역내의 데이터 이동이 원활하게 이루어질 수 있도록 제도의 정비를 촉구하였으며, 이는 2017년 '데이터 경제 육성전략'73)을 거쳐 2020년 '유럽 데이터 전략'74)으로 구체화되었다.

유럽은 2015년에 기존의 'EU 개인정보보호지침'75)을 정비하여 오늘날 세계적으로 큰 영향을 미치고 있는 「일반개인정보보호규정」(General Data Protection Regulation, GDPR)76)을 제정하였다. GDPR은 2019년에 제정된 '비개인정보의 자유로운 유통을 위한 규정'(Regulation on the free flow of non-personal data)77)과 마찬가지로 데이터의 자유로운 역내 유통과 이를 통한 데이터 경제의 발전을 의도하고 있었다. 그러나 유럽의 강력한 개인정보보호 법제를 역외적용함으로써 미국의 거대 데이터 기업의 활동을 제약하려는 보호무역주의적 접근으로 인해 개인정보보호 수준을 완화하지는 못했고, 오히려 데이터이동권(Right to Data Portability)78)이나 프로파일링

---

72) European Commission, Communication : Towards a thriving data-driven economy, 2014.

73) European Commission, op. cit.(2017A), 2017.

74) European Commission, Communication : A European strategy for data, 2020. 단일한 유럽 데이터 시장 구축, 공공데이터 개방, 주요 산업별로 개방형 데이터 인프라 조성, 데이터 관리 및 사용에 대한 규제 마련 등을 주요 내용으로 한다.

75) Directive 95/46/EC of 24 October 1995 on the protection of individuals with regard to the processing of personal data and on the free movement of such data. 'EU 개인정보보호지침'은 1980년 'OECD 프라이버시 가이드라인'과 1981년 '유럽평의회 (Council of Europe) 협약 108(Convention 108)'에 기초하여 만들어졌다.

76) Regulation (EU) 2016/679 of the Parliament and of the Council. 위 규정은 기존의 EU 개인정보 보호지침(Directive 95/46/EC)을 대체하였다.

77) Regulation (EU) 2018/1807 of the European Parliament and of the Council of 14 November 2018 on a framework for the free flow of non-personal data in the European Union.

78) GDPR § 20.

(profiling)에 대한 반대권, 이의권 및 개입요구권79)과 같은 논란이 많은 제도를 도입하여 개인정보보호법을 더욱 확대하고 강화하였다.

유럽연합 역시 미국과 마찬가지로 공공데이터의 개방을 추진하기 위하여 2003년 '공공데이터의 재이용에 관한 규칙'80)을 제정하고, 2020년 「데이터 거버넌스 법안」81)을 마련하는 등 많은 노력을 하고 있다. 그러나 강력한 개인정보보호법으로 인해 공공데이터의 개방은 의도와는 달리 잘 이루어지지 못하고 있다.82)

최근 유럽연합에서는 자발적인 데이터의 교환을 통한 유통과 활용이 원활히 이루어지지 못하자 비자발적인 데이터 접근을 통한 문제 해결을 도모

---

79) GDPR은 정보주체에게 자동화된 처리에만 의존하는 결정의 적용을 받지 않을 권리(반대권), 그리고 진술 및 이의권과 인간의 개입을 요구할 권리(개입요구권)을 인정하고 있다(GDPR § 22). 여기에서 한 걸음 더 나아가서, 비록 명시적인 조문은 없지만 GDPR의 여러 규정들(제13조 제2항 제f호, 제14조 제2항 제g호, 제15조 제1항 제h호)로부터 '자동화된 결정에 관하여 설명받을 권리'가 도출된다는 주장이 큰 반향을 일으키고 있다(Bryce Goodman and Seth Flaxman, "European Union regulations on algorithmic decision-making and a 'right to explanation'", AI magazine, vol.38 no.3, 2017). 이러한 내용들은 우리 개인정보보호법 개정안(2021. 9. 28. 정부 발의, 의안번호 제2112723호)에도 반영되고 있다. 그러나 이는 개인정보보호법의 취지 및 기능과 조화를 이루지 못하고, 헌법상 비례의 원칙에도 부합하지 않는다. 이에 관한 상세한 내용으로는 이상용, "알고리즘 규제를 위한 지도(地圖) - 원리, 구조, 내용 -", 경제규제와 법 제13권 제2호, 서울대학교 법학연구소, 2020, 151-152면.

80) DIRECTIVE 2003/98/EC of 17 November 2003 on the re-use of public sector information. 2016년 말까지 유럽연합 회원국의 96%가 위 지침의 전부 또는 일부를 국내법으로 수용하였다. 특히 위 지침은 '원칙적 공개'를 원칙으로 하고 있고, 기계 가독성 및 개방형 포맷을 지원한다는 점에서 공공데이터 개방에 대한 강력한 의지가 읽혀진다.

81) Proposal for a Regulation on European data governance (Data Governance Act), COM/2020/767 final. 위 법안에 관한 전반적인 설명으로는 김경훈·이준배·윤성욱, 데이터거버넌스 법안(Data Governance Act) 주요 내용 및 시사점, KISDI Premium Report 21-10, 정보통신정책연구원, 2021 참조.

82) 그 밖에도 회원국들 사이의 개방법제의 불통일, 데이터 이용허락 제도, 명확한 이용기준의 설정 미비 등이 공공데이터 활용 부진의 원인으로 거론되고 있다.

하려는 경향이 감지되고 있다.83) 이런 경향은 프랑스에서 더욱 심하게 나타난다. 즉 프랑스는 2016년 「디지털공화국법」(Digital Republic Act 2016; Loi pour une République Numérique)을 제정하여 공익데이터(data of general interest) 개념을 도입함으로써 민간 데이터 중 공익성이 인정되는 공익데이터는 정부나 공공기관이 관리하는 공공데이터에 준하여 데이터 보유자의 의사를 묻지 않고 개방하도록 하고 있다.84)

3. 일본과 중국

한편 일본은 2015년 'Society 5.0' 개념85)을 제시하고 2017년 '미래투자전략 - Society 5.0 실현을 향한 개혁'86)을 채택한 이래 새로운 사회의 인프라로서 데이터 기반 구축 및 데이터 활용을 위한 제도 정비에 나서고 있다. 우선 2016년의 「관민데이터활용추진기본법」87)은 국가와 지방자치단체가 보유한 데이터를 용이하게 이용할 수 있도록 하고, 개인에 관한 데이터의 원활한 유통을 촉진하기 위해 사업자의 경쟁상 지위 및 기타 정당한 이익

---

83) 이러한 경향은 2018년의 '유럽연합 역내 보편적 데이터 공간을 위한 제안서' (European Commission, Communication : Towards a common European data space, 2018), 그리고 위에서 본 '데이터 거버넌스 법안'(Data Governance Act) 등에서 찾아볼 수 있다. 특히 후자의 경우 공공데이터의 개방 외에도 민간 데이터의 유통과 접근도 목표로 하는데, 한편으로는 데이터의 자발적 교환을 용이하게 하기 위하여 개인정보 및 비개인정보를 포함한 데이터 수집 및 거래비용을 감소시키기 위한 방안들을 마련하는 동시에, 데이터에 대한 비자발적 접근을 위하여 데이터 이타주의(data altruism) 개념을 도입하였다. 이는 프랑스의 공익 데이터 개념을 상기시킨다.

84) 이에 대한 자세한 내용은 전주열, "프랑스 공공데이터 관련 법제도의 최근 동향", 외법논집 제40권 제4호, 한국외국어대학교 법학연구소, 2016 참조.

85) https://www8.cao.go.jp/cstp/kihonkeikaku/5basicplan_en.pdf 참조. Society 5.0은 '사이버 공간과 현실 공간을 고도로 통합한 시스템에 의하여 경제적 발전과 사회문제의 해결 사이에 균형을 이루는 인간 중심의 사회'로 정의된다.(https://www8.cao.go.jp/cstp/ english/society5_0/index.html)

86) https://www.kantei.go.jp/jp/singi/keizaisaisei/pdf/miraitousi2017_t.pdf 참조.

87) 官民データ活用推進基本法 (平成二十八年法律第百三号) (2016. 12. 14 공포 및 시행)

을 배려하면서 당해 개인의 관여 하에 적정하게 활용될 수 있도록 한다는
방침을 설정하였다.

이러한 맥락에서 그동안 지나치게 보호에 치우쳐 데이터의 활용과 유통
을 가로막는 것으로 인식되어 왔던 개인정보보호 법제의 개선이 이루어졌
다. 즉 2015년 개정 「개인정보보호법」88)에서 '익명가공정보(匿名加工情報)'
개념을 도입하여 개인정보를 익명가공정보로 처리한 후에는 목적 범위의
제한 없이 자유롭게 이용하고 공유할 수 있도록 하였다. 이와 같은 취지에
서 2018년 「의료 분야의 연구 개발을 돕기 위한 익명가공 의료정보에 관한
법률」89)에서는 의료데이터를 익명가공하여 보건의료기관이 아닌 제약회사
등에게 제공할 수 있도록 하는 한편 옵트아웃(opt-out) 방식을 채용함으로
써 데이터 규제를 완화하였다.

노력과 비용이 투입된 데이터를 적정하게 보호하여 데이터 생산 및 유통
을 위한 인센티브를 마련하기 위한 제도 개선도 이루어졌다. 다만 데이터
에 대한 배타적 지배권을 인정하지는 않고 부정경쟁방지 법리에 의하여 무
임승차 행위를 규제하는 방향으로 의견이 모아졌다.90) 2018년 개정 「부정
경쟁방지법」91)은 비공지성을 요건으로 하는 영업비밀과 달리 특정한 자에
게 제공하더라도 여전히 보호받을 수 있는 '한정제공데이터'라는 개념을
도입하고 이에 관한 부정경쟁행위를 금지하였다. 그리고 2018년 일본 경제
산업성은 위와 같은 부정경쟁방지법의 제한적 보호 하에서 계약에 의하여

---

88) 個人情報の保護に関する法律及び行政手続における特定の個人を識別するための番号の
　利用等に関する法律の一部を改正する法律（平成二十七年法律第六十五号）(2015. 9. 9
　공포 / 2017. 5. 30. 전부 시행)
89) 医療分野の研究開発に資するための匿名加工医療情報に関する法律（平成二十九年法律
　第二十八号）(2017. 5. 12. 공포 / 2018. 5. 11. 시행)
90) 일본에서 이루어진 지적재산권 법제에 의한 데이터 보호 방안 논의에 관한 상세한
　내용은 차상육, "빅데이터의 지적재산법상 보호", 법조 제67권 제2호, 법조협회, 2018,
　78-80면.
91) 不正競争防止法等の一部を改正する法律（平成30年5月30日法律第33号）(2018. 5. 30.
　공포 / 2019.7. 1. 전부 시행)

데이터 유통의 질서가 마련되도록 돕기 위하여, 「AI·데이터 이용에 관한 계약 가이드라인」92)을 마련하여 데이터 거래의 법률관계에 관한 지침과 표준약관을 제시하였다.

한편 중국 역시 강력한 데이터 정책을 수립하여 시행하고 있다. 중국 정부는 2017년 '빅데이터산업 발전계획'을 수립하여 데이터 개방 확대, 플랫폼·오픈소스 기술 지원, 산업생태계 발전 지원, 전문인재의 공급, 데이터거래소 설립 등을 추진해 왔다. 특히 중국은 2021년 데이터 처리 활동 및 그 보안을 관리감독하기 위하여 「데이터보안법」93)을 제정하였다. 위 법은 데이터 수집의 합법성을 강조하면서도, 중국 내 데이터 활동을 수행하는 모든 개인과 단체로 하여금 중국 정부에 대한 협조와 보고를 의무화하고 있으며, 데이터의 국경 간 이동의 통제 및 국가안전 등을 이유로 한 역외적용에 관한 내용을 담고 있어서,94) 전체적으로 데이터 주권과 통제를 강화하고 있다. 또한 중국은 2021년 「개인정보보호법」95)을 제정하여 개인정보의 보호와 활용의 조화를 도모하려고 한다. 위 법은 데이터이동권 및 프로파일링에 관한 조항96)을 받아들이는 등 GDPR을 모델로 하였으나 유럽연합보다는 완화된 보호를 하고 있다.97)

---

92) 日本 経済産業省, 「AI·データの利用に関する契約ガイドライン」, 2018.

93) 中华人民共和国数据安全法 (2021年6月10日第十三届全国人民代表大会常务委员会第二十九次会议通过) (2021. 9. 1. 시행)

94) 법률신문, "중국 데이터 보안법 제정과 시사점" (2021. 8. 6.) (https://www.shinkim.com/kor/media/newsletter/1559)

95) 中华人民共和国个人信息保护法 (2021年8月20日第十三届全国人民代表大会常务委员会第三十次会议通过) (2021. 11. 1. 시행)

96) 데이터이동권은 제42조에 규정되어 있으며, 중국에서는 일반적으로 '개인정보휴대권(个人信息可携带权)'이라고 표현한다. 프로파일링에 관한 규정은 제24조에 규정되어 있으며, 특히 의사결정의 투명성과 결과의 공정성과 공평성, 그리고 부당한 차별대우 금지에 관한 내용도 담고 있다.

97) 법률신문, "중국 개인정보보호법 출범, 유럽보다는 유연하게 미국보다는 엄격하게" (2021. 8. 26.) (https://m.lawtimes.co.kr/Content/Opinion?serial=172318)

4. 우리나라

우리나라에서도 일찍부터 데이터의 구축과 산업적 활용을 위한 정책적, 제도적 노력이 많이 이루어졌다. 초창기에는 행정전산망 구축, 국가 데이터 베이스 구축, 전자정부 등 기본 데이터 구축에 초점이 맞춰져 있었다면, 2010년 이후로는 공공데이터 개방, 빅데이터 산업 육성 등 데이터 산업의 발전에 초점이 있었다. 특히 문재인 정부 출범 이후에는 명시적으로 인공지능과 빅데이터 등 4차산업혁명 및 디지털 전환을 위한 전략들이 채택되었다. 2018년 '8. 31. 데이터경제선언'98)에서 시작된 정책적 방향은 같은 해 '데이터 산업 활성화 전략',99) 2019년 '인공지능 국가전략',100) 2020년 '디지털 뉴딜 계획',101) 2021년 '데이터 플랫폼 발전전략'102) 등을 통해 점차 구체화되었다. 인공지능 학습용 데이터 구축 및 개방,103) 빅데이터 플랫폼의 구축, 마이데이터 사업의 추진, 데이터 거래를 위한 표준계약서의 배포 등 가시적 성과도 나타나고 있다.104) 특히 조사 결과 기업의 데이터 활용의 가장 큰 애로사항이 '쓸 만한 양질의 데이터 부족'인 것으로 드러남에 따라105) 정책적 노력은 데이터 자원의 확보에 집중되었다.

데이터 자원 확보는 먼저 공공데이터를 중심으로 추진되었다. 우리나라

---

98) 한국정보화진흥원, 대한민국 혁신성장 데이터경제에서 길을 찾다 - 데이터경제 포럼 창립세미나 현장보고서 -, 2018, 3면.
99) 관계부처 합동, 데이터 산업 활성화 전략, 2018.
100) 관계부처 합동, 인공지능 국가전략, 2019.
101) 관계부처 합동, 한국판 뉴딜 종합계획, 2020. 한국판 뉴딜은 디지털 뉴딜, 그린 뉴딜, 안전망 강화 등 세 부분으로 구성되어 있다.
102) 관계부처 합동, 앞의 자료(2021).
103) 개방 대상에 비정형 데이터까지 포함시키고, 개방 대상 공공 데이터를 확대할 뿐 아니라 민간 데이터를 조달하여 공급하며, 데이터 품질 향상 및 표준화를 추구하고, API 등 효과적인 데이터 제공방식을 채택하는 등 다양한 노력이 이루어지고 있다.
104) 4차산업혁명위원회, 앞의 자료(2021) 참조.
105) 한국데이터산업진흥원, 앞의 자료(2021) 참조.

는 이미 2001년에 현행 「전자정부법」의 전신인 「전자정부 구현을 위한 행정업무 등의 전자화 촉진에 관한 법률」을 제정하여 행정기관의 주요 업무를 전자화하고 행정정보는 원칙적으로 인터넷을 통하여 공개하도록 하였다(제8조, 제9조). 그리고 2013년 「공공데이터의 제공 및 이용 활성화에 관한 법률」을 제정하여 공공데이터 포털(data.go.kr)을 통해 공공데이터를 제공해 오고 있으며(제21조), 매 3년마다 '공공데이터의 제공 및 이용 활성화에 관한 기본계획'을 수립하여 실시하도록 하고 있다(제7조).[106]

개인정보의 경우 'OECD 프라이버시 가이드라인'[107]의 영향 아래 1995년에 「공공기관의 개인정보보호에 관한 법률」이 제정되어 공공기관의 컴퓨터에 의하여 처리되는 개인정보의 보호가 이루어졌고, 2011년에는 'EU 개인정보보호지침'[108]의 영향 아래 「개인정보 보호법」이 제정되어 개인정보보호에 관한 일반법이 만들어졌다. 우리나라의 개인정보보호법은 사전동의를 원칙으로 하는 매우 경직된 법체계여서 개인정보를 포함하는 데이터의 활용에 큰 제약이 있었고, 익명처리를 위한 가이드라인[109]을 통하여 개

---

106) 공공데이터 포털은 2021. 9. 14. 현재 958개 기관이 관리하는 데이터를 파일 형식으로 43,256건, 오픈 API 형식으로 7,562건을 제공하고 있으며, 표준 데이터세트도 122개를 제공하고 있다.

107) OECD, Recommendation of the Council concerning Guidelines governing the Protection of Privacy and Transborder Flows of Personal Data, Paris, 23 September 1980. OECD의 개인정보 보호 8원칙은 ① 수집제한(Collection Limitation) 원칙, ② 정보 정확성(Data Quality) 원칙, ③ 목적 특정(Purpose Specification) 원칙, ④ 이용제한(Use Limitation) 원칙, ⑤ 안전성 확보(Security Safeguards) 원칙, ⑥ 공개(Openness) 원칙, ⑦ 정보주체 참여(Individual Participation) 원칙, ⑧ 책임(Accountability) 원칙이다. 정보주체 참여의 원칙에 따라, 정보주체는 정보수집 여부에 관하여 확인을 구할 권리, 합리적인 기간 내에 합리적인 방법과 알기 쉬운 형태로 자신에 관한 정보를 통지받을 권리, 통지가 거절된 경우 그 이유를 통보받고 이에 대하여 이의를 제기할 권리 및 자신에 관한 정보를 삭제, 정정, 완성 및 수정할 수 있는 권리를 갖는다(문재완, "유럽연합 개인정보보호법의 특징과 최근 발전", 외법논집 제40권 제1호, 1-18면, 한국외국어대학교 법학연구소, 2016, 3면).

108) Directive 95/46/EC of 24 October 1995 on the protection of individuals with regard to the processing of personal data and on the free movement of such data.

인정보보호법 적용을 우회하려던 정부의 시도는 행정해석의 한계와 시민단체의 반발[110]로 인해 성공하지 못했다. 다행히 2020년 개정 개인정보보호법[111]은 GDPR의 가명화(pseudonymization) 및 양립가능성(compatibility)에 관한 내용[112]을 모범으로 가명정보 개념을 도입하여 '통계작성, 과학적 연구, 공익적 기록보존' 등의 목적을 위해서는 정보주체의 동의 없이도 가명정보를 처리[113]할 수 있도록 하고(제28조의2), 당초 수집 목적과 합리적으로 관련된 범위에서는 일정한 요건 하에 정보주체의 동의 없이 개인정보를 이용하거나 제3자에게 제공할 수 있도록 하였다(제15조 제3항, 제17조 제3항).[114] 그러나 그럼에도 불구하고 위와 같은 특례를 적용받기는 여전히 쉽지 않아서, 정보주체가 본인신용정보관리업자에게 자신의 신용정보의 관리를 위탁할 수 있도록 하는 등(마이데이터)[115] 동의 제도의 개선 및 확장에 의지하려는 시도가 이루어지고 있다.

위에서 본 공공데이터와 개인정보의 제공 및 활용과 관련된 법안들 외에도 많은 법안들이 국회에 제출되었고, 일부는 입법이 되어 시행을 기다리

---

109) 관계부처 합동, 「개인정보 비식별 조치 가이드라인」, 2016. 6. 30.

110) 중앙일보, "'행정해석'대로 해도 '고발'…한국은 빅데이터 후진국" (2018. 10. 22.) (https://www.joongang.co.kr/article/23053985#home)

111) 2020. 2. 4. 법률 제16930호로 개정되어 2020. 6. 5.부터 시행된 것.

112) GDPR 전문 (50), § 89 참조.

113) 처리에는 이용 뿐만 아니라 제3자 제공도 포함된다. 개인정보보호법 제2조 제2호 참조.

114) 당시 개인정보를 규율하는 법률로는 개인정보보호법 외에도 정보통신서비스제공자에 대하여 적용되는 「정보통신망 이용촉진 및 정보보호 등에 관한 법률」(이하 '정보통신망법'이라고만 한다)과 신용정보업자에게 적용되는 신용정보법이 있었다. 위에서 본 개인정보보호법의 개정과 함께 정보통신망법에 있던 개인정보에 관한 규정들이 개인정보보호법으로 흡수되고, 신용정보법에도 유사한 취지의 규정들이 마련되었다(예컨대 가명정보에 관한 제32조 제6항 9의2호 및 양립가능성에 관한 제32조 제6항 9의4호). 이러한 경위 때문에 흔히 위 세 법의 개정을 '데이터 3법 개정'이라고 부른다.

115) 신용정보법 제22조의8, 제22조의9.

고 있다. 2022. 4. 20. 시행될 예정인 「데이터산업법」과 「부정경쟁방지 및 영업비밀보호에 관한 법률」(이하 '부정경쟁방지법'이라고 한다), 그리고 현재 국회에 계류 중인 「민법 일부개정법률안」116) 등이 그것이다. 이들 법안에 관하여는 뒤에서 관련 쟁점을 다루면서 보다 상세히 검토할 것이다. 데이터세트를 이루는 개별 데이터를 동의 없이 이용할 수 있도록 하려는 법안도 있는데, 이른바 데이터마이닝(Text and data mining, TDM)에 대한 면책을 규정한 「저작권법 일부개정법률안」117)이 그것이다. 한편, 「빅데이터의 이용 및 산업진흥 등에 관한 법률안」118)은 개인정보의 비동의 활용에 관하여 규정하고 있었는데, 많은 비판 끝에 임기 만료로 폐기되었다.

특히 데이터산업법은 민간 데이터를 중심으로 시장원리에 기반하여 데이터의 생산, 거래 및 활용을 촉진함으로써 국민생활의 향상과 국민경제의 발전을 도모하는 것을 목적으로(제1조, 제3조) 다양한 방안들을 체계적으로 마련하고 있어 주목을 받고 있다. 위 법은 ① '국가데이터정책위원회'를 설치하여(제6조) 3년마다 데이터산업 진흥을 위한 기본계획을 수립하도록 하였고(제4조), ② 데이터의 생산 및 상품화(제9조), 결합(제10조), 분석·활용(제11조, 제13조)의 촉진을 위하여 데이터 자산의 보호방안을 마련하였으며(제12조), ③ 데이터의 유통·거래(제18조)의 촉진을 위하여 가치평가 지원(제14조), 품질관리 및 인증 사업(제20조), 데이터 표준화(제28조), 표준계약서의 보급(제21조), 데이터거래소의 지원(제19조), 전문적 조언을 제공할 수 있는 데이터거래사 양성(제23조) 등을 추진하도록 하였다. 그 밖에 ④ 창업 지원(제24조), 인력 양성(제25조), 기술 개발(제26조) 등 산업생태계 조성을 도모하고, ⑤ 협상력의 남용을 막고(제17조) 중소기업 지원을 통해 불균형을 시정함으로써(제31조) 데이터 시장의 효율성이 유지될 수 있

---

116) 2020. 11. 2. 조정훈 의원 대표발의, 의안번호 제2104799호.
117) 2020. 12. 21. 주호영 의원 대표발의, 의안번호 제2106785호.
118) 2016. 5. 30. 배덕광 의원 대표발의, 의안번호 제200002호.

도록 하며, ⑥ 데이터분쟁조정위원회를 설치하여(제34조 내지 제41조) 데이터 거래 과정의 분쟁을 효율적으로 해결할 수 있도록 하였다.

이처럼 우리나라에서 데이터 유통 및 활용과 관련된 정책적, 제도적 노력은 주로 개인의 자발적 교환에 초점을 맞추어 왔고, 정부의 역할은 공공데이터의 공급이나 거래비용 절감 등 시장실패의 교정이나 데이터 생산을 위한 인센티브 부여에 한정되고 있었다. 그러나 최근에는 데이터 접근권을 강조하며 비자발적 수단에 의한 데이터 공유에 의존하려는 경향이 조금씩 나타나고 있다. 「전기통신사업법 일부개정법률안」[119]이 대표적인데, 위 법안은 대규모 데이터를 보유하는 전기통신사업자에게 다른 정보통신사업자나 통신판매사업자 또는 서비스 이용자의 데이터 접근 요청에 응할 의무를 부담시키고 있다(제42조의2). 「개인정보보호법 개정안」[120] 역시 GDPR의 데이터이동권 및 프로파일링 관련 규정을 모델로 하여 개인정보 전송요구권(제35조의2)과 자동화 의사결정에 대한 배제권(제37조의2)를 신설하여 데이터 접근권의 요소를 일부 포함하고 있다.

---

119) 2021. 9. 10. 변재일 의원 대표발의, 의안번호 제2112513호
120) 2021. 9. 28. 정부 발의, 의안번호 제2112723호

제2장 데이터의 의의

제1절 데이터의 개념

1. 법률에 나타난 데이터의 개념

최근 몇 년간 데이터 경제에 대한 관심이 커지면서 데이터의 보호와 활용을 지원하기 위한 법률의 제정이나 개정이 많이 이루어졌고, 아직 국회에서 통과되지는 않았지만 주목할 만한 법안도 많이 있다. 이들 법률과 법안은 각기 데이터에 대한 나름의 정의 규정을 두고 있다. 비록 완전히 만족스럽지는 않지만 이들 정의 규정은 최근의 사회경제적 변화에 따른 입법적 수요에 부응하기 위해 마련된 것으로서 적절한 데이터 개념을 정립할 수 있는 단초를 제공한다.

우선 「공공데이터의 제공 및 이용 활성화에 관한 법률」(이하 '공공데이터법'이라고만 한다) 제2조 제2호는 공공데이터를 '데이터베이스, 전자화된 파일 등 공공기관이 법령 등에서 정하는 목적을 위하여 생성 또는 취득하여 관리하고 있는 광(光) 또는 전자적 방식으로 처리된 자료 또는 정보'라고 정의한다. 이러한 정의는 전자적 방식 등에 의한 처리를 개념 요소로 한다는 점에서는 의미가 있지만, 공공기관에 의하여 생산·관리되는 정보에 제한된다는 한계가 있다. 「지능정보화 기본법」은 제2조 제1호에서 정보를 '광(光) 또는 전자적 방식으로 처리되는 부호, 문자, 음성, 음향 및 영상 등으로 표현된 모든 종류의 자료 또는 지식'이라고 정의하는 한편, 동조 제4호 나항에서 '지능정보기술'을 정의하는 과정에서 전자적 처리의 대상이 되는 데이터를 '부호, 문자, 음성, 음향 및 영상 등으로 표현된 모든 종류의 자료 또는 지식'으로 정의하고 있다.[121] 「데이터기반행정 활성화에 관한 법률」 제2조 제1호는 데이터를 '정보처리능력을 갖춘 장치를 통하여 생성 또는 처리되어 기계에 의한 판독이 가능한 형태로 존재하는 정형 또는 비정형의 정보'라고 정의하였다. 전자적 처리를 기계 판독 가능성으로 구체화하고 비정형 정보를 명시적으로 포함한 점에 특징이 있다. 한편, 저작권법 제2조 제12의4호는 데이터베이스 제작자의 권리의 목적이 되는 데이터베이스를 '소재를 체계적으로 배열 또는 구성한 편집물로서 그 소재를 개별적으로 접근 또는 검색할 수 있도록 한 것'으로 매우 좁게 정의하고 있다. 한편, 데이터산업법 제2조 제1호는 데이터를 '다양한 부가가치 창출을 위해 관찰, 실험, 조사, 수집 등으로 취득하거나 정보시스템 및 「소프트웨어 진흥법」 제2조제1호에 따른 소프트웨어 등을 통하여 생성된 것으로서 광(光) 또는 전자적 방식으로 처리될 수 있는 자료 또는 정보'라고 정의함으로써, 경제적 가치와 전자적 처리 가능성을 주된 개념 요소로 하고 있다. 부정경쟁방지법 제2조 제1호 (카)목은 데이터산업법상의 데이터 개념을 차용하면서 그 중 특정한 요건을 갖춘 것에 대하여 부정사용의 금지를 규정하고 있다.

아직 국회에서 심의 중인 법안들 가운데에도 데이터에 관한 정의 규정을 둔 것들이 있다. 「산업의 디지털 전환 및 지능화 촉진에 관한 법안」[122] 제2조 제1호는 특이하게도 '산업데이터'라는 용어를 창안하여 '「산업발전법」 제2조에 따른 산업, 「광업법」 제3조제2호에 따른 광업, 「에너지법」 제2조 제1호에 따른 에너지와 관련한 산업과 「신에너지 및 재생에너지 개발·이용·보급 촉진법」 제2조제1호 및 제2호에 따른 신에너지 및 재생에너지와

---

121) 참고로 위 법의 전신인 구 국가정보화기본법(2020. 12. 11. 법률 제17344호 지능정보화기본법으로 전부개정되기 전의 것) 제3조 제1호는 '정보'를 '특정 목적을 위하여 광(光) 또는 전자적 방식으로 처리되어 부호, 문자, 음성, 음향 및 영상 등으로 표현된 모든 종류의 자료 또는 지식'으로 정의하였다.
122) 2020. 10. 14. 고민정 의원 대표발의, 의안번호 제2104509호.

관련한 산업의 활동과정에서 생성 또는 활용되는 것으로서 광(光) 또는 전
자적 방식으로 처리될 수 있는 모든 종류의 자료 또는 정보'라고 정의한다.
데이터의 산업적 맥락을 반영한 정의 규정이다.

위 입법례들은 데이터를 특정한 요건을 갖춘 자료나 정보 또는 지식으로
정의하고 있다. 그런데 일반적으로 자료 내지 데이터(data), 정보(information),
지식(knowledge) 등은 서로 다른 의미로 사용되어 왔다. 정보는 지식의 내
용 또는 상태이고, 데이터는 이러한 정보를 구체화하는 수단이며, 그런 점
에서 정보는 데이터의 '무형 부분'이라고 이해하는 견해123)가 이를 잘 보
여준다. 국제표준화기구(ISO)에서는 '정보'를 '사실, 사건, 사물, 프로세스
와 같은 객체에 관한 지식 또는 일정한 맥락에서 특별한 의미를 가진 아이
디어 및 개념'으로 정의하는 한편,124) '데이터'를 '커뮤니케이션, 해석 또는
처리에 적합한 형식화된 방식으로 정보를 재해석 할 수 있는 표현'으로 정
의하는데,125) 유사한 입장이라고 할 수 있을 것이다. '정보'라는 용어는 20
세기 초반 자연과학 분야에서 '정보이론(information theory)'에 의하여 정량
적인 의미를 지닌 전문적 용어로 자리잡은 뒤,126) 사회과학 분야에서 '정보
학(information science)'에 의하여 사회적 의미를 지닌 용어로 사용되기 시
작하면서 그 영역이 확대되는 동시에 의미가 불명확해졌다. 오늘날에는 단
일한 정보의 개념을 모든 학문 영역에 적용시키기보다는 관련 상황에 맞추
어 실용적으로 해석하는 화용론적 접근이 일반적이다. 한편 정보를 전자적

---

123) Niko Härting, ""Dateneigentum" - Schutz durch Immaterialgüterrecht?", Computer
   und Recht 10/2016, 647.
124) ISO/IEC 2382:2015 Information Technology - Vocabulary, 2121271.
125) ISO/IEC 2382:2015 Information Technology - Vocabulary, 2121272.
126) 정보이론의 아버지 섀넌은 정보를 '엔트로피(entropy, 무질서도)를 감소시키는 도구'
   라고 보았고(Claude Shannon, "Prediction and entropy of printed English", Bell
   System Technical Journal vol. 30. no.1, 1951, 50-64), 란다우어는 '전달된 커뮤니케
   이션을 간단하게 줄여 놓은 집합체'라고 정의하였앴다(Rolf Landauer, "Information is
   physical", Physics Today vol.44. no.5, 1991, 23-29).

정보에 한정할 것인지 여부에 관하여도 여러 입장이 있을 수 있다. 예컨대 앞서 본 「지능정보화 기본법」 제2조 제1호는 전자적 처리를 개념 요소로 하고 있지만, 그렇지 않은 경우도 많다.[127]

이처럼 정보는 여러 의미로 사용되고 있지만, 여기서는 정보를 가능한 한 넓은 의미로 이해하면서 이를 한정짓는 개념 요소들을 추가하는 방식으로 데이터를 정의하고자 한다. 그럴 경우 정보는 '어떤 것에 관하여 주체에게 알려지는 것으로서 주체나 대상 그 자체와는 구별되는 것' 정도로 이해하면 족할 것이며, 실질적으로 중요한 문제는 데이터를 정의하기 위하여 이를 한정짓는 개념 요소를 판별해내는 일일 것이다. 데이터 경제의 발전이라는 정책적 목표는 이 작업에 있어서 등대이자 나침반의 역할을 하게 된다.

2. 전자적 처리가 가능한 정보로서의 데이터

가장 중요한 개념 한정 요소는 전자적 처리 가능성이다. 디지털 전환과 4차산업혁명의 핵심은 빅데이터 및 인공지능 기술을 필두로 '판단과 의사결정의 자동화'에 있다. 이러한 맥락에서 정보는 도구에 의한 자동적 연산 내지 처리를 전제로 할 때 비로소 보호나 활용의 가치가 인정될 수 있다.[128] 그런 점에서 데이터를 '수, 영상, 단어 등의 형태로 이루어진 의미

---

127) 예컨대 「공공기관의 정보공개에 관한 법률」 제2조 제1호는 '정보'를 '공공기관이 직무상 작성 또는 취득하여 관리하고 있는 문서 및 전자매체를 비롯한 모든 형태의 매체 등에 기록된 사항'으로 정의한다; 1999년의 미국 「통일컴퓨터정보거래법 (Uniform Computer Information Transactions Act, UCITA)」은 '정보(information)'를 '데이터, 텍스트, 이미지, 음향, 회로 패턴, 또는 컴퓨터 프로그램 또는 이들의 편집물'이라고 정의한다[§ 102(a)(35)]. 참고로 UCITA는 정보권(Informational rights)이라는 용어를 도입하였는데, 이는 법률에 의하여 배타적 지배권(a right to control or preclude another person's use of or access to the information on the basis of the rights holder's interest in the information)이 인정되는 지적재산권법 등에 의한 권리를 의미할 뿐이다[§ 102(a)(38)].

단위로서, 정보를 구성하는 자료'라고 정의하는 견해[129)는 서류나 종이 책 속의 정보나 심지어 머릿 속의 정보까지도 포함하게 되어 의미 있는 한정 기능을 수행하지 못할 것이다.

다만 전자적 처리 가능성이라는 요건을 지나치게 엄격하게 해석하는 것은 타당하지 않다. 과거에 전자적 처리 가능성이 별로 없었던 비정형 데이터들도 컴퓨터 연산 능력의 향상에 따라 전자적 처리가 가능해진 것처럼, 기술 발전에 따라 처리 가능성의 장벽은 지속적으로 낮아질 것이며, 심지어 언젠가 필요 없게 될 날도 올 수 있을 것이다. 나아가 장차 양자 컴퓨터 또는 화학 컴퓨터에 의한 처리나 배양 세포를 이용한 인공 뇌에 의한 처리도 실용화될 수 있다는 점을 고려한다면 보다 넓게 '도구에 의한 처리'라고 표현하는 것이 보다 합목적적일 수도 있다. 그러나 현재로서는 전자적 처리가 가장 일반적이고 효율적이므로 '전자적 처리'라고 표현해도 무방하다고 생각된다.

3. 구문론적 정보로서의 데이터

정보 개념은 법적 규율의 대상으로서 3가지 층위로 구분된다.[130) 첫 번

---

128) 일부 견해는 데이터 소유권 논의의 맥락에서 디지털화라는 요소를 검토한다. 즉 데이터가 독자적 권리객체가 되려면 누가 관리하든 그 데이터에 대한 접근·통제권만 취득하면 그 가치를 - 어느 정도 - 실현할 수 있어야 하는데, 이는 통상적으로 디지털화를 통해 가능하므로 데이터 소유권의 맥락에서 논의되는 데이터는 디지털화되어 있어야 한다고 주장한다[이동진, 앞의 논문(2018), 222면].

129) Peter Checkland and Sue Holwell, Information, Systems, and Information Systems: Making Sense of the Field, John Wiley & Sons, 1998, pp. 82-89. 뒤에서 보는 것처럼 위 견해는 데이터를 구문론적 정보가 아닌 의미론적 정보로 본다는 점에서도 약점을 갖고 있다.

130) Lawrence Lessig, The Future of Ideas: The Fate of the Commons in a Connected World, Vintage, 2002, p. 23. 이것은 Benkler가 제시한 정보통신 네트워크의 3계층에서 아이디어를 얻은 것이다(Benkler, "From Consumers to Users: Shifting the Deeper Structures of Regulation Toward Sustainable Commons and User Access," 52

째는 코드 층위(code layer)의 구문론적 정보(syntaktische Information)로서, 이는 다양한 표시·기호·부호 및 이들과 특정 정보와의 관계를 의미한다. 두 번째는 콘텐츠 층위(content layer)의 의미론적 정보(semantische Information)로서, 디자인 또는 노하우와 같은 정보의 내용을 의미한다. 세 번째는 물리적 층위(physical layer)의 구조적 정보(strukturelle Information)로서, 구문론적 정보나 의미론적 정보가 '유형화(有形化)'된 관찰 가능한 물리적 객체의 구조를 의미한다.

다수의 학자들은 데이터를 구문론적 개념으로 이해하는데,[131] 대체로 타당하다고 생각된다. 의미론적 정보는 지식이라는 표현이 보다 적절하고, 구조적 정보는 원 질료로부터 분리되지 않기 때문이다.[132] 정보는 데이터를 통해 재현됨으로써 비로소 인식될 수 있으므로 정보는 데이터의 '무형부분'이라는 견해도 있다.[133] 예를 들어 A의 1년 간의 진료 내역에 관한 내용이 담긴 엑셀 파일이 USB 메모리에 저장되어 있는 경우, A의 진료 내역에 관한 내용 자체는 의미론적 층위, 엑셀 파일은 위 내용을 드러내는 것으로서 구문론적 층위, USB 메모리의 셀(Cell) 상태 배열 구조는 위 파일에 대응되는 물리적 층위에 각 해당한다. 정보를 보호하는 법제도들은 종종

Fed. Comm. L. J. 561, 562-563, 2000); Herbert Zech, Information als Schutzgegenstand, Mohr Siebeck, 2012, S. 37 ff.; MünchKomm/Wagner, 8. Auflage, 2020, § 823, Rn. 333ff 참조.

131) 이동진, 앞의 논문(2018), 221-222면; 최경진, "데이터와 사법상의 권리, 그리고 데이터 소유권", 정보법학 제23권 제1호, 한국정보법학회, 2019, 220-221면; 박진아, 앞의 논문, 11면; 백대열, "데이터 물권법 시론 - 암호화폐를 비롯한 유체물·동등 데이터를 중심으로 -", 민사법학 제90호, 한국민사법학회, 2020, 108-109면.

132) 이동진, 앞의 논문(2018), 221-222면; 같은 취지의 견해로, 정진명, "데이터 이용과 사법적 권리구제", 민사법학 제92호, 한국민사법학회, 2020, 307-308면.

133) Härting, op. cit., S. 647. 위 견해는 데이터는 정보를 드러내는 수단이므로 무결성 보호가 중요한 반면 정보는 가치성이 중요하다는 전제에서, 데이터에 대한 권리 부여는 결국 데이터에 내재된 무형부분이 보호가치를 가지는 한도에서 고려될 수 있다고 주장한다. 그러나 이는 데이터가 다양한 맥락에서 새로운 의미와 가치를 창출하는 원천이 되는 현실을 제대로 반영하지 못한 주장이다.

서로 다른 층위의 정보를 보호한다. 예컨대 특허권은 의미론적 정보의 보호에, 저작권이나 부정경쟁방지법상 성과모방(Nachahmung) 등은 구문론적 정보의 보호에 해당하며, 영업비밀 보호는 이들 모두에 해당할 수 있다.134) 구조적 정보는 통상 그것을 구현하고 있는 물건의 소유권이나, (초상권이나 DNA 등의 경우) 사람의 인격권으로 보호된다. 이처럼 보호 대상인 정보의 층위가 다르기 때문에 때로는 일건 하나의 대상에 여러 제도에 의한 보호가 중첩될 수도 있다.

일부 견해는 구문론적 정보로서의 특성을 드러내기 위해 데이터의 개념에 기호화라는 요소를 포함시킨다. 즉 데이터는 '원(源) 정보 중 필요한 부분을 정해진 규칙에 따라 기호화, 즉 코딩(coding)하고, 이러한 코딩이 원칙적으로는 컴퓨터 등 정보처리장치에 의하여 처리될 수 있도록 디지털화된 것'이라고 한다.135) 일리가 있기는 하지만, 구문론적 정보로서의 데이터의 정의는 의미론적 요소를 포함시키지 않는 것으로 충분하고, 기호화라는 요소를 적극적으로 포함시킬 필요는 없다고 생각된다.

4. 개인정보를 배제하지 않는 데이터

데이터의 개념 요소로서 개인정보가 아닐 것을 요구하는 견해가 있다.136) 이에 따르면 데이터는 '정보처리능력을 갖춘 장치를 통하여 생성 또는 처리된 자료로서 개인정보 이외의 것'이라고 한다. 그러나 이러한 주장은 적절하지 않다.137)

---

134) 이동진, 앞의 논문(2018), 221면. 다만 Lessig은 저작권에 의하여 보호되는 저작물이 content layer 단계에서 보호된다고 보았다(Lessig, op. cit., pp. 24-23).
135) 이동진, 앞의 논문(2018), 221-222면.
136) 정진명, 앞의 논문, 304면; 유사한 취지로 이동진, 앞의 논문(2018), 225-227면(인격권의 재산적 요소까지 데이터 소유권에 관한 문제로 끌어들일 필요는 없다고 한다)
137) 권영준, 앞의 논문(2021), 18-19면; 박준석, "빅 데이터 등 새로운 데이터에 대한 지적재산권법 차원의 보호가능성", 산업재산권 제58호, 한국지식재산학회, 2019, 85-86면.

금융 데이터, 통신 데이터, 의료 데이터 등과 같이 오늘날 높은 가치가 인정되는 데이터는 대부분 개인정보를 포함하고 있다. 이러한 데이터는 개인별 맞춤형 서비스를 제공하는 데 이용될 뿐 아니라 익명처리나 가명처리를 거쳐 더 나은 서비스와 새로운 서비스를 제공하는 데에도 이용될 수 있다. 또한 개인정보는 성명, 주민등록번호 및 영상 등을 통하여 개인을 알아볼 수 있는 정보뿐만 아니라, '다른 정보와 쉽게 결합하여 알아볼 수 있는 정보'도 포함되는 매우 경계가 불명확한 개념이다(제2조 제1호 나항). 2020년의 법 개정을 통해 '쉽게 결합할 수 있는지 여부'를 판단하기 위한 기준으로서 '다른 정보의 입수 가능성 등 개인을 알아보는 데 소요되는 시간, 비용, 기술 등을 합리적으로 고려하여야 한다'는 내용이 추가되었지만, 여전히 명확성과는 거리가 멀다. 따라서 개인정보와 그 밖의 데이터를 명료하게 구별하기는 쉽지 않다.[138] 비록 개인정보에 관한 권리가 인격권으로 구성되어 있기는 하지만 저작권이나 퍼블리시티권의 예에서 알 수 있듯이 인격적 요소와 재산적 요소는 하나의 대상 내에 동거할 수 있으므로 데이터의 권리관계를 논함에 있어서 데이터의 재산적 측면과 인격적 측면은 총체적으로 고려되어야 한다.[139] 개인정보보호의 법리가 데이터에 관한 권리관계를 복잡하게 만들고 활용에 상당한 제약을 가져오는 것은 사실이지만, 그렇다고 개인정보를 데이터에서 제외하는 것은 중요하면서도 급박한 실제적 문제를 다루기 쉬운 이론적 유희로 바꾸는 것과 다름없다.

---

138) Nadezhda Purtova, The Law of Everything. Broad Concept of Personal Data and Future of EU Data Protection Law, 10 Law Innov Technol 40, 2018.

139) 권영준, 앞의 논문(2021), 18-19면; Inge Graef, Raphael Gellert & Martin Husovec, *"Towards a Holistic Regulatory Approach for the European Data Economy: Why the Illusive Notion of Non-Personal Data Is Counterproductive to Data Innovation"*, available at https://papers.ssrn.com/abstract=3256189.

5. 재화로서의 데이터

지금까지 데이터가 전자적 처리가 가능한 구문론적 정보라는 점을 살펴보았다. 이는 다분히 존재론적인 관점에서 바라본 것이다. 그러나 여기에서 우리가 데이터의 개념을 정의하고자 하는 이유는 데이터 경제의 기반이 되는 데이터의 활용을 촉진하기 위하여 법제도를 분석하고 평가하기 위한 틀을 마련하고자 함이다.[140] 그렇다면 데이터는 경제적 가치를 지니고 이용 및 거래의 대상이 될 수 있어야 할 것이다. 체히(H. Zech)가 데이터를 '경제재(Wirtschaftsgut)'라고 부른 것도 이와 같은 맥락이다.[141] 이와 같이 목적론적 관점 내지 기능적 관점에서 데이터를 바라볼 경우에만 비로소 데이터 보호의 법적 구성방식에 관하여 법해석론을 넘어선 법정책적 접근을 할 수 있으며, 이를 위해 적정한 법철학적, 법경제학적 분석도구를 사용할 수 있게 된다. 다만 경제적 가치의 유무나 이용 및 거래의 대상이 되는지 여부는 기술의 발전, 사회경제적 변화, 그리고 구체적 맥락에 따라 달라질 수 있으므로 사전적으로 그 기준을 설정해놓을 수는 없다. 따라서 이를 데이터의 정의에 포함시킬 필요는 없을 것이다.

6. 소결

이상의 논의를 종합하면, 법정책적 분석을 위한 데이터의 개념은 전자적 처리가 가능한 구문론적 정보로서 경제적 가치를 지니고 이용 및 거래의 대상이 될 수 있는 것을 의미하지만, 법적 정의로는 '전자적 처리가 가능한 정보' 정도로 충분하다고 생각된다.

학자들의 견해도 대체로 유사하다. 데이터를 컴퓨터로 처리 가능한 형태

---

140) 이상용, 앞의 논문(2018), 23면.
141) Zech, op. cit., S. 37ff.

로 된 정보라고 정의하거나,[142] 일정한 목적을 가지고 처리하여 표현되어
진 디지털 형태로 된 자료라고 개념짓거나,[143] 원 정보 중 필요한 부분을
정해진 규칙에 따라 기호화(coding)하고 그것이 컴퓨터 등 정보처리장치에
의하여 처리될 수 있도록 디지털화된 것으로 정의하거나,[144] 전자적 방식
으로 처리된 자료 또는 정보로서 의미론적 정보가 아닌 구문론적 정보라고
하는 등의 견해[145]는 모두 위와 같은 개념 및 정의와 부합하는 것이다.

제2절 데이터의 유형

1. 개별데이터와 데이터세트

가. 데이터세트

가장 중요한 것은 개별데이터와 데이터세트의 구별이다. 예컨대 서론에
서 보았던 사례에서 각 반려견의 혈액 샘플 정밀 사진이 개별데이터라면
이들을 모아 놓은 것이 데이터세트가 된다. 데이터세트는 소재가 되는 다
수의 개별데이터들의 집합물을 의미한다.[146] 위와 같은 개념은 개별데이터
의 분리 가능성과 데이터세트의 일체성을 전제로 한다. 개별데이터들이 데
이터세트로부터 분리되어 서로 구별될 수 있는지 여부의 판단은 사회 통념

---

142) 최경진, 앞의 논문(2019), 220-221면.

143) 배대헌, "거래대상으로서 디지털 정보와 '물건' 개념 확대에 관한 검토", 상사판례연
    구 제14권, 한국상사판례학회, 2003, 334면

144) 이동진, 앞의 논문(2018), 221-222면.

145) 박진아, 앞의 논문, 11면.

146) 박준석, 앞의 논문(2019), 103면, 108면; 이규호, "인공지능 학습용 데이터세트 보호
    를 위한 특허법상 주요 쟁점 연구", 산업재산권 제64호, 한국지식재산학회, 2020, 90
    면, 98면; 전성태 외 4인, 지능형 로봇분야 출원제도 및 심사기준 제정에 관한 연구,
    한국지식재산연구원, 2018, 31면.

이나 거래 관행에 따라 객관적으로 판단해야 할 것이다. 개별데이터가 어떠한 권리의 객체가 되는 경우에는 분리 가능성이 쉽게 인정되겠지만, 그렇지 않은 경우에도 분리 가능성이 인정될 수 있다. 저작권법상 소재가 저작물에 해당하는지 여부와 무관하게 편집저작물이 성립할 수 있는 것과 마찬가지이다.147) 데이터세트의 일체성은 개별데이터들 사이의 객관적 관련성과 함께 데이터세트 생산자의 일체적 의사를 고려하여 판단해야 한다. 하지만 결국에는 사회 통념이나 거래 관행이 중요한 역할을 하게 될 것이다. 앞서 본 바와 같은 '전자적 처리가 가능한 구문론적 정보로서 경제적 가치를 지니고 이용 및 거래의 대상이 될 수 있는 것'이라는 데이터의 정의는 개별데이터의 분리 가능성과 데이터세트의 일체성을 뒷받침할 수 있다. 저작권법상 편집저작물이나 데이터베이스의 경우 이를 구성하는 개별 소재의 분리 가능성이나 전체로서의 일체성과 관련하여 특별한 문제 제기가 이루어지지 않고 있다는 점은148) 데이터세트의 경우에도 그것이 크게 문제되지 않을 것임을 시사한다.

한편 데이터세트에 포함될 개별데이터가 단지 '복수'인 것으로 충분할지 여부도 문제될 수 있다. 데이터세트에 대한 보호를 제공하려는 목적이 인공지능, 빅데이터 등의 기술을 바탕으로 하는 데이터 경제를 발전시키기 위하여 그 자원이 되는 데이터세트의 생산 및 유통의 인센티브를 제공하는 데 있다는 점을 상기해본다면, 보호 대상이 되는 데이터세트는 단지 복수, 즉 2개 이상의 개별데이터를 포함하는 것만으로는 부족하고 상당히 많은 개별데이터를 포함해야 한다고 할 수 있다. 그러나 구체적으로 얼마나 많은 개별데이터가 포함되어야 하는지는 문제되는 상황과 맥락에 따라 매우 달라질 수 있어서 미리 정해둘 수 있는 성격의 것이 아니다. 그렇다고 '상당한 수'의 개별데이터를 포함할 것을 요구하는 등으로 추상적인 기준을

---

147) 오승종, 저작권법(제4판), 박영사, 2016, 197면.
148) 오승종, 앞의 책, 197면, 1035-1036면.

설정하는 것만으로는 예측가능성을 높이는데 한계가 있고 오히려 불필요한 분쟁을 야기할 우려도 있다. 현재로서는 개별데이터의 수가 문제되는 분쟁 사례가 발생하지 않는 이상 '다수'의 개별데이터들의 집합물이라는 정의로도 입법정책적 목적을 달성하기에 충분하다고 생각된다.

개별데이터와 데이터세트는 인센티브 구조와 거래비용의 구조가 전혀 다르다. 예컨대 개별데이터가 기업의 생산활동 과정이나 사람의 사회활동 과정에서 자연스럽게 발생하는 것이라면 그 생산을 위한 별도의 인센티브가 필요하지 않다. 그러나 이러한 개별데이터를 수집하고 축적하여 하나의 집합물인 데이터세트로 만드는 데에는 상당한 비용과 노력이 필요하다. 그리고 개별데이터는 그 수가 많기 때문에 개별데이터마다 권리자가 다르다면 거래비용이 매우 높아지지만, 다수의 개별데이터의 집합물인 데이터세트의 경우에는 권리자의 수가 적어 거래비용이 그만큼 높지 않다. 따라서 법정책적인 관점에서는 개별데이터에 관한 논의와 데이터세트에 관한 논의는 서로 구별할 필요가 있다.

나. 데이터세트와 구별할 개념

한편 데이터세트와 구별해야 할 개념들이 있다. 우선 데이터세트는 편집저작물을 포함하지만 그보다 큰 개념이다. 저작권법상 편집저작물은 소재의 선택·배열 또는 구성에 창작성이 있어야 하지만(제2조 제18호, 제6조 제1항), 데이터세트는 창작성을 요하지 않는다. 또한 데이터세트는 데이터베이스를 포함하지만 그보다 큰 개념이다. 저작권법상 데이터베이스는 체계성과 검색가능성을 필요로 하지만(제2조 제19호), 데이터세트 개념에는 이러한 요소가 포함되어서는 안 된다. 기존의 관계형 데이터베이스(Relational Database Management Systems, RDBMS)[149)]는 데이터를 행과 열

---

149) 관계형 데이터베이스를 구현해주는 대표적인 프로그램으로는 Microsoft SQL Server나 Oracle RAC(Real Application Clusters)를 들 수 있다.

로 이루어진 테이블의 고정된 필드에 저장하는 한편 테이블의 구조를 기술하고 테이블 간의 관계를 나타내기 위한 스키마(schema)[150]를 포함하고 있어서 구조화된 질의어(Structured Query Language, SQL)를 통해 용이하게 검색할 수 있다(정형 데이터). 최근에는 데이터가 필드에 고정되어 있지는 않지만 구조 정보가 포함되어 있는 보다 유연한 구조의 데이터도 이용된다(반정형 데이터).

이처럼 기존의 데이터베이스는 소재를 쉽게 검색할 수 있도록 체계적으로 구조화되어 있지만, 빅데이터 기술이나 인공지능 기술에서 활용되는 데이터세트는 그렇게 구조화되어 있을 필요가 없다. 텍스트 자체, 이미지, 사운드, 동영상의 집합물로서 필드에 고정되지 않고 스키마도 포함하지 않은 데이터(비정형 데이터)로 충분한 경우도 많다.[151] 빅데이터 기술에 있어서는 개별 데이터의 검색과 추출 및 구조화보다는 통계적 분석과 경향 및 흐름의 시각화와 같은 전체 데이터세트의 분석이 훨씬 중요하며,[152] 위와 같은 비정형데이터도 비관계형 데이터베이스 기술 내지 NoSQL 기술[153]을

---

150) 데이터베이스의 기본 개념으로서 데이터베이스가 대상으로 하는 실세계를 논의 영역(universe of discourse), 논의 영역에서 데이터베이스에 필요한 정보를 추상화하는 모델을 데이터 모델(data model), 추상한 결과를 기술한 것을 개념 스키마(conceptual schema)라고 한다. 개념 스키마를 컴퓨터의 세계로 매핑한 것을 내부 스키마(internal schema)라고 한다(컴퓨터인터넷IT용어 대사전, 2011. 1. 20., 전산용어사전편찬위원회).

151) 강만모·김상락·박상무, "빅데이터의 분석과 활용", 정보과학회지 제30권 제6호, 한국정보과학회, 2012, 26면.

152) 최종모, "빅 데이터에 대한 저작권 등의 법적 고찰", 문화·미디어·엔터테인먼트법 제6권 제2호, 중앙대학교 법학연구원, 2012, 139면.

153) NoSQL은 'Not-Only SQL', 혹은 'No SQL'을 의미하며, 전통적인 관계형 데이터베이스와 다르게 설계된 비관계형 데이터베이스를 의미한다. 하둡(Hadoop)이 NoSQL에 기반을 둔 대표적인 분산 데이터베이스 솔루션이다. NoSQL은 테이블 스키마가 고정되지 않고, 테이블 간 조인(join) 연산을 지원하지 않으며, 수평적 확장이 용이하다는 특징을 가진다. 관계형 데이터베이스의 경우 일관성과 유효성에 중점을 두고 있는 반면, NoSQL 기술은 분산 가능성에 중점을 두고 일관성과 유효성은 보장하지 않는다. 이것은 일관성, 유효성, 분산가능성 중 2가지만 보장이 가능하다는 분산 데이터베이스 시스템 분야의 이론에 따른 것이다. 따라서 대규모의 유연한 데이터 처

이용하여 분석할 수 있다.154) 한편, 인공지능 모델의 학습에 이용되는 데이터세트의 경우에는 구조화의 중요성이 더욱 떨어질 수 있다. 어떤 사진에 나온 동물이 고양이인지 여부를 맞추는 인공신경망 모델을 훈련시키는 경우를 예로 들어보자. 이 경우 사진에 나온 동물의 눈, 코, 입과 같은 특징이 피처(feature)가 되고, 정답인 '고양이'가 라벨(label)이 되며, 고양이 사진과 다른 동물의 사진이 포함된 수천 장의 사진이 학습용 데이터세트가 될 수 있다. 모델의 훈련은 학습용 데이터세트를 입력하여 나온 출력값과 정답과의 차이가 최소가 되게 하는 파라미터(parameter)155)를 찾는 방식으로 이루어진다.156) 충분한 학습용 데이터세트를 이용하여 최적의 인공신경망 구조와 파라미터를 알아냈다면 이제 인공지능 모델은 동물의 사진에서 고양이를 매우 높은 확률로 찾아낼 수 있을 것이다. 이러한 맥락에서 학습용 데이터세트가 체계적으로 구조화되어 있는지 여부나 검색이 가능한지 여부는 아무런 의미가 없다. 선택이나 선별 등이 되지 않은 순수한 데이터 집합물도 학습용 데이터세트로서 충분한 가치가 있는 것이다.157) 이처럼 빅데이터 기술이나 인공지능 기술에서 요구되는 데이터세트는 체계성이나 검색

리를 위해서는 NoSQL 기술이 적합하지만, 안정성이 중요한 시스템에서는 오랫동안 검증된 관계형 데이터베이스를 채택할 필요가 있다(강만모 외, 앞의 논문, 28면).

154) 이일호, "빅데이터의 법적 보호 문제 - 영업비밀보호법에 의한 보호 가능성을 중심으로", 법조 제67권 제1호, 법조협회, 2018, 55면.

155) 인공신경망에서는 입력값과 출력값의 관계식이 신경망을 닮은 일종의 행렬식으로 표현되는데, 아래 그림에서 w, b가 파라미터에 해당한다. 그림은 민동보, "Artificial Neural Network", 충남대학교 인공지능법학회 발표자료, 2017에서 인용하였다.

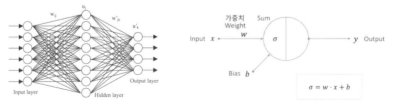

156) 한국인공지능법학회, 인공지능과 법, 박영사, 2019, 12-17면(임영익 집필부분).

157) 전성태 외 4인, 앞의 논문, 31면 참조.

가능성을 요하지 않으므로 저작권법상의 데이터베이스에 해당하지 않을 가능성이 크다.158) 따라서 이러한 기술들이 대규모로 활용되는 오늘날의 데이터 경제를 뒷받침하기 위한 법제도를 논함에 있어서는 저작권법상의 데이터베이스를 넘어서는 데이터세트 개념을 정립하고 활용할 필요가 있다.

데이터세트는 데이터집합물이라고 표현할 수도 있을 것이다. 일부 견해는 정보집합물이라는 표현을 사용하기도 하는데,159) 이러한 표현의 사용에는 신중할 필요가 있다. 신용정보법은 정보집합물을 "정보를 체계적으로 관리하거나 처리할 목적으로 일정한 규칙에 따라 구성되거나 배열된 둘 이상의 정보들"이라고 정의하고 있다(제2조 제15호 나항). 위와 같은 규정은 정형 데이터가 체계적으로 구조화된 기존의 관계형 데이터베이스를 전제한 것인데, 이는 신용정보법에서 규율하는 금융데이터가 정형데이터라는 점을 배경으로 한다.160)

2. 원천 데이터와 가공 데이터

데이터는 가공 여부에 따라 원천데이터와 가공데이터로 구분할 수 있다.161) 원천 데이터는 수집·생성된 최초의 데이터를 말하며, 가공데이터는 원천 데이터를 가공한 데이터를 말한다. 데이터 가공의 예로는 데이터 표준화, 데이터 분석을 위한 전처리(preprocessing),162) 개인정보의 가명처리

---

158) 박준석, 앞의 논문(2019), 103면.
159) 차상육, "인공지능 개발에 필요한 데이터셋의 지적재산법상 보호 - 저작권법을 중심으로 -", 인권과 정의 제494호, 대한변호사협회, 2020, 8면.
160) 정보집합물은 이른바 '데이터 결합' 제도와 관련되어 사용되는 개념이다(신용정보법 제26조의4). 하나의 정보집합물과 다른 정보집합물 간에 둘 이상의 정보를 연계, 연동하기 위하여 사용되는 정보(해당 개인을 식별할 수 없으나 구별할 수는 있어야 한다)를 결합키라고 한다.(금융위원회, 금융분야 가명처리·익명처리 안내서, 2020, 5면).
161) 정진명, 앞의 논문, 309면(원천데이터 대신에 원시 데이터라는 표현을 사용한다); 박진아, 앞의 논문, 13면.
162) 빅데이터 분석이나 데이터 마이닝(data mining)을 위해서는 그 목적에 맞게 잘 준비

및 익명처리, 데이터세트의 결합, 데이터세트 내 개별데이터의 추가·변경·삭제나 배열의 변경 등이 있다. 개별데이터들로부터 데이터세트를 작성하는 것도 개별데이터의 가공이라고 볼 수 있으므로 데이터세트 역시 가공데이터의 일종이다.

데이터의 가공은 데이터의 가치를 높이는 수단이라는 점에서 경제적인 의미를 갖는다. 그러나 법적으로 보다 중요한 문제는 원천 데이터 보유자와 가공자가 다를 경우 누구에게 가공데이터의 이용이나 처분에 관한 권한이 귀속될 것인가이다. 특히 개별데이터로부터 데이터세트를 작성할 경우 개별데이터 보유자와 데이터세트 작성자 사이에 별도의 약정이 없거나, 데이터세트를 결합할 경우 데이터세트 보유자들 사이에 별도의 약정이 없는 때에는 분쟁이 발생할 가능성이 크다. 이 문제에 관하여는 뒤에서 개별데이터에 대한 권리와 데이터세트에 대한 권리의 관계를 검토하면서 보다 상세히 다루기로 한다.

3. 개인정보인 데이터와 개인정보가 아닌 데이터

데이터는 개인정보(personal information)인 데이터와 개인정보가 아닌 데이터(non-personal information)로 나눌 수 있다. 그 실익은 전자의 경우 엄

된 데이터가 필수적이다. 이를 위해 원천 데이터(raw data)를 예비적으로 조작하는 것을 전처리(preprocessing)라고 하는데, 다음과 같은 기법들이 주로 사용된다. ① 데이터 정제(cleansing) - 결측 값(missing value; 빠진 데이터)들을 채워 넣고, 이상치를 식별 또는 제거하고, 잡음(noise) 섞인 데이터를 평활화하여 데이터의 불일치를 교정하는 기술 ② 데이터 변환(transformation) - 데이터 분석이 쉬운 형태로 변환하는 기술로서 정규화(normalization), 군집화(aggregation), 요약, 계층 생성 등의 방법이 활용됨 ③ 데이터 필터링(filtering) - 오류 발견, 보정, 삭제 및 중복성 확인 등의 과정을 통해 데이터의 품질을 향상하는 기술 ④ 데이터 통합(integration) - 데이터 분석이 용이하도록 유사 데이터 및 연계가 필요한 데이터들을 통합하는 기술 ⑤ 데이터 축소(reduction) - 분석 시간을 단축할 수 있도록 데이터 분석에 활용되지 않는 항목 등을 제거하는 기술

격한 개인정보보호의 법리가 적용된다는 점에 있다.

개인정보를 데이터의 범주에서 제외하려는 견해163)도 있지만, 이는 타당하지 않다. 오늘날 중요한 데이터는 대부분 인간의 행동에 관련된 것(behavioral data)이며,164) 이들 가운데에는 개인을 식별할 수 있는 개인정보에 해당하는 것도 상당히 많기 때문이다. 본래 개인정보였더라도 익명화되어 더 이상 개인을 식별할 수 없게 된 익명정보는 개인정보에 해당하지 않는다.165) 그러나 가명정보는 여전히 개인 식별이 가능하므로 개인정보이며, 단지 식별 위험이 감소되었다는 점을 고려하여 통계작성, 과학적 연구, 공익적 기록보존 등의 목적에 한하여 정보주체의 동의 없이도 처리할 수 있도록 허용될 뿐이다.166)

개인정보가 아닌 데이터라도 지적재산권의 대상인 경우에는 권리자의 동의를 얻어야 이용할 수 있다. 따라서 데이터세트를 구성하는 개별데이터 가운데 개인정보나 지적재산권의 대상인 데이터가 포함된 경우에는 적법한 이용권한을 확보하는 것이 매우 중요하다.

4. 공공 데이터와 민간 데이터

데이터는 공공 데이터와 민간 데이터로 나눌 수도 있는데, 공공 데이터는 민간 데이터와 달리 원칙적으로 일반 국민들의 이용을 위하여 공개된

---

163) 정진명, 앞의 논문, 304면.
164) 예를 들어 과학기술정보통신부가 데이터 산업의 현황조사대상으로 파악하고 있는 분야는 교육, 유통, 운송, 제조업, 의료, 통신, 금융 등으로서 대부분 인간의 행동에 관련된 것들이다.[과학기술정보통신부, 앞의 자료, 43면 참조]
165) 익명정보란 시간·비용·기술 등을 합리적으로 고려할 때 다른 정보를 사용하여도 더 이상 개인을 알아볼 수 없는 정보를 말한다(개인정보보호법 제2조 제1호 나목; 개인정보보호위원회, 가명정보 처리가이드라인, 2020, 7면). 한편 익명정보로 되었더라도 기술발전 등으로 다시 식별가능하게 되면 개인정보가 될 수 있다. 그런 점에서 익명정보의 경우에도 재식별될 잔여위험을 관리할 필요가 있다고 할 수 있다.
166) 개인정보보호법 제28조의2.

다. 공공 데이터와 민간 데이터의 구별은 법령에 의한 것과 강학상의 것이
있다.

　법령상 공공데이터와 민간데이터는 데이터산업법을 통해 정의되고 있다.
먼저 공공데이터는 공공데이터법 제2조 제2호의 공공데이터, 즉 공공기관
이 법령상 목적을 위하여 생성, 취득, 관리하는 데이터를 말한다(데이터산
업법 제2조 제2호). 공공기관은 정보통신망을 통하여 일반에 공개된 공공
데이터에 관하여 공공데이터의 이용이 제3자의 권리를 현저하게 침해하는
경우 등 법정의 중단사유가 없는 한 이용자의 접근 제한이나 차단 등 이용
저해행위를 하여서는 안되며, 영리적 이용인 경우에도 원칙적으로 이를 금
지 또는 제한해서는 안 된다(공공데이터법 제3조 제3, 4항). 한편 민간데이
터는 국가기관, 지방자치단체 및 공공기관이 아닌 자가 생성 또는 취득하
여 관리하고 있는 데이터를 말한다(제2조 제3호).

　강학상 공공데이터는 생성, 취득, 관리 주체가 공공기관인지 여부를 묻
지 않고 그 내용상 공공의 목적을 위하여 생성된 데이터를 말한다.[167] 이에
비해 강학상 민간데이터는 개인적인 목적을 위해 생성한 데이터를 말한다.
특히 민간데이터 중 공익적 성격을 가진 데이터를 공익데이터라고 한다.[168]

　이들을 구별하는 이유는 공공재로서의 성격의 정도에 따라 공개 여부,
이용 허용의 범위 등에서 차이가 있기 때문이다. 그러나 데이터의 내용이
나 생성 목적에 따라 공공 데이터 여부를 판단하여 공개를 강제하는 것은

---

167) 박진아, 앞의 논문, 12-13면.
168) 2016년에 제정된 프랑스의 「디지털공화국법」은 공공데이터 및 민간데이터에 해당하
　　지 않는 '공익데이터(données d'intérêt général)'라는 개념을 새로운 데이터 카테고리
　　로 정의하고 있다. 여기서 '공익데이터'는 민간에 속하지만 공공 정책을 향상시키기
　　위한 근거로 공개가 정당화되는 데이터를 말한다(https://www.economie.gouv.fr/
　　republique-numerique-ouverture-donnees-d-interet-general); 한편 민간 데이터 가운데
　　「국가연구개발사업의 관리 등에 관한 규정」 제2조 18호에서 정하는 연구 데이터의
　　경우 국가 R&D 과제 신청 시 '데이터관리계획(DMP)'을 제출하도록 하여 데이터
　　수집 및 관리를 하는 등 특별한 취급을 받는다.

타당하지 않다. 데이터 생성의 목적은 공공재인지 여부와 관련이 없고, 데이터 활용 범위를 제약하지 않으며, 공공성 여부의 판단기준이 모호하여 개인의 자유에 대한 자의적인 침해를 가져올 우려가 크기 때문이다.

5. 정형 데이터와 비정형 데이터

데이터세트는 구조화되었는지 여부에 따라 정형 데이터와 비정형 데이터로 나뉜다. 그 중간 단계로서 반정형 데이터를 정의하기도 한다.

정형 데이터는 미리 정의된 데이터 모델이나 방식으로 구조화된 데이터세트이다.[169] 테이블의 행과 열로 구조화되어 있고 그 관계를 기술하기 위한 스키마를 갖고 있는 관계형 데이터베이스가 대표적이다. 정형 데이터 파일의 형식으로는 CSV, XLS, SQL 등이 있다.

비정형 데이터는 구조화되지 않은 데이터세트로서 텍스트 자체, 이미지, 사운드, 동영상 등의 개별데이터가 필드에 고정되지 않은 채 스키마도 없이 단순히 집합되어 있는 형태를 지닌다.[170] 비정형 데이터는 모바일 환경의 확대에 따라 그 생산량이 급격하게 늘어나고 있으며, 빅데이터 기술 및 인공지능 기술의 발전에 따라 다양한 분야에 활용되고 있다. 비정형 데이터 파일은 특별한 형식이 없으며, HWP, PDF, PPT 파일이나 다양한 이미지, 사운드, 동영상 파일들이 이에 해당한다.

한편, 반정형 데이터는 데이터의 형식과 구조가 변경될 수 있는 데이터로서 데이터의 구조 정보, 즉 메타 데이터를 데이터와 함께 제공하는 파일 형식의 데이터를 말한다. 반정형 데이터는 정형 데이터처럼 테이블의 행과 열로 구조화되어 있지는 않으나, 파일에 포함된 데이터 구조 정보를 바탕

---

169) 정용찬, 빅데이터, 커뮤니케이션북스, 2012, 41면; 손승우, "Legal Challenges to AI·Big Data Utilization", 스포츠엔터테인먼트와 법 제22권 제3호, 한국스포츠엔터테인먼트법학회, 2019, 155면 이하; 박진아, 앞의 논문 12면.
170) 강만모 외, 앞의 논문, 26면.

으로 테이블 형태의 데이터 스키마로 변환하고 데이터를 매핑(mapping)하여 정형 데이터로 변환할 수 있다. 반정형 데이터 파일의 형식으로는 JSON, XML, HTML 등이 있다.

6. 기계에 의하여 생성된 데이터와 그렇지 않은 데이터

최근 들어 IoT 등 관련 기술이 급격히 발전함에 따라 점점 더 많은 데이터가 인간의 개입 없이 기계에 의하여 자동적으로 생성되고 있다(machine-generated data). 기계에 의하여 생성된 데이터는 개인정보일 수도 있고 비개인정보일 수도 있다.[171] 예를 들어 스마트폰의 GPS 센서에 의하여 생성된 위치데이터는 경우에 따라(예컨대 스마트폰 소유자가 앱에 로그인한 경우) 개인정보가 될 수 있지만, 토양의 습도를 측정하는 기계에 의하여 생성된 데이터는 비개인정보이다.

기계에 의하여 생성된 데이터가 개인정보에 해당하는 경우에는 개인정보보호의 법리가 적용된다. 문제는 오히려 개인정보에 해당하지 않는 경우이다. 데이터 생산의 인센티브라는 관점에서는 데이터 생산을 위하여 기계를 이용한 배후의 자연인이나 법인에게 데이터의 이용 및 처분에 관한 적법한 권한이 있다고 보아야 할 경우도 있을 수 있다. 그러나 기계에 의하여 생성된 데이터에는 정신적 노력이나 창작성이 인정되기 어려워 지적재산권법 등에 의한 권리의 대상이 되지 못한다.[172] 특허법과 저작권법의 상당 부분은 순수한 인간의 통제 또는 사람과 기계의 상호 작용에 중점을 두고 있지만 아직 기계가 생성한 내용에는 잘 대응하지 못하고 있다.[173]

---

171) European Commission, op. cit.(2017A), p. 9.
172) European Commission, op. cit.(2017A], p. 10.
173) Stefan Bechtold, 3D Printing and the Intellectual Property System, WIPO Working Paper No. 28, 2015.

제3절 데이터의 특성

데이터는 전자적 처리가 가능한 정보이다. 정보는 이를 보유하면서 혁신을 한 자가 그로 인한 수익을 온전하게 수취할 수 없다는 특징을 갖는데, 이를 비전유성(nonappropriability)이라고 한다. 유체물인 재화의 경우 사적 재산권의 대상이 되기 위해서는 배타성과 경합성이 전제되어야 하며, 이러한 특성이 결여된 경우 생산의 경제적 유인이 부족하여 사회적으로 적정한 수준보다 과소 생산되는 경향이 있다. 이러한 재화를 공공재라고 하는데, 정보의 비전유성은 이러한 공공재의 특성과 일맥상통하는 것이다.174) 즉 정보는 비배타성(Nicht-Exklusivität)과 비경합성(Nicht-Rivalität)을 지니며, 여기에 더해 비마모성(Nicht-Abnutzbarkeit)이라는 특성도 갖는다.175)

첫째, 데이터는 비배타성을 지닌다. 비배타성이란 무임승차자(free rider)를 차단하기 어려운 특징을 말한다. 데이터는 복제가 쉬우므로 일단 공개되면 사실상 타인의 이용을 막을 수 없다. 이는 데이터 생산 및 유통의 경제적 유인을 현저하게 감소시킨다. 데이터에 대한 기술적 보호수단은 이러한 문제를 완화해준다. 데이터에 배타적 권리를 인정함으로써 인위적으로 배타성을 확보해줄 수도 있는데, 저작권법상 데이터베이스 제작자의 권리가 대표적인 예라고 할 수 있다.

둘째, 데이터는 비경합성을 지닌다. 비경합성이란 한 사람의 소비가 다른 사람의 소비량을 제한하지 못하는 특징을 말한다. 데이터는 어떤 사람이 이를 소비하더라도 다른 사람이 이를 복제하여 사용할 수 있으므로 비경합재(non-rivalrous goods)에 해당한다.176) 일반적으로 재화의 비경합성은

---

174) 다만 데이터나 다른 지적재산권이 전통적인 물건 소유권과 근본적으로 달라야 하는지 의문이라는 견해도 있다(Heymann, op. cit., 652).

175) Arbeitsgruppe „Digitaler Neustart" der Konferenz der Justizministerinnen und Justizminister der Länder, 2017, S. 30.

176) Josef Drexl, Designing Competitive Markets for Industrial Data - Between

비배타성과 함께 과소생산의 원인으로서 생산의 유인을 위한 배타적 권리를 부여하는 근거로 제시된다. 그러나 비경합성이 어떻게 데이터에 대한 특별한 법적 보호의 근거가 되는지 의문을 제기하는 견해도 있다. 데이터 생산자가 제3자에게 자신의 데이터에 대한 접근을 허용하는 경우에 법적 보호에 장애가 되는 것은 경합의 문제가 아니라 배제의 문제이기 때문이다.[177] 오히려 데이터의 비경합성은 물건과 달리 많은 사람들이 동시에 이용할 수 있게 해 준다는 점에서 데이터의 공공성에 대한 근거로 제시되기도 한다.[178]

셋째, 데이터는 비마모성을 지닌다.[179] 데이터처리장치는 유형적 재화이므로 마모될 수 있지만 데이터 자체는 임의로 복제될 수 있으므로 마모성이 없다. 경합성과 배타성이 있어 법경제학적으로 사적 재산권이 정당화되는 재화라도 굳이 그 재산권을 다수에 의한 공적 소유가 아닌 소수에 의한 사적 소유로 하는 것은 재화의 마모성에 기인한 것이다. 즉, 소비에 의하여 가치가 감소하는 유한한 자원을 공적 소유로 한다면, 다시 말해 서로의 이용을 배제할 수 없도록 한다면 이른바 '공유의 비극(tragedy of commons)'이라는 현상이 발생하여 자원이 과도한 사용으로 인해 고갈될 우려가 있다는 것이다.[180] 그러나 데이터는 마모성이 없으므로 사적 소유의 정당성 근거는 다소 약화될 수밖에 없다.[181]

Propertisation and Access, Max Planck Institute for Innovation and Competition Research Paper No. 16-13, 2016, p. 46.

177) 정진명, 앞의 논문, 311-312면.

178) Zech, op. cit.

179) Zech, Ibid.

180) Garrett Hardin, "The tragedy of the commons: the population problem has no technical solution; it requires a fundamental extension in morality", Science 162.3859, 1968, 1243, 1244.

181) Zech, op. cit.

제3장 데이터 오너십 논쟁

제1절 배경

금세기 들어 데이터의 재산적 가치가 높아지고 데이터 경제로의 이행이 시작되면서 이른바 데이터 오너십(data ownership)이라는 개념이 등장하였다.[182] 예컨대 2017년 OECD 보고서[183]는 데이터에 대한 투자와 공유에 대한 장벽이 존재하고 지적소유권만으로 데이터에 대한 보호가 충분하지 않다면서 데이터 소유권을 대안으로 제시하였다. 본격적인 논의는 유럽연합에서 주로 이루어졌다. 즉 유럽연합이 데이터 경제 확립을 위한 자유로운 데이터 흐름(free flow of data)을 강조하면서 시장이 효율적으로 작동하도록 하기 위해 데이터에 소유권과 같은 배타적 권리를 인정할 필요가 있는가라는 문제제기를 한 것을 계기로 데이터 오너십에 관한 논의가 폭발적으로 이루어지게 된 것이다.[184] 그러나 오늘날 데이터 오너십 논쟁은 데이터에 대한 배타적 권리를 부여할 것인지의 문제에 그치지 않고, 데이터 보유자의 동의에 기반하지 않은 데이터 접근권을 인정할 것인지의 문제와 개인정보 주체의 데이터에 대한 통제권을 인정할 것인지의 문제까지 확장되

---

182) 독일에서 민법상 데이터에 대한 소유권에 관한 초창기의 논의는 2000년대 초반으로 거슬러 올라간다. Michael Dorner, "Big Data und Dateneigentum", Computer und Recht 9/2014, 617, 618 ff. 참조.

183) OECD, Key Issues for digital transformation in the G20, 2017, p. 75.

184) EU Commission Staff Working Document, "A Digital Single Market Strategy for Europe-Analysis and Evidence", 2015; Herbert Zech, "A legal framework for a data economy in the European Digital Single Market: rights to use data", Journal of Intellectual Property Law & Practice, 2016; Francesco Banterle, Data Ownership in the Data Economy: A European Dilemma, EU Internet Law in the Digital Era (edited volume based on the REDA 2017 conference), Springer, 2018.

어 있다. 여기에서 '데이터 소유권'이라는 표현 대신에 '데이터 오너십'이라는 표현을 사용한 이유는 이러한 논의 상황을 포괄하기 위한 것이다.

좀 더 거슬러 올라가면 데이터 오너십에 관한 논의는 지난 수십 년 간 지속된 데이터 보호 범위 확장의 전체적 흐름을 배경으로 바라볼 수 있다.185) 본래 소유권으로 대표되는 지배권에 의한 법적 보호는 유체물을 중심으로 이루어져 왔다. 그런데 근대에 들어와서 지적재산권이나 인격권과 같은 무형적 가치가 새로운 지배권의 대상이 되기 시작했다.186) 예컨대 저작권은 1709년 앤 여왕법(Statute of Anne)에 의하여 처음 입법되었고, 법으로 허용된 독점의 반사효를 넘어 진정한 권리성을 인정받은 것은 19세기에 이르러서였다.187) 생명이나 신체 또는 명예와 관련된 인격적 이익에 대한 법적 보호는 로마법과 중세법 당시에도 있었으나 이를 성명, 초상, 사생활, 성적 염결성 등과 함께 인격권의 관점에서 통합적으로 파악한 것은 20세기에 들어오면서부터이다.188) 20세기 후반에 들어와서는 개인정보가 지배권의 대상으로 추가되었다. 프라이버시가 영역 개념에서 정보 개념으로 전환되고,189) 유럽을 중심으로 '정보'가 주로 생명, 신체, 정조 등 중차대한 법익과 결부되어 사용되어 오던 '자기결정권'과 개념적으로 결합하면서,190) 개인정보보호 법제가 포괄성과 체계성을 갖추게 되고 개인정보 보호범위

---

185) 권영준, 앞의 논문(2021), 6면.
186) 권영준, 앞의 논문(2021), 6면.
187) 권영준 "저작권과 소유권의 상호관계: 독점과 공유의 측면에서", 경제규제와 법 제3권 제1호, 서울대학교 법학연구소, 2010, 162-168면.
188) 양창수·권영준, 민법 II 권리의 변동과 구제(제4판), 박영사, 2021, 747면.
189) Alan Westin, Privacy and Freedom, IG Publishing, 1967, p. 5. Westin은 프라이버시를 "언제 어떻게 어디까지 자신에 관한 정보가 타인에게 전달될 수 있는지를 스스로 결정할 수 있는 개인, 집단, 기관의 권리"라고 정의하였다.
190) 그 결정적 계기는 정보에 대한 자기결정권을 인정한 1983년 독일 연방헌법재판소의 '인구조사 판결(Volkszahlungsurteil)'(BVerfG, Urteil v. 15. Dezember 1983, Az. 1 BvR 209, 269, 362, 420, 440, 484/83)이다. 개인정보자기결정권은 우리 판례에도 받아들여졌다(헌법재판소 2005. 5. 26. 99헌마513, 2004헌마190 결정; 대법원 1998. 7. 24. 선고 9다42789 판결).

가 지속적으로 확장되어 온 것이다.[191] 데이터 오너십에 관한 논의는 이러한 정보보호 확장의 흐름이 개인정보를 넘어 데이터 일반에까지 확산된 것으로 볼 수 있다.[192]

　데이터 오너십에 관한 논의의 또 다른 배경은 재산적 가치를 가지는 데이터의 법적 귀속 문제를 포괄적 틀로 규율하려는 시도이다.[193] 현재의 데이터에 대한 법적 규율은 문제의 양상과 맥락에 따라 각각 고유한 특성을 지닌 여러 법리에 의하여 개별적으로 규율하고자 하는 개별적 접근방식에 기초해 있다. 이에 대하여는 데이터의 보호나 거래와 관련하여 발생하는 다양한 문제들에 체계적으로 접근하기 어렵게 함으로써 법적 불안을 야기한다는 비판이 있을 수 있다. 데이터 오너십을 데이터에 대한 포괄적 규율의 틀을 제공하는 핵심 개념으로서 채택함으로써 이러한 상황을 해결할 수 있을 것이라는 기대가 논쟁의 배경이 된 것이다.

제2절 데이터에 대한 배타적 지배권

　이처럼 데이터 오너십은 데이터 일반에 대한 지배권의 확립을 통하여 데이터에 대한 포괄적 규율을 시도하려는 배경에서 제안되었지만, 엄밀한 법해석학의 대상이 되기에는 지나치게 불명료하고 다양한 맥락을 함축하고 있다. 즉 데이터 오너십에 관한 논의의 성격이 해석론인지 아니면 입법론인지, 오너십의 대상인 데이터는 무엇인지, 문제되는 오너십은 소유권인지,

---

191) 권영준, 앞의 논문(2021), 7-8면. 위 견해는 개인정보 자기결정권이 그 모체이자 보호가치가 더 높은 프라이버시보다 더욱 절대화되어 있음을 지적하면서, 개인정보보호는 이제 감히 도전하기 어려운 이데올로기 또는 종교의 영역에 들어섰는지 모른다고 우려한다.

192) 권영준, "불법행위와 금지청구권 - eBay vs. MercExchange 판결을 읽고 -", Law & Technology 제4권 제2호, 서울대학교 기술과 법 센터, 2008, 8면.

193) 권영준, 앞의 논문(2021), 6면.

지적재산권인지, 아니면 비배타적인 법적 지위도 포함하는 것인지 등이 논자마다 모두 다른 것이다.

따라서 데이터 오너십에 관한 서술은 논의의 대상을 특정해 가면서 이루어질 필요가 있다. 우선 데이터 오너십에서 그 대상이 되는 데이터가 무엇인지에 관한 문제는 무엇보다 개인정보를 논의에 포함시킬 것인가와 관련되어 있다. 앞서 살펴보았듯이 데이터 경제에서 중요한 역할을 하는 데이터의 상당수가 개인정보인 이상 이를 포함하지 않은 논의는 의미가 없을 것이다.[194] 다음으로 문제되는 오너십의 법적 성격은 소유권만이 아니라 지적재산권 등을 포함하는 배타적 권리이다.[195] 즉 데이터 오너십 논의의 핵심은 무엇보다 데이터 경제를 뒷받침할 데이터의 생산과 활용을 위하여 데이터에 대한 배타적 권리(Ausschließlichkeitsrechte an Daten)를 인정해주어야 하는가이다.[196] 그런 점에서 데이터 오너십 논의는 해석론을 넘어 입법론의 성격도 지닌다. 즉 해석론을 통해 현행법이 데이터의 생산, 이용, 이전을 충분히 뒷받침하고 있는가를 파악한 뒤, 입법론으로서 데이터에 대한 추가적인 배타적 권리를 인정할 필요가 있는지 여부를 밝힐 필요가 있는 것이다. 만약 배타적 권리에 의한 보호가 필요 없다는 결론이 나게 되면 불법행위나 계약 등의 채권적 지위가 데이터 보호의 역할을 맡게 될 것이므로 이러한 채권적 지위도 간접적으로는 데이터 오너십 논의에 포함되게 된다.

---

194) 권영준, 앞의 논문(2021), 18-19면; 박준석, 앞의 논문(2019), 85-86면.
195) 백대열, 앞의 논문, 143면. 한편 개인정보 역시 인격권이라는 지배권의 대상이 된다.
196) 이동진, 앞의 논문(2018), 224면; 이상용, 앞의 논문(2018), 19면; 박준석, 앞의 논문(2019), 96-97면; 박진아, 앞의 논문, 33면[데이터에 대하여 부여된 독점 배타적인 권리를 데이터권(Exclusive Right to Data)이라고 부를 것을 제안한다].

제3절 데이터 오너십과 데이터 접근권

오늘날 데이터 오너십에 관한 논의는 보다 다양하고 복잡한 맥락으로 확장되고 있다. 앞에서 본 것처럼 본래 데이터 오너십에 관한 논의는 데이터에 배타적 권리를 인정할 것인지 여부를 중심으로 전개되었다. 그런데 최근에 데이터 접근권(data access)이라는 이름으로 데이터의 확산과 활용을 개인의 자발적 거래가 아닌 비자발적 공유에 의존하려는 경향이 나타남에 따라, 이에 대비되는 사적 자치에 의한 자원배분 수단을 의미하는 것으로서 데이터 오너십이라는 용어가 사용되기 시작했다. 이러한 맥락에서 데이터 오너십은 단순히 데이터에 대한 배타적 권리에 그치지 않고 채권적 지위를 포함하여 데이터에 대한 적법한 이용 및 처분 권한 모두를 일컫는 것이 된다.

학자에 따라서는 데이터 오너십을 이렇게 넓은 의미로 정의하기도 한다. 즉, 데이터 오너십이란 적법하게 접근하고 그 이용과 처분을 통제할 수 있는 사실상의 지배 권한이나 데이터에 관한 계약을 통하여 데이터의 이용 권한을 부여받은 채권적 지위도 포함한다는 것이다.[197] 이를 데이터에 대한 배타적 권리를 의미하는 좁은 의미의 데이터 오너십과 구별하여 넓은 의미의 데이터 오너십이라고 부를 수 있을 것이다. 데이터 거래의 실무에서는 오히려 넓은 의미의 데이터 오너십 개념이 더 많이 사용되는 것으로 보인다. 예컨대 일본 정부에서 발간한 데이터 계약에 관한 가이드라인은 "데이터 오너십을 '귀속시킨다'는 표현은 해당 계약 당사자가 다른 당사자에 대하여 데이터의 이용 권한을 주장할 수 있는 채권적 지위를 가지고 있다는 것을 가리키는 것"이라고 설명하고 있다.[198] 미국에서 많이 활용되는

---

197) 최경진, 앞의 논문(2019), 237면.
198) 日本 経済産業省, AI・データの利用に関する契約ガイドライン, 平成 30年 6月(2018), 15면.

실무가이드 역시 데이터 오너십을 계약에 의하여 데이터에 대한 지배 혹은 통제를 할 법률상의 권능으로 파악하고 있다.[199]

넓은 의미의 데이터 오너십의 맥락에서는 서로 다른 성격을 지닌 두 가지 문제가 중요하게 떠오른다. 즉, 데이터의 확산과 활용을 위한 수단으로서 사적 자치에 의존할 것인가 아니면 공적 규제에 의존할 것인가라는 이념적 문제와 현실적으로 현행 법체계 하에서 데이터 보호 방안은 어떠한 것이 있는가라는 실무적 문제가 그것이다. 특히 전자의 이념적 문제와 관련해서는 과거 인터넷 등장 초기에 있었던 고민이 다시 한 번 필요하다. 즉 비경합성이 있는 정보에 누구나 자유롭게 접근할 수 있도록 함으로써 사회 전체 구성원들이 그로부터 최대한의 효용을 달성하게 할 필요성과 그런 유용한 정보의 생산 및 축적에 기여할 자에게 적절한 권리를 보장함으로써 사회에 최대한 많은 정보가 등장하게 할 필요성 사이에서 사려 깊은 형량이 필요한 것이다.[200]

제4절 데이터 오너십과 데이터 통제권

한편 미국에서는 개인정보에 대한 물권적 재산권(property right)을 인정할 것인지 여부의 문제가 데이터 오너십이라는 이름으로 논의되고 있다. 즉 미국의 일부 견해는 '생래적 정보보유자'의 권리를 물권적인 재산권(property right)으로 구성하여 강하게 보호하자고 주장해 왔다.[201] 이에 대

---

199) Lisa Brownlee, Intellectual Property Due Diligence in Corporate Transactions, Thomson West, 2021, §9:28.

200) 박준석, 앞의 논문(2019), 118면.

201) Richard Murphy, "Property Rights in Personal Information: An Economic Defense of Privacy", 84. Geo. L. J. 2381, 2383-84, 1996; Lawrence Lessig, "*Privacy as Property*", Social Research: An International Quarterly 69.1, 247, 2002; Paul Schwartz, "*Property, Privacy, and Personal Data*", 117 Harv. L. Rev. 2056, 2003;

하여는 반대하는 견해가 지배적이지만,[202] 2019년에 발의된 「Own Your Own Data Act」[203] 법안은 개인이 자신이 인터넷에서 생성하는 데이터에 대해 '배타적인 재산권(exclusive property right)'을 가진다는 전제에서 입안되었다.

이러한 양상은 유럽에서 데이터 오너십이 데이터가 개인정보에 해당하는지 여부와는 무관하게, 논자에 따라서는 오히려 개인정보에 해당하지 않는 경우에 관하여 논의되어 온 것과는 전혀 다르다. 이는 미국법이 대륙법계 국가와 같은 일반적 인격권의 개념을 가지고 있지 않다는 점과 관련되어 있다.[204] 우리나라나 독일과 같은 대륙법계 국가에서는 정보주체가 이미 지배권적 성격을 갖는 인격권에 의하여 자신의 개인정보를 보호받고 있다. 그러나 미국에서는 비록 1890년 Warren과 Brandeis의 기념비적 논문[205]

Vera Bergelson, "It's Personal but Is It Mine? Toward Property Rights in Personal Information", 37 U.C. Davis L. Rev. 379, 2003, p. 383; Jamie Lund, "Property Rights to Information", 10 Northwestern Journal of Technology & Intellectual Property 1, 2011, p. 18; Barbara, Evans, "Much Ado about Data Ownership", 25 Harv. J. L. & Tech, 69, 2011; 개인정보만이 아닌 정보 일반에 대한 물권적 재산권, 즉 '정보 물권(Information Property)'을 주장한 견해로는 Jacqueline Lipton, Information Property: Rights and Responsibilities, 56 Fl. L. Rev. 135, 2004.

202) Richard Posner, "The Right of Privacy", 12 Georgia L. Rev. 393, 1972, pp. 397-401; Raymond Nimmer & Patricia Krauthaus, "Information as Property Databases and Commercial Property", 1 International Journal of Law and Information Technology 3, 1993-1994, p. 30. Warren과 Brandeis는 그들의 프라이버시 보호에 관한 법리를 정립하면서 이미 물권적 재산권으로서의 보호를 포기하였다고 설명한다; Mark Lemley, "Private Property", 52 Stanford Law Review 1545, 2000; Pamela Samuelson, "Privacy as Intellectual Property?", 52 Stanford Law Review 1125, 2000; Paul Schwartz, "Beyond Lessig's Code for Internet Privacy: Cyberspace Filters, Privacy-Control, and Fair Information Practices", 2000 Wisconsin Law Review 743, 2000.

203) US Bill of Congress, S. 806 116th.

204) 권영준, 앞의 논문(2021), 9-10면

205) Samuel Warren & Louis Brandeis, "The Right to Privacy", 4. Harv. L. Rev. 193, 1890.

이후 프라이버시에 관한 법리가 형성되기는 했지만, 프라이버시 법리는 훗날 Prosser 교수에 의해 불법행위법의 영역에 자리를 잡게 되었다.[206] 이러한 법적 상황에서 개인정보 보호를 강화하려는 움직임이 미국에서의 데이터 오너십 논의가 주로 개인정보를 중심으로 이루어지게 된 배경이 되었다.

데이터 오너십이 개인정보와 관련되어 논의된다는 것은 단순히 보호 대상의 확대에 그치지 않는다. 이는 데이터 경제에서 새로운 배분적 정의의 수립이라는 좀 더 근본적인 문제와도 관련되어 있다.[207] 페이스북과 같은 대규모 데이터 기업이 정보주체들로부터 취득한 대량의 개인정보를 바탕으로 영업활동을 하여 천문학적인 수익을 얻고도 이를 정보주체와 공유하지 않고 독점하는 것은 정의롭지 못하다는 주장이 공감대를 넓혀가고 있는 것이다. 이러한 맥락에서 데이터 오너십의 문제는 '데이터에 대한 통제권'의 배분과 균형의 문제로 확대되며,[208] 일부 견해는 '다원적 데이터 오너십(Data Co-ownership)'을 주장하기도 한다.[209]

미국의 경우, 앞서 보았던 「Own Your Own Data Act」 법안은 바로 이러한 문제의식에서 입안된 것으로서, 소셜미디어 서비스 상에서 이용자가 생

---

206) William L. Prosser, Privacy, 48 Cal. L. Rev. 383 (1960).
207) 이동진, 앞의 논문(2018), 236면; Karl-Heinz Fezer, "Dateneigentum der Bürger - Ein originäres Immaterialgüterrecht sui generis an verhaltensgenerierten Informationsdaten der Bürger", Zeitschrift für Datenschutz, 2017; Karl-Heinz Fezer, Repräsentatives Dateneigentum Ein zivilgesellschaftliches Bürgerrecht, Konrad Adenauer Stiftung, 2018; 데이터 소유권과 관련하여 사람들이 관심을 가지는 부분은 위험을 부담하거나 경험하는 사람과 데이터로부터 오는 이익을 경험하거나 데이터로부터 오는 가치를 소유하는 사람 사이의 균형이 공정한가와 관련될 수 있다는 지적으로는 British Academy·techUK·Royal Society, Data Ownership, rights and controls: reaching a common understanding, 2018, p. 9.
208) 한국법제연구원, 데이터 지식재산권 보호방안 연구, 2020, 19면.
209) Paul Hofheinz & David Osimo, Making Europe a Data Economy: A New Framework for Free Movement of Data in the Digital Age, the Lisbon Council Policy Brief, 2017; 최경진, "데이터 경제 시대를 위한 데이터오너십에 대한 혁신적 접근", 한국법제연구원 제6차 규제혁신포럼 자료집, 2020 참조.

성하는 데이터에 대한 독점적인 재산권을 이용자에게 귀속시키고[§2(a)], 소셜미디어 서비스 기업이 이를 이용하려면 이용자로부터 라이선스를 얻어야 한다는 내용을 담고 있다[§2(b)(1)(C)]. 이와 유사한 취지에서 「Augmenting Compatibility and Competition by Enabling Service Switching Act of 2019」[210] 법안은 대규모 통신 플랫폼 공급자가 각 이용자의 개인정보가 포함된 데이터의 가치를 공개하도록 하는 내용을 담고 있다. 위 법안들은 개인정보가 갖는 재산적 요소의 법적 승인을 통하여 데이터에 관한 배분적 정의를 실현하려는 것으로 해석될 수 있다.

한편 인격권에 의한 개인정보 보호가 확립된 유럽에서도 개인정보의 재산적 요소에 대한 관심이 늘어나고 있다. 독일의 경우 아직 개인정보 관계 법령에 의한 개인정보의 보호가 사법적 권리라기보다는 공법적 규제의 결과라고 보는 견해가 우세하기는 하지만,[211] 헌법상 일반적 인격권에 기하여 보호되는 데이터에 대한 권리가 일종의 소유권적인 특성을 갖게 된다는 주장이 제기되고 있다.[212] 이와 관련하여 2021년 개정 독일 민법[213]이 디지털 상품(digitale Produkte)에 대한 대가로서 개인데이터에 의한 결제(Bezahlen mit Daten)를 허용한 것(§312)도 주목할 필요가 있다.

---

210) US Bill of Congress, S.2658, 116th.
211) Dorner, op. cit., S. 626.
212) Wolfgang Kilian, "Strukturwandel der Privatheit", in: Hansjürgen Garstka & Wolfgang Coy (Hrsg.), Wovon - für wen - wozu? Systemdenken wider die Diktatur der Daten, Wilhelm Steinmüller zum Gedächtnis, Humboldt-Universität zu Berlin, 2014, S. 195.
213) 이는 2019년의 「EU 디지털 지침」(Directive 2019/770 of 20 May 2019 on certain aspects concerning contracts for the supply of digital content and digital services)을 국내법으로 수용한 것이다.

제5절 소결

데이터 오너십 논쟁은 데이터 경제에 있어서 데이터의 생산, 활용, 이전을 뒷받침하기 위하여 데이터에 대한 배타적 권리를 인정할 것인가에 관한 논의로 시작되었다. 그러나 오늘날 논의의 범위는 더욱 확대되어 데이터 오너십이 비자발적인 데이터 접근에 대비되는 사적 자치에 입각한 데이터 자원 배분을 위한 제도의 의미를 갖게 되었다. 나아가 최근에는 데이터 오너십이 데이터에 대한 통제권의 배분과 균형의 문제까지 내포하게 되었다.

본고에서는 전통적인 좁은 의미의 데이터 오너십, 즉 데이터에 대한 배타적 권리를 인정할 필요가 있는지 여부에 초점을 맞추어 논의를 진행하고자 한다. 다만 뒤에서 데이터세트에 대한 새로운 보호방안을 검토하면서 데이터 접근권에 대비되는 자발적 거래의 중요성과 데이터에 대한 통제권의 배분이라는 관점의 타당성 여부에 관하여도 어느 정도 검토가 이루어질 것이다.

제3편

기존 법제도에 의한 보호

제1장 서설

데이터세트에 대한 침해의 태양은 몇 가지로 유형화해 볼 수 있다. 우선 데이터세트의 사용·수익과 관련된 이익을 침해하는 경우가 있다. 이는 다시 두 가지 경우로 나눌 수 있는데, 데이터세트 보유자가 이용하지 못하도록 하는 경우와 그의 동의 없이 이용하는 경우이다. 랜섬웨어(ransomware)가 전자에 해당한다면 무단이용이나 복제는 후자에 해당할 것이다. 다음으로 데이터세트의 처분과 관련된 이익을 침해하는 경우가 있다. 이는 사실적 처분과 법적 처분 등 두 가지 경우로 나누어 볼 수 있다. 사실적 처분의 예로는 데이터세트를 삭제하거나 훼손하는 등 무결성을 침해하는 것을 들 수 있다. 법적 처분의 예로는 저작권법상 데이터베이스 제작자의 권리와 같이 배타적 지배권이 부여된 경우에 무권대리인에 의한 권리 이전의 매매계약이 표현대리 법리에 의하여 유효하게 되는 경우 정도를 생각해볼 수 있을 것이다. 이처럼 데이터세트에 대한 침해의 유형은 다양하지만 실제에 있어서 가장 문제되는 사안은 데이터세트의 무단이용이나 복제이다.

데이터세트를 이들 침해로부터 보호하기 위한 방안의 검토에 있어서 가장 먼저 해야 할 일은 기존 법제도 가운데 데이터세트의 보호를 위하여 활용할 수 있는 수단으로 어떠한 것이 있는지를 밝히는 일이다. 이는 두 가지 측면에서 의미가 있다. 우선 기존 법제도가 충분한 정도로 데이터세트를 보호하고 있다면, 굳이 성급하게 새로운 입법을 하거나 새로운 법리를 도입할 필요가 없을 것이다. 다음으로 실제로 경제적 활동을 해야 하는 수범자의 입장에서는 일단 현행 법제도에 의거하여 법적 결과를 예측하고 행위할 수밖에 없다. 실무적으로는 실제 의사결정을 위하여 기존 법제도의 구체적인 내용과 한계가 보다 상세히 검토될 필요가 있다.

데이터 보호방안으로서 흔히 언급되는 법제도로는 소유권법을 중심으로 하는 물권법, 데이터베이스 제작자의 권리를 중심으로 하는 지적재산권법, 성과물 도용의 법리를 중심으로 하는 하는 부정경쟁방지법, 불법행위법, 계약법 등이 제시되어 왔다. 최근에는 점유법과 특허법이 새롭게 관심을 얻고 있기도 하다. 이러한 보호수단들은 각기 다른 잠재력과 한계를 지니고 있지만, 가장 중요한 의미를 갖는 요소는 제3자에 대한 배타적 효력의 유무 및 정도이다. 뒤에서 다시 살펴보겠지만 배타적 재산권을 배경으로 하는 자발적인 협상은 사회적 효용을 극대화시키는 기제가 되기 때문이다. 따라서 아래에서는 배타적 효력의 정도에 따라 물권법, 지적재산권법, 부정경쟁방지법, 불법행위법, 계약법의 순서로 검토하고, 말미에 기술적 보호수단에 관한 내용을 추가로 살펴보기로 한다.

제2장 물권법

제1절 서설

데이터세트에 대한 보호방법으로서 가장 먼저 논의되는 것은 물권적 보호이다. 물권이 지닌 고유한 특성으로 인해 단순하면서도 효과적인 구제방법이 제공되기 때문이다.

물권이란 특정한 물건을 직접 지배하여 이익을 얻는 것을 내용으로 하는 권리로서, 일반적으로 직접 지배성, 배타성, 절대성, 그리고 강한 양도성 등을 특징으로 한다고 설명되고 있다.214) 직접 지배성이란 다른 사람의 행위를 개입시키지 않은 채 특정한 물건을 직접 지배하여 이익을 얻는 지배권의 성질을 가리킨다. 채권이 다른 사람의 일정한 행위를 그 객체로 하는 청구권인 점과 비교된다.215) 배타성이란 다른 사람의 간섭을 배제하고 독점적으로 이익을 얻는 성질을 가리킨다. 채권의 경우 하나의 객체에 대하여 같은 내용의 채권이 다수 존재할 수 있는 점과 비교된다. 절대성이란 모든 사람에게 주장할 수 있는 특성을 가리키는데, 이를 뒤집어 말하면 누구로부터도 침해받을 수 있다는 의미가 된다. 이 점에서 채무자에 대해서만 주장할 수 있는 채권과 비교된다.216) 마지막으로 물권은 원칙적으로 당사자

---

214) 곽윤직 편집대표, 민법주해(IV), 물권(1), 박영사, 1992, 7-10면(김황식 집필부분); 김용덕 편집대표, 주석민법(제5판) 물권(1), 한국사법행정학회, 2019, 10-13면(손철우 집필부분); 곽윤직·김재형, 물권법(제8판), 박영사, 2015, 7-12면; 지원림, 민법강의(제18판), 홍문사, 2021, 440면.

215) 채권도 채무자의 행위를 지배하는 권리로서 지배권이라는 견해로는 이은영, 물권법(제4판), 박영사, 2006, 22면.

216) 채권도 권리로서 불가침성을 가지고 제3자에 의한 채권 침해는 불법행위가 된다는 점에서 절대권과 상대권의 구별이 무의미하다는 주장도 있을 수 있지만, 제3자에 의

의 약정에 의하여 양도를 금지할 수 없는 강한 양도성을 지니며,[217) 의사
표시에 의한 양도 금지가 가능한 채권과 비교된다(민법 제449조 제2항).

특히 물권의 절대성과 배타성은 물권적 청구권이라는 단순하면서도 강
력한 구제수단을 제공한다. 물권자는 그에 할당된 영역의 침해만 있으면,
즉 물권의 위법한 침해 또는 침해의 염려라는 객관적 사실만 있으면 고의
또는 과실이나[218) 물권자의 손해 또는 침해자의 이익이 없어도[219) 침해자
를 상대로 물건의 반환 또는 방해의 제거·예방을 위한 조치 등 직접적이고
실효적인 행위를 요구할 수 있는 물권적 청구권을 갖는다.

가장 전형적이고 대표적인 물권인 소유권에 의한 보호를 위해서는 데이
터세트가 물권의 객체, 즉 물건에 해당할 수 있어야 한다. 그러나 물건의
개념을 '유체물 및 전기 기타 관리할 수 있는 자연력'으로 정의하고 있는
우리 민법 제98조의 문언은 데이터세트를 물건의 범주에 넣기 어렵게 한
다. 학자들은 이를 넘어서기 위하여 여러 시도를 해 왔다. 어떤 견해는 해
석에 의하여 물건의 개념을 확장하고자 하였고, 다른 견해는 간접적인 방
식으로 데이터세트를 보호하고자 하였다. 또 다른 다른 견해는 소유권에
의한 보호의 한계를 인정하고 대신 점유의 법리에 기대기도 하였다. 이러
한 논의들은 소유와 점유에 관한 오랜 학문적 전통에 터잡아 이루어지기도
했고, 때로는 법계를 달리하는 다른 나라의 논의로부터 영향을 받기도 했
다. 아래에서는 데이터의 물건성, 소유권에 의한 보호, 점유에 의한 보호의
순서로 검토해보고자 한다.

한 채권 침해가 언제나 불법행위가 되는 것은 아니다.(대법원 2014. 5. 29. 선고 2011
다110739 판결 참조)
217) 다만 저당권의 경우 부종성으로 말미암아 피담보채권과 분리하여 양도하는 것이 허
용되지 않는다(제361조).
218) 주석민법 물권(1), 36면(손철우 집필부분); 이영준, 물권법(전정신판), 박영사, 2009,
45면.
219) 양창수·권영준, 앞의 책, 435면.

제2절 데이터의 물건성

1. 전통적 물건 개념

우리 민법상 물건 이외의 재산권을 객체로 한 물권이 없는 것은 아니지만,[220] 가장 전형적인 물권인 소유권을 비롯한 대부분의 물권은 '물건'을 그 객체로 한다. 민법은 물건에 관한 규정을 물권편이 아닌 총칙편에서 권리의 주체에 관한 제2, 3장에 이어 제4장에 위치시키고 있다. 물건은 물권뿐 아니라 채권 등 그 밖의 권리에도 간접적으로 관계된다는 점을 고려한 것이다.[221]

민법은 제98조에서 "본법에서 물건이라 함은 유체물 및 전기 기타 관리할 수 있는 자연력을 말한다"고 규정한다. 이러한 물건의 개념은 자연과학적 관점이 아니라 법률적 관점에서 설정된 것으로서, 물건이 권리의 객체, 특히 사용·수익·처분 권능을 내포하는 소유권의 객체라는 점에 기초한 것이다.[222] 따라서 위 조항에서 정한 물건에 해당하려면 명문의 요건 외에 권리의 객체로서의 일반적 요건 또한 구비해야 한다. 그런 점에서 통설은 물건의 요건으로서 ① 유체물 또는 자연력, ② 관리가능성, ③ 독립성, ④ 비인격성을 들고 있다.[223] 아래에서는 이들 요건에 관하여 간략히 살펴보

---

220) 재산권의 준점유(제210조), 권리질권(제345조), 지상권이나 전세권을 목적으로 하는 저당권(제371조 제1항) 등이 그 사례이다.

221) 김용덕 편집대표, 주석민법(제5판) 총칙(2), 한국사법행정학회, 2019, 255면(김종기 집필부분); 곽윤직·김재형, 민법총칙(제9판), 박영사, 2013, 219면; 입법정책적으로는 물권편에 규정함이 바람직하다는 견해로는 이영준, 민법총칙(개정증보판), 박영사, 2007, 985면.

222) 곽윤직 편집대표, 민법주해(II) 총칙(2), 박영사, 1992, 28-34면(김병재 집필부분); 주석민법 총칙(2), 258면(김종기 집필부분); 김증한·김학동, 민법총칙, 박영사, 2013, 266면.

223) 곽윤직·김재형, 앞의 책(2013), 220-223면; 주석민법 총칙(2), 258-276면(김종기 집필부분)

기로 한다.

첫째, 민법의 문언을 그대로 따르자면 유체물 또는 자연력만이 물건에 해당한다. 본래 유체물(res corporalis)과 무체물(res incorporalis)의 구별은 로마법에서 유래한 것으로서 로마법에서는 채권 역시 무체물의 일종으로 파악되고 있었다. 그러나 오늘날 권리는 자연계에 실재하는 존재가 아닌 관념적인 존재에 불과한 것으로서 물건의 개념에 속하지 않는다고 보는 것이 일반적이다. 따라서 유체물과 무체물의 구별은 공간의 일부를 차지하고 사람의 감각에 의하여 지각할 수 있는 형체를 갖추었는지 여부에 의하여 판가름될 뿐이다.224) 그런데 물건의 개념을 유체물에 한정할 것인지 아니면 무체물도 포함시킬 것인지에 관하여는 입법례마다 태도가 다르다.225) 초창기의 근대 민법들은 로마법의 영향을 받은 보통법학의 전통에 따라 무체물도 물건에 포함하고 있었다. 즉, 프로이센 일반란트법(ALR), 오스트리아 민법(AGBG), 프랑스 민법(제516조) 등은 모두 채권과 제한물권을 무체물로 파악하였고, 그 밖의 무체물도 물건에서 배제되지 않았다. 특히 스위스 민법(제713조)226)은 유체물 이외에도 무체물 가운데 법적 지배가 가능한 자연력을 물건에 포함시켰다. 이에 비하여 독일 민법은 보통법상의 물 개념(res-Begriff)을 거부하고 자연법적인 물건 개념(Sachbegriff)를 채택하여 물건을 유체물에 한정하였다(제90조).227) 일본의 경우 보아소나드

---

224) 주석민법 총칙(2), 258-261면(김종기 집필부분); 민법주해(II), 29면(김병재 집필부분); 권리를 화체한 유가증권도 유체물로서 물건에 해당한다[주석민법 총칙(2), 261면(김종기 집필부분)].
225) 박인환, "일본메이지민법 입법이유(총칙편 : 물건) 분석", 법학논문집 제35권 제2호, 중앙대학교 법학연구원, 2011, 59-61면.
226) 스위스민법 제713조는 "동산소유권의 객체는 성질상 동적 유체물 및 법적 지배가 가능한 자연력(Naturkraft)으로서 토지에 속하지 않은 것이다"라고 규정하고 있다.
227) 독일 민법 제90조 "이 법률에서 물건(Sache)이라 함은 유체물만을 말한다"; 보통법상의 물(物) 개념을 극복한 것은 사비니의 공이 컸다. 사비니는 '자유가 없는 자연의 한계지워진 일부'(begrenztes Stück der unfreien Natur)라는 유체물에 국한된 칸트의 물건(Sache) 개념을 받아들였다. 이에 비해 기이르케(Gierke)는 '외계의 재(財)의 세

(G. Boissonade)가 기초한 구민법은 무체물도 물건에 포함하였으나,[228] 독일법학의 학설 계수가 강하게 나타났던 메이지 민법은 물건을 유체물에 한정하였다(제85조).

현행 민법은 그 제정 전에 의용하던 일본 민법이 "본법에서 물(物)이라 함은 유체물을 말한다"라고 규정했던 것과 달리 "전기 기타 관리할 수 있는 자연력"을 물건의 정의에 추가하였다. 그 경위에 관하여는 일반적으로 당시 일본에서 다투어졌던 물건 개념의 협소화 문제를 해결하기 위해 스위스 민법 제713조를 참고한 것으로 이해되고 있다.[229] 통설은 위에서 살펴본 법문과 입법 경위를 배경으로 유체물, 그리고 무체물 가운데 자연력만이 물건이 된다고 본다.[230] 자연력의 의미도 문제가 된다. 우리 민법 제정 당시 참고되었던 스위스 민법의 해석론에 의하면 자연력은 에너지로서 물리적으로 저장된 힘이나 작업력을 뜻한다.[231] 사전적 의미와 함께 위 해석론을 고려해보면, 자연력이란 전력, 수력 등 자연계의 작용이나 힘으로써

계에서 법적 지배에 적합한 관계'에 있는 것을 물건의 징표로 보면서 유체물과 무체물을 포함하는 넓은 의미의 물건 개념을 옹호하였다(박인환, 앞의 논문, 62면).

228) 일본의 구 민법은 로마법의 물(物) 개념에 따라 "물건에는 유체인 것이 있고 무체인 것이 있다"면서(재산편 제6조 제1항), 무체물에 "1. 물권 및 채권, 2. 저술자, 기술자 및 발명자의 권리, 3. 해산한 회사 또는 청산 중인 공통에 속하는 재산 및 채무의 포괄" 등이 속하는 것으로 규정하고 있었다(박인환, 앞의 논문, 58-59면)

229) 최경진, "물건요건론 소고", 비교사법 제11권 제2호, 한국비교사법학회, 2004, 50-52 면; 박인환, 앞의 논문, 64면; 민법안 심의 과정에서 "물건의 개념을 … 유체성과 관리능력성의 이원적인 개념으로 변경한 것은 시대에 맞는 적의(適宜)한 개정"이라는 평가가 이루어진 사실이 이를 뒷받침한다(민의원 법제사법위원회 산하 민법안 심의 소위원회 편, 민법안 심의자료집, 1949, 69면); 양창수, "재산과 물건", 고시연구 제25권 제9호, 고시연구사, 1998. 9., 34면. "물건에 대한 민법의 정의는 […] 그것이 유체물이 아니라도 유체물과 같이 거래될 수 있는 성질을 가지는 실체이면 그 법률관계를 물건과 같은 법리에 의하여 처리하도록 하는 적극적 기능 […] 을 가진다고 할 수 있다".

230) 주석민법 총칙(2), 258-261면(김종기 집필부분); 민법주해(II), 29면(김병재 집필부분)

231) Arthur Meier-Hayoz, Berner Kommentar, Band IV, Verlag Stämpfli & Cie AG, 1981, S. 98.

인간의 노동력을 돕거나 작업을 대체하는 것을 말한다고 할 수 있을 것이다.[232] 비록 형사상 재물성에 관한 것이기는 하지만 판례 역시 "컴퓨터에 저장되어 있는 '정보' 그 자체는 유체물이라고 볼 수도 없고, 물질성을 가진 동력도 아니므로 재물이 될 수 없다"고 판시함으로써 자연력 역시 자연과학적 방법론에 따라 해석되어야 함을 암시하고 있다.[233] 자연계에 존재하는 것이면 충분하므로 인공력도 자연력에 포함되는 반면, 채권과의 구별 필요성이나 인간에 대한 물적 지배 가능성을 고려할 때 인간의 노동력은 자연력에 포함되지 않는다.[234]

둘째, 관리가능성의 경우 통설은 이를 배타적 지배 가능성으로 이해한다.[235] 물건이 직접 지배성과 배타성을 특징으로 하는 물권의 객체가 된다는 점을 고려하면 당연히 요구되는 요건이라고 할 수 있다. 법문에는 '관리할 수 있는'이 '자연력'만을 수식하고 있으나 유체물에도 관리 가능성이 요구된다는 점에는 이론이 없다. 관리가능성의 개념은 시대와 장소에 따라 달라지고 과학기술의 발달에 따라 점차 확대될 수 있다.[236] 다만 여기서의 관리는 물리적 관리에 한한다고 보는 견해가 일반적이다.[237] 이러한 해석론은 형사법에서의 판례 법리와 조화를 도모한 것이다. 즉 형사법상 관리할 수 있는 동력은 재산죄의 객체인 재물로 간주되는데(제346조), 판례는 위 조항에서의 관리는 물리적 또는 물질적 관리를 가리키고 사무적 관리는 포함하지 않는다는 입장이다.[238]

---

232) 최경진, "민법상 정보의 지위", 산업재산권 제15호, 한국지식재산학회, 2004, 5면.
233) 대법원 2002. 7. 12. 선고 2002도745 판결(회사 연구개발실 컴퓨터에 저장되어 있는 직물원단고무코팅시스템의 설계도면을 종이로 출력하여 간 경우 절도죄가 성립하지 않는다고 한 사례)
234) 주석민법 총칙(2), 260면(김종기 집필부분)
235) 주석민법 총칙(2), 263면(김종기 집필부분)
236) 이런 점에서 관리가능성이 물건을 정의하는 실질적 요소라고 보는 견해도 있다(배대헌, 앞의 논문, 344면).
237) 주석민법 총칙(2), 263면(김종기 집필부분)
238) 이에 따라 판례는 채권이나 그 밖의 권리는 재물에 포함되지 않는다고 보았고(대법

셋째, 독립성이란 다른 개체와 구별되어 독자적으로 존재하는 것을 말한다. 이 역시 지배성과 배타성을 지닌 물권의 객체라는 점으로부터 도출되는 요건이다. 독립성의 여부는 물리적으로 판단하기보다는 거래의 실태를 고려하여 사회통념 또는 거래관념에 따라 결정된다.[239] 가장 중요한 고려요소는 경제적 효용의 독립성[240] 여부와 공시의 가능성일 것이다. 독립성과 표리 관계에 있는 일물일권주의의 이론적 근거로서 물건의 일부나 집단 위에 하나의 물권을 인정하는 것은 필요나 실익이 없고 공시도 곤란하다는 점이 언급되는 것[241]도 이와 무관하지 않다.

넷째, 비인격성은 인체나 그 일부는 물권의 객체인 물건이 될 수 없다는 것을 뜻한다. 이는 인간의 존엄성을 근간으로 하는 근대법의 정신에 기한 것이다. 타인에게의 이식을 위하여 적출된 장기나 사망한 사람의 유체·유골의 경우와 같이 추가적인 논의가 필요한 문제들이 있기는 하지만 본고의 목적과는 무관하다.

2. 디지털 정보의 물건성

2000년대 들어 게임 아이템 등의 디지털 정보[242]가 경제적 가치를 지니

원 1994. 3. 8. 선고 93도2272 판결), 타인의 전화기를 무단으로 이용한 사안에서 전기통신사업자의 역무가 재물에 해당하지 않는다고 보았다(대법원 1998. 6. 23. 선고 98도700 판결).

239) 민법주해(II), 33면(김병재 집필부분) 33면; 주석민법 총칙(2), 264면(김종기 집필부분); 곽윤직·김재형, 앞의 책(2013), 222면; 지원림, 앞의 책, 153면; 판례 역시 '거래상 독립한 권리의 객체성'을 판단기준으로 삼는다(대법원 1985. 12. 24. 선고 84다카 2428 판결)

240) 부합 여부의 판단기준에 관한 대법원 2007. 7. 27. 선고 2006다39270,39287 판결 참조.

241) 민법주해(II), 33면(김병재 집필부분); 주석민법 총칙(2), 264면(김종기 집필부분); 곽윤직·김재형, 앞의 책(2013), 223면.

242) 이 무렵 디지털 정보는 오늘날 빅데이터 및 인공지능 학습의 맥락에서 주로 의미를 갖는 데이터세트와는 다른 맥락에서 논의되었지만 경제적 가치를 지니고 시장에서

고 거래의 대상이 되기 시작하면서 이를 물권법적으로 규율할 가능성에 관하여 국내외에서 여러 논의가 이루어졌다. 다만 이러한 논의들은 특정한 유형의 디지털 정보를 전제한 경우가 많았고, 해당 국가의 특유한 법질서를 배경으로 해석론과 입법론이 얽혀 있어서 주의를 기울여 살펴볼 필요가 있다. 특히 미국에서는 디지털 정보에 대한 물권법적 규율을 위한 학문적 시도가 두 가지 갈래로 이루어져 왔는데, '정보재산(information property) 이론'과 '가상재산(virtual property) 이론'이 그것이다.

먼저 '정보재산 이론'은 정보통신 기술이 확산함에 따라 정보 일반에 대하여 마치 동산 소유권과 유사한 배타적 지배권을 인정하려고 했다.243) 이러한 견해는 이른바 'eBay 사건'을 통해 판례의 지지를 받는 것처럼 보이기도 했다.244) 위 사건에서 캘리포니아 북부 연방지방법원은 가격정보 웹사이트 운영사가 자동화된 방법으로 eBay 사이트 내의 경매가격 관련 정보를 수집해 가는 행위를 eBay사의 서버(server)라는 동산의 소유권을 침해한 불법행위라고 보았다. 그러나 학설은 대체로 위 판례에 대하여 비판적이다.245) 비록 엄밀한 법학적 견해라기보다는 사회적, 자연과학적 논거에 기

거래 대상이 되면서 그 법적 규율이 문제되었다는 점에서는 일맥상통한다. 여기서는 초창기 논의에서 영향력이 컸던 논문의 예를 따라 디지털 정보를 '일정한 목적을 가지고 처리하여 표현되어진 디지털 형태로 된 자료' 정도로 개념짓고자 한다.(배대헌, 앞의 논문, 334면)

243) Jacqueline Lipton, "Mixed Metaphors in Cyberspace: Property in Information and Information Systems", 35 Loyola University Chicago Law Journal 235, 2003; 1999년에 성립된 모델법인 「통일컴퓨터정보거래법(Uniform Computer Information Transactions Act, UCITA)」에서 규정하고 있는 정보권[Informational rights, § 102(a)(38)]이 정보재산 개념을 수용한 것이라고 평가하는 견해도 있다(Jeffrey Ritter & Anna Mayer. "Regulating data as property: a new construct for moving forward", Duke L. & Tech. Rev. 16, 2017, p. 253). 그러나 위 정보재산에 대한 권리는 배타적 지배권이 인정되는 지적재산권법 등에 의한 권리를 의미할 뿐이라고 보인다.

244) eBay, Inc. v. Bidder's Edge, Inc., 100 F. Supp. 2d 1058 (N.D.Cal 2000).

245) Mark Lemley, "Place and Cyberspace", 91 California Law Review 521, 2003; Mark Lemley & Philip Weiser, "Should Property or Liability Rules govern Information?",

초한 담론 수준이기는 하지만, 일반적인 정보에 대한 소유권 인정 가능성을 논하는 주장도 있었다. 소유권 개념이 농업사회에서 산업사회로 진화하면서 자연 자원, 노동, 토지, 화폐의 상업화 수요 때문에 발전하였던 것처럼 산업사회에서 정보사회로 진화하는 과정에서는 정보에 대한 소유권적 보호가 요구된다는 주장이나,[246] 물질이나 에너지 뿐만 아니라 정보 역시 물리적 현상이므로 정보 자체에 대한 소유권 인정 가능성이 검토되어야 한다는 주장[247] 등이 그것이다.

한편, 2004년경부터 '세컨드 라이프(Second Life)'라는 유명한 게임의 등장을 계기로 가상세계에서의 재화에 대한 물권적 규율을 다루는 '가상재산'에 관한 논의도 활발하게 진행되었다.[248] 다만 여기서 말하는 가상재산은 대체로 일반적 디지털 정보와는 달리 유체물처럼 경합성(rivalrousness)을 지닌다는 점을 주의할 필요가 있다. 대표적으로 Fairfield는 경합성(rivalrousness), 존속성(persistence), 상호연결성(interconnectivity)을 지닌 가상재산은 물권법에 의해 규율되어야 한다고 주장하였다.[249] 하지만 가상재산의 물권적 규율에 관한 주장은 아직 다수의 지지를 받지는 못하고 있으며, 데이터의 자유로운 이용을 옹호하며 이에 반대하는 입장이 다수설인

---

85 Texas Law Review 783, 2007.

246) Julie Cohen, "Property and the Construction of the Information Economy: A Neo-Polanyian Ontology", in Routledge Handbook of Digital Media and Communication, Routledge, 2020, p. 3.

247) Ritter & Mayer, op. cit. pp. 255-260. 위 논문은 정보의 물리적 속성에 관한 물리학 논문(Landauer, et al., op. cit., pp. 23-29)을 인용하면서 본문과 같은 주장을 펼친다.

248) Gregory Lastowka & Dan Hunter, "The laws of the virtual worlds", 92 California Law Review, 1, 2004가 가상 재산권을 인정하자고 주장한 최초의 논문으로 인정되고 있다.

249) Joshua Fairfield, "BitProperty", 88 S. Cal. L. Rev. 805, 2015; 형사법 분야에서도 유사한 맥락의 주장이 제기되었다. 예컨대 Green은 경합성과 거래가능성(commodifiability)을 갖는 무체물은 유체물과 마찬가지로 절도죄의 객체가 될 수 있는 것으로 보아야 한다고 주장하였다(Stuart Green, *Thirteen Ways to Steal a Bicycle: Theft Law in the Information Age*, Harvard University Press, 2012, pp. 207-211 참조).

것으로 보인다.[250]

위와 같은 논의 상황에 발맞추어 국내에서도 디지털 정보에 대한 물권법적 규율 가능성을 검토하는 연구들이 나타나기 시작했다. 대체로는 정보가 지닌 복제 용이성[251]이나 공유의 요청[252]을 고려할 때 디지털 정보에 대한 소유권 인정에 부정적이었지만, 일부는 긍정적 견해를 비치기도 했다. 기존의 지적재산권법에 의하여 보호받지 못하지만 보호 필요성은 그에 못하지 않은 지적 산물에 대하여 별도의 지적재산권(*sui generis* protection)으로 보호하는 것은 불충분하다면서, 관리가능성 여부를 주된 기준으로 삼아 디지털 정보를 물건의 정의에 포함할 수 있도록 민법을 개정하여야 한다는 주장이 대표적이다.[253] 일부 견해는 입법론을 넘어서 해석론으로도 디지털 정보의 물건성을 인정하려는 시도를 하였다. 게임 아이템에 대한 물권적 보호를 인정하려는 주장, 전자정보가 민법총칙상 물건에 해당한다는 주장, 유체물·동등 데이터의 물건성을 인정하려는 주장 등이 그것이다.[254] 아래에서 이들 주장의 내용과 한계에 관하여 간략히 살펴보기로 한다.

---

250) Lemley & Weiser, op. cit.
251) 정차호·이승헌, "우리 민법상 전자파일(electronic file)의 물건성 인정 여부에 관한 연구", 성균관법학 제30권 제1호, 성균관대학교 법학연구소, 2018, 146면.
252) 탁희성, 전자정보 침해의 실태와 법적 규제, 한국형사정책연구원 연구총서 05-11, 2005, 127면.
253) 배대헌, 앞의 논문, 346면; 소유권의 관념성을 고려할 때 소유권은 물건의 소유자에 관한 거래 정보라는 성격이 강하다면서 재산권을 정보법으로 이해하는 것이 유용하다는 견해도 비슷한 맥락의 주장이다(홍은표, "암호자산에 대한 소유권 보호를 위한 시론", 정보법학 제23권 제3호, 한국정보법학회, 2019, 127-128면).
254) 그 밖에 네트워크를 타고 전달되는 도중의 디지털정보는 물리적으로 전기신호이므로 이 때에는 물건이 된다는 견해도 있지만[오병철, 디지털정보거래의 성립에 관한 연구, 한국법제연구원, 2001, 16면], 위 견해 스스로 법적으로 선언적 의미밖에 없음을 인정하고 있으므로 본고에서는 따로 다루지 않는다. 또한 독자적인 거래의 대상이 되고 있는 컴퓨터 프로그램은 민법상의 물건으로 보아야 한다는 견해도 있으나(김관식, "컴퓨터프로그램의 전송과 특허권 침해", 특허판례연구, 박영사, 2017, 472면), 컴퓨터프로그램은 저작권법에 의하여 보호될 수 있으므로 역시 다루지 않기로 한다.

3. 게임 아이템의 물건성

정보화 혁명의 흐름 속에서 이루어진 게임 산업, 특히 다중 접속 온라인 롤플레잉 게임(MMORPG)의 비약적 발달에 따라 국내 게임 아이템[255] 시장규모는 2006년에 이미 1조원에 육박했다.[256] 게임 아이템은 게임 프로그램의 일부에 해당하는 정보이지만, 게임 내에서는 현실의 물건과도 같이 독점적이고 배타적으로 이용된다는 특징이 있다. 이러한 특징 때문에 게임 아이템은 현실적으로 경제적 가치를 지닌 거래의 대상이 되고 있고, 다른 한 편으로 사기 등 범죄의 대상이 되고 있기도 하다. 이러한 현실에도 불구하고 법률적으로 게임 아이템은 이용자와 게임 회사 사이의 계약에 기한 채권적 이용관계로 파악하는 것이 일반적이었다.[257] 그러나 채권법적 이해만으로는 게임 회사가 계정을 정지시키거나 게임 아이템이 유실되는 경우 등 현실적인 문제의 해결에 어려움을 겪게 되자 게임 아이템에 대한 물권법적 보호 방안이 제시되었고, 그 찬반을 놓고 열띤 논쟁이 펼쳐지게 되었다.

게임 아이템의 물건성을 긍정하는 견해는 게임 아이템이 배타적 지배가능성, 즉 관리 가능성과 독립성이 있으므로 물건에 해당할 여지가 있다고 주장한다. 관리 가능성은 상대적인 개념으로서 과학기술의 발달로 그 인정

---

255) 게임 디지털 콘텐츠는 게임 아이템, 게임 캐릭터 내지 아바타, 게임 머니 등으로 유형화될 수 있지만(이권호, "게임 디지털콘텐츠의 법적 성격에 대한 연구", Law & Technology 제3권 제5호, 서울대학교 기술과 법 센터, 2007, 129면), 게임 상의 물품을 의미하는 게임 아이템이 물권법적 규율의 가부라는 문제의 맥락을 잘 보여주므로 본문에서는 게임 아이템에 관하여 주로 서술하였다.

256) 한국게임산업개발원, 온라인게임 아이템 현금거래 심층실태 조사, 2006, 207면.

257) 다만 채권적 이용관계로 보더라도 게임 업체와의 관계에서 아이템 양도행위를 법적으로 어떻게 구성할 것인지에 관하여는 견해가 나뉘어 있다(박준석, "게임 아이템의 법적 문제", Law & Technology 제5권 제1호, 서울대학교 기술과 법 센터, 2009, 44-47면). 아이템 사용권 양도로 보는 견해로는 정해상, "인터넷 게임 아이템 거래에 관한 법리", 중앙법학 제5집 제3호, 중앙법학회, 2003, 269-270면, 일종의 권리금 계약으로 파악하는 견해로는 윤웅기, "MMORPG 게임 아이템 현금 거래에 대한 법정책적 고찰", 게임문화연구회, 2005, 34면.

범위가 점차 확대되고 있으므로 실제 세계에 현실적으로 존재하지 않을 뿐 특정되어 관리되고 있는 게임 아이템의 경우 관리 가능성이 인정되고, 이용자에게는 게임 프로그램과 독립된 디지털 이미지로서 이용료를 훨씬 상회할 수도 있는 경제적 가치를 지닌 별개의 단위로 인식되므로 독립성 역시 인정된다는 것이다.258) 그러나 대부분의 학설은 게임 아이템이 지닌 위와 같은 특성에도 불구하고 물건성을 부정한다.259) 그 근거로는 게임 아이템이 유체물이나 관리할 수 있는 자연력에 해당하지 않는 점,260) 게임 프로그램의 일부로서 독립하여 존재할 수 없다는 점,261) 물권법정주의에 반하고 사적 이해관계의 균형을 도모할 수 없다는 점262) 등이 제시되고 있다.

이에 관한 판례는 주로 형사법 영역에서 찾아볼 수 있는데, 대체로 게임 아이템의 재물성을 부정하면서 단지 사기죄나 및 강도죄의 대상이 되는 재산상 이익으로만 보고 있다.263) 이는 디지털 정보나 디지털 콘텐츠의 물건성을 부정하는 기존의 판례와 궤를 같이하는 것이다.264)

자연과학적 방법론에 바탕을 둔 통설과 판례의 전통적 물건 개념에 의한다면 게임 아이템은 유체물이나 관리할 수 있는 자연력에 해당하지 않으므로 설령 그것이 관리가능성이나 독립성이 인정될 수 있다고 하더라도 민법

---

258) 이권호, 앞의 논문, 133-134면. 다만 위 견해는 게임 아이템의 소유권이 1차적으로 이용자가 아닌 게임 회사에 귀속된다고 보았다(위 논문 135-138면).
259) 윤웅기, 앞의 논문(2005), 6면; 정해상, 앞의 논문(2003), 263면; 이춘수, "인터넷 상 재산권: MMORPG상 가상재화인 아이템을 중심으로", Law & Technology 제3권 제5호, 서울대학교 기술과 법 센터, 2007, 21면.
260) 박준석, 앞의 논문(2009), 263면
261) 정해상, 앞의 논문(2003), 263면
262) 이춘수, 앞의 논문(2007), 20-21면. 위 견해는 게임 아이템에 대하여 이용자에게 소유권이 인정된다면 게임업체는 이를 보상해주지 않고는 서비스를 중단할 수 없게 되고, 아이템 관련 정보가 훼손되는 경우 천문학적인 손해배상을 해야 하는 등 과중한 리스크를 부담하게 되어 이해관계의 균형에 어긋난다고 지적한다.
263) 서울중앙지방법원 2004. 2. 16. 선고 2003고단10839 판결(사기죄 인정); 서울고등법원 2001. 5. 8. 선고 2000노3478 판결(강도죄 인정).
264) 대법원 2002. 7. 12. 선고 2002도745 판결

상 물건이 될 수 없다. 그러나 게임 아이템의 물건성에 관한 논의는 다른 디지털 정보와 달리 게임 아이템이 유체물과 유사한 특성을 지니고 있음을 드러내는 역할을 하였다. 게임 아이템의 유상거래를 유발하는 동인은 그것이 게임이라는 '가상세계'에서 '유용하고 희소한 가치'로 기능하고 있다는 점이다.[265] 즉 게임 아이템은 게임 회사에 의하여 인위적으로 만들어진 희소성에 의하여 가상의 재화가 된다. 이러한 점을 고려하여 디지털 정보라고 하더라도 오프라인 세상에서의 물건과 마찬가지로 경합성을 지닌 독립된 재화로 기능하는 경우에는 이를 물건의 개념에 포섭하여야 한다는 입법론이 등장하게 되었다.[266]

이 견해는 데이터 내지 정보를 한 주체의 사용·수익에 따라 다른 주체의 사용·수익 가능성이 필연적으로 감소하는 성질을 뜻하는 경합성(rivalrousness)의 유무에 따라 구분한다. 즉, 비경합성(non-rivalrousness)을 띠는 일반적인 정보는 되도록 많은 사람들에게 전파될 수 있도록 하는 것이 사회적으로 바람직하지만, 경합성이 있는 정보의 경우에는 공유의 비극(the tragedy of commons)을 피하고 관리의 효율을 기하여 사회적인 효용 증대를 꾀하기 위해 특정인에게 배타적 독점권을 부여할 필요가 있는데, 도메인 이름(domain name)[267]과 함께 게임 아이템이 바로 후자의 범주에 든다는 것이다.[268] 물론 게임 아이템에 대하여 저작권이 인정되는 경우도 있겠지만, 위 견해는 게임 아이템과 관련된 분쟁은 불법복제 등이 아니라 이용자가 특정물이라고 주장하는 아이템의 양도 효력이 부정되거나 다른

---

265) 이춘수, 앞의 논문(2007), 14-17면.

266) 박준석, 앞의 논문(2009); 주석민법 총칙(2), 262면(김종기 집필부분)은 비록 '경합성' 이라는 표현은 쓰고 있지 않지만 게임 아이템 등의 디지털 콘텐츠를 보호하기 위하여 민법의 개정이 필요하다는 입장이다.

267) 인터넷상의 숫자로 된 주소에 해당하는 숫자·문자·기호 또는 이들의 결합을 말한다 (부정경쟁방지 및 영업비밀보호에 관한 법률 제2조 제4호).

268) 박준석, 앞의 논문(2009), 52-54면. 다만 발명이나 창작물의 경우 성질상 비경합성이 있지만 인센티브 부여를 위하여 독점권이 인정된다고 한다(위 논문 제53면)

이용자에 의하여 아이템이 절취·편취당하는 상황이 문제되는 것이어서 저
작권에 의한 보호만으로는 불충분하다고 주장한다.[269] 다만 위 견해는 배
타적 독점권에 의한 보호범위에 관하여는 다소 신중한 입장을 취한다. 즉
가상공간의 정보 가운데 경합성 있는 정보에 대하여 대세적인 물권적 법리
를 도입하더라도 인터넷의 상호소통성의 본질이나 네트워크 서비스 제공
자로부터 채권적 서비스를 받아야 한다는 특수성을 고려할 때 민법상의 물
권과는 다른 속성을 지닌 '유사' 물권을 특별법에 의하여 제한적으로만 인
정해야 한다는 것이다.[270] 경합성에 초점을 맞추어 물권적 보호 가능성을
타진하는 이러한 접근방법은 Fairfield에게서 비롯된 것으로서,[271] 후술하는
유체물-동등 데이터 이론에도 큰 영향을 미쳤다.

4. 유체물-동등 데이터 이론

가. 유체물-동등 데이터

금융위기 직후인 2008. 11. 1. 사토시 나카모토(Satoshi Nakamoto)의 논문
발표를 계기로 2009. 1. 3. 최초의 비트코인(bitcoin genesis block)이 탄생하
였다.[272] 비트코인은 블록체인(blockchain)이라는 암호학 기술을 이용하여

---

269) 박준석, 앞의 논문(2009), 49면.
270) 박준석, 앞의 논문(2009), 55, 56면. 위 견해는 특히 아이템 현금거래의 폐해를 고려
    할 때 게임 아이템의 경우 물권적 보호에는 신중을 기하여야 한다고 주장한다(위
    논문 56-58면).
271) 그는 물권법의 핵심이 물권의 객체가 되는 물건의 형식을 한정함으로써 거래비용을
    감소시키는 데 있다면서, 물건이란 "정보 체계의 일종"으로서 "이전 가능하고, 희소
    하며, 경합성과 존속성이 있으며, 그 내용과 경계가 분명한 데이터 객체를 기록하는
    정보 체계"로 이해되어야 한다는 주장을 개진한 바 있다(Fairfield, op. cit.).
272) Satoshi Nakamoto, "Bitcoin : a peer to peer electronic cash system", 2018. 위 논문은
    저자가 자신의 웹사이트에 업로드한 논문의 링크를 수백 명의 암호학 전문가에게
    이메일로 발송하는 방식으로 세상에 알려졌는데, 저자의 신원은 아직까지도 알려져
    있지 않다. 비트코인에 활용된 기술들은 20세기 후반의 암호학 발전으로 대부분 완

금융기관과 같은 신뢰할 수 있는 제3자(Trusted Third Party, TTP)의 중개 없이도 이중지불(double spending)의 위험 없이 비밀키를 지닌 결제 당사자 사이에서 직접 전송될 수 있었다. 이러한 특징은 비트코인이 결제수단이나 가치저장 수단으로서 화폐나 금과 같은 역할을 수행할 수 있다는 인식을 낳았다. 이는 엄청난 투자 열풍으로 이어져 2021년 초에는 발행된 비트코인 전체의 시가가 1조 달러를 넘어섰다.[273] 같은 시기 세계 통화량이 300조 달러, 금의 시가총액이 11조 달러에 달했다는 점을 고려하면 놀라운 규모라고 할 수 있다. 비트코인 열풍을 통해 드러난 블록체인 기술의 잠재력은 이를 기반으로 한 수많은 가상 자산이 등장하는 계기가 되었다. 이더리움(etherium)의 경우 프로그래밍이 가능하여 다양한 서비스와의 연계가 가능해졌고,[274] 최근에는 1개의 토큰만을 발행함으로써 특정 데이터를 한 사

성된 상태였다. 예컨대 Okamoto와 Ohta는 1992년 '전자 현금 시스템(electronic cash system)'이 갖춰야 할 특성들을 기술한 바 있다(Tatsuaki Okamoto & Kazuo Ohta, "Universal electronic cash", *Advances in Cryptology-CRYPTO* '91, Springer, 1992, pp. 324-337). 그럼에도 불구하고 비허가형 블록체인(permissionless blockchain)의 유지에 필요한 인센티브로서 비트코인을 얻을 수 있도록 하는 방식을 창안함으로써 누구의 관리도 받지 않은 채 10년이 넘도록 거의 완벽에 가깝게 작동하는 시스템을 만들어낸 사토시 나카모토의 업적은 과소평가할 수 없으며 거의 콜롬버스의 달걀과도 같다고 할 수 있다.

273) 매경프리미엄, "비트코인 정말 1억원 갈까?", 2021. 2. 23. http://news.naver. com/main/read.nhn?mode=LSD&mid=sec&sid1=001&oid=014&aid=0004609785

274) 프로그래밍이 가능하다는 점은 코드화된 계약의 이행이 자동화될 수 있다는 점을 암시한다. 이 때문에 본래 기술적 용어였던 '스마트계약(smart contract)'이 실제 계약법적 함의를 담게 되었다. 스마트 계약은 거래비용과 집행비용의 감소를 통해 생산성 향상을 가져온다는 점에서 환영을 받기도 하지만, 계약의 자동화라는 이상과 달리 분쟁 가능성을 완전히 없애지는 못한다. 계약 성립 단계에서 의사표시의 흠결·하자나 적법성·사회적 타당성이 문제될 수 있고, 계약 해석 단계에서 의도된 모호성의 구현이 어려우며, 계약 이행 단계에서도 불완전이행 또는 합리적 계약위반의 문제를 다루지 못하는 한계가 있기 때문이다. 이에 관한 상세한 내용은 김제완, "블록체인 기술의 계약법 적용상의 쟁점 - '스마트계약(Smart Contract)'을 중심으로 -", 법조 제67권 제1호, 법조협회, 2018, 150-200면 참조.

람에게 독점시키는 대체 불가능 토큰(Non Fungible Token, NFT) 기술이 등
장하여, 576개의 픽셀로 된 'CryptoPunk 7523'이라는 이름의 캐릭터 이미
지 하나가 소더비 경매장을 통해 1,175만 4천달러에 팔리기도 했다.[275) 게
임 아이템이나 캐릭터에 블록체인 기술을 접목시켜 성공을 거두는 기업도
늘어나고 있다.[276)

위와 같이 블록체인 기술이 적용된 대상들을 통일적으로 서술하기 위해
어떠한 용어를 사용할 것인가는 쉬운 문제가 아니다. 데이터의 특성이나
기술에 주목한다면 가상(virtual) 또는 암호(crypto)라는 표현을 쓸 수 있을
것이고, 경제적 기능에 주목한다면 통화 내지 화폐(currency) 또는 자산
(asset)이라는 표현을 쓸 수도 있을 것이다. 실제로 초창기에는 가상화폐
(virtual currency), 가상자산(virtual asset), 암호통화 내지 암호화폐(crypto
currency), 암호자산(crypto asset)과 같은 여러 용어가 혼용되었다.[277) 하지

---

275) https://www.sothebys.com/en/buy/auction/2021/natively-digital-cryptopunk-7523/
cryptopunk-7523. 아래 그림도 'CryptoPunk 7523'의 이미지이다.

276) 서울경제, "유럽·북미에서도 대박난 위메이드 '미르4'···블록체인 뚝심 투자 통했
다" (2021. 8. 30.) (https://www.sedaily.com/NewsVIew/22QE34Z23V); ZDnet Korea,
"강남 아파트보다 비싼 '가상토지'···엑시인피니티 땅 30억에 거래" (2021. 11. 26.)
(https://zdnet.co.kr/view/?no=20211126131940)

277) 예컨대 정경영, "암호통화(cryptocurrency)의 본질과 스마트계약(smart contract)에 관
한 연구", 상사법연구 제36권 제4호, 한국상사법학회, 2018, 118면은 법률상 화폐의
발행권은 한국은행만이 가지므로(한국은행법 제47조) '화폐'라는 용어를 사용하는
것은 적절하지 않다고 보았다. 이와 달리 '화폐'라는 표현이 반드시 법화(法貨)를 의
미하는 것은 아니고, 암호화폐는 일반적으로 가상화폐 중 일부로 이해된다는 점을
고려하여, 블록체인 등의 암호학 기술을 이용하여 중앙 관리소나 특정한 관리자 없
이 분산형으로(de-centralized) 발행되는 가상화폐를 암호화폐로 정의하기도 한다(박
상철, "데이터 소유권 개념을 통한 정보보호 법제의 재구성", 법경제학연구 제15권
제2호, 한국법경제학회, 2018, 112면). 블록체인 등 분산원장에 의하여 부여된 재산
상 이익이 있는 지위를 암호자산으로 정의하면서 암호자산의 여러 경제적 역할 중
하나에 불과한 암호화폐를 여기에 포함시키려는 견해가 제시되기도 한다(홍은표, 앞
의 논문, 117-118면). NFT와 같이 경제적 기능이 결제수단이 아닌 경우까지 포괄하
기에는 암호자산이라는 용어를 사용하는 것이 낫다. 다만 본문에서 보듯이 이미 가

만 국제자금세탁방지기구(Financial Action Task Force on Money Laundering, FATF)와 「특정 금융거래정보의 보고 및 이용 등에 관한 법률」에서 '가상자산'이라는 용어를 채택한 이후로는 이 용어가 주로 활용되는 경향이 있으므로, 본고에서도 가상자산이라는 용어를 사용하기로 한다. 이러한 가상자산은 게임 아이템과 마찬가지로 경합성을 지니고 특정 사업자에 의존하지 않는다는 특성을 갖고 있는데, 이를 근거로 하여 유체물과 동등한 데이터의 경우 물건성을 인정하여야 한다는 해석론(이하 '동등 이론'이라고 약칭한다)이 등장하였다.

동등 이론은 경합성의 유무에 따라 데이터를 구분하여 물권적 보호 여부를 판단하려는 기존의 방법론을 좀 더 발전시킨다. 일반적으로 시장에서의 효율적인 자원 배분을 위해서는 재화나 서비스가 경합적·배제적이어야 한다.[278) 이러한 논리는 데이터의 경우에도 적용될 수 있으므로 경합적·배제적인 데이터는 시장을 통해 효율적 자원배분이 가능한 사적재에 해당한다.[279) 여기에 더하여 동등 이론은 데이터가 타인의 행위에 의존하지 않고 존립할 수 있는 특성을 지닌다면 타인의 행위를 개입시키지 않고도 데이터를 유체물과 같이 '직접' 지배할 수 있게 됨으로써 물권법적 규율이 가능하다고 주장한다. 즉 경합성, 배제성, 존립성이라는 3가지 요건을 갖춘 데이터는 '유체물-동등 데이터'로서 물권적 보호가 가능하다는 것이다.[280) 앞서

상자산이라는 용어가 통용되고 있고, 장차 암호학 이외의 기술에 의하여 경합성, 배타성, 존립성을 구현할 가능성도 배제할 수 없으므로 현재로서는 가상자산이라는 용어를 사용하는 것이 적절하다고 여겨진다.

278) Paul Krugman & Robin Wells, *Economics* (3rd ed.), Worth Publishers, 2013, pp. 478-480. 경합성은 있지만 배제성은 없는 자원의 배분을 시장에 맡길 경우 무임승차자(free-rider)를 배제할 수 없게 되어 자원이 남용될 우려가 있다(공유의 비극). 반면에 배제성은 있지만 경합성은 없는 자원의 배분을 시장에 맡길 경우 자원이 사회적으로 효율적인 수준보다 적게 소비됨으로써 비효율이 초래될 우려가 있다(반공유의 비극).

279) 백대열, 앞의 논문, 110면.

280) 백대열, 앞의 논문, 110면, 117-118면.

보았던 온라인 게임 아이템은 경합성과 배제성이 인정될 여지가 있지만 서비스 제공업자의 처분에 의존하므로 존립성 요건을 충족하지 못하여 유체물-동등 데이터에 해당하지 않지만, 가상자산의 경우에는 유체물-동등 데이터의 요건을 갖추고 있다.281) 이는 가상자산에 활용된 비허가형 블록체인 (permissionless blockchain) 기술 자체의 특성에서 비롯된 것이다. 대표적인 가상자산인 비트코인의 예를 통해 간략히 살펴보기로 한다.

비트코인의 양도방식은 지시채권의 양도방식으로서의 배서와 유사한 측면이 있다.282) 즉 A가 자신의 비트코인을 B에게 양도하면서 해당 거래 (transaction)에 관한 데이터에 A가 전자서명을 하고, B가 C에게 양도하면서 다시 전자서명을 하는 것이다. A나 B의 전자서명의 위조 여부는 모두에게 공개된 그들의 공개키(public key)를 이용하여 누구나 쉽게 검증할 수 있다.283)284) 현실에서는 공증인이나 등기소와 같이 진정성을 담보하는 신뢰할 수 있는 제3의 기관이 필요하지만, 비트코인의 경우 블록체인 기술을 이용한 합의 알고리즘에 따라 이러한 기관 없이도 자연스럽게 진정성이 확보된다. 즉 거래가 발생하면 그 내용은 P2P 분산형 시스템 기술을 이용하여 전 세계의 노드(node)에게 전파(broadcast)되어 검증이 이루어지고 거래 기록이 어느 정도 모이면 이를 하나의 블록으로 묶어 기존의 블록체인에

---

281) 백대열, 앞의 논문, 117-118면.
282) 백대열, 앞의 논문, 115면.
283) 블록체인은 공개키 방식(Public Key Infrastructure)의 전자서명 기술을 활용하는데 그 내용을 간략히 도식화하면 다음과 같다[아카하네 요시하루 외(양현 역), 블록체인 구조와 이론, 위키북스, 2017, 116면]. ① 송신인은 비밀키와 공개키로 구성된 키 쌍을 생성한다. 비밀키는 서명 생성용, 공개키는 서명 검증용으로 사용된다. ② 송신인은 공개키를 미리 수신인에게 전달한다. ③ 송신인은 비밀키를 이용해 원본 데이터를 암호화하는데, 그 결과를 '전자서명'이라고 한다. ④ 송신인은 전자서명을 데이터에 첨부하여 수신인에게 송신한다. ⑤ 수신인이 공개키를 이용해 전자서명을 복호화한다. ⑥ 수신한 원본 데이터와 복호화한 데이터를 비교하여 검증한다. 동일하다면 위변조되지 않은 것이다.
284) 비트코인의 사슬 구조

추가하게 된다.285) 이 때 각 거래 기록의 해시(hash) 값286)은 다음 거래 기록의 내용이 되고, 나아가 각 블록의 해시값은 다음 블록의 내용이 되므로,287) 어떤 거래 기록을 위조하거나 변조하려면 결국 그 이후의 해시값도

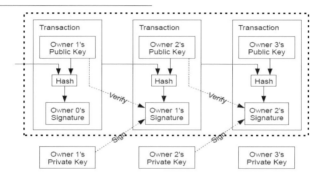

285) 비트코인의 경우 10분에 한 번씩 전 세계에서 모인 트랜잭션(transaction)을 하나의 블록으로 묶어 처리한다.

286) 해시(hash) 함수란 임의의 길이의 입력 메시지를 고정된 길이의 출력값으로 압축시키는 함수를 말한다. 데이터의 무결성 검증, 메세지 인증에 사용한다. 해시 함수는 일방향성과 충돌 회피성이라는 두 가지 성질을 만족해야 한다. 먼저, 일방향성은 주어진 해시 값 h에 대해서 H(x)=h를 만족하는 x 값을 찾는 것이 계산적으로 불가능한 것을 말한다. 충돌 회피성이란 주어진 x에 대해 H(x)=H(y)를 만족하는 임의의 입력 메시지 y를 찾는 것이 계산적으로 불가능함을 뜻한다.(출처 : 국방과학기술용어사전, 2011. https://terms.naver.com/entry.naver?docId=2765595&cid=50307&categoryId=50307)

287) 여기서 블록이란 정확하게는 블록헤더(Block Header)를 의미한다. 블록헤더는 블록에 포함되는 트랜잭션들(Merkle Tree)의 해시값인 해시트리 루트(Merkle Root)와 이전 블록헤더의 해시값, 그리고 블록 생성권을 획득하기 위해 풀어야 할 문제의 해답(Nonce), 타임 스탬프 등으로 구성되어 있다. 아래 그림 참조[아카하네 요시하루 외 (양현 역), 앞의 책, 120면]

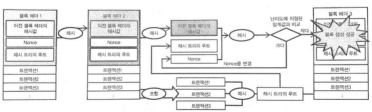

모두 다시 계산해야 하는 큰 부담을 지게 된다. 한편 분산형 시스템에서는 정보의 지연과 미도달이라는 사태를 피할 수 없고 때로는 위변조 등 악의적인 공격이 있을 수도 있기 때문에 네트워크 참가자가 하나의 결과에 대한 합의를 얻기 위한 합의 알고리즘이 필요하다. 블록체인 기술을 이용한 비트코인 시스템에서는 블록마다 생성되는 무작위 값(논스값, nonce)을 가장 먼저 찾아낸 노드에게 블록 생성권한을 부여하고 계산에 소요되는 비용에 대한 보상288)으로서 비트코인을 지급한다.289) 따라서 각 노드는 자신의 이익을 위해 다른 노드보다 먼저 논스값을 찾아내고 다른 노드가 답한 논스값의 오류를 검증하기 위해 계산 경쟁을 벌이게 된다. 결과적으로 특정인이 지배하는 노드의 계산능력이 전체 네트워크의 과반에 이르지 못하는 한 위변조는 사실상 불가능하다.290)

동등 이론은 이러한 기술적 특성을 고려해볼 때 비트코인이 경합성·배

---

288) 기존 합의 알고리즘들의 경우 참여자가 선거인 명부처럼 사전에 정해져 있어야 했던 반면, 사토시 나카모토가 제안한 퍼블릭(public) 블록체인의 경우 참여자 수에 제한이 없으며 사용자들이 언제든 자유롭게 합의에 참여하거나 탈퇴하는 것이 가능하다. 이를 '비허가형 합의' 또는 '나카모토 합의'라고 부르며, 이러한 자유로운 참여나 탈퇴에도 불구하고 안정적인 합의가 이루어지도록 하는 근간에는 바로 비트코인을 통한 인센티브가 있다[4차산업혁명위원회, 4차위 블록체인 연구반 활동보고서, 2020, 8면(김승주 집필부분) 참조].

289) 이를 작업증명(PoW, proof of work)이라고 하는데, 비트코인이나 이더리움 등이 이러한 방식을 사용한다. 위변조를 방지하기 위한 장치로는 작업증명 외에도 네오(Neo)가 채택한 지분증명(PoS, proof of stake), 이오스(Eos)가 채택한 위임지분증명(DPoS, delegated proof of stake) 등이 있다. 한편 허가형 블록체인인 하이퍼레저(Hyperledger Fabric)는 다수결 방식에 의한다[아카하네 요시하루 외(양현 역), 앞의 책, 105-114면 및 4차산업혁명위원회, 앞의 자료(2020), 10-11면(김항진 집필부분)].

290) 한편 의도적으로 위변조하지 않더라도 두 개의 노드가 동시에 논스값을 찾아내는 등으로 인해 블록체인의 분기가 일어날 수 있다. 비트코인은 이러한 경우 보다 긴 블록체인을 더 많은 참가자가 승인한 것으로 보아 올바른 것으로 승인하는 방식을 취하고, 따라서 거래가 확정되려면 6개 정도의 블록이 쌓일 때까지 기다려야 한다. 이런 점에서 비트코인은 결제 완결성(finality) 측면에서 상당한 한계를 지닌다[아카하네 요시하루 외(양현 역), 앞의 책, 106면].

제성·존립성 요건을 모두 갖춘 유체물-동등 데이터에 해당한다고 주장한다.[291] 우선 비트코인은 위변조나 이중지불(double-spending)이 불가능하여 여러 사람에게 동시에 귀속될 수 없으므로 경합적이라고 할 수 있다. 비트코인 보유자는 비밀키를 감추어둠으로써 다른 사람의 사용·수익을 배제할 수 있으므로 배제성도 있다.[292] 강력한 인센티브에 의하여 스스로 유지되는 분산형 시스템인 비트코인 시스템 하에서는 타인의 행위에 의존하지 않고도 자유롭게 자신이 보유한 비트코인을 처분할 수 있으므로 존립성도 있다.[293] 비트코인과 유사한 방식으로 작동하는 많은 가상자산들 역시 마찬가지이다. 블록체인 기술은 디지털 형태로 된, 유한하고 경합적이며 배타적인 무형 자산을 만들어 낸 것이다.

나. 유체물-동등 데이터의 물건성

앞서 본 것처럼 통설은 민법 제98조가 정한 물건의 요건으로서 ① 유체

---

291) 백대열, 앞의 논문, 117-119면.

292) 홍은표, 앞의 논문, 122면은 이중지불이 불가능하다는 점을 경합성과 배타성의 징표로 보고, 누구도 권한 없이 변경할 수 없다는 점을 절대성의 징표로 본다. 그 밖에 위 논문은 생성 조건이 블록체인 시스템에 의하여 정의되어 있다는 점을 희소성의 징표로, 블록체인에 거래과정이 기록되어 변경할 수 없다는 점을 공시성의 징표로 본다.

293) 암호자산은 블록체인에 참여한 다른 노드 또는 블록체인 개발자 집단 등 어느 누구에 대한 청구권이라고 볼 수 없으며, 암호자산 보유는 암호자산 지갑주소에 상응하는 개인키를 보유함으로써 실질적으로 행사될 수 있다(홍은표, 앞의 논문, 118-119면 참조). 예컨대 비트코인 보유자는 자신의 개인키를 이용하여 그에 상응하는 지갑주소(공개키)에 기록된 비트코인(UTXO, unspent transaction output)에 대한 잠금 스크립트(locking script)를 해제하여 이를 다른 지갑주소로 전송할 수 있다. 암호자산은 기존의 디지털 자산처럼 가상공간에 존재하고 온라인 시스템에 의존한다는 점에서는 공통되지만 시스템제공자와의 관계로부터 단절되어 지배를 제한당하거나 훼손당하지 않고 존재하고 거래도 가능하다는 특성이 있다[위 논문 127면; 정해상, "가상화폐의 법적 특성과 거래에 관한 법리", 법학논총 제25권 제2호, 조선대학교 법학연구원, 2018, 38면].

물 또는 자연력, ② 관리가능성, ③ 독립성, ④ 비인격성을 들고 있다.[294]
동등 이론은 위 조항의 '자연력'은 예시 규정에 불과하고, 관리 가능성은
경합성, 배제성, 존립성을 의미한다고 해석함으로써, 결과적으로 유체물-동
등 데이터가 민법상 물건에 해당한다고 본다.[295] 동등 이론은 물건의 개념
이 선험적으로 주어진 것이 아니라 법적 구성의 대상일 뿐이라면서 이러한
해석론이 물권법정주의에 반하지 않으며, 오히려 유체물과 마찬가지로 물
권법에 의한 규율의 핵심 전제인 경합성·배제성·존립성을 모두 갖춘 유체
물-동등 데이터의 물건성을 부정하는 것은 본질적으로 같은 것을 합리적
근거 없이 달리 취급하는 것으로서 재산권의 과소 보호 및 평등권의 침해
가 될 수 있다고 주장한다.[296]

다소 급진적으로 보일 수 있는 위 해석론을 좀 더 구체적으로 살펴보자.
민법 제98조의 입법취지는 의용 민법의 한계를 극복하여 물건의 개념을 확
장하기 위한 것이지 자연력에 한정하려던 것이 아니었으므로 위 규정에
'자연력'이라는 문구가 포함되어 있더라도, 이를 물건의 요건으로 격상시켜
파악할 것은 아니다.[297] 또한 통설이 관리 가능성의 의미로 내세우는 '배타
적 지배가능성'이란 타인의 사용·수익을 배제하면서(배제성) 동시에 이를
배타적으로(경합성) 타인의 행위에 의존함이 없이(존립성) 사용·수익할 수
있음을 의미하는 것으로 해석되어야 한다.[298] 유체성은 어디까지나 경합
성·배제성·존립성이라는 요건의 대용물(proxy)일 뿐이며,[299] 위 요건을 충

---

294) 주석민법 총칙(2), 255, 258-276면(김종기 집필부분); 곽윤직·김재형, 앞의 책(2013),
    220-223면
295) 백대열, 앞의 논문, 132-138면.
296) 백대열, 앞의 논문, 137-138면; 홍은표, 앞의 논문, 123면은 본질적으로 접근에 제한
    이 없는 정보인 저작권에도 배타적 권리를 인정하면서 본질적으로 접근과 복제에
    제한이 있는 암호자산에 대하여 상응하는 보호를 제공하지 않는 것은 헌법적으로
    부당하다고 주장한다.
297) 백대열, 앞의 논문, 132-133면.
298) 백대열, 앞의 논문, 134-135면.
299) Fairfield, op. cit., p. 864; 물권법적 규율 가능성을 논함에 있어 유체성의 유무는 가

족하는 유체물-동등 데이터는 유체물과 동등한 배타적 지배가능성을 지닌다.[300] 또한 독립성의 유무는 유체물과 마찬가지로 사회관념상 경제적 효용 및 공시의 가능성을 기준으로 판단하면 족하다. 예컨대 비트코인의 경우 시스템상 설정되어 있는 최소 거래 단위인 1 사토시(Satoshi = 0.00000001BTC)가 독립성 유무를 판단하는 기준이 될 수 있다. 블록체인 분산원장(distributed ledger)은 앞서 본 기술적 배경으로 인해 불변성 (immutability), 투명성(transparency), 가용성(availability)의 특징을 가지는 '이상적인 등기시스템'으로 불리는 만큼 공시 가능성 역시 충분히 갖추어져 있다. 이처럼 동등 이론에 따르면 유체물-동등 데이터는 관리가능성과 독립성을 지니고 비인격성 역시 당연히 갖추고 있으므로 결국 민법상 물건에 해당하며, 그것이 토지 및 그 정착물이 아닌 이상 '동산'에 해당한다.[301]

다. 소결론

동등 이론은 유체물과 유사한 속성을 가지는 특정 유형의 데이터에 대한 소유권을 현행법의 해석에 의해서도 인정할 수 있다고 주장한다. 반대하는 견해[302]가 없지는 않으나 위와 유사한 입장에 선 견해가 많다. 블록체인 기술이 특정성, 독립성, 배타적 지배가능성이라는 소유권 부여의 전제를 충족시킬 수 있다는 견해,[303] 암호자산에 대해서는 배타적 지배가능성과 관

짜 범주(false categories)에 불과하다는 지적으로는 Juliet Moringiello, "False Categories in Commercial Law: The (Ir)relevance of (In)tangibility", 35 Fla. St. U. L. Rev. 119, 2007.

300) 가상공간에서의 정보에 대한 배타적 지배가능성을 부정하는 견해로는 남기연, "Bitcoin의 법적 가치에 관한 연구", 법학논총 제38권 제3호, 단국대학교 법학연구소, 2014, 531-532면; 도쿄지방재판소 역시 유명한 "마운트곡스(MtGox)" 사건(東京地判平成27年8月5日判例集未登載, 平成26年(ワ) 第33320号)에서 비트코인의 배타적 지배가능성을 부정하였다.

301) 백대열, 앞의 논문, 136-138면.

302) 박영호, "암호화폐의 강제집행, 비트코인을 중심으로", 사법 제49호, 사법발전재단, 2019, 26면. 전자정보는 물건이나 동산이 아니라는 점을 근거로 한다.

리가능성이 인정되므로 암호자산은 민법상 물건에 해당되나 부동산은 아니므로 동산이라는 견해,304) 암호자산은 배타적 지배와 대세적 주장을 할 수 있고 공시도 이루어지므로 암호자산 보유자는 거래의 실체에 맞게 소유자로서 또는 소유자에 준하는 자로서 보호되어야 한다는 견해,305) 물건의 개념을 유체물에 한정하여야 할 논리적 필연성은 없으므로, 블록체인 기술이 적용되는 경우처럼 데이터에 대한 배타적 지배가능성의 요건이 충족된다면 데이터에 대한 '준소유권'이 인정될 수 있으며, 다만 물권법정주의상 민법 개정에 의하여 물건 개념을 이러한 데이터에 확장할 수 있다는 견해,306) 전자어음이나 전자증권 또는 암호화폐의 예에서처럼 유체물과 규범적으로 동등하게 평가될 수 있는 특정 유형의 데이터에 관해 물건성을 인정하고 소유의 법리를 확장하는 것은 충분히 가능한 선택지라는 견해,307) 암호자산을 보유한 자의 지배력은 소유권에 준하는 완전하고도 독립적인 지배력이므로 소유물에 상당하는 보호관계를 정립하는 것이 합리적이라는 견해308), 암호자산 보유자는 배타적 지배가 가능하므로 준물권과 유사한 성격의 권리를 가진다는 견해309) 등이 그것이다.

국내외의 입법이나 판례의 동향도 이러한 방향성을 띠고 있어 보인다. 현재 가상자산의 규율에 관한 국내의 법률로는 가상자산사업자에게 자금세탁방지 의무를 부과한 「특정 금융거래정보의 보고 및 이용 등에 관한 법률」310)과 가상자산 양도소득을 과세 대상으로 삼은 개정 소득세법311)이

---

303) 최경진, 앞의 논문(2019), 235면.
304) 전승재·권헌영, "비트코인에 대한 민사상 강제집행 방안- 암호화폐의 제도권 편입 필요성을 중심으로 -", 정보법학 제22권 제1호, 한국정보법학회, 2018, 89면.
305) 홍은표, 앞의 논문, 116면, 138면.
306) 박진아, 앞의 논문, 31-33면.
307) 권영준, 앞의 논문(2021), 22면.
308) 정해상, 앞의 논문(2018), 38-39면.
309) 이나래, "가상화폐의 법적성격에 관한 연구", 서울대학교 석사학위 논문, 2018, 92-94면.
310) 정부는 암호화폐 투자 열풍을 사기나 투기로 단정하던 초기의 태도에서 다소 물러나

있으나, 이들은 자금세탁 방지나 담세력에 대한 응능과세를 목적으로 한 것으로서 가상자산에 관한 권리의 법적 성격과는 무관하다. 그러나 최근에 제출된「민법 일부개정법률안」312)은 동등 이론의 취지를 받아들여 제98조의 물건의 정의에 "법률 또는 기술에 의해 배타적 지배권과 독립성이 확보된 정보"를 추가하고 있다. 경합성, 배제성, 존립성을 지닌 형태론적 정보는 유체물과 동등한 수준으로 관리가 가능다는 점을 근거로, 암호화 등 과학적 기술을 이용하거나 법률로 정보의 이용을 제한하는 방법으로 특정성·배타성·독립성이 확보된 정보에 한해서 물건으로 인정하려는 것이다. 최근 대법원은 비트코인이 경제적인 가치를 디지털로 표상하여 전자적으로 이전, 저장 및 거래가 가능하도록 한 것으로서「범죄수익은닉규제법」상 범죄수익에 해당하는 재산적 가치가 있는 무형의 재산이라고 판단한 것도 눈여겨볼 필요가 있다.313)

해석론에 의하여 이른바 유체물-동등 데이터를 물건으로 포섭하려는 동등 이론은 두 개의 전제에 의하여 지지되고 있다. 하나는 '자연력'이 예시

2020년경부터 어느 정도 양성화하려는 방향을 보이고 있다. 여기에는 2019년에 국제자금세탁방지기구(FATF)에서 암호화폐를 취급하는 사업자에게 금융권 수준의 자금세탁방지 의무를 지우는 것을 골자로 한 결의가 이루진 것이 계기가 되었다[금융위원회 보도자료, "제30기 제3차 국제자금세탁방지기구(FATF) 총회 참석"(2019. 6. 24.) https://www.korea.kr/news/pressReleaseView.do?newsId=156337620]. 가상자산에 관한 구체적인 규제의 설계는 경제적 기능에 대한 판단을 기초로 법적 성질을 확정지어야 가능하다. 가상자산이 지급수단으로 이용될 경우 안전성 확보가 핵심이지만, 투자수단으로 이용될 경우 규제를 비롯한 투자자 보호가 핵심이며, 자금조달수단으로 이용될 경우 발행인의 주주 및 채권자 그 밖의 이해관계자와의 이해조정이 핵심이 되므로 각 영역의 법적 틀에 맞추어 규제를 재검토할 필요가 있다[4차산업혁명위원회, 앞의 자료(2020), 38면(정순섭 집필부분) 참조].

311) 2020. 12. 29. 개정 소득세법(법률 제17925호)은 가상자산을 양도하거나 대여함으로써 발생하는 가상자산소득을 기타소득으로 보아 2022년 1월 1일 이후 양도·대여하는 부분부터 과세하도록 하였다(제21조 제1항 제27호, 제37조, 부칙 제1조, 제5조 참조).

312) 민법 일부개정법률안(2020. 11. 2. 조정훈 의원 대표발의, 의안번호 2104799호)

313) 대법원 2018. 5. 30. 선고 2018도3619 판결.

에 불과하다는 것이고 다른 하나는 '관리 가능성'이 경합성, 배제성, 존립성을 의미한다는 것이다. 그러나 이들 전제는 문리해석의 한계를 넘는 것이어서 강행규정의 성격을 지니는 제98조의 해석론으로는 받아들여지기 쉽지 않다. 그럼에도 불구하고 입법론으로서의 설득력은 상당히 커 보인다. 무엇을 물건으로 볼 것인가는 당대의 사회경제적 관념이나 과학기술의 수준에 비추어 어떤 대상을 지배 대상으로 삼을 수 있는가를 고려한 규범적 문제이기 때문이다.[314] 하지만 동등 이론이 상정하는 것은 성질상 경합성과 배제성을 지닌 특정 유형의 데이터에 한정되므로 데이터 일반의 귀속 문제에 대한 규율이라고는 볼 수 없다.[315] 본고에서 다루고자 하는 일반적인 데이터세트는 원칙적으로는 동등 이론에 의하여는 물건성이 인정될 수 없다. 그러나 데이터세트를 직접 블록체인에 기록하거나 또는 외부의 서버에 기록하고 블록체인과 암호학적으로 연결함으로써(off-chain) 경합성과 배제성이 확보된다면 달리 볼 여지도 있다. 최근 들어 이러한 기술적 시도가 점차 늘어나고 있는데,[316] 귀추를 주목할 필요가 있을 것이다.

5. 총칙상 물건 개념 이론

앞서의 논의는 디지털 정보를 소유권 등 물권의 대상이 되는 물건으로 볼 수 있는지에 관한 것이었다. 그런데 일부 견해는 정보가 민법상 물건에 해당하는지의 문제(물건의 요건)와 소유권 등 물권의 대상이 되는지의 문제(소유권의 객체적격)를 구별한다. 즉 물건의 요건을 "민법상 물건의 범위, 즉 일반적·총칙적 물건의 '외연'을 확정해주는 일반요건"과 "개별적인

---

314) 권영준, 앞의 논문(2021), 22면.
315) 권영준, 앞의 논문(2021), 22면.
316) 유형원 외 4인, "헬스케어 빅데이터 유통을 위한 블록체인기술 활성화 방안", 한국빅데이터학회 학회지 제3권 제1호, 2018, 73-82면; 4차산업혁명위원회, 앞의 자료(2020), 15-17면(이은솔 집필부분) 참조.

권리와 관련하여 구체적으로 결정되는 물건의 범위, 즉 개별 권리에 맞는 물건의 '내포'를 결정해주는 특별요건"으로 나누어 파악하여야 한다는 것이다.[317]

위 견해는 전자정보가 민법 총칙에서 정한 물건의 범주에 속한다고 본다. 그에 따르면 민법은 독일 민법이나 일본 민법과 달리 유체물 한정적인 물건 개념을 명시적으로 포기하였으므로 독일 민법에서 물건 개념 전체에 투영되어 있던 자연주의적 권리대상관은 유체물을 한도로 축소되었다.[318] 그리고 물건의 범주에 포함된 유체물과 자연력을 통일적으로 파악하기 위하여 자연과학적 방법이나 경제적 방법을 넘어서 규범적 방법에 의하여 물건 개념을 파악할 필요가 있다고 한다. 즉, 물건은 권리의 객체 내지 권리의 목적물로서의 성격을 갖기 때문에 법적 의미를 가진 '대상'으로서 객관화된 존재여야 한다.[319] 따라서 물건은 '권리의 객체 내지 목적물로서의 성격을 가지는 대상으로서 법적으로 의미가 있는 경제계·재화계에 객관화된 존재'로 정의할 수 있다. 위 견해는 위와 같은 물건의 개념과 민법 제98조의 법문을 기반으로, 통설이 물건의 요건으로 '유체물 및 자연력'을 채택하는 것에 반대하면서[320] 보다 추상화된 물건의 일반요건으로서 비인격성, 경제적 가치성, 관리가능성 등을 제시한다.[321] 이에 따르면 전자정보는 물건의 일반요건을 모두 충족하므로 총칙에서 정한 물건에 해당하게 된다.[322]

---

317) 최경진, 앞의 논문(2004A), 10-11면.

318) 최경진, 앞의 논문(2004B), 6면.

319) 최경진, 앞의 논문(2004B), 7-8면. 그렇다고 하여 로마법에서와 같이 권리를 무체물이라고 파악하는 것도 타당하지 않다. 권리가 사람의 규범적 능력을 의미하는 이상 권리의 객체로서 유체물과 동질성을 갖는 것은 권리 그 자체가 아니라 권리를 통하여 실현되는 대상이기 때문이다(최경진, 위 논문, 8면).

320) 민법 제정 과정에서도 민법 제98조의 규정이 물건 개념의 확장 요구를 담기에 불충분하다는 의견이 있었다. "「물건」에 관하여서는 물건의 개념을 확장시키고 … 이외에는 현행 민법과 비슷한데 금일의 경제사정에 비추어 이 규정이 심히 불충분한 것 같다"(민사법연구회, 민법안의견서, 일조각, 1957, 7면)

321) 최경진, 앞의 논문(2004B), 11-13면.

그러나 위 견해는 물건의 일반 요건을 갖추었다고 해서 반드시 소유권 등 물권의 객체가 되는 것은 아니며, 물건의 특별 요건은 개별 권리의 의의·성질·취지·내용 등을 기초로 하여 구체화된다고 본다.323) 예를 들어 소유권의 객체로서의 물건의 특별 요건은 소유권의 전면적·배타적 지배권으로서의 성질, 물권법정주의, 일물일소유권주의적 성질 등으로부터 이끌어 낼 수 있으며, 구체적으로 배타적 지배가능성, 특정성, 독립성 등을 그 내용으로 한다.324) 이에 따르면 전자정보는 동시에 다수의 사람이 이용할 수 있고 무임승차자를 배제하기 어렵기 때문에 배타적 지배가능성, 특정성, 독립성이 인정될 수 없고, 따라서 비록 총칙상의 물건에 해당함에도 불구하고 소유권의 객체가 될 수는 없다고 보게 된다.325)

위 견해는 물건과 이를 객체로 하는 소유권 등 물권과의 관계를 정밀하게 분석함으로써 물건성과 물권의 객체성을 혼동하기 쉬운 통설의 한계를 극복하게 해 준다. 실제로 물건 개념에 정보를 포함시키는 방안이 입법론적으로 검토된 적이 있었고,326) 비록 회기 만료로 폐기되기는 했지만 최근에는 "전기 기타 관리할 수 있는 자연력"을 "전기나 데이터 등 관리할 수 있는 무체물"로 개정하는 내용의 「민법 개정안」이 제출되기도 했다.327) 그럼에도 불구하고 총칙상 물건 개념을 승인하는 것은 데이터세트를 물권에 의하여 보호할 수 있을 것인가라는 본고의 질문을 해결하는 데에는 큰 도움을 주지 못한다.328)

---

322) 최경진, 앞의 논문(2004B), 17-18면.

323) 최경진, 앞의 논문(2004B), 13면.

324) 최경진, 앞의 논문(2004B), 14면; 각 요건의 상세에 관하여는 최경진, "민법상 물건에 관한 연구", 성균관대학교 박사학위 논문, 2003, 117면 이하 참조.

325) 최경진, 앞의 논문(2004B), 18-19면.

326) 1999년 조직된 법무부 민법개정위원회 내에서 물건의 정의(민법 제98조)에 정보를 추가하는 문제가 논의되었으나, 1999. 9. 18. 전체회의 결과 개정대상에서 제외되었다. 윤진수, "민법 중 법인, 물건 및 소멸시효, 취득시효에 관한 개정예비안", 민사법학 제19호, 한국민사법학회, 2001, 56-57면 참조.

327) 2019. 11. 18. 김세연 의원 외 14인 발의, 의안번호 제2023867호.

6. 데이터세트의 물건성

생각건대 현행 민법상 물건성 여부는 물권의 특성을 착안점으로 하여 자연과학에 바탕을 두고 경제적 관점을 고려하는 통설의 해석에 따라 판단될 수밖에 없어 보인다. 그 경우 데이터세트의 물건성은 인정되기 어렵다고 여겨진다. 우선 독립성은 어렵지 않게 인정될 수 있을 것으로 보인다. 데이터세트에는 독자적인 경제적 효용이 있고, 사실상 지배나 적법한 권리자를 나타내는 표지를 통한 공시의 가능성이 있기 때문이다. 데이터세트가 인체의 일부가 아니라는 점은 명백하므로 비인격성 역시 인정될 수 있을 것이다.329) 그러나 관리가능성의 경우에는 속단하기 어렵다. 정보는 복제가 용이하여 그 자체로는 배타성이 없기 때문이다. 다만 데이터세트에 대한 외부의 접근을 제한하는 관리적, 기술적 조치를 통해 관리가능성이 확보되어 있는 경우에는 달리 볼 여지가 있다. 하지만 데이터세트의 물건성 인정에 가장 명백한 장애가 되는 것은 유체물 또는 자연력에 해당해야 한다는 요건이다. 정보는 유체물이라고 볼 수 없고 자연과학적 관점에서 볼 때 자연력에 해당하기 어렵기 때문이다.

이처럼 데이터세트의 물건성이 부정된다면 물건성을 전제로 하는 소유권이나 점유권에 의한 보호 방안은 더 이상 논할 실익이 없다고 여겨질 수 있다. 그러나 이에 관한 논의는 두 가지 측면에서 여전히 의미가 있다. 먼저 소유나 점유의 법리는 간접적인 방식으로 데이터세트의 보호 수단이 될 수 있다. 예컨대 소유의 법리는 매체의 소유권을 통하여, 점유의 법리는 유추적용의 방식으로 각각 데이터 세트의 보호에 기여할 수 있다. 다음으로 소유의 법리는 특히 대륙법에서 포괄적 지배권의 전형을 보여주기 때문에

---

328) 다만 위 이론은 데이터세트의 거래 문제와 관련해서는 담보책임의 인정 등에 있어서 수월한 이론적 도구를 제공해 줄 수 있다.

329) 데이터세트의 개별 데이터가 개인정보인 경우에도 그 이용 권한의 적법성만이 문제될 뿐이지 물건의 요건으로서의 비인격성은 문제되지 않는다.

데이터세트 보호 제도를 설계할 때 입법정책적 방향을 결정함에 있어서 불가결한 통찰을 제공해 준다. 따라서 아래에서는 소유와 점유의 법리에 관하여 서술하고자 한다.

제3절 소유권에 의한 보호

1. 소유권의 의의와 성질

소유권이란 물건이 가지는 교환가치와 이용가치를 포괄적으로 지배하는 배타적 지배권을 말한다.330) 민법은 소유권의 개념을 명시적으로 정의하지는 않지만 소유권의 내용과 범위, 그리고 물권적 청구권을 규정함으로써 간접적으로 소유권의 내포와 외연을 정한다. 즉 소유자는 법률의 범위 내에서 그 소유물을 사용, 수익, 처분할 권리가 있고(제211조), 특히 토지의 소유권은 정당한 이익 있는 범위 내에서 토지의 상하에 미친다(제212조). 소유자는 소유물을 점유한 자에 대하여 반환을 구할 수 있고(제213조), 방해의 제거나 예방을 구할 수도 있다(제214조).

소유권은 물권 가운데에서도 가장 기본적인 것으로서 관념성, 전면성, 혼일성, 탄력성, 항구성과 같은 중요한 특성을 지닌다.331) 관념성이란 현실적 지배와 분리되어 물건을 지배할 수 있음을 뜻한다. 이런 점에서 민법상 소유권은 물건에 대한 사실상 지배(Gewere)와 결합했던 게르만적 소유권과 다르고 사실상 지배에 따른 권리인 점유권과도 구별된다. 소유권의 관념성은 물권적 청구권에 의하여 지켜지고 유지되며,332) 대세적 효력과 결부되

---

330) 주석민법 물권(1), 557면(이계정 집필부분)
331) 곽윤직 편집대표, 민법주해(V) 물권(2), 박영사, 1992, 30면(김상용 집필부분); 주석민법 물권(1), 565면(이계정 집필부분)
332) 이춘원, "소유권의 구조에 관한 일고찰", 민사법학 제35호, 한국민사법학회, 2007,

어 명확한 공시방법을 요구한다.333) 전면성이란 물건의 사용가치와 교환가
치를 전면적으로 지배함을 뜻한다. 따라서 소유권의 핵심적 권능에 속하는
사용·수익 권능의 대세적·영구적인 포기는 허용될 수 없고334) 영구적 지
상권은 소유권의 전면성에 반하여 인정될 수 없다.335) 혼일성이란 소유권
이 사용·수익·처분과 같은 권능의 단순한 집합 또는 여러 독립한 권리의
묶음(bundle of rights)이 아니라 하나의 단일한 권리임을 뜻한다.336) 따라서
사용·수익·처분 권능 외에도 점유·보존·관리·개발 등 인간이 물건에 대하
여 가질 수 있는 모든 권능이 소유권으로부터 나온다.337) 한편 탄력성이란
제한물권에 의하여 소유권이 지닌 권능의 행사가 제한될 수 있으나 그것이
해소되면 본래의 완전물권으로 회복된다는 것을 뜻한다. 마지막으로 항구
성은 소유권의 영속적 성질을 뜻한다. 이에 따라 소유권은 존속기간의 제
한이 없고 소멸시효에도 걸리지 않으며(민법 제162조 제2항), 소유권에 대
한 영구적 처분금지 특약은 효력이 없다.338)

이처럼 우리 민법상 소유권은 단일하고 강고하며 절대적인 배타적 지배
권의 전형이 되어 있지만, 이는 역사적, 사회경제적 산물일 뿐이며 언제나
어디에서나 그러했던 것은 아니다. 이를 이해하는 것은 뒤에서 볼 데이터
소유권 논쟁을 비판적으로 검토하기 위해 반드시 필요한 일이므로 아래에
서는 소유권 법리의 발전 과정을 법계에 따라 살펴보기로 한다.

477면.
333) 주석민법 물권(1), 565면(이계정 집필부분)
334) 대법원 2019. 1. 24. 선고 2016다264556 전원합의체 판결
335) 이진기, "물권법정주의, 소유권과 제한물권의 범위와 한계 - 지상권에 관한 대법원
판결을 중심으로", 비교사법 제19권 제4호, 한국비교사법학회, 2012, 1212면 이하.
336) 권영준, "배타적 사용수익권 포기 법리에 관한 비판적 검토," 법학 제47권 제4호,
서울대학교 법학연구소, 2006, 319면.
337) 주석민법 물권(1), 586면(이계정 집필부분)
338) 민법주해(V), 30면(김상용 집필부분)

2. 소유권의 연혁

가. 개요

오늘날의 소유권 관념은 근대성의 소산이다. 근대적 소유권은 봉건사회로부터 시민사회로의 발전의 결과물로서,[339] 이후 자본주의 경제의 법적 기초가 되었다.[340] 중세 봉건사회에서는 토지 지배권을 독점한 영주가 이를 양여(讓與)하는 방식으로 영주 - 가신 - 농노로 이어지는 중층적인 물적 지배관계가 형성되어 있었고, 단일하고 배타적인 사적 소유권은 인정되지 않았다.[341] 생산자가 생산수단을 소유할 방법이 존재하지 않는다는 문제는 일원성 및 사회관계와의 단절 내지 추상성을 특징으로 하는 근대적 소유권[342]이 확립됨으로써 비로소 해결되었다. 우리 헌법이 사유재산제도의 보장(제23조 제1항)과 함께 경자유전의 원칙(제121조)을 규정하고, 우리 민법이 소유권의 절대성과 전면성 내지 혼일성을 인정하는 것은 이러한 역사의 산물인 것이다. 대륙법은 게르만법의 유산을 넘어서 로마법의 소유권 사상을 받아들임으로써 근대적 소유권을 확립한 반면, 영미법은 역사적 단절 없이 중세의 법적 전통의 변용을 통하여 근대적 소유권 제도를 갖게 되었다. 대륙법과 영미법의 소유권 개념은 모두 경제적 실질이 유사한 근대적 소유권이지만, 연혁적 이유로 적지 않은 차이 또한 보이고 있다.

나. 로마법

로마법상 소유권(dominium)[343]은 절대적, 전면적, 배타적인 지배권의 전

---

339) 甲斐道太郎 외(강금실 역), 소유권 사상의 역사, 돌베개, 1984, 108면 참조.
340) 곽윤직·김재형, 앞의 책(2013), 참조.
341) 甲斐道太郎 외(강금실 역), 앞의 책, 79-85면 참조.
342) 甲斐道太郎 외(강금실 역), 앞의 책, 20면 참조.
343) 로마법상 소유권을 지칭하는 용어로 'dominium' 외에 'proprietas'가 있다. 후자의 경우 특히 사용수익권(usus fructus)과 구별하기 위하여 사용되었다.

형이다. 즉 모든 사람에게 주장할 수 있고, 자유롭게 사용(uti), 수익(frui), 처분(abuti)할 수 있으며, 목적물 반환청구(rei vindicatio)나 방해제거청구(actio negatoria)에 의하여 구제받을 수 있었다.[344] 로마법상 소유권은 물건에 대한 사실상 지배인 점유(possessio)와 구별되고, 역권·용익권·담보권 등의 제한물권과도 구별되는 관념적이고 단일한 권리로서 로마인의 개인주의적 성향을 반영하고 있었다.[345] 이러한 설명은 엄밀히 말하자면 전통적인 시민법상 소유권(dominium ex iure Quiritium)에 해당되는 것이다. 본래 시민법(ius civil)에 따르면 중요 재산을 뜻하는 악취물(握取物, res mancipi)의 소유권을 이전하기 위해서는 악취행위(mancipatio) 또는 법정양도(in iure cessio)와 같은 형식행위가 있어야 했다. 따라서 그러한 형식을 갖추지 못한 경우 양수인이 물건을 인도(traditio)받았더라도 양도인이 여전히 형식상 소유자로 남게 되어 양수인이 소유자로서의 권리를 행사할 수 없는 문제가 생겼다. 이를 해결하기 위해 법무관(praetor) Publicio는 소유권을 취득하지 못한 양수인에게 점유 회복을 위한 물권적 소권(actio Publiciana)을 부여하는 한편 양도인의 소유권에 기한 반환청구에 대한 항변(exceptio rei venditae ac traditae)을 허용하였다. 시민법에 의하여 보호되는 양도인의 소유권(dominium ex iure Quiritium)과 법무관법(ius honorarium)에 의하여 보호되는 양수인의 지위(in bonis habere)가 양립하는 이러한 상황은 유스티니아누스 시대에 들어와 시민법상 소유권(dominium ex iure Quiritium)이 폐지되어 소유권이 일원화됨으로써 비로소 정리될 수 있었다.[346]

---

344) 윤철홍, "고대의 소유권에 관한 소고", 법학논총 제8권, 숭실대학교 법학연구소, 1995, 191면; 이영준, "특별법과 특례법에 의한 소유권의 변천", 저스티스 제32권 제4호, 한국법학원, 1999, 26면.
345) 민법주해(V), 11면(김상용 집필부분)
346) 최병조, 로마법강의, 박영사, 2004, 346면 이하 참조.

다. 대륙법

게르만법은 로마법의 단일한 소유권 관념과 달리 처분권능을 내용으로 하는 상급소유권과 사용·수익 권능을 내용으로 하는 이용소유권이 결합되어 하나의 소유권을 구성한다고 보았다. 즉 게르만족의 전통사회에서 토지에 대한 관리·처분 권능은 촌락 공동체(Genossenschaft)에게 귀속되고 촌락 주민들은 토지를 사용·수익할 용익권을 지니고 있었는데,[347] 봉건시대에 들어와 토지의 처분 권능이 영주에게 귀속된 뒤로 그러한 법 상태가 지역에 따라서는 19세기까지도 이어졌던 것이다.[348] 게르만법상 소유권은 제한물권과의 관계에서 대립관계에 서지 않고, 제한된 권능을 가진 사람이라도 그 한도 내에서 해당 물건은 타인의 것이 아니라 자신의 것이라는 점에서[349] 전면적 성질이 부정되었다. 또한 현실적으로 점유하면서 수익을 얻는 자는 모두 소유자로서 보호받는다고 보는 점에서[350] 관념적 성질 역시 약화되어 있었다.

그러나 시민혁명에 의하여 봉건적 제약이 폐지되면서 개인주의와 자유주의에 부합하는 근대적 소유권 관념이 요구되었는데, 당시의 로마법 연구 성과에 힘입어 로마의 개인주의적 소유권 개념이 이러한 요구에 부응할 수

---

347) 우리가 알고 있는 총유 개념은 게르만법상의 분할 소유권에서 기원한다고 보는 견해로는 이계정, "총유 규정의 개정 여부와 비법인사단의 규율", 민사법학 제78호, 한국민사법학회, 2017 참조.

348) 예컨대 1794년 프로이센 일반란트법(Allgemeine Landrecht für die Preußischen Staaten) 제1부 제8장 제16조는 소유권에 포함된 여러 권리가 상이한 사람에게 속하게 되면 물건의 소유권은 분할된다고 규정하였고, 지금은 효력을 상실했지만 1811년 오스트리아 민법(Allgemeines bürgerliches Gesetzbuch) 제357조도 배타적 용익권이 설정된 경우 본래의 소유자는 상급소유권자가 되고 용익권자는 이용소유권자가 된다고 하여 분할 소유권을 인정하고 있었다[민법주해(V), 14면(김상용 집필부분). 14면; 주석민법(제5판) 물권(1), 560-561면(이계정 집필부분)].

349) Karl Kroeschell, 양창수(역), "게르만적 소유권 개념의 이론에 대하여", 법학 제34권 제1호, 서울대학교 법학연구소, 1993, 228면.

350) 민법주해(V), 14-15면(김상용 집필부분).

있었다. 즉 1789년 프랑스 인권선언 제17조는 "소유권은 불가침이고 또한 신성한 권리이며, 공공의 필요가 그것을 요구하고 있다는 것이 법률에 의하여 명백히 인정되고 또한 정당한 보상이 지급된다는 조건 아래에서만 이를 박탈할 수 있다"고 선언함으로써 각국에 근대적 소유권 개념을 전파하였고, 1804년 프랑스 민법 제544조는 "소유권은 (중략) 물건을 가장 절대적인 방법으로 수익하고 처분하는 권리이다"라고 규정하여 절대적 소유권 개념을 명확히 하였다.351) 독일의 경우 19세기 중엽부터 사비니(Savigny)를 필두로 로마법상 소유권 개념을 따르자는 로마니스트(Romanist)와 기이르케(Gierke)를 필두로 구체적 지배력이 강조된 독일의 소유권 관념을 따르자는 게르마니스트(Germanist) 사이의 논쟁이 펼쳐졌지만 결과는 로마니스트의 승리였다. 1896년 독일 민법 제903조는 "물건의 소유자는, 법률 또는 제3자의 권리에 반하지 아니하는 한, 물건을 임의대로 처분할 수 있고 또 타인의 어떠한 간섭도 배제할 수 있다"고 규정함으로써 전면적이고 배타적인 로마법적 소유권을 선언한 것이다.

라. 영미법

한편 영미법은 처음부터 로마법의 영향을 많이 받지 않고 독자적으로 발전하면서 중세의 법전통을 변용하는 방식으로 근대적 소유권을 확립하였다. 토지의 경우를 예로 들자면,352) 본래 정복왕 윌리엄 1세 이후 영국의 모든 토지는 국왕의 소유이고 일반인은 국왕으로부터 토지를 보유할(hold) 수 있는 권한을 부여받은 것에 불과했다. 이러한 보유권은 국왕에 대한 봉사 조건과 관련된 테뉴어(tenure)와 보유 기간과 관련된 이스테이트(estate) 등 두 가지 관점에서 다양한 유형으로 나뉠 수 있었다. 그러나 근대 이후

---

351) 남효순, "나뽈레옹 법전(프랑스 법전)의 제정에 관한 연구", 법학 제35권 제1호, 서울대학교 법학연구소, 1994, 303면.
352) 주석민법(제5판) 물권(1), 579-582면(이계정 집필부분), 동산의 경우에는 대륙법계와 유사한 소유권 개념이 존재한다.

자유주의 및 개인주의 사조가 퍼져나감에 따라 이들은 사실상 통합된 소유
권으로 발전하였다. 먼저 테뉴어의 구분은 1925년 재산권법(the Law of
Property Act 1925) 제정 이후 상징적인 농역(農役, socage) 외에는 모두 폐
지되어 사실상 소멸하였다. 한편 이스테이트의 경우 크게 자유보유권
(freehold estate)과 보유기간이 고정된 정기부동산보유권(leasehold estate)[353]
등 두 가지 유형이 있고, 자유보유권에는 단순영구보유권(fee simple), 한정
영구보유권(fee tail), 생애보유권(life estate)이 있는데, 상속인의 범위에 제
한이 있는 한정영구보유권과 상속이 인정되지 않는 생애보유권은 1925년
재산권법(the Law of Property Act 1925)에 의하여 폐지된 이후로 형평법상
권리(신탁상의 권리)로만 인정되고 있다. 따라서 오늘날 영국에서 Y가 X
토지에 대하여 소유권이 있다는 것은 통상적으로 Y가 농역(socage)를 조건
으로 단순영구보유권을 가진다(Y is holding X for an estate in fee simple
in socage tenure)는 의미로 이해할 수 있다.[354]

이처럼 영미의 소유권 개념 역시 근대적 요청에 부응할 수 있도록 발전
하였지만 명시적으로 로마법을 승계한 대륙법과 달리 유연한 물권 개념을
지니고 있다.[355] 보다 정확히 말하자면 영미법적 사고방식은 채권과 물권
의 분류를 알지 못하고 대륙법과 같이 단일한 소유권 개념도 알지 못한
다.[356] 영미법상 재산권은 대륙법상 재산권 개념보다 더 포괄적이면서 동
시에 덜 체계적이어서 모든 물건에 동일한 내용을 가지는 '소유권
(Eigentum)'이라는 강력한 단일 개념을 가지고 있지 않다. 즉 영미에서는
권리 다발 이론(buldle of rights theory)에 따라 소유권(ownership)이 점유권

---

353) 본래 대주(landlord)가 차주(tenant, leaseholder)로부터 임료(rent)를 받을 수 있는 계
   약상의 권리에 불과하였으나 점차 물권적인 보호가 주어지면서 이스테이트(estate)로
   인정받게 되었다.
354) Robert Megarry & William Wade, the Law of Real Property, 6th ed., Sweet &
   Maxwell, 2000, p. 37.
355) 주석민법(제5판) 물권(1), 583면(이계정 집필부분)
356) 권영준, 앞의 논문(2010), 168면.

(right to possess), 사용권(right to use), 관리권(right to manage), 처분권(right to capital), 집행적격(liability to execution) 등으로 나뉘어 해당 권능을 가지는 자에게 분속한다고 이해한다.357) 이러한 유연한 물권 개념은 신탁 법리 발전의 토대가 되어 하나의 물건에 대한 소유권이 보통법상 권원(legal title)과 형평법상 권원(equitable title)으로 나뉘어 병존할 수도 있다.358) 영미법상 소유권은 이처럼 여러 사람에게 나뉘어 귀속될 수도 있지만 아울러 시적 분할(時的 分割)도 가능하다.359) 즉, A가 단순영구보유권을 가진 토지를 양도하면서 "B가 생존하는 동안, 그 후에는 C가 생존하는 동안(to B for life and thereafter to C for life)"라는 내용을 부기하였다면, B는 현 시점에서의 점유권으로서 위 토지를 현재부터 생존기간 동안 사용·수익할 수 있는 생애보유권(life estate in possession)을 갖고, C는 잔여권으로서 생애보유권을 가지며(life estate in remainder), A는 C 사망 후 돌려받게 될 복귀권으로서 단순영구보유권(fee simple in reversion)을 갖는다.

마. 정리

이처럼 근대적 소유권은 그 시대에 사회적·경제적 상황에 따라 역사적으로 형성된 제도이다. 따라서 사회경제적 상황이 변화하면 소유권의 관념 역시 변화될 수 있다. 실제로 현대에 이르러 자본주의가 고도화함에 따라 부의 집중과 환경 파괴가 나타나자 소유권의 사회적·공공적 측면을 강조하는 경향이 나타나기도 했다.360) 현대적 소유권은 더 이상 신성불가침하다

---

357) Anthony Honoré, "Owenership", in Anthony Guest ed., Oxford Essays in Jurisprudence, Clarendon, 1961, pp. 112-128.
358) 주석민법 물권(1), 583면(이계정 집필부분); 권영준, 앞의 논문(2010), 168면.
359) 주석민법 물권(1), 581-582면(이계정 집필부분). 이는 보유 기간과 관련된 이스테이트의 속성에 바탕을 둔 것이다.
360) 소유권의 사회적 기속성에 관한 논의 과정에서 게르마니스트의 이론이 다시 조명을 받기도 했다. 예컨대 기이르케(von Gierke)는 게르만적 소유권이 그 개념 속에 이미 자신의 제약을 내포하는 사회적으로 구속을 받는 권리라고 주장하였다[주석민법 물

거나 자연법적인 권리가 아니라 법률의 범위에서 인정되는 실정법적, 상대적 권리로 자리잡은 것이다.[361] 앞으로도 소유권의 개념과 내용은 사회경제적 상황의 변화에 발맞추어 바뀌어갈 수 있다. 예컨대 일부 견해는 기존의 강고한 소유권 개념으로부터 조정을 강조하면서 권리의 공동체 관련성에 무게를 둔 유연한 소유권으로의 변화를 예견한다.[362] 그러나 오늘날 우리가 직면한 중요한 사회경제적 변화는 무엇보다도 정보화 혁명과 그 심화에 따른 디지털 전환이라고 할 수 있다. 앞서 본 것처럼 정보에 물건성을 인정하고 소유권과 같은 물권적 보호를 인정하려는 견해들이 다수 등장한 것은 이러한 변화를 배경으로 하는 것이다.

3. 소유권에 의한 보호의 의미와 한계

가. 직접적 보호

데이터세트가 소유권의 객체가 된다면 물권법에 의한 강력한 보호를 받을 수 있다. 무엇보다도 요건이 단순하면서도 효과가 큰 물권적 청구권의 행사가 가능해진다. 즉 소유자는 소유권의 '위법한 침해 또는 침해의 염려'라는 객관적 사실만 증명하면 상대방에게 고의·과실이 없거나[363] 상대방의 이익 또는 물권자의 손해가 없더라도[364] 소유물의 반환이나 방해의 제거·예방을 위한 직접적이고 실효적인 다양한 조치를 취할 수 있다. 또한

권(1), 564면(이계정 집필부분)].

361) 민법주해(V), 22면(김상용 집필부분); 주석민법(제5판) 물권(1), 565면(이계정 집필부분); 헌법재판소 1989. 12. 22. 선고 88헌가13 결정 참조.

362) 소유권의 속성을 강고한 소유권과 유연한 소유권으로 나누어 파악하는 견해로는 권영준, "민법학, 개인과 공동체, 그리고 법원," 비교사법 제22권 제4호, 한국비교사법학회, 2015, 1431면 이하.

363) 주석민법 물권(1), 36면(손철우 집필부분); 이영준, 앞의 책(2009), 45면; 지원림, 앞의 책, 639면.

364) 양창수·권영준, 앞의 책, 435면.

소유권에 의하여 확보된 할당 영역의 침해를 근거로 부당이득이나 불법행위의 성립을 보다 쉽게 주장할 수도 있다.365) 사실상 지배와 분리된 소유권의 관념성 덕분에 데이터세트의 양도를 위한 절차가 간명해지고 소유권의 전면성으로 인해 데이터세트의 보유 가치도 보다 쉽게 평가할 수 있다. 소유권의 관념성은 거래 상대방의 신용위험으로부터 보호받을 수 있도록 하므로, 데이터세트 소유자는 상대방의 도산이나 계약위반에 대한 큰 염려 없이 데이터세트 이용계약을 체결하고 점유를 넘겨줄 수도 있다. 그 밖에 데이터세트는 민법상 담보물권이나 양도담보를 통해 금융을 얻는 수단으로 활용되거나, 강제집행의 목적이 될 수도 있을 것이다.

그러나 앞서 보았던 것처럼 현행 민법상 데이터세트는 '물건'에 해당되지 않으므로 소유권에 의한 직접적 보호는 불가능하다. 그럼에도 불구하고 소유권은 일정한 경우 간접적인 방식으로 데이터세트를 보호할 수 있다는 점에서 여전히 의미를 갖는다.

나. 간접적 보호

일반적으로 데이터는 어떤 물리적 매체를 통해서 저장되고 접근되는 경우가 많다. 만약 데이터가 누군가의 USB나 하드디스크 또는 서버 등에 저장되어 있다면 그 물리적 매체에 대한 소유권이 사실상 그 안에 담긴 데이터를 보호하는 기능을 수행할 수 있을 것이다. 데이터 자체에 법적인 의미의 소유권이 인정되지 않더라도 그 매체의 소유권을 통해 데이터에도 사실상 소유권이 미칠 수 있는 것이다.366)

---

365) 침해 부당이득의 경우 급부 부당이득의 경우와 달리 이득자 측에서 '법률상 원인 있음'을 증명해야 한다(대법원 2002. 11. 22. 선고 2001다6213 판결).

366) 권영준, 앞의 논문(2021), 21-22면; 이동진, 앞의 논문(2018), 227-228면 역시 데이터가 유체물에 부착되어 구조적 정보에 포함되어 있는 한 당연히 보호된다면서, 데이터의 임의 삭제는 그 물리적 구조의 재변경과 그로 인한 가치 상실을 포함하므로 소유권의 침해이며, 저장 매체의 경우 용법대로의 이용을 방해하는 행위도 소유권

그런데 불법행위의 영역에서는 매체의 소유권에 의한 데이터 보호가 단순히 사실상의 것에 그치는지 의문이 생기는 경우가 있다. 이는 개별적 유형론을 취하는 영미법이나 권리 침해를 불법행위의 요건으로 하는 독일법의 경우에 두드러진다. 가장 널리 알려진 사례는 앞서 보았던 미국의 eBay 판결367)이다. 위 판결에서 법원은 무단으로 정보를 수집하는 행위가 정보가 담긴 서버의 소유권을 침해한 불법행위에 해당한다고 보았지만, 이에 대하여는 부정적인 평가가 일반적이다. 한편 독일의 학설은 대체로 불법행위 근거 조항인 독일 민법 제823조의 권리 침해 요건과 관련하여 데이터 저장매체(Datenträger)를 통한 데이터 권리침해의 가능성을 승인하고 있다.368) 물건 소유권은 데이터처리장치의 무결성을 보호하는 데 그 반사작용으로 데이터처리장치에 저장된 데이터의 무결성도 보호한다는 것이다. 이처럼 영미나 독일에서는 불법행위법의 특수한 구조 때문에 매체의 소유권이 '법적으로도' 데이터에 미치는 것이 아닌가라는 의문이 생길 수 있지만, 이는 엄밀히 말해 물권의 효력범위에 관한 문제가 아니라 불법행위의 성립 여부에 관한 문제에 불과하다. 불법행위에 관하여 포괄적인 일반조항(제750조)을 두고 있는 우리 민법에서는 이러한 의문은 애초에 발생할 여지가 없다고 할 것이다.

그런데 매체 소유권에 의한 데이터 보호라는 매체 기반적 사고방식에는 몇 가지 한계가 있다. 첫째로 데이터와 데이터 저장매체가 엄연히 다른 층

침해가 된다고 설명한다; 정진명, 앞의 논문, 317면은 데이터는 데이터처리장치의 소유권 보호에 따라 반사적으로 보호된다고 설명한다; 박상철, 앞의 논문, 271-272면은, 대부분의 데이터 침해는 동시에 데이터를 담고 있는 자산의 침해이며, 순수한 데이터 자체에 대한 소유만이 문제되는 경우는 기업이 데이터를 공중의 이용에 제공하였는데 제3자가 이들 데이터를 긁어서(data scraping) 새로운 데이터세트를 추출(retrieval)하는 경우처럼 예외적인 경우에만 발생한다고 설명한다.

367) eBay, Inc. v. Bidder's Edge, Inc., 100 F. Supp. 2d 1058 (N.D.Cal 2000).

368) MünchKomm/Wagner, 8. Auflage, 2020, § 823, Rn. 246ff, 332; 권영준, 앞의 논문 (2021), 22면.

위에 속하는 별도의 존재라는 점이다.[369] 독일의 학설 가운데에는 데이터 처리장치의 소유자는 데이터 처리장치에 대한 점유권과 함께 데이터 처리장치에 저장된 데이터에 대한 접근권도 가진다고 주장하면서 데이터 소유권의 근거를 물건 소유권(Sacheigentum)에 관한 규정에서 찾는 견해가 있다.[370] 그러나 위 견해에 대하여는 설득력 있는 반론이 제기되고 있다. 물건 소유권은 물건의 경합적 이용을 전제하는데 비해 데이터 이용은 비경합적이며, 데이터 처리장치의 소유권자가 데이터 처리장치에 저장된 데이터를 복제하거나 이용할 수 있는 권능을 가지는지도 의문이라는 것이다.[371] 다른 학설은 데이터를 데이터 처리장치의 용법에 따라 수취하는 산출물로 보아 데이터 처리장치의 소유권자에게 속한다고 이론 구성하기도 한다.[372] 그러나 데이터의 가공이 데이터 처리장치의 사용이익으로서 소유권자에게 배타적으로 허용되는 물건의 수익(Nutzungen)에 포함되는지는 의문이다.[373]

　두 번째 한계는 데이터의 저장매체 소유자와 데이터의 실질적 귀속 주체가 분리되는 경우와 관련되어 있다. 최근에는 데이터의 규모가 커지고 처리기술도 발전하면서 데이터를 기업 내부의 서버에 보관하기보다는 클라우드 서비스를 활용하여 보관과 처리를 외부에 맡기는 경우가 많아졌다. 이런 경우에는 매체에 기초한 사실상 소유권의 인정이 어렵게 된다.[374] 매체 소유자와 데이터의 실질적 귀속 주체가 분리되는 상황에서는 첨부와 관련된 문제도 발생한다. 데이터의 가치가 매체 자체의 가치를 훨씬 초과하는 경우 가공에 의한 매체 소유권의 변동이 생기는지 여부의 문제가 그것

---

369) Börding et al, op. cit., p. 356.
370) Thomas Hoeren, "Dateneigentum–Versuch einer Anwendung von § 303a StGB im Zivilrecht", MultiMedia und Recht 2013, 486.
371) Zech, op. cit.
372) Sven-Erik Heun & Simon Assion, "Internet(recht) der Dinge", Computer und Recht 12/2015, 814.
373) Zech, op. cit.
374) 권영준, 앞의 논문(2021), 22면.

이다. 독일에서는 가공에 의한 소유권 변동을 긍정하는 견해375)와 이를 부정하는 견해376)로 나뉘어 있다. 하급심 판례 중에도 이 문제를 다룬 것이 있다.377) 위 사건에서 법원은 피용자가 사용자 소유의 업무용 노트북에 자신이 구입한 소프트웨어(Microsoft Outlook)를 설치하였다면 그 소프트웨어는 독일 민법 제950조에서 규정한 가공의 법리에 따라 사용자에게 귀속하고 노트북의 반환의무에 위 소프트웨어의 반환의무도 포함된다고 판단하였다. 국내의 학설은 대체로 가공에 의한 소유권 변동을 부정한다. 그 논거로는 반복하여 삭제·기입할 수 있는 전형적인 저장 매체의 경우에는 가공의 요건이 충족되지 않는다거나,378) 가공으로 매체 소유자에게 귀속될 수 있는 것은 매체의 물리적 변경인 구조적 정보뿐이고, 구문론적 정보인 데이터는 가공으로 매체와 결합한다고 볼 수 없어 첨부법이 적용될 대상이 아니라는 점379) 등이 제시되고 있다.

제4절 점유권에 의한 보호

1. 점유권의 의의

민법상 점유 제도는 법이 당위 상태와의 합치 여부를 고려하지 않은 채 사실상태 그 자체를 승인하고 일정한 법률효과를 부여하는 제도이다.380)

---

375) Zech, op. cit., S. 270 ff.
376) Helmut Redeker, "Anmerkung zu LAG Sachsen, Urt. v. 17.1.2007 - 2 Sa 808/05", Computer und Recht 2008, 554-556.
377) LAG Sachsen, Urt. v. 17.1.2007. - 2 Sa 808/05.
378) 엄동섭, "민법상의 첨부제도(부합, 혼화, 가공)에 관하여", 후암 곽윤직 선생 고희기념논문집 편찬위원회 편, 민법학논총, 박영사, 1995, 156면; 주석민법[물권(1)] 제4판, 2011, 865면(김진우 집필부분).
379) 이동진, 앞의 논문(2018), 229면.
380) 주석민법 물권(1), 346면(김형석 집필부분); 곽윤직·김재형, 앞의 책(2015), 181면; 지

점유자는 즉, '물건을 사실상 지배'하는 자는 점유 자체의 유지에 관하여 보호를 받고(제192조 제1항, 제204조 내지 제209조), 본권자에 대하여도 권리의 추정을 받거나 추가적인 이익을 누린다(제200조 내지 제203조). 나아가 점유는 취득시효, 선의취득, 선점·습득·발견, 부합·혼화·가공 등 물권의 원시취득(제245조 내지) 및 동산 물권의 승계취득(제188조 내지 제190조)을 비롯한 권리취득의 요건이 된다.

　민법은 이러한 법률효과를 수반하는 '사실상 지배' 상태를 '점유권'이라고 표현한다. 다수설은 이러한 표현을 존중하여 점유권을 일종의 물권이라고 이해한다.[381] 그러나 점유는 배타적으로 귀속되는 이익의 지배라는 물권의 일반적 속성을 결하고 있는 것으로 보인다. 즉 점유자는 선의 점유자의 과실수취권(제201조 제1항)을 제외하면 사용·수익·처분 권능 가운데 어느 것도 갖지 않으며, 점유보호청구권은 배타적 이익에 대한 간섭의 배제가 아니라 법적 평화 내지 점유자의 연속성 이익의 보호 등 다른 목적을 위하여 인정되는 권리일 뿐이다.[382] 이런 점을 이유로 소수설은 점유가 물권이 아닌 사실상태일 뿐이며 점유권이란 민법의 각종 규정에 의하여 반사적으로 인정되는 점유자의 지위를 가리키는 표현에 불과하다고 본다.[383] 이러한 논쟁은 물권법의 기틀에 관한 중요한 것이기는 하지만, 점유권이 진정한 물권이건 민법 규정들에 따른 반사적 지위이건 간에 물건의 사실상 지배에 일정한 법률효과가 따른다는 점은 변함이 없기 때문에 본고에서는 점유권이라는 표현을 그대로 사용하기로 한다.

　오히려 중요한 것은 사실상 지배 상태를 보호하는 정책적 근거와 그 귀

원림, 앞의 책, 530면.

381) 곽윤직·김재형, 앞의 책(2015), 185면; 김증한·김학동, 물권법, 박영사, 1997, 188면; 이은영, 앞의 책, 박영사, 2006, 328면.

382) 주석민법 물권(1), 349-350면(김형석 집필부분)

383) 민법주해(IV), 288면(최병조 집필부분); 주석민법 물권(1), 349-350면(김형석 집필부분); 이진기, "점유법의 이해를 위한 시론", 재산법연구 제22권 제3호, 한국재산법학회, 2006, 25면 이하.

결로서 발생하는 본권에 의한 보호와의 차이점이라고 할 수 있을 것이다. 일반적으로 점유 보호의 근거로서는 사회적 평화의 유지(평화설)와 점유자가 갖는 생활관계의 연속성에 관한 이익(연속설)이 제시되고 있다.[384] 이는 소유권과 같은 일반적 물권, 즉 본권이 물건의 배타적 지배를 목적으로 하는 것과는 다르다. 이처럼 점유권이 점유할 권리와 뚜렷하게 구별되는 것은 로마법의 점유(possessio) 개념에서 비롯된 것이다.[385] 다만 민법의 점유제도는 점유와 본권의 구별이 뚜렷하지 못한 게르만법상 게베레(Gewere) 제도로부터도 일정 부분 영향을 받았다.[386]

　데이터세트가 민법상 소유권에 의하여 충분히 보호될 수 없다면 점유권, 특히 점유보호청구권이 그러한 역할을 할 수 있지는 않을까? 최근 들어 점유 제도가 지닌 가능성에 주목하는 견해들이 늘어가고 있다.[387]

2. 민법상 점유보호제도

가. 서설

　민법 제204조 내지 제210조의 규정은 점유 자체의 보호를 목적으로 하는 점유 보호제도를 규율하고 있다.[388] 즉 점유자로 하여금 본권 유무와

---

384) 평화설을 주장하는 견해로는 김증한·김학동, 앞의 책(1997), 185-186면이, 연속설을 주장하는 견해로는 곽윤직·김재형, 앞의 책(2015), 184면이 있다. 그러나 다수의 견해는 두 가지 근거가 보완적 관계에 있다고 본다[민법주해(IV), 290면(최병조 집필부분); 주석민법 물권(1), 356-358면(김형석 집필부분); 앞의 책(2009), 293면].
385) 점유 제도의 연혁에 관하여는 민법주해(IV), 267면 이하(최병조 집필부분), 주석민법 물권(1), 351-355면(김형석 집필부분) 및 현승종·조규창, 게르만법, 박영사, 1989, 292면 이하 참조.
386) 주석민법(제5판) 물권(1), 346면(김형석 집필부분).
387) 최근 독일에서는 데이터 소유권(Dateneigentum)의 법리를 대신하여 데이터 점유(Datenbesit)의 법리에 대한 논의가 시작되고 있는 점을 주목할 필요가 있다[Hoeren, op. cit.(2019), S. 5; Fabian Mich, "„Datenbesitz" – ein grundrechtliches Schutzgut -", Neue Juristische Wochenschrift, 2019, 2729].

무관하게(제208조) 상실한 점유를 회복하게 하고(제204조), 방해의 제거 및
그 예방을 구할 수 있게 하며(제205조, 제206조), 이러한 보호를 간접점유
자에게 확장하고 있다(제207조). 나아가 점유의 침탈·방해의 현장성이 유
지되는 경우 자력구제를 인정하고(제209조), 손해배상청구도 인정된다(제
204조 제1항, 제205조 제1항). 민법은 점유권을 물권으로 규정하고 있으므
로, 점유보호청구권 역시 일종의 물권적 청구권이지만,[389] 점유보호청구권
에 부가되어 있는 손해배상청구권(제204조 제1항, 제205조 제1항)은 불법
행위에 기한 순수한 채권에 해당한다.[390]

나. 점유보호청구권

점유보호청구권은 청구자의 점유 및 점유의 침탈·방해·방해의 염려만을
요건으로 한다. 따라서 본권이 없는 점유자도 점유보호청구권을 행사할 수
있으며, 오히려 실제에 있어서는 임차인,[391] 미등기 매수인,[392] 유치권
자,[393] 점유취득시효 완성자[394] 등 대세적인 보호가 인정되지 않는 권리에
기하여 물건을 점유하는 점유자에 의하여 주장되는 것이 일반적이다. 즉
점유보호제도는 실질적으로 채권적 용익권이나 물권성이 약한 물권을 일
정한 한도에서 물권적으로 강화하는 기능을 수행하고 있다.[395] 이는 점유

---

388) 우리 민법의 점유보호청구권은 프랑스로부터 일본을 거쳐 계수한 것이다[주석민법
　　물권(1), 509-511면(김형석 집필부분)].
389) 곽윤직·김재형, 앞의 책(2015), 211면; 김증한·김학동, 앞의 책(1997), 304면; 주석민
　　법 물권(1), 515면(김형석 집필부분)은 점유의 권리성을 부정하면서도 점유보호청구
　　권이 대세적 성질을 갖는 한 물권적 청구권에 해당한다는 점은 인정한다.
390) 곽윤직·김재형, 앞의 책(2015), 211면; 김증한·김학동, 앞의 책(1997), 304면; 주석민
　　법 물권(1), 515면(김형석 집필부분).
391) 대법원 1995. 6. 30. 선고 95다12927 판결
392) 대법원 1993. 3. 9. 선고 92다5300 판결
393) 대법원 1996. 8. 23. 선고 95다8713 판결
394) 대법원 2005. 3. 25. 선고 2004다23899, 23905 판결
395) 주석민법 물권(1), 512면(김형석 집필부분)

보호제도의 전통적 기능과는 다소 동떨어진 것이다. 로마법에서 점유보호를 목적으로 하는 특시명령(interdicta)은 공시제도의 결여와 함께 소유권의 추정을 알지 못했던 로마법에 있어서 소유자의 권리 입증 곤란을 구제하는 방편으로서 일종의 보전처분과 같은 역할을 했다.396) 공시방법에 권리 추정력을 인정하고 보전처분 절차가 완비된 우리 법제에서 이러한 전통적 역할은 미미해졌다. 그러나 본래 대세적 효력이 없는 법적 지위에 일정한 범위에서 대세적 효력을 부여한다는 기능은 가볍게 볼 수 없으며, 데이터세트의 맥락에서는 더욱 그러하다.

점유보호청구를 할 수 있는 청구권자는 원칙적으로 직접점유자이다. 종래 주관주의적 점유 개념을 취하던 보통법의 전통에서 소유의 의사를 지닌 자주점유자만이 점유자로 보호되었고 점유매개자에게는 점유보호가 거부되었던 것과 달리, 현행 민법은 객관주의적 점유 개념을 취하여 사실상의 지배를 행사하는 모든 사람에게 점유보호를 부여한다. 하지만 민법의 점유 개념은 비록 사실상 지배라는 사실상태를 판단의 출발점으로 하지만 어디까지나 목적적인 가치평가에 의하여 판단되는 법률개념이다.397) 즉 점유보조자의 경우처럼 사실상 지배가 있는 경우에도 정책적 고려에서 점유로서의 법률효과가 부정될 수도 있고(제195조), 간접점유의 경우처럼 사실상의 지배가 없는 경우에도 점유로서의 법률효과를 인정하기 위하여 점유의 개념이 확장되기도 되기도 한다(제194조, 제207조 제1항). 사실상의 지배가 없는 간접점유자에게 점유보호를 확장한 이유는 간접점유자도 물건을 반환받기 위해 직접점유의 유지에 관한 이해관계를 가지기 때문이다.398)

---

396) 소유권 입증의 난점에 직면하여 본권에 관한 소송을 준비하는 자로서는 상대방의 하자 있는 점유를 입증할 수 있으면 특시명령에 의하여 점유를 회복하여 상대방에 대하여 본권에 대한 입증책임을 전가하는 것이 효율적인 소송전략이 되었다(Max Kaser & Karl Hackl, Das Römische Zivilprozessrecht, 2. Aufl., C.H. Beck, 1996, § 62). 보전처분이 발달하지 않은 프랑스 법제에서 점유소송이 절차적으로 본권소송과의 관계에서 특수한 취급을 받는 것도 비슷한 맥락이다.

397) 주석민법 물권(1), 347면(김형석 집필부분)

이러한 입법취지에 비추어볼 때 간접점유자의 점유보호청구권의 성립요
건이 되는 점유의 침탈이나 방해는 직접점유자를 기준으로 판단해야 한
다.399) 다만 간접점유자가 직접점유의 침탈·방해에 동의한 경우에는 자신
의 점유보호청구권을 포기한 것으로 보아야 할 것이다.400) 위 요건이 갖추
어진 경우 간접점유자는 그 물건을 점유자에게 반환할 것을 청구할 수 있
고, 점유자가 그 물건의 반환을 받을 수 없거나 이를 원하지 아니하는 때에
는 자기에게 반환할 것을 청구할 수 있다(제207조 제2항). 직접점유자와 간
접점유자는 모두 점유보호청구권을 가지며, 이들 청구권은 독립적이어서
서로 영향을 미치지 않는다.401) 한편, 간접점유자와 직접점유자 사이에서
점유의 침탈·방해가 있는 경우, 주관주의적 점유 개념을 취하고 있던 보통
법의 전통에서 간접의 자주점유자가 직접의 타주점유자를 상대로 점유보
호청구를 할 수 있었던 것과 달리, 객관주의적 점유 개념을 취하는 우리 민
법에서는 직접점유자에게만 점유보호청구권이 인정된다.402)

점유보호청구권에는 점유회수청구권(제204조), 점유보유청구권(제205조),
그리고 점유보전청구권(제206조)이 있다. i) 먼저 점유회수청구권은 점유의
침탈, 즉 직접점유자가 자신의 의사에 기하지 않고 점유를 상실하는 것을
요건으로 한다. 점유자의 의사에 기한 점유의 상실은 설령 의사에 사기·강
박 등의 하자가 있더라도 침탈에 해당하지 않으며,403) 자력구제(제209조
제2항)와 같이 점유의 박탈이 위법하지 않은 경우 역시 침탈이라고 할 수

---

398) 주석민법 물권(1), 533면(김형석 집필부분)
399) 따라서 직접점유자가 임의로 점유를 타에 양도한 경우에는 점유이전이 간접점유자
　　 의 의사에 반한다 하더라도 간접점유자의 점유가 침탈된 경우에 해당하지 않는다(대
　　 법원 1993. 3. 9. 선고 92다5300 판결).
400) 주석민법 물권(1), 534면(김형석 집필부분); Schäfer/Münchener Kommentar zum
　　 BGB, 8. Auflage 2020, § 869 Rn. 2.
401) 주석민법 물권(1), 535면(김형석 집필부분); Schäfer/Münchener Kommentar zum
　　 BGB, 8. Auflage 2020, § 869 Rn. 13.
402) 주석민법 물권(1), 535면(김형석 집필부분)
403) 대법원 1992. 2. 28. 선고 91다17443 판결

없다.404) 침탈자로부터 점유를 이전받은 특별승계인의 경우, 그가 선의라
면 반사회성이 희박하고 사실상태가 안정되었으므로 점유회수청구권이 미
치지 않는다(제204조 제2항 본문).405) 그러나 특별승계인이 악의라면, 즉
점유 취득시 전 점유자가 점유침탈자라거나 전 점유자가 침탈자로부터 악
의로 점유를 이전받았음을 알았다면 점유회수청구권이 인정된다(전항 단
서).406) ii) 한편 점유보유청구권은 점유의 방해, 즉 점유 침탈 이외의 방법
으로 직접점유자의 사실상의 지배에 간섭하는 것을 요건으로 한다. 방해자
의 고의·과실 등 주관적 요건은 요구되지 않으며, 점유보호제도의 취지상
본권의 유무 역시 문제되지 않는다.407) 다만 위법성이 없는 경우에는 점유
보유청구를 할 수 없다.408) 위와 같은 요건이 충족되면 점유자는 방해행위
의 중지(행위방해의 경우)나 방해 원인의 제거(상태방해의 경우)를 청구할
수 있다. iii) 마지막으로 점유보전청구권은 직접점유자가 사실상의 지배를
행사함에 있어서 방해를 받을 염려, 즉 방해에 관해 고도의 개연성이 있을
것을 요건으로 한다. 그 구체적인 내용은 우려되는 방해의 내용에 따라 작
위, 부작위, 원인 제거 등 다양하게 인정될 수 있다.409)

한편 점유회수청구권이나 점유보유청구권에 부가되어 있는 손해배상청
구권(제204조 제1항, 제205조 제1항)은 불법행위의 제반 요건(제750조)을
충족하여야 한다.410) 점유 자체는 점유자에 대한 배타적 이익의 귀속(할당

---

404) 주석민법 물권(1), 517면(김형석 집필부분); Schäfer/Münchener Kommentar zum
    BGB, 8. Auflage 2020, § 858 Rn. 8. 참조.
405) 주석민법 물권(1), 520면(김형석 집필부분); 곽윤직·김재형, 앞의 책(2015), 214면.
406) 주석민법 물권(1), 519면(김형석 집필부분); Schäfer/Münchener Kommentar zum
    BGB, 8. Auflage 2020, § 858 Rn. 16. 참조.
407) 대법원 1970. 6. 30. 선고 68다1416 판결
408) 대표적인 사례는 매연 배출 등 이른바 임밋시온(Immission)이 이웃 토지의 용도에
    적당한 것이어서 인용의무가 있는 경우이다[주석민법 물권(1), 526면(김형석 집필부
    분); 대법원 1987. 6. 9. 선고 86다카2942 판결 참조].
409) 주석민법, 물권(1), 531면(김형석 집필부분)
410) 한편 점유보전청구권의 경우에는 손해담보청구권이 인정되는데, 그 청구를 위하여

내용, Zuweisungsgehalt)을 정당화하는 법적 지위가 될 수 없으므로, 점유자의 손해는 점유할 권리 기타 법률의 규정에 기하여 수취의 권한이 있는 이익에 관해서만 성립한다.[411]

이러한 점유보호청구권과 손해배상청구권은 침탈당한 날 또는 방해가 종료한 날로부터 1년의 제척기간 내에 행사하여야 한다(제204조 제3항, 제205조 제2항).[412] 판례는 위 제척기간을 출소기간으로 해석하는데, 대상이 된 권리가 청구권이라는 점과 침탈 후 일정 기간이 경과하면 오히려 그 복구가 평화질서의 교란이 된다는 점을 근거로 한다.[413] 한편 위 제척기간 규정들과 불법행위에 기한 손해배상청구권의 소멸시효를 정한 제766조의 관계가 문제된다. 제척기간 규정들이 제766조의 특칙이라고 주장하는 견해가 있지만,[414] 제척기간이 경과한 뒤에도 일반규정에 의한 손해배상청구는 가능할 것이므로 이는 타당하지 않다.[415]

다. 자력구제

한편, 민법은 점유보호청구와 손해배상 외에도 자력구제를 인정하고 있다. 본래 법질서에 의한 권리구제 수단의 확립은 각자의 자력구제권의 포기를 전제로 하지만, 사실상 지배 상태의 보호를 목적으로 하는 점유 제도의 취지에 비추어볼 때 점유 침탈이나 방해의 경우에 무조건적으로 국가의

고의·과실은 필요하지 않지만 실제 손해가 발생하여 제공된 담보로부터 손해의 전보를 받기 위해서는 고의·과실을 비롯한 불법행위의 일반요건이 충족되어야 한다 [곽윤직·김재형, 앞의 책(2015), 216면].

411) 주석민법 물권(1), 522면(김형석 집필부분)

412) 점유보전청구권의 경우에는 별도의 제척기간이 규정되어 있지 않으나, 공사로 인하여 점유의 방해를 받은 경우에는 공사착수 후 1년을 경과하거나 그 공사가 완성한 때에는 방해의 제거를 청구하지 못한다는 점유보유청구권의 규정이 준용되고 있다 (제206조 제2항, 제205조 제3항).

413) 대법원 2002. 4. 26. 선고 2001다8097,8103 판결

414) 주석민법 물권(1), 523면(김형석 집필부분).

415) 이영준, 앞의 책(2009), 370면; 민법주해(IV), 451면(최병조 집필부분)도 참조.

조력을 요구하도록 하는 것은 점유자 보호에 미흡하기 때문이다.[416) 이런 점에서 자력구제는 비록 권리라고 표현되기는 하지만 실제에 있어서는 위법성조각사유로서 의미를 갖는다.[417) 연혁적으로 보자면, 로마법과 게르만법 모두 자력구제권을 인정하고 있었으며, 민법은 독일 민법(제859조)과 스위스 민법(제926조)을 참고하여 이를 명문화하였다.

자력구제는 성질상 점유 침탈·방해의 현장성과 밀접한 관련을 가진다. 따라서 자력구제권은 직접점유자에게만 인정되고 간접점유자에게는 인정되지 않으며, 점유보조자가 직접점유자의 자력구제권을 대신 행사할 수도 있다.[418) 이는 점유보호청구권이 간접점유자에게는 인정되지만 점유보조자에게는 인정되지 않는 것과 대조를 이룬다.

민법은 자력구제권으로서 자력방위권과 자력탈환권을 인정한다. 우선 점유자는 그 점유를 부정히 침탈 또는 방해하는 행위에 대하여 자력으로써 이를 방위할 수 있다(제209조 제1항). 자력방위권은 침탈·방해행위가 종료한 후에는 더 이상 행사할 수 없다.[419) 점유물이 침탈되었을 경우에 부동산은 침탈 후 직시 가해자를 배제하여, 동산은 현장에서 또는 추적하여 가해자로부터 이를 탈환할 수 있다(동조 제2항). 자력탈환권은 침탈이 있은 후 시간적 근접성이 유지되는 경우에 한하여 허용되며, 시간적 근접성이 유지되는 한 악의의 승계인에 대하여도 행사할 수 있다.[420)

---

416) 주석민법 물권(1), 544면(김형석 집필부분).
417) 예컨대 자력방위는 정당방위로, 자력탈환은 자구행위로 이해될 수 있다. 자력구제에 관한 논의에서 과잉방위나 오상방위와 같은 형법의 이론들이 많이 차용되는 것도 이와 관련되어 있다.
418) 민법주해(IV), 456, 462면(최병조 집필부분); 주석민법 물권(1), 545-546면(김형석 집필부분); 곽윤직·김재형, 앞의 책(2015), 217면; 이영준, 앞의 책(2009), 377면.
419) 주석민법 물권(1), 547면(김형석 집필부분); 이영준, 앞의 책(2009), 379면.
420) 민법주해(IV), 462면(최병조 집필부분); 주석민법 물권(1), 548면(김형석 집필부분).

3. 점유권에 의한 보호

가. 점유 규정의 직접 적용 가능성

위에서 살펴본 점유보호제도에 의한 보호가 이루어지기 위해서는 '점유'가 전제되어야 한다. 그런데 민법은 "물건을 사실상 지배하는 자는 점유권이 있"고(제192조 제1항) "점유자가 물건에 대한 사실상의 지배를 상실한 때에는 점유권이 소멸한다"(동조 제2항 제1문)고 규정한다. 즉 민법은 '물건'과 '사실상의 지배'를 점유 보호의 요건으로 한다. 물건의 개념은 이미 살펴보았으므로 여기서는 사실상 지배의 의미에 관하여 좀 더 살펴보기로 한다.

사실상 지배는 일반적으로 사회관념상 어떤 사람의 지배 내에 있는 객관적 관계라고 설명된다.[421] 여기서 지배란 자신의 의사를 관철하고 타인의 간섭을 배제할 수 있는 높은 개연성을 의미한다.[422] 통설과 판례에 따르면 사실상의 지배 유무는 반드시 물건을 물리적, 현실적으로 지배하는지 여부에 의하여 판단할 것이 아니고, 물건과 사람의 시간적, 공간적 관계와 본권관계, 타인 지배의 배제 가능성 등을 고려하여 사회관념에 따라 합목적적으로 판단하여야 한다.[423] 우리 민법은 객관설을 취하여 따로 점유의사를 요구하고 있지는 않으므로 주관적 요소로는 사실상의 지배를 내용으로 하는 자연적 의사인 점유설정의사만 존재하면 충분하다.[424] 사실상 지배가

---

421) 민법주해(IV), 295면 이하(최병조 집필부분); 주석민법 물권(1), 361면(김형석 집필부분); 곽윤직·김재형, 앞의 책(2015), 187면; 이영준, 앞의 책(2009), 319-320면; 지원림, 앞의 책, 532면; 대법원 1974. 7. 16. 선고 73다923 참조.

422) Gerhard Kegel, "Von wilden Tieren, zerstreuten Leuten und versunkenen Schiffen", in Festschrift für Ernst von Caemmerer zum 70. Geburtstag, J.C.B. Mohr, 1978, S. 167f.

423) 곽윤직·김재형, 앞의 책(2015), 187면; 지원림, 앞의 책, 532면; 주석민법 물권(1), 360-366면(김형석 집필부분); 대법원 2014. 5. 29. 선고 2014다202622 판결 등 참조.

424) 민법주해(IV), 296면 이하(최병조 집필부분); 주석민법 물권(1), 363-365면(김형석 집필부분); 곽윤직·김재형, 앞의 책(2015), 187-189면; 이영준, 앞의 책(2009), 285-288

외부로부터 인식 가능해야 한다는 견해425)도 있지만 인식 가능성은 점유권의
취득시에만 필요할 뿐 그 지속을 위해서는 필요하지 않다고 할 것이다.426)
　　그렇다면 데이터세트에 대한 점유는 가능할까? 먼저 데이터세트에 대한
사실상 지배 가능성에 관하여 본다. 사실상 지배는 무엇보다 제3자를 배제
할 수 있을 것을 요구한다. 그런데 본질적으로 정보에 불과한 데이터는 그
자체로는 배타성이 없으므로 제3자의 접근을 차단할 힘은 특별한 조건 하
에서만 존재한다. 즉, 이러한 힘은 데이터를 아무나 접근할 수 없게 하거
나427) 데이터 접근을 허용하되 그 접근을 통제할 수 있는 관리적 또는 기
술적 조치를 취하여 사실상의 배타성을 창출하여야 비로소 확보된다. 특히
후자의 경우 제3자의 접근을 허용한 데이터에 대한 진정한 통제는 데이터
소스의 감사가능성(Nachvollziehbarkeit), 추적성(Rückverfolg- barkeit) 및 식
별성(Identifizierung)을 위한 기술적 보호 조치를 통해서만 가능하다.428) 예
컨대 물리적 또는 전자적 복제가 불가능한 장소 또는 방법에 한하여 데이
터에 접근할 수 있게 하거나, 데이터는 이전하되 이를 사용할 때마다 서버
의 인증을 받게 하거나, 데이터를 이전하되 기술적 보호조치와 이를 존중
하는 디코딩 규약을 채택하고 매체로부터 데이터를 분리·복제하거나 최초
의 다운로드 및 설치 후 재복제하면 원본이나 복사본 중 하나가 파괴되게
하는 등의 방법이 사용될 수 있을 것이며,429) 기술의 발전에 따라 보다 효
과적인 보호조치가 계속 등장할 것이다. 이러한 데이터 이용에 대한 통제

　　면; 지원림, 앞의 책, 533-534면; 대법원 2000. 12. 8. 선고 2000다14934,14941 판결;
　　이에 대하여는 점유설정의사를 인정할 실익이 없고 그 증명도 어렵다는 반론이 있다
　　[이은영, 앞의 책, 박영사, 2006, 72면].
425) 김증한·김학동, 앞의 책(1997), 262면; 이영준, 앞의 책(2009), 322면.
426) 주석민법 물권(1), 365-366면(김형석 집필부분); 대법원 1995. 4. 25. 선고 94다58766
　　판결.
427) Marc Amstutz, "Dateneigentum. Funktion und Form", Archiv für die civilistische
　　Praxis 218, 2018, S. 543 ff.
428) 정진명, 앞의 논문, 332면 참조.
429) 이동진, 앞의 논문(2018), 231-232면.

는 데이터에 관한 사실상의 지배를 가능하게 한다.[430]

그러나 이처럼 데이터세트에 대한 사실상의 지배가 인정될 수 있다고 하더라도 민법의 해석상 데이터세트의 물건성이 인정되지 못하는 이상 민법상 점유보호제도에 의하여 직접적으로 보호되지는 못한다고 할 수밖에 없다.[431] 이러한 결과는 외국의 경우에도 마찬가지이다. 예컨대 독일에서는 컴퓨터프로그램이나 데이터와 같은 무형의 대상에는 점유가 성립하지 않는다고 본다.[432] 법계는 다르지만 영국에서도 데이터베이스 내에 저장된 정보는 점유 대상이 될 수 없어 유치권(possessory lien)을 행사할 수 없다고 본 판례[433]가 있다.

다만 예외적으로 유체물·동등 데이터의 경우 물건성을 인정하는 견해에 의한다면 사실상 지배의 요건이 갖추어지는 것을 전제로 점유 규정에 의하여 보호될 수 있을 것이다.[434] 유체물·동등 데이터는 비밀키의 관리 등을 통해 타인의 사용·수익을 배제할 수 있고,[435] 네트워크를 통해 언제든 접근할 수 있으므로[436] 사실상의 지배가 인정될 수 있다고 생각된다.

---

430) Anne Baranowski & Udo Kornmeier, "Das Eigentum an Daten – Zugang statt Zuordnung", Betriebs Berater 22/2019, 1221.
431) 권영준, 앞의 논문(2021), 24면; 이동진, 앞의 논문(2018), 232면; 정진명, 앞의 논문, 327면.
432) Zech, op. cit., S. 326ff; OLG Dresden NJW-RR 2013, 27; BGH NJW 2016, 1094.
433) Your Response Ltd. v Datateam Business Media Ltd. [2014] EWCA Civ 281.
434) 백대열, 앞의 논문, 138-143면.
435) 하급심 판례 중에는 선박등기의 대상이 되지 아니하는 부선(艀船, barge)의 경우 발전기 시동열쇠 및 그 부속 운반선 시동열쇠의 소지 여부가 그 점유에 대한 가장 확실한 대외적 징표 중 하나라고 판시한 것이 있다[서울고등법원 1998. 12. 15. 선고 98나18614 판결(확정)]
436) 판례는 임야의 점유 여부가 다투어진 사안에서 "이 사건 토지의 등기부상 소유자로부터 관리를 위탁받아 지적도에 소유관계를 표시한 도면을 보관하면서 이 사건 토지에 낙엽송을 심고 이 사건 토지를 자신들의 관리 대상으로 인식"하였다는 사정만으로 그 점유를 인정한 바 있다(대법원 2014. 5. 29. 선고 2014다202622 판결).

나. 점유 규정의 유추적용

(1) 서론

이처럼 점유 규정의 직접 적용이 해석상 불가능하다면 이를 유추적용하
는 것은 가능할까? 이를 긍정하는 견해가 있다. 즉 데이터에 대한 사실상
지배가 이루어지는 경우에는 그 사실상 지배에 대한 법적 평온이 보장될
필요가 있으므로, 사안의 유사성과 규정에 내재된 일반 원리에 의해 정당
화되는 범위 내에서 점유 규정이 데이터의 사안에도 유추될 수 있으며, 그
렇게 보더라도 물권법정주의에 반하지 않는다는 것이다.437)

(2) 회렌의 데이터 점유 이론

데이터에 대한 점유 규정의 유추적용은 독일의 학자들에 의하여 먼저 시
도되었다.438) 여기서는 대표적인 학자 중 한 명인 회렌(T. Hoeren)의 주장
을 살펴보기로 한다. 그는 유체물만을 물건으로 규정하고 있는 독일 민법
이 자동차 운행 데이터가 누구에게 귀속되는가와 같은 현실적인 문제에 제
대로 대응하지 못하고 있음을 문제삼으면서, 데이터 손괴 등을 처벌하는
독일 형법 제303a조의 해석론으로 제시된 기록행위 이론(Theorie des
Skripturakts)을 차용함으로써 이를 해결할 수 있다고 주장하였다. 본래 그
는 '데이터 소유권(Dateneigentum)'의 관점에서 위와 같은 이론을 제시하였
다.439) 그런데 독일 각 주 법무장관들로 구성된 워킹그룹(Digitaler Neustart)
이 데이터에 대한 소유권 등의 절대적 권리는 독일법상 인정되지 않고 필
요하지도 않는다는 결론을 내리자,440) 이에 찬동하면서도 그의 이론이 '데

---

437) 권영준, 앞의 논문(2021), 25면.
438) Hoeren, op. cit.(2019), S. 5; Mich, op. cit. S. 2730.
439) Hoeren, op. cit.(2013).
440) Arbeitsgruppe „Digitaler Neustart" der Konferenz der Justizministerinnen und
 Justizminister der Länder, 2017.

이터 점유(Datenbesitz)'의 근거가 될 수 있다면서 다음과 같은 견해를 제시하였다.[441]

독일 민법 제854조 제1항은 물건의 점유가 물건(Sache)에 대하여 사실상의 실력을 획득함으로써 취득된다고 규정하는데, 이 때 물건은 제90조의 규정에 따라 유체물만을 의미하므로 문언만을 따른다면 데이터와 같은 무체물은 점유의 객체가 될 수 없다. 그러나 데이터의 물건성이 인정되지 않는다는 것이 반드시 점유법의 적용 가능성을 막는 것은 아니다.[442] 오히려 통일적인 법체계라는 관점에서는 현재 다양한 법영역에서 기능하고 있는 '데이터의 보유'가 교의학적으로(dogmatisch) 설득력 있게 분류될 필요가 있고, 데이터 점유야말로 가장 적절한 대안이 될 수 있다.[443]

데이터 점유를 인정할 수 있는 실마리는 데이터를 위법하게 삭제, 은닉, 사용 불가능하게 하거나 변경한 자를 처벌하는 독일 형법 제303a조에서 찾을 수 있다.[444] 1986년에 도입된 위 규정의 입법자료에 따르면 위법성(Rechtswidrigkeit)은 데이터 보관자의 처분권(Verfügungsrechts des Speichernden)을 침해하거나 데이터 내용과 관련된 사람의 이익을 침해하는 것에서 비롯되지만,[445] 누가 처분권을 갖는지는 명확하지 않다. 처분권의 귀속을 정하는 방안으로는 세 가지를 생각할 수 있다.[446] 첫째는 저장

---

441) Hoeren, op. cit.(2019), S. 5-8.
442) Hoeren, op. cit.(2019), S. 7.
443) 참고로 독일 연방대법원은 수임인에 대한 취득물 등 인도청구권(독일 민법 제667조)이 고객 데이터의 '사실상 점유(tatsächlichen Besitz)'에 미칠 수 있다고 판시한 바 있다(BGH NJW 1996, 2159, 2161).
444) Strafrecht § 303a Datenveränderung
   (1) Wer rechtswidrig Daten (§ 202a Abs. 2) löscht, unterdrückt, unbrauchbar macht oder verändert, wird mit Freiheitsstrafe bis zu zwei Jahren oder mit Geldstrafe bestraft.
   (2) Der Versuch ist strafbar.
   (3) Für die Vorbereitung einer Straftat nach Absatz 1 gilt § 202c entsprechend.
445) BT-Drs. 10/5058, S. 34.
446) Hoeren, op. cit.(2013), S. 486.

매체 소유자에게 저장된 데이터에 대한 처분권이 있다고 보는 것이고, 둘째는 데이터 내용과 관련된 사람에게 처분권이 있다고 보는 것이며, 셋째는 저장한 사람, 말하자면 '기록행위(Skripturakt)'447)를 한 사람에게 처분권이 있다고 보는 것이다. 이들 접근법은 모두 나름의 장단점이 있지만 세 번째 방안이 가장 설득력이 있다.448) 첫 번째 방안은 날로 확산하는 클라우드 서비스의 맥락에서 한계가 있다. 클라우드 서비스 사용자가 클라우드 서버에 데이터를 저장하는 것은 어디서든 쉽게 접근하기 위해서이지 클라우드 제공자를 위해 그의 데이터 처분권을 포기하려는 것이 아니다. 두 번째 방안 역시 설득력이 없는데, 데이터의 내용이 보호 가치가 있는 한에서는 이미 저작권법과 같은 특별법에 의하여 보호되고 있기 때문이다. 이에 비해 기록행위와 관련시키는 것은 독일 형법 제303a조의 입법의 목적에도 부합한다. 입법자료에 따르면 위 조항의 입법취지는 이용가능성의 손상이나 소멸로부터 데이터를 보호하는 것인데,449) 데이터는 1차적으로 이를 생성(erstellung)한 사람에 의하여 이용될 것이 예정되어 있으므로, 그 생성에 적지 않은 경제적 노력이 투입되었을 데이터의 이용 가능성이 타인에 의하여 제한되어서는 안 되는 것이다.450) 결국 기록행위자, 즉 입력 행위나 프로그램의 실행을 통해 데이터를 창출한 사람에게 데이터 보유 권한이 있다고 보는 것이 타당하다.

기록행위와 연결된 '데이터 보유(Inhaberschaft an Daten)'는 민법상 점유와 너무나 유사하여 이를 일종의 '데이터 점유(Datenbesitz)'라고 부르는 것이 정당화될 수 있다.451) 점유는 물건에 대한 사실상 지배에 기초해 있고

---

447) Welp가 제안한 용어로서 데이터의 기술적 생성(technische Erstellung)을 말한다 [Jürgen Welp, "Datenveränderung (§ 303a StGB) – Teil 1 Münsteraner Ringvorlesung „EDV und Recht", Informatik und Recht, 1988, S. 447].
448) Hoeren, op. cit.(2019), S. 7.
449) BT-Drs. 10/5058, S. 34.
450) Hoeren, op. cit.(2013), S. 7.
451) Ibid.

그 물건의 소유권이 누구에게 있는지는 무관하다. 독일 형법 제303a조에서의 데이터 보유 역시 유사한 구조를 갖고 있다. 기록행위가 결정적인 귀속기준(Zuordnungskriterium)으로 이용되는 한, 저장매체의 소유권이나 데이터의 내용이 누구에게 속하는지는 중요하지 않은 것이다. 사실 독일 형법 제303a조의 신설 자체가 입법자가 데이터 보유자(Inhaber)를 보호 밖에 두어서는 안 된다고 보았음을 증명하는 것이기도 하다. 해커의 공격시 데이터 보유자는 '자신의(eigenen)' 데이터에 관하여 독일 민법 제859조와 유사한 민사상 자력구제권(zivilrechtliches Selbsthilferecht)을 갖는다는 점도 주목할 만하다.

다만 물건의 점유와 비교하여 데이터 점유는 공시 기능과 관련하여 유의할 부분이 있다.[452] 물건의 점유는 일반적으로 외부에서 인식 가능하며, 점유의 권리추정(독일 민법 제1006조)은 인식 가능성에 의하여 정당화된다. 그런데 데이터의 경우 처음 생성할 때에만 외부적으로 인식 가능할 뿐 그 이후에는 누가 데이터 보유 권한을 갖는지 명백하지 않다. 다만 이러한 문제는 물건의 점유에서도 일부 존재하는데, 간접점유(독일 민법 제868조)나 점유의 상속(독일 민법 제857)이 그 사례이다. 따라서 기록행위 이후 인식 가능성이 흠결될 수 있다는 점이 데이터 점유의 개념에 반한다고 할 수는 없다.

(3) 유추적용의 정당성

이처럼 회렌은 물건의 점유와 독일 형법 제303a조에서의 귀속이 순수한 사실행위(tatsachlicher Akt)를 귀속기준으로 채택한 점에서 유사성이 있다는 것에 착안하여 데이터 점유 개념을 정립하고 민법상 점유 제도로 규율할 것을 제안하였다.[453] 이러한 회렌의 분석은 우리 법제에서도 대체로 유

---

452) Ibid.
453) Ibid., S. 8.

효하게 적용될 수 있다. 먼저 우리 형법 역시 독일 형법과 마찬가지로 무체의 정보인 '전자기록'을 손괴 또는 은닉 기타 방법으로 그 효용을 해한 자를 처벌한다(제366조). 이는 논리적으로 전자기록에 관한 처분권한의 귀속자가 있음을 전제로 하는 것이며, 그 귀속기준으로는 앞서 본 기록행위(Skripturakt)에 의지하는 것이 위 조항의 입법취지에 부합할 것이다. 이는 민법이 취하는 객관주의적 점유와 개념 구조 및 이익 구조가 유사하며 사실상 지배의 잠정적 보호라는 점에서 수행하는 기능 역시 유사하므로 데이터세트에도 유추적용될 수 있다.454) 더구나 우리 민법이 유체물만을 물건으로 인정하는 독일과 같은 법제에 대한 반성적 고려의 결과로서 무체물인 관리할 수 있는 자연력도 물건의 범주에 포함시켰다는 점을 생각해본다면, 독일 민법에 비하여 점유 규정의 유추적용은 더욱 쉽게 정당화된다.

이러한 유추적용은 일반적 법원리에 의해 정당화되는 범위 내에서 이루어져야 하므로 점유 규정 중에는 유추적용되기 어려운 것도 있을 수 있다. 예를 들어 데이터에 대한 본권(本權)의 존재를 요구하는 권리의 적법 추정 규정(제200조),455) 취득시효 규정(제246조)은 유추 적용될 수 없을 것이다.

---

454) 정진명, 앞의 논문, 327면은 데이터에 대한 침해는 사실상 평온을 해하지 않으므로 점유에 터잡은 보호로 대응하기가 쉽지 않다고 주장하지만, 사실상 평온을 해하지 않는다는 주장에는 동의하기 어렵다.

455) 이에 비하여 암호자산에 대한 준점유를 긍정하면서 권리의 적법추정 조항도 적용될 수 있다고 보는 견해도 있다(홍은표, 앞의 논문, 133면). 점유자가 점유물에 대하여 행사하는 권리는 적법하게 보유한 것으로 추정한다는 민법 제200조의 연혁에 관하여는 게르만법상 게베레의 방어적 효력에 관한 법리가 중세 보통법상의 소유물반환청구권(rei vindicatio)의 입증 구조에 소송상의 추정 규정으로 도입되었다고 설명하는 것이 일반적이다[민법주해(IV), 343면(최병조 집필부분); 주석민법 물권(1), 453면(김형석 집필부분); 곽윤직·김재형, 앞의 책(2015), 183면]. 이러한 연혁을 고려하면 본권이 인정되지 않는 상황에서 권리의 적법 추정 조항은 의미를 갖지 못한다고 할 것이다. 다만 점유자가 점유할 권리가 있는 때에는 소유자의 반환청구를 거부할 수 있다는 민법 제213조 단서와 관련하여 제200조의 적법 추정 규정에도 불구하고 피고인 점유자가 점유할 권리를 증명하여야 한다는 것이 실무와 학설의 태도이고[주석민법 물권(1), 345면(김형석 집필부분)], 침해부당이득에 기한 청구의 경우에도 점유

그러나 간접점유(제194조)와 점유보조자(제195조), 점유 보호 규정(제204조 내지 제206조), 자력구제 규정(제209조) 등 대부분의 점유 규정들은 유추 적용될 수 있다. 특히 점유의 관념화와 관련된 제도들은 데이터의 생성과 거래에 다수가 관여하는 복잡한 상황을 정밀하게 분석하는 데 상당한 이점을 제공한다. 예컨대 자동차 운행데이터의 귀속은 기록행위, 즉 기술적 생성이라는 기준만으로는 쉽게 해결되지 못한다.456) 과연 이런 상황에서 누가 데이터를 기술적으로 생성한다고 할 수 있을까? 자동차 운전자일까? 자동차 제조자일까? 아니면 기록장치의 제조자일까? 이 문제는 점유보조자와 간접점유의 개념을 도입할 때 비로소 해결될 수 있을 것이다. 또한 데이터세트의 점유자가 사망한 경우에는 상속인이 점유를 승계한다는 규정(제193조)이 법적 혼란을 막아줄 것이다.

다만 이러한 유추적용이 물권법정주의에 부합하는지 여부가 문제될 수 있다. 우리 민법 제185조는 "물권은 법률 또는 관습법에 의하는 외에는 임의로 창설하지 못한다"고 규정하지만, 물권법정주의는 종류강제만이 아니라 내용강제도 포함한다고 해석되고 있다.457) 따라서 해석상 물건에 해당하지 않는 데이터세트에 대하여 점유권이 성립한다고 볼 수는 없다. 그러나 데이터세트를 사실상 지배하는 자에게 민법의 점유 규정들 일부를 유추적용하는 것은 그 자체로 새로운 물권을 창설한다거나 점유권의 내용을 변경하는 것이라고 보기 어렵다. 물권법정주의의 근거는 물권의 내용을 명확히 하여 물건의 이용과 거래를 효율화하고, 나아가 물권의 배타성 및 절대성으로부터 제3자를 보호하고 거래 안전을 도모하기 위한 공시제도의 바탕이 된다는 점에 있으며, 어느 정도는 봉건적 법률관계의 부활을 막아야 한다는 역사적 이유도 있다.458) 그러나 오늘날 거래의 대상이 되는 객체가

자 측이 법률상 원인의 존재를 증명해야 한다는 점을 고려해 볼 때 이러한 논의의 실익이 그렇게 크지는 않다.
456) Hoeren, op. cit.(2019), S. 8.
457) 대법원 2009. 3. 26. 선고 2009다228,235 판결 참조.

다양화되고 새로운 거래 유형이 나타남에 따라 그에 맞는 새로운 종류와 내용의 물권적 권리에 대한 요구가 점증하면서 물권법정주의의 개선에 대한 요구가 커지고 있다.[459] 독일에서는 데이터 손괴 등을 처벌하는 독일 형법 제303조a에 의하여 야기되는 죄형법정주의(nulla poena sine lege certa)의 문제, 구체적으로는 구성요건 불명확성의 문제(Unbestimmtheit des Tatbestands)조차도 판례 발전을 통해 해결될 수 있다면서 데이터를 물권과 같은 절대적 권리로 파악하는 것이 물권법정주의의 위반이 되지 않는다는 견해가 설득력 있게 제기되고 있다.[460] 이런 점들을 고려해보면 데이터세트의 사실상 지배에 대하여 점유 규정 일부를 유추적용하는 것을 물권법정주의에 반한다고 보기는 어렵다.

다. 준점유 규정의 적용 또는 유추적용

데이터세트에 점유 규정을 활용할 수 있는 두 번째 방법은 준점유에 관한 민법 제210조를 적용 또는 유추 적용하는 것이다. 점유 제도는 준소유를 인정하지 않는 소유 제도[461]와 달리 무형의 재산권에 대한 준점유를 인정한다. 일반적으로 준점유를 통해 부여하고자 하는 효과는 대부분 다른 제도에 의해 충족되므로[462] 실무적으로나 학술적으로 민법 제210조의 의미는 크지 않다고 이해되고 있지만, 데이터세트의 경우는 그렇지 않다.

민법 제210조는 "본장의 규정은 재산권을 사실상 행사하는 경우에 준용한다"라고 규정함으로써 '재산권'과 '사실상 행사'를 준점유의 요건으로 요

---

458) 곽윤직 편, 민법주해(IV), 118면(김황식 집필부분); 주석민법 물권(1), 170면(손철우 집필부분).

459) 주석민법 물권(1), 171면(손철우 집필부분)

460) MünchKomm/Wagner, 8. Auflage, 2020, § 823, Rn. 339 참조. 다만 위 견해는 독일 민법 제823조가 정한 권리침해에 의한 불법행위의 성부를 논하는 맥락에서 주장된 것이다.

461) 민법 제278조에 의해 준공동소유의 관념은 인정된다.

462) 주석민법 물권(1), 553면(김형석 집필부분).

구한다. 이 중 사실상 행사의 요건은 어렵지 않게 충족될 수 있다. 일반적
으로 재산권이 어떤 자의 사실적 지배 아래에 있다고 인정될 수 있는 객관
적 사정이 있으면 사실상 행사 요건이 충족된다고 이해되는데,[463] 데이터
세트의 경우 앞서 보았던 것처럼 기술적·관리적 조치에 의하여 데이터세트
를 사실적으로 지배할 수 있기 때문이다. 이에 비하여 재산권 요건을 적용
할 수 있는지는 명백하지 않다. 데이터 점유를 인정할 필요가 있는 상황은
데이터 보호의 근거가 될 다른 재산권이 없는 경우가 대부분이기 때문이
다.[464] 그러나 이러한 경우에도 데이터 주체가 데이터세트에 관하여 어떤
재산적 이익을 누리고 있다면 이를 재산권의 개념에 포섭하여 제210조를
적용하거나, 아니면 최소한 유추적용할 수는 있을 것이다.[465]

4. 사실상 지배에 의한 보호

앞서 보았던 시도들에도 불구하고 결국 민법상 점유 규정이 적용될 수
없다고 판명될 경우에도 데이터세트의 '사실상 지배'는 제한적 범위 내에
서 그 이용과 거래를 돕는 법적인 의미를 가질 수 있다. 견해에 따라서는
점유 규정의 적용 가능성 여부를 떠나 이러한 사실상 지배 상태를 '점유'라
고 부를 수도 있을 것이다.[466]

우선 물권법 이외의 다른 법률 규정이 적용되는 경우가 있을 수 있다.
예컨대 앞서 보았던 것처럼 데이터세트의 사실상 지배자는 형법상 손괴죄
에 의하여(제366조) 데이터세트의 침해로부터 보호받을 수 있다. 다만 정보

---

463) 곽윤직 편집대표, 민법주해(IV), 박영사, 1992, 472면(최병조 집필부분).
464) 다만 클라우드 컴퓨팅 환경에서 이용자가 자신의 데이터에 관하여 가지는 채권은
     재산권의 일종으로서 준점유 규정에 연결될 수 있다.
465) 권영준, 앞의 논문(2021), 26면; 송문호, "데이터의 법적 성격과 공정한 데이터거래",
     동북아법연구 제14권 제1호, 전북대학교 동북아법연구소, 2020, 236면; 암호자산에
     대하여 준점유에 의한 보호를 긍정하는 견해로는 홍은표, 앞의 논문, 133면.
466) 이동진, 앞의 논문(2018), 231-232면.

의 재물성을 부정하는 판례467)에 의하면 절도죄에 의하여 보호받지는 못한
다. 또한 데이터세트의 사실상 지배자는 소유권이나 점유권을 인정받지 못
하더라도 불법행위에 기하여 데이터세트에 결부된 가치를 향유하지 못하
게 됨으로 인한 손해배상을 청구할 수 있다. 불법행위법의 보호 대상인지
는 권리 주체에 대한 특정 데이터의 할당 및 이러한 할당에 필요한 보호
및 방어 권한의 부여 여부와는 무관하기 때문이다.468) 무엇보다 데이터세
트의 사실상 지배자가 기술적·관리적 조치에 의하여 제3자를 배제할 수 있
는 힘을 갖추었다면 이러한 사실상의 배타성에 비례하여 데이터세트의 가
치를 독점적으로 활용할 수 있고, 나아가 거래의 이익을 거래 당사자들이
전유하는 계약을 체결할 수 있다. 즉, 데이터를 사실상 지배하는 사람은 데
이터 소유권이 없어도 '사실상의 소유자(de facto owner)'로서 데이터를 이
용하거나 거래할 수 있는 것이다.

5. 의미와 한계

데이터세트의 물건성이 인정되지 않는 이상 데이터세트에 대한 소유권
은 우리 민법의 해석상 인정될 수 없었다. 그러나 데이터를 다룰 때 물권적
범주를 활용한다는 기본적 아이디어는 가볍게 배척할 것은 아니다. 비록 데
이터세트에 물건성이 인정되지 않더라도 점유법의 유추적용이나 준점유를
통하여 점유 보호를 위한 많은 규정들이 데이터세트에도 적용될 수 있다.

그러나 점유 제도는 소유권 제도에 비하여 상대적으로 약한 체제이
다.469) 예컨대 점유 보호 청구권은 행사기간이 제한되어 있고, 자력구제에
의하여 막힐 수도 있다. 즉 점유는 비록 법적으로 보호되기는 하지만 그러
한 보호는 어디까지나 일시적이고 잠정적이며 부차적인 것에 불과하다. 이

---

467) 대법원 2002. 7. 12. 선고 2002도745 판결
468) 정진명, 앞의 논문, 326면.
469) Hoeren, op. cit.(2019), S. 8.

는 본권에 기한 보호와 비교하여 점유 제도의 약점으로 지적될 수 있다.[470] 다만 이러한 점유 제도의 잠정적 성격이 오히려 다른 권리를 배려하고 일반적 접근에 대한 적절한 고려를 확보할 수 있는 긍정적 요소라고 평가하는 견해도 있다.[471] 유체물과 달리 본질적으로 경합성이나 희소성이 없는 데이터에 있어서는 전면적이고 영구적인 강력한 귀속과 보호에 대한 우려의 시선이 존재하는데, 점유의 법리는 사실상태에만 기초하여 데이터를 보호함으로써 법적 평온을 유지하는 한편, 점유 해제라는 사실행위만으로 권리 포기 등의 행위 없이도 데이터를 공유의 영역에 편입시킬 수 있도록 해주기 때문이다.[472] 그러나 점유 제도의 잠정적 성격은 독점과 공유의 균형을 위하여 창안된 것이 아니어서 데이터 보유자와 일반 공중의 이해관계를 적절히 배분하지 못한다. 이는 저작권법상 공정이용과 같은 저작재산권 제한 제도가 독점과 공유의 적절한 균형 달성을 명시적으로 고려하는 것과는 차이가 있다.

---

470) 주석민법 총칙(2), 552면(이동진 집필부분).
471) Hoeren, op. cit.(2019), S. 8.
472) 권영준, 앞의 논문(2021), 23-24면

제3장 지적재산권법

제1절 서설

물권법이 원칙적으로 물건을 객체로 하는 것과 달리 저작권법이나 특허법과 같은 지적재산권법은 저작물이나 발명과 같은 정신적 산물을 객체로 한다. 또한 지적재산권법은 초창기부터 독점과 공유 사이의 균형을 도모해 왔으며, 포괄적 지배권이 아닌 권리의 다발(bunle of rights)로 구성되어 있다.[473] 이런 점에서 지적재산권법은 무형의 정보인 데이터세트에 관한 권리관계를 규율하기에 적합한 측면이 있다.

저작권법은 창작성이 있는 저작물을 저작권으로 보호하는 한편 창작성이 없는 데이터베이스에 대한 투자를 보호하기 위해 데이터베이스 제작자의 권리(이하 '데이터베이스권'이라고 한다)를 두고 있다(제93조). 데이터세트는 창작성이 없는 경우가 대부분이기 때문에 데이터베이스권은 데이터세트의 보호에 중요한 역할을 한다. 한편 최근 각국에서 인공지능 학습데이터를 특허권에 의하여 간접적으로 보호하려는 시도가 이루어지고 있다.

---

473) 권영준, 앞의 논문(2021), 19-20면. 위 견해는 저작권법에 관하여 서술하고 있지만 본문의 내용은 지적재산권법 일반에 공통된다.

제2절 저작권

1. 의의

저작권 제도는 인간의 사상과 감정이 화체된 저작물(copyright work)을 보호하는 제도이다. 저작권은 정보 자체나 아이디어가 아니라 창작성 있는 표현을 보호한다(아이디어-표현 이분법, idea v. expression dichotomy).[474] 데이터세트를 구성하는 개별 데이터를 선택하고 배열함에 있어서 창작성(originality)이 인정된다면, 이러한 선택과 배열 자체에 대하여 저작권에 의한 보호를 부여할 수 있을 것이다. 문제는 일반적 데이터베이스의 경우 개별 소재에 대한 접근과 검색을 주된 기능으로 하고 있으므로 창작성이 발현되기 어렵고,[475] 인공지능 학습이나 빅데이터 분석을 위한 데이터세트의 경우 선택이나 배열이 거의 의미를 갖지 못한다는 점이다.

다만 저작권법은 비록 저작물은 아니지만 그와 인접한 객체들을 보호하기 위한 저작인접권(copyright-related rights) 제도를 마련하고 있다. 즉 예술성에 근거하여 실연자를 보호하거나, 투자의 보호와 유인을 위해 음반제작자와 방송사업자를 보호하기 위하여 저작권과 유사한 배타적 재산권을 인정한 것이다. 2003년 개정 저작권법은 논란 끝에 창작성이 없는 데이터베이스를 보호하기 위하여 데이터베이스권을 도입하였다.

데이터세트는 구문론적 정보에 해당하기 때문에 그에 대한 배타적 보호의 수단으로서 저작권이 자주 언급되곤 한다. 따라서 아래에서는 저작권의 연혁과 법적 성격을 간단히 검토한 뒤 보호의 내용과 그 한계를 살펴보기

---

474) Trips 협정 제9조 제2항에 따르면 저작권의 보호는 표현에는 적용되지만 사고, 절차, 운용방법 또는 수학적 개념 그 자체에는 적용되지 않는다.

475) 이일호·김기홍, "빅데이터는 누구의 소유인가? - 빅데이터의 저작권법에 의한 보호와 공공부문의 빅데이터 활용 문제", 한국지역정보화학회지 제19권 제4호, 한국지역정보화학회, 2016, 42면.

로 한다. 한편 데이터베이스권은 비록 저작권법의 일부로 되어 있기는 하지만, 창작성이 없는 데이터베이스의 보호를 위하여 특별히 고안된 제도로서 저작권과는 성격이 많이 다르고 데이터세트 보호 제도로서의 잠재력이 크기 때문에 일반적 저작권과는 별도로 상세히 다루기로 한다.

2. 연혁과 법적 성격

가. 연혁

유체물에 대한 소유권이 일반적으로 인정되어 왔던 것과 달리 저작자에 대한 저작권의 부여는 비교적 최근의 일이었다. 근대 이전에는 저작자의 권리는 독자적 권리라기보다 출판업자들에게 부여된 인쇄 독점권에 종속된 것이었다. 근대 시민사회의 형성과 함께 비로소 저작자에게 저작물에 대한 권리를 되돌려 주려는 시도가 이루어졌고 그 과정에서 저작권의 인정 여부 및 그 귀속에 관한 논의가 이루어졌다. 이러한 논의는 법계에 따라 다소 다른 방식으로 전개되었는데, 대표적으로 영국과 독일에서의 저작권법 형성 과정은 뚜렷한 차이를 보인다.476)

(1) 영국

영국에서 저작권의 역사는 1557년에 인쇄술의 발전에 대응하여 사상의 통제와 출판업자의 이익 보호를 위해 출판조합(stationer's company)의 독점이 국왕에 의하여 승인된 것에서 비롯되었다. 그러나 이러한 독점 및 검열은 근대 시민사회의 성장에 따라 얼마 가지 않아 반대 목소리에 부딪치게 되었고, 작가의 작품은 작가의 재산이라는 주장이 강해져 갔으며, 이러한

---

476) 이하 영국과 독일에서의 저작권법 형성 과정에 대한 설명은 권영준 "저작권과 소유권의 상호관계: 독점과 공유의 측면에서", 경제규제와 법 제3권 제1호, 서울대학교 법학연구소, 2010을 요약한 것이다.

배경 하에서 1709년 최초의 저작권법인 앤 여왕법(Statute of Anne)이 제정되었다.[477] 앤 여왕법은 사상 검열에 대한 아무런 규정도 두지 않음으로써 표현의 자유를 신장하는 한편, 유용한 출판물의 전파를 통한 배움의 격려(encouragement of learning)를 강조하면서 출판물에 관한 독점을 적정한 범위에서 조절하였다.[478]

앤 여왕법의 성립을 계기로 저작권의 법적 성격에 관한 논의도 활발하게 전개되었다. 본래 18세기경까지만 해도 저작권을 법률이 허용한 독점의 파생물 정도로 여기는 경향이 강했다. 그러던 중 저작권의 재산적 가치가 점차 부각되면서 저작권을 보통법(common law)에 따른 재산권의 연장선 위에 있는 것으로 파악하여 법률상 보호기간이 경과하더라도 보통법상 재산권으로서의 저작권은 소멸하지 않는다는 주장이 제기되었고,[479] 실제로 1769년에 선고된 Millar v. Taylor 판결[480]에서 영국 귀족원은 로크의 재산권 이론을 토대로 보통법상의 저작권을 인정하기도 했다. 그러나 이는 저작물에 대한 이해관계를 세심하게 조정한 앤 여왕법의 취지를 몰각하는 것이었으며, 1774년 선고된 Donaldson v. Beckett 판결[481]에서 이러한 판단이 번복되어 저작권의 영구적 성격은 부정되었다. 아무튼 저작권의 보호기간을 중심으로 이루어진 오랜 논쟁의 결과 저작권도 일종의 재산권이라는 생각은 확고하게 자리를 잡게 되었다.[482]

다만 영미법은 모든 물건에 적용되는 '소유권'이라는 단일 개념을 갖고

---

477) Mark Rose, Authors and owners: The invention of copyright. Harvard University Press, 1993, pp. 23-24.

478) Lyman Patterson, Copyright in historical perspective, Vanderbilt University Press, 1968, p. 150; 앤 여왕법에서 나타난 학문과 예술의 진흥이라는 이상은 미국의 수정헌법에서도 찾아볼 수 있다(미국 연방수정헌법 article I, section 8, clause 8).

479) Rose, op. cit., pp. 67-91.

480) Millar v. Taylor, (1769) 4 Burr. 2303.

481) Donaldson v. Beckett, (1774) 1 Eng. Rep. 837.

482) 권영준, 앞의 논문(2010), 166면.

있지 않았기 때문에 저작권의 성격은 주로 재산권과 관련하여 논의되었을 뿐 소유권과의 관련성은 부각되지 않았다. 이는 물권과 채권을 엄격하게 구별하고 물권의 전형으로서 소유권이라는 단일 개념을 설정한 대륙법에서의 논의 전개와는 큰 차이를 보인다.[483]

(2) 독일

독일도 영국과 유사하게 15세기 후반 무렵 출판업자에 대한 특권 (Privilegien)을 부여하는 방식으로 규율하였다.[484] 16세기경에는 출판업자의 특권을 일종의 출판소유권(Verlags-eigentum)으로 파악하려는 법리도 나타났다.[485] 그러던 중 18세기 경 학자들의 논의에 의하여 저작권의 개념이 형성되기 시작하였다.

독일의 학자들은 처음부터 저작권과 소유권 내지 인격권과의 관계에 주목했다. 즉 저작권의 사권성(私權性)이 강조되면서 1720년경부터 소유권의 개념과 작가의 법적 지위 사이의 관련성이 언급되기 시작하였고,[486] 마침내 정신적 산물에 대한 독점적, 배타적 재산권을 나타내는 정신적 소유권 (geistiges Eigentum) 개념이 등장하게 된 것이다.[487] 18세기 후반에 이르면 저작권을 작가의 소유권으로 보는 시각이 정착되기에 이른다.[488] 한편 저작권과 인격권을 연관시키려는 입장도 만만치 않았는데, 이러한 입장은 18세기 경에 등장하여 19세기에 이르러서는 매우 유력한 견해가 되었다.[489]

---

483) 권영준, 앞의 논문(2010), 169면.
484) Walter Bappert, Wege zum Urheberrecht : die geschichtliche Entwicklung des Urheberrechtsgedankens, V. Klostermann, 1962, S. 178 ff.
485) Bappert, op. cit., S. 217 ff.
486) Volker Jänich, Geistiges Eigentum – eine Komplementär - erscheinung zum Sacheigentum?, Jus Privatum 66, Mohr Siebeck, 2002, S. 3.
487) Manfred Rehbinder, Urheberrecht, Aufl. 10., C.H. Beck, 1998, Rz. 79.
488) Jänich, op. cit., S. 41. 그런데 이러한 시각은 출판업자의 경제적 이익 증진에 크게 기여하는 것이었다고 한다. 출판업자가 출판을 위하여 저작권을 양수한다고 보았기 때문이다.

예컨대 저명한 역사법학자 기이르케(Gierke)는 헤겔(Hegel)의 인격 이론의 영향을 받아 저작물은 저작자의 인격이 반영된 것으로서 그 결과물인 저작물은 언제나 저작자에게 귀속되어야 한다고 주장하였다.[490] 독일에서는 저작권과 소유권 및 인격권과의 관계에 관하여 수많은 학설들이 복잡하게 주장되었는데,[491] 오늘날은 저작권이 두 가지 측면을 모두 갖추고 있다는 점에 이론이 없다.

위와 같은 학문적 성과를 바탕으로 마침내 독일에서도 저작권법의 성문화가 이루어졌다. 그 시초라고 할 수 있는 1794년 프로이센 일반란트법은 비록 저작권을 명시적으로 인정하지는 않았지만 출판권에 관한 규정을 두었다. 그리고 1837년 프로이센 일반란트법은 마침내 영국의 앤 여왕법과 유사하게 저작권의 개념을 정면으로 인정하고, 일정한 기간(10년) 동안 이를 보호하는 규정들을 두기에 이르렀다.

나. 법적 성격

저작권은 비록 그 등록이 강제되지는 않지만[492] 일반적으로 물권과 유사한 준물권으로 분류되어 배타성과 절대성을 지닌 것으로 이해되고 있다. 그러나 저작권에 소유권의 법리를 지나치게 대입하려는 것을 비판하는 목소리도 적지 않다.[493] 저작권은 유체물과 달리 비전유성(nonappropriability)을 지니며, 학문·기술·문화의 발전을 위한 인센티브로서 인정되는 것으로

---

489) Jänich, op. cit.,, S. 5, 6.
490) Bappert, op. cit., S. 245 ff. 형법학자 노이스테텔(Neustetel) 역시 저작권을 양도나 상속이 불가능한 인격권의 일종으로 보고, 불법복제는 일종의 외재인격(fremden Persönlichkeit)의 침해에 해당한다고 주장하였다(위 논문 S. 243).
491) 이에 관한 자세한 내용은 허희성, "저작인격권의 이론과 효용에 관한 연구", 국민대학교 박사학위 논문, 1996 참조.
492) 다만 등록된 저작권에는 양도나 처분 제한에 관하여 제3자에게 대항할 수 있는 등 특별한 보호가 주어진다(저작권법 제53조 내지 제56조).
493) 대표적으로 권영준, 앞의 논문(2010) 참조.

볼 수 있기 때문이다. 또한 위에서 살펴본 것처럼 저작권은 그 형성 과정에
서 유체물에 대한 소유권과 대비되면서 '강한 저작권'으로 파악되는 경향이
있었지만, '배움의 격려'를 강조한 앤 여왕법에서 볼 수 있는 것처럼 처음부
터 표현의 자유와 일반 공중의 이익에 대한 세심한 배려가 있기도 했다.

3. 보호의 내용

가. 저작물의 개념

저작권법에 따르면 저작물이란 인간의 사상 또는 감정을 표현한 창작물
을 말한다(제1조 제1호). 데이터세트가 창작성을 갖는 경우라면 저작물로
서 보호될 수 있을 것이다. 특히 저작권법은 편집물로서 그 소재의 선택·
배열 또는 구성에 창작성이 있는 것을 편집저작물로 정의하면서 독자적인
저작물로서 보호한다(제2조 제18호, 제6조 제1항). 다만 편집저작물의 보호
는 그 편집저작물의 구성부분이 되는 소재의 저작권 등에는 영향을 미치지
않는다(제6조 제2항). 데이터베이스권이 도입되기 전의 구 저작권법494)은
'논문·수치·도형 기타 자료의 집합물로서 이를 정보처리장치를 이용하여
검색할 수 있도록 체계적으로 구성한 것'을 편집물의 정의에 포함시켜 편
집저작물로 보호하였는데(제6조 제1항), 데이터베이스권이 도입된 지금도
소재의 선택·배열 또는 구성에 창작성이 인정되는 경우에는 저작권에 의하
여 보호될 수 있을 것이다.

나. 부여되는 권능

만약 데이터세트가 창작성이 있는 저작물로 인정된다면 저작물을 창작
한 자는 저작권법이 정하는 일련의 권리를 주장할 수 있게 된다(제1조 제2
호). 이러한 권리에는 공표권, 성명표시권, 동일성유지권 등 저작인격권(제

---

494) 2003. 5. 27. 법률 제6881호로 개정되기 전의 것.

11조 내지 제13조)과 복제권, 공연권, 공중송신권, 전시권, 배포권, 대여권, 2차적 저작물 작성권 등 저작재산권(제16조 내지 제22조)이 포함되며, 일정 기간 동안 배타적인 독점권이 보장된다. 저작권자는 위와 같은 권리의 침해에 대하여 침해의 정지를 청구하거나(제123조), 손해배상을 청구하여(제125조) 구제받을 수 있다.

저작권자는 저작권을 양도하거나 질권을 설정할 수 있고(제45조 제1항), 저작물에 대한 배타적 발행권의 설정 및 채권적 이용허락을 할 수 있다(제57조, 제46조). 저작권의 취득을 위하여 등록이 필요하지는 않지만(무방식주의) 및 권리 변동시에는 등록을 해야만 제3자에게 대항할 수 있다(제54조).

다. 권리의 범위와 제한

저작권의 강화된 사회적 구속성은 저작권법상 저작물의 자유이용과 (광의의) 저작재산권의 제한이라는 제도로 구체화되어 있다.[495] 저작물의 자유이용에는 '보호받지 못하는 저작물'과 '공중의 영역(public domain)'에 속하게 된 저작물의 경우가 있다. 보호받지 못하는 저작물은 저작권법 제7조에 열거되어 있는데, 법령이나 판례 또는 사실의 전달에 불과한 시사보도 등이 이에 해당한다. 공중의 영역에 속하는 저작물로는 저작권 보호기간이 지나거나 저작권이 포기된 저작물을 들 수 있다.[496]

광의의 저작재산권의 제한은 '좁은 의미의 저작재산권의 제한'과 '강제허락'으로 나뉜다. 강제허락은 다시 법률이 정하는 일정한 요건이 충족되면 이용자가 저작재산권자와 사전 협의를 거치지 않고 소정의 보상금을 지급하고 저작물을 이용할 수 있는 법정허락(statutory license, 제25조 제6항, 제31조 제5항), 그리고 저작재산권자와 협의가 불가능하거나 협의가 성립

---

495) 오승종, 앞의 책, 654-660면.
496) CCL(Creative Commons License)이나 저작재산권의 기증(저작권법 제135조)의 경우 그것만으로 저작물이 완전히 공중의 영역에 들어가는 것은 아니지만, 넓게 보면 저작자의 자발적 의사에 따른 저작물의 공유화라고 볼 수 있다[오승종, 앞의 책, 656면].

되지 않았을 때 권한 있는 기관의 승인을 받은 후 일정한 보상금을 지급한 후 저작물을 이용할 수 있는 좁은 의미의 강제허락(compulsory license, 제 50조 내지 제52조)으로 나눌 수 있다.[497] 한편 우리 저작권법은 독일이나 일본의 저작권법처럼 상세한 저작재산권 제한규정을 두고 있는데(제23조 내지 제37조, 제101조의3 내지 제101조의5), 이를 좁은 의미의 저작재산권의 제한이라고 한다. 특히 2011년 개정 저작권법 제35조의5로 공정이용 조항이 도입되면서 저작재산권 제한 제도는 큰 변화를 겪게 되었다.[498]

4. 의미와 한계

데이터세트는 구문론적 정보로서 정의된다. 그런 점에서 지적재산권 법제 가운데에서도 아이디어/표현 이분법(idea v. expression dichotomy)에 의하여 표현만을 보호하는 저작권법이 데이터세트와 친화성이 높다고 할 수 있다. 다만 저작물은 인간의 사상 또는 감정을 표현한 것으로서 창작성이 요구되기 때문에 소재의 선택·배열 또는 구성에 창작성이 있는 데이터세트만이 편집저작물로서 저작권법에 의하여 보호될 수 있다. 그러나 실제로 창작성이 인정되어 편집저작물로 인정되는 데이터세트는 많지 않을 것이다. 오늘날 빅데이터 분석 및 인공지능 학습에서 활용되는 데이터세트에 있어서는 소재의 선택이나 배열 또는 구성이 아니라 데이터의 양(volume)이나 다양성(variety) 또는 최신성(velocity) 등이 중요한 요소이다. 이러한 맥락에서 만들어지는 데이터세트, 특히 구조화되어 있지 않은 데이터세트

---

497) 다만 저작권법은 이 둘을 구별하지 않고 모두 법정허락이라고 표현한다.
498) 당초 공정이용 조항은 제35조의3으로 도입되었으나, 2019년 개정 저작권법(2019. 11. 26. 법률 제16600호로 개정되어 2020. 5. 27.부터 시행된 것)에서 제35조의5로 위치가 바뀌었다. 동조 제1항은 베른협약 제9조 제2항의 복제권 제한 규정에서 비롯된 이른바 '3단계 테스트'의 기준을, 제2항은 미국법상 공정이용(fair use)의 기준을 그대로 차용한 것이다[오승종, 앞의 책, 661면].

는 창작성이 인정되기 어렵다.[499]

학자에 따라서는 원시 데이터와 가공 데이터로 나누어 저작물 해당 여부를 검토하기도 한다.[500] 원시 데이터 중에는 기계 생성 데이터와 행위 데이터의 저작물 여부가 문제된다. 최근에는 로그 데이터, RFID 칩이나 원격 측정장치에 저장된 데이터, 위치 데이터 등과 같이 기계에 의하여 자동적으로 생성된 데이터로 구성되는 데이터세트도 많다. 이러한 기계 생성 데이터는 인간의 정신적 행위에 의하여 생긴 것이 아니므로 원칙적으로 저작권법의 적용대상이 아니고,[501] 단순한 데이터의 보유만으로는 '표현'이라고 볼 수 없으므로 데이터 보유자를 저작권자로 볼 수도 없다.[502] 예외적으로 기계 생성 데이터의 자동 생산이 소프트웨어 설계자의 창작성과 충분히 관련성을 가지는 때에 한하여 저작권의 보호 대상이 될 수 있을 뿐이다.[503] 또한 신용카드 및 휴대폰 사용 데이터나 쿠키로 수집되는 웹페이지 방문 기록과 같은 행위 데이터의 경우에도 순수한 사실적인 정보의 기록 내지 복제에 불과하므로 창작성이 인정되지 않는다.[504] 사실 이러한 경우 데이터세트의 작성 의사가 있다고 보기도 어려울 것이므로 표현행위 자체를 인정하기 어려울 것이다. 그 밖에 원시 데이터 일부가 특정인의 창작적 표현을 포함하고 있는 경우가 있을 수는 있겠지만, 그 경우에도 저작권 침해를 주장할 수 있는 사람은 데이터세트의 작성자와는 별개로 정해질 것이다.[505] 한편 원시데이터를 수집, 배열, 변형한 가공데이터 역시 대부분 저

---

499) 박준석, 앞의 논문(2019), 105면; 차상육, 앞의 논문(2020), 17면.
500) 정진명, 앞의 논문, 328-329면. 여기서 '원시데이터'란 대체로 앞서 본 '원천데이터'에 상응한다고 볼 수 있다.
501) Andreas Wiebe, "Protection of industrial data - a new property right for the digital economy?", GRUR Int. 2016, 879; Baranowski & Kornmeier, op. cit., 1222.
502) Zech, op. cit.
503) 정진명, 앞의 논문, 328면.
504) 정진명, 앞의 논문, 328면.
505) 박준석, 앞의 논문(2019), 106면.

작물에 해당하지 않을 것이다. 가공데이터는 대개 인간의 정신적 창작물이 아니며, 이는 단순히 정보를 모아 놓은 전화번호부와 같은 것에 불과하기 때문이다506) 대법원은 "누가 하더라도 같거나 비슷할 수밖에 없는 표현, 즉 저작물 작성자의 창조적 개성이 드러나지 않는 표현을 담고 있는 것은 창작물이라고 할 수 없다"는 점을 명확히 하고 있다.507) 빅데이터 분석이나 인공지능 학습을 위해서는 원시 데이터에 대한 라벨링(labeling)나 전처리(preprocessing)가 필요한 경우가 많다. 그러나 라벨링은 '디지털 노가다'라고 불릴 정도로 단순·반복적인 성격이 강하여 창작성을 인정할 수 없고,508) 전처리의 경우에도 비록 그 기획에 전문성이나 경험이 필요하기는 하지만 '누가 하더라도 같거나 비슷할 수밖에 없는 성질의 것'이므로 여전히 창작성이 인정되기 어렵다.509) 다만 분석의 '결과'는 경우에 따라 창작성이 인정될 여지가 있을 것이다.510)

그런데 데이터세트 가운데 소재의 검색을 위하여 만들어진 데이터베이스의 경우에는 정보화가 진행되기 시작한 초기부터 창작성과 무관하게 보호를 제공하려는 움직임이 있어 왔다. 저작권법상 데이터베이스 제작자의 권리가 바로 그것으로서, 데이터세트의 상당 부분은 위 제도에 의하여 보호될 수 있다. 이에 관하여는 항을 바꾸어 보다 상세히 검토하기로 한다.

---

506) Zech, op. cit.
507) 대법원 2011. 2. 10. 선고 2009도291 판결
508) 이정희, "'디지털 노가다' 데이터 라벨링의 뒷면", 시사 In (2021. 3. 4.자) (https://www.sisain.co.kr/news/articleView.html?idxno=43972)
509) 대법원 2011. 2. 10. 선고 2009도291 판결.
510) 박준석, 앞의 논문(2019), 106면. 위 견해는 분석자가 염두에 둔 조건(연령·성별·재력 등)에 맞추어 특정 상품을 특정한 일시와 장소에서 구입할 가능성이 가장 높은 잠재적 고객 리스트를 추출하는 경우를 예로 들고 있다.

제3절 데이터베이스권

1. 의의

데이터와 그 보호의 중요성은 지금과 같이 빅데이터나 인공지능 기술이 각광을 받기 전인 1980년대 정보화 혁명의 초기부터 강조되어 왔다. 당시에는 컴퓨터의 성능이 제한되어 있었고 기계학습을 위한 알고리즘도 충분히 발전되지 않았으며 무엇보다 인터넷 초창기에는 학습을 위한 데이터도 많지 않았다. 따라서 데이터 보호 논의의 대상은 주로 정형화된 데이터베이스에 집중되어 있었다. 즉, 데이터베이스에 창작성이 없더라도 자료의 수집과 갱신에 대한 노력과 투자를 보호할 필요가 있다는 주장이 제기된 것이다. 이에 따라 2003년 개정 저작권법[511]에 데이터베이스권이 신설되기에 이르렀다.

2. 연혁과 법적 성격

가. 입법례와 연혁

(1) 유럽연합

유럽연합에서는 1996. 3. 11. 「데이터베이스의 법적 보호에 관한 지침」(이하 'EU 데이터베이스 지침'이라고 약칭한다)[512]이 제정됨으로써 데이터베이스에 저작권과 유사한 별도의 배타적 독점권(sui generis right)이 부여되었다.

EU 데이터베이스 지침은 데이터베이스를 "체계적이거나 조직적인 방법으로 배열하고 전자적이거나 그 밖의 다른 수단에 의하여 개별적으로 접근

---

511) 2003. 5. 27. 개정되어 2003. 7. 1. 법률 제6881호로 시행된 것.
512) Directive 96/9/EC of The European Parliament And Of The Council of 11 March 1996 on the legal protection of databases.

이 가능한 독립적인 저작물, 자료 기타 소재의 수집물"이라고 정의하고(제1
조 제2항), "데이터베이스 소재의 취득, 검증 또는 표현에 대하여 양적으로
나 질적으로 상당한 투자를 한 자"를 데이터베이스 제작자로서 보호한다.
다만 데이터 생산 자체, 즉 수집되기 전 데이터 생산에 투입된 수단에 대한
투자는 데이터베이스에 대한 투자로 보지 않는다.513) 위 지침은 데이터베
이스 제작자에게 "데이터베이스 내용의 전부 또는 양적으로나 질적으로 상
당한 부분(substantial part)을 추출하거나 재이용하는 행위를 금지할 권리"
를 '독자적인 권리(sui generis right)'로서 부여한다(제7조). '상당한 부분'인
지 여부의 판단에 있어서는 정보에 대한 기본권과 독점에 대한 이익이 조
화롭게 형량되어야 한다고 설명되고 있다.514) 이 권리는 데이터베이스가
저작권이나 그 밖의 권리로 보호될 수 있는지 여부와 관계없이 부여되므
로, 소재의 선택 또는 배열에 창작성이 있는 경우에는 저작권에 의한 보호
와 중첩하여 데이터베이스권에 의한 보호가 제공된다. 디지털 형태로 되어
있지 않은 데이터베이스도 보호하고 있다는 점도 특징적이다. 다만 데이터
베이스권의 보호에는 일정한 예외가 있으며(제9조), 그 보호기간은 제작 완
료일의 다음해부터 기산하여 15년간이다(제10조).

　　EU 데이터베이스 지침은 유럽연합 각 회원국의 국내법으로 수용되었다.
영국은 1997년 「데이터베이스의 저작권 기타 권리들에 관한 법률(Copyright
and Rights in Database Regulations)」을 제정하였고, 독일은 같은 해 「멀티
미디어법(Multimedia-Gesetz)」515)을 제정함으로써 데이터베이스에 관한 내
용을 저작권법 체계에 포함시켰으며, 프랑스 역시 1998년 특별법을 제정하

---

513) 이일호·김기홍, 앞의 논문, 52면.

514) Jens Gaster, "Zur anstehenden Umsetzung der EG-Datenbankrichtlinie (I)", Computer
und Recht, 11/1997, S. 671; Andreas Wiebe, "Rechtsschutz von Datenbanken und
europäische Harmonisierung", Computer und Recht, 1996, S. 202.

515) 정식 명칭은 「Gesetz zur Regelung der Rahmenbedingungen fur Informations-und
Kommunikationsdienste」이며, 3개의 새로운 법률과 저작권법의 개정 등을 포함하고
있다.

여 지적재산권법 제1부 저작권 편에 이를 수용하였다.[516]

(2) 미국

미국은 유럽연합과 대조적으로 저작권과 같은 방식의 적극적 독점권이 아니라 부정경쟁방지 법리에 의한 소극적 보호로 대응하고 있다. 여기에는 지난 1991년 연방대법원이 유명한 'Feist 판결'[517]에서 창작성의 결여를 이유로 전화번호부 인명록에 대한 저작권법의 보호를 강하게 거부하였던 것이 큰 영향을 미친 것으로 보인다. 그 이후로 데이터베이스 보호에 관한 연방 입법은 대체로 부정이용(misappropriation)을 금지하는 부경경쟁방지 법리에 의거하여 추진되었지만, 논란이 심하여 실제로 입법에 성공한 예는 없다.[518]

우선 1996년에 발의되었던 법안은[519] EU 데이터베이스 지침을 모델로 하여 일정한 제한 아래 데이터베이스의 무단 이용을 금지함으로써 데이터베이스 보유자의 권리를 준물권적으로 보호하고자 하였다. 그러나 헌법상 언론의 자유 등 기본권 조항과의 관계에서 강력한 비판이 제기되어 결국 법안이 통과되지는 못했다. 이어서 1999년에 제출된 법안들은[520] 데이터베이스 제작자에게 준물권적인 권리를 부여하지 않고 단지 그 정보의 이용이 부정이용행위에 해당할 경우에 한하여 구제받을 수 있도록 하였지만 역시 논란 끝에 법안이 통과되지는 못했다. 다만 미국법에서도 창작성이 있는

---

516) 염호준, "데이터베이스의 보호, 저작권법, 누구를 위한 법인가?", 서울대 기술과 법 센터 창립 3주년 기념 워크숍 자료집, 서울대학교 기술과 법 센터, 2006, 21면.

517) Feist Publications, Inc., v. Rural Telephone Service Co., 499 U.S. 340 (1991).

518) 한국법제연구원, 앞의 자료, 52면.

519) H.R.3531 - Database Investment and Intellectual Property Antipiracy Act of 1996, 104th Congress (1995-1996).

520) H.R.354 - Collections of Information Antipiracy Act, 106th Congress (1999-2000); H.R.1858 - Consumer and Investor Access to Information Act of 1999, 106th Congress (1999-2000).

데이터베이스는 편집저작물로서 보호될 수 있다.[521]

(3) 일본

일본은 창작성이 있는 경우에 한하여 데이터베이스를 저작물로서 보호한다. 과거에는 데이터베이스를 편집저작물로서 보호하였으나, 1986년 저작권법을 개정[522]하여 데이터베이스를 별도의 저작물로 보호하고 있다. 즉 일본 저작권법은 데이터베이스를 '논문, 수치, 도형 기타 정보의 집합물로서, 그들의 정보를 전자계산기를 이용하여 검색할 수 있도록 체계적으로 구성한 것'으로 정의하면서(제2조 제1항 제10호의3), "데이터베이스로서 그 정보의 선택 또는 체계적인 구성에 창작성이 있는 것은 저작물로 보호한다"고 규정한다(제12조의2 제1항). 이는 데이터베이스가 편집저작물처럼 소재의 선택 또는 배열에 창작성을 가지는 것을 넘어 초록이나 일람표가 작성되거나 키워드가 부여되는 등 다른 차원의 창작성을 보인다는 점을 고려한 것이다.[523] 그럼에도 불구하고 데이터베이스 보호의 요건은 사실상 편집저작물의 요건과 유사한 것으로서 실질적으로 달라진 점은 없다고 할 수 있다. 기계적으로 자동 집적된 빅데이터에도 창작성이 인정될 가능성이 있다고 주장하는 견해도 있지만 극히 예외적인 경우에 관한 것일 뿐이다.[524]

나. 법적 성격

이처럼 데이터베이스에 대한 법적 보호는 유럽연합의 '준물권적 방식'과

---

521) 미국 저작권법 제101조 참조.
522) 著作權法の一部を改正する法律 (昭和61年5月23日法律第64号) (1986. 5. 23. 공포)
523) 中山信弘(윤선희 편역), 저작권법, 법문사, 2008, 106-112면.
524) 上野達弘, "自動集積される大量データの法的保護",『パテント』Vol. 70 No. 2, 日本弁理士会, 2017, 31~32頁, 위 견해는 디지털 데이터인 이상 컴퓨터에 의한 검색이 가능하고, 설정이나 가공의 단계에서 창작적인 정보의 선택과 체계적 구성이 있을 수 있으므로, 인간이 컴퓨터를 도구로 이용하여 정보의 선택 또는 체계적 구성을 하였다고 평가할 수 있는 경우라면 저작물로 인정될 가능성이 있다고 주장한다.

미국의 '불법행위 방식' 등 두 가지 방향에서 시도되어 왔다.525)526) 우리나라는 유럽연합의 입법례를 좇아 2003년 개정 저작권법에 데이터베이스 제작자의 권리를 규정하는 한편, 미국의 접근방식도 채택하여 콘텐츠산업진흥법에 무단으로 콘텐츠를 침해하는 행위를 금지하는 규정을 두었다. 창작성 없는 데이터베이스에 대하여 준물권적 보호를 제공하는 우리 저작권법은 선진적인 입법 흐름에 일찍 합류한 것으로 평가받고 있다.527)

데이터베이스권은 저작권법의 조문 체계상으로는 저작권이나 저작인접권과 다른 제3의 보호제도로 구성되어 있다. 저작인접권이 저작권과 유사하거나 인접한 권리라면, 데이터베이스권은 저작인접권과 유사하거나 인접한 권리라고 볼 수 있다.528) 저작인접권과 마찬가지로 투자결과를 보호하기 위하여 지적재산권이라는 수단을 활용하는 것이기 때문이다. 다만 저작인접권의 경우 적은 투자도 보호하지만, 데이터베이스권은 '상당한 투자'만이 보호된다는 점에서 차이가 있다.529)

다. 다른 법률과의 관계

데이터베이스는 데이터베이스권 외에도 다른 제도에 의하여 보호되기도

---

525) 이해완, 저작권법(제3판), 박영사, 2015, 895면; 송영식 외 6인, 지적소유권법(하)(제2판), 육법사, 2013, 712-713면; 오승종, 앞의 책, 1038면.
526) 국제법적으로는 베른 조약에서 편집저작물 규정만을 두고 있는 반면, GATT의 TRIPs 협정(Agreement on Trade Related Aspects of Intellectual Property Rights)에서는 제10조의2에서 데이터베이스에 관한 규정을 두고 있다(차상육, 앞의 논문(2018), 94면)
527) 이해완, 앞의 책, 898면; 안효질, "데이터베이스의 보호에 관한 유럽공동체의 영향", 계간 저작권 통권 제38권, 저작권심의조정위원회, 1997, 35-36면; 박성호, 저작권법(제2판), 박영사, 2017, 418-419면.
528) 이일호·김기홍, 앞의 논문, 49면.
529) 이일호·김기홍, 앞의 논문, 48면; 이와 관련하여 독일 연방대법원은 음반에 포함된 음 중에서 단지 극소한 부분을 복제하여 사용하는 경우(샘플링)에도 음반제작자의 복제권을 침해한다고 판시하여 논란이 된 바 있다(BGH, GRUR-RR 2007, 3).

한다. 우선 데이터베이스에 창작성이 인정되는 경우에는 데이터베이스권에 의하여 보호되는 동시에 편집저작물로서 중복하여 보호될 수 있다(저작권법 제6조 제1항).[530]

한편 콘텐츠산업진흥법상 콘텐츠는 소재의 체계적 구성을 요하지 않으므로 데이터베이스를 포함하는 넓은 의미의 것이다.[531] 콘텐츠산업진흥법은 콘텐츠제작자가 저작권법의 보호를 받는 경우 저작권법을 우선 적용하도록 하고 있으므로(제4조 제2항), 두 법에 의한 보호가 경합할 경우에는 데이터베이스권에 의한 보호가 우선 적용된다.[532] 창작성 없는 데이터베이스의 보호가 자료의 수립과 갱신에 대한 노력과 투자를 보호하기 위한 것인데 반해 콘텐츠의 보호는 디지털화에 대한 노력과 투자를 보호하기 위한 것으로서 입법취지가 다르고, 데이터베이스권에 의한 보호 수준이 보다 높으므로 위와 같은 규정은 타당한 것이다.[533]

3. 보호의 내용

가. 데이터베이스의 개념

저작권법은 "소재를 체계적으로 배열 또는 구성한 편집물로서 개별적으로 그 소재에 접근하거나 그 소재를 검색할 수 있도록 한 것"을 데이터베이스로 정의한다(저작권법 제2조 제19호). 데이터베이스는 소재의 집합물인 편집물의 일종인데, 소재는 저작물인 경우도 있지만 저작물에 해당하지

---

530) 박익환, "편집물의 저작물성 – '법조수첩' 사건의 판례평석", 계간 저작권 통권 제66권, 저작권심의조정위원회, 2004, 67면.
531) 콘텐츠산업진흥법상 콘텐츠는 "부호·문자·도형·색채·음성·음향·이미지 및 영상 등(이들의 복합체를 포함한다)의 자료 또는 정보"를 말한다(제2조 제1항 제1호).
532) 다만 어떤 콘텐츠가 데이터베이스의 개념에 해당된다고 하더라도 데이터베이스권의 다른 요건들을 충족하지 못하는 경우에는 "저작권법의 보호를 받는 경우"에 해당하지는 않으므로 콘텐트산업진흥법에 의한 보호를 받을 수 있다(이해완, 앞의 책, 909면).
533) 송영식 외 6인, 앞의 책, 716면 참조.

않는 부호·문자·음·영상 그 밖의 형태의 자료도 소재가 될 수 있다(동조 제17호). 데이터베이스에는 전화번호부나 사전과 같은 비전자적 형태의 편집물도 포함되지만, 컴퓨터에 의하여 극히 적은 노력으로 데이터의 추출과 복제가 가능한 전자적 형태의 것이 주된 보호대상이 된다.[534]

데이터베이스에 있어서 창작성은 요구되지 않는다. 따라서 전화번호부 인명편을 알파벳 순으로 구성하는 것과 같이 일반적인 방법을 모방하거나 누가 하더라도 동일하게 할 수밖에 없는 방법으로 배열 또는 구성하더라도 관계없다.[535] 오히려 중요한 요소는 창작성이 아니라 배열 또는 구성의 체계성과 소재의 접근 또는 검색 가능성이다. 배열 또는 구성의 체계성은 데이터베이스의 주된 가치이며 보호의 근거가 되는 자료 검색의 편리성을 위하여 요구된다.[536] 그 중에서도 정보의 물리적 '배열' 보다는 검색을 효율성 있게 수행하도록 '구성'되어 있는 것이 중요하다.[537] 검색의 결과 이용자가 보는 데이터의 배열과 데이터베이스 내에 축적된 정보의 배열은 다르기 때문이다.

한편 데이터베이스와 소재는 구별되어야 한다. 소재의 법적 성격은 데이터베이스권에 영향을 미치지 않으므로, 원 데이터는 개인정보일 수도 있고, 저작물일 수도 있으며, 권리의 대상이 되지 않는 데이터일 수도 있다.[538] 또한 데이터베이스권이 성립했다고 하더라도 그 보호는 데이터베이스의 구성부분이 되는 소재에 미치지는 않고, 소재에 대한 저작권법 상의 권리

---

534) 오승종, 앞의 책, 1037면; 한편 저작권법은 데이터베이스의 제작·갱신 등 또는 운영에 이용되는 컴퓨터프로그램과 무선 또는 유선통신을 기술적으로 가능하게 하기 위하여 제작되거나 갱신 등이 되는 데이터베이스는 보호대상에서 제외하고 있다(제92조). 전자는 컴퓨터프로그램 저작물로서 별도로 보호되고, 후자의 경우 배타적 권리가 부여되면 인터넷의 운영 자체가 위협받기 때문이다[허희성, 신 저작권법 축조개설(하), 명문프리컴, 2011, 474면].

535) 오승종, 앞의 책, 1036면.

536) 오승종, 앞의 책, 1036면.

537) 박성호, 앞의 책, 415-416면.

538) 이상용, 앞의 논문(2018), 44면.

에 영향을 미치지도 않는다(제93조 제3, 4항 참조).[539] 데이터베이스의 소재 자체의 생산은 데이터베이스의 제작 이전의 단계로서 이를 데이터베이스 제작에 해당하는 것으로 볼 수 없기 때문이다.

나. 데이터베이스 제작자의 개념

저작권법은 "데이터베이스의 제작 또는 그 소재의 갱신·검증 또는 보충에 인적 또는 물적으로 상당한 투자를 한 자"를 데이터베이스 제작자로서 보호하고 있다(저작권법 제2조 제19, 20호). 즉 데이터베이스권은 데이터베이스에 포함된 개별 데이터를 보호하기 위한 것이 아니라 그 생성과 유지에 소요된 투자를 보호하기 위한 것이다.[540] 음반제작자나 영상제작자의 경우 '기획과 책임'이 개념 요소인 것(제2조 제6호, 제14호)과 달리 '상당한 투자'가 개념 요소로 되어 있지만, 이들은 모두 위험(risk)을 부담하는 자를 보호하기 위한 것이라는 점에서 취지를 같이한다.

상당한 투자에 해당하는지 여부는 데이터베이스 및 이를 구성하는 정보의 사회·경제적 중요성과 수집·조직의 용이성, 그 보호가 시장에 미치는 영향, 그리고 그 데이터베이스를 구성하는 개별적인 정보에 대한 접근의 중요성 등을 고려해 판단해야 하며, 질적인 면과 양적인 면을 모두 고려해야 한다.[541] 최초 데이터베이스를 제작한 자뿐만 아니라 갱신, 검증 또는 보충에 상당한 투자를 한 자 또는 데이터베이스를 제작하기 위하여 소재를 수집하는 데 상당한 투자를 한 자도 역시 데이터베이스제작자로서 보호된다. 데이터베이스제작자의 보호에 있어서 창작성은 요건이 아니지만 실제 사례

---

539) 편집저작물의 경우에도 동일한 취지의 규정이 존재한다(저작권법 제6조 제2항)

540) Nestor Duch-Brown et al., The economics of ownership, access and trade in digital data, Joint Research Centre Digital Economy Working Paper 2017-01, 2017, p. 13; Dorner, op. cit., S. 622.

541) 오승종, 앞의 책, 박영사, 2016, 1041면; WIPO 조약안은 '상당한 투자'를 '질적·양적으로 중요한 투자(qualitatively or quantitatively significant investment)'라고 정의한다.

에 있어서는 투자의 상당성 판단에 간접적으로 영향을 미칠 수 있다.[542)]

실제에 있어서는 데이터베이스 제작자 해당 여부를 밝히는 것이 쉽지 않은 경우가 많다. 예컨대 커뮤니티 웹사이트에서 고객이 입력한 정보를 운영자가 배열·구성하는 경우 고객이나 운영자가 데이터베이스 제작자에 해당할 수 있을까. 우선 고객의 경우 입력행위만 가지고 '상당한 투자'를 했다고 보기는 어렵다. 운영자의 경우에는 문리해석상 데이터베이스 제작자에 해당한다고 볼 수도 있지만, 그것이 정책적으로 타당한지 여부나[543)] 운영자에게 데이터베이스 제작할 의사가 있었는지 여부[544)]에 관하여는 의문을 제기하는 견해가 있다. 결국 데이터베이스 자체에 대하여 상당한 투자가 있었는지를 기준으로 판단해야 할 것이다.[545)]

다. 부여되는 권능

데이터베이스제작자는 그의 데이터베이스의 전부 또는 상당한 부분을 복제·배포·방송 또는 전송할 권리가 있다(제93조 제1항). 상당한 부분에 해당되지 않는 한 데이터베이스의 개별 소재를 복제하는 등의 행위는 원칙적으로 데이터베이스권의 침해가 되지 않는다(제93조 제2항). 다만, 데이터베이스의 개별 소재 또는 그 상당한 부분에 이르지 못하는 부분의 복제 등이라 하더라도 반복적이거나 특정한 목적을 위하여 체계적으로 함으로써 해당 데이터베이스의 통상적인 이용과 충돌하거나 데이터베이스 제작자의 이익을 부당하게 해치는 경우에는 해당 데이터베이스의 상당한 부분의 복제 등으로 본다(저작권법 제93조 제2항 단서). 이는 데이터베이스 내용의

---

542) 부산지방법원 2010. 9. 2. 선고 2010가합2230 판결 참조(원고가 발행한 한자 사전의 상당한 부분이 기존에 발행되었던 한자 사전과 거의 동일한 사안)
543) 정상조, "우리나라의 데이터베이스 보호", 세계의 언론법제 제19호, 한국언론재단, 2006, 27면.
544) 김윤명, 정보기술과 디지털법, 진한 M&B, 2005, 362면.
545) 이일호·김기홍, 앞의 논문, 57면; 오승종, 앞의 책, 1041-1042면.

전부 또는 양적으로나 질적으로 상당한(substantial part) 부분을 추출하거나 재이용하는 행위를 금지할 권리를 부여한 EU 데이터베이스 지침과 유사한 것이다.546) 위 조항은 강행규정으로 이해된다. 따라서 데이터베이스의 상당한 부분이 아닌 개별 소재의 복제를 금지하는 약정은 효력이 없다고 보아야 한다.547)

'상당한 부분'이라는 요건은 실무적으로 큰 의미를 갖는다. 데이터베이스권에 관한 영국 최초의 사건인 영국 경마협회 사건548)이 좋은 사례이다. 영국 경마협회는 경주마, 기수, 경주 등에 관한 정보를 담은 데이터베이스를 라이선스하면서 라이선시(licensee)가 자신의 가입자에게 그 정보를 송신하도록 허용하였다. 영국 경마협회의 라이선시로부터 위 데이터베이스의 정보를 마권 매장에서 사용할 수 있는 라이선스를 받은 William Hill은 라이선스 범위를 넘어 온라인마권 판매업에도 사용하였고, 영국 경마협회는 데이터베이스권의 침해를 이유로 금지명령을 신청하였다. 영국 고등법원은 콘텐츠의 취득, 검증, 제시를 위한 투자를 William Hill이 이용하였다는 이유로 원고 승소판결을 하였으나,549) 유럽사법재판소는 "데이터베이스의 내용을 구성하는 데이터 자체의 창작에 대한 투자는 상당한 투자에 해당하지

---

546) 오승종, 앞의 책, 1043면; 이상정, "데이터베이스제작자의 보호", 계간 저작권통권 제63권, 저작권심의조정위원회, 2003, 26면.

547) 독일 저작권법은 "데이터베이스 제작자에 대하여 '데이터베이스 중 질적 또는 양적으로 비본질적인 부분을 복제, 배포 또는 공개 재현하는 것을 금지한다'는 내용의 의무를 부담하게 되는 그러한 계약상 약정은, 위 복제 등의 행위가 데이터베이스의 정상적인 활용에 저촉되거나 데이터베이스제작자의 정당한 이익을 기대 불가능할 정도로 해하지 않는 한, 효력이 없다"고 규정하고 있다(제87조의 e).

548) The British Horseracing Board Ltd and Others v William Hill Organization Ltd.(Case C-203/02).

549) EU 데이터베이스 지침을 수용한 영국의 「데이터베이스의 저작권 기타 권리들에 관한 법률」은 데이터베이스 콘텐츠의 취득, 검증 또는 제시에 관하여 주창하고, 그 취득, 검증 또는 제시에 투자하는 위험을 부담한 사람을 데이터베이스 제작자로 정의하면서, 상당한 투자가 이루어진 데이터베이스 제작자의 권리를 보호하고 있다(§13, §14).

않는다"면서 데이터베이스권의 침해를 부정하였다. 즉 데이터베이스의 콘텐츠의 취득에 대한 투자는 이미 존재하고 있는 독립한 데이터를 추출하고 그것을 데이터베이스로 수집하는 것에 대한 투자여야 하고, 창작에의 투자는 포함하지 않으며, 창작 과정의 일환으로서 그 올바름을 검증하는 것도 포함하지 않는다는 것이다. 또한 유럽사법재판소는 William Hill이 반복하여 체계적으로 데이터베이스의 상당하지 않은 부분을 추출, 재이용하였지만, 그러한 행위를 거듭함으로써 데이터베이스의 전체 또는 상당한 부분이 재구축되지 않았기 때문에 침해가 성립되지 않는다고도 판시하였다. 우리 판례는 이보다는 완화된 기준을 취하는 것으로 보인다. 즉 서울고등법원은 피고가 원고가 발행하는 물가정보지 내용 가운데 홈페이지 검색순위 1위부터 100위까지의 중요한 가격정보만을 추출해 데이터 파일을 만든 것은, 단순히 원고 물가정보지의 개별 소재를 사용한 것에 불과하다고 할 수 없을 뿐만 아니라, 반복적이거나 특정한 목적을 위하여 체계적으로 복제 등을 함으로써 당해 데이터베이스의 통상적인 이용과 충돌하거나 데이터베이스 제작자의 이익을 부당하게 해치는 경우에 해당한다고 볼 수 있으므로, 피고는 물가정보지의 상당한 부분을 복제한 것으로 볼 수밖에 없다고 판시하였다.[550]

한편 침해행위의 구체적 태양은 기술 발전에 따라 다양해지고 있다. 예컨대 최근 서울고등법원은 크롤링(crawling)에 의한 데이터베이스 복제권 및 전송권 침해를 인정한 바 있다.[551] 데이터베이스를 구성하는 소재의 상당부분을 무단 이용하면서 다만 소재의 배열 또는 구성의 체계만을 달리한

---

550) 서울고등법원 2010. 6. 9. 선고 2009나96309 판결.

551) 서울고등법원 2017. 4. 6. 선고 2016나2019365 판결(대법원 2017. 8. 24. 선고 2017다224395 판결로 상고가 심리불속행 기각되어 확정); 서울고등법원 2016. 12. 15. 선고 2015나2074198 판결(대법원 2017. 4. 13. 선고 2017다204315 판결로 상고가 심리불속행 기각되어 확정됨). 위 판결에서는 부정경쟁방지법 제2조 제1호 (파)목의 성과물 무단사용 조항 위반도 인정되었다.

경우에 데이터베이스 제작자의 권리를 침해한 것으로 볼 것인지 여부가 문제되기도 한다. 데이터베이스 제작자 보호의 취지가 편집의 노력을 보호하는데 있다면서 침해를 부정하는 견해도 있지만,[552] 제도의 취지는 데이터베이스의 제작 등에 소요된 투자를 보호하기 위한 것이고 문리 해석에 의하더라도 침해를 인정할 수 있다고 할 것이다.[553]

라. 구제수단 등

데이터베이스 제작자는 저작권자와 마찬가지로 그의 권리가 침해된 경우 침해의 정지를 청구하거나(제123조), 손해배상을 청구하여(제125조) 구제받을 수 있다.

데이터베이스권의 이전 및 이용 역시 저작재산권에 준하는 방식으로 할 수 있다. 즉 데이터베이스 제작자는 데이터베이스권을 양도하거나 질권을 설정할 수 있고, 데이터베이스에 대한 배타적 발행권의 설정 및 채권적 이용허락을 할 수 있다(제96조). 무방식주의 및 권리변동시 등록에 의한 대항력 취득 등도 저작재산권의 경우와 같다(제98조).

마. 권리의 범위와 제한

데이터베이스권에는 저작재산권 제한 규정들이 준용되고(제94조 제1항), 추가적으로 비영리 교육·학술·연구나 시사보도를 위한 이용의 경우에도 권리 제한 규정이 마련되어 있을 뿐만 아니라(동조 제2항), 법정허락에 관한 규정도 준용된다(제97조). 이에 해당하는 경우 데이터베이스 제작자의 동의 없이도 데이터베이스 이용이 가능하다.

---

552) 한지영, "데이터베이스의 법적 보호에 관한 연구", 서울대학교 박사학위 논문, 2005, 41-43면.
553) 정상조, "저작권법에 의한 데이터베이스 보호의 문제점", 데이터베이스 보호, 서울대학교 기술과 법 센터, 2003, 55면; 오승종, 앞의 책, 1044-1045면; 이일호·김기홍, 앞의 논문, 46면.

데이터베이스권은 창작성이 없음에도 불구하고 이른바 '이마의 땀의 원리(doctrine of sweat of brow)'에 따라 인정되는 것이므로 보호의 범위는 일반 저작권에 비하여 좁을 수밖에 없다. 따라서 저작권법은 데이터베이스권의 보호기간을 제작 완료시부터 5년 이내로 제한하며, 갱신 등을 위하여 인적 또는 물적으로 상당한 투자가 이루어진 경우에도 해당 부분에 대한 권리는 그 갱신 등을 한 때부터 5년 이내로 제한하고 있다. 그러나 실제에 있어서는 갱신을 위한 상당한 투자가 지속되는 경우 보호기간이 상당히 장기화될 여지도 있다.

4. 의미와 한계

데이터세트가 저작권법상 데이터베이스 보호의 요건을 충족할 경우에는 저작재산권에 준한 보호와 이용이 가능하다. 데이터의 경제적 중요성이 급속하게 커지고 있는 오늘날에도 가치 있는 데이터세트의 상당 부분은 여전히 구조화되고 소재에 대한 접근 및 검색이 가능한 정형 데이터이다. 따라서 이러한 범위에서 데이터베이스권은 데이터세트의 보호와 거래를 뒷받침하는 의미 있는 역할을 할 수 있다.[554) 비록 유럽연합에서 데이터베이스 보호 법제는 당초의 입법목적 달성에 실패하였다고 평가되고,[555) 우리의 데이터베이스권 역시 학설이나 판례의 축적이 미진하여 실효성을 의심받기도 하지만,[556) 이는 그동안 데이터의 유통이 많지 않았던 산업계의 현실에 기인한 측면이 크고 앞으로 데이터 경제의 진전에 따라 요긴하게 활용될 잠재력이 있다고 생각된다.

---

554) 차상육, 앞의 논문(2018), 82면 이하; 데이터 계약의 상당수는 데이터베이스권의 성립을 전제로 체결된다(한국데이터산업진흥원, 데이터 거래 가이드라인, 2019 첨부 제공형 표준계약서 참조).

555) 대표적인 것으로는 Commission of the European Communities, First Evaluation of Directive 96/9/EC on the Legal Protection of Databases, 2005 참조.

556) 이일호·김기홍, 앞의 논문, 52면.

그럼에도 불구하고 여전히 비정형 데이터를 비롯한 수많은 데이터세트 는 저작권법상 데이터베이스 보호의 요건을 충족하지 못한다. 무엇보다도 빅데이터 분석 및 인공지능 학습의 맥락에서 이용되는 데이터세트는 이를 이루는 개별 데이터에 편리하게 접근하는 것이 목적이 아니어서 '소재를 체계적으로 배열 또는 구성한 편집물로서 개별적으로 그 소재에 접근하거 나 그 소재를 검색할 수 있도록 한 것'이라는 데이터베이스의 요건을 엄밀 히 충족하기 어렵다.557) 인공지능 학습을 위해서는 상당한 노력과 비용을 들여 원천 데이터에 값을 붙이거나(labeling) 카테고리별 클래스를 부여해 야(annotation) 하는 경우가 많은데, 일부 견해는 이런 과정을 거쳐 정형화 된 데이터세트는 데이터베이스권에 의하여 보호될 수 있다고 주장하기도 한다.558) 그러나 이는 소재의 체계적 구성 및 접근·검색 가능성이라는 법 정 요건에 부합하지 않을 뿐만 아니라 라벨링을 따로 하지 않는 비지도학 습(unsupervised learning) 기술의 비약적 발전 등을 고려해 볼 때 타당하지 않다. 무엇보다 위 견해에 의하더라도 가공되지 않은 원천 데이터는 상당 한 노력과 비용을 들여 축적되었더라도 데이터베이스권에 의하여 보호될 수 없다.

'데이터베이스 전부 또는 상당한 부분'의 복제라는 요건도 충족하기 쉽 지 않을 수 있다. 빅데이터 분석의 경우가 좋은 사례이다. 빅데이터는 개별 소재의 내용이 아니라 정보 전체의 분석으로부터 전체 패턴을 발견하는 통

---

557) 박준석, 앞의 논문(2019), 108면; 박준석, "4차 산업혁명에 대응한 우리 지적재산권법 관련 쟁점들의 통합적 분석", 정보법학 제21권 제3호, 한국정보법학회, 2017, 194-195면.

558) 한국법제연구원, 앞의 자료, 14-16면; 전처리(preprocessing), 즉 원자료(raw data)를 데이터 분석 목적과 방법에 맞는 형태로 처리하기 위하여 불필요한 정보를 분리 제 거하고 가공하기 위한 예비적인 조작이 이루어진 데이터세트는 저작권법상 데이터 베이스로 인정될 수 있다는 견해도 이와 유사하다(이일호·김기홍, 앞의 논문, 55면). 이른바 말뭉치(corpus) 역시 데이터베이스로 볼 수 있다는 견해도 있다[이해완, 앞의 책, 893면].

찰에 진정한 가치가 있고 이런 통찰은 빅 데이터 전부 혹은 상당한 부분의 복제 등을 반드시 수반할 필요가 없기 때문이다.[559] 한편 빅데이터의 경우 기술 발전에 따라 사물인터넷 기기를 통해 별다른 노력 없이 데이터 집적이 이루어질 것이므로 '상당한 투자'라는 요건이 결여될 수 있다는 견해도 있다.[560] 그러나 상당한 투자는 반드시 고비용과 수많은 인력에 의한 운영과 관리를 전제하지는 않으며,[561] 오히려 빅데이터를 취득하고 관리하는데 투입된 투자와 기타 사업을 위한 투자를 현실적으로 구별할 수 있을 것인지 여부가 더 문제이다.[562]

데이터베이스권은 소재의 검색과 추출을 주된 기능으로 하던 전통적인 데이터베이스를 상정하여 입안된 것이어서 오늘날 점점 더 중요성을 더해가는 빅데이터 분석이나 인공지능 학습을 위한 데이터세트를 규율하기에는 부적절한 측면이 있다.[563] 또한 '상당한 투자'를 어떻게 해석하는지에 따라서 하나의 데이터베이스에 여러 사람의 제작자가 존재할 수 있기 때문에 거래비용을 높이고 활용을 저해할 우려가 있다는 점은 큰 문제가 아닐 수 없다.[564] 결국 기존의 데이터베이스이 일반적 데이터세트 보호를 위하여 활용되기 위해서는 상당한 수정이 가해질 필요가 있다.[565]

---

559) 박준석, 앞의 논문(2019), 108면
560) Hugenholtz, op. cit., p. 10.
561) 이해완, 앞의 책, 900면.
562) 이일호·김기홍, 앞의 논문, 56면.
563) 이상용, 앞의 논문(2018), 45면.
564) 이일호·김기홍, 앞의 논문, 56면.
565) 이일호·김기홍, 앞의 논문, 57면 참조.

제4절 특허권

1. 의의

특허법은 일정한 요건을 충족하는 발명을 공중에게 공개하는 대가로 발명자에게 일정 기간 동안 독점적이고 배타적인 권리를 부여한다(제2조 제2항, 제87조, 제94조). 특허권은 저작권과 마찬가지로 준물권으로서 배타성과 절대성이 인정되며, 특허권의 침해가 있는 경우 침해의 금지를 청구하거나(제126조) 손해배상을 청구하여(제128조) 구제받을 수 있다.

최근 들어 기계학습을 이용하는 학습 기반 인공지능 기술이 발전함에 따라 학습용 데이터(training data) 보호 필요성이 강조되고 있다.[566] 그런데 인공지능 기술 관련 특허 출원이 급증함에도 불구하고 특허법에 의한 학습용 데이터세트의 보호는 쉽지 않다. 이 때문에 국내외에서 학습용 데이터세트 보호를 위한 적극적인 해석론이 제시되거나 특허법 개정 논의가 이루어지고 있는 상황이다.

2. 보호의 내용

가. 발명의 개념과 보호의 요건

특허권은 발명에 대하여 부여되는 것이므로 우선 발명이 있어야 한다. 특허법상 발명이란 자연법칙을 이용한 기술적 사상의 창작으로서 고도한 것을 말한다(제2조 제1호).[567] 그런데 오늘날에는 과학기술과 산업의 발전

---

566) 이규호, 앞의 논문(2020A), 153면.
567) 발명의 개념에 관한 각국의 태도는 통일되어 있지 않다. 예컨대 미국 특허법 제101조는 "누구든지 새롭고 유용한 방법, 기계, 합성물, 제품 또는 그에 대한 새롭고 유용한 개선점을 발명 또는 발견한 자는 특허를 받을 수 있다"고 하여 적극적으로 규정하는 반면, 유럽특허조약(European Patent Convention, EPC) 제52조는 제1항에서 유

에 따라 발명의 개념을 성문의 틀에 가두는 것이 쉽지 않게 되었다.[568] 예를 들어 화학 분야에서의 선택발명이나 이미 알려진 물질에 대한 용도발명은 엄밀히 말해 기술적 사상의 창작이라기보다는 발견에 가까운 것이고, BM(Business Method) 발명은 추상적 아이디어를 프로그램을 이용하여 구현하는 것에 불과함에도 불구하고 특허가 이루어지고 있는 실정이다.[569] 최근 미국에서 친특허정책(pro-patent policy)에 따른 '특허 과잉'으로 인한 사회적 비용이 적지 않다는 반성적 고려에서 보수적 태도로 회귀하는 움직임이 있기는 하지만,[570] 우리 대법원은 아직 특허발명을 넓게 인정하는 입장을 견지하고 있다.[571]

발명 가운데에서도 산업상 이용가능성, 신규성, 그리고 진보성이 있는 것만이 특허를 받을 수 있다(제29조). 특허법은 발명을 보호·장려하여 궁극적으로 산업 발전에 이바지하기 위한 것이므로(제1조 참조) 발명에는 산업상 이용가능성이 있어야 한다. 그리고 발명과 같은 내용의 기술이 이미 공개되어 공중의 재산(public domain)이 되어 있다면 발명자에게 배타적 권리를 인정해줄 이유가 없다. 저작물의 경우 창작성이 있는 한 기존 저작물과 동일하더라도 보호되는 것과 달리 발명의 경우 신규성이 없다면 보호되지

럽특허는 신규성 있고 진보성이 있으며 산업상 이용가능성이 있다면 모든 기술 분야의 발명에 부여된다고 하면서도, 제2항에서 (a) 발견, 과학적 이론 및 수학적 방법, (b) 심미적 창작물, (c) 정신활동의 수행, 게임 또는 영업 수행을 위한 체계, 규칙 및 방법 및 컴퓨터 프로그램, (d) 정보의 제시 등은 발명으로 보지 않는다고 함으로써 소극적인 규정 형식을 취하고 있다. 한편 일본의 특허법 제2조 제1항은 '자연법칙을 이용한 기술적 사상의 창작으로서 고도한 것'이라고 하여 우리나라와 유사한 정의 규정을 두고 있다.
568) 조영선, 특허법(제5판), 박영사, 2015, 8면.
569) 컴퓨터 프로그램의 경우 미국과 일본에서는 저작물로 보는 동시에 특허의 대상으로도 보는 반면, 유럽에서는 명문으로 발명의 범주에서 제외하고 있는 것도 발명 개념이 유동적임을 보여준다.
570) Mayo Collaborative v. Prometheus Labs. Cite as 132 S.Ct. 1289 (2012); Association for Molecular Pathology v. Myriad Genetics, Inc., 569 U.S. 576 (2013).
571) 대법원 2015. 5. 21. 선고 2014후768 전원합의체판결 참조.

않는 것은 이 때문이다.572) 마지막으로 특허는 혁신을 장려함으로써 산업의 발달을 도모하는 제도이기 때문에 신규성이 있더라도 독점적 권리를 부여하여 보호할 만한 진보적 의미(inventive step)가 없다면 특허를 부여할 이유가 없다. 진보성의 유무는 발명이 속하는 기술 분야에서의 통상의 기술자가 선행기술들로부터 당해 발명에 이르는 것이 용이한지 여부에 의하여 판단한다.573)

나. 부여되는 권능

발명이 위 요건들을 모두 갖춘 경우 발명자는 특허권 설정등록을 받음으로써 일정 기간 업으로서 특허발명을 실시할 독점적 권리, 즉 특허권을 취득한다(특허법 제2조 제1, 2항, 제87조, 제94조).

특허법은 물건의 발명과 방법의 발명, 그리고 물건을 생산하는 방법의 발명으로 나누어 실시의 개념을 정하고 있는데,574) 특허권자가 아닌 자가 실시행위를 하는 경우 특허권의 침해가 된다. 다만 발명은 모든 구성요소가 유기적 일체로 이루어진 것이므로 특허의 침해는 침해자가 특허청구범위의 모든 구성요소를 사용하는 경우에만 성립하고, 그 중 일부만을 실시하는 행위는 원칙적으로 침해를 구성하지 않는다(구성요건 완비의 원칙,

---

572) 다만 공지기술이 아닌 경우에도 이중특허를 방지하기 위하여 특허가 거절되는 경우가 있다. 즉, 특허청구범위가 동일한 발명에 대하여 복수의 특허출원이 있는 경우 후출원 발명은 거절되고(선원주의, 제36조 제1항), 특허청구범위가 다르다고 하더라도 선출원 발명의 상세한 설명이나 도면에 이미 포함되어 있는 후출원 발명 역시 거절된다(확대된 선원주의, 제29조 제3항).

573) 조영선, 앞의 책, 162-163면.

574) ① 물건의 발명인 경우 그 물건을 생산·사용·양도·대여 또는 수입하거나 그 물건의 양도 또는 대여의 청약을 하는 행위를 말하고, ② 방법의 발명인 경우 그 방법을 사용하는 행위 또는 그 방법의 사용을 청약하는 행위를 말하며, ③ 물건을 생산하는 방법의 발명인 경우 나목의 행위 외에 그 방법에 의하여 생산한 물건을 사용·양도·대여 또는 수입하거나 그 물건의 양도 또는 대여의 청약을 하는 행위를 말한다(특허법 제2조 제3호 참조).

all elements rule). 특허의 침해는 특허청구범위의 문언해석에 의하여 인정
될 수도 있지만(문언침해), 침해대상물의 구성요소 일부가 특허발명의 대응
되는 구성요소와 문언상으로는 동일하지 않더라도 서로 등가관계에 있다
면 역시 인정될 수 있다(균등침해, doctrine of equivalence)575) 제3자의 법적
안정성을 해하지 않는 범위 내에서 특허권의 형해화를 막을 필요가 있기
때문이다.

한편, 특허법은 이러한 직접침해 이외에 일정한 범위에서 간접침해도 성
립할 수 있음을 규정하고 있다(제127조). 즉, 물건의 발명인 경우에 그 물
건의 생산에만 사용하는 물건을 생산하는 등의 행위나 방법의 발명인 경우
에 그 방법의 실시에만 사용하는 물건을 생산하는 등의 행위를 업으로서
하는 경우에는 특허권을 침해한 것으로 본다. 특허발명이 복수의 구성요소
로 이루어진 결합발명인 경우 그 일부 구성요소만을 제조·판매하는 등의
행위는 본래 특허침해가 아니지만, 결국 최종적인 직접침해에 도움을 주기
위한 것이므로 특허 침해행위로 볼 현실적 필요가 있는 것이다. 이러한 간
접침해는 본질적으로 방조책임으로서 미국법상 기여침해(contributory
infringement)의 한 형태가 우리 특허법에 도입된 것이다.576)

다. 구제수단 등

특허권의 침해가 있는 경우 침해의 금지를 청구할 수 있고(제126조), 고
의·과실을 비롯한 불법행위의 요건을 모두 갖춘 경우에는 손해배상을 청구
할 수 있다(제128조).

특허권의 경우에도 저작권의 경우와 마찬가지로 양도(제99조), 물권적
이용권인 전용실시권(제100조 제1, 2항), 채권적 이용 허락인 통상실시권

---

575) 조영선, 앞의 책, 392-393면. 균등론은 나라마다 요건과 범위에서 약간의 차이는 있
    지만 널리 인정되는 불문의 법리이다.
576) 조영선, 앞의 책, 439-440면.

(제102조), 특허 계약에 의한 허락실시권577) 등에 의하여 제3자의 특허발명의 이용이 가능하다. 특허권 취득의 성립요건이 설정등록인 것처럼 특허권 변동의 공시방법 역시 등록이다(제101조 제1항).

라. 권리의 범위와 제한

특허권의 경우에도 저작재산권이 제한되는 것과 유사하게 특허권자의 허락 없이 특허발명을 실시할 수 있는 경우가 있다.

우선 특허법은 특허권의 적법한 수용··사용··제한에 관한 규정을 두고 있다. 즉 정부는 전시, 사변 또는 이에 준하는 비상시에 국방상 필요한 경우에는 특허권을 수용할 수 있고(제106조), 특허발명이 국가 비상사태, 극도의 긴급상황 또는 공공의 이익을 위하여 비상업적으로 실시될 필요가 있다고 인정하는 경우에는 그 특허발명을 실시하거나 정부 외의 자에게 실시하게 할 수 있다(제106조의2). 이 경우 특허권자, 전용실시권자 또는 통상실시권자에게는 정당한 보상을 지급하도록 되어 있다.

정부가 아닌 사인이 특허권자의 동의 없이 보상을 지급하고 특허권을 실시할 수 있는 경우도 있다. 선사용에 의한 통상실시권을 비롯한 법정실시권(제103조 내지 제105조), 공공의 이익을 위하여 특히 필요한 경우 등 법정의 사유가 있고 통상실시권 허락에 관한 협의가 성립되지 않는 경우에 특허청장의 재정에 의하여 인정되는 강제실시권(제107조) 등이 그러하다.

---

577) 통상실시권에는 특허권자와의 계약에 의하여 발생하는 허락실시권, 법률의 규정에 의하여 발생하는 법정실시권, 그리고 일정한 요건 충족을 전제로 특허청장의 처분에 의하여 발생하는 강제실시권 등이 있다. 법정실시권이나 강제실시권은 특허권의 제한의 맥락에서 의미가 있다.

3. 특허법에 의한 데이터세트의 보호

가. 문제점

인공신경망은 인공지능 프로그램에 특정한 기능을 탑재하기 위하여 대량의 학습용 데이터세트를 이용하여 학습완료 모델을 생성하고, 학습완료 모델에 새로운 데이터나 지시를 입력하면 인공지능 생성물이 출력된다.[578] 인공지능 생성물은 종종 데이터세트의 모습을 띠기도 하므로, 보호 여부가 문제되는 데이터세트는 인공지능 학습용 데이터세트(trainable data sets for AI)와 인공지능에 의하여 생성된 데이터세트(data sets generated by AI) 등 두 가지로 나누어볼 수 있다.

그런데 데이터세트는 우리 특허법상 '물건'이나 '방법'이 아니라 정보의 단순한 제시에 불과하여 특허법상 발명의 대상이 아니기 않기 때문에 데이터세트 자체에 대한 특허를 받을 수는 없다.[579] 따라서 일반적으로 데이터세트 관련 발명들은 데이터세트 생성 '방법'과 데이터세트 생성 '장치'를 청구범위에 기재하여 출원하게 된다. 이를 통해 데이터세트가 어느 정도 간접적으로 보호될 수는 있지만 여전히 보호의 공백이 크다. 데이터세트는 우리 특허법상 '물건'에 해당하지 않으므로, 인공지능에 의하여 생성된 데이터세트의 생산이나 양도 등의 행위는 직접침해를 구성하지 않고(제2조 제3호 참조), 인공지능 학습용 데이터세트의 생산이나 양도 등의 행위는 간접침해를 구성하지 않기 때문이다(제127조 참조). 예를 들어 학습용 데이터세트의 생성장치 또는 생성방법에 관한 A사의 특허를 B사가 모방하여 학습용 데이터세트를 생성하는 것은 특허의 침해가 되지만, B사가 이를 C사

---

578) 곽충목·차상육, "인공지능(AI)관련 발명의 지식재산권법상 보호방안: 특허법 및 영업비밀보호법을 중심으로", Issue Paper 제2019-11호, 한국지식재산연구원, 2019, 5면.
579) 곽충목·차상육, 앞의 논문, 15면; 이규호, 앞의 논문(2020A), 160면; 박준석, 앞의 논문(2019), 103-104면(사실 혹은 아이디어의 집합물에 불과하다고 한다); 유럽특허조약 § 52 (2)(d) 참조.

에 양도하거나, C사가 제3자에게 다시 양도하는 것은 특허권 침해에 해당하지 않는다.580) 따라서 특허법상 금지청구는 물론 손해배상청구도 할 수 없다. 이러한 문제를 해결하기 위해 각국에서 관련 규정의 적극적 해석이 이루어지고 있고, 입법론도 등장하고 있다.

나. 미국

미국의 특허법은 추상적인 아이디어를 보호하지 않는다.581) 최근에는 이러한 법리를 회피하여 인공지능 학습과정에서 활용되는 데이터를 보호받기 위해 '데이터의 적용 내지 사용'을 청구항으로 하여 출원하는 시도가 이루어지고 있다. 예컨대 연방항소법원은 특정한 구성으로 관성 센서를 배치하고 플랫폼에서 움직이는 물체의 위치와 방향을 보다 효율적으로 정확하게 계산하기 위해 센서로부터의 얻은 미가공 데이터를 사용하는 기술을 내용으로 하는 청구항에 특허를 받을 수 있는 발명이 포함되어 있음을 인정한 바 있다.582) 위 판례는 학습용 데이터 자체에 관하여 특허를 받을 수는 없지만, 이를 적용 내지 사용하는 방법에 관한 특허의 일부로서 어느 정도 보호받을 수 있음을 암시한다. 해당 학습용 데이터를 무단으로 복제하거나 유통하는 행위는 그 자체로는 특허의 침해가 될 수 없더라도, 미국법상 직접침해자를 이용한 유도침해나 직접침해자의 침해행위에 기여한 기여침해와 같은 간접침해가 될 수 있다.583)

---

580) 이규호, 앞의 논문(2020A), 153-155면.
581) Digitech Image Techs, LLC v. Electronics for Imaging, Inc., 758 F.3d 1344, 1350, 111 USPG 2d 1717, 1721 (Fed. Cir. 2014)
582) 850 F.3d 1343 (Fed. Cir. 2017); 그러나 시스템의 특정 사용 또는 적용을 제공하지 않고 청구항이 너무 일반적인 경우에는 진보성이 부정되어 특허를 받지 못할 수 있다. 연방항소법원은 운전자가 다쳤는지를 판단하기 위하여 자동차의 부품과 같은 장치를 모니터링하고 운전자의 부상이 감지되면 자동차의 통제를 제한하는 것을 내용으로 하는 청구항의 진보성을 부정하였다[636 Fed. App. 914 (Fed. Cir. 2015)].
583) 이규호, 앞의 논문(2020A), 106-111면; 다만 기여침해의 경우 미국 특허법상 특허

이와 관련하여 미국 연방특허상표청의 2019년 개정 특허심사지침[584]은 기계학습과 관련된 가정적 사례(사례번호 39)를 포함하고 있어 주목을 받고 있다. 해당 사례는 왜곡된 이미지에서 얼굴을 감지하면서 오탐지 수를 억제할 수 있는 얼굴 감지 모델에 관한 것으로서 아래와 같은 청구항과 구성을 가지고 있는데, 향후 학습용 데이터의 적용 내지 사용에 관한 특허의 인용 여부에 관한 판례의 방향을 짐작해볼 수 있게 한다.

[청구항]
얼굴 감지를 위해 신경망을 훈련시키는 컴퓨터 구현 방법
[구성]
- 데이터베이스로부터 일련의 디지털 얼굴 이미지를 수집하는 단계
- 수정된 디지털 얼굴 이미지 세트를 생성하기 위해 미러링, 회전, 스무딩 또는 대비 감소를 포함하여 각각의 디지털 얼굴 이미지에 하나 이상의 변환을 적용하는 단계
- 수집된 디지털 얼굴 이미지 세트, 수정된 디지털 얼굴 이미지 세트 및 디지털 비-얼굴 이미지 세트를 포함하는 첫 번째 훈련 세트를 생성하는 단계
- 첫 번째 훈련 세트를 사용하여 제1단계에서 신경망을 훈련시키는 단계[585]

대상의 구성요소(components)의 실시 및 그에 대한 고의를 요건으로 하는데[35 USC §271 (c)], 컴퓨터가 읽을 수 있는 매체로 표현되지 않는 동안에는 소프트웨어가 컴퓨터와 결합할 수 있는 구성요소가 아니라고 본 판례[Microsoft Corp. v. AT&T Corp, 550 U.S. 437 (2007)]의 태도에 비추어볼 때 학습용 데이터에 대한 기여침해가 인정되기는 쉽지 않을 것이다(Tabrez Y. Ebrahim, Artificial Intelligence Patent Infringement, p. 22, available at https://robots.law.miami.edu/2019/wp-content/uploads/2019/03/Ebrahim_Patent-Infringement.pdf).

584) https://www.uspto.gov/web/offices/pac/mpep/index.html
585) 선행 방법이 지닌 문제점, 즉 얼굴 패턴의 크기와 회전의 변화, 왜곡 및 변형이 있는 경우에 이미지에서 사람의 얼굴을 확실하게 감지할 수 없다는 문제점을 극복하기 위해 변환된 이미지를 포함한 확장된 훈련 세트를 도입하여 훈련한다.

- 첫 번째 훈련 세트와 제1단계 후에 얼굴 이미지로 잘못 감지된 디지
  털 비-얼굴 이미지 훈련 세트로 구성된 제2단계 훈련을 위한 두 번째
  훈련 세트를 생성하는 단계
- 두 번째 훈련 세트를 사용하여 제2단계에서 신경망을 훈련하는
  단계586)

다. 유럽연합

유럽특허조약(European Patent Convention, EPC)은 수학적 모델과 알고리
즘에 대한 특허를 인정하지 않는다.587) 하지만 인공지능 발명588)은 일반적
으로 컴퓨터 구현 발명의 일종으로서 특허를 받을 수 있다.589) 유럽특허청
의 확립된 심결례에 따르면, 진보성은 발명의 기술적 특성에 기여하는 특
징들만을 참작하여 판단하지만,590) 알고리즘과 같은 비기술적 특성도 기술
적 문제를 해결하기 위하여 기술적 특성과 상호작용하는 경우에는 함께 고
려되어야 한다.591) 즉, 기술적 기여를 파악하기 위해서는 기술적 효과를 달
성하기 위한 기술적 고려사항을 바탕으로 다툼의 대상인 비기술적 특성이
선택되었는지 여부를 심사할 필요가 있는 것이다.592)

---

586) 확장된 첫 번째 훈련 세트의 도입으로 인해 비-얼굴 이미지를 분류할 때 발생하는
　　 오탐지가 늘어나는 문제점을 해소하기 위하여 첫 번째 훈련 세트에 오탐지된 비-얼
　　 굴 이미지 훈련 세트를 추가하여 훈련을 수행한다.
587) European Patent Convention § 52 (2), (3).
588) 인공지능 기술을 내용으로 하는 발명을 뜻한다. 한편 '인공지능에 의한 발명'의 문제
　　 도 논란이 되고 있는데, 유럽특허청은 2020년 1월 말 AI를 발명자로 지정한 특허출
　　 원(EP18275163)에 대하여 거절결정을 내리면서, 유럽에서 특허출원을 위한 발명자
　　 로 지정되기 위해서는 법인격이 있어야 한다고 판시하였다(EPB 2019/45).
589) Patenting Artificial Intelligence and Machine Learning Innovations in Europe, October
　　 2018, available at <https://www.jonesday.com/en/insights/2018/10/patenting-artificial-
　　 intelligence-and-machine-lear>
590) G-VII, 5.4 of the Guidelines for Examination at the EPO
591) T 0641/00 (Two identities/COMVIK) of 26.9.2002.
592) T 0697/17 (SQL extensions/MICROSOFT TECHNOLOGY LICENSING) of

이와 관련하여 2018년 말 개정된 유럽특허청의 특허심사가이드라인[593]
에 인공지능 관련 발명이 특허적격성을 인정받기 위해 필요한 기술적 특성
을 가지고 있는지 여부를 판단하기 위한 기준이 제시되어(G-II § 3.3.1.) 주
목을 받고 있다. 인공지능과 기계학습은 분류, 클러스터링, 회귀분석 등을
위한 계산 모델 및 알고리즘[594]을 기반으로 하는데, 이러한 계산 모델과
알고리즘은 추상적인 수학적 특성을 지니므로 그 자체만으로는 특허를 받
을 수 없다.[595] 그러나 기술적 목적을 위해서 해당 계산모델이나 알고리즘
이 선택되었다면 기술적 기여가 있는 것으로 인정되어 청구항이 전체적으
로 기술적인 성격을 지니는 것으로 인정될 수 있다. 예를 들어 불규칙한 심
장박동을 식별하기 위해 심장 모니터링 장치에서 신경망을 사용하는 것은
기술적인 기여를 하는 것으로 인정될 수 있다. 특히 분류방법이 기술적 목
적을 수행하는 경우에 훈련 세트를 생성하고 분류기(classifier)를 훈련시키
는 단계는 그 기술적 목적 달성을 돕는다면 해당 발명의 기술적 특징에 기
여할 수 있다고 설명되고 있는데,[596] 이는 미국의 2019년 개정 특허심사지
침에 따른 결과와 일맥상통하는 것이다. 결국 컴퓨터 구현 발명 또는 인공
지능 분야와 관련하여 유럽에 특허출원을 함에 있어서는 기술적 문제 해결
에 기여하고자 하는 비기술적 특성 이면의 동기를 파악하는 것이 중요하
다.[597] 일부 견해는 이러한 기술적 특성 요건을 신규성, 진보성 및 산업상

17.10.2019.

593) European Patent Office, Guidelines for Examination in the European Patent Office, available at <https://www.epo.org/law-practice/legal-texts/guidelines.html>

594) 신경망(neural network), 유전적 알고리즘(genetic algorithm), 서포트 벡터 머신 (support vector machine, SVM), k-평균(K-means Clustering), 커널 회귀분석(Kernel Regression) 및 판별분석(Discriminant Analysis) 등의 기법이 많이 활용된다.

595) European Patent Convention § 52 (2), (3).

596) Artificial intelligence and machine learning, Guidelines for Examination G-II, 3.3.1 available at <https://www.epo.org/law-practice/legal-texts/html/guidelines2018/e/g_ii_3_3_1.htm>

597) Patenting Artificial Intelligence and Machine Learning Innovations in Europe, October

이용가능성 이외의 추가된 요건으로 보기도 한다.[598]

라. 일본

인공지능 기술과 관련된 발명의 심사에 관한 일본 특허청의 기본적 입장은 현행 심사기준으로 충분하다는 것이다.[599] 일본 특허청은 2019년 인공지능 관련 기술에 관한 특허심사사례(이하 '인공지능 심사사례집'라고 한다)를 발표했는데,[600] 특히 i) 발명 해당성, ii) 진보성, 그리고 iii) 기재요건 불비 여부 등의 3가지 쟁점과 관련하여 도움이 될 만한 사례들을 포함하고 있다.

첫 번째로 발명 해당성에 관하여 본다. 일본 특허법은 우리나라와 마찬가지로 '자연법칙을 이용한 기술적 사상의 창작으로서 고도한 것'만을 발명으로 보호한다(제2조 제1항). 학습완료 모델 자체는 수학적인 원리를 사용하는데 그치고 자연법칙을 이용한 것이 아니어서 발명에 해당하지 않는다.[601] 이에 비해 학습완료 모델을 프로그램에 구현한 것은 발명에 해당될 수도 있는데, 그 판단기준은 종래의 컴퓨터 소프트웨어 관련 발명에 관한 심사기준이 그대로 적용된다.[602] 즉, 소프트웨어에 의한 정보처리가 하드웨어 자원을 이용하여 구체적으로 실현되고 있는지 여부에 따라 발명에 해당되는지 여부를 판단하면 된다.[603] 이 경우 학습에 이용된 데이터세트가

2018, available at <https://www.jonesday.com/en/insights/2020/04/ipprotection-of-artificial-intelligence-in-europe>

598) <https://www.lexology.com/library/detail.aspx?g=58510afa-7a40-4766-9624-488765ed76bd>

599) 松下 外, "AI 技術関連発明の特許出願及び権利行使", 『パテント』 Vol.72 No.8, 日本弁理士会, 2019, 44頁.

600) 日本 特許廳, AI関連技術に関する特許審査事例について, 2019. available at <https://www.jpo.go.jp/system/laws/rule/guideline/patent/ai_jirei.html>

601) 日本 特許廳, 審査事例集, 附属書B 第1章 コンピュータソフトウエア関連発明 2.1.1.1.a.

602) 松下 外, 前揭論文, 44頁.

603) 日本 特許廳, 前揭資料, 附属書B 第1章 コンピュータソフトウエア関連発明 2.1.1.2.

간접적으로 보호될 수 있다. 한편 학습완료 모델로 추론한 결과의 경우에는 추론 결과 자체가 특허요건을 충족했는지 여부가 문제될 뿐 학습완료 모델이나 학습에 이용된 데이터세트와는 무관하다.604)

두 번째로 진보성에 관하여 본다. 일본 특허법상 발명에 대한 특허를 받기 위해서는 그 발명이 그 출원 시점에서 통상의 기술자에게 용이하게 발명할 수 없는 것이어야 하는데(제29조 제2항), 인공지능 기술과 관련된 발명의 진보성도 마찬가지로 판단하면 된다.605) 기존 기술을 단순히 기계학습으로 치환한 경우나 기존의 기계학습 기법을 심층학습 등의 보다 구체적인 기계학습 기법으로 치환한 경우에는 진보성이 부정될 가능성이 있다. 다만 인공지능 심사사례집에 따르면 (i) 학습방법과 매개변수 등을 구체적으로 공개하는 경우, (ii) 학습용 데이터세트의 종류 등에 특징을 갖게 하는 경우, (iii) 학습용 데이터세트의 사전 처리에 특징을 갖게 하는 경우에는 진보성이 인정될 여지가 있다.606)

먼저 학습용 데이터세트의 선택 등에 아이디어가 있는 경우에는 학습완료 모델의 내부 매개변수 등을 밝히지 않고도 특허를 받을 수 있는 여지가 있다.607) 인공지능 심사사례집에 수록된 '댐의 수력발전량 추정 시스템'의 발명이 좋은 예이다.608) 만약 수력발전량의 추정에 신경망을 이용한 기계학습 기술609)을 이용하고, 그 학습을 위하여 상류 지역의 강수량, 상류 하천의 유량, 그리고 댐의 유출량에 관한 데이터세트를 사용하는 시스템이라면, 주지기술로 이용되고 있었던 회귀식 모델을 신경망으로 치환한 것에

---

604) 松下 外, 前揭論文, 50頁
605) 松下 外, 前揭論文, 44頁.
606) 松下 外, 前揭論文, 44頁.
607) 松下 外, 前揭論文, 44頁.
608) 日本 特許廳, 前揭資料, 附屬書 A [事例 34]
609) 기계학습 기술 분야에서 과거의 시계열 입력 데이터와 미래의 출력 데이터로 구성된 학습용 데이터를 이용하여 신경망을 학습시키고 학습시킨 해당 신경망을 이용하여 과거 시계열 입력에 대한 미래 출력의 추정 처리를 하는 것을 말한다.

불과하여 진보성이 부정된다. 이에 비해 위 데이터세트에 상류 유역의 기온이 추가로 포함된 시스템의 경우에는 학습용 데이터세트에 종래 상관관계 등이 발견되지 않은 데이터를 이용하고 나아가 현저한 효과가 현실적으로 발생한 이상 진보성이 인정되므로 학습완료 모델의 내부 매개변수 등을 밝히지 않더라도 특허를 받을 수 있다.610)

다음으로 학습용 데이터세트의 사전 처리에 특징을 갖게 하는 경우에도 진보성이 인정될 수 있다. 인공지능 심사사례집에 수록된 '인지증(認知症) 수준 추정 장치'의 발명이 좋은 예이다.611) 기존의 발명(인용 발명)은 환자가 전문 의료진의 질문에 대하여 어떠한 대답을 하는지에 따라 인지증의 수준을 판별하는 과정을 자동화하기 위하여, 음성정보 취득 수단과 음성인식 수단 및 신경망으로 구성되고, 음성인식 수단에 의해 텍스트화된 문자열을 입력받아 응답자의 추정 인지증 수치를 출력하도록 학습된 장치였다. 이에 비해 출원발명은 위 장치에 질문자의 질문 유형을 식별하기 위한 음성분석 수단 및 질문 내용 특정 수단이 추가되고, 질문자의 질문 유형과 응답자의 발화구간의 문자열을 입력받아 응답자의 추정 인지증 수치를 출력하도록 학습된 장치이다. 이 경우 출원발명은 학습용 데이터세트의 사전 처리에 특징이 있기 때문에 진보성이 인정되어 내부 매개변수 등을 밝히지 않고도 특허를 받을 수 있다.

세 번째로 기재요건 불비와 관련된 쟁점을 살펴본다. 일본 특허법상 특허를 받기 위해서는 '특허를 받고자 하는 발명이 발명의 상세한 설명에 기재될 것'이 요구된다(제36조 제6항 제1호). 즉 명세서 중 '발명의 상세한 설명' 부분은 그 발명이 속하는 기술의 분야에 있어서 통상의 지식을 가진 자가 그 실시를 할 수 있을 정도로 명확하고 충분히 기재되어야 한다(제36조 제4항 제1호). 이를 실시 가능 요건이라고 하는데, 그 취지는 발명을 실

---

610) 松下 外, 前揭論文, 46頁.

611) 日本 特許廳, 前揭資料, 附屬書 A [事例 36]

시하기 위하여 필요한 사항이 명확하고 충분하게 공개되지 않으면 해당 발명의 공개의 대가로서 독점권을 부여하는 특허제도의 취지가 몰각된다는 데 있다. 이와 관련하여 인공지능 심사사례집은 학습용 데이터세트 사이의 '상관관계'를 중시하는 것으로 보인다. 예컨대 기계학습 알고리즘을 이용하여 야채 생산자의 얼굴 사진을 입력하여 그 인물이 야채를 재배한 경우의 야채의 당도를 출력하는 '당도추정시스템'의 경우, 위 심사사례집은 인물(생산자)의 얼굴 이미지 데이터와 야채의 당도 데이터의 상관관계가 통상의 기술자가 실시할 수 있을 정도로 명확하고 충분히 기재되어 있지 않다는 이유로 실시 가능 요건의 충족이 부정된다.612) 그러나 이러한 특허청의 태도에 대하여는 근거가 부족하다는 이유로 비판하는 견해가 있다.613)

요건을 모두 갖추어 발명자에게 특허권이 인정되는 경우 제3자가 해당 특허를 실시하는 것은 특허권의 침해가 된다. 그런데 이와 관련하여 두 가지 문제가 제기되고 있다. 우선 기존에 특허를 받은 학습완료 모델에 새로운 학습용 데이터세트를 추가한 발명의 경우 기존 발명의 실시로 볼 것인지 아니면 별개의 발명으로 볼 것인지 문제가 된다. 이에 대하여는 거래계의 실태에 비추어보면 별개의 발명으로서 기존 특허를 침해하지 않는 것으로 보는 것이 타당하며, 일종의 선택발명에 관한 문제로 해석할 수 있다는 주장이 있다.614) 다음으로 인공지능 학습에 사용된 데이터세트를 제공하는 것을 특허침해로 볼 수 있는지의 문제가 있다. 우리나라와 유사한 간접침해 규정을 두고 있는(제101조) 일본 특허법의 해석상으로는 데이터세트가 특허법상 물건으로 인정되지 않기 때문에 인공지능 학습에 사용된 데이터세트를 인터넷 등을 통하여 제공하는 행위를 침해로 볼 수 없게 된다.615)

---

612) 日本 特許廳, 前揭資料 附屬書 A [事例 46]

613) 松下 外, 前揭論文, 47頁.

614) 松下 外, 前揭論文, 50頁.

615) 日本 特許庁 産業構造審議会 知的財産分科会 特許制度小委員会, AI·IoT技術の時代に ふさわしい特許制度の在り方—中間とりまとめ—(案), 2020年(令和 2 年)6月 17日, 16

이 때문에 일본에서는 인공지능 학습에 이용된 데이터세트를 물건의 범위에 포섭하고[616) 특허권 침해 금지청구의 대상으로 하려는 특허법 개정에 관한 논의가 진행되고 있는 상황이다.[617)

마. 우리나라

서두에서 살펴보았던 것처럼 우리 특허법에서도 데이터세트를 '물건'이나 '방법'으로 볼 수 없기 때문에 인공지능 학습용 데이터세트와 인공지능에 의하여 생성된 데이터세트의 보호가 쉽지 않은 상황이다. 최근 들어서 이러한 상황을 타개하기 위한 입법론이 주장된 바 있는데, 위 견해는 다음과 같은 다섯 가지 방안을 제안하고 있다.[618)

첫째, 생성된 학습용 데이터세트의 배포를 '학습용 데이터세트 생성방법'의 실시 유형에 추가하는 방법이다.[619) 이는 거래실정에 부합하기는 하지만 산출물까지 보호하게 되어 보호범위가 과도하게 확장될 우려가 있다. 둘째, 특허법상 '물건'의 개념에 데이터세트를 포함하는 방법이다.[620) 이는 포괄적 보호가 가능하다는 장점이 있지만 신규성이나 진보성과 같은 특허 적격성을 인정받기 어렵다는 단점이 있다. 셋째, 학습용 데이터세트의 배포를 인공지능 학습방법 특허의 간접침해[621)로 규정하는 방법이다.[622) 즉 그

頁; 3D 프린트용 데이터의 경우에도 유사한 문제가 있다. 즉 어떤 제품에 관하여 물건의 특허가 존재하는 경우, 일본 특허법에 의하면 해당 제품의 생산에 사용되는 3D 프린트용 데이터를 생산 및 제공하는 행위는 침해행위에 해당하지 않는다.

616) 일본 특허법은 물건의 개념에 프로그램을 포함하고 있다(제2조 제4항).

617) 日本經濟新聞 電子版, AIの学習データを保護 特許庁, 21年法改正めざす, 2020/3/8 23:00, available at <https://www.nikkei.com/article/DGXMZO56542020Y0A300C2MM8000/>. 위 기사에 따르면 "특허청은 인공 지능 3D 프린터로 투입하는 데이터 군에서 종래에 없는 독자성이 높은 것에 대하여 권리침해가 있는 경우 금지할 수 있도록 할 방침"이라고 한다.

618) 이규호, 앞의 논문(2020A), 156-170면

619) 이규호, 앞의 논문[2020A], 156면

620) 이규호, 앞의 논문(2020A), 156-160면

방법의 실시에만 사용하는 데이터세트를 생성하거나 양도하는 등의 행위를 침해로 보는 것이다. 그러나 이 방법은 방법특허 청구가 있어야만 하고 전용성 요건을 충족하기 어렵다는 단점이 있다. 넷째, 데이터세트의 발명이라는 범주를 신설하는 방법이다.623) 다섯째, 발명의 실시 유형 중 양도에 '전기통신 회선을 통한 송신'을 포함시킴으로써 해석상 AI 학습용 데이터세트와 AI에 의하여 생성된 학습데이터세트를 물건으로 볼 수 있도록 하는 방법이다.624)

4. 의미와 한계

최근 들어 특허법 분야에서는 인공지능 관련 발명의 실효성 있는 보호를 위하여 인공지능 학습용 데이터세트의 보호에 적극적인 모습이 세계적으로 나타나고 있다. 이러한 현상은 데이터세트에 대한 배타적 보호에 대체로 부정적인 입장이 주류를 이루는 상황 속에서 주목할 만한 일이다. 이는 인공지능 학습용 데이터가 지닌 특수성에서 원인을 찾을 수도 있지만, 데이터 보호에 관한 기존의 논의가 최근 급속도로 발전하는 데이터 활용과 유통의 실태를 반영하지 못한 채 전통적인 데이터 공유의 아이디어에 지나

---

621) 특허법 제127조 제3호 참조.
622) 이규호, 앞의 논문(2020A). 160면; 미국 특허법에는 포괄적인 형태의 '유도침해' 규정이 있고, 영국과 독일은 간접침해의 대상을 '발명의 본질적 요소와 관련된 수단'으로 규정하고 있어 물건 이외의 대상에 대한 침해 가능성을 열어 두고 있으며, 일본은 특허법상 물건의 개념에 프로그램을 포함하여 물건 이외의 침해에 대한 대응이 가능하지만, 우리 특허법에서는 이를 규제할 수 있는 방법이 별로 없다(강명수, "특허법 제127조 개정안에 대한 연구", 지식재산연구 제13권 제4호, 한국지식재산연구원, 2018, 11면). 그 밖에 우리 특허법의 간접침해 규정의 문제점과 개선방안에 관한 상세한 내용은 문선영, "특허권 간접침해 규정의 문제점과 개선방안", 법학논고 제45집, 경북대학교 법학연구원, 2014, 572면 참조.
623) 이규호, 앞의 논문(2020A), 160-165면.
624) 이규호, 앞의 논문(2020A], 166-170면.

치게 사로잡혀 있다는 반증일 수도 있다.

　그러나 특허법에 의한 데이터세트의 보호는 명백한 한계를 가지고 있다. 첫째, 앞서 살펴본 것처럼 현행법은 데이터세트를 물건으로 보고 있지 않기 때문에 원칙적으로 인공지능 모델의 학습에 이용된 데이터세트나 학습 완료 모델에 의하여 생성된 데이터세트의 무단 양도나 복제 등을 특허침해로 포섭할 수 없다. 데이터세트를 물건으로 포함시키는 등의 법 개정 역시 이른 시일 내에 현실화되기는 어려워 보인다. 특허권이 가지는 강력한 독점성을 고려할 때 그러한 입법은 보호 범위의 과도한 확장이라는 비판의 대상이 될 가능성도 적지 않다. 둘째, 위와 같은 방안은 데이터세트의 학습을 구성요소로 포함하는 장치나 방법에 관한 특허를 전제로 특허침해의 맥락을 통해 간접적으로 학습용 데이터세트를 보호할 뿐이라는 한계가 있다. 데이터세트 자체는 '발명'을 보호한다는 특허법의 이념상 특허의 대상이 될 수 없으므로, 데이터세트 보호를 위한 법제로서 특허법은 구조적인 한계가 있는 것이다. 이 때문에 인공지능 학습에 투입되는 데이터 자체를 특허법에 의하여 보호하는 입법례는 아직 세계적으로 찾아볼 수 없는 상황이다.[625] 셋째, 데이터세트의 보호 필요성은 학습용 데이터세트의 경우에 국한된 것이 아니다. 예컨대 데이터세트는 인공지능 학습이 아닌 빅데이터 분석[626]이나 전통적인 데이터베이스 이용의 맥락에서도 보호 필요성이 제기될 수 있다.

---

625) 日本経済新聞　電子版, 前掲資料.

626) 빅데이터 자체는 사실이나 아이디어의 집합에 불과하여 특허법에 의하여 보호될 수 없지만, 빅데이터의 내용을 파악하는 데 유용한 혁신적 분석기법이라면 대상의 물리적 변환을 가져오는 것을 전제로 특허발명으로 보호될 여지가 있을 수 있다는 견해로, 박준석, "영업방법 발명 등 컴퓨터프로그램 관련 발명의 특허법적 보호에 관한 비교법적 고찰", 비교사법 제46호, 한국비교사법학회, 2009, 476면 이하 참조.

제4장 부정경쟁방지법

제1절 서설

부정경쟁방지법은 영업비밀을 부정한 수단으로 취득·사용·공개하는 행위나 타인의 기술개발, 상품개발 등의 성과를 무단으로 이용하는 행위를 부정경쟁행위로서 금지한다. 지적재산권에서처럼 보호 객체에 대한 배타적 지배권을 부여하는 것이 아니라 행위 규제적인 접근방법을 취하는 것이다.

부정경쟁방지 법제는 다양한 보호대상을 망라하고 있으며 앞으로도 새로운 대상을 포섭하기에 가장 용이한 제도이다. 우리 부정경쟁방지법은 상품 표지에서 시작하여 도메인이름, 상품형태, 거래상 아이디어, 타인의 성과물 차용 등 실로 다양한 영역으로 그 적용대상을 계속 확장하여 왔고, 2021년의 법 개정에서는 인적 식별표지의 무단 사용과 데이터의 부정사용까지 금지하기에 이르렀다[제2조 제1호 (가)목 내지 (파)목]. 이들은 거래상 유용하게 활용되는 대상을 타인의 부정한 경쟁행위로부터 보호하겠다는 최소한의 기본 원리에서만 공통될 뿐 구체적인 모습은 전혀 다르다. 외형적인 형식만 하나의 법률일 뿐 실질적 내용에 있어서는 각 목(目)마다 별개의 입법이나 마찬가지인 것이다.[627] 이런 의미에서 부정경쟁 관련 법제는 '우산법(Umbrella Act)'이라고 불리기도 하며, 그 목적 역시 소비자 기망으로부터의 보호라는 당초의 영역에 머무르지 않고 상대방의 보호이익에 대한 침해, 즉 무임승차행위(free-riding)에까지 영역을 넓혀가고 있다.[628]

---

627) 박준석, 앞의 논문(2019), 112면.
628) 나종갑, "부정경쟁방지법의 본질론과 무임승차 행위의 한계 : - 한 우산속 바람꽃, 너도바람꽃, 나도바람꽃 -", 산업재산권 제53호, 한국지식재산학회, 2017, 41면.

제2절 다른 법률과의 관계

1. 공정거래법과의 관계

부정경쟁방지법은 흔히 「독점규제 및 공정거래에 관한 법률」(이하 '공정거래법')과 비교하여 설명된다. 즉, 현대국가에서는 균형 잡힌 자본주의의 지속을 위하여 필수적인 '경쟁의 자유' 확보를 위하여 부정경쟁을 통제하고 있는데, '경쟁의 존부'를 다루는 법률과 경쟁의 존재를 전제로 '경쟁의 질(공정성)'을 문제 삼는 법률을 두 축으로 하여 구성하는 것이 일반적이다.[629] 우리나라의 경우 공정거래법은 전자에 해당하고, 부정경쟁방지법은 후자에 해당하며, 각각 공법적 접근과 사법적 접근으로 이해되고 있다.[630] 이러한 법체계는 독일법에서 비롯된 것이다.[631] 그런데 1980년 제정된 공정거래법이 미국 연방거래위원회법(FTCA, Federal Trade Commission Act)의 영향을 받아[632] 불공정거래행위의 금지에 관한 조항(제23조)을 도입하

---

629) 이규홍, "부정경쟁방지법 제2조 제1호 차목(변경 후 (카)목)에 대한 연구", 정보법학 제22권 제2호, 한국정보법학회, 2018, 60-61면.

630) 정성진, "부정경쟁행위와 불공정거래행위", 법학논총 제12집, 국민대학교 법학연구소, 2000, 50면; 공정거래법과 부정경쟁방지법의 차이에 관한 자세한 내용은 김원오, "부정경쟁방지법상 신설된 일반조항의 법적성격과 그 적용의 한계", 산업재산권 제45호, 한국지식재산학회, 2014, 295면 참조.

631) 독일의 부정경쟁 관련 법제는 경쟁의 존재를 전제로 경쟁이 불공정한 방법에 의하는지(경쟁의 질)를 규제의 대상으로 삼는 '부정경쟁방지법'(UWG, Gesetz gegen den unlauteren Wettbewerb)과 사업자 행위의 경쟁제한성에 초점을 맞추어 경쟁 자체가 감소되는지(경쟁의 존부)에 주목하는 '경쟁제한방지법'(GWB, Gesetz gegen Wettbewerbsbeschränkungen, 이른바 카르텔법)으로 구성된다. 이후 부정경쟁방지법은 2008년 개정시 'EU 불공정거래지침'[DIRECTIVE 2005/29/EC OF THE EUROPEAN PARLIAMENT AND OF THE COUNCIL of 11 May 2005(Unfair Commercial Practices Directive)]의 영향으로 소비자보호에 관한 구체적 내용을 반영하면서 기존의 경쟁자 보호뿐만 아니라 소비자 보호까지 목적으로 삼게 되었다.

632) 미국은 연방거래위원회법 제5조 "불공정한 경쟁방법(unfair methods of competition) 및 불공정 또는 기만적인 행위 또는 관행(unfair or deceptive acts or practices)"에

면서 독일법과의 차이가 나타났고, 이어서 2013년 부정경쟁방지법 개정 당시 기존의 열거적 부정경쟁행위에 더하여 일반조항의 형식으로 '성과물 무단사용 행위'에 관한 조항이 신설됨에 따라 공정거래법과 부정경쟁방지법의 중첩 적용과 관련된 체계상, 해석상의 혼선이 발생하였다.633) 부정경쟁방지법 제15조 제2항은 공정거래법의 우위를 규정함으로써 혼선의 해소를 의도하고 있지만, 위 조항에 관하여는 미봉책에 불과하고 새로운 문제를 야기할 뿐이라는 비판이 많다.634) 개인 간의 권익침해 성격이 짙어 사법적 규제가 타당한 영역에 경쟁제한을 기본으로 하는 공정거래법상의 공법적 규제원리를 적용하는 것은 타당하지 않으므로 이러한 영역에 관하여는 부정경쟁방지법으로 일원화하는 규제체제의 정비를 통해서 해결되는 것이 바람직하다고 할 것이다.635)

2. 지적재산권법과의 관계

창작의 결과물(특허법과 저작권법)과 축적된 신용(상표법)을 보호하는 지적재산권법은 부정경쟁방지법, 특히 타인의 성과물 무단사용을 규제하기 위한 일반조항과 밀접한 관계를 갖는다.636) 그 때문에 부정경쟁방지법은

근거하여 연방거래위원회가 거래규제규칙(Trade Regulation Rule; TRR)을 제정함으로써 불공정경쟁행위를 구체적으로 특정하여 규제하고 있다. 위 조항은 우리의 공정거래법상 불공정거래행위는 물론 부정경쟁방지법상 부정경쟁행위도 포괄하는 것으로 이해된다(정성진, 앞의 논문, 60면).

633) 이규홍, 앞의 논문, 62-63면.

634) 예컨대 김원오, 앞의 논문(2014), 304-305면.

635) 이상정, "부정경쟁금지 법리의 발전", 경쟁법연구 제1권, 한국경쟁법학회, 1989, 91면; 정호열, 부정경쟁방지법론, 삼지원, 1993, 293면; 이문지, "불공정거래 규제의 문제점과 보완방안", 기업법연구 제권, 한국기업법학회, 2000, 277면 이하; 김원오, 앞의 논문(2014), 304면.

636) 일반조항의 입법 과정에서 성과모용 행위에 한정하여 기술한 것은 우리 부정경쟁방지법이 독일처럼 경쟁법 일반을 다루는 법이 아니라 지적재산법을 보완하는 의미를 좀처럼 넘어서지 못함을 보여준다고 지적하는 견해도 있다.[김원오, 앞의 논문

지적재산권법과의 충돌이 있는 경우 지적재산권법을 우선시키는 규정을 두고 있다(제15조 제1항).637) 그렇다면 지적재산권의 보호요건을 충족하지 못한 경우 부정경쟁방지법에 의한 보호가 가능할까? 일부 견해는 이를 긍정할 경우 전통적 지적재산권법의 이념의 퇴색될 것이라는 이유로 반대한다.638) 예컨대 저작권의 경우 저작권법이 독점적 권리를 창설하고 저작자의 보호와 정보의 이용활성화를 위해 경계설정을 명확히 하여 법률로 보호하지 않겠다고 선언한 영역에 대해서는 원칙적으로 자유로운 이용이 허용되어야 한다는 것이다.639) 그러나 대법원은 상표법 등 다른 법률에 의하여 보호되는 권리일지라도 그 법에 저촉되지 않는 범위 안에서는 부정경쟁방지법을 적용할 수 있다고 판시함으로써 이를 긍정하고 있다.640) 헌법재판소 역시 마찬가지 입장이다.641) 이러한 대법원의 판시 내용은 상표법 뿐 아니라 다른 법률에 의하여 보호되는 권리의 경우에도 마찬가지로 적용될 수 있다.642) 부정경쟁의 영역이 넓어지면 그 대가로 자유경쟁의 영역은 좁아지게 된다. 자유경쟁은 우리 헌법상 경제적 기본질서의 핵심을 이루므

(2014), 277면].

637) 한편, 공정거래법 역시 제59조에서 무체재산권의 정당한 행사라고 인정되는 행위에 대하여는 공정거래법을 적용하지 않는다는 규정을 두고 있는데, 학설은 대체로 위 조항이 공정거래법의 적용 배제 조항이 아니라 단지 위법성조각사유일 뿐이라고 해석한다[신현윤, 경제법(제3판), 법문사, 2010, 136면].

638) 박성호, "지적재산법의 비침해 행위와 일반불법행위 ―불법행위법리에 의한 지적재산법의 보완 문제를 중심으로―", 정보법학 제15권 제1호, 한국정보법학회, 2011, 194-196면.

639) 서울고등법원 2017. 1. 12. 선고 2015나2063761 판결은 "지식재산권에 의한 보호의 대상이 되지 않는 타인의 성과 이용은 원칙적으로 자유로운 영역이므로, 그 이용을 규제하기 위해서는 일정한 합리성(사회적 타당성)이 인정되지 않으면 아니 된다"고 판시한 바 있다.

640) 1993.01.19. 선고 대법원 92도2054 판결; 2000.05.12. 선고 대법원 98다49142 판결 등 다수.

641) 헌법재판소 2001.9.27. 선고, 전원재판부 99헌바77결정

642) 박종태, "상표법과 부정경쟁방지법과의 관계(부정경쟁방지법 제15조의 해석상 문제점을 중심으로)", 지식과 권리 제2권 제2호, 대한변리사회, 2004, 80면.

로,[643] 판례와 같이 지적재산권의 보호요건을 갖추지 않은 경우에 부정경쟁행위를 인정하더라도 그 범위를 과도하게 넓히는 것은 바람직하지 않을 것이다.[644]

이러한 문제는 부정경쟁방지법 내에서도 제기될 수 있다. 예컨대 영업비밀의 보호요건을 일부 충족하지 못한 정보의 유출 등에 대해서도 후술하는 성과물 무단사용에 관한 일반조항(제2조 제1호 (파)목)의 요건을 충족하면 보호될 수 있을지 여부가 문제될 수 있다. 학설 가운데에는 이를 긍정할 경우 영업비밀 제도의 근간이 흔들릴 수 있다는 이유로 신중한 태도를 보이는 견해가 있다.[645][646] 위 견해는 영업비밀의 정의에 해당하지 않는 유용한 기술정보 등을 일반조항을 통해 새로운 보호대상으로 인정하여 민사적으로 보호하더라도 위법성의 판단 기준과 금지청구권의 인정 요건을 강화하여 당사자 간 엄격한 이익교량을 통해 충분한 사정이 인정되는 경우에만 제한적으로 보호해야 한다고 주장한다.

3. 민법과의 관계

부정경쟁방지법은 지적재산권법의 영역에서 주로 다루어지지만 사인(私人)의 경제적 이익을 침해하는 위법한 행위를 규제한다는 점에서 불법행위법의 성격도 띤다.[647] 즉 부정경쟁방지법은 불법행위에 관한 민법의 특별

---

643) 헌법 제119조 제1항 "대한민국의 경제질서는 개인과 기업의 경제상의 자유와 창의를 존중함을 기본으로 한다."
644) 나종갑, 앞의 논문, 67-68면.
645) 김원오, 앞의 논문(2014), 289면.
646) 하급심 판례 중에는 "상호의 주지성 요건 등을 갖추지 못하여 (가) 내지 (다), (아)목이 정한 부정경쟁행위로 인정할 수 없는 이상, 위와 같은 사정을 들어 (차)목이 정한 부정경쟁행위에 해당함을 주장할 수는 없다고 할 것이다"라고 판시한 것이 있다(서울중앙지방법원 2014. 8. 28. 선고 2013가합552431 판결, 확정).
647) 권영준, 앞의 논문(2021), 27면.

법이다.[648] 다만 부정경쟁행위는 부정경쟁방지법에서 거래질서에 반하는 위법한 행위유형으로 열거한 것이므로 원칙적으로 위법성에 대한 별도의 증명은 필요하지 않으며,[649] 민법과 달리 손해배상청구 뿐만 아니라 금지청구도 인정된다. 그 밖에 부정경쟁방지법에서 규정하고 있지 않는 일반적 사항들은 민법의 규정들이 적용되며, 신의성실 원칙, 권리남용 금지, 사적 자치의 원칙 등 민법의 일반 원칙들도 지켜져야 한다.[650]

부정경쟁방지법은 불법행위에 관한 민법의 특별법이므로 후술하는 성과물 무단사용에 관한 일반조항(제2조 제1호 (파)목)이 도입된 이상 민법상 불법행위에 관한 조항(제750조)에 의지할 필요가 없다는 주장도 있을 수 있다. 성과물 무단사용 조항 입법의 계기가 되었던 네이버 대체광고 사건[651]의 경우에는 그러한 주장이 맞을 수 있다. 하지만 위 일반조항이 개방적 일반조항이 아닌 성과 모용 위주의 보충적 일반조항에 불과한 이상 광의의 부정경쟁행위에 속하는 새로운 유형의 행위가 등장하는 경우 여전히 민법이 일반법으로서 부정경쟁방지법의 흠결을 보완하는 역할을 할 수밖에 없을 것이다.[652]

제3절 영업비밀

1. 의의

우리나라의 영업비밀 보호 법제는 1991. 12. 31. 개정 부정경쟁방지법에

---

648) 나종갑, 앞의 논문, 68면.
649) 김원오, 앞의 논문(2014), 290면.
650) 김원오, 앞의 논문(2014), 290면.
651) 대법원 2010. 8. 25.자 2008마1541 결정.
652) 김원오, 앞의 논문(2014), 292-293면.

영업비밀의 보호에 관한 조항이 도입되면서 성립되었다. 학자에 따라서는 영업비밀 보호 법제에 의하여 데이터의 보호가 상당 부분 이루어 질 수 있다고 보기도 한다.653) 현실적으로 데이터를 기반으로 하는 기업들은 자신이 보유한 데이터를 비밀로 관리하는 방식으로 보호하고 있기도 하다. 그러나 영업비밀 보호 법제의 법적 성격은 여전히 모호할 뿐 아니라654) 데이터세트의 공개와 유통이라는 목적에 부합하는지에 관하여 의문이 제기되기도 한다.

2. 법적 성격

영업비밀은 비록 법적 성질이나 보호의 방법에 있어서 기존 지적재산권 제도와는 이질적이기는 하지만 넓게 보면 지적재산권으로서의 성격을 가지고 있다고 할 수 있다.655) 영업비밀의 보호는 본래 사실상의 비밀상태, 즉 배타적 접근가능성에 의해 '사실상' 보호가 이루어지던 영역 내지 대상을 법을 통해 -한 단계 더- 보호받도록 하는 방식으로 이루어진다.656) 즉, 일단 비밀상태가 해제되어 공개된다면 원칙적으로 더 이상 법적으로든 사실상으로든 보호를 받을 수 없게 된다. 그러나 영업비밀은 비록 비밀이라는 점 때문에 보호를 받기는 하지만, 그 결과로서 영업비밀의 내용까지도

---

653) Anette Gärtner & Kate Brimsted, "Let's Talk about Data Ownership", 39 European Intellectual Property Review, Issue 8 (2017), 462 참조.

654) 영업비밀을 어떻게 보호할 것인지에 대해 각국의 입장은 다르며[한국특허법학회 편, 영업비밀보호법, 박영사, 2017, 67면 이하(제2장 각국의 영업비밀보호법) 참조], 영업비밀의 법적 성격과 보호범위를 정립하는 과정은 여전히 진 중이다(이일호, 앞의 논문, 60면).

655) 이일호, 앞의 논문, 61-63면; 황의창·황광연, 부정경쟁방지 및 영업비밀보호법(6정판), 세창출판사, 2011, 159면.

656) 이처럼 사실상의 보호에 법적 보호를 더한 예는 다른 지적재산권의 영역에서도 찾아볼 수 있는데, 예컨대 기술적 보호조치의 법적 보호가 이에 해당한다[이일호, 앞의 논문, 60면]. 관점에 따라서는 민법상 점유권 역시 마찬가지일 것이다.

어느 정도 보호를 받는다는 점에서 지적재산권과 무관한 것은 아니다. 한편, 영업비밀의 보호 근거는 비밀유지를 위한 사업자의 노력에 대한 일종의 보상일 수도 있고, 비밀로 한 정보를 취득하려고 하는 개인에 대한 법적 비난일 수도 있다. 이는 특허권이나 저작권의 보호 근거라고 할 수 있는 '새로운 것의 공개에 따라 공동체 전체가 얻는 효용'이나 '창작의 보호가 곧 인격의 보호'라는 관점과는 다른 것이다. 그러나 과거 상표에 대한 보호가 경쟁법 내지 소비자보호법에서 출발하여 완전한 지적재산권인 상표권으로 발전한 것에 비추어보면 영업비밀에 대한 보호를 지적재산권과 동떨어진 것으로 볼 수는 없을 것이다.657)

그럼에도 불구하고 영업비밀에 대한 보호와 전형적 지적재산권 사이에 존재하는 근본적인 차이를 간과할 수는 없다. 전형적 지적재산권은 배타적 지배권으로서 보호되며 그 본질은 어디까지나 독점적이고 절대적인 재산권이다. 이에 비해 영업비밀은 비록 그 귀속을 따질 수는 있지만, 그 침해는 본질적으로 재산권의 침해라기보다 경쟁질서와 관련된 법규의 위반이다.658) 이와 같은 행위규제 방식은 재산권 부여 방식에 비하여 이익의 형량과 정책적 고려가 더욱 용이하다는 장점이 있으며, 영업비밀의 경우 그러한 정책적 고려의 핵심은 경쟁 활동의 자유와 공정한 경쟁질서를 위한 규제 사이의 균형에 있다고 할 것이다.659)

---

657) 이일호, 앞의 논문, 62-63면.
658) 이일호, 앞의 논문, 64면 참조.
659) 이일호, 앞의 논문, 64면; 이러한 균형의 중요성은 "영업비밀을 보호하는 목적은 그 영업비밀 자체의 보호에 있는 것이 아니고 침해행위자가 공정한 경쟁자보다 우월한 위치에서 부당하게 이익을 취하지 못하도록 하는데 그 목적이 있다"는 대법원의 판시 내용이나(대법원 1998. 2. 13. 선고 97다24528 판결), 영업비밀을 공개하지 않는 것에 대해 권리자가 정당한 이익(ein berechtigtes Interesse)을 가질 것이 요구된다는 독일 연방헌법재판소 판례(BVerfGE 115, 205, 206.)에 잘 나타나 있다.

3. 보호의 내용

가. 영업비밀의 개념

영업비밀이란 '공공연히 알려져 있지 아니하고 독립된 경제적 가치를 가지는 것으로서, 합리적인 노력에 의하여 비밀로 유지된 생산방법, 판매방법, 그 밖에 영업활동에 유용한 기술상 또는 경영상의 정보'를 말한다(부정경쟁방지법 제2조 제2호).[660] 이러한 영업비밀의 개념은 통상적으로 비밀관리성, 비공지성, 경제적 유용성의 요소로 구성된 것으로 이해되고 있다.

첫째, 영업비밀은 비밀로 관리되어야 한다(비밀관리성). 종전에는 상당한 노력에 의한 비밀 유지가 요구되었으나, 2015년 법 개정에 의하여 합리적인 노력에 의한 비밀 유지라는 유연한 기준으로 완화된 것에 이어 2019년의 추가 개정으로 단지 비밀로 관리될 것만이 요구되고 있다. 판례는 정보가 비밀이라고 인식될 수 있는 표시를 하거나 고지를 하고, 그 정보에 접근할 수 있는 대상자나 접근 방법을 제한하거나 그 정보에 접근한 자에게 비밀준수의무를 부과하는 등 객관적으로 그 정보가 비밀로 유지·관리되고 있다는 사실이 인식 가능할 것을 요구하고 있다.[661] 둘째, 영업비밀은 공연히 알려져 있지 않아야 하며, 이는 정보가 간행물 등의 매체에 실리는 등 불특정 다수인에게 알려져 있지 않기 때문에 보유자를 통하지 아니하고는 정보를 통상 입수할 수 없는 것을 의미한다(비공지성).[662] 비밀관리성이 비밀로서 관리되는 상태를 중심으로 하는 요건이라면, 비공지성은 비밀관리의 결과 비밀로 유지되고 있다는 것을 의미한다.[663] 다른 출처로부터 취득할 수

---

660) 이는 우리나라가 가입한 WTO의 TRIPS 협정의 미공개정보(undisclosed information)에 관한 내용(제39조 제2항)을 반영한 것이다.
661) 대법원 2011. 7. 14. 선고 2009다12528 판결
662) 대법원 2011. 7. 14. 선고 2009다12528 판결
663) 손승우·문수미·박장혁, "영업비밀 침해의 실효적 구제 방안: '합리적 비밀관리성' 기준과 '손해배상제도'를 중심으로", 동북아법연구 제11권 제2호, 전북대학교 동북아법연구소, 2017, 348면.

있거나 분석, 연구 혹은 리버스 엔지니어링(reverse engineering, 역설계)을 통해 얻을 수 있는 정보는 영업비밀로 보호받지 못할 수 있지만, 이론상 리버스 엔지니어링이 가능하더라도 비현실적이거나 지나치게 고액이 소요되는 경우라면 비공지성이 유지된다고 할 것이다.[664] 셋째, '독립된 경제적 가치를 가진다'는 것은 정보 보유자가 정보의 사용을 통해 경쟁자에 대하여 경쟁상 이익을 얻을 수 있거나 또는 정보의 취득이나 개발을 위해 상당한 비용이나 노력이 필요하다는 것을 말한다(경제적 유용성).[665] 즉 경제적 유용성은 노력 내지 투자와 그로 인한 경제적 가치라는 요소로 구성된다고 할 수 있다.[666]

나. 금지되는 행위

영업비밀의 보호는 행위규제 방식으로 이루어지는 만큼 금지되는 침해행위가 특정되어 있다(제2조 3호). 이들은 ① 부정한 취득, 사용 또는 공개(가목), ② 의무위반에 의한 사용 또는 공개(라목), ③ 부정취득행위나 의무위반행위가 개입된 영업비밀의 사전적·사후적 고의·중과실에 의한 취득 또는 사용·공개(나, 다, 라, 마목)등으로 유형화할 수 있다.

첫째, 절취, 기망, 협박, 그 밖의 부정한 수단으로 영업비밀을 취득하거나 그와 같이 취득한 영업비밀을 사용 또는 공개하는 행위는 금지된다(가목). 비밀유지의무의 위반 또는 그 위반의 유인 등 건전한 거래질서의 유지 내지 공정한 경쟁의 이념에 비추어 위에 열거된 행위에 준하는 선량한 풍속 기타 사회질서에 반하는 행위나 수단은 모두 부정한 수단이 될 수 있다.[667]

---

664) 대법원 2008. 2. 29. 선고 2007도9477 판결 참조.
665) 대법원 2011. 7. 14. 선고 2009다12528 판결
666) 다만 영업비밀의 보호 목적이 비밀인 정보의 객관적 가치보다 부당한 침해행위에 대한 통제에 있다고 본다면, 두 요소 중 하나만 충족하면 된다고 볼 수도 있다(김동준, "영업비밀 성립요건 중 경제적 유용성", 강원법학 제52호, 강원대학교 비교법학연구소, 2017, 590면 참조).
667) 대법원 1996. 12. 23. 선고 96다16605 판결

영업비밀을 자신의 것으로 만들어 이를 사용할 수 있는 상태가 되었다면 널리 취득으로 인정된다.[668] 사용은 영업활동에 영업비밀을 실제로 투입한 것을 말하며, 특허법상의 실시보다 더 광범위한 개념이다.[669] 그리고 공개는 불특정 다수에게 하는 것 뿐 아니라 비밀을 유지하면서 특정인에게 알리는 것을 포함한다. 그동안 데이터를 특정인에게 제공하는 경우 영업비밀 보호 법제에 의하여 보호되지 못했던 이유는 바로 여기에 있다. 둘째, 계약 관계 등에 따라 영업비밀을 비밀로서 유지하여야 할 의무가 있는 자가 부정한 이익을 얻거나 그 영업비밀의 보유자에게 손해를 입힐 목적으로 그 영업비밀을 사용하거나 공개하는 행위도 금지된다(라목). 본항의 취지에 비추어 비밀유지의무는 인적 신뢰관계의 특성 등에 비추어 신의칙상 또는 묵시적으로 그러한 의무를 부담하기로 약정하였다고 보아야 할 경우도 포함된다.[670] 셋째, 가목 위반의 부정취득행위나 라목 위반의 의무위반행위가 개입된 사실을 알거나 중대한 과실로 알지 못하고 그 영업비밀을 취득하거나 그와 같이 취득한 영업비밀을 사용 또는 공개하는 행위는 금지된다(나, 마목). 취득 당시에는 고의·중과실이 없었으나 취득 후에·고의 중과실로 영업비밀을 사용하거나 공개하는 행위도 마찬가지로 금지된다(다, 바목). 영업비밀로 보호되려면 비공지성이 요구되지만, 단지 몇몇 사람들에게 알려진 것에 불과하다면 비공지성이 부정되지는 않을 것이므로 전득자의 행위도 영업비밀의 침해가 될 수 있다.[671]

---

668) 따라서 영업비밀의 취득은 유체물의 점유를 취득하거나, 영업비밀 자체를 직접 인식하고 기억하거나, 나아가 영업비밀을 알고 있는 사람을 고용하는 형태로도 이루어질 수 있다(대법원 1998. 6. 9. 선고 98다1928 판결)

669) 대법원 2009. 10. 15. 선고 2008도9433 판결 참조.

670) 대법원 1996. 12. 23. 선고 96다16605 판결

671) 이일호, 앞의 논문, 80-81면 참조.

다. 구제수단

위에서 살펴본 영업비밀과 침해행위에 해당된다면 구제수단으로서 금지청구가 인정된다(제10조 제1항). 즉 영업비밀의 보유자는 영업비밀 침해행위에 의하여 영업상의 이익이 침해되거나 침해될 우려가 있는 경우에는 침해행위자에 대하여 법원에 그 행위의 금지 또는 예방을 청구할 수 있다. 데이터세트가 영업비밀에 해당되는 경우, 데이터세트 보유자는 금지청구권이라는 절대적인 방어권을 통하여 사실상의 배타적 권리를 강화할 수 있으며, 나아가 자신의 데이터세트 보유를 정당화할 수도 있다. 금지청구는 사후적 구제수단인 손해배상과 비교하여 사전적이고 직접적이라는 점에서 강력한 효과를 지닌다.672) 그럼에도 불구하고 고의 혹은 과실이 요구되지 않는다는 점에서 그 요건은 오히려 완화된 측면이 있다. 판례는 성과물 무단사용과 관련된 사안에서 불법행위에 대한 구제수단으로서 예외적으로 금지청구권을 인정하면서 긴급성과 균형성이라는 요건을 요구한 바 있는데,673) 영업비밀의 경우에도 이러한 요소가 고려되는 것이 바람직하다고 생각된다. 이러한 금지청구권은 침해 내지 침해의 우려와 침해행위자를 안 날부터 3년 또는 침해행위가 시작된 날부터 10년이 경과하면 시효로 소멸한다(제14조).

한편 영업비밀의 보유자는 손해배상청구도 할 수 있다(제11조). 특히 영업상의 신용이 실추된 경우에는 금전배상 원칙의 예외가 인정되어 손해배상에 갈음하거나 손해배상과 함께 영업상의 신용을 회복하는 데 필요한 조치를 청구할 수 있다(제12조). 부정경쟁방지법은 금지청구권의 경우와 달리 손해배상청구권의 시효에 관하여는 별도의 규정을 두고 있지 않지만, 손해배상청구권에는 불법행위에 관한 일반법인 민법이 적용되어 손해 및

---

672) 김종현·성준·임미경, "금지청구권의 허용을 위한 기준", 서울대학교 법학평론 제2권, 2011, 313면.
673) 대법원 2010. 8. 25.자 2008마1541 결정

가해자를 안 날부터 3년 또는 불법행위일부터 10년을 경과하면 시효로 인하여 소멸된다고 할 것이다.

4. 의미와 한계

영업비밀로서의 데이터 보호는 데이터에 배타적 재산권을 부여하지 않고 데이터 침해라는 타인의 '행위'를 금지하는 것에 그친다는 점에서 불법행위에 의한 보호와 유사한 측면이 있다.674) 이러한 한계에도 불구하고 영업비밀 보호 법제에 의하여 데이터 보호가 상당 부분 이루어질 수 있다고 보는 견해도 있고,675) 이러한 낮은 수준의 보호가 정보의 보호와 공유의 조화라는 관점에서는 오히려 바람직하다는 입장도 있을 수 있다. 하지만 영업비밀 보호 법제에 의한 데이터세트의 보호는 몇 가지 측면에서 한계를 갖고 있다.

우선 데이터세트의 경우 침해의 구제를 받기 위한 요건을 충족하기 어렵다는 문제가 있다. 이는 영업비밀 해당성과 침해행위 해당성의 양 측면에서 살펴볼 수 있다. 먼저 데이터세트는 영업비밀 보호의 반사작용으로 간접적으로 보호되는 것이므로 그 내용을 이루는 '무형부분'이 영업비밀에 해당하는 경우에만 보호될 수 있다.676) 기존에 공개되어 있던 데이터를 축적하여 생성한 데이터세트처럼 이례적인 경우가 아닌 한,677) 영업비밀의 개념 요소가 갖는 추상성 및 모호성으로 인해 데이터세트가 영업비밀의 요건을 갖추기는 어렵지 않을 것으로 생각된다.678) 하지만, 데이터세트가 영

---

674) 박진아, 앞의 논문, 16면.
675) Gärtner & Brimsted, op. cit., p. 462.
676) 정진명, 앞의 논문, 323면; Härting, op. cit., S. 649.
677) 이일호, 앞의 논문, 72-73면; 데이터의 양이 방대하기 때문에 비밀관리성을 약화시킬 수 있다는 지적도 있다[Malte Grützmacher, "Dateneigentum: Ein Flickenteppich", Computer und Recht, 8/2016, S. 489].
678) 이일호, 앞의 논문, 91면. 다만 이러한 추상성과 모호성은 법적 불확실성의 원인이

업비밀로 인정되는 경우에도 취득 후 사용 또는 공개라는 침해행위 태양을 벗어나는 무임승차의 사안에서는 보호받을 수 없다. 예컨대 '사용'은 영업 활동에 영업비밀을 실제로 투입하는 것을 의미하는데,[679] 데이터세트의 분석 결과를 기업의 의사결정에 활용하는 정도에 그친다면 직접 사업에 투입된다고 보기는 어렵다는 지적이 있다.[680] 권리행사 과정에서 발생하는 사실상의 한계도 있다. 영업비밀 침해를 이유로 민사적 구제를 받기 위해서는 계쟁물이 된 영업비밀을 특정해야 하고 대상이 되는 정보가 영업비밀의 요건들을 충족하고 있다는 점을 증명해야 하는데, 다른 지적재산권과 달리 비공개를 전제로 하는 영업비밀의 특성상 이는 상당히 어려운 일이 될 수밖에 없다.[681] 특히 데이터세트의 생성에 여러 기업이 관련되어 있는 경우에는 데이터세트의 어느 부분이 누구의 영업비밀로서 귀속되는지 구별하기 어려울 수 있다.[682]

또 다른 문제는 영업비밀 보호 법제가 데이터세트의 보호와 유통이라는 입법정책적 목적과 잘 부합하지 않는다는 점이다. 우선 영업비밀 보호는 기업 간의 부정경쟁을 방지하기 위한 것이므로 데이터세트 보유자와 이용자 사이의 권리 관계를 규율하기에는 적합하지 않을 수 있다.[683] 예컨대 영업비밀 보호 법제는 해당 정보를 비밀로서 유지한 자와 관리한 자를 보호하기 위한 것이지, 데이터세트를 만들어낸 자를 보호하기 위한 것이 아니다.[684] 무엇보다 영업비밀 보호 법제는 데이터세트의 생산을 위한 인센

되기도 한다.

679) 대법원 2009. 10. 15. 선고 2008도9433 판결.
680) 이일호, 앞의 논문, 84-85면.
681) 김원오, "영업비밀 침해소송에서 그 특정을 둘러싼 쟁점과 과제", 법학연구 제14권 제2호, 인하대학교 법학연구소, 2011, 4-6면; 다만 대법원은 영업비밀을 개괄적으로 특정하는 것이 허락된다는 입장이다(대법원 2008. 7. 10 선고 2006도8278 판결).
682) Zech, op. cit.(2016), p. 7.
683) 정진명, 앞의 논문, 323면
684) Zech, op. cit.(2015), S. 141.

티브를 넘어서 공개 내지 유통의 인센티브가 되기에는 불충분하다. 데이터
세트에 대한 보호를 고려하는 이유에는 데이터세트를 보유한 기업이 손해
의 두려움 없이 데이터세트를 활발히 공개할 수 있도록 함으로써 경쟁자들
이 자유롭게 그 데이터를 이용할 수 있도록 하겠다는 의도도 포함되어 있
다.[685] 그런데 데이터세트의 거래가 거듭되거나 시장이 커질수록 비공지성
이나 비밀관리성이라는 요건을 충족하지 못할 가능성이 커질 수 있다.[686]
영업비밀이 공개되면 사실상의 배타성은 소멸하고 법적으로 보장되는 배
타성도 더 이상 존재하지 않는 것이다.[687] 영업비밀 보호 법제에 의하여
데이터세트를 보호하자는 식의 논의는 데이터세트의 공개 내지 유통을 장
려하려는 취지를 제대로 고려하지 않은 것이다.[688] 이러한 문제에 대한 부
정경쟁방지법의 대응은 두 가지가 있을 수 있다. 하나는 데이터세트의 공
개 내지 유통에도 불구하고 보호적격을 잃지 않도록 요건을 수정하는 방안
이고, 다른 하나는 무임승차 행위 자체를 부정경쟁행위로 다루는 방안이다.
최근 일본이 도입한 한정제공데이터가 전자에 해당한다면, 우리 부정경쟁
방지법 제2조 제1호 (파)목의 성과물 무단사용 조항( )은 후자에 해당한다.
특히 2021년 개정되어 2022. 4. 20. 시행될 예정인 개정 부정경쟁방지법은
제2조 제1호 (카)목을 신설함으로써 일본의 한정제공데이터 제도를 수용하
여 크게 주목받고 있다. 이에 관한 내용은 새로운 보호방안에 관한 검토에
서 보다 자세히 다루기로 하고 아래에서는 성과물 무단사용 조항에 관하여
살펴보기로 한다.

---

685) 박준석, 앞의 논문(2019), 109면.
686) 이일호, 앞의 논문, 88-89면.
687) 정진명, 앞의 논문, 323면
688) 박준석, 앞의 논문(2019), 109면. 같은 취지의 지적으로는 차상육, 앞의 논문(2018),
　　　 126-127면 및 Todd Vare & Michael Mattioli, "Big Business, Big Government and
　　　 Big Legal Questions", 243 Managing Intellectual Property, 2014, p. 46 등.

제4절 성과물 무단사용

1. 의의

2014년 개정 부정경쟁방지법[689]은 사회 변화로 인해 상표법, 저작권법 등 기존의 지적재산권 개별 법률들로는 보호할 수 없는 새로운 유형의 부정경쟁행위가 나타남에 따라 이에 대응하기 위하여 타인의 성과 등을 무단으로 사용하는 행위를 금지하는 조항[690]을 신설하였다(이하 금지되는 행위를 '성과물 무단사용'이라고 하고, 금지 규정을 '성과물 무단사용 조항'이라고 한다). 즉, 위 조항은 "그 밖에 타인의 상당한 투자나 노력으로 만들어진 성과 등을 공정한 상거래 관행이나 경쟁질서에 반하는 방법으로 자신의 영업을 위하여 무단으로 사용함으로써 타인의 경제적 이익을 침해하는 행위"를 부정경쟁행위의 하나로 규정한다.

그러나 성과물 무단사용 조항의 해석에 관하여는 매우 난해하고 복잡한 논쟁이 펼쳐지고 있다. 이는 위 조항이 도입된 경위와 연혁, 전체 법체계 내에서의 위치, 그리고 헌법상 경제질서의 근본원칙인 자유경쟁에 미치는 영향 등과 관련되어 있다. 이에 관하여는 항을 바꾸어 보다 자세히 검토한다.

2. 법적 성격

성과물 무단사용 조항은 2010년의 '네이버 대체광고 사건'[691]을 계기로 입법된 것이다. 위 사건은, 갑 회사로부터 제공받은 프로그램을 설치한 사

---

689) 2013. 7. 30. 법률 제11963호로 개정되어 2014. 1. 31.부터 시행된 것.
690) 위 조항은 당초 (차)목으로 규정되었으나 부정경쟁방지법이 2018. 4. 17. 법률 제15580호로 개정되면서 (카)목으로 위치가 변경되었고, 2021. 12. 7. 법률 제1858호로 개정되면서 다시 (파)목으로 변경되었다.
691) 대법원 2010. 8. 25.자 2008마1541 결정.

용자들이 을 회사가 운영하는 포털사이트에 방문하면 그 화면에 을 회사가 제공하는 광고 대신 갑 회사가 제공하는 광고가 대체 혹은 삽입된 형태로 나타나게 한 사안에 관한 것이었다. 대법원은 이러한 갑 회사의 행위가 타인의 성과물을 무단으로 이용한 부정경쟁행위로서 민사상 불법행위에 해당할 뿐만 아니라 비록 법문상 규정되어 있지는 않지만 금지청구권을 발생시킨다고 하면서 다음과 같이 판시하였다. "경쟁자가 상당한 노력과 투자에 의하여 구축한 성과물을 상도덕이나 공정한 경쟁질서에 반하여 자신의 영업을 위하여 무단으로 이용함으로써 경쟁자의 노력과 투자에 편승하여 부당하게 이익을 얻고 경쟁자의 법률상 보호할 가치가 있는 이익을 침해하는 행위는 부정한 경쟁행위로서 민법상 불법행위에 해당한다."

성과물 무단사용 조항의 입법 과정에서는 부정경쟁행위에 관한 일반조항을 두고 있는 해외 입법례나 일반적 불공정거래행위를 규정한 공정거래법과 같은 방식이 집중적으로 검토되었다. 예컨대 위 입법 당시 참고되었던 독일 부정경쟁방지법(UWG; Gesetz gegen den unlauteren Wettbewerb) 제3조 제1항은 "경업자, 소비자 또는 그 외의 시장 참가자가 불이익하게 되는 형태로 경쟁을 상당 정도 저해하는 성질을 가지는 부정한 거래행위는 금지된다"고 규정하고 있었고,[692] '공업소유권의 보호를 위한 파리협약' 제10조의2는 부정경쟁행위를 "공업상 또는 상업상의 공정한 관습에 반하는 모든 경쟁행위"로 정의하였다.[693] 한편 2016년 개정된 독일 부정경쟁방지

---

[692] UWG §3 (1) Unlautere geschäftliche Handlungen sind unzulässig, wenn sie geeignet sind, die Interessen von Mitbewerbern, Verbrauchern oder sonstigen Marktteilnehmern spürbar zu beeinträchtigen; 독일은 20세기 초부터 구 부정경쟁방지법 제1조의 "선량한 풍속(gute Sitten)"이라는 표지와 법원의 선례만으로 방대하고 구체적인 사례군을 축적한 바 있었다(심재한, "독일의 개정 부정경쟁방지법 고찰", 경영법률 제16권 제1호, 한국경영법률학회, 2005, 468면 이하 참조).

[693] Paris Convention for Protection of Industrial Property(of March 20, 1883, as amended on September 28, 1979) Article 10bis (2) "Any act of competition contrary to honest practices in industrial and commercial matters constitutes an act of unfair competition."

법은 제3조[694])에서 포괄적 일반조항 위반에 대한 구제를 선언하는 한편 제
4조 내지 제7조에서 개별구성요건(Sondertatbeständen) 위반행위를 열거하
고 있다. 일반조항이 개별조항의 보충적 성격을 갖는 것은 아니어서, 어느
행위가 일반조항의 요건과 개별조항의 요건을 모두 충족한 경우에는 일반
조항과 개별조항이 각각 별도로 적용된다.[695]) 이들 입법례를 참조하여 성
과물 무단사용 조항의 대안으로 제안되었던 안은 "가목부터 자목까지 이외
의 행위로서 소비자를 기망하거나 타인의 투자나 명성에 무임편승해서 부
당하게 이익을 얻는 행위"라고 되어 있었는데, 이는 최종적으로 성안된 성
과물 무단사용 조항보다 포괄적인 것으로서 넓은 의미의 부정경쟁행위 개
념[696])에 해당한다. 한편 공정거래법 제23조 제1항 제8호는 금지 대상에
"제1호 내지 제7호 이외의 행위로서 공정한 거래를 저해할 우려가 있는 행
위"를 포함시킴으로써 일반적 불공정거래행위 개념을 도입하고 있다. 이를
참조하였던 "가목부터 자목까지 이외의 행위로서 공정한 경쟁질서에 반하
여 부당하게 이익을 얻는 행위"라고 되어 있었다.

결과적으로 성과물 무단사용 조항은 앞에서 보았던 대법원 결정과 유사
한 내용으로 입법이 되었으며, 파리협약이나 독일 부정경쟁방지법과 같은

---

694) 2016년 개정 독일 부정경쟁방지법 제3조 제1항은 "부정한 거래행위는 금지된
다"(Unlautere geschäftliche Handlungen sind unzulässig)고 규정함으로써 더욱 추상
적인 모습을 띠게 되었다. 위 조항은 동조 제2항에서 불공정성의 판단 방법을 서술
하고(소비자를 대상으로 한 거래가 사업자로서의 주의를 결하고 있고, 실질적으로
소비자의 경제적 행동에 영향을 미칠 경우 불공정하게 된다), 제3항에서 언제나 금
지되는 행위를 특정함으로써(첨부 목록에서 열거된 오인야기적 거래행위 및 공격적
거래행위는 언제나 금지된다), 그리고 제3의a조에서 위법성의 판단 방법(법위반은
경쟁자, 소비자 및 기타 시장참가자의 이익을 상당히 해하는 경우를 의미한다)을 규
정함으로써 보완된다.

695) 박영규, "독일 부정경쟁방지법(UWG)상 일반조항의 의미와 역할", 지적재산권 제29
호, 한국지적재산권법제연구원, 2009, 15면; 정호열, 경제법(전정 제5판), 박영사,
2016, 45면.

696) 정상조, 부정경쟁방지법원론, 세창출판사, 2007, 9면.

개방적 일반조항이 아니라 보충적 일반조항의 형식을 취하게 되었다. 일부 견해는 위 조항이 독자적인 부정경쟁행위의 구성요건을 가지고 있다는 이유로 보충성을 부정하거나,697) 심지어 미국법상 부정이용(misappropriation) 행위를 부정경쟁행위로 인정한 것으로서 일반규정이 아니라고 주장하기도 하지만,698) 다수의 학설은 위 조항을 관련 법규의 개별적 구성요건 충족이 곤란하여 적용이 마땅하지 않을 때 보충적으로만 적용되는 '보충적 일반규정'으로 해석하고 있다.699) 최근의 대법원 판결 역시 위 조항을 "새로이 등장하는 경제적 가치를 지닌 무형의 성과를 보호하고 입법자가 부정경쟁행위의 모든 행위를 규정하지 못한 점을 보완하여 법원이 새로운 유형의 부정경쟁행위를 좀 더 명확하게 판단할 수 있도록 함으로써, 변화하는 거래관념을 적시에 반영하여 부정경쟁행위를 규율하기 위한 보충적 일반조항"으로 본다.700)

3. 성과물 도용의 법리와 부정이용의 법리

이처럼 성과물 무단사용 조항은 일반적으로 보충적 일반조항의 성격을 갖는 것으로 이해되고 있지만, '경쟁자가 상당한 노력과 투자에 의하여 구축한 성과물을 무단으로 이용함으로써 경쟁자의 노력과 투자에 편승하여 부당하게 이익을 얻고 경쟁자의 보호 가치 있는 이익을 침해'한 사안에 관

---

697) 최승재, "제품의 형태와 색채 모방행위와 부정경쟁행위에 대한 소고 : 비아그라 판결과 세레타이드 판결을 중심으로", 상사판례연구 30권 2호, 한국상사판례학회, 2017, 213면; 하급심 판결 중에도 다른 조항과의 중복 적용을 긍정한 것이 있다(서울중앙지방법원 2015. 1. 16. 선고 2014가합529797 판결).

698) 나종갑, 앞의 논문, 78-79면; 나종갑, 앞의 논문, 445면.

699) 김원오, 앞의 논문(2014), 260면; 박정희, "부정경쟁방지법 제2조 제1호 차목의 적용범위", 특허법원 개원20주년 기념논문집, 2018, 831면; 이규홍, 앞의 논문, 71-72면.

700) 대법원 2020. 3. 26. 선고 2016다276467 판결. 같은 취지로 대법원 2020. 3. 26.자 2019마6525 결정; 대법원 2020. 7. 23. 선고 2020다220607 판결.

한 대법원 판례를 기초로 구성요건이 만들어진 까닭에 사실상 성과모용의 금지에 국한되어 적용되고 있다.[701] 우리 부정경쟁방지법의 모태가 된 독일 부정경쟁방지법에서는 '타인의 성과물 도용(Ausbeutung fremder Leistung)' 의 법리가 성과모용의 금지를 다루고 있다. 일부 견해는 'INS 판결'[702]을 통해 구체화된 미국의 부정이용 법리가 네이버 대체광고 사건의 판례와 성과물 무단사용 조항의 바탕이 되었다고 주장하기도 한다.[703] 미국에서 데이터베이스 보호를 위하여 부정이용 법리가 활용되었음은 이미 살펴본 바 있다. 따라서 위 조항의 의미를 밝히기 위해서는 이들 법리에 관하여 간략히 살펴볼 필요가 있다.

가. 독일법상 타인의 성과물 도용의 법리

타인의 성과물에 대한 도용은 '예속적 모방'(sklavische Nachahmung)과 '직접적 모방'(unmittelbare Leistungsübernahme)의 두 가지 행위 유형으로 나눌 수 있다. 예속적 모방은 타인의 성과를 토대로 하여 모방자 자신의 창작이 가미된 행위인 반면 직접적 모방은 타인의 성과를 대부분 그대로 가져오고 모방자의 창작이 거의 없는 경우를 말한다.[704] 독일법상 직접적 모방이 부정경쟁행위에 해당하는 것은 물론이지만, 타인의 노력의 결과물을 본보기로 하는 모방은 일정한 경우에 한하여 부정경쟁행위로 금지될 수 있

---

701) 김원오, 앞의 논문(2014), 261면.
702) International News Service v. Associated Press, 248 U.S. 215 (1918).
703) 나종갑, 앞의 논문, 79-94면. 다만 위 견해는 네이버 대체광고 판례는 법원이 사칭혼동행위라고 볼 수 있는 사안에 대하여 법원이 무리하게 부정이용 법리를 적용한 것이고, 성과물 무단사용 조항은 충분한 검토 없이 위 판례 법리를 입법화하는 과정에서 '시간 민감성'(time sensitive) 요건을 두지 않아 결과적으로 미국의 부정이용 법리보다 보호범위가 훨씬 넓어지게 되었다고 비판한다.(위 논문 61면, 94면).
704) 김원오, 앞의 논문(2014), 278면. 양자의 구별에는 진보에 봉사하는 모방(Fortschritt dienenden Nachahmung)은 장려되어야 하지만, 단순한 차용(bloßen Übernahme)은 금지하는 것이 전체의 이익에 적합하다는 도그마가 바탕에 깔려 있다(박성호, 앞의 논문, 224면).

다. 즉 지적재산권법과의 관계에서 지적재산권의 침해에 해당하는 경우 이
외의 모방은 원칙적으로 허용되어야 하므로 직접적 모방이 아닌 모방은
'특별한 사정'이 있는 경우에 한하여 부정경쟁행위로 규율될 수 있다.[705]
　이러한 독일 부정경쟁방지법상 타인의 성과물 도용에 관한 규율은 일반
조항과 개별조항 모두를 통하여 이루어진다. 먼저 일반조항에 기한 규율은
주로 판례를 통하여 구체화되었다. 즉, 독일의 판례는 현행 독일 부정경쟁
방지법상 일반조항인 제3조에 대응하는 2004년 개정 전 부정경쟁방지법
제1조의 해석에 있어서 '타인의 성과물에 대한 모방'을 규제하는 '특별한
사정'을 다음과 같이 유형화하였다. a) 유사 상품의 판매나 유사 서비스의
영업에 의한 출처의 혼동, b) 상품이나 서비스의 양호한 평판 또는 이미지
의 무단편승(기생행위), c) 선행자와의 계약상의 의무나 신의칙에 반하는
양태의 모방, d) 그 밖의 직접적 모방.[706] 이처럼 판례를 통하여 구체화된
타인의 성과물에 대한 모방의 행위유형들은 2004년 개정 부정경쟁방지법
제4조 제9호에서 예시적으로 열거되어 명문화되었고, 이는 다시 2016년 개
정 부정경쟁방지법 제4조 제3호로 위치가 변경되어 현재에 이르고 있다.
즉 경쟁자의 상품 또는 서비스의 모방품(Nachahmung)인 상품 또는 서비스
를 공급한 경우에, 만일 그가 a) 상품 또는 서비스의 상업적 출처에 관한
구매자의 회피 가능한 착오를 유발하거나(회피 가능한 출처의 혼동), b) 모
방된 상품 또는 서비스의 평가를 불합리하게 이용 또는 손상하거나(불합리
한 평가 이용 혹은 손상), c) 모방에서 요구되는 지식 또는 관련 자료를 부
정하게 획득하였다면(부정수단에 의한 정보취득) 부정경쟁행위에 해당한
다. 그리고 그 밖의 직접적 모방은 제3조의 일반조항에 의해 포섭되도록
하고 있다.[707]

---

705) 박영규, 앞의 논문, 23면.
706) 中田邦博, "ドイツ不正競爭防止法の新たな展開―新UWGについて―", 『立命館法學』
　　298号, 立命館大學, 2004, 263頁(김원오, 앞의 논문(2014), 279면에서 재인용)
707) 中田邦博, "ドイツ不正競爭防止法の新たな展開―新UWGについて―", 『立命館法學』

나. 미국법상 부정이용의 법리

미국의 불공정경쟁법(law of unfair competition)은 상업적 불법행위 (commercial torts)가 20세기 후반에 특수한 법영역으로 발전하여 성립되었 는데,[708] 그 중에서도 부정이용(misappropriation)은 부동산 무단침입 (trespass)에 그 법적 토대를 두고 있다.[709] 넓은 의미의 부정이용은 영업비 밀 침해나 퍼블리시티(publicity), 상품이나 서비스 주체의 표시에 대한 혼 동을 포함한 무임승차(free-riding) 행위를 의미하지만, 일반적으로 부정이 용이라 함은 경쟁자가 생산한 결과를 무단으로 가져가 이용(conversion)하 는 좁은 의미의 부정이용을 의미한다. 부정이용의 개념을 최초로 제시한 것은 1918년 'INS 사건'에서의 미국 연방대법원 판결[710]이다. 위 판결에서 는 피고가 1차대전 당시 유럽전선에 특파원을 파견하여 취재한 특종기사 (hot news)를 원고인 AP 통신사가 뇌물 등을 통해 취득하여 자신의 회원사 들에게 기사로 제공한 사안에서 저작권 보호대상이 아닌 취재 자료를 보통 법(common law)상 부정이용의 법리에 의하여 보호할 수 있는지 여부가 문 제되었다. 미국 연방대법원은 이를 긍정하여 보통법상 금지명령이 인정되 는 준재산권(quasi property)으로 간주할 수 있다고 하면서도,[711] 위 자료들

298호, 立命館大學, 2004, 263頁(김원오, 앞의 논문(2014), 279면에서 재인용)

708) 불공정경쟁법은 보통법(common law)으로서 존재하지만, 일부는 연방법(예컨대 연방 상표법, The Trademark Act of 1946, codified at 15 U.S.C. § 1051-1127. Lanham Act)이나 주법으로 성문화되어 있기도 하다. 주법들 가운데 상당수는 1964년 모델법 (Uniform Deceptive Trade Practices Act, UDTP)을 따르고 있다.[나종갑, 앞의 논문, 50-53면]

709) 나종갑, 앞의 논문, 49-50면.

710) International News Service v. Associated Press, 248 U.S. 215 (1918).

711) 연방대법원은 그 근거를 다음과 같이 설명하였다. "AP는 자료를 수집하기 위하여 많은 시간, 노력 및 자본을 투자하였고, 이러한 투자는 어떠한 형태로든 회수되어져 야 하며, 이러한 자료들은 시장 가치를 가지고 있다는 점에서 다른 재산권에 유사하 며 어느 정도의 보호를 받아야 한다. 또한 만약 AP에 대해 어떠한 보호도 부여하지 않는다면 공중에 유익한 이러한 정보는 더 이상 생산되지 않을 것이다."

은 저작권 등에 의하여 통상 보호받지 못하는 사실을 취합한 것이라는 이유로 경쟁사에 대하여만 주장할 수 있을 뿐 공중에 대하여는 주장할 수 없다고 판시하였다.

INS 판결에서는 "씨를 뿌리지 않고 수확하는" 행위의 부정성(不正性)을 강조하였는데, 이를 자연권에 근거한 것으로 해석한다면 무임승차 행위 일반을 금지할 수도 있는 광범위한 제도가 될 수도 있을 터였다. 이 때문에 당시의 학설은 대체로 이러한 해석을 지적재산권법의 체계와 부합하지 않는 것으로 보아 비판하였고, 이를 수용한 판례나 제정법도 별로 없었다.712) 특히 1995년에 간행된 제3차 부정경쟁법 리스테이트먼트[Restatement (Third) of Unfair Competition]는 부정이용을 부정경쟁으로 포함하지 않았다.713) 이는 부정이용을 인정한다면 경쟁의 촉진이라는 공공의 이익을 우선한 연방대법원 판결들714)과 어긋난다는 비판715)과 관련된 것으로 짐작된다. 그러던 중 연방 제2순회항소법원은 1997년의 'NBA 사건'716)에서 부정이용의 법리를 다시 확인하면서 다음과 같은 상세한 요건을 제시하였다. 즉 부정이용은 i) 원고가 비용을 들여 정보를 생산하거나 수집하였고, ii) 해당 정보의 가치가 적시성에 의존하며(time sensitive), iii) 피고가 원고의 노력에 무임승차하였고, iv) 원고가 제공하는 상품이나 서비스에 대하여 피고가 직접적인 경쟁관계에 있고, v) 원고의 노력이나 다른 자의 노력에 대하여 다른 당사자가 무임승차하는 것은 상품이나 서비스의 생산 동기를 감

---

712) Roger Schecher & John Thomas, Intellectual Property The Law of Copyrights, Patents and Trademarks, West, 2003, 259.

713) Restatement(Third) of Unfair Competition, §38. cmt. b.; 제3차 부정경쟁법 리스테이트먼트는 부정경쟁에 관한 독립된 리스테이트먼트로서는 첫 번째 것이며, 그 전에는 불법행위법 리스테이트먼트(Restatement of Torts)의 일부로 존재했다.

714) 예컨대 New England Tel. & Tel. Co. v. National Merchandising Corp., 335 Mass. 658, 141 N.E.2d 702 (1957).

715) Zacariah Chaffee, Jr, "Unfair Competition", 53 Harv. L. Rev. 1289, 1939.

716) Nat'l Basketball Ass'n v. Motorola, Inc., 105 F.3d 841 (2d Cir. 1997). 다만 위 사건에서 법원은 부정이용을 인정하지는 않았다.

쇄시키거나 그러한 상품이나 서비스의 질이나 존재를 실질적으로 위협하
는 경우에 성립한다.

이처럼 부정이용의 법리는 초기에 상당히 많은 비판을 받았지만, 일부
학자들은 보호범위를 적절히 한정하고 요건을 명확히 한다면 부정이용의
법리가 제정법의 흠결로 창작의 인센티브가 손상되는 사안에 유연한 구제
수단을 제공할 수 있다고 보았다. 초창기의 학설은 판례의 경험적 분석을
토대로 하여 모방에 의한 시장의 실패 또는 붕괴의 개연성을 요건으로 정
식화하는 정도에 그쳤다.717) 이후의 학설들은 부정이용 법리가 경쟁법적
이론으로 발전된 점을 고려하여 경쟁이나 시장의 관점을 적극적으로 수용
하기도 했다. 우선 부정이용 여부는 윤리적 기준이 아니라 경쟁의 침해 여
부에 의하여 판단되어야 하고, 이를 위해 시장의 구조나 당사자의 시장에
서의 지위를 고려해야 한다는 지적이 이루어졌다.718) 이어서 시장실패의
교정이라는 경제학적 관점에 의하여 부정이용 법리를 지적재산권 법제에
통합시키려는 시도가 이루어졌다(market-failure paradigm).719) 즉 선행 투자
를 통하여 가치 있는 정보를 획득한 자가 투자금을 회수하기 전에 후발 주
자가 그 정보를 값싸고 쉽게 복제하여 이용할 수 있다면, 투자 회수의 곤란
으로 인해 정보 창출을 위한 투자의 인센티브가 훼손되게 된다. 이러한 상
황은 시장실패에 해당하므로 그 교정을 위하여 비록 저작권이나 특허에 의
하여 보호를 받지 못하는 정보라고 하더라도 부정이용 법리에 따라 보호해

---

717) James Rahl, "The right to appropriate trade values", 23 Ohio State Law Journal 56,
1962, p. 62. 위 논문에 따르면 보호가 인정된 사안들은 대체로 뉴스, 방송, 실연 등
모방이 용이한 사안들인 반면 보호가 부정된 사안은 기계나 시스템, 아이디어, 방법
등 모방이 용이하지 않은 사안들이었다.

718) Leo Raskind, "The Misappropriation Doctrine as a Competitive Norm of Intellectual
Property Law", 75 Minn. L. Rev., 1991, p. 875.

719) Dennis Karjala, "Misappropriation as a Third Intellectual Property Paradigm", 94.
Colum. L. Rev., 1994, pp. 2594-2595; Richard Posner, "Misappropriation: A Dirge",
40 HOUS. L. Rev., 2003, pp. 621-627.

야 한다는 것이다. 보호 객체에 주목한 법제도는 이러한 시장의 실패가 존재하지 않는 경우까지도 규제 범위에 포함시킬 우려가 있으므로, 복제 행위의 부정행위성을 기준으로 법제도를 마련하는 것이 타당하다는 지적도 있었다.[720] 시장 실패를 판단하는 기준을 좀 더 명확히 하려는 시도도 있었다. 이에 따르면 일반 공중이 정보에 대한 대가를 지불할 의사가 있음에도 불구하고 복제의 용이성으로 인한 창작 인센티브의 훼손으로 말미암아 정보의 제공이 이루어지지 않고, 복제행위가 금지되면 그 정보의 복제에 대한 시장이 성립할 수 있는 경우에 시장 실패가 있다고 할 수 있다.[721] 특히 후발주자가 감당했어야 할 시간적 격차(time lag)가 결여되었다는 점이 시장실패를 야기하는 핵심적 요소로 제시되었다.[722]

한편, 데이터베이스를 보호할 필요가 있다는 사회적 요구가 점증하자 여기에 부정이용의 법리를 원용하려는 주장들이 나타났다. 특히 데이터베이스의 맥락에서 부정경쟁에 해당하는지 여부를 판단하기 위한 고려 요소들에 관심이 집중되었는데, ① 이용되는 데이터의 양, ② 데이터의 성질, ③ 이용의 목적, ④ 선행자의 투자 규모, ⑤ 후발자의 노력과 투자 규모, ⑥ 정보의 유사성, ⑦ 시장의 근접성, ⑧ 독자적으로 데이터베이스를 개발했을 경우와 비교할 때 시장진입이 빨라진 정도 등이 제시되었다.[723] 주목할 만한 판결도 있었다. 일리노이주 항소법원은 다우존스산업지수(the Dow Jones Industrial Average)와 같은 금융시장지수의 무단이용에 관한 사안에서, 이를 저작권 침해라고 보기는 어렵지만 경쟁적인 투자상품을 만들어서 무임편승하는 행위는 위법한 부정이용(misappropriation)에 해당된다고 판시

---

720) Karjala, op. cit., pp. 2598-2599.
721) Wendy Gordon, "Asymmetric Market Failure and Prisoners' Dilemma in. Intellectual Property", 17 U. Dayton L. Rev., 1992, p. 854.
722) Note, "The "Copying-Misappropriation" Distinction: A False Step in the Development of the Sears-Compco Pre-Emption Doctrine", 71 Colum.L.Rev., 1971, pp. 1467-1472.
723) Jerome Reichman & Pamela Samuelson, "Intellectual Property Rights in Data?", 50 Vanderbilt. L. Rev., 51, 1997, p. 145.

한 바 있다.724) 하지만 경쟁적인 시장 환경에서 모든 무임승차 행위를 규제할 경우 사회가 치러야 할 비용이 더 큰 경우가 많기 때문에 부정이용 법리의 적용은 아주 신중해야 한다는 반론이 여전히 거세다.725)

4. 보호의 내용

가. 금지되는 행위

성과물 무단사용으로 인한 부정경쟁행위가 되려면 "그 밖에 타인의 상당한 투자나 노력으로 만들어진 성과 등을 공정한 상거래 관행이나 경쟁질서에 반하는 방법으로 자신의 영업을 위하여 무단으로 사용함으로써 타인의 경제적 이익을 침해하는 행위"에 해당하여야 한다[제2조 제1호 (파)목]. 앞서 보았던 연혁 및 법체계상의 이유로 위 조항의 해석은 상당히 난해했는데, 다행히 2020년의 대법원 판례726)에 의하여 요건이 보다 명확해지고 풍부해졌다.

(1) 상당한 투자나 노력으로 만들어진 성과 등

우선 '상당한 투자나 노력으로 만들어진 성과 등'이라고 볼 수 있으려면,

---

724) Chi. Bd. Options Exch. v. Int'l Sec. Exch., L.L.C., 2012 IL App. 102228, 25, 55.
725) Michael Kenneally, "Misappropriation and the Morality of Free-Riding", 18 Stan. Tech. L. Rev., 289, 2015, pp. 327-328; Posner, Richard, "Misappropriation: A Dirge", 40 HOUS. L. Rev., 2003, p. 625(무임승차라는 개념은 너무나 광범위하고 모호하기 때문에 이를 토대로 한 대부분의 부정이용 법리는 폐기해야 하고, 신속성이 핵심인 뉴스기사와 같이 예외적으로 규제가 필요한 유형은 연방법으로 명확히 열거해서 규제해야 한다고 주장한다).
726) 대법원 2020. 3. 26. 자 2019마6525 결정(연예인들의 사진, 기사 등을 주요 내용으로 하는 잡지를 제작·판매하는 갑 주식회사가 연예인 매니지먼트, 음반 제작, 공연 기획 등 엔터테인먼트 사업을 하는 을 주식회사의 허락 없이 을 회사 소속 유명 아이돌 그룹의 구성원들에 관한 화보집 등을 제작하여 위 잡지 특별판의 특별 부록으로 판매하는 행위를 부정경쟁방지법 제2항 제1호 (파)목의 부정경쟁행위로 본 사안)

'성과 등'에 해당해야 할 뿐만 아니라 그것이 '상당한 투자나 노력 등'으로 만들어져야 한다. 이 조항의 보호 대상인 '성과 등'에는 유형물과 무형물, 지적재산권법의 보호를 받지 않는 새로운 형태의 결과물이 모두 포함된다.[727] 이 때 '성과'의 의미에 관하여는 독일 부정경쟁방지법상 금지되는 모방행위가 되기 위하여 요구되는 '거래적 가치(Wettbewerbliche Eigenart)' 개념을 빌려 소비자들로 하여금 일정한 구매 욕구를 불러일으킬 수 있는 것이어야 한다는 견해가 있다.[728] 판례 역시 '성과 등'을 판단할 때에는 위와 같은 결과물이 갖게 된 명성이나 경제적 가치, 결과물에 화체된 고객흡인력, 해당 사업 분야에서 결과물이 차지하는 비중과 경쟁력 등을 종합적으로 고려해야 한다고 판시하고 있다.[729] 한편 이러한 성과 등이 '상당한 투자나 노력으로 만들어진' 것인지 여부는 권리자가 투입한 투자나 노력의 내용과 정도를 그 성과 등이 속한 산업분야의 관행이나 실태에 비추어 구체적, 개별적으로 판단해야 한다. 적어도 (가)목 내지 (타)목의 보호법익에 대한 투자나 노력에 상응하는 정도의 투자나 노력에 의한 것이어야 할 것이다.[730]

여기에서 '그 밖에'라고 함은 위 조항의 보충적 일반조항으로서의 성격상 (가)목 내지 (타)목의 부정경쟁행위에 해당하지 않을 것을 의미한다.[731] 일반조항이 지닌 불명확성·광범성에 따른 부작용을 최소화하기 위하여 비록 법문에는 없지만 '특별한 사정'이 추가적으로 요구된다는 견해[732]도 있다. 최근의 하급심 판례 중에도 이러한 입장을 취한 것이 있다.[733] 지적재

---

727) 대법원 2020. 3. 26. 선고 2016다276467 판결.
728) 이규홍, 앞의 논문, 85면.
729) 대법원 2020. 3. 26. 선고 2016다276467 판결.
730) 최정열·이규호, 부정경쟁방지법, 진원사, 2015, 209면; 이규홍, 앞의 논문, 85면.
731) 이규홍, 앞의 논문, 81면.
732) 박정희, "부정경쟁방지법 제2조 제1호 차목의 적용범위", 특허법원 개원20주년 기념 논문집, 2018, 848면.
733) 서울고등법원 2017. 1. 12. 선고 2015나2063761 판결. 위 판결에서 원심 법원인 서울

산권법에 의하여 보호되지 않는 타인의 성과는 본래 자유로운 모방과 이용
이 가능하므로, 공정한 거래질서 및 자유로운 경쟁질서에 비추어 정당화할
수 없는 '특별한 사정'이 있는 경우에만 모방이나 이용행위가 금지되며, 절
취 등 부정한 수단에 의한 취득 또는 계약상 의무나 신의칙에 현저히 반하
는 양태의 모방인 경우, 경쟁자의 영업을 방해하거나 손해를 줄 목적인 경
우, 창작적 요소가 없는 직접적 모방에 해당하는 경우 등이 그러한 사정에
해당할 수 있다는 것이다. 그러나 '특별한 사정'이라는 요소는 최소한의 추
상적 요건만으로 구성된 독일 부정경쟁방지법상 일반조항의 해석론으로
발전한 법리이므로, '공정한 상거래 관행이나 경쟁질서에 반하는 방법' 등
과 같은 구체적인 요건을 담고 있는 우리 부정경쟁방지법의 성과물 무단
사용 조항의 해석론으로 받아들이는 것은 불필요하다는 견해가 설득력이
있다.734)

(2) 경쟁질서에 반하는 방법으로 무단 사용

'공정한 상거래 관행이나 경쟁질서에 반하는 방법으로 자신의 영업을 위
하여 무단으로 사용'한 것에 해당하는지 여부는 개별 사건의 심리를 통해
파악될 수밖에 없을 것이다. 다만 단순히 '허락 없는 사용'만으로는 위법성
을 인정하기에 부족하다는 점은 문언상 명백하다.735) '사용'의 의미에 관하
여는 문언상 반드시 '모방'에 제한되지 않는다는 견해736)와 유체물의 완전

고등법원은 저작권 침해와 부정경쟁행위 내지 불법행위를 원인으로 하는 원고의 청
구를 모두 기각하였으나, 대법원은 상고심에서 원고의 저작권 침해 주장이 이유 있
다고 보아 원심을 파기하면서 부정경쟁행위 내지 불법행위에 관한 주장에 관하여는
따로 판단하지 않았다(대법원 2019. 6. 27. 선고 2017다212095 판결). 따라서 부정경
쟁행위에 관한 서울고등법원의 위 판시 내용은 아직 선례로서의 가치를 잃지 않았다
고 보인다.

734) 이규홍, 앞의 논문, 82-83면.
735) 이규홍, 앞의 논문, 86면.
736) 유영운, "부정경쟁방지법 일반조항의 적용범위에 관한 고찰", LAW & TECHNOLOGY
제11권 제4호, 서울대학교 기술과 법 센터, 2015, 61면.

모방(dead copy)을 금지하는 제2조 제1호 (자)목과의 균형상 '성과 그 자체
를 가져오는 것' 즉 완전한 모방을 의미하는 것으로 해석하는 견해737)가
대립한다. 위 조항은 스스로 결과를 도출하는 단순한 '모방'의 경우에는 적
용되어서는 안되고, 유체물의 절도와 유사한 '부정취득'의 경우에 한하여
적용되어야 한다는 주장도 후자의 견해와 유사하다고 할 수 있다.738) 판례
는 창작적 요소가 어느 정도 있고 출처 혼동 가능성이 없는 형태 모방의
사안에서 위 조항의 적용을 긍정함으로써 완전한 모방이나 부정취득에만
한정하지는 않는 태도를 취하고 있다.739)

(3) 타인의 경제적 이익 침해

타인의 '경제적 이익을 침해'할 것을 요구한다는 것은 불법행위의 일반
적 법리와 마찬가지로 손해의 발생이 권리구제를 위한 요건이 됨을 뜻한
다.740) 이와 관련하여 판례는 성과 등을 무단으로 사용함으로써 침해된 경
제적 이익이 누구나 자유롭게 이용할 수 있는 공공 영역(public domain)에
속하지 않는다고 평가할 수 있어야 한다고 강조한다.741) 이는 지적재산권
법과의 관계에서 균형을 도모하려는 것으로 이해할 수 있다. 그렇다면 가
령 표현만을 보호할 뿐 아이디어는 누구나 이용 가능한 공공 영역에 속하
는 것으로 하는 저작권법과 관련하여, '표현'이 아니라는 이유로 저작권법
에 의한 보호가 배제된 성과를 성과물 무단사용 조항에 의하여 보호할 수

---

737) 이규홍, 앞의 논문, 87-88면. 저작물의 경우 완전한 모방을 요건으로 하는 것은 아이
    디어가 아닌 표현만을 보호한다는 저작권법의 이상과도 조화를 이루게 된다(위 논문
    93면 참조).
738) 나종갑, 불공정경쟁법의 철학적·규범적 토대와 현대적 적용, 연세대학교 출판문화원,
    2021, 444면.
739) 대법원 2020. 7. 9. 선고 2017다217847 판결. 켈리 백(Kelly Bag)과 버킨 백(Birkin
    Bag)과 유사한 형태의 핸드백 전면에 자신이 창작한 눈알 모양의 도안을 부착하여
    판매한 피고의 행위가 본 조항에 위반된다고 판시하였다.
740) 이규홍, 앞의 논문, 88면; 나종갑, 앞의 논문, 39-40면.
741) 대법원 2020. 3. 26. 선고 2016다276467 판결.

있을까? 학계의 대체적인 견해는 이를 긍정한다면 부정경쟁방지법에 의하여 저작권보다 강한 새로운 저작권적 보호방안을 창설하게 되는 결과가 된다면서 성과물 무단사용 조항에 의한 아이디어 보호를 부정한다.742) 다만 게임 저작물과 같이 외적 조건에 의해 표현이 제한되어 표현과 아이디어가 합체되는 영역이 많은 경우, 예컨대 게임 규칙의 경우 아이디어에 해당하더라도 성과물 무단사용 조항에 의하여 보호될 수 있다는 주장도 있다.743)

마지막으로 '타인'이라는 표현은 보호이익의 주체와 관련되어 있다. 즉, 성과물 무단사용 조항은 위 조항 신설의 계기가 되었던 대법원 판결에서 '경쟁자'라고 표현했던 것과 달리 보호 이익의 주체를 '타인'으로 규정하고 있어서 그 의미에 관하여 견해가 나뉘고 있다. 일부 견해는 위 조항의 문언 및 다른 조항들의 해석에서 타인을 경쟁자로 제한하지 않는 것과의 통일성 등을 이유로 타인을 경쟁자로 제한하여 해석하는 것은 바람직하지 않다고 주장하기도 한다.744) 그러나 다수의 견해는 위 조항의 '타인'을 '경쟁자'로 제한하여 해석한다.745)746) 경쟁자 사이에서가 아닌 성과 등 무단사용 행위

---

742) 나종갑, 앞의 논문, 97면.

743) 강태욱, "지적성과물의 부정한 이용행위의 규제와 한계", GLOBAL IP TREND, 2017, 142면; 최근 대법원은 "게임물의 창작성 여부를 판단할 때에는 게임물을 구성하는 구성요소들 각각의 창작성을 고려함은 물론이고, 구성요소들이 일정한 제작 의도와 시나리오에 따라 기술적으로 구현되는 과정에서 선택·배열되고 조합됨에 따라 전체적으로 어우러져 그 게임물 자체가 다른 게임물과 구별되는 창작적 개성을 가지고 저작물로서 보호를 받을 정도에 이르렀는지도 고려해야 한다"고 판시하면서 창작성과 저작권 보호범위를 넓힘으로써 이 문제를 해결하려는 입장을 보이고 있다(대법원 2019. 6. 27. 선고 2017다212095 판결)

744) 유영운, 앞의 논문, 54-55면. 위 견해는 부정경쟁방지법 제1조, 제2조 제1호 (가)목, (나)목 등 및 상법 제23조 제1항, 제2항, 상표법 제7조 제1항 제6호, 제7호 등에서 규정한 '타인'이 경쟁자에 제한되지 않음을 지적한다.

745) 김원오, 앞의 논문(2014), 281면; 박정희, 앞의 논문, 843면; 이규홍, 앞의 논문, 84면; 한편 나종갑, 앞의 논문, 85면은 부정이용은 수요자를 보호하기 위한 법리로 인정된 것이 아니라 경쟁자를 보호하기 위한 법리로 인정된 것이라고 하면서도 타인이 부정경쟁을 하는 경우에는 당연히 경쟁자가 되는 것이므로 이러한 논쟁이 의미가 없다고 주장한다.

가 타인의 경제적 이익을 침해할 가능성은 적고, 위 조항이 위법성의 징표로 '경쟁질서에 반하는 방법'으로 사용할 것을 요하며, 독일법에서도 성과모방 행위로 인한 부정경쟁행위가 되기 위해서는 경쟁자의 지위에 있을 것을 요구하기 때문이다. 최근의 판례 역시 경쟁관계의 유무를 위 조항에 따른 부정경쟁행위의 성립 여부를 판단하는 핵심적 요소로 고려하고 있다.[747]

나. 구제수단

위와 같은 요건이 갖추어지면 피해자는 금지청구(제4조 제1항)와 손해배상청구(제5조) 및 신용회복청구(제6조)를 할 수 있다. 다만, 금지청구권의 경우에는 추가적인 요건이 요구될 수 있다.

성과물 무단사용 조항이 입법화되기 전의 판례는 '무단이용 상태가 계속되어 금전배상을 명하는 것만으로는 피해자 구제의 실효성을 기대하기 어렵고 무단이용의 금지로 인하여 보호되는 피해자의 이익과 그로 인한 가해자의 불이익을 비교·교량할 때 피해자의 이익이 더 큰 경우'에만 금지청구권이 인정된다고 판시한 바 있는데,[748] 이는 현행법상 금지청구권의 요건

---

746) 이와 관련하여 우리 부정경쟁방지법은 '부정경쟁행위와 타인의 영업비밀을 침해하는 행위를 방지하여 건전한 거래질서를 유지'하는 것을 목적으로 한다는 점에서(제1조), 경쟁업자의 보호를 넘어 소비자 혹은 공중 이익의 보호까지도 목적으로 하는 독일 부정경쟁방지법(UWG §1 참조)과 달리 주로 경쟁업자의 이익보호를 목적으로 하는 사익조정법의 성격에 머물러 있다고 평가하기도 한다(김원오, 앞의 논문(2014), 276면).

747) "(카)목이 규정하는 '공정한 상거래 관행이나 경쟁질서에 반하는 방법으로 자신의 영업을 위하여 무단으로 사용'한 경우에 해당하기 위해서는 권리자와 침해자가 경쟁관계에 있거나 가까운 장래에 경쟁관계에 놓일 가능성이 있는지, 권리자가 주장하는 성과 등이 포함된 산업분야의 상거래 관행이나 경쟁질서의 내용과 그 내용이 공정한지 여부, 위와 같은 성과 등이 침해자의 상품이나 서비스에 의해 시장에서 대체될 가능성, 수요자나 거래자들에게 성과 등이 어느 정도 알려졌는지, 수요자나 거래자들의 혼동가능성 등을 종합적으로 고려해야 한다."(대법원 2020. 3. 26. 선고 2016다 276467 판결).

748) 대법원 2010. 8. 25.자 2008마1541 결정

에 관한 해석론에도 영향을 미칠 수 있을 것이다. 일부 학설은 일반조항 위반에 대한 구제수단으로서 금지청구권을 인정한 결과 남용의 우려가 생겼다면서 다음과 같은 추가적인 요건을 법정화할 것을 제안하기도 한다. 즉, ① 가해행위가 계속성이 있거나 침해 발생 가능성이 현저 또는 급박할 것, ② 손해배상과 같은 사후적 구제수단에 의해서는 피해의 회복이 어려울 것, ③ 금지청구권 행사에 따라 잠재적 가해자가 금지의무를 이행하는 데 곤란함이 적을 것, ④ 가해행위를 금지했을 때 보호되는 피해자의 이익이 금지로 인한 가해자의 불이익보다 더 클 것, ⑤ 당해 이익이 해당 상황에서 권리자만이 배타적으로 누릴 수 있는 이익이라는 점이 누가 보아도 분명해야 하므로 그 권리 자체 또는 그 권리의 존재를 알게 하는 표지가 사회에 공개된 상태일 것 등이 그것이다.[749]

5. 의미와 한계

성과물 무단사용 조항은 매우 유연하면서도 강력하다. 위 조항의 보호 대상인 '성과 등'은 무형의 데이터세트를 포함할 수 있을 만큼 충분히 넓다.[750] 행위 태양으로 적시된 '공정한 상거래 관행이나 경쟁질서에 반하는 방법'은 앞으로의 기술 발전에 따라 나타날 수 있는 침해행위를 포함할 수 있을 정도로 충분히 유연하다. 그럼에도 불구하고 손해배상청구권 외에 금지청구권이라는 강력한 구제수단이 부여되고 있기도 하다. 이런 이유로 성과물 무단사용 조항은 데이터에 대한 배타적 권리의 귀속 문제에 직면하지 않고도 행위규제의 방식을 통해 데이터를 보호할 수 있는 유용한 대안으로

---

749) 김종현 외, 앞의 논문, 328-329면.
750) 대법원은 타인이 영업 목적으로 공개한 데이터를 무단으로 수집하여 제3자와 거래하거나, 상업적 목적으로 활용한 행위에 대해서 성과물 무단사용 조항을 근거로 '부정경쟁행위'로 판결한 바 있다(대법원 2017. 6. 15. 선고 2017다200139 판결). 그 밖에 대법원 2020. 3. 26. 선고 2016다276467 판결도 참조.

주목받고 있다.[751] 최근의 하급심 판례에서도 타인의 데이터 등 투자와 노력의 성과물에 무임편승하는 것을 부정경쟁행위로 인정한 것들이 제법 발견된다. 예컨대 타인의 웹사이트에 있는 게시글을 기계적인 방법으로 대량 복제한 후 자신의 사이트에 게시하여 광고 수입을 얻는 행위,[752] 출구조사를 통하여 얻은 당선자 예측 정보를 이용조건에 위반하여 방송에 이용함으로써 경쟁상 부당한 이익을 얻는 행위,[753] 크롤링(crawling)에 의하여 타인의 데이터베이스 상의 데이터를 복제하는 행위[754] 등이 부정경쟁행위로 인정되었다.

그러나 성과물 무단사용 조항에 의한 데이터세트의 보호에는 한계가 있다. 우선 위 조항의 광범위한 적용에는 신중을 기해야 한다는 견해가 많다. 이는 무엇보다 전통적 지식재산의 보호요건을 충족하지 못하여 자유이용이 보장된 정보들에 대해 부정경쟁방지법에 의한 보편적 보호가 가능해지면서 지적재산권법의 이념이 퇴색되는 것에 대한 우려에 기인한다.[755] 최근 대법원 판결[756]이 성과물 무단사용 조항에 해당하려면 "성과 등을 무단으로 사용함으로써 침해된 경제적 이익이 누구나 자유롭게 이용할 수 있는

---

751) 권영준, 앞의 논문(2021), 27면; 박준석, 앞의 논문(2019), 110-111면은 부정경쟁방지법에 의한 데이터 보호가 현실적으로 가장 합리적인 방법이라고 한다.

752) 서울중앙지방법원 2015. 5. 14.자 2014카합1141 결정.

753) 서울중앙지방법원 2015. 8. 21. 선고 2014가합43866 판결

754) 서울중앙지방법원 2015. 11. 27. 선고 2014가합44470 판결.

755) 박성호, 앞의 논문, 194면 이하; 한국법제연구원, 앞의 자료, 125면은 "특정 데이터세트가 저작물이나 데이터베이스로서 보호될 수 없는 경우에는 제3자에 의한 데이터의 이용이 자유롭게 허용되어야 하는 것이 원칙이고, 오직 예외적으로 (1) 그러한 무단이용으로 인한 새로운 제품이나 서비스의 개발의 사회적 효용은 미미하면서 데이터세트 보유기업의 경제적 이익의 침해가 더 심각하고, (2) 그러한 침해로 인해서 새로운 데이터세트의 생산이나 개발의 인센티브가 심각하게 훼손될 가능성이 명백하며, (3) 그 무단이용의 규제에 의해서 적절한 인센티브의 확보가 필요하다고 판단된 경우에 한해서, 데이터세트의 무단이용이 부정경쟁행위로 규제되어야 할 것"이라고 주장한다.

756) 대법원 2020. 3. 26.자 2019마6525 결정

공공 영역(public domain)에 속하지 않는다고 평가할 수 있어야 한다"고 판시한 것이나, 영향력이 컸던 하급심 판결757)에서 "지식재산권에 의한 보호의 대상이 되지 않는 타인의 성과를 이용하는 것은 본래 자유롭게 허용된다"고 판시한 것 역시 이러한 우려를 반영한 것이다.

신중론의 또 다른 근거는 성과물 무단사용 조항이 일반조항이라는 점에 있다.758) 앞서 보았던 유연하면서도 강력한 구제수단이라는 위 조항의 강점이 반대로 소극적 해석의 한 이유가 되고 있는 것이다. 소송 실무에서는 이미 위 조항이 마치 '지적재산권 전체의 일반조항'처럼 거의 모든 관련 소송에서 원용되고 있고, 지적재산권법의 적용 여부가 불투명한 경우조차 실무적 해결책 내지 이론적 도피처로 제시되고 있는 실정759)이라는 점을 고려해보면 이러한 우려가 근거 없는 것은 아니다. 위 하급심 판결760)이 "자유경쟁 사회는 기업을 비롯한 모든 자의 경쟁 참가 기회에 대한 평등성 확보와 자기 행위의 결과에 대한 예측가능성(적법성의 한계에 대한 예측가능성을 의미한다)을 전제로 성립하는 것이므로 이와 같은 행위에 대한 법규범은 명확하여야 하고, 해석에 의하여 광범위한 법규범 창설기능이 있는 일반조항을 적용함에는 원칙적으로 신중하여야 한다"고 판시한 것은 이와 관련되어 있다. 일반조항이 자유로운 경쟁과 예측가능성을 해할 수 있다는 우려는 외국의 사례에서도 찾아볼 수 있다. 앞서 보았던 것처럼 독일에서는 일반조항의 제한적 해석을 위하여 '특별한 사정'에 관한 해석론이 발달하였고, 미국의 경우에도 부정이용 법리의 적용은 아주 신중해야 한다는 지적이 많다. 일본에서도 최근 빅데이터의 보호를 위해 부정경쟁방지법에

---

757) 서울고등법원 2017. 1. 12. 선고 2015나2063761 판결
758) 이일호, 앞의 논문, 60면. 위 견해는 신중론을 펼치면서도 빅데이터가 성과물 무단사용 조항에 의하여 보호될 수 있다고 주장하는데, 이는 빅데이터가 저작권법상 데이터베이스권에 의하여 보호된다는 입장에 서 있기 때문으로 짐작된다(위 논문 55-56면).
759) 이규홍, 앞의 논문, 63면.
760) 서울고등법원 2017. 1. 12. 선고 2015나2063761 판결

일반조항을 도입하자는 논의가 있었지만, 데이터세트가 저작권법상 보호요
건을 충족하지 못한 경우 자유롭게 이용할 수 있어야 함에도 불구하고 어
떠한 경우를 특정하여 위법한 무임편승행위로 볼 것인지에 관해 많은 논란
과 우려가 제기되었다.[761]

성과물 무단사용 조항에 의한 데이터세트 보호의 또 다른 한계는 위 조
항 자체가 지닌 요건과 효과와 관련된 것이다. 우선 앞서 살펴보았던 것처
럼 위 조항에 따른 구제를 받을 수 있는 권리자는 해석상 '경쟁자'로 제한
되기 때문에 경쟁자가 아닌 사람이 데이터세트를 무단으로 이용하거나 취
득하는 경우에는 보호를 받을 수 없다는 한계가 있다.[762] 그리고 비록 금
지청구권이 부여되기는 하지만 부정경쟁방지법에 의한 보호는 특허권·저
작권 등 전형적인 지적재산권과는 달리 적극적인 독점권이 아니라 소극적
보호에 불과하다.[763] 따라서 양도나 담보제공과 같은 법률적 처분행위를
뒷받침하지는 못한다는 한계가 있다.

제5절 콘텐츠

1. 서설

우리나라는 2002년 디지털 콘텐츠 산업의 발전을 도모하고 저작권법으
로 보호되지 않는 경우에도 디지털 콘텐츠의 제작에 따르는 투자와 노력을
법적으로 보호하기 위하여 「온라인디지털콘텐츠산업발전법」을 제정하였

---

761) Yoshiyuki Tamura, "Legislative Movement for Big Data Protection in Japan", Guangzhou Sun Yat-sen University (SYSU) International Conference: Intellectual Property in Big Data Era: Opportunities and Challenges, 2017.

762) 한국법제연구원, 앞의 자료, 122면.

763) 박준석, 앞의 논문(2019), 112면.

다.[764) 위 법은 2010년 전부개정되어 「콘텐츠산업진흥법」으로 명칭이 바뀌어 현재에 이르고 있다. 법령이나 판례 또는 사실의 전달에 불과한 시사보도와 같이 처음부터 보호받지 못하는 비저작물이거나(저작권법 제7조), 보호기간 경과 또는 저작권 포기로 인하여 공중의 영역(public domain)에 속하게 된 저작물은 저작권법에 의하여 보호받지 못한다. 하지만 그러한 저작물도 콘텐츠로서 가치를 지니고 이용되거나 유통될 수 있으며, 이를 통해 국민의 삶의 질을 향상시키고 폭넓은 문화의 향유를 이루며 복지를 증진시킬 수 있다(콘텐츠산업진흥법 제3조 제2항 참조). 콘텐츠산업진흥법은 그러한 콘텐츠의 제작이나 디지털화에 들어간 노력과 투자를 보호함으로써 콘텐츠의 생산 및 개방을 위한 인센티브를 부여한다.

2. 법적 성격

콘텐츠의 보호방법으로는 콘텐츠제작자에게 당해 콘텐츠에 대하여 소유권 유사의 준물권을 부여하는 권리부여형 접근방법과 경쟁자의 부당한 이용이라는 부정경쟁적 행위를 규제하는 행위규제형 접근방법이 있다. 우리나라의 경우 입법 과정에서 두 가지 방안이 모두 검토되었지만, 결국 후자의 입장이 채택되었다.[765) 미국에서는 유럽연합과 달리 저작권과 유사한 별도의 배타적 독점권(sui generis right)의 부여보다는 '부정이용'(misappropriation) 관념에 기초한 부정경쟁방지 법리에 의지하여 데이터베이스를 보호하려는 이론적 시도가 이루어져 왔는데, 콘텐츠산업진흥법상 콘텐츠 보호 제도가 바로 이러한 법리에 기초하여 만들어졌다고 할 수 있다.

---

764) 온라인디지털콘텐츠산업발전법안, 정동영 의원 대표발의, 의안번호 제161166호.
765) 제1차 공청회에 부쳐진 법안은 권리부여형이었던 반면에 2차 공청회에 부쳐진 법안은 행위규제형 접근방법을 취하고 있었다.[유대종, "디지털콘텐츠제작자 보호 법리에 관한 소고 - 온라인디지털콘텐츠산업발전법상의 보호 법리를 중심으로 -", 법학연구 제15권 제1호, 경상대학교 법학연구소, 2007, 66면].

콘텐츠산업진흥법은 콘텐츠가 저작권법에 의하여 보호되지 않는 경우에
도 일정한 요건 하에 법적 보호를 제공함으로써 인센티브를 부여하는 것을
목적으로 하지만 콘텐츠의 개념이 저작물을 배제하는 것은 아니다. 따라서
콘텐츠가 저작권법상 저작물이나 데이터베이스에 해당될 경우 중복 적용
이 문제될 수 있는데, 콘텐츠산업진흥법은 이러한 경우 저작권법을 우선시
키는 조항을 두고 있다(제4조). 나아가 위 법은 콘텐츠사업자에게 타인의
지식재산권을 침해하지 아니하도록 필요한 조치를 할 의무를 부과하고 있
기도 하다(제10조 제3항).

3. 보호의 내용

콘텐츠산업진흥법에 의한 보호를 받는 주체는 원칙적으로 콘텐츠제작자
이다. '콘텐츠제작'이란 창작·기획·개발·생산 등을 통하여 콘텐츠를 만드
는 것으로서 이를 전자적인 형태로 변환하거나 처리하는 것을 포함하며(제
2조 제1항 제3호), '콘텐츠제작자'란 콘텐츠의 제작에 있어 그 과정의 전체
를 기획하고 책임을 지는 자(이 자로부터 적법하게 그 지위를 양수한 자를
포함한다)를 말한다(동항 제4호).

'콘텐츠'는 '부호·문자·도형·색채·음성·음향·이미지 및 영상 등(이들의
복합체를 포함한다)의 자료 또는 정보'라고 정의된다(동항 제1호). 이는 전
자적 처리 가능성을 요소로 하지 않는다는 점을 제외하면 데이터의 정의와
유사하다고 할 수 있으며,[766] 데이터베이스나 데이터세트 역시 이러한 콘
텐츠의 범주에 포함된다.[767] 다만 콘텐츠가 콘텐츠산업진흥법에 의한 보호
를 받기 위해서는 콘텐츠제작자가 상당한 노력으로 제작한 것이어야 하고,
콘텐츠에 제작연월일, 제작자명 및 이 법에 따라 보호받는다는 사실을 표

---

766) 지능정보화기본법 제2조 제1호는 데이터를 "부호, 문자, 음성, 음향 및 영상 등으로
    표현된 모든 종류의 자료 또는 지식"이라고 정의한다.
767) 유대종, 앞의 논문, 64면.

시하여야 한다(제37조 제1항).

콘텐츠산업진흥법은 행위 규제 방식을 취하여 금지되는 행위를 특정하고 있다. 즉, 누구든지 정당한 권한 없이 위와 같은 요건을 갖춘 콘텐츠의 전부 또는 상당한 부분을 복제·배포·방송 또는 전송함으로써 콘텐츠제작자의 영업에 관한 이익을 침해해서는 안 된다(제37조 제1항). 일부 견해는 콘텐츠산업진흥법이 물권적 보호방법이 아니라 부정경쟁방지적 보호방법을 취한 이상 이러한 보호를 경쟁사업자에 대해서만 주장할 수 있다고 주장한다.[768] 입법 경위에 비추어볼 때 일리가 없는 것은 아니지만, '누구든지'라고 규정한 문언상 그러한 해석이 가능할 것인지는 논란이 있을 수 있다.

이러한 침해행위로 인하여 자신의 영업에 관한 이익이 침해되거나 침해될 우려가 있는 자는 그 위반행위의 중지 또는 예방 및 그 위반행위로 인한 손해의 배상을 청구할 수 있다(제38조 제1항). 다만 콘텐츠를 최초로 제작한 날부터 5년이 지났을 때에는 보호받지 못한다(제37조 제1항 단서).

4. 의미와 한계

콘텐츠산업진흥법은 복제·배포·방송 또는 전송이라는 행위 유형에 관한 부정경쟁방지법 및 저작권법을 절충한 보호를 부여하는 것이라고 할 수 있다.[769] 앞서 본 것처럼 데이터세트도 콘텐츠의 범주에 포함될 수 있으므로, 데이터세트의 제작자가 상당한 노력으로 제작하고 콘텐츠에 법정 사항을 표시하면 보호를 받을 수 있다. 실무적으로 많이 사용되지는 않는 것으로 보이지만, 콘텐츠산업진흥법에 의한 보호는 데이터세트의 보호를 위한 수단으로서의 잠재력이 작지 않다.

다만 콘텐츠산업진흥법에 의한 보호는 다른 부정경쟁방지 법리들, 특히

---

768) 유대종, 앞의 논문, 66면.
769) 권영준, 앞의 논문(2021), 28면.

성과물 무단사용 조항과 유사한 한계도 지닌다. 우선 지적재산권법의 이념
이 퇴색된다거나 일반조항 형식에 따른 남용이 우려된다는 점 등을 근거로
하는 소극적 해석론이 힘을 얻을 수 있다. 특히 콘텐츠산업진흥법에 의한
보호는 성과물 무단사용 조항과 달리 '공정한 상거래 관행이나 경쟁질서에
반하는 방법'이라는 최소한의 위법성 요건도 갖추고 있지 않기 때문에 성
과물 무단사용 조항의 경우보다 반발이 더욱 클 수 있다. 요건이나 효과 면
에서의 한계도 지적될 수 있을 것이다. 즉 콘텐츠산업진흥법에 의한 보호
를 경쟁사업자에 대해서만 주장할 수 있다는 견해에 의한다면[770] 대세적
효력이 상당히 축소될 수 있다. 또한 물권적 보호방법이 아니므로 양도나
담보제공과 같은 법률적 처분행위를 뒷받침하지는 못한다.

---

770) 유대종, 앞의 논문, 66면.

제5장 불법행위법

제1절 서설

데이터세트의 보유자는 데이터세트에 결부된 가치를 침해하는 행위에 따른 손해를 회복받는 것만으로도 상당 부분 보호될 수 있다.[771] 특히 우리나라의 불법행위법은 상당히 높은 수준의 포괄성과 유연성을 지니고 있으므로 데이터세트와 관련된 다양하고 복잡한 법률관계를 다루기에 적합하다. 예컨대 우리 불법행위법은 권리 침해를 성립 요건으로 요구하지 않기 때문에 데이터세트에 대한 권리가 확립되어 있지 않더라도 보호 가치 있는 이익이 존재하는 한 불법행위법에 의한 보호가 가능하다.

다만 불법행위의 성립을 위하여 요구되는 위법성이 데이터세트 침해의 맥락에서 구체적으로 어떠한 내용을 갖는지는 보다 명확히 밝혀질 필요가 있다. 또한 불법행위를 원인으로 하여 금지청구와 같은 보다 실효적인 구제수단이 인정될 수 있을지 여부도 검토할 필요가 있다.

제2절 보호의 내용

민법은 고의 또는 과실로 인한 위법행위로 타인에게 손해를 가한 자는 그 손해를 배상할 책임이 있다고 규정한다(제750조). 손해가 발생한 경우 피해자는 이를 스스로 부담하는 것이 원칙이지만(casum sentit dominus), 위와 같은 특별한 사정이 있는 경우 국가가 개입하여 타인으로부터 손해를

---

771) 권영준, 앞의 논문(2021), 26면 참조.

회복받을 수 있도록 하는 것이다.[772] 따라서 불법행위로 인한 책임이 인정되려면 ① 고의 또는 과실 있는 행위, ② 가해행위의 위법성, ③ 손해의 발생, ④ 위법한 행위와 손해 발생 사이의 인과관계가 있어야 한다. 이들 요건이 갖추어진 경우 피해자는 가해자를 상대로 손해배상을 청구할 수 있으며, 손해배상의 방법은 원칙적으로 금전배상에 의한다(제763조, 제394조). 다만 명예훼손의 경우에는 손해배상에 갈음하거나 손해배상과 함께 명예회복에 적당한 처분을 명할 수 있다(제764조).

타인이 보유하는 데이터세트의 사실상 지배를 빼앗거나, 무결성을 해하거나, 또는 복제나 전송 기타 방법으로 데이터세트를 무단 이용하는 등의 데이터세트 침해행위가 위와 같은 요건을 갖출 경우 민법상 불법행위가 성립될 수 있다. 그런데 데이터세트를 침해하는 행위가 민법상 불법행위가 되는 동시에 부정경쟁방지법이나 독점규제법에서 정한 손해배상청구권의 성립요건을 충족하는 경우도 있을 수 있다. 이 경우 이들 사이의 관계가 문제된다. 대법원은 특별법상의 손해배상청구권과 불법행위법에 기한 손해배상청구권이 경합하는 경우 자동차손해배상보장법[773]이나 국가배상법[774] 등 몇 가지 경우를 제외하고는 대체로 청구권 경합으로 보고 있다. 부정경쟁방지법이나 독점규제법 상의 손해배상청구권과 관련해서는 아직 판례가 없지만 이들 법률과 마찬가지로 경쟁질서 유지 목적을 지닌 증권거래법상 손해배상청구권의 경우에 민법상 손해배상청구권과의 경합을 인정한 판례[775]에 비추어보면 역시 청구권 경합이 인정될 것으로 여겨진다.[776]

---

772) 김형배, "과실 개념과 불법행위책임 체계", 민사법학 4·5집, 한국민사법학회, 1985, 268면.
773) 대법원 1997. 11. 28. 선고 95다9390 판결
774) 대법원 1996. 8. 23. 선고 96다19833 판결
775) 대법원 1999. 10. 22. 선고 97다26555 판결
776) 홍대식, "공정거래법상 손해배상청구-실무의 관점에서-", 경영법률 제13권 제2호, 한국경영법률학회, 2003, 247면; 윤태영, "경쟁질서 위반행위에 대한 불법행위책임", 경제법연구 제5권 제2호, 한국경제법학회, 2006, 61-62면; 이와 달리 공정거래법이

데이터세트 보유자는 일응 위와 같은 불법행위 법리에 의하여 보호받을 수 있을 것으로 여겨진다. 다만 두 가지 문제가 좀 더 깊이 있게 검토될 필요가 있다. 우선 불법행위의 요건과 관련하여 위법성 판단의 구조와 기준이 어떠할 것인지 문제된다. 그리고 효과와 관련하여 비록 법문에는 없지만 금지청구권이 인정될 수 있을 것인지, 인정된다면 어떠한 요건 하에 인정될 것인지도 문제된다. 아래에서 이들 주제에 관하여 살펴보기로 한다.

제3절 위법성

1. 문제점

일반적으로 위법성이란 어떤 행위가 법체계 전체의 입장에서 허용되지 않아서 그에 대하여 부정적 평가를 받음을 의미하며, 피해자의 입장에서 보면 수인한도가 위법성 판단의 중요한 기준이 된다.[777] 위법성의 실질이 무엇인가에 관하여는 권리나 법익에 대한 침해라는 결과에서 위법성을 찾는 결과불법론과 가해행위에서 위법성을 찾는 행위불법론이 대립한다. 통설인 상관관계설은 침해이익의 종류만이 아니라 침해행위의 성질까지 고려하는데, 결과적으로는 행위불법론과 크게 다르지 않다고 할 수 있다.[778]

특별법의 지위에 선다는 견해로는 이호영, 독점규제법의 이론과 실무, 홍문사, 2006, 480면, 부정경쟁방지법이 특별법의 지위에 선다는 견해로는 정호열, 앞의 책(1993), 78면.

777) 지원림, 앞의 책, 1740면.

778) 곽윤직 편집대표, 민법주해(XVIII), 박영사(2005), 209-210면(이상훈 집필부분); 김용담 편, 주석민법(제4판), 채권각칙(6), 한국사법행정학회, 2016, 184-185면(이연갑 집필부분); 곽윤직, 앞의 책, 397면; 참고로 행위불법론의 입장에서는 과실에 의한 불법행위의 경우 법익침해의 결과가 사회생활상 필요한 주의의무를 위반함으로써 발생된 경우에만 위법성이 인정되므로 과실 판단과 위법성 판단이 일부 중첩되는 부분이 있게 된다.

하지만 상관관계설의 기준은 지나치게 추상적이므로 사건의 유형에 따라 위법성 판단의 구체적 기준이 검토될 필요가 있다.

데이터세트 무단 이용의 사안은 경쟁질서 위반의 불법행위와 관련된 기존의 논의와 밀접하게 관련되어 있다. 이러한 유형의 사안에서 위법성 판단을 하기 위해서는 지적재산권법과의 관계 및 자유경쟁의 원리라는 관점에서 고려해야 문제가 있다. 지적재산권법상 공유 영역(public domain)으로 된 지적 성과물의 이용에 위법성이 인정될 수 있을까. 데이터 내지 데이터세트에 대하여 배타적인 지적재산권이 존재하는 경우 그 침해에는 당연히 위법성이 인정되며, 이들 지적재산권의 침해에 대한 구제수단에 관하여는 각 법률에 특칙이 정해져 있다. 배타적 권리는 아니지만 성과물 무단사용이나 콘텐츠 무단이용의 경우에도 마찬가지이다. 위와 같이 지적 성과물이 지적재산권법에 의하여 보호되지 않거나 부정경쟁방지법 위반행위로 인정되지 않는 경우에는 원칙적으로 누구나 자유로이 이용할 수 있는 공유 영역에 속한다고 할 수 있다.779) 따라서 이런 경우에는 설령 타인의 지적 성과물을 무단으로 이용한다 할지라도 자유경쟁의 원칙상 원칙적으로 허용되어야 한다고 말할 수도 있는 것이다. 그러나 거래에 있어서 자유경쟁의 원칙은 법질서가 허용하는 범위 내에서의 공정하고 건전한 경쟁을 전제로 한다. 여러 입법례는 공정한 경쟁질서가 침해된 경우 일반 불법행위 법리에 의한 문제 해결을 시도해 왔으며, 우리 역시 마찬가지이다.

2. 입법례

가. 독일

보통법 시대의 독일 불법행위법은 부정경쟁에 대한 규제에 소극적인 입장이었다. 영업에 의한 이윤추구는 누구에게나 허락되어 있기 때문에 특별

---

779) 차상육, 앞의 논문(2009), 82면.

히 법률에 의하여 금지되어 있지 않은 한 경업자의 행위는 불법행위로 되지 않는다고 보았던 것이다.[780]

그러나 산업화의 진전으로 경업자의 부정경쟁행위로부터의 보호 필요성이 높아짐에 따라 1896년 독일 부정경쟁방지법이 제정되기에 이르렀으며, 4년 뒤 독일 민법의 제정에는 이러한 분위기가 그대로 반영되었다. 독일 민법은 불법행위로 인한 손해배상책임에 관한 일반적인 규정을 두지 않고 개별 조항에 의하여 규율하고 있다. 제823조 제1항은 고의 또는 과실로 타인의 생명, 신체, 건강, 자유, 소유권 또는 그에게 속하는 기타의 권리를 위법하게 침해할 것을 요건으로 하고, 같은 조 제2항은 타인의 보호를 목적으로 하는 법률의 과책(Verschulden) 있는 위반을 요건으로 하며, 제826조는 선량한 풍속에 위반하여 고의로 타인에게 손해를 가할 것을 요건으로 한다.[781] 이 중 제826조는 경쟁질서 위반행위의 규율도 의도한 것이었다. 예컨대 독일제국법원은 제826조에 근거하여 많은 노력과 비용을 들여 다른 영업자가 개발한 제품의 모조품을 값싸게 시장에 내놓는 행위가 선량한 풍속에 반하는 것으로서 불법행위가 된다고 보았다.[782]

한편 위와 같은 독일 불법행위법의 조문 구조는 위법성 판단의 구조에도 영향을 미쳤다. 먼저 제823조 제1항에 규정된 배타적 절대권의 침해로 인한 불법행위에 있어서 위법성은 행위보다는 상태와 좀 더 관련되어 있다. 예컨대 소유권 침해로 인한 불법행위에 있어서는 '침해를 일으키는 행위'가 아니라 그것에 의해 만들어진 '방해 상태(Störungszustand)'가 위법해야 하며,[783] 소유권의 침해 자체로 위법성이 징표된다.[784] 이는 지적재산권과

---

780) 독일제국법원은 상표보호법의 보호요건을 충족하지 않는 한 비록 타인의 상표를 사용하여 경제적 불이익을 준 경우라도 그 불이익을 입은 자의 권리영역이 침해될 수는 없다고 하였다[RG 27. 4. 1887, RGZ 17, 101, 102].

781) 그 밖에 성적 행위의 강요로 인한 불법행위가 제825조에 의하여 인정되고 있다.

782) RG 7. 4. 1910, RGZ 73, 294, 296.

783) BGHZ 66, 37, 39.

784) 이는 독일 민법의 조문 구조상 피고인 가해자 측에서 피해자의 수인의무를 주장하고

같은 배타적 준물권의 경우에도 마찬가지이다.[785] 반면에 행위법규의 침해로 인한 부작위청구의 경우 위법성은 주로 행위불법의 관점에서 판단된다.[786] 예컨대 부정경쟁방지법에 따른 부작위청구의 경우에는 '구체적 침해행위'가 위법해야 한다. 경쟁법은 결과가 아니라 행위와 관련되기 때문이다. 타인의 보호를 목적으로 하는 법률에 위반한 사람에게 불법행위 책임을 인정하는 독일 민법 제823조 제2항의 문언은 이러한 관점을 잘 보여주고 있다. 한편 절대권 침해에 기초하지 않은 순수재산손해는 고의가 있는 경우에 한하여 제826조에 의하여 배상될 수 있을 뿐이다.

일반 불법행위 규정의 부재에서 비롯된 해석상의 난점은 영업 침해의 경우에 극명하게 드러났다. 일찍이 독일 제국법원은 영업을 독일 민법 제823조 제1항의 '기타의 권리'로 인정함으로써 영업이익에 대한 침해가 과실에 의한 경우나 보호법규가 없는 경우에도 불법행위책임을 지울 수 있는 단초를 마련하였다.[787] 자유로운 영업을 행하는 것이 법적으로 허용되는 것과 마찬가지로, 이미 '설립되고 운영 중인 영업(eingerichter und ausgeübter Gewerbebetrieb)'을 직접 침해로부터 보호 가능한 권리로서 승인하여야 한다는 논리였다. 위 판결은 제823조 제1항이 적용될 수 있는 위법한 영업침해를 단순한 수익의 감소와 구별하여 제한하기 위한 기준으로서 '영업의 존립에 대한 직접 침해'라는 기준을 제시하였으나, 이후의 판례는 영업의 보호범위를 영업의 존립을 넘어 영업활동으로까지 확장하면서,[788] '직접

증명해야 하는 것에서 알 수 있다(Fritzsche, Unterlassungsanspruch und Unterlassungsklage, 2000, S. 142). 독일 민법 제1004조 제2항은 소유자가 수인의 의무를 지는 경우에는 소유자의 방해배제청구권 및 부작위청구권이 배제된다고 규정하고, 제986조는 소유자의 반환청구에 대한 점유자의 대항사유를 규정하고 있다.

785) 박시훈, "위법행위에 대한 금지청구권의 연구 - 위법성 판단의 문제를 중심으로", 민사법학 제71호, 한국민사법학회, 2015, 57면.

786) 박시훈, 앞의 논문(2015B), 57면.

787) 박시훈, 위법행위에 대한 금지청구권의 연구, 박사학위 논문, 서울대학교 대학원(2015), 58면.

788) MuW 1929, 65ff.; MuW 1931, 276ff.; 이른바 콘스탄쩨 사건(BGHZ 3, 270ff)에서는

성'의 기준을 '영업관련성(Betriebsbezogenheit)'이라는 요소로 구체화하였다.[789] 영업관련성은 다시 가해자의 '목표'나 '침해와 그 행위의 필연성'이라는 기준에 의하여 구체화되는데,[790] 이는 순수한 재산손해를 과실로 야기한 자에 대해서는 책임을 묻지 않겠다는 독일 불법행위법상 책임체계의 파괴를 최소 범위에 한정하는 기능을 하는 것으로 받아들여지고 있다.[791]

이처럼 영업침해는 판례에 의하여 독일 민법 제823조의 기타의 권리 침해로 확립되었지만, 그 위법성 판단은 침해 상태가 바로 위법성을 징표하는 다른 절대권과 다른 구조를 지니고 있다. 즉 '사실적 영업방해'는 추가적인 이익형량을 거쳐야만 비로소 위법성이 인정된다. 본래 부작위청구에 있어서 위법성은 불법행위의 물적 보호범위에 대한 침해가 있는 한 인정되는 것이지만, 영업침해의 경우에는 기본권적 자유의 보장을 위하여 이익형량이 요구되는 것이다.[792] 다만 '법적 영업방해'의 경우에는 기본권 보장이 아무런 역할을 하지 않기 때문에 보호범위에 대한 침해가 있는 한 그러한 이익형량 없이도 위법성이 인정된다.[793] 예컨대 특허권 등 지적재산권을 근거로 경쟁자의 영업활동을 금지하게 하였으나 나중에 특허가 무효로 밝혀지는 경우[794]가 이에 해당한다. 다만 법적 영업방해의 경우에도 금지청구를 넘어 손해배상청구를 할 때에는 '과실'의 판단 과정에서 이익형량이 이루어지게 된다.[795] 학설은 대체로 이러한 판례의 결론에는 찬성하면서

기업의 신용보호로까지 확대되었다.

789) BGH 9. 12. 1958, BGHZ 29, 65ff.
790) BGH 13. 10. 1988, NJW 1999, 279, 281f.
791) 윤태영, 앞의 논문(2006), 64-65면.
792) MünchKomm/Wagner, 8. Auflage, 2020, § 823, Rn. 264; BGHZ 3, 270ff.
793) 박시훈, 앞의 논문(2015B), 59-61면.
794) 이처럼 하자 있는 보호권에 기한 영업 방해의 사안을 '무권리자의 보호권 경고 (unberichtigte Schutzrechtsverwarnung)'라고 부르기도 한다. 최초로 영업이익에 대하여 제823조 제1항을 적용했던 제국법원의 판례(RGZ 58, 24ff.)가 바로 이러한 사안에 관한 것이었다.
795) MünchKomm/Wagner, 8. Auflage, 2020, § 823, Rn. 264.

도, 영업권은 할당내용(Zuweisungsgehalt)을 결여하고 있으므로 절대권이 아니며, 따라서 그 침해를 불법행위로 보기 위해서는 이익형량에 의한 불법 내용의 파악이 필요하다는 입장이다.[796]

결국 독일법에 따르면 데이터세트에 대하여 배타적 권리가 인정되는 경우에는 직접 제823조 제1항에 의하여 보호되고, 데이터세트 침해행위에 영업관련성이 인정되는 경우에는 영업의 일부로서 간접적으로 같은 조항에 의하여 보호되며, 그렇지 않은 경우에도 경쟁질서 위반행위로서 제826조의 불법행위가 성립할 수 있다. 다만 데이터에 대한 무단접근이나 위변조 등을 처벌하는 형법 제303조a 등 형사법에 의해 보호받는 데이터의 경우에는 불법행위 보호 객체성이 충족될 수 있다는 견해도 있다.[797]

한편 데이터세트에 대하여 배타적 권리, 가령 데이터베이스 제작자의 권리(Rechte des Datenbankhersteller)가 인정되거나, 데이터세트 침해행위가 부정경쟁행위의 요건을 충족하는 경우에는 해당 법규[798]에 따라 특수 불법행위도 성립하게 된다. 독일 판례는 이른바 '보충성 원칙'에 의하여 불법행

---

796) Karl Larenz & Claus-Wilhelm Canaris, Lehrbuch des Schuldrechts, Bd. II/2, 13. Aufl., C.H, Beck, 1994, §87 III, S. 544; von Caemmerer는 불법행위책임의 일반조항을 인정하고 영업이익 보호를 위한 행위규범을 유형적으로 고찰하면 충분하다고 주장한다(Ernst von Caemmerer, "Wandlungen des Deliktsrechts", in : Festschrift deutscher Juristentag II, Müller, 1960, S. 89f.); 절대권과 달리 보호법익의 종류와 구체적 범위에 관한 확고한 기준이 없어서 개별 소송에서 확정되는 권리를 의미하는 '범주적 권리(Rahmenrecht)'라는 개념을 제시하는 견해도 있다(Wolfgang Fikentscher & Andreas Heinemann, Schuldrecht, 10. Aufl., De Gruyter, 2006, Rn. 1571ff).

797) Herbert Zech, ",,Industrie 4.0" - Rechtsrahmen für eine Datenwirtschaft im digitalen Binnenmarkt", GRUR 2015, 1151; 한편 데이터에 대한 법적 이익이 독일 민법 제823조의 '기타의 권리(sonstiges Recht)'에 해당한다고 주장하는 견해도 있지만(Klaus Meier & Andreas Wehlau, "Die zivilrechtliche Haftung für Datenlöschung, Datenverlust und Datenzerstörung", Neue Juristische Wochenschrift, 1998, 1585), 일반적으로 받아들여지지는 않는다.

798) 독일 저작권법 제97조, 부정경쟁방지법 제4조 등.

위법 규정에 따른 청구는 경쟁질서 위반행위에 대하여 특별법상 보호의 결함이 있는 경우에 할 수 있다는 입장을 취하고 있다.[799]

나. 일본

일본 민법에서도 유사한 흐름이 발견된다. 보아소나드(G. Boissonade)가 기초한 일본 구민법은 "과실 또는 해태로 인하여 타인에게 손해를 가한 자는 그 배상을 할 책임이 있다"고 넓게 규정하고 있었지만(재산편 제370조 제1항), 위 조항에 대하여는 불법행위 성립 범위가 지나치게 넓다는 비판이 많았다. 학설은 자유경쟁을 보장하기 위하여 기존 법체계에서 권리로 인정된 것을 침해하는 것이 아닌 한 불법행위는 성립하지 않는다는 입장이 지배적이었고, 이에 따라 일본 민법은 "고의 또는 과실로 인하여 타인의 권리를 침해한 자는 그에 의하여 발생한 손해를 배상할 책임을 진다"고 규정함으로서 권리침해를 불법행위의 요건으로 하였다(제709조).

그러나 이를 엄격히 해석할 경우 피해자 보호에 불충분하다는 문제가 있었다. 일본 대심원은 이른바 '대학탕(大學湯) 사건'의 판결[800]에서 불법행위 책임에 의한 보호는 소유권, 지상권, 채권, 무체재산권, 명예권 등 구체적 권리를 침해한 경우 뿐 아니라 법률상 보호되는 이익의 침해로도 충분하다고 판시함으로써 이러한 문제를 우회하려 하였다. 위 판결의 영향을 받아 학설에서도 권리침해가 아니라 위법성을 불법행위의 성립요건으로 이해하려는 움직임이 나타났다.[801] 나아가 와카즈마(我妻榮) 교수는 이른바 상관관계설을 주장하면서 권리침해는 위법성의 한 징표에 불과하다는 위법성 판단의 구조를 제시하였다. 즉 위법성의 유무는 피침해이익의 종류와 침해행위의 태양을 상관적으로 고려하여 판단하여야 한다는 것이다.[802] 일

---

799) BGH 30. 1. 1953, BGHZ 8, 387, 394f; BGH 22. 12. 1961, BGHZ 36, 252ff.
800) 大判 大正14年(1925年)11月28日 民集 4卷12号 670頁
801) 末川博, "權利侵害論", 京都帝国大学法学博士学位論文, 1930, 300面.
802) 我妻榮, 事務管理·不當利得·不法行爲, 日本評論社, 1940, 125面 이하. 그는 피침해이익

본에서는 이처럼 권리침해가 아니라 위법성을 불법행위 책임의 요건으로
하는 입장이 판례와 학설의 지지를 받아 통설적 지위를 차지하게 되었고,
마침내 2004년 개정 민법803) 제709조가 명문으로 "권리 또는 법률상 보호
되는 이익을 침해한 자"에 대하여 불법행위 책임을 인정하게 되었다.

　이처럼 권리침해로부터 위법성으로 중심이 옮겨감에 따라 지적재산권법
상 공유 영역(public domain)으로 된 지적 성과물의 이용에 관한 판례의 입
장도 변화를 겪었다. 권리침해를 불법행위 성립을 위한 필수적 요건으로
보았던 시기의 판례는 저작권 등 지적재산권의 침해가 되지 않는 한 불법
행위의 성립을 부정하였지만,804) 권리침해보다는 위법성을 불법행위의 요
건으로 보는 입장이 통설이 된 이후로는 판례의 태도가 달라졌다. 즉 서체
의 무단이용에 관하여 공정한 경쟁질서를 파괴한다는 이유로 불법행위 성
립 가능성을 인정한 판례들805)을 필두로 하여, 창작성이 부정되거나 저작
권 침해행위의 범주에 포함되지 않는다는 등의 이유로 저작권법에 의한 보
호를 받지 못하고 부정경쟁방지법상 보호요건도 충족하지 못하는 지적 성
과물의 무단이용에 대하여 일본 민법 제709조의 일반 불법행위를 인정한
판례가 확립된 것이다.806) 위 판례들은 위법성의 실질에 관한 통설적 견해

의 종류로 물권 기타 지배적 재산권, 인격권 기타 인격적 이익, 채권 등을 제시하였
고, 침해행위의 태양으로는 형벌법규 위반, 금지법규 또는 단속법규 위반, 공서양속
위반, 권리남용 등을 들 수 있다고 하였다.

803) 民法の一部を改正する法律 (平成16年12月1日法律第147号)
804) 大判 大正3年(1904年) 7月4日 刑録20輯 1360頁; 大判 大正7年(1908年) 9月18日 民録24
輯 1710頁.
805) 大阪地判平成元年3月8日無体裁集21卷1号93頁, 判時1307号137頁, 判タ700号229頁; 大
阪地判平成9年6月24日判タ956号267頁; 서체는 종래 일본법상 저작물로 인정되지는
않았지만, 위 사건들에서 문제된 서체들은 많은 비용과 노력이 투입되었을 뿐 아니
라 창작성도 있다고 인정된 것들이었다.
806) 京都地判平成元年6月15日判時1327号123頁, 判タ715号233頁; 東京高判平成3年12月17
日知的裁集23卷3号808頁, 判時1418号120頁; 東京地判平成16年3月24日判時1857号108
頁, 判タ1175号281頁 및 知財高判平成17年10月6日判例集未登載[ヨミウリオンライン
事件]; 大阪地判平成14年7月25日判例集不登載[オートくん事件]; 東京地判平成15年1月

인 상관관계설의 영향을 받은 것으로서,[807] 피침해이익의 중요성의 정도 (법적 보호의 필요성), 침해행위의 위법성의 강약, 피해자가 입은 영업상의 불이익의 정도의 상관관계에 의하여 위법성 여부의 판단이 이루어진 것으로 해석될 수 있다.[808] 특히 피침해이익과 관련하여, 법률상 보호되는 이익도 피침해이익으로 포함시킨 2004년 민법 개정 이전에도 모방도용 행위에 의해 침해된 영업이익은 특별법상의 보호가 없더라도 사회통념상 보호되어야 할 이익에 해당한다고 이해되고 있었다.[809] 다만 권리성이 박약한 영업이익의 침해에 관해서는 침해행위 혹은 침해자의 주관적 상황의 반사회성, 공서양속 위반성이라는 요소가 요구된다는 이해가 일반적이다.[810]

일본의 판례는 위법성에 관한 위와 같은 법리적 배경 하에서 창작성이 없는 데이터베이스의 무단 복제 및 이용이 현저히 불공정한 수단을 이용하여 타인의 법적 보호가치 있는 영업활동상의 이익을 침해하는 것으로서 불법행위에 해당한다고 판시하고 있다.[811] 저작권법이나 여타의 법령을 통해 데이터베이스를 명시적으로 보호하지 않는 일본에서 이를 불법행위법에 의하여 보호한다는 점은 우리에게도 참고가 될 만한 부분이 있다.[812]

다. 미국

미국 불법행위법에서는 우리 민법 제750조에 해당하는 일반적 불법행위

28日判時1828号121頁.

807) 松村信夫, "インテリアデザイン," 小谷悦司·小松陽一郎 編「意匠·デザインの法律相談」, 青林書院, 2006, 120~122頁 참조.

808) 차상육, 앞의 논문(2009), 112-115면.

809) 加藤一郎, 「不法行爲[增補版]」, 有斐閣, 1974, 35頁.

810) 加藤雅信, 「事務管理·不當利得·不法行爲(第2版)」, 有斐閣, 2005, 205頁.

811) 東京地中間判平成13年5月25日判時1774号132頁, 判夕1081号267頁(中間判決) 및 東京地終局判平成14年3月28日判夕1104号209頁(終局判決)

812) 신지혜, "공중의 영역에 해당하는 저작물 이용에 대하여 일반불법행위 책임을 인정한 판결례에 대한 고찰", Law & Technology 제6권 제2호, 서울대학교 기술과 법센터, 2010, 3-20면.

개념이 없고 불법행위 유형마다 성립요건이 따로 정해져 있다. 이들은 고의에 의한 불법행위, 과실에 의한 불법행위, 그리고 엄격책임(strict liability)에 따른 불법행위의 세 가지로 유형화되는데,[813] 이러한 체계는 19세기 이후 산업화의 진전에 대응하는 과정에서 비로소 갖추어진 것이다.[814]

물론 미국법상 불법행위의 세 가지 유형이 각각의 성립요건을 가지고 있다고는 해도 가해행위, 손해발생, 인과관계라는 고전적인 불법행위 성립요건론의 틀에 넣는 것이 불가능하지는 않다.[815] 즉 고의에 의한 불법행위의 요건은 행위(act), 고의(intent), 인과관계 등으로 나누어 볼 수 있고,[816] 과실에 의한 불법행위의 요건은 주의의무(duty of care)와 그 위반(breach of duty), 손해의 발생, 인과관계 등으로 나누어볼 수 있다.[817]

이렇게 보면 우리나라와 미국의 불법행위법이 내용에 있어서는 상당히 유사해보이기도 하지만, 둘 사이에는 여전히 상당한 간극이 존재한다. 고의와 과실의 역할이 그 중 하나인데, 고의와 과실은 우리 민법상 심리적 요소인 것에 비하여 미국법에서는 행위적 요소라고 할 수 있다.[818] 예컨대 미국법에서는 처음부터 고의에 의한 불법행위가 될 행위가 따로 정해져 있으며, 그러한 행위가 과실에 의해 행해졌다고 해서 과실에 의한 불법행위가

---

813) Kenneth Abraham, The Forms and Functions of Tort Law, 3rd Ed., Foundation Press, 2007, p. 2.
814) 김영희, "미국 불법행위법의 기본 구조에 관한 연구 -불법행위의 유형과 성립요건을 중심으로-", 법학연구 제21권 제4호, 연세대학교 법학연구원, 2011, 37-38면.
815) 김영희, 앞의 논문, 56-73면.
816) 다만 손해의 발생은 요건이 아니다. 이는 고의에 의한 불법행위에 있어서는 그러한 행위 자체가 타인에게 손해를 끼치는 것이라고 보는 사고가 기저에 깔린 것이라고 할 수 있으며, 명목적 손해배상이나 징벌적 손해배상이 허용되는 것과 관련되어 있다(John Goldberg, Anthony Sebok, & Benjamin Zipursky, Tort Law : Responsibilities and Redress, 2nd Ed., Aspen Publishers, 2008, p. 557).
817) 엄격책임의 경우에도 안전의무의 존재와 그 의무위반, 손해의 발생, 인과관계 등으로 성립요건을 일반화할 수 있겠지만, 각 하부유형에 따른 성립요건이 매우 다양하여 그 실익은 크지 않다(김영희, 앞의 논문, 66-67면).
818) 김영희, 앞의 논문, 74면.

되지는 않는다.[819] 또 다른 차이는 위법성이다. 미국 불법행위법은 우리 민
법과 달리 가해행위의 위법성을 명시적인 요건으로 삼지 않는다.[820] 다만
미국 불법행위법이 가해행위의 위법성을 전혀 문제 삼지 않는 것은 아니
며, 고의·과실이나 의무위반 등을 판단할 때나 위법성 조각사유와 관련하
여 가해자의 항변을 판단할 때 함께 고려된다고 할 수 있다.[821]

미국법상 데이터세트의 침해와 관련된 불법행위 유형으로는 고의에 의
한 불법행위[822]의 일종인 '동산에 대한 불법침해(trespass to chattels)'[823]와
'동산의 횡령(conversion)'이 있다. 우선 '동산에 대한 불법침해'는 정보재산
(information property) 이론과 관련되어 있다.[824] 앞서 데이터의 물건성을
논하면서 살펴보았던 것처럼 미국의 하급심 법원은 타인이 운영하는 서버
내의 정보를 수집해 가는 행위를 서버라는 동산의 소유권을 침해한 불법행
위라고 보았는데,[825] 이것이 정보물권론의 영향을 받았다는 해석이 제기되
었던 것이다. 그러나 위 판례에 대하여는 동산에 대한 불법침해의 법리를
성급하게 인터넷상 정보취득행위에 적용한 것으로서 타당하지 않다는 것

---

819) 김영희, 앞의 논문, 42면.

820) John Goldberg, Anthony Sebok, & Benjamin Zipursky, Tort Law : Responsibilities
and Redress, 2nd Ed., Aspen Publishers, 2008, p. 48 참조.

821) Kenneth Abraham, The Forms and Functions of Tort Law, 3rd Ed., Foundation Press,
2007, p. 2. 이하.

822) 미국 불법행위법상 고의에 의한 불법행위는 폭행(battery), 폭력위협(assault), 불법감
금(false imprisonment), 고의에 의한 정신적 고통부과(intentional infliction of
emotional distress), 부동산에 대한 불법침해(trespass to Land), 동산에 대한 불법침해
(trespass to chattels), 동산의 횡령(conversion), 개인생활침해(invasion of privacy), 악
의적 기소(malicious prosecution), 절차남용(abuse of process), 사기(fraud), 명예훼손
(defamation of character) 등으로 한정된다(김영희, 앞의 논문, 43면).

823) 위 하급심판례에 대한 미국에서의 견해 대립에 관하여는 권영준, "인터넷상 정보에
대한 접근 및 취득행위의 위법성", 비교사법 제14권 제3호, 한국비교사법학회, 2007,
255-259면 참조.

824) 박준석, 앞의 논문(2019), 92-94면.

825) eBay, Inc. v. Bidder's Edge, Inc., 100 F. Supp. 2d 1058 (N.D.Cal 2000).

이 일반적인 평가이다.826) 다음으로 '동산의 횡령'은 부정이용 법리 (misappropriation)의 바탕이 됨으로써 데이터세트를 침해행위로부터 보호하는 역할을 할 수 있는 잠재력을 지닌 것으로서 많은 관심을 받고 있다. 이에 관하여는 이미 상세하게 살펴보았으므로 여기서는 재론을 피하고자 한다.

3. 데이터세트 침해행위의 위법성

가. 위법성의 판단 구조

우리 민법상 데이터 침해행위의 위법성은 통설인 상관관계설에 따라 피침해이익의 유형과 침해행위의 태양이라는 두 가지 측면에서 살펴볼 수 있다.

피침해이익과 관련하여 우리 민법 제750조는 일본의 통설을 받아들여 권리침해를 불법행위의 요건으로 하지 않는다.827) 이 점에서 우리나라는 "타인의 생명, 신체, 건강, 자유, 소유권 또는 기타의 권리"의 침해를 요구하는 독일828)이나 특정한 소인(cause of action)이 있어야 불법행위가 성립할 수 있는 영미법계 국가들과는 차이가 있다. 따라서 데이터세트에 대한 권리가 불법행위법의 보호 대상인지는 권리 주체에 대한 특정 데이터세트의 할당과 이러한 할당에 필요한 보호 및 방어 권한을 부여하는 것과는 무

---

826) Lemley, op. cit.(2003) 미국법상 동산침해(trespass to chattel)는 원고의 점유, 피고의 고의적인 점유방해, 손해의 발생, 점유방해와 손해 사이의 인과관계를 요건으로 한다. 위 하급심판례에 대한 미국에서의 견해 대립에 관하여는 권영준, "인터넷상 정보에 대한 접근 및 취득행위의 위법성", 비교사법 제14권 제3호, 한국비교사법학회, 2007, 255-259면 참조.

827) 주석민법 채권각칙(6), 183-184면(이연갑 집필부분); 일본과 달리 '위법행위'라는 탄력적인 판단기준을 법문에 두고 있는 우리 민법의 해석상 상관관계설의 역할에 의문을 제기하는 견해로는 김성룡, "불법행위의 요건으로서의 위법성의 역할", 민사법학 제30호, 한국민사법학회, 2005, 46면.

828) MünchKomm/Wagner, 8. Auflage, 2020, § 823, Rn. 338 참조. Meier & Wehlau, op. cit., 1585는 데이터에 대한 법적 이익이 독일 민법 제823조의 '기타의 권리(sonstiges Recht)'에 해당한다고 주장하나, 일반적으로 받아들여지는 견해가 아니다.

관하다.829) 데이터세트가 영업의 일부를 이루고 있는 경우 영업의 보호를 통해 간접적으로 보호하려는 경우에도 마찬가지이다. 영업의 침해가 독점 규제법이나 부정경쟁방지법 등에 위반되는 경우는 물론 그렇지 않은 경우에도 법률상 보호할 가치가 있는 이익의 침해로 인정된다면 불법행위법의 보호 대상이 될 수 있다.830)

그러나 위법성의 판단 구조와 관련해서는 피침해이익의 성질이 특별한 의미를 가질 수 있다. 보호영역이 규정된 배타적 지배권831)이 침해되는 경우에는 위법성이 징표될 수 있기 때문이다. 예컨대 저작권법상 보호되는 데이터베이스의 상당한 부분을 복제하는 경우(제93조 제1항) 위법성이 징표된다. 한편 침해행위 태양의 경우 위법성 판단구조에 영향을 미치는 것은 어떠한 행위가 법률상 명시적으로 금지되어 있는지 여부이다. 예컨대

---

829) 정진명, 앞의 논문, 326면; 학술적인 표절 역시 저작권법에 의한 저작권 침해가 성립되지 않더라도 불법행위가 될 수 있다(남형두, 표절론, 현암사, 2015, 207면; 서울중앙지법 2009. 11. 19. 선고 2008가합62460 판결 참조).

830) 양창수, "불법행위의 요건으로서의 위법성", 월간고시 제141호, 법지사, 1985. 10. 43면; 윤태영, "영업이익의 침해와 위법성", 민사법학 제30호, 한국민사법학회, 2005, 75면 이하.

831) 물권이나 지적재산권 등의 준물권이 대표적이겠지만, 인격권도 이 범주에 속한다. 다만, 인격권의 경우 법적으로 보호받을 구체적인 내용을 정하기가 어려운 까닭에 객관적 침해 자체만으로 그 위법성이 추단되지 않고, 개별적인 사안 유형에서 그 제한 또는 침해가 법에 의하여 저지되어야 할 위법한 것인가를 판단하여야 한다는 견해가 지배적이다(양창수, "불법행위법의 변천과 가능성: 그 제도 목적과 관련하여", 민법연구 제3권, 박영사, 1995, 331-332면). 개인정보의 경우에는 침해만으로 일응 위법성이 추단되는 것으로 보인다. 최근 판례는 개인정보를 처리하는 자가 수집한 개인정보가 정보주체의 의사에 반하여 유출된 경우 위법성을 인정한 바 있다(대법원 2018. 10. 25. 선고 2018다223214 판결). 다만 정보주체의 의사에 따라 공개된 개인정보를 이용하는 경우에는 바로 위법성이 징표되지 않고, 정보처리자의 '알 권리'와 이를 기반으로 한 정보수용자의 '알 권리' 및 표현의 자유, 정보처리자의 영업의 자유, 사회 전체의 경제적 효율성 등의 가치를 구체적으로 비교 형량하여 어느 쪽 이익이 더 우월한 것으로 평가할 수 있는지에 따라 정보처리 행위의 최종적인 위법성 여부를 판단하여야 한다(대법원 2016. 8. 17. 선고 2014다235080 판결).

부정경쟁방지법상 금지되어 있는 부정경쟁행위가 있거나, 최근 입법된 데이터산업법 제12조에 의하여 금지되어 있는 데이터자산의 부정사용 행위가 있다면 위법성이 인정될 수 있다고 할 수 있다.

이처럼 피침해이익이 배타적으로 할당된 보호영역을 갖거나 침해행위가 법률상 금지되어 있는 경우가 아니라면, 데이터세트와 관련된 이익의 침해가 있는 경우 그 위법성 여부는 피침해이익과 침해행위와의 상관관계를 고려하여 판단해야 한다.[832] 판례가 배타적 효력이 없는 채권 침해[833]나 아직 형성 중의 권리인 조망이익의 침해[834]로 인한 불법행위의 성부에 있어서 침해행위의 태양을 고려하고 있는 것은 이 때문이다. 특히 영업의 침해와 같은 경쟁질서 위반행위의 경우 침해행위 측면에서의 위법성은 공서양속의 관점에서 판단되며, 이를 위해 이익형량이 중요한 도구로 활용될 수 있다.[835] 즉, 구체적 사건에서 위법성 여부는 결국 법익 주체로서의 피해자 지위와 행동의 자유보장과 관련된 가해자의 지위 가운데 무엇이, 보다 구체적으로는 영업 또는 소비자의 이익과 거래의 자유 가운데 무엇이 우선될 것인가라는 문제로 귀착되는 것이다.[836]

나. 성과물의 무단사용

그러나 기술과 산업의 발전 및 변화에 따라 새로이 전형적인 위법성을 보여주는 사례 유형이 등장하곤 한다. 성과물 무단사용 행위가 그 예이다. 이러한 새로운 불법행위 유형에 대한 인식은 2000년대에 이르러 타인의 인터넷상 정보를 무단으로 취득하는 행위를 경쟁질서 위반행위로 평가하여

---

832) 윤태영, 앞의 논문(2005), 98면 이하; 윤태영, 앞의 논문(2006), 66면.
833) 대법원 2003.03.14. 선고 2000다32437 판결.
834) 대법원 2004. 9. 13. 선고 2003다64602 판결.
835) 대법원 2001. 7. 13. 선고 98다51091 판결.
836) 윤태영, 앞의 논문(2006), 66-67면. 다만 경쟁질서 위반행위는 영업과 영업이라는 동일한 법익의 충돌로 귀결되기 때문에 이익형량에 상당한 어려움이 있는 것은 사실이다.

위법성을 인정한 하급심 판례들837)에서 나타나기 시작했으며, 2010년의 '네이버 대체광고 사건'838)을 통해 명확해졌다. 위 사건에서 대법원은 ① 경쟁자가 상당한 노력과 투자에 의해 구축한 성과물을 상도덕이나 공정한 경쟁질서에 반해 자신의 영업을 위해 무단으로 이용해 경쟁자의 노력과 투자에 편승했을 것, ② 이를 통해 부당하게 이익을 얻었을 것, ③ 경쟁자의 법률상 보호할 가치가 있는 이익을 침해했을 것 등의 요건을 제시했다. 앞서 보았던 것처럼 위 판결은 2014년 부정경쟁방지법 제2조 제1호 (차)목[현행법상으로는 (파)목] 신설의 계기가 되었다.

위 조항은 비록 '공정한 상거래 관행이나 경쟁질서에 반하는 방법으로 자신의 영업을 위하여 무단으로 사용'하는 행위를 금지하고 있으나, 규정 내용이 추상적이고 일반적이어서 금지된 행위에 해당하는지 여부의 판단 과정에서 사실상 공서양속과 이익형량에 기반한 위법성 심사가 이루어질 수밖에 없다. 이와 같은 성과물 무단사용 행위의 위법성 판단 구조의 특성은 2017년 서울고등법원에서 내놓은 다음과 같은 판시 내용에서도 찾아볼 수 있다.839)

---

837) 서울중앙지방법원 2007. 6. 21. 선고 2007가합16095 판결(확정); 서울중앙지방법원 2008. 11. 14. 선고 2007가단70153 판결(항소되었으나 화해권고로 종결됨); 일부 견해는 외국의 법리를 참고하여 위 하급심 판결들로부터 요건사실을 추출해내기도 했다. 이에 따르면 성과물 무단사용으로 인한 불법행위가 성립하려면, ① 피침해이익으로서 이른바 '이마의 땀(sweat of brow)'으로 평가되는 상당한 노력과 시간 및 비용을 투하했을 것, ② 경업관계에 있을 것, ③ 의거하여 복제(copy)하고 있을 것, ④ 침해행위에는 높은 수준의 불법성 내지 반사회성이 있을 것 등의 요건이 요구되지만, 조망이익의 경우와 달리 고의 이외에 해의나 부정한 목적과 같은 '특별한 사정'은 필요하지 않다고 한다[차상육, "저작권법의 보호대상이 되지 않는 지적 성과물의 모방도용행위와 일반불법행위법리의 기능", 창작과 권리 제56호, 세창출판사, 2009, 120-123면].

838) 이에 관한 자세한 내용은, 나지원, "인터넷포털 광고방해금지 가처분사건의 법적 쟁점", 판례연구 제25집, 서울지방변호사회, 2011, 149면 이하.

839) 서울고등법원 2017. 1. 12. 선고 2015나2063761 판결. 위 판결에서 서울고등법원은 저작권 침해와 부정경쟁행위 내지 불법행위를 원인으로 하는 원고의 청구를 모두

"지식재산권에 의한 보호의 대상이 되지 않는 타인의 성과 이용은 원칙적으로 자유로운 영역이므로, 그 이용을 규제하기 위해서는 일정한 합리성(사회적 타당성)이 인정되지 않으면 아니 된다. 그리고 이러한 합리성의 근거는 많은 경우 그 이용행위의 위법성, 즉 타인의 성과를 이용하는 행위가 경쟁사회의 공통규범인 경업자간의 공정하고 자유로운 경쟁의 확보라는 원칙에 비추어 상당하지 않은 것에 있다. 그러므로 지식재산권법에 의하여 보호되지 않는 타인의 성과인 정보(아이디어) 등은 설령 그것이 재산적 가치를 갖는다고 하더라도 자유로운 모방과 이용이 가능하다고 할 것이지만, 그와 같은 타인의 성과 모방이나 이용행위에 공정한 거래질서 및 자유로운 경쟁질서에 비추어 정당화될 수 없는 '특별한 사정'이 있는 경우로서 그 지적 성과물의 이용행위를 보호해 주지 않으면 그 지적 성과물을 창출하거나 고객흡인력 있는 정보를 획득한 타인에 대한 인센티브가 부족하게 될 것임이 명백한 경우 등에는 그와 같은 모방이나 이용행위는 허용될 수 없다고 할 것이다. 따라서 타인의 성과 모방이나 이용행위의 경과, 이용자의 목적 또는 의도, 이용의 방법이나 정도, 이용까지의 시간적 간격, 타인의 성과물의 취득 경위, 이용행위의 결과(선행자의 사업이 괴멸적인 영향을 받는 경우 등) 등을 종합적으로 고려하여 거래 관행상 현저히 불공정하다고 볼 수 있는 경우로서, 절취 등 부정한 수단에 의하여 타인의 성과나 아이디어를 취득하거나 선행자와의 계약상 의무나 신의칙에 현저히 반하는 양태의 모방, 건전한 경쟁을 목적으로 하는 성과물의 이용이 아니라 의도적으로 경쟁자의 영업을 방해하거나 경쟁지역에서 염가로 판매하거나 오로지 손해를 줄 목적으로 성과물을 이용하는 경우, 타인의 성과를 토대로 하여 모방

기각하였으나, 대법원은 상고심에서 원고의 저작권 침해 주장이 이유 있다고 보아 원심을 파기하면서 부정경쟁행위 내지 불법행위에 관한 주장에 관하여는 따로 판단하지 않았다(대법원 2019. 6. 27. 선고 2017다212095 판결). 따라서 부정경쟁행위 내지 불법행위에 관한 서울고등법원의 위 판시 내용은 아직 선례로서의 가치를 잃지 않았다고 할 수 있다.

자 자신의 창작적 요소를 가미하는 이른바 예속적 모방이 아닌 타인의 성
과를 대부분 그대로 가져오면서 모방자의 창작적 요소가 거의 가미되지 않
은 직접적 모방에 해당하는 경우 등에는 예외적으로 타인의 성과 모방이나
이용행위에 공정한 거래질서 및 자유로운 경쟁질서에 비추어 정당화될 수
없는 '특별한 사정'이 있는 것으로 보아 민법상 불법행위 또는 부정경쟁방
지법 제2조 제1호 (차)목에서 규정하는 부정경쟁행위에 해당한다고 봄이
타당하다."

다. 소결

데이터세트의 침해행위가 있는 경우 그 위법성 여부는 침해이익의 종류
와 침해행위 태양의 상관관계라는 일반적 판단기준에 바탕을 두고, 영업의
침해나 성과물 무단사용과 같이 각 행위유형 별로 구체화된 법리의 도움을
받아 판단할 수 있다.

다만 데이터세트에 배타적 권리가 인정되지 않는 경우에 영업의 침해나
성과물 무단사용 등 부정경쟁행위를 주장하는 대신 데이터의 침해 자체를
불법행위로 주장하는 경우에는 위법성을 증명하기가 쉽지 않을 수 있다.
데이터 보유자가 데이터 처리장치의 소유자라면 데이터 처리장치의 소유
권에 기하여 간접적으로 보호받을 수 있다. 데이터 처리장치의 소유권은
'읽기 권한'과 '쓰기 권한'을 포함하므로,[840] 데이터의 사실상 지배를 빼앗
거나, 무결성을 해하거나, 또는 복제나 전송과 같은 침해행위로부터 데이터
를 지킬 수 있다. 그러나 클라우드 서비스를 이용하는 경우와 같이 데이터
보유자가 데이터 처리장치의 소유자가 아닌 경우에는 이러한 방법은 사용
할 수 없을 것이다.

---

840) 정진명, 앞의 논문, 325면

제4절 금지청구권

1. 의의

민법은 불법행위에 대한 구제수단으로서 원칙적으로 손해배상청구권이라는 사후적인 구제수단만을 인정하고 있다(제750조). 그러나 경우에 따라서는 일단 손해가 발생하면 그 회복이 어렵거나 충분한 배상을 받을 수 없을 수 있다. 이러한 경우에는 금지청구권[841]과 같은 사전적 구제수단에 의한 보호가 적절할 수 있다. 그러나 민법은 대륙법의 전통에 따라 법익 침해에 대한 사전적·예방적 구제수단에 관한 충분한 고려를 하고 있지 않아서, 물권이 침해된 경우에 한하여 물권적 청구권 정도가 인정될 뿐이다. 그 밖의 법률에 의한 금지청구권도 지적재산권의 침해나 부정경쟁행위 등에 한정되어 있다. 그 결과 인격적 이익이나 영업이익 또는 부정경쟁방지법 등이 규율하지 않는 경쟁질서와 관련된 이익의 사전적 보호는 상당한 공백이 있다.

최근의 판례는 해석에 의하여 이러한 공백을 해소하려는 경향을 보이고 있으며, 특히 네이버 대체광고 사건[842]에서는 성과물 무단사용에 대한 금지청구권을 인정하면서 그 요건을 구체화하기도 했다. 다만 판례가 금지청구권을 불법행위에 대한 일반적 구제수단으로서 승인한 것은 아니다.[843] 이에 일부 학설은 한 걸음 더 나아가 불법행위에 기한 일반적 금지청구권

---

841) 위법행위의 중지와 예방을 내용으로 하는 청구권은 여러 법령과 학술 문헌에서 금지청구, 유지청구, 정지청구, 중지청구 등 다양한 표현으로 불리고 있다. 여기서는 최근의 판례(대법원 2010. 8. 25.자 2008마1541 결정)에서 많이 사용되고 있으며 의미가 보다 명확한 금지청구권이라는 용어를 사용하기로 한다. 각 용어에 관한 설명은 박시훈, 앞의 논문(2015B), 51-52면.

842) 대법원 2010. 8. 25.자 2008마1541 결정.

843) 예컨대 판례는 채권에는 배타적 효력이 없다는 이유로 제3자에 의한 채권침해에 대한 금지청구권을 부인하고 있다(2001. 5. 8. 선고 99다38699 판결).

을 주장하기도 한다. 비록 성공하지는 못했지만 일반적 금지청구권을 도입하기 위한 민법 개정이 시도되기도 했다.

데이터세트의 경우 금지청구권이 구제수단으로서 갖는 의미는 매우 크다. 비전유성과 비마모성이라는 정보의 특성상 일단 데이터세트가 유출되어 버리면 그 피해를 완전히 회복하는 것은 거의 불가능하기 때문이다. 아래에서는 금지청구권에 관한 각국의 입법례를 살펴본 뒤 우리 법상 금지청구권의 현황 및 전망을 검토해보기로 한다.

2. 입법례

가. 독일

독일에서는 법률상으로는 우리와 마찬가지로 물권과 지적재산권, 그리고 부정경쟁방지법상 금지되는 행위에 관하여만 금지청구권이 인정되고 있을 뿐이지만, 판례는 일찍부터 법률에 정해져 있지 않은 인격적 법익이나 재산적 법익에 관하여도 금지청구권을 인정하고 있다. 즉 독일의 판례는 독일 민법전의 시행 이전부터 영업을 물권과 마찬가지로 법적 보호를 받을 법익으로 간주하고 물권적 청구권의 유추에 의하여 금지청구권을 인정하였다.844) 다만 영업권의 절대권적 구성에 의하여 금지청구권을 인정한 예는 하자 있는 보호권에 기한 영업 방해 사안에 한정되어 있었고, 그마저도 영업의 처분성이나 절대적 불가침성을 인정한 것은 아니었음은 주의할 필요가 있다.845)

독일에서는 금지청구권이 부작위청구권(Unterlassungsanspruch)이라고 불린다. 이는 다시 이미 행해진 침해행위가 반복될 위험이 있을 경우 그 중지를 청구하는 침해 부작위청구권(Verletzungsunterlassungsanspruch)과 아직

---

844) RG 9. 12. 1899, RGZ 45, 59
845) 박시훈, 앞의 논문(2015A), 73면.

침해행위가 발생하지는 않았으나 앞으로 행해질 우려가 있는 경우 그 예방을 청구하는 예방적 부작위청구권(vorbeugender Unterlassungsanspruch)으로 나뉜다. 통설846)과 판례847)는 침해 부작위청구권의 요건으로서 구체적 침해행위, 위법성, 반복의 위험 등 세 가지를 요구하고, 예방적 부작위청구권의 요건으로는 최초 침해행위의 위험(Erstbegehungsgefahr)이 요구된다. 다만 두 경우 모두 귀책사유는 필요하지 않다.848)

나. 미국

(1) 형평법상 구제수단

손해의 전보를 주된 목적으로 하여 손해배상을 원칙적 구제수단으로 하고 있는 우리 민법과 달리,849) 미국 불법행위법은 ① 피해자에 대한 보상, ② 장래의 불법행위의 억지, ③ 불법행위자의 처벌, ④ 불법행위 발생의 예방과 같은 다양한 목적을 추구하면서,850) 그 목적에 맞는 다양한 구제수단을 인정하고 있다.851) 그러나 가장 대표적인 구제수단은 역시 손해배상(damages)과 금지명령(injunction)이다. 일반적으로 전자를 대체적 구제수단(substitutionary remedies), 후자를 특정적 구제수단(specific remedies)이라고 부르며,852) 역사적으로 이들이 각각 보통법원과 형평법원의 전형적 구제수

---

846) Staudinger/Gursky §1004 Rn. 134
847) BGH GRUR 1987, 125, 126; BGH NJW 2005, 594.
848) MünchKomm/Wagner, 8. Auflage, 2020, § 823, Rn. 36.
849) 민법주해(XVIII), 29-42면(김성태 집필 부분); 곽윤직, 앞의 책, 378면.
850) Douglas Laycock, Modern American Remedies: Cases and Materials, Wolters Kluwer, 2010, p. 3.
851) 미국법상 권리침해에 대한 구제제도(remedy)는 크게 손해배상(damages), 예방적 구제방법(preventive remedy), 기타 구제방법(ancillary remedies)로 나누어볼 수 있다 [김차동, "금지(유지)청구권에 관한 비교법적 고찰 - 대한민국과 미국을 중심으로", 법학논총 제26권 제4호, 한양대학교 법학연구소, 2009, 222-223면].
852) 김현수, "불법행위에 대한 금지청구권의 요건", 법학논고 제39호, 경북대학교 법학연

단으로서 발전되었던 것을 계기로 전자를 '보통법상 구제수단(legal remedies)', 후자를 '형평법상 구제수단(equitable remedies)'이라고 부르기도 한다.853)

금지명령은 형평법상 구제수단으로서 전통적으로 보통법상 구제수단인 손해배상의 보충적·부수적 성격이 강했다. 이는 i) 보호법익 범위와 ii) 금지명령에 의한 구제의 적합성(appropriateness)이라는 두 가지 측면에서 영향을 미쳐 왔다.

하지만 보호법익의 범위에 대한 제한은 오늘날 거의 사라진 상태이다. 본래 형평법상 구제에 대해서는 전통적으로 다양한 제한이 가해졌으며, 금지명령이 허용되는 보호법익의 범위에 관해서도 이러한 제한은 존재했었다.854) 그러나 현대 사회에 들어서면서 금지명령의 허용 범위는 점차 확대되어 오늘날 미국법에서 금지명령을 통하여 보호될 수 있는 법익의 범위에는 실질적으로 제한이 없게 되었다.855) 즉, 부동산 물권이나 지적재산권은 물론, 영업비밀이나 영업의 신용 또는 평판과 같은 무형의 재산적 이익856)이나 제3자에 의한 계약침해와 같은 경제적 이익,857) 나아가 프라이버시권과 같은 인격적 권리858)에 대하여도 금지명령이 인정되고 있다.

그러나 금지명령에 의한 구제의 적합성은 금지명령의 발령 여부에 영향을 미치는 가장 중요한 요소로서 그 의미가 크다. 법원은 형평법상 구제 청구에 대하여 그 인용 여부 및 금지명령의 범위에 관하여 광범위한 재량을

구소, 2012, 605면.

853) Doug Rendleman & Caprice Roberts, Remedies: Cases and Materials, West Academic Publishing, 2011, p. 2. 그러나 대부분의 주에서 보통법원과 형평법원이 통합된 오늘날에는 이 분류의 실익이 크지 않다고 한다(김현수, 앞의 논문, 605면).

854) 김현수, 앞의 논문, 606-607면.

855) Dan Dobbs, Law of Remedies: Damages-Equity-Restitution(2d. ed), § 1.2, West Publishing Co., 1993, p. 179.

856) Hyde Park Products Corp. v. Maximilian Lerner Corp., 65 N.Y.2d 316, 321 (1985)

857) Brooklyn Nat. League Baseball Club v. Pasquel, 66 F. Supp. 117 (E.D. Mo. 1946)

858) Joseph Long, "Equitable Jurisdiction to Protect Personal Rights", 33 Yale L. J. 115, 1923.

갖지만,[859] 그러한 재량은 일정한 기준에 의하여 제한되는 것이다.[860] 이와 관련하여 미국 연방대법원은 2006년 'eBay 사건'[861]에서 금지명령의 적합성 요건으로서, ① 회복할 수 없는 손해를 입을 것, ② 금전적 손해배상과 같이 보통법에서 가능한 구제수단들이 원고의 손해를 전보하는데 부적절할 것, ③ 원고와 피고 사이의 불이익의 균형을 고려할 때 형평법상의 구제수단이 정당할 것, ④ 금지명령에 의하여 공중의 이익이 훼손되지 않을 것 등의 네 가지 요소를 제시했다.

그러나 학설은 대체로 이러한 입장에 대하여 비판적이다.[862] 특히 ①, ② 요건은 형평법상 구제를 위한 요건으로 오랫동안 받아들여져 왔지만,[863] 오늘날 '보통법적 구제의 적절성(adequacy of the remedy at law)' 기준 또는 '회복할 수 없는 손해(irreparable injury)'의 법리는 금지명령의 인용 여부의 결정에 있어서 절대적인 기준이라기보다는 단지 하나의 고려요소로 기능하고 있을 뿐이라는 것이 일반적 견해이다.[864] 1979년에 발표된 미국 제2차 불법행위법 리스테이트먼트 역시 이러한 입장에서 서술되었다.[865] 위 리스테이트먼트는 '상대적 적절성(the relative adequacy to the plaintiff of injunction and of other remedies)'의 개념을 채택하면서, 손해배

---

859) Dan Dobbs, op. cit., p. 66.
860) Nichols v. City Of Evansdale, 687 N.W.2d 562, 572 (Iowa 2004)
861) eBay Inc. v. MercExchange, L.L.C., 547 U.S. 388 (2006).
862) Laycock, op. cit., p. 426.
863) Dan Dobbs, op. cit., p. 86.
864) Restatement (Second) of Torts § 938 cmt. a (1979).
865) 제2차 불법행위법 리스테이트먼트 제936조는 '적합(appropriateness)' 여부를 판단하는 기준에 관하여 다음과 같은 고려요소들을 제시하고 있다. ① 보호법익의 성질, ② 금지명령과 다른 구제수단의 원고에 대한 상대적 적절성, ③ 원고에 의한 소제기의 비합리적 지연, ④ 원고 측의 부당행위, ⑤ 금지명령이 인용되는 경우 피고, 그리고 금지명령이 인용되지 않는 경우 원고가 입을 상대적 불이익, ⑥ 제3자와 공중의 이익, ⑦ 명령이나 판결의 작성 및 집행가능성. 이들 요소는 크게 상대적 적절성, 형평법상 항변사유, 이익형량적 고려 요소 및 정책적 고려 요소 등 세 가지 범주로 나뉘어 검토될 수 있는데, 이에 관한 상세한 내용으로는 김현수, 앞의 논문, 611-621면.

상과 금지명령의 상대적 적절성은 단지 불법행위에 대한 금지명령의 적합
성을 판단하는 하나의 요소일 뿐이라고 보고 있다.866) 한 가지 첨언할 것
은 부정경쟁행위의 성격을 갖는 불법행위의 경우에는 보통법적 구제의 적
절성 여부에 구속받지 않고 대부분 금지명령이 인용되어 왔다는 점이
다.867) 데이터세트의 보호와 관련하여 가장 많이 원용되는 부정이용의 법
리가 대표적인 부정경쟁행위의 하나라는 점을 고려하면 이는 중요한 시사
점을 갖는다.

(2) 금지명령의 요건과 내용

미국법상 금지명령은 이미 행해지고 있거나 직면한 불법행위에 대한 중
지적 또는 예방적 구제수단으로서 '직면한 불법행위(threatened tort)'를 요
건으로 한다. 직면한 불법행위가 있다고 인정되려면 강제적 구제수단인 금
지명령을 정당화할 수 있을 정도로 충분한 심각성(seriousness)과 임박성
(imminence)이 인정되어야 하며, 이들 요소는 각각 개별적으로 판단된다.868)

미국법상 금지명령은 상당히 유연한 제도로서, 법원은 금지명령의 발령
여부뿐만 아니라 내용과 범위에 관하여도 광범위한 재량을 갖는다.869) 금
지명령의 내용은 소극적 부작위의 명령만이 아니라 위험원의 제거와 같은
적극적 행위도 포함할 수 있으며, 이들을 각각 '금지적(prohibitory)' 금지명
령과 '작위적(mandatory)' 금지명령이라고 부른다.870) 금지명령의 효력발생

---

866) Restatement (Second) of Torts § 938 (1979)
867) Restatment of (Second) Torts § 938 cmt. b (1979).
868) 심각한 손해가 발생할 개연성이 희박하거나, 사소한 손해가 임박한 경우에는 직면한
    불법행위가 있다고 할 수 없다[Restatement (Second) of Torts § 933 cmt. b (1979)].
869) Dan Dobbs, op. cit., p. 66.
870) Restatement (Second) of Torts, Chapter 48, Note on Terminology (1979). 그 밖에
    절차에 따라 본안판결 전에 가처분의 형식으로 이루어지는 '임시적(interlocutory)'
    금지명령과 본안판결의 내용을 이루는 '본안적(permanent)' 금지명령으로 구분되기
    도 한다. 임시적 금지명령은 다시 상대방에 대한 고지를 필요로 하는 '예비적 금지명
    령(preliminary injunction)'과 담보 제공을 전제로 상대방에 대한 고지 없이 이루어지

을 일정 기간 유보하거나, 조건을 붙이는 것도 가능하다.871) 한편, 금지명령과 손해배상 사이의 관계도 문제될 수 있는데, 상대적 적절성을 단지 금지명령 발령을 위한 하나의 고려요소로 보는 미국 제2차 불법행위법 리스테이트먼트에 따르면, 법원은 "금지청구와 함께 또는 금지청구에 갈음하여" 손해배상 등 다른 구제수단을 부여할 수 있다.872)

3. 불법행위에 기한 금지청구권의 인정 여부

가. 학설

민법은 불법행위의 효과로서 금지청구권을 규정하고 있지 않지만 학설은 오래 전부터 금지청구권의 인정 가능성을 두고 견해의 대립이 있어 왔다. 이러한 견해 대립의 바탕에는 불법행위법의 목적 내지 기능에 대한 관점의 차이가 존재한다.

먼저 불법행위에 기한 금지청구권을 부정하는 견해는 불법행위 제도의 주된 기능이 손해회복 또는 보상에 있다고 본다.873) 불법행위 제도는 위법행위로부터 이미 발생한 손해를 전보시키기 위한 것이므로 현재 이루어지고 있는 위법행위의 배제·정지나 장래 있을 위법행위의 예방청구권 등은 불법행위 자체로부터는 인정될 수 없다는 것이다. 이에 반해 긍정설은 불법행위의 기능에 침해의 배제나 예방도 포함된다고 본다.874) 이러한 관점에서는 불법행위를 이유로 손해배상을 인정하면서 그 손해를 발생하게 한 위법행위를 배제·예방할수 없다면 불법행위 제도의 취지에 어긋나게 된다.

는 '일방적 긴급 금지명령(temporary restraining order)'으로 구분된다[Fed. R. Civ. P. 65(a)(b)].

871) Restatement (Second) of Torts § 938 cmt. b (1979) 참조.
872) Restatement (Second) of Torts § 951.
873) 지원림, 앞의 책, 1854면; 김증한·김학동, 채권각론, 박영사, 2006, 899면; 송덕수, 채권각론(제4판), 박영사, 2019, 603면.
874) 김기선, 한국채권법각론, 법문사, 1988, 455-456면.

마지막으로 절충설은 어떠한 법익에 관하여 어느 정도의 구제수단을 인정할 것인가는 전적으로 입법정책의 문제라고 본다.[875) 불법행위에 대한 구제수단으로서 손해배상 이외에 방해배제까지 인정할 것인지는 가해자 측의 자유 활동을 제한하는 데서 생기는 손실과 피해자 측이 그것 때문에 얻게 되는 이익의 비교·교량에 의해 결정되어야 한다는 것이다.

　한편, 긍정설은 법적 근거를 무엇으로 볼 것인지에 따라 다시 세 가지로 나누어볼 수 있다. 첫 번째 견해는 민법 제750조가 금지청구권의 근거 조항이 될 수 있다고 본다.[876) 위 견해는 비록 위 조항이 금전배상만을 규정하고 있지만 이론상 방해배제를 인정하는 것을 금하고 있지는 않다면서 법의 이념은 불법행위의 억제에 있는 것이므로 해석상 금지청구권을 인정할 수 있다고 주장한다.[877) 두 번째 견해는 물권적 청구권의 규정을 유추적용하여 금지청구권을 인정하려 한다.[878) 민법 제214조는 소유권 침해의 경우 소유물방해배제 및 예방청구권을 인정하고 있는데, 권리의 성격 또는 행위의 성격이 이와 유사한 일정한 유형의 불법행위에 대하여는 금지청구권을 행사할 수 있다는 것이다. 세 번째 견해는 법유추(Rechtsanalogie) 또는 전체유추(Gesamtanalogie)에 의하여 금지청구권을 인정할 수 있다고 주장한다.[879)

---

875) 곽윤직, 채권각론(제6판), 박영사, 2003, 399면.
876) 김기선, 앞의 책, 455-456면; 송오식, "불법행위의 효과에 관한 일제언", 민사법연구 제6집, 호남민사법연구회, 1997, 146면.
877) 특히 위 견해는 손해배상을 인정하면서도 그 원인인 가해행위의 배제·예방을 구할 수 없다면 불법행위제도의 취지에 어긋날 뿐 아니라, 고의·과실을 요구하지 않는 물권적 청구권에서도 방해배제 및 방해예방을 인정하는데 고의·과실로 권리를 침해하는 경우에 이러한 청구권을 인정하지 않는 것은 모순이라고 주장한다.
878) 주석민법(제4판), 채권각칙(6), 418면(김재형 집필부분); 양창수, "정보화 사회와 프라이버시의 보호, 사법적 측면을 중심으로", 민법연구 제1권, 박영사, 1991, 525면; 김재형, "언론에 의한 인격권 침해에 대한 구제수단", 인권과 정의 제339호, 대한변호사협회, 2004, 85-86면; 김천수, "우리 불법행위법의 소묘 - 그 자화상과 미래상", 민사법학 제52호, 한국민사법학회, 2010, 550면(금지청구권이 물권과 같은 절대권의 특성으로부터 도출된다고 주장한다).
879) 권영준, 앞의 논문(2008), 58-62면; 김상중, "불법행위에 대한 금지청구권 규정의 신

법유추란 구성요건이 상이함에도 불구하고 동등한 법률효과를 부여하는 다수의 법규정으로부터 일반적인 법원칙을 도출한 다음, 이를 법률에 규율되어 있지 않은 구성요건에 적용하는 것을 말한다.[880] 위 견해는 우리 민법이 소유권과 같은 물권에 관하여만 방해배제 및 예방청구권을 규정한 것은 우리 민법의 바탕이 된 근대 유럽 민법전이 당시의 사회경제적 상황에 따라 토지의 소유권을 중시하였다는 사정에 기인한 것에 불과하고, 산업화가 진행되면서 소유권 이외의 다양한 재산적 법익들의 중요성이 커지고 있다는 점에 주목한다.[881] 이러한 사회경제적 변화에 따라 부정경쟁방지법 등을 통해 영업이익 등에 대한 예방적 구제수단이 마련되고 있는데, 명시적 규정이 없다는 것만으로 금지청구를 부정하는 것은 '같은 것은 같게' 취급하여야 한다는 점에서 볼 때 부당하다. 따라서 민법 제2조, 제214조, 제217조 제1항, 제389조 제3항, 제764조, 부정경쟁방지법 제4조 등으로부터 "법이 보호하고자 하는 권리나 이익이 침해되었다면 채권자는 그 침해로부터 회복될 수 있는 가장 적절하고 유효한 수단에 의하여 구제되어야 한다"는 법의 일반원칙[882]을 도출할 수 있고, 이러한 법의 일반원칙에 의한 '전체유추'에 의하여 불법행위에 기한 금지청구권이 인정될 수 있다는 것이다.[883]

설 제안", 민사법학 제55권 제1호, 한국민사법학회, 2011, 178면.

880) 윤진수, "이용훈 대법원의 민법판례", 정의로운 사법 : 이용훈 대법원장 재임기념, 2011, 55면; 이에 비해 어떤 구성요건에 주어진 규칙을 가치평가적으로 동등하다고 보일 수 있는 다른 구성요건으로 이전하는 것을 법률유추(Gesetzanalogie) 또는 개별유추(Einzelanalogie)라고 한다(김영환, "법학방법론의 관점에서 본 유추와 목적론적 축소", 법철학연구 제12권 2호, 한국법철학회, 2009, 16-17면).

881) 송오식, "불법행위의 효과로서 금지 및 예방청구권 —대법원 2010. 8. 25.자 2008마1541 결정—", 법학논총 제31권 제1호, 전남대학교 법학연구소, 2011, 525면 이하; 김상중, 앞의 논문(2011), 191면 이하.

882) 권영준, 앞의 논문(2021), 30면 참조.

883) 박시훈, 앞의 논문(2015A), 200-203면.

나. 판례

최근의 판례는 물권이나 지적재산권, 그리고 일부 부정경쟁행위 외에는 금지청구권을 규정하지 않고 있는 우리 법제의 한계를 해석에 의하여 극복하려는 모습을 보이고 있다. 생활방해(nuisance)나 환경침해에 관한 민법 제214조를 확대 적용하거나,[884] 인격권으로서의 명예권은 배타성이 있는 절대권 내지 지배권임을 근거로 그 침해에 대한 구제수단으로서 금지청구권을 인정한 것이 그 사례이다.[885] 특히 판례는 경쟁업자인 피고가 대체광고 등의 방식으로 원고의 인터넷 포털사이트 광고영업을 방해한 사안에 관한 2010년 네이버 대체광고 사건[886]에서, 위와 같은 방해행위가 저작권법, 컴퓨터프로그램보호법, 부정경쟁방지법의 개별 규정을 위반한 것은 아니라고 하면서도, 이를 불법행위로 인정하고 원고의 방해금지 및 예방청구를 인용하면서 다음과 같이 판시하였다.

"경쟁자가 상당한 노력과 투자에 의하여 구축한 성과물을 상도덕이나 공정한 경쟁질서에 반하여 자신의 영업을 위하여 무단으로 이용함으로써 경쟁자의 노력과 투자에 편승하여 부당하게 이익을 얻고 경쟁자의 법률상 보호할 가치가 있는 이익을 침해하는 행위는 부정한 경쟁행위로서 민법상 불법행위에 해당하는바, 위와 같은 무단이용 상태가 계속되어 금전배상을 명하는 것만으로는 피해자 구제의 실효성을 기대하기 어렵고 무단이용의 금지로 인하여 보호되는 피해자의 이익과 그로 인한 가해자의 불이익을 비교·교량할 때 피해자의 이익이 더 큰 경

---

884) 대법원 1995. 9. 15. 선고 95다23378 판결; 대법원 2007. 6. 15. 선고 2004다37904, 37911(사회통념상 수인한도를 넘어서는 인근의 소음으로 인해 정온하고 쾌적한 일상생활을 영유할 수 있는 생활이익이 침해된 경우, 건물의 소유자 또는 점유자에게 그 소유권 또는 점유권에 기하여 소음피해의 제거나 예방을 위한 유지청구를 인정한 사례)
885) 대법원 2005. 1. 17.자 2003마1477 결정.
886) 대법원 2010. 8. 25.자 2008마1541 결정.

우에는 그 행위의 금지 또는 예방을 청구할 수 있다고 할 것이다."

위와 같은 판시 내용은 성과물 무단사용의 사안에서 금지청구의 요건을 명확히 하였다는 점에서 의미가 크다. 즉 판례는 ① 법률상 보호할 가치가 있는 이익이 있을 것, ② 공정한 경쟁질서에 반하여 타인의 성과물을 자신의 영업을 위하여 무단으로 이용하는 부정한 경쟁행위가 있을 것, ③ 금전배상을 명하는 것만으로는 피해자 구제의 실효성을 기대하기 어려울 것, ④ 무단이용의 금지로 인하여 보호되는 피해자의 이익이 그로 인한 가해자의 불이익보다 클 것 등의 요건을 제시하였다. 위 판례는 ①, ② 요건을 갖추면 불법행위가 성립하고, 여기에 ③, ④ 요건을 추가로 구비하면 금지청구권이 발생한다는 논리를 취하고 있다. 그러나 사전적·예방적 구제수단인 금지청구권의 속성상 고의·과실이나 손해와 같은 불법행위의 요건을 모두 갖추지 못하더라도 금지청구권이 인정될 수 있다[887]는 점에서 이러한 논리에는 다소 아쉬움이 있다.

대부분의 학자들은 위 판결의 결론에 동의했지만 구체적인 평가는 엇갈렸다. 일부 학설은 금지청구권이 절대권의 특성으로부터 도출된다는 전제 하에서, 위 판결이 해당 사안에서의 피해자의 법익을 대세적 효력을 갖는 절대권으로 보고 소유권에 관한 규정을 유추적용한 것으로 이해한다.[888] 그러나 보다 일반적인 반응은 위 판결이 부정경쟁방지법에서 열거된 개별적 부정경쟁행위에 속하지 않는 행위에 대하여 동법 제4조 제1항을 유추적용하여 금지청구권을 인정하였다고 이해하는 것이다.[889] 실제로 위 판결을 계기로 부정경쟁방지법에 성과물 무단사용 조항이 도입되었음은 이미 살펴본 바와 같다. 이러한 입장은 금지청구권의 인정 근거를 침해된 권리나

---

887) 김재형, "2010년도 민법 판례 동향", 민사재판의 제문제 제20권, 박영사, 2011, 40-41면.
888) 김천수, 앞의 논문, 550면.
889) 최민수, "부정경쟁행위와 불법행위법상 금지청구권 - 대법원 2010.8.25.자 2008마 1541 결정-", 법조 제62권 제1호, 법조협회, 2013, 3면.

이익의 성질보다는 침해행위의 유사성에서 찾는 것이다. 일부 견해는 위 판례가 위법한 가해행위에 대한 일반적 금지청구권을 판례법적으로 발전시켰다고 평가하기도 한다.[890) 즉, 금지청구권은 보호되는 권리의 배타성이나 절대성이라는 성질로부터 도출되는 것이 아니라, 보호되는 권리나 법익에 대한 사회적 가치 부여의 정도, 다른 수단에 의한 구제가능성, 금지청구권에 의한 효율적 침해 예방 여부 등을 고려하여 그 인정 여부를 판단해야 한다는 것이다.[891) 위 판결을 계기로 활발해진 민법상 일반 불법행위에 기한 금지청구권 인정 가능성에 관한 논의는 지적재산권법 학자들로부터도 많은 관심을 받고 있다.[892)

다. 입법적 시도

일반 불법행위에 기한 금지청구권 인정 여부에 관한 논쟁은 민법 개정 논의에도 반영되었다. 즉 법무부 민법개정위원회는 2014년 민법 개정시안에서 제766조의2를 신설하여 불법행위의 효과로서 금지청구권을 인정하는 내용의 규정을 마련하였다. 동조 제1항은 "타인의 위법행위로 인하여 손해를 입거나 입을 염려가 있는 자는 손해배상에 의하여 손해를 충분히 회복할 수 없고 손해의 발생을 중지 또는 예방하도록 함이 적당한 경우에는 그 행위의 금지를 청구할 수 있다"고 규정하였고, 제2항은 "제1항의 금지를 위하여 필요한 경우에는 손해를 입거나 입을 염려가 있는 자는 위법행위에 사용되는 물건의 폐기 또는 그 밖에 적절한 조치를 청구할 수 있다"고 규정하고 있었다. 위 개정시안은 실제 입법으로 이어지지는 않았지만, 일반적

---

890) 김상중, "불법행위에 대한 사전적 구제수단으로서 금지청구권의 소고", 비교사법 제17권 4호, 한국비교사법학회, 2010, 168면.
891) 김상중, 앞의 논문(2011), 212-213면; 침해행위의 위법성, 피해 구제의 실효성, 위법행위의 임박성을 요건으로 제시하는 견해도 있다(박시훈, 앞의 논문(2015A), 203-208면).
892) 차상육, 앞의 논문(2009), 82면 이하; 김원오, 앞의 논문(2014), 264면.

불법행위에 기한 금지청구권을 명시적으로 규정하자는 입법론은 여전히
이어지고 있다. 네이버 대체광고 판결을 계기로 부정경쟁방지법상 성과물
무단사용에 관한 조항이 마련되었지만, 그에 의하여 포섭되지 않는 영업권
내지 영업이익의 침해 등의 경우에는 여전히 입법적 공백이 있는 상황이므
로[893] 앞으로도 추가적인 논의가 계속될 필요가 있다고 할 것이다.

4. 검토

불법행위의 효과로서 손해배상청구권은 이미 발생한 위법한 침해행위에
대한 사후적 구제수단으로서 피해자의 보상을 주된 기능으로 하며, 손해배
상책임의 정당화 요소로서 침해자의 비난가능성이라는 주관적 상태 즉, 유
책성을 요건으로 한다. 이와는 달리 불법행위의 효과로서 침해금지청구권
은 위법한 침해를 예방(prevention)하는 한편, 상대방의 행위에 대한 자유의
한계를 경고(warning)하는 기능을 하고, 손해배상청구권과의 기능적 차이를
고려하여 침해자의 고의·과실이라고 하는 유책성을 요건으로 하지 않는 것
으로 이해되고 있다.[894] 따라서 불법행위에 기한 일반적 금지청구권의 인
정 여부 및 그 요건은 금지청구권이 갖는 고유한 기능과 관련된 이익형량
의 모습과 깊은 관계를 갖는다.[895] 즉 침해행위의 정지 또는 예방에서는
교정적 정의 관념에서 중요시되는 침해자의 유책성[896]보다는 무엇이 본래
존재하여야 할 법상태인가에 대한 평가와 함께 어떠한 것이 법익에 대한
위법한 침해인가에 관한 평가가 중요하다.[897] 그리고 이 경우 위법성을 판

---

893) 전경운·박수곤, "금지청구권에 대한 소고", 민사법학 제93호, 한국민사법학회, 2020,
    426면.
894) 김현수, 앞의 논문, 603면; 권영준, 앞의 논문(2008), 66면; 김상중, 앞의 논문(2011),
    218-224면; 송오식, 앞의 논문(2011), 548면.
895) 김현수, 앞의 논문, 603-604면.
896) Jules Coleman, "The Practice of Corrective Justice", in David Owen(ed.),
    Philosophical Foundations of Tort Law, Clarendon Press, 1995, p. 56.

단함에 있어서는 교정적 정의나 당사자 사이에서의 정의와 함께 공동체적 정의도 함께 고려되어야 할 것이다.[898] 금지청구에 있어서 위법성 판단시 기준이 되는 수인한도의 판단을 위한 고려사항에는 손해배상청구에 있어서의 그것과는 달리 제3자가 받게 될 불이익도 포함되는 것이다.[899]

사실 이 문제는 근본적으로 불법행위법 자체를 바라보는 관점과 관련되어 있다. 일반적으로 기능적 측면에서 불법행위법을 바라보는 관점은 예방 패러다임과 회복 패러다임으로 나누어 볼 수 있다.[900] 예방 패러다임은 사회 구성원들에게 바람직한 행위지침을 제시하고 그러한 행위로 나아갈 인센티브를 부여함으로써 불법행위를 예방하고자 하며, 최근에는 대체로 법경제학과 결합하는 경향을 보인다. 한편 전통적인 회복 패러다임은 가해자의 잘못으로 인하여 파괴된 본래의 정의로운 상태를 회복해주는 것을 강조하며, 최근에는 교정적 정의론과 결합하는 경향을 보인다.[901] 다양하고 복잡한 사회현상을 규율하는 불법행위법의 기능을 회복과 예방 중 어느 하나만으로 설명하는 것은 불가능할 것이다. 다만 공동체적 관점을 원용할 여백이 충분한 요건론의 측면에서는 예방 패러다임이 주도적으로 내용을 형성하되, 비교적 그 여백이 좁은 효과론의 측면에서는 회복 패러다임의 주도 아래 예방 패러다임은 이를 보완하는 모습을 띤다고 할 수 있다.[902]

어느 하나의 패러다임에만 의존하여 바로 금지청구권의 인정 여부에 관한 결론을 내리는 것은 적절하지 않을 것이다. 예컨대 불법행위 제도의 기

---

897) 根本尙德, 差止請求權の理論, 有斐閣, 2011, 421-22頁.
898) 김현수, 앞의 논문, 622-623면.
899) 대법원 2016. 11. 10. 선고 2013다71098 판결.
900) 기능적 측면에서 바라본 예방 패러다임과 회복 패러다임은 다른 측면에서 바라본 관점들, 즉 공동체와 개인, 효율성과 정의, 사전적 관점과 사후적 관점, 법도구주의와 반도구주의, 공리주의와 반공리주의, 정책과 원리 등이 만나는 여러 접점에서 상호작용한다[권영준, "불법행위법의 사상적 기초와 그 시사점", 저스티스 제109호, 한국법학원, 2009, 76-92면].
901) 권영준, 앞의 논문(2009), 76-92면.
902) 권영준, 앞의 논문(2009), 95-102면.

능이 손해회복 또는 보상에 있다는 점만을 근거로 금지청구권을 부정하는 것은 타당하지 않다. 마찬가지로 예방 패러다임에만 의존하여 금지청구권을 인정하려는 것도 설득력이 부족할 것이다. 일부 견해는 법경제학적 근거에 기반하여 권리보호의 가장 원칙적 형태로서 금지청구권을 옹호한다.903) 권리자의 동의 없는 재화의 강제이전을 차단하고(소유권 절대보장의 원칙) 자유로운 교환에 따라 가장 큰 효용을 갖는 자에게 이전될 수 있도록 함으로서(계약자유의 원칙) 사회적으로 최적의 배분적 효율성이 달성되도록 해야 한다는 것이다. 위 견해는 우리 민법이 일반적 불법행위에 대한 금지청구권을 규정하지 않은 것은 금지명령의 집행비용이 지나치게 크다는 점에 기인한 것에 불과하다면서 과학기술의 발전 및 국가제도의 확립으로 금지명령의 집행비용이 낮아지고 있으므로 금지청구권에 관한 일반적 근거규정을 마련하여야 한다고 주장한다.904) 위 견해는 금지명령이 가지는 기능의 본질을 꿰뚫어 본 것이기는 하지만, 예방 패러다임에 지나치게 의존한 것으로서 불법행위법의 규범적 중요성을 과소평가한 것이라고 할 수 있다.905)

불법행위에 기한 금지청구권에 관한 논의에서 주목할 부분 중 하나는 피침해법익의 법적 성격과 관련된 것이다. 전통적으로 불법적인 침해에 대한 배제의 인정 여부는 불법행위로 침해된 이익의 종류나 성질에 달려 있다고 보는 견해가 많았다.906) 일부 학설은 금지청구권이 원칙적으로 절대권에만 인정된다고 보기도 한다.907) 그러나 최근에는 피침해이익의 법적 성질이 금지청구권의 인정 여부를 결정짓는 것은 아니라는 견해가 우세하다.908)

---

903) 김차동, 앞의 논문(2010), 85면 이하 참조
904) 김차동, "금지(유지)청구권의 일반근거규정 도입에 관한 연구", 법학논총 제31권 제4호, 한양대학교 법학연구소, 2014, 300-301면.
905) 권영준, 앞의 논문(2009), 103면 참조.
906) 곽윤직, 앞의 책, 446면; 김상용, 채권각론(개정판), 법문사, 2003, 851면.
907) 김천수, 앞의 논문(2010), 550면.
908) 김재형, "제3자의 채권침해", 민법론 III, 박영사, 2007, 431면; 이연갑, "법인의 업무

즉, 구제수단은 구제의 목적을 달성하는데 충실하게 해석되고 운용되어야 하는 것이고 보호 대상인 권리의 도그마틱한 성격에 기계적으로 얽매일 것은 아니다.909)

그럼에도 불구하고 일반적 불법행위에 기한 금지청구권을 인정하는 것에는 주저되는 점이 있다. 어느 견해에 의하더라도 금지청구권은 위법성을 요건으로 한다. 그런데 보호영역이 규정된 배타적 권리가 침해되거나 법률상 금지되는 부정경쟁행위에 해당되지 않는 한 위법성은 바로 징표되지 못하고 침해행위와의 상관관계를 통하여 사후적으로 판단되며, 이 경우 침해행위의 태양 뿐만 아니라 상대방 및 제3자와의 이익형량까지 고려되어야 한다. 이러한 방식이 예측가능성을 크게 저해함은 다언을 요하지 않는다. 따라서 불법행위에 기한 금지청구권은 원칙적으로 부정경쟁방지법 등 개별 법령에 규정된 것에 한하여 인정되어야 하고, 사회경제적 변화에 따라 금지청구권이 문제되는 새로운 행위유형이 등장하더라도 위법성 요소가 정형화된 영업 침해 등 경쟁질서 침해행위에 한하여 부정경쟁방지법 조항을 유추적용하여 인정하는 것이 바람직하다고 하겠다. 그리고 이 경우 금지청구권의 요건은 네이버 대체광고 판례에서 제시된 요건을 기반으로 발전시켜 가되, 부정경쟁행위의 경우에는 적합성 요건을 요구하지 않는 미국법의 태도를 고려해볼 때 경쟁질서 침해행위에 있어서 금지명령의 요건을 지나치게 강화할 필요는 없다고 할 것이다.

방해에 대한 금지청구", 민사판례연구[XXXIV], 박영사, 2012, 551면 이하; 권영준, 앞의 논문(2021), 30면; 이동진, 앞의 논문(2018), 228-229면[업무는 누군가에게 배타적으로 할당된 보호영역(할당내용; Zuweisungsgehalt)이 있는 권리는 아니나 그 자체 보호할 가치가 있는 이익으로써, 업무를 방해하는 일정한 유형의 행위는 금지된다고 한다]; Zech, op. cit., S. 343 f.
909) 권영준, 앞의 논문(2021), 30면.

제5절 의미와 한계

데이터세트의 물건성이 부정되고 지적재산권법에 의한 데이터세트 보호가 쉽지 않은 상황에서 부정경쟁방지법에 의한 보호방안이 주목을 받고 있다. 그러나 비록 최근에 성과물 무단사용 조항이 신설되었음에도 불구하고 부정경쟁방지법에 명시된 유형화된 부정경쟁행위에 한하여 규제하려는 경향이 일반적이다. 민법상 일반적 불법행위에 의하여 데이터를 보호하려는 시도는 이러한 배경 하에서 이루어져 왔다. 불법행위에 기한 권리는 비록 물권이나 지적재산권과 같이 어떠한 객체를 직접 지배하거나 보호영역이 할당되어 있지는 않지만, 계약과 달리 제3자에 대하여도 주장할 수 있다. 특히 일반 불법행위에 기한 금지청구권이 인정된다면 불법행위법은 데이터세트의 보호를 위한 상당히 강력하면서도 유연한 도구가 될 수 있을 것이다.

이러한 접근은 민법이 단지 개인의 권리나 법익을 보호하는 것을 넘어 경쟁질서를 유지하는 기능까지 담당한다는 인식 전환에 의하여 가능해졌다. 시장에서의 공정한 경쟁질서 유지는 전통적으로 민법이 아니라 공정거래법이나 부정경쟁방지법과 같은 경쟁법의 문제로 여겨져 왔다. 그러나 사법질서와 경쟁질서는 시장경제체제의 유지라는 기능을 수행한다는 점에서 상호 불가분의 관계에 있으므로 공정한 경쟁질서의 유지는 민법에서도 중요한 문제이다.[910] 공정거래법이나 부정경쟁방지법에 의하여 규제되지 않는 영역에서는 일반 불법행위 법리가 영업활동의 자유의 한계를 설정하는 임무를 떠맡게 된 것이다.[911] 어떻게 보면 경쟁질서 위반의 불법행위는 지적재산권법에 의한 보호 대상이 되지 못한 지적 성과물을 보호하는 데 목

---

910) 윤태영, 앞의 논문(2006), 56면.
911) 양창수, 앞의 책(1995), 335-336면. 위 견해는 새로운 불법행위유형으로서 '시장왜곡행위'를 주장하기도 한다[양창수, "독점규제법에서의 손해배상", 민법연구 제5권, 박영사, 1999, 218면 이하].

적이 있다기보다는 오히려 그러한 성과의 자유로운 이용에 있어서 경쟁질
서의 유지를 목적으로 한다고 볼 수 있으며,[912] 나아가 일종의 소비자보호
의 법리로서 기능할 여지도 있다.[913]

그러나 데이터세트의 보호를 위한 수단으로서 불법행위법은 명백한 한
계를 지니고 있다. 비록 불법행위에 기한 권리를 제3자에 대하여 주장할
수 있기는 하지만 보호영역이 할당된 배타적 권리에 기초하지 않은 경우에
는 데이터세트의 보유자에게 충분한 보호를 제공하지 못할 위험이 있
다.[914] 제3자가 운영하는 클라우드 서비스를 통하여 데이터세트를 보유하
는 경우가 바로 그러하다. 침해행위가 부정경쟁방지법상 성과물 무단사용
의 불법행위에 해당한다면 보호받을 가능성도 있지만 적용범위가 넓지는
않을 것이다. 지적재산권에 의하여 보호되거나 부정경쟁방지법 등에 의하
여 금지되지 않는 한 정보는 공유의 영역에 있으며 자유로운 경쟁을 위하
여 누구나 이용할 수 있어야 한다는 전통적 관념이 부정경쟁방지법의 폭넓
은 적용을 제한하기 때문이다. 데이터세트가 영업의 일부인 경우 영업침해
를 불법행위로 봄으로써 간접적인 보호를 할 수도 있겠지만, 영업은 할당
내용을 결여하고 있기 때문에 침해행위 태양의 평가와 이익형량 과정을 거
쳐야만 비로소 위법성 여부의 판단이 가능하여 보호수단으로서의 예측가
능성이 현저히 떨어진다. 무엇보다 일반적 불법행위에 기한 금지청구권이
인정되기 어렵기 때문에 불법행위법은 데이터세트 보유자의 이익을 효율
적으로 보호할 수 없고, 데이터세트의 거래를 위한 협상을 뒷받침할 수 있
는 준거점을 제공하지 못한다.

---

912) 차상육, 앞의 논문(2009), 125면. 위 견해는 한 걸음 더 나아가 경쟁질서 위반의 불법
행위에 관한 법리가 일종의 소비자보호의 법리로서 기능할 여지도 있다고 주장한다
(차상육, 앞의 논문(2009), 126면).
913) 차상육, 앞의 논문(2009), 126면.
914) Zech, op. cit.; Heymann, op. cit., 652.

제6장 계약법

제1절 서설

계약의 상대적 효력(privity of contract)으로 인해 데이터세트의 이용과 거래를 위한 계약은 당사자에게만 효력이 미치며,[915] 계약에 의하여 당사자로 하여금 제3자를 상대로 데이터세트에 대한 권리를 주장할 수 있도록 하는 것은 불가능하다.[916] 그럼에도 불구하고 계약은 데이터의 사실상 지배를 위한 기술적·관리적 수단의 발전과 맞물려 데이터세트 거래의 수요를 어느 정도 충족시킬 수 있는 잠재력이 있다. 데이터에 대한 배타적 권리의 부재는 거래의 장애물이 될 수 없고,[917] 비밀유지조항 등을 통해 어느 정도 데이터를 보호할 수 있기 때문이다.[918] 무엇보다 사적자치의 원칙에 의하여 뒷받침되는 계약의 유연성은 데이터세트의 거래에서 발생하는 복잡한 문제들을 당사자들에게 가장 이익이 되는 방법으로 해결할 수 있도록 해 준다. 이는 데이터세트에 대한 배타적 권리를 인정하는 경우에도 마찬가지이다. 콘텐츠의 거래와 관련하여 계약법과 저작권법의 관계가 새로이

---

915) 정진명, 앞의 논문, 332면; Baranowski & Kornmeier, op. cit., 1221.
916) 정진명, 앞의 논문, 332면; Ibid.
917) 권영준, 앞의 논문(2021), 30-31면(노하우의 거래를 그 예로 들고 있다); 이동진, 앞의 논문(2018), 230면 이하; 박진아, 앞의 논문, 19-20면(온라인 게임 아이템을 그 예로 들고 있다); 이상용, 앞의 논문(2018), 10면; EU Working Paper, The Economoics of Ownership, Access and Trade in Digital Data, 2017, p. 47; Duch-Brown et al., op. cit., p. 42; 유럽사법재판소는, 저작권이나 데이터베이스에 관한 권리로 보호되지 않는 데이터세트, 즉 미가공 데이터(raw data)에의 접근권을 계약의 자유에 의해 규율할 수 있다고 인정한 바 있다. CJEU, Judgement of 5. 1. 2015 — CASE C-30/14 RYANAIR para. 27.
918) 정진명, 앞의 논문, 332면

조명되면서, 계약법이 저작권법을 보완할 수 있다거나,[919] 한걸음 더 나아가 디지털 환경에서는 저작권의 역할을 대신하여 DRM(Digital Rights Management) 기술과 라이선스 계약이 정보 접근을 통제하게 될 것[920]이라는 주장도 있었던 것을 참고할 필요가 있다.

　그러나 현행법에는 데이터세트의 거래를 상정하여 만들어진 조항이 존재하지 않는다. 지난 20대 국회에서 데이터 계약을 전형계약으로 추가하는 내용의 「민법 개정안」(이하 '김세연 의원안'이라고 한다)이 발의되었지만 임기 만료로 폐기되고 말았다.[921] 데이터 거래의 관행은 아직도 형성 중에 있을 뿐이다. 이런 이유로 거래계의 수요에 부응하기 위해 데이터세트 거래를 위한 모범 사례를 축적하고 표준계약서를 마련하려는 시도가 국내외에서 많이 이루어졌다.

　리눅스 재단은 지난 2017년 기계학습을 위한 학습 데이터의 공유를 촉진하기 위하여 오픈 소스 프로그램 라이선스와 유사한 '데이터 라이선스 표준계약서(Community Data License Agreement, CDLA)'를 발표했다.[922]

---

919) Evelyn Woodberry, "Copyright vs Contract: Are They Mutually Exclusive?", Australian Academic & Research Libraries vol.33. no.4, 2002, pp. 48-51.

920) James Neal, "Copyright is dead. … long live copyright", American Libraries vol.33. no.11, 2002, pp. 48-51; Paul Goldstein, "Copyright and Its Substitutes", Wisconsin Law Review, 5/1997, pp. 865-871.

921) 2019. 11. 18. 김세연 의원 외 14인 발의, 의안번호 제2023867호.

922) The Linux Foundation, "Community Data License Agreement - Sharing - Version 1.0", 2017, p.1 (available at https://cdla.dev/sharing-1-0/) 리눅스 재단은 공유형(sharing)과 허가형(permission) 등 두 가지 유형의 표준계약서를 발표하였다. 전자의 경우 사용자가 제공받은 데이터와 사용자에 의한 추가 데이터(additions) 및 수정 데이터(modifications)를 공개해야 하는 반면 후자의 경우에는 공개하지 않을 수 있다는 점에서 차이가 있다. 그러나 그 외에는 두 유형의 표준계약서 내용이 대부분 동일하기 때문에 본고에서는 공유형을 예시로 하여 설명하였다. 참고로 리눅스 재단은 2021년 6월 새로운 버전의 허가형 표준계약서(v.2)을 발표하였는데, 대체로 기존 버전을 간소화한 것에 불과하여 학술적 분석 목적으로는 오히려 기존 버전이 유용하다. 다만 기존 버전은 사용자가 데이터를 대상으로 한 전산적 사용(computational use)에서 획득한 처리결과 또는 출력물을 의미하는 '결과물(result)'을 수정 데이터에

위 표준계약서는 저작권이나 데이터베이스권과 같이 법령상 배타적으로 보호되는 데이터세트에 대한 라이선스를 제공하는 계약을 상정하여 만들어졌지만, 배타적 효력이 없는 데이터세트의 거래에도 도움이 될 수 있는 여러 조항들을 담고 있다. 한편 일본 경제산업성은 2018년 6월 데이터 거래 계약을 지원하기 위하여 거래 유형을 '제공형', '창출형', '공유형(플랫폼형)' 등으로 나눈 「AI·데이터의 이용에 관한 계약 가이드라인」을 발표하였다.[923) 우리나라도 이러한 흐름에 발빠르게 동참하였다. 먼저 한국데이터산업진흥원은 위 일본의 가이드라인을 참고하여 2019년 12월 「데이터 거래 가이드라인」을 발표하였다.[924) 위 가이드라인은 국내 데이터 거래에서 이루어지고 있는 계약을 '제공형', '창출형', '마켓플레이스형' 등 세 가지로 유형화하고[925) 각 유형별로 표준계약서도 제시하고 있다. 그리고 2020년에는 금융권 데이터의 거래를 지원하기 위해 금융보안원에서 「금융권 데이터 유통 가이드(2020)」를 발표하였다.[926) 금융권 데이터는 신용정보 등 개인정보가 많이 포함되어 매우 까다로운 문제들을 수반하는데, 위 가이드는 가명정보의 취급 등과 관련된 유용한 조언들을 제공해준다.

아래에서는 데이터 계약의 법적 특성에 관하여 대략적으로 살펴본 뒤 데이터세트 보호를 위하여 사용될 수 있는 계약법적 장치들을 검토해본

서 제외함으로써 이를 사용자에게 유보하고 외부에 공개하지 않을 수 있도록 허용하고 있었는데, 새로운 버전은 보다 폭넓은 공유를 위하여 결과물에 대한 제한을 철폐하였다.(The Linux Foundation, op. cit.)

923) 日本 經濟産業省, 前揭資料(2018A).

924) https://www.kdata.or.kr/info/info_01_view.html?field=&keyword=&page=1&dbnum=276&mode=detail&type= 참조(2021. 1. 30. 최종 방문).

925) 제공형은 데이터 공급자와 수요자 사이에 이루어지는 계약을 말하고, 창출형은 기존에 존재하지 않던 데이터의 창출 및 그 귀속에 관한 내용을 포함하여 데이터 창출자, 공급자, 수요자 사이에 체결되는 계약들을 말하며, 마켓플레이스형은 데이터 거래 플랫폼 위에서 데이터 공급자, 플랫폼 서비스 제공자, 데이터 수요자 사이에 체결되는 계약들을 말한다,

926) 금융보안원, 앞의 자료.

다.927) 제3자 배제 약정과 제공자 배제 약정, 그리고 피제공자의 관리의무 등이 이에 해당할 것이다. 그 밖에 데이터 계약에서 전형적으로 다루어지는 주제로는 담보책임과 면책조항에 관한 문제가 있다. 이는 데이터세트의 보호보다는 데이터세트의 거래 내지 유통과 관련되는 문제이기는 하지만, 데이터 계약에 있어서 현실적으로 가장 중요한 주제이니만큼 간략하게나마 함께 다루기로 한다.

제2절 데이터 계약의 의의

1. 데이터 계약의 개념

데이터의 이전과 이용에 관한 계약을 데이터 계약이라고 부를 수 있을 것이다. 김세연 의원안에서는 데이터 계약을 "당사자928) 한쪽이 상대방에게 데이터를 이전하거나 이용하게 할 것을 약정하고 상대방이 그 대금을 지급하기로 약정함으로써 효력"이 생기는 계약이라고 정의하였다(제674조의10). 데이터에 대한 배타적 권리와 공시방법이 마련되지 않은 이상 데이터 계약은 낙성계약일 수밖에 없고, 데이터에 대한 보호를 통해 그 이용과 유통의 촉진을 도모한다는 정책적 맥락에서 주로 문제되는 것은 데이터 제공에 대한 대가적 출연이 있는 유상계약이므로 데이터 계약을 낙성의 유상계약으로 보는 이러한 정의 규정은 대체로 타당하다. 한편, 영미법에서는

---

927) 데이터계약과 관련된 법적 쟁점에 관하여 개관한 설명으로는 손승우, "데이터 거래 계약의 유형과 법적 쟁점", 이성엽 편, 데이터와 법, 박영사, 2021 및 김상중, "데이터 거래와 오픈마켓", 경영법률 제31권 제3호, 한국경영법률학회, 2021 참조.

928) 위 법안은 데이터 계약의 주된 당사자를 '데이터 제공자'와 '데이터를 제공받는 자'라고 표현하고 있다. 본고에서는 이를 채용하되 후자는 좀 더 축약하여 '데이터 피제공자'라고 표현하였다.

계약을 강제할 수 있기 위한 요건으로서 약인(約因, consideration)이 요구되는데, 앞서 본 리눅스 재단에서 마련한 표준계약서(CDLA)는 데이터 제공자가 데이터를 사용 가능하게 함으로써 얻는 혜택과 사용자가 데이터로부터 얻는 혜택은 계약의 성립을 위한 충분한 약인(consideration)으로 인정된다고 선언하고 있다.[929]

그러나 '데이터'에는 전혀 다른 법리를 적용받는 여러 유형의 데이터가 포함되므로 각 데이터 유형에 따라 데이터 계약의 특성이나 양상은 매우 달라질 수 있다. 예컨대 데이터 계약의 대상이 된 데이터가 정보주체의 개인정보에 해당하는 경우에는 민법의 법리와 개인정보보호의 법리 사이에서 매우 어려운 조화와 균형이 요구된다.[930] 독일 민법상 디지털 상품 계약의 경우가 이에 관한 좋은 사례이다. EU의 「디지털 콘텐츠 공급계약에 관한 지침 제안」[931]은 디지털 컨텐츠 제공에 수반하여 이루어지는 개인정보 제공을 급부의 일종으로 파악하였고, 이와 같은 내용은 2019년 「EU 디지털 지침」[932]에 포함되었다. 2021년 개정 독일 민법[933]은 이를 국내법으로 반영하기 위하여 데이터에 의한 결제(Bezahlen mit Daten)에 관한 조항들을 도입하였다. 즉 디지털 상품(digitale Produkte)[934]의 공급 또는 이용에

---

929) Linux Foundation, op. cit.

930) 이러한 문제를 다루는 분야를 '데이터 사법(Datenprivatrecht)'이라고 부르는 견해도 있다[Philipp Hacker, Datenprivatrecht: Neue Technologien im Spannungsfeld von Datenschutzrecht und BGB, Mohr Siebeck, 2020].

931) European Commission, Proposal for a Directive on certain aspects concerning contracts for the supply of digital content, 2015; 김진우, "대가로서의 디지털 개인정보 - 데이터의 개인정보보호법 및 계약법적 의의 -", 비교사법 제24권 제4호, 한국비교사법학회, 2017 참조.

932) Directive (EU) 2019/770 of 20 May 2019 on certain aspects concerning contracts for the supply of digital content and digital services.

933) Gesetz zur Umsetzung der Richtlinie über bestimmte vertragsrechtliche Aspekte der Bereitstellung digitaler Inhalte und digitaler Dienstleistungen, BGBl. I 2123. 위 법률은 6. 30. 연방관보에 게재되었다.

934) 디지털 상품(digitale Produkte)이란 디지털 콘텐츠(digitale Inhalte)와 디지털 서비스

대한 대가로 데이터를 제공하는 것(Bezahlen mit Daten)을 승인하면서,[935] 이에 대하여 소비자보호에 관한 규정을 적용하고(제312조 제1항의a, 제327조), 담보책임은 증여의 예를 따르지 않도록 하였다(제516조의a).[936] 그리고 정보주체의 개인정보 이용 동의 철회[937]에도 불구하고 디지털 상품 계약은 여전히 유효하고, 사업자는 이를 이유로 계약을 해지할 수는 있으나 손해배상청구는 하지 못하도록 하였다(제327조의q). 아래에서 논의할 데이터 계약은 이러한 다양한 데이터의 유형 가운데 '데이터세트'를 목적으로 하는 것에 한정된다.

2. 데이터 계약의 분류

가. 급부의 목적에 따른 분류

데이터 계약은 급부의 목적이 되는 데이터의 유형에 따라 분류될 수 있다. 본고의 주된 논의 대상인 데이터세트에 한정하더라도, 급부의 목적이 데이터베이스 제작자의 권리로 보호되는 데이터베이스인지 아니면 그에 해당하지 않는 일반적 데이터세트인지에 따라 구분할 수 있을 것이다. 전자의 경우 배타적 권리의 목적이 되고 공정이용의 법리를 비롯한 저작권법

(digitale Diensleistunge)를 통합한 개념이다.

935) 개정 독일 민법상 데이터에 의한 결제 조항은 계약의 체결 또는 이행을 개인정보 처리에 대한 동의에 의존하게 하는 것을 금지하는 개인정보보호법상 부당결부금지 (Koppelungsverbot) 조항과 서로 긴장관계에 있을 수 있다. 이 문제의 해결은 궁극적으로 유럽사법재판소의 판단을 기다려 보아야 할 것이다.

936) 데이터에 의한 결제가 허용되는 경우 급부와 반대급부는 원칙적으로 쌍무적 교환관계(Äquivalenzverhältnis)에 있게 된다(Raoul Nissen, Der monetäre Wert von Daten im Privatrecht: Dogmatik und Rechtspolitik des Datenprivatrechts Vol. 22, Mohr Siebeck, 2021, S. 73.)

937) 개인정보보호법상 정보주체는 언제든 자유롭게 개인정보 이용 동의를 철회할 수 있다. 이는 기본권인 개인정보자기결정권의 내용에 속하므로 이와 다른 내용의 특약은 효력이 없고, 따라서 사업자가 동의의 이행을 소구할 수는 없다.

규정들에 의한 규율을 받는다는 특성이 있지만, 당사자들은 여전히 다양한
계약조항들을 통해 유연하게 자신들의 법률관계를 형성할 수 있을 것이다.
앞서 보았던 국내외의 데이터 거래 가이드라인이나 표준계약서들은 데이
터에 대한 배타적 권리를 전제로 하지 않고, 데이터의 접근과 이용을 통제
할 수 있는 사실상의 지위나 채권적 지위 내지 권리를 데이터권으로 보아
이를 계약에 의하여 보호하는 방법을 제시하고 있다.

나. 급부의 내용에 따른 분류

법이론적으로는 급부의 내용에 따른 매매형과 대차형의 구분이 좀 더 중
요할 수 있다. 우선 매체와 결합된 데이터세트의 경우에는 유체동산의 매
매로 보면 족하다. 이 경우 데이터 피제공자의 데이터세트 이용은 매체 소
유권의 사용권능에 의하여 확보되고, 데이터의 흠은 하자담보책임 및 채무
불이행책임을 발생시킨다.[938] 매체와 독립된 데이터세트의 경우 매매형과
대차형을 나누는 기준은 데이터 피제공자의 데이터 이용에 제한이 있는지
여부에 달려 있다.[939] 이 때 매매형이란 이용 권한이 종국적으로 부여됨을
가리키는 표현이며, 반드시 민법상 매매를 일컫는 것은 아니다. 즉 민법상
의 매매는 재산권을 대상으로 하므로 저작권법상 데이터베이스와 같이 데
이터세트가 재산권의 목적인 경우에는 매매계약에 해당하겠지만, 그 외의
데이터세트는 재산권의 목적이 되지 않으므로 매매 유사의 유상계약으로
서 성질이 허용하는 한 매매에 관한 규정이 준용될 수 있다. 이에 비해 데
이터세트의 이용권한을 종국적으로 부여하지 않고 기간 등의 제한을 두는

---

938) Maximilian Haedike, Rechskauf und Rechtsmangelhaftung; Forderungen, Immater-
ialgutterrechte und das reformierte Schuldrecht, Mohr Siebeck, 2003, S. 97 ff.;
Specht(주 28), S. 125 ff., 136 ff. 소프트웨어의 종국적 양도계약에 관한 이러한 판례
전개의 예로, BGH NJW 1988, 406 (매체양도를 포함하는 경우) 및 BGH NJW 2007,
2395 (매체양도와 독립된 경우) 참조.
939) 이동진, 앞의 논문(2018), 230-231면

경우에는 임대차 등의 법리를 유추함이 적절할 것이다.[940] 한편 이용 목적에 제한이 있는 경우도 목적 달성과 함께 이용이 종료되게 마련이므로 대개는 대차형에 속하는 것으로 취급하는 것이 적절할 것이다.[941][942]

당사자들은 계약에 의하여 데이터 제공자의 데이터 이용권한을 배제할 수 있으나 데이터 제공자가 계속하여 데이터를 이용할 수 있는지 여부는 위와 같은 구분에 영향을 미치지 않는다.[943] 이런 점에서 데이터 거래는 본질적으로는 물건의 소유권과 점유를 이전하는 '주는 채무'를 목적으로 한다기보다는 현존하는 데이터에 대한 접근과 이용을 허용하고 그에 필요한 부수적인 조치를 취하는 '하는 채무'를 목적으로 한다는 견해가 있지만,[944] 만약 완전한 데이터 이용권한의 종국적 부여가 수반된다면 성질상 허용되는 범위 내에서 매매법을 적용하거나[945] 준용하는 것이 거래 당사자들이 예상과 기대에 부합할 것이다.

다. 그 밖의 분류

한편, 앞서 보았던 「금융권 데이터 유통 가이드(2020)」는 데이터 계약을 데이터 제공형 계약과 결합데이터 제공계약으로 구분한다. 데이터 제공형 계약은 공급자와 수요자 사이의 양자간 계약으로서 다시 데이터 양도, 데이터 교환, 데이터 라이선스 등으로 나뉘는데, 이는 앞서 보았던 매매형(양

---

940) Louisa Specht, Konsequenzen der Ökonomisierung informationeller Selbstbestimmung – Die zivilrechtliche Erfassung des Datenhandels, Carl Heymanns Verlag, 2012, S. 161; 이동진, 앞의 논문(2018), 231면.
941) 이동진, 앞의 논문(2018), 231면.
942) 참고로 개인정보 이용 동의를 계약으로 파악하는 경우, 개인정보는 인격권으로서 언제든 이용 동의의 철회가 가능하고 목적제한의 원칙이 적용되므로 개인정보 이용계약 역시 대차형으로 보아야 할 것이다.
943) 데이터 제공자가 데이터의 사실상 지배와 이용 권한을 유지하는 경우에는 저작권법상 배포의 개념과 유사할 것이다.
944) 권영준, 앞의 논문(2021), 31면.
945) 이동진, 앞의 논문(2018), 231면.

도 및 교환)과 대차형(라이선스)의 구분에 상응하는 것이다. 결합데이터 제
공계약은 당사자와 계약의 내용에 있어서 특수성을 지니는데 이에 관하여
는 뒤에서 좀 더 자세히 설명하기로 한다.

이 밖에도 다양한 기준에 따라서 데이터 계약을 유형화할 수 있다. 예컨
대 학자에 따라서는 데이터 생명주기에 따라 데이터 생성계약, 데이터 저
장계약, 데이터 관리 계약, 데이터 중개계약, 데이터 가공계약, 데이터 분석
계약, 데이터 이용계약, 데이터 플랫폼 가입계약 등으로 구분하기도 한
다.946) 비록 임기만료로 폐기되었지만 「빅데이터의 이용 및 산업진흥 등에
관한 법률안」은 외부 클라우드 서비스 업체 등을 통하여 데이터세트를 관
리할 수 있도록 빅데이터 자산의 임치계약에 관하여 규정하기도 했다.947)

라. 특정승계와 포괄승계

지금까지 살펴본 것은 계약이라는 법률행위에 초점을 맞추어 유형화한
것이다. 이와 달리 데이터세트에 대한 권리 또는 사실상 지배가 승계되는
방식에 초점을 맞추어 특정승계와 포괄승계로 유형화할 수도 있다. 사실
포괄승계는 법률행위가 아니거나 법률행위라고 하더라도 데이터의 이용이
주된 내용이 아니므로 이론적으로는 데이터 계약의 맥락에서 논할 만한 것
은 아니다. 그러나 데이터 거래의 법률적 기반이 취약한 탓에 실제로는 데
이터의 확보를 주된 목적으로 하는 대규모 합병이 자주 일어나고 있다.

데이터세트는 특정적으로 승계될 수도 있지만, 포괄승계에 수반하여 이
전될 수도 있다. 데이터세트의 보유자가 사망하거나 합병되는 경우, 매체에
기입된 데이터세트는 매체가 포괄승계의 대상이 됨으로써, 클라우드 등 외
부의 인터넷서비스 업체에 저장된 데이터는 서비스 제공자와의 이용계약

---

946) 박진아, 앞의 논문, 23면.
947) 「빅데이터의 이용 및 산업진흥 등에 관한 법률안」 (2016. 5. 30. 배덕광 의원 대표발
　　의, 의안번호 제200002호, 2020. 5. 29. 임기만료 폐기) 제17조.

당사자 지위에 수반하여,948) 영업의 일부인 데이터는 영업에 수반하여 각각 포괄승계인에게 이전될 수 있다. 한편 블록체인 상의 데이터세트는 상속으로 인한 점유권의 이전에 관한 민법 규정(제193조) 등에 따라 데이터에 대한 사실상 지배가 이전된다.

제3절 데이터세트의 보호를 위한 조항

1. 데이터 피제공자의 보호

가. 데이터세트 제공의무

(1) 일반적인 경우

데이터 계약에서 데이터 제공자의 주된 급부의무는 데이터세트 제공의무이다. 이 때 데이터 제공 의무의 목적물은 권리가 아닌 '데이터세트' 자체이다. 데이터세트가 저작권법상 보호를 받는 데이터베이스에 해당하는 경우에도 데이터 계약은 단지 '데이터베이스 제작자의 권리'만이 아니라 '데이터세트' 자체의 이전과 이용을 목적으로 한다.949) 또한 데이터 이용계약은 이를 담고 있는 매체에 관한 권리의 이전 및 사용에 관한 계약과도 구별된다.950) 경우에 따라서는 데이터 계약 시점의 데이터세트만을 제공하

---

948) 오병철, "인격적 가치 있는 온라인 디지털정보의 상속성", 가족법연구 제27권 제1호, 한국가족법학회, 2013, 147면; Michael Thiesen, Daten in der Erbmasse: Der digitale Nachlass zwischen Erbgang und Rechtsdurchsetzung, Peter Lang GmbH, 2017, S. 29 ff.
949) 이러한 구별은 디지털콘텐츠 이용계약의 분석에서 차용한 것이다. 디지털콘텐츠 이용계약은 '저작권'을 목적으로 하는 저작물 이용계약처럼 디지털콘텐츠에 관한 '권리'의 이전과 사용을 목적으로 하는 것이 아니라, 디지털콘텐츠 '物' 자체의 이전과 그 이용을 목적으로 한다(구병문, "계약에 의한 디지털콘텐츠 보호와 그 문제점에 관한 연구", 경희대학교 박사학위 논문, 2008, 31-32면).
950) 서적과 같은 전통적 저작물의 경우 서적의 매매계약에는 저작물의 이용에 관한 계약

는 것이 아니라 시계열 데이터를 지속적으로 갱신받기로 하는 경우도 있는
데, 이 경우 데이터 계약은 계속적 계약의 성질을 띠게 된다.

데이터세트 제공의무는 데이터 계약의 유형에 따라 데이터세트의 이전
(매매형) 또는 이용허락(대차형)으로 나누어볼 수 있다. 매매형 데이터 계
약에서 데이터세트의 이전은 데이터베이스의 경우와 같이 데이터에 대한
배타적 권리가 인정되는 경우에는 권리의 이전 및 (가능한 경우) 공시방법
의 구비이겠지만, 배타적 권리가 인정되지 않는 경우라면 데이터세트에 대
한 사실상 지배나 채권적 지위 내지 권리의 이전이 될 것이다.[951]

대차형 데이터계약에서 데이터세트의 이용허락은 데이터베이스의 경우
와 같이 데이터세트에 대한 배타적 권리가 인정되는 경우 물권적 성질을
띤 설정적 승계에 해당하는 경우도 있겠지만, 재산권이 확립되지 않은 일
반적 데이터세트의 경우 채권적 이용권의 부여로 볼 수밖에 없다.[952] 이
때 데이터세트의 이용 기간, 이용 목적, 제3자 제공 허용 여부, 수정의 허부
등은 데이터세트 이용허락의 내용을 특정하는 주요 요소가 되는데, 일반적
으로 제3자 제공이나 수정은 허용되지 않을 것이다.[953] 유상계약인 데이터
계약에 있어서 이용허락은 데이터세트의 이용을 소극적으로 수인하는 것

이 포함되어 있지 않았고, 저작물의 이용은 매체인 서적 소유권의 사용 권능에 의하
여 이루어졌다. 이에 비해 CD 등 매체에 담긴 디지털 콘텐츠의 제작자와 매수인 사
이에는 디지털 콘텐츠의 이용에 관한 계약이 별도로 체결되었고, 이는 단순히 매체
의 매매계약만이 있는 경우에 비하여 매수인의 이용 범위를 제한하는 결과를 낳았다
(구병문, 앞의 논문, 41면).

951) 금융보안원, 앞의 자료, 데이터 거래 표준계약서 데이터 양도 서비스 특약 제2조 제1
호는 이를 다음과 같이 표현한다. "1. "갑"은 본 "특약" 제1조의 "을"의 데이터 이용
목적을 달성하기 위한 "제공데이터"에 대한 일체의 권한을 "을"에게 이전한다."

952) 한국데이터산업진흥원, 앞의 자료(2019) 첨부 제공형 표준계약서 제4조 제4항은 데
이터세트의 이용 허락의 경우 데이터세트에 관한 권리가 데이터 제공자에게 있음을
명확히 하고 있다.

953) 금융보안원, 앞의 자료, 37면; 금융보안원, 앞의 자료, 데이터 거래 표준계약서 데이
터 라이선스 서비스 특약 제2조 제1호, 제2호.

에 그치지 않고 적극적으로 사용 수익에 필요한 상태를 유지하는 것이다 (민법 제623조 참조). 그 방식은 매체 양도, 파일 전송, API[954] 제공 여러 가지가 있을 것이다. 대차형 데이터 계약에서는 이용기간의 제한이 있기 때문에 피제공자는 이용기간 중 선량한 관리자의 주의로 이를 관리할 의무 와 이용기간이 종료된 후 데이터세트를 반환할 의무가 있다. 디지털 정보 의 특성상 데이터세트의 반환의무는 데이터세트의 폐기·제거·삭제의무를 수반한다.[955]

(2) 결합데이터 제공계약의 경우

개인정보를 포함하는 데이터세트의 경우 그 결합 및 제공을 내용으로 하 는 특수한 유형의 데이터 계약이 있는데, 이를 결합데이터 제공계약이라고 한다. 2020년 개정 개인정보보호법은 가명정보[956] 개념을 도입하여 가명정 보의 경우에는 통계작성, 과학적 연구, 공익적 기록보존 등의 목적을 위해 서는 정보주체의 동의 없이도 처리할 수 있도록 하였다(제28조의2). 특히 그 처리가 가명정보의 결합인 경우 지정된 전문기관이 이를 수행하도록 하 고, 결합된 정보의 반출을 위해서는 추가로 가명처리나 익명처리[957]를 하

---

954) API(Application Programming Interface, 응용 프로그램 프로그래밍 인터페이스)는 응 용 프로그램에서 사용할 수 있도록, 운영 체제나 프로그래밍 언어가 제공하는 기능 을 제어할 수 있게 만든 인터페이스를 뜻한다.

955) 금융보안원, 앞의 자료, 데이터 거래 표준계약서 제15조 참조.

956) 개인정보의 일부를 삭제하거나 일부 또는 전부를 대체하는 등의 방법으로 추가 정보 가 없이는 특정 개인을 알아볼 수 없도록 처리하는 것을 가명처리라고 한다(개인정 보보호법 제2조 1의2호) 가명정보란 가명처리함으로써 원래의 상태로 복원하기 위 한 추가 정보의 사용·결합 없이는 특정 개인을 알아볼 수 없는 개인정보를 말한다 (개인정보보호법 제2조 제1호 다목).

957) 익명정보란 더 이상 개인의 식별가능성이 없어 개인정보에 해당하지 않는 정보를 말한다. 익명정보는 개인정보보호법이 적용되지 않으므로 자유롭게 이용할 수 있다. 개인정보보호법은 익명처리나 익명정보의 개념을 따로 정의하지 않고 개인정보의 개념을 통해 간접적으로 파악하도록 하고 있다. 이에 비해 신용정보법은 익명처리의 개념을 직접적으로 정의하고 있는데, 이에 따르면 익명처리란 더 이상 특정 개인인

여 승인을 받도록 하는 적정성 평가 절차를 마련함으로써 재식별 위험 등을 최소화하고자 하였다(제28조의3).

결합정보의 반출에 요구되는 추가 가명처리의 수준은 결합된 정보를 활용하고자 하는 자의 처리 목적과 처리 환경에 따라 달리 판단되기 때문에 처음부터 결합정보를 제공받을 수요자에 관한 사항이 반출심사위원회에 제출되어야 한다.[958] 신용정보법 역시 이와 유사한 제도를 두고 있다.[959] 결국 결합데이터 제공계약은 복수의 데이터 공급자와 수요자, 그리고 결합전문기관이 계약 당사자가 되는 정형적인 계약이 될 수밖에 없다.

구체적으로 결합데이터 제공계약은, ① 복수의 공급자가 보유한 데이터 세트를 서로 결합하고 그들 사이에 결합 결과물의 이용 권한과 이익을 분배하며 대표 공급자를 정하는 내용의 데이터 결합 약정, ② 대표 공급자가 결합결과물을 수요자에게 이전 또는 이용허락을 하는 내용의 결합결과물 거래 약정, ③ 데이터결합기관이 데이터 공급자들에게 데이터 결합 용역과 분석환경의 이용을 제공하는 내용의 약정 등을 포함한다.[960] 금융보안원 표준계약서는 대표 공급자가 수요자와 결합결과물 거래 약정을 할 때 다른 공급자의 동의를 얻도록 하는 한편 수요자의 가명정보 보호수준을 평가하여 미흡한 경우 가명정보 데이터를 제공하지 않도록 하는 조항을 담고 있다.[961]

신용정보주체를 알아볼 수 없도록 개인신용정보를 처리하는 것을 말한다(제2조 제17호).

958) 개인정보보호법 제28조의3 제2항, 제3항; 동법 시행령 제29조의3 제4항; 개인정보보호위원회, 가명정보 처리 가이드라인, 2020, 34-35면.

959) 신용정보법 제17조의2, 동법 시행령 제14조의2 참조. 개인정보보호법에 따른 결합 사례는 거의 없는 반면 신용정보법에 따른 결합 사례는 수십 건이 존재한다. 이는 신용정보의 경우 금융감독원에 의하여 강한 규제를 받기 때문에 보다 정형화되고 안전성이 확보된 것에 기인한 것으로 짐작된다.

960) 금융보안원, 앞의 자료, 2020, 34면 참조.

961) 금융보안원, 앞의 자료, 2020, 데이터 거래 표준계약서 결합데이터 양도 서비스 특약 제4조.

나. 담보책임 등

(1) 채무불이행 책임과 담보책임

데이터 제공자가 데이터 계약에 따라 데이터세트를 제공하지 않거나 제공하였더라도 데이터 계약에서 정한 채무의 내용에 좋은 것이 아니라면 채무불이행 책임을 지게 된다(제390조). 또한 데이터세트에 하자가 있는 경우에는 담보책임도 부담한다.

먼저 데이터세트가 저작권법상 데이터베이스권의 목적이 된 경우에는 재산권의 매매이므로(제568조) 담보책임에 관한 규정이 그대로 적용된다. 일반적 데이터세트의 경우는 그렇게 명백하지는 않다. 민법은 매매에 관한 규정이 매매 이외의 유상계약에 준용된다고 하면서도 계약의 성질이 이를 허용하지 않는 때에는 그렇지 않다고 규정하는데(제567조), 배타적 재산권의 목적이 아닌 일반적 데이터세트에는 권리의 하자에 관한 규정이 적용될 여지가 없고, 데이터세트는 해석상 물건이 아니어서 물건의 하자에 관한 규정(제580조)이 적용될 수 있을 것인지 여부가 불분명하기 때문이다.962) 그러나 하자담보책임에 관한 규정은 문언상 '물건'이 아니라 '매매의 목적물'에 하자가 있는 경우를 규율하고 있고, 데이터 계약의 성질이 담보책임 규정의 준용을 배제한다고 볼 근거를 찾기 어려우므로 데이터 계약에도 하자담보책임 규정이 준용된다고 할 것이다. 따라서 제공받은 데이터세트에 하자가 있는 경우 피제공자는 손해배상을 청구할 수 있고, 계약의 목적을 달성할 수 없는 경우에는 계약을 해제하고 원상회복을 구할 수도 있을 것이다.963) 한편 김세연 의원안은 데이터 계약의 담보책임에 관하여 4개의 규정(제674조의12 내지 제674조의15)을 두고 있으나 원상회복의무와 관련하여 변형물이나 복제물의 파기를 규정한 것(제674조의14) 외에는 실익이

---

962) 앞서 본 것처럼 총칙상 물건 개념 이론은 바로 이러한 국면에서 실익이 있다고 주장한다.

963) 제580조 제1항, 제575조 제1항; 대법원 1974.03.26. 선고 73다1442 판결

나 타당성이 부족해 보인다.[964)]

데이터세트의 개별 데이터가 저작권 등 다른 권리의 목적이 되거나 개인정보에 해당하는 경우, 데이터 피제공자의 입장에서 데이터세트를 적법하게 이용하기 위해서는 개별 데이터에 대한 그의 이용 권한이 확보되어야 한다. 그렇지 않은 경우에는 특별한 사정이 없는 한 데이터계약의 목적이 된 데이터세트에는 하자가 있는 것이 되어 담보책임이나 채무불이행책임을 발생시킬 수 있다. 데이터세트에 대한 배타적 재산권이 인정되지 않는 이상 개별 데이터가 다른 권리의 목적이 되는 경우에도 물건의 하자에 관한 규정이 준용될 것이다.[965)]

(2) 시험용 데이터

데이터세트는 실제로 제공받아 확인하기 전에는 얼마나 가치 있는 것일지 알기 어렵기 때문에 데이터 계약 전에 시험용 데이터를 먼저 제공하는 경우가 많다. 김세연 의원안은 데이터 피제공자에게 시험용 데이터의 제공을 요청할 수 있는 권리를 인정하고 채무 이행 여부를 위 시험용 데이터를 기준으로 판단하도록 하고 있다(제674조의11 제1항, 제2항).[966)] 시험용 데이터는 채무불이행 책임에 있어서 채무의 내용 뿐 아니라 담보책임에 있어서 데이터세트의 하자 여부를 판단하는 기준이 되기도 한다. 물건의 하자

---

964) 예컨대 채무불이행 책임과 담보책임의 구별이나 해제와 해지의 구별을 혼란스럽게 하거나(제674조의13 제1항 후단, 동조 제2항 단서), 별다른 근거 없이 하자담보책임의 내용을 경감하거나(제674조의13 제1항 전단, 제674조의15 후단), 당연한 내용을 규정한 조항들(제674조의13 제2항 본문, 제674조의15 전단)이 이에 해당한다.

965) 대법원 1985. 4. 9. 선고 84다카2525 판결 및 대법원 2000. 1. 18. 선고 98다18506 판결 참조.

966) 위 법안은 시험용 데이터를 제공받은 피제공자는 이를 데이터를 제공 목적에 위반하여 부정하게 사용하거나 타인에게 제공해서는 안 되고, 계약이 해제·해지되는 경우에는 시험용 데이터로부터 얻은 이익을 반환하여야 한다고 규정한다(제674조의11 제3항, 제4항).

여부는 거래통념상 기대되는 객관적 성질·성능을 결여한 경우 뿐만 아니라 당사자가 예정 또는 보증한 성질을 결여한 경우에도 인정되기 때문이다.[967]

다만 데이터세트 상품의 홍보 목적으로 시험용 데이터를 데이터 거래 플랫폼에 게시하는 경우에는 개인정보보호법과 관련하여 주의할 부분이 있다. 즉 완전히 익명화된 것이 아닌 이상 통상의 개인정보는 물론 이를 가명처리한 가명정보도 위와 같이 불특정 다수에게 제공되는 시험용 데이터에 포함되어서는 안된다.[968] 가명정보는 통계작성, 연구, 공익적 기록보존 등의 목적에 한해서 정보주체의 동의 없이 사용할 수 있고, 이 경우 가명처리의 수준은 가명정보를 사용하는 자의 안전조치 수준 등을 고려해서 판단해야 하는데, 불특정 다수의 안전조치 수준과 처리 목적을 미리 알 수 없기 때문이다.

(3) 데이터세트의 품질

데이터세트가 거래통념상 기대되거나 당사자가 예정·보증한 품질을 갖추었는지 여부를 가리려면 데이터세트의 품질에 관한 객관적인 평가기준이 있어야 한다. 그러나 데이터세트의 활용과 거래는 최근에야 늘어나기 시작했기 때문에 데이터세트의 품질에 관한 기준은 아직 정립되어 있지 않다. 다만 정확성, 일관성, 활용성, 최신성, 접근성, 준거성 등이 핵심적인 평가 규준이 된다는 점은 어느 정도 합의가 되어 있다.[969] 원활한 거래가 이루어지기 위해서는 데이터세트의 품질이 체계적으로 잘 관리되어야 한다. 한국데이터진흥원이 데이터거래소를 운영하면서 정형 데이터를 중심으로 데이터 오류를 필터링하는 솔루션을 적용하는 등 여러 노력이 이루어지고 있지만 아직은 미흡한 상황이다. 이런 점에서 데이터산업법이 데이터의 품

---

967) 대법원 2000. 1. 18. 선고 98다18506 판결.
968) 금융보안원, 앞의 자료, 19면.
969) 금융보안원, 앞의 자료, 29면.

질향상을 위하여 품질인증 등 품질관리에 필요한 사업을 추진할 수 있는
근거 조항(제20조)을 마련한 것은 주목할 만하다.

다. 면책 조항

(1) 일반적인 경우

데이터 제공자의 입장에서 보면 대규모 데이터세트에서 작은 하자나 결
함을 검증하거나 개별 데이터에 관한 이용 권한 확보 여부를 일일이 확인
하는 것은 지나치게 많은 비용과 시간을 필요로 한다. 이는 데이터세트의
가격을 상승시키고 원활한 유통을 저해하는 요소로 작용한다. 이 때문에
데이터 거래에 관한 표준계약서나 가이드라인들은 데이터세트의 품질이나
개별 데이터의 이용 권한 확보와 관련하여 데이터 제공자를 면책하는 규정
을 두는 경우가 많다. 예컨대 금융보안원의 데이터 거래 표준계약서는 데
이터가 적법하고 적절한 방법에 의해 취득되었음을 보증한다고 하면서도,
이어서 제공데이터의 정확성, 완전성(데이터에 하자 내지 결함이 없음), 안
전성(데이터에 바이러스 등 악성코드가 없음), 유효성(계약 목적에의 적합
성)을 보증하지 않을 뿐 아니라, 타인의 지적재산권 및 기타 권리를 침해하
지 않는다는 것을 보증하지 않는다고 명시하고 있다.[970] 다만 뒤늦게 데이
터세트에 타인의 지적재산권의 대상이 되는 데이터가 포함되었거나 그 밖
에 피제공자의 이용에 제한이 있음이 판명되는 경우에는 신속히 이용허락
을 취득하거나 해당 데이터를 제거하는 등 피제공자가 데이터세트를 적법
하게 이용할 수 있도록 조치를 강구할 의무를 데이터 제공자에게 부과함으
로써 이익의 균형을 도모하고 있다.[971]

그러나 데이터 제공자가 악의인 경우까지 면책하는 것은 부당하다(민법
제584조 참조). 위 표준계약서 역시 데이터 제공자가 데이터세트가 정확성,

---

970) 금융보안원, 앞의 자료, 데이터 거래 표준계약서 제5조 제1호 내지 제3호.
971) 금융보안원, 앞의 자료, 데이터 거래 표준계약서 제5조 제4호.

완전성, 안전성, 유효성에 문제가 있거나 타인의 지적재산권 등 권리를 침해하는 것을 고의나 중대한 과실에 의해 알리지 않은 경우에는 손해배상책임이 있다고 규정하고 있다.972) 이는 담보책임의 성질을 지니므로 배상액은 데이터제공자가 받은 대가를 상한으로 한다.973)

(2) 개별데이터가 개인정보인 경우

한편, 개별 데이터가 개인정보인 경우에는 이러한 면책 조항이 없는 것이 일반적이며, 오히려 적법성을 보증하는 취지의 규정이 삽입된다. 예컨대 금융보안원의 데이터 거래 표준계약서는 데이터 제공자에게 데이터의 생성, 수집, 제공과 관련하여 개인정보 보호 법령 및 가이드라인974)에서 정한 요건과 절차를 준수하였음을 보증하는 조항을 두고 있다.975)976) 따라서 데이터 제공자는 개인정보 주체의 사전 동의를 획득하였다는 점 또는 가명처리·익명처리 등 개인정보 처리의 적법성을 보여줄 수 있는 자료를 준비할 필요가 있다. 특히 가명정보의 경우에는 통계작성, 연구, 공익적 기록보존 등의 목적을 위해서만 정보주체의 동의 없는 처리가 가능하고, 이 경우 가명처리의 수준은 데이터 피제공자의 가명정보 보호수준 및 재식별 위험도에 따라 달리 판단되므로, 데이터 제공자로서는 피제공자의 구매 목적과 보호 수준을 확인해야 한다.977)

개별 데이터가 지적재산권 등의 목적이 된 경우와 달리 개인정보인 경우

---

972) 금융보안원, 앞의 자료, 데이터 거래 표준계약서 제5조 제5호.
973) 금융보안원, 앞의 자료, 데이터 거래 표준계약서 제5조 제6호. 다만 채무불이행책임이 성립하는 경우에는 확대손해의 배상도 가능할 것이다.
974) 개인정보보호위원회, 가명정보 처리 가이드라인, 2020; 금융위원회, 앞의 자료.
975) 금융보안원, 앞의 자료, 데이터 거래 표준계약서 제3조 제1호, 제5조 제1호.
976) 한편 데이터세트의 확산과 보급에 중점을 두고 있는 CDLA 역시 데이터 제공자로 하여금 데이터의 제공(공개)이 프라이버시에 관한 그의 의무를 위반하지 않는다는 점을 보장하기 위해 합리적 주의를 기울였음을 진술하도록 하고 있다. (The Linux Foundation, op. cit.)
977) 금융보안원, 앞의 자료, 19면.

에 면책규정을 두지 않은 것은 언뜻 균형이 맞지 않아 보인다. 데이터 제공자의 입장에서 개별 데이터 이용권한 확보의 번거로움은 개인정보의 경우에 더욱 크기 때문이다. 특히 우리 개인정보보호법은 성명이나 주민등록번호와 같은 식별정보 뿐만 아니라 해당 정보만으로는 특정 개인을 알아볼 수 없더라도 다른 정보와 쉽게 결합하여 알아볼 수 있는 식별가능정보까지 개인정보의 범주에 포함시키고 있기 때문에(제2조 제1호) 어떠한 정보가 개인정보에 해당하는지 여부를 판단하는 것이 매우 어렵고,[978] 유럽의 입법례를 좇아 개인정보를 강력한 지배권인 인격권의 대상으로 삼아 사전 동의를 원칙으로 하고 있기 때문에(opt-in) 문제가 더욱 심각하다. 이처럼 데이터세트 거래의 상당한 위축 우려에도 불구하고 표준계약서들이 개인정보 보호를 중시하고 있는 것은 개인정보의 문제가 재산권과 사적자치의 문제라기보다는 기본권과 공법적 규제의 영역에 속한다는 관점이 반영된 것이라고 짐작된다.

(3) 오픈 데이터의 관점

한편, 데이터에 대한 일반적 접근을 강조하는 관점에서는 소프트웨어에 있어서 오픈소스(open source)나 프리웨어(freeware) 등이 수행하는 역할을 오픈 데이터(open data)가 수행할 수 있기를 기대한다. 이러한 관점에서는 데이터세트 보유자를 보호하여 데이터세트의 생산과 개방을 촉진하는 것보다는 데이터세트를 인류 공동의 자산으로 확산시키기 위하여 계약 제도를 이용하려 할 수 있다. 이러한 경우에는 데이터를 무상으로 공급하는 한

---

978) 2020. 2. 4. 법률 제16930호로 개정된 개인정보보호법 제2조 제1호 나항 단서는 쉽게 결합할 수 있는지 여부를 판단함에 있어서 "다른 정보의 입수 가능성 등 개인을 알아보는 데 소요되는 시간, 비용, 기술 등을 합리적으로 고려하여야 한다"는 내용을 추가함으로써 개인정보의 범위를 합리적으로 축소하였다. 그럼에도 불구하고 이러한 추상적 고려 요소들을 잣대로 하여 개인정보 해당 여부를 판단하는 것은 여전히 쉬운 일이 아니다.

편 광범위한 면책조항을 둘 수 있을 것이다. 예컨대 앞서 보았던 CDLA는 매매 적합성(merchantability)이나 권리 비침해(non-infringement) 등 어떠한 보장(warranty)이나 조건(condition) 없이 현상대로 데이터를 제공한다는 조항을 두고 있을 뿐 아니라,979) 계약책임은 물론 엄격책임(strict liability)을 포함한 불법행위책임까지도 면책하는 취지의 조항을 두고 있다.980)

라. 제3자 배제 약정 및 제공자 배제 약정

데이터 피제공자에게 있어서 데이터세트 보호를 위한 가장 중요한 장치는 데이터세트 제공의무이다. 그러나 데이터 피제공자는 제3자 배제 약정이나 제공자 배제 약정을 통해 자신의 지위를 좀 더 강화할 수 있다. 즉 데이터 계약에서 데이터 제공자로 하여금 데이터 피제공자 이외의 제3자에게는 해당 데이터세트를 제공하지 않도록 하거나, 나아가 데이터 제공자역시 해당 데이터세트를 보유하거나 이용하지 않도록 하는 약정은 유효하다.981) 이를 통해 데이터 피제공자는 데이터세트를 독점적으로 지배하면서 이익을 얻을 수 있으므로 더 높은 값을 치르고서라도 해당 데이터세트를 제공받으려고 할 것이다. 이것은 데이터세트에 대한 일반적 접근을 제한하고 가격을 상승시키는 측면이 있지만, 데이터세트의 생산과 유통에는 상당한 인센티브로 작용하게 된다.

다만 이러한 논리는 주로 매매형 데이터 계약의 경우에 적용될 것이다. 금융보안원 표준계약서는 매매형 데이터 계약에 이러한 배제 조항을 두고 있지는 않지만, 대차형 데이터 계약의 경우 데이터 제공자가 피제공자 이외의 제3자에게도 데이터세트의 이용허락을 할 수 있다고 규정함으로써 간접적으로 이러한 취지를 반영하고 있다.982)

) The Linux Foundation, op. cit.
980) The Linux Foundation, op. cit.
981) Haedike, op. cit., S. 102 ff.; Specht, op. cit., S. 141 ff.
982) 금융보안원, 앞의 자료, 데이터 거래 표준계약서 데이터 라이선스 서비스 특약 제2조

2. 데이터 제공자의 보호

가. 대가 지급의무

데이터 제공자는 데이터세트의 제공에 따른 반대급부로서 대금을 받을 권리가 있다. 그런데 데이터세트의 가격을 산정하기 위한 신뢰성 있는 모델이 아직 정립되어 있지 않아 데이터세트 거래에 큰 장애 요소로 작용하고 있다. 데이터 가치평가를 위한 방법은 크게 시장 접근법, 비용 접근법, 수익 접근법 등으로 나누어볼 수 있다.[983] 시장 접근법은 유사한 데이터 자산이 시장에서 거래되는 가격을 기준으로 가치를 평가하는 방식이고, 비용 접근법은 데이터를 생산하거나 대체하는데 필요한 비용을 기준으로 데이터 가치를 평가하는 방식이며, 수익 접근법은 데이터 활용을 통해 발생하는 이익과 데이터 활용으로 인하여 증가 또는 감소하는 비용을 현재가치로 전환하여 평가하는 방식이다. 결국은 데이터 제공자의 비용과 피제공자의 수익 사이에서 다양한 요소를 고려하여 당사자의 협상력에 따라 가격이 결정될 것이다.

그러나 이러한 기준들은 실제에 있어서는 그리 명확하지 않다. 데이터세트는 분석과 이용의 맥락에 따라 주관적 효용이 달라지기 때문에 단일한 시장 가격이 형성되기 어렵고, 수집·가공의 경로와 방법이 다양하여 비용을 확인하기 어렵다. 그러나 가장 큰 문제는 피제공자의 입장에서 데이터세트로부터 어떠한 이익을 얻을 수 있을지 쉽게 파악하기 어렵다는 것이다. 데이터세트 활용의 경험이 아직 전반적으로 부족하기 때문이기도 하지만, 여기에는 데이터세트의 특성에 기인한 좀 더 구조적인 원인이 존재한다. 즉, 데이터세트는 일반적인 상품과는 달리 사용에 따른 가치 감소가 일어나지 않고 오히려 사용이 많아질수록 가치가 상승하는 경향이 있으며,

---

제4호.
983) 금융보안원, 앞의 자료, 60면-61면.

이종 분야 간 데이터세트의 결합을 통해 새로운 통찰력과 가치를 창출할 수 있는 것이다.984) 데이터세트의 가치에 관한 이러한 불완전한 정보(incomplete information)는 판매자와 구매자 사이에서 거래 가격에 대한 동의를 어렵게 만듦으로써 데이터 거래를 저해한다.

데이터 계약 시점에서의 거래에 필요한 정보 부족 문제를 해소하기 위한 계약법적 수단은 두 가지가 있다. 하나는 시험용 데이터세트를 이용한 가치 검증으로서 이에 관하여는 앞에서 이미 살펴보았다. 다른 하나는 다양한 가격 전략이다.985) 특히 러닝 로열티 방식(running royalty)이 주목할 만하다. 이것은 데이터 계약 체결 시 일정 금액의 이니셜 로열티(initial royalty)를 지급하고, 데이터세트의 이용에 따라 이익이 발생한 경우 이익의 일정 비율을 러닝 로열티로 지급하는 방식을 말한다.986) 이는 장래의 불확실성과 위험을 계약 당사자들 사이에 효과적으로 분배하는 방안이 된다. 앞으로 거래 사례가 축적되면서 합리적인 가격 결정 방법이 자리를 잡겠지만, 정부로서는 데이터세트의 거래에 특화된 합리적인 가격 책정 방법을 개발하여 보급하기 위한 노력을 기울일 필요가 있다.

나. 피제공자의 유출방지 및 관리의무

데이터 제공자가 제공자 배제 특약에 따라 데이터에 대한 사실상 지배를 종국적으로 상실한 경우가 아닌 한 데이터 제공 후에도 이러한 사실상 지배를 유지할 수 있어야 한다. 이를 위해서는 데이터 피제공자가 데이터세

---

984) 금융보안원, 앞의 자료, 59면.
985) 정액 가격 전략, 변동 가격 전략, 사용 기반 전략, 유인 전략, 서비스 제공 전략, 제휴 전략, 프리미엄 가격 전략 등이 있다(금융보안원, 앞의 자료, 62면).
986) 예컨대 한국데이터산업진흥원, 앞의 자료(2019), 창출형 표준계약서 제8조 제2항은 "갑 및 을은 제7조에 따른 대상데이터 등을 제3자 제공 등 하는 경우에는 상대방 당사자에게 해당 제3자 제공 등에 관한 이익의 분배로서, 매출금액의 0%에 상당하는 금액(괄호 생략)을 지급하여야 한다"고 되어 있다.

트를 누설하거나 데이터세트의 유출을 초래해서는 안 된다. 특히 데이터세트에 개인정보가 포함되어 있는 경우에 데이터 제공자가 개인정보처리자의 지위를 유지하고 있다면 위와 같은 유출이나 개인 식별행위는 데이터 제공자의 개인정보보호법 위반을 초래할 수도 있다.[987] 따라서 데이터 계약에는 피제공자로 하여금 데이터세트를 약정된 이외의 목적으로 이용하거나, 데이터 제공자의 동의 없이 제3자에게 재제공하거나, 주의를 게을리하여 외부에 유출되도록 하지 않을 의무를 부담시키는 조항을 두는 것이 보통이다.[988] 다만 오픈 데이터의 관점에서 마련된 CDLA는 데이터 피제공자로 하여금 데이터세트를 공개할 수 있는 권리를 부여한다.[989]

데이터 계약을 통하여 피제공자에게 데이터세트의 관리에 관한 보다 적극적인 의무를 부담시킬 수도 있다. 데이터 피제공자로 하여금 데이터 제공자에게 데이터세트의 이용 현황, 관리 상황, 유출 시 원인 및 재발방지책 등을 보고하도록 하는 조항을 둘 수도 있다.[990] 데이터 계약에서 정한 피제공자의 데이터세트 관리의무는 기술적 보호조치 및 출처 표시와 함께 데이터 제공자를 위한 중요한 보호 수단이 되며, 데이터 제공자의 데이터세트에 대한 간접점유를 인정하는 매개가 되기도 한다.

한편, 데이터세트가 배타적 권리의 목적이 되지 않는 경우 제3자에 대한 재제공 금지 약정의 효력이 문제될 수 있다. 미국에서는 창작성이 없는 데이터베이스에 대하여 저작권법에 의한 보호를 부정한 Feist 판결[991] 이후,

987) 다만 데이터 제공자는 특별한 사정이 없는 한 데이터 피제공자의 지적재산권 침해 행위에 대하여 책임지지는 않는다. 표준계약서에도 이를 확인하는 취지의 조항이 마련되어 있다(금융보안원, 앞의 자료, 데이터 거래 표준계약서 제11조); 한편 오픈 데이터의 관점에서 마련된 CDLA는 데이터 피제공자의 데이터세트 이용 및 제3자 제공과 관련한 프라이버시 및 정보보호 관련 법률 준수 책임을 피제공자가 단독으로 부담한다고 규정하고 있다.(The Linux Foundation, op. cit.
988) 금융보안원, 앞의 자료, 데이터 거래 표준계약서 제7조, 제9조
989) The Linux Foundation, op. cit.
990) 금융보안원, 앞의 자료, 데이터 거래 표준계약서 제7조 제5호, 제8조, 제9조 제2호
991) Feist Publications, Inc., v. Rural Telephone Service Co., 499 U.S. 340 (1991).

제작자들이 계약적 방법에 의하여 이를 보호받기 위하여 체결한 이른바 '포장지 계약(shrink wrap license)'992)의 유효성이 문제된 사건993)이 있었다. 위 사건에서 원고는 피고에게 수백만 달러를 들여 작성한 전화번호부를 CD-Rom에 수록하여 판매하면서 그 안의 자료와 브라우징 프로그램을 타인에게 이전하지 못하도록 하는 약정을 포함시켰다. 그런데 피고가 위 자료를 복제하여 자신이 만든 브라우징 프로그램을 이용하여 인터넷 홈페이지를 통해 상업적으로 서비스하자 원고는 계약위반을 주장하며 소송을 제기했다. 1심 법원은 사인 간의 계약으로 공익적 성격이 강한 저작권법의 법리를 회피하는 것은 부당하다는 이유로 원고의 청구를 기각했지만, 항소심은 이를 파기하면서 계약의 유효성을 인정하였다.994) 이로써 데이터베이스 제공자에게 배타적 권리가 없더라도 적어도 계약 상대방에 대해서는 제3자에 대한 재제공의 금지를 주장할 수 있게 되었다.

다. 계약 내용의 표준화와 공시

데이터 계약에 따른 권리와 의무를 표준화하고 권리의 주체와 내용을 적절한 방법으로 외부에 공시할 수 있다면 데이터세트에 대한 절대적인 배타

---

992) 포장지 계약(shrink wrap license)은 컴퓨터 소프트웨어를 판매하면서 포장지에 '이 소프트웨어를 구입하는 사람은 다른 사람에게 이 소프트웨어를 무단으로 양도하거나 대여 또는 복제해 주어서는 아니된다. 이 제품의 포장지를 뜯는 사람은 이 약정에 동의하는 것으로 간주한다'라는 식의 문구를 기재하여 소프트웨어의 매수인으로 하여금 타인에게 무단복제를 하지 못하도록 의무를 부과하는 약정을 말한다. 온라인 상에서 소프트웨어를 다운로드받을 때 먼저 화면에 나오는 저작권 관련 약정에 동의한다는 취지의 버튼을 클릭해야만 다운로드가 되는 경우(click on license)도 마찬가지이다[오승종, 앞의 책, 1047면].
993) ProCD, Inc. v. Zeidenberg, 86 F.3d 1447 (7th Cir. 1996)
994) 위 사건에서 원고는 부정경쟁방지법상의 부정이용(misappropriation)의 법리도 주장하였다. 제1심은 부정이용의 법리는 저작권법과 충돌하는 영역에 있어서는 제한적으로 적용되어야 한다면서 위 주장 역시 받아들이지 않았는데, 항소심은 이 부분 주장에 관하여는 판단하지 않았다.

적 지배권이 확립되어 있지 않은 경우에도 거래비용을 절감하고 거래안전을 도모함으로써 데이터세트의 유통을 촉진할 수 있다. 사실 디지털 콘텐츠 거래에 있어서 당해 권리에 관한 계약조건은 그 자체로서 상품 역할까지 하는 경우도 많다.[995]

　타인이 데이터 보유자의 데이터세트에 대한 사실상 지배와 이용 권한을 확보하기 위해서는 데이터 보유자와 데이터 계약을 체결할 수도 있지만, 기존의 데이터 계약에 기반하여 이를 확보할 수도 있다. 즉 대차형 데이터 계약의 경우 계약 당사자가 아닌 제3자는 데이터 피제공자로부터 데이터 제공자에 대한 데이터 계약상의 채권을 양도받아 데이터 제공자로부터 데이터세트에 대한 사실상 지배와 이용 권한을 확보하거나, 데이터 제공자의 동의를 전제로 데이터 피제공자로부터 데이터세트에 대한 사실상 지배와 이용 권한을 확보할 수 있다. 매매형 데이터 계약은 데이터 제공자가 사실상 지배를 종국적으로 잃는지 여부에 따라 달라진다. 즉 데이터 제공자가 사실상 지배를 잃는 경우라면 제3자는 데이터 피제공자와의 데이터 계약에 의하여 데이터세트에 대한 사실상 지배와 이용 권한을 확보하게 되겠지만, 데이터 제공자가 사실상 지배를 여전히 유지하는 경우라면 대차형 데이터 계약과 마찬가지 방식으로 처리될 것이다.

　그런데 데이터세트는 복제의 용이성으로 인해 누가 사실상 지배를 하는지가 매우 중요하기 때문에 이에 관한 채권은 성질상 양도가 제한된다고 볼 여지가 있고, 그렇지 않다고 해도 양도 금지 특약을 두는 경우가 많다.[996] 따라서 데이터세트가 제3자에게 재제공될 때에는 사실상 새로운 데

---

995) 동일한 디지털 콘텐츠라 하더라도 계약조건이 달라지면 결과적으로 전혀 다른 상품으로 취급될 수 있을 것이다(Raymond Nimmer, "Breaking Barriers: The Relation Between Contract and Intellectual Property Law", 13 Berkeley Technology Law Journal, 1998, pp. 841-844).

996) 예컨대 금융보안원, 앞의 자료, 데이터 거래 표준계약서 제19조는 데이터 계약의 당사자들이 상대방의 동의 없이 계약상의 권리·의무나 계약상 지위를 양도할 수 없다고 정하고 있다.

이터 계약이 체결될 수밖에 없으므로, 그 경우에도 데이터세트에 대한 권리의무의 내용을 정형적으로 유지하기 위해서는 되도록 표준계약서에 의하여 데이터 계약이 이루어질 필요가 있다. CDLA는 데이터 피제공자에게 이를 의무화하는 조항을 두고 있다. 즉 데이터 피제공자가 데이터세트를 제3자에게 재제공하는 경우에는 자신이 제공받을 때 체결되었던 데이터 계약과 같은 내용으로 재제공하여야 하고, 이를 확실히 하기 위하여 하이퍼링크 등으로 위 데이터 계약의 사본을 제공하여야 한다.997) 나아가 CDLA는 데이터세트를 생성한 자에 대한 정보를 유지하고(preserve all credit or attribution to the Data Provider), 데이터세트에 관한 권리의 부여 사실을 원장(ledger)에 기록하는 것을 제한하지 못하도록 하고 있다.998) 이러한 CDLA의 장치들은 데이터세트에 대한 절대적인 배타적 지배권의 설정 없이도 계약법적 수단에 의하여 데이터세트의 거래가 어느 정도 공시 기능의 뒷받침을 받을 수 있음을 보여준다.999)

제4절 의미와 한계

지금까지 계약에 의하여 데이터세트에 대한 사실상의 지배와 이용에 관한 당사자 간의 권리와 의무를 설정함으로써 데이터세트 보유자의 이익을 보호할 수 있음을 살펴보았다. 그러나 계약은 당사자 사이에서만 효력이 있으므로 제3자에 의한 침해로부터의 보호에 취약하다. 이러한 계약의 상

---

997) The Linux Foundation, op. cit.
998) The Linux Foundation, op. cit.
999) CDLA는 저작물에 관한 자발적 공유를 위한 일종의 표준약관이자 저작물 이용허락 표시인 CCL(Creative Commons License)로부터 많은 아이디어를 차용하였다. CCL 은 크게 '저작자 표시(Attribution)', '비영리(Noncommercial)', '변경금지(No Derivative)', '동일조건 변경허락(Share Alike)' 등 네 가지가 있는데[오승종, 앞의 책, 655-656면], CDLA에도 유사한 조항이 많이 있음을 발견할 수 있다.

대적 효력은 법경제학적으로는 외부성의 문제를 일으키기도 한다. 계약의 이행으로 제3자가 이익이나 불이익을 얻더라도 계약 당사자와 제3자 사이에는 계약상 권리·의무가 발생하지 않기 때문에 이를 거래의 대상으로 삼지 못함에 따른 비효율이 초래되는 것이다. 이를 내부화하기 위한 대표적 법기술은 바로 배타적 권리의 인정이지만, 계약법의 틀 안에서도 어느 정도 이를 완화할 수는 있다. 기술적 보호조치를 마련하거나 데이터 피제공자에게 관리의무를 부과하는 것이 그 예이다. 한편 데이터에 대한 일반적 접근의 중요성을 강조하는 입장에서는 오히려 계약의 효력을 제3자에게 주장할 수 없다는 점을 긍정적으로 평가할 수도 있을 것이다.[1000]

계약에 의한 권리 의무는 물권 등의 배타적 재산권과 달리 매우 다양하게 설정될 수 있는데, 이는 데이터세트 거래의 가치를 파악하기 어렵게 하고 거래비용과 분쟁을 증가시킴으로써 거래 활성화에 장애가 되는 측면이 있다.[1001] 이러한 문제는 표준계약서의 보급을 통해 어느 정도 해결될 수 있다. 앞서 보았던 데이터산업법은 데이터거래 관련 표준계약서 마련에 관한 조항을 두고 있는데(제21조),[1002] 상당히 의미 있는 것이라고 하겠다. 한편 동시에 다수가 이용할 수 있는 데이터의 속성을 감안하면 계약의 무한한 다양성과 신축성이 오히려 데이터 이용관계를 합리적으로 설정할 수 있도록 해 준다고 평가할 수도 있을 것이다.[1003]

1000) Hoeren, op. cit.(2019), S. 8.
1001) 손승우, "데이터산업 활성화를 위한 법제 이슈와 과제", 데이터 경제 가속화를 위한 데이터산업 활성화 방향, 2020년 데이터산업포럼 정책세미나, 데이터산업진흥원, 2020. 참조
1002) 콘텐츠산업진흥법 제25조도 표준계약서에 관한 규정을 두고 있다.
1003) 권영준, 앞의 논문(2021), 32면.

제7장 기술적 보호조치

데이터세트 보유자는 데이터세트에 대한 접근이나 자신의 권익에 대한 침해행위를 효과적으로 방지하거나 억제하기 위하여 기술적 보호조치를 취하는 경우가 많다. 기술적 보호조치는 그 목적에 따라 접근통제(access control)를 위한 것과 이용 통제(use control)를 위한 것으로 나눌 수 있다.[1004] 기술적 보호조치를 통한 데이터세트의 유지·관리는 지적 재산의 보호를 위한 사실적 수단이 될 뿐만 아니라 법적으로 점유나 영업비밀 등의 기반이 되기도 한다. 특히 접근통제가 완벽하게 이루어진다면 사실상 배타적 보호가 이루어진 것과 유사한 결과가 될 수도 있을 것이다. 다만 데이터 유통의 맥락에서 보면 접근 통제가 데이터세트의 충분한 활용을 저해하는 측면이 있을 수 있다는 점도 고려되어야 할 것이다.

그런데 기술적 보호조치가 개발되면 곧바로 이를 제거·변경·우회하는 등으로 무력화하는 기술이 개발되는 경우가 많아 기술적 보호조치가 효율적인 자구책이 되기 어려운 측면이 있다. 이러한 문제점을 해소하기 위하여 저작권법이나 콘텐츠산업진흥법 또는 부정경쟁방지법은 기술적 보호조치의 무력화 또는 이를 주된 목적으로 하는 기술이나 장비를 생산·판매하는 등의 행위를 금지하고 이를 위반한 자에 대하여 금지청구권이나 손해배상청구권을 인정한다.[1005] 이러한 기술적 보호조치는 실제에 있어서는 데

[1004] 이대희, "디지털환경에서의 접근권의 인정에 관한 연구", 창작과 권리 제34호, 세창출판사, 2004, 110면.

[1005] 저작권법 제2조 제28호 제104조의2, 제104조의8; 콘텐츠산업진흥법 제2조 제1항 제7호, 제37조 제2항 본문, 제38조 제1항; 부정경쟁방지법 제2조 제1호 (카)목 4), 제4조, 제5조; 저작권법은 기술적 보호조치의 좌절행위와 이를 위한 도구 등의 거

이터세트에 대한 배타적인 법적 보호 못지않게 데이터세트 보유자의 이익을 보호하고 거래를 촉진시킬 수 있다. 콘텐츠산업진흥법은 정부로 하여금 콘텐츠에 대한 기술적보호조치의 개발을 지원하도록 하고 있는데(제10조), 데이터세트의 경우에도 이러한 접근법이 유용할 수 있다.

래행위를 모두 금지하고 있는 반면, 콘텐츠산업진흥법과 부정경쟁방지법은 도구 등의 거래행위만을 금지한다. 이처럼 콘텐츠산업진흥법과 부정경쟁방지법이 금지 하는 행위의 범위가 좁은 이유는 저작권법과 달리 배타적 지배권을 전제하지 않기 때문이다.

저작권법 제2조 제28호; 콘텐츠산업진흥법 제2조 제1항 제7호; 부정경쟁방지법 제 2조 제1호 (카)목 4).

제8장 기존 법제도의 평가와 한계

현행법상 데이터세트 일반에 대한 배타적 권리는 존재하지 않지만, 그럼에도 불구하고 개별 법제도들은 문제되는 사안의 맥락에 따라 데이터세트의 보유자를 어느 정도까지는 보호해 주고 있다. 즉 데이터세트의 보유자는 현행법 하에서도 데이터세트를 이용하거나 거래할 수 있고, 실제로 데이터세트를 거래하는 시장이 존재하기도 한다.[1006] 그러나 이러한 보호가 데이터세트의 생산과 유통의 인센티브를 충분히 제공해주고 있는지는 의문이다.

먼저 물권법은 포괄적 지배권의 성격을 지니는 소유권을 중심으로 권리자에게 가장 강력한 보호를 제공한다. 최근 블록체인 기술을 이용한 '유체물·동등 데이터'의 물건성을 인정하는 견해가 늘고 있지만, 일반적으로 데이터세트는 물건성이 인정되지 않는다.[1007] 따라서 데이터세트는 소유권에 의하여 직접적으로 보호받을 수 없다. 다만 데이터세트가 물리적 매체에 저장되어 있는 경우 매체 소유권에 의하여 간접적으로 보호될 수는 있지만, 데이터의 저장이나 이용 환경이 갈수록 클라우드 서비스에 의존하고 있는 상황에서 이러한 간접적 보호에는 한계가 있다. 데이터세트의 물건성이 부정되는 이상 점유 규정도 적용되지 않는다. 다만 점유 규정이나 준점유 규정의 유추적용은 인정될 여지가 있지만, 점유 제도는 일시적이고 잠

1006) Drexl, op. cit., p. 29 ff.
1007) 앞으로 데이터세트를 직접 블록체인에 기록하거나 또는 외부의 서버에 기록하고 블록체인과 암호학적으로 연결함으로써(off-chain) 물건성이 인정될 가능성을 배제할 수 없으나, 현재로서는 물건성 여부를 판단할 만큼 기술이 발전하거나 사례가 축적되지는 않았다.

정적인 보호만을 제공할 뿐이라는 한계가 있다.

지적재산권법은 처음부터 정보에 대한 지배와 공유 사이의 균형을 도모해 왔다는 점에서 지나치게 강고한 물권법보다 오히려 데이터세트 보호에 적합한 측면이 있다. 그러나 구문론적 정보인 데이터세트는 표현을 보호하는 저작권 제도와 친화성이 높음에도 불구하고 창작성이 없어 저작권에 의하여 보호되지는 못한다. 데이터베이스권은 데이터베이스의 요건을 충족하는 데이터세트에 대하여는 의미 있는 보호를 제공해줄 수 있다. 그러나 빅데이터 기술이나 인공지능 기술과 관련하여 활용되는 데이터세트는 체계성과 검색 가능성이 없는 경우도 많은데, 이러한 경우에는 데이터베이스권에 의하여 보호되지 못한다. 최근에는 국내외에서 인공지능 학습용 데이터를 특허권에 의하여 보호하려는 시도도 있지만, 데이터세트는 현행 특허법상 물건에 해당하지 않으므로 그 무단이용은 특허권의 침해를 구성하지 못하며, 무엇보다 인공지능 특허와 무관한 데이터세트는 보호할 수 없다는 한계가 있다.

부정경쟁방지법은 물권법이나 지적재산권법과 달리 데이터세트에 대하여 배타적 권리를 부여하지 않고 특정한 침해행위를 금지하는데 그치면서도, 손해배상뿐만 아니라 물권적 청구권과 유사한 금지청구권을 인정해준다. 이러한 혼합적 성격은 정보의 독점과 공유 사이의 균형을 도모하기에 적합한 측면이 있지만, 배타적 지배권과 달리 양도나 담보제공과 같은 법률적 처분행위를 뒷받침하지는 못한다. 부정경쟁방지법에 포함된 다양한 제도 가운데 데이터세트 보호수단으로 활용될 수 있는 것으로는 영업비밀 보호 제도와 성과물 무단사용 제도가 있다. 그러나 영업비밀 보호에 의하여 간접적으로 데이터세트를 보호하는 것은 데이터세트의 생산을 위한 인센티브를 넘어서 공개 및 유통의 인센티브가 되기에는 불충분하다. 데이터세트의 거래가 거듭되거나 시장이 커질수록 비공지성이나 비밀관리성이라는 요건을 충족하지 못할 가능성이 커지기 때문이다. 2022. 4. 20. 시행될 개정 부정경쟁방지법이 신설한 데이터 부정사용행위 금지 조항은 이러한 한계를 넘어설 수 있는 새로운 제도로서 주목할 필요가 있다. 한편 성과물 무단사용 제도는 데이터세트 보호를 포괄할 수 있는 잠재력이 있다. 그러나 그 연혁과 일반조항이라는 규정형식으로 인해 소극적 해석론이 주류를 이루고 있다는 점과, 특히 구제받을 수 있는 권리자가 경쟁자로 제한된다는 점에서 한계가 있다. 콘텐츠산업진흥법에 의한 데이터베이스보호 역시 유사한 한계를 지닌다.

부정경쟁방지법에 의한 보호는 법률상 명시된 부정경쟁행위에 한하여 인정된다. 그 밖의 경우에는 민법상 일반적 불법행위에 기한 손해배상청구권에 의하여 데이터세트 보유자의 이익이 보호될 수 있다. 불법행위법에 기한 권리는 비록 물권이나 지적재산권과 같이 어떠한 객체를 직접 지배할 수 있는 권리는 아니지만, 계약과 달리 제3자에 대하여도 주장할 수 있다. 다만 보호영역이 할당된 배타적 지배권에 기초하지 않은 경우, 예컨대 영업의 일부로서 데이터세트를 보호받으려는 경우에는 침해행위 태양의 평가와 이익형량 과정을 거쳐야만 비로소 위법성 여부의 판단이 가능하므로 보호수단으로서의 예측가능성이 현저히 떨어진다. 무엇보다 일반적 불법행위에 기한 금지청구권이 인정되지 않기 때문에 불법행위법은 데이터세트의 거래를 위한 협상을 뒷받침할 수 있는 준거점을 제공하지 못한다.

계약 역시 데이터세트에 대한 사실상의 지배와 이용에 관한 당사자 간의 권리와 의무를 설정함으로써 데이터세트 보유자의 이익을 어느 정도 보호할 수 있다. 그러나 계약은 당사자 사이에서만 효력이 있으므로 제3자에 의한 침해로부터의 보호에 매우 취약하다. 기술적 보호조치를 취하거나 또는 상대방에게 제3자에 대한 유출 및 재제공 금지의무를 부과함으로써 이를 완화할 수는 있겠지만 그 한계는 명백하다. 계약의 다양성과 신축성은 데이터세트의 이용관계를 합리적으로 설정할 수 있는 장점도 있지만, 이는 거래비용과 분쟁을 증가시킴으로써 거래 활성화에 장애가 되는 측면도 있다.

기존 법제도가 지닌 위와 같은 한계는 서론에서 다루었던 가상의 사례에
도 잘 드러난다. 위 사례에서는 인공지능 기술을 활용하여 반려견의 암 진
단 서비스를 제공하는 A 회사가 B 회사의 데이터 플랫폼을 통하여 C 연구
소에게 학습 데이터세트 일부를 판매하였는데, 공동연구를 수행하던 D가
이를 자신이 운영하는 웹사이트에 공개하였다. A 회사는 D의 공개행위의
금지를 원하고 있지만 기존 법제도만으로는 그것이 불가능했다. 우선 위
데이터세트는 물건이 아니고 이를 저장하는 매체는 B 회사의 것이므로 소
유권에 의한 보호는 불가능하다. 점유의 법리를 유추하여 점유보호청구를
할 여지는 있지만, 이는 잠정적이고 일시적인 것에 불과하다. 위 데이터세
트는 체계성과 검색가능성이 있다고 보기 어려우므로 데이터베이스권에
의한 보호는 어렵다. 특허법에 의하여 보호받을 수도 없다. 학습 데이터세
트 자체는 물건이나 방법이 아니므로 특허의 대상이 되지 않고, 암 진단에
사용되는 인공지능 알고리즘에 관하여 방법의 발명으로서 특허를 받더라
도 학습 데이터세트의 무단 복제는 발명의 실시에 해당하지 않으며, 학습
데이터세트가 물건이 아닌 이상 그것이 인공지능 알고리즘의 생산이나 실
시만을 위한 것이라 해도 간접침해가 되지 않기 때문이다. A 회사가 C 연
구소에게 학습 데이터세트를 판매한 이상 비공지성이 인정되지 않아 영업
비밀로서 보호받을 수도 없다.[1008) D가 위 데이터세트를 자신의 영업을 위
하여 사용한 것이 아닌 이상 성과물 무단사용 조항에 의하여 보호받기도
어렵다. D의 공개행위가 불법행위에 해당할 여지는 있지만 불법행위에 기
한 금지청구권은 일반적으로 인정되지 않는다. A가 C에게 데이터세트를

1008) D의 행위가 2022. 4. 20. 시행될 개정 부정경쟁방지법 상의 데이터 부정사용 행위
　　　에 해당할 것인지 여부도 불분명하다. 뒤에서 상세히 살펴보겠지만, D의 행위는 부
　　　정취득형이라기보다는 권한남용형에 속하는데[제2조 제1항 (카)목 2)], D가 데이터
　　　세트를 공개한 동기가 공공의 연구에 도움을 주기 위해서였다는 점을 고려할 때
　　　위 조항이 요구하는 '부정한 이익을 얻거나 데이터 보유자에게 손해를 입힐 목적'
　　　이 인정되기 어렵기 때문이다.

판매하면서 재제공이나 유출을 막기 위한 특약을 할 수는 있지만 계약 당사자가 아닌 D에게 계약의 효력을 주장할 수는 없다. 데이터세트 매수인이 데이터세트를 충분히 활용할 수 있도록 하려면 기술적 보호조치에도 한계가 있을 수밖에 없다.

이처럼 현행법상 제도들은 데이터세트의 생산과 유통의 인센티브를 충분히 제공해 줄만큼 데이터세트 보유자를 보호해주지 못한다. 어떤 제도는 충분한 구제수단을 제공하지만 그 요건을 충족하기 어렵고, 어떤 제도는 보호 요건을 충족하기는 쉽지만 충분한 구제수단을 제공하지 못한다. 따라서 기존 제도를 보완하거나 새로운 제도를 만들어 데이터 경제를 뒷받침할 필요가 존재한다.

제4편

새로운 보호방안

제1장 서설

지금까지 살펴본 것처럼 현행법상 제도들은 데이터세트의 생산과 유통의 인센티브를 충분히 제공해 줄 만큼 데이터세트 보유자를 보호해주지 못하므로 현행 법제도를 정비하여 데이터 경제를 뒷받침할 필요가 있다. 이를 위해서는 우선 해결하려는 문제를 명확히 하고, 그 문제를 해결할 수 있는 법적 장치의 구성 요소들을 식별해야 한다. 그런 뒤에 현행 법제도 가운데 그러한 법적 장치로 활용될 잠재력이 있는 것을 찾아내어 보완할 부분을 파악해야 한다. 만약 현행 법제도 중에 그러한 후보가 없다면 새로운 제도를 창안하는 것도 검토해야 하겠지만, 그것은 어디까지나 최후의 선택지이다. 물론 이렇게 마련된 제도가 데이터세트와 관련된 모든 사안을 포괄적으로 해결해주는 것은 아니며, 사안의 맥락에 따라 다양한 제도들이 활용될 수 있을 것이다.[1009] 그럼에도 불구하고 마치 소유권법이 물건의 이용과 거래를 위한 기본 바탕이 되는 것처럼 데이터세트 보호를 위한 기본적 법리가 존재한다면 데이터세트의 이용과 거래의 준거가 될 수 있을 것이다.

해결하려는 문제는 여러 차례 반복하여 강조되었던 것처럼 데이터 경제의 자원이 되는 데이터, 그 중에서도 데이터세트가 충분히 생산되고 유통되도록 할 제도적 인센티브가 부족하다는 점이다. 이를 해결하기 위한 법적 장치는 어떠한 구성 요소를 가져야 할까. 가장 중요한 요소는 데이터에 대한 배타적 권리의 부여이다. 이에 대하여는 찬반 양론이 매우 치열하게

[1009] 권영준, 앞의 논문(2021), 35-36면은 이런 입장에서 포괄적인 데이터 법제보다 기존 법리 체계의 정비가 바람직하다고 한다.

전개되어 왔다. 논쟁의 핵심은 정보의 지배와 공유 사이의 균형에 있지만, 이를 위한 논리는 민사법의 법리를 넘어 법철학이나 법경제학, 그리고 헌법에서도 찾아질 수 있다.

데이터세트에 대한 배타적 권리를 옹호하는 경우에도 이를 구현하는 법적 장치의 세부 모습에 관하여는 또 다른 쟁점들이 남아 있다. 누구에게 그러한 권리가 귀속되어야 하는가라는 질문이 가장 먼저 제기되겠지만, 그러한 권리의 구체적 성격과 관련된 의문도 제기될 것이다. 데이터세트에 대한 배타적 권리가 데이터세트에 대한 직접적인 지배권이어야 하는가, 아니면 데이터세트 보유자의 적법한 이익을 침해하는 특정 행위의 금지를 요구할 수 있는 것으로 충분한가. 후자의 경우 금지청구권이 인정된다는 것만으로 배타적 권리라고 부를 수 있는가. 절대적인 배타적 지배권으로 구성할 경우에, 그에 포함될 권능을 소유권과 같은 단일하고 포괄적인 권리로부터 나오는 것으로 볼 것인가, 아니면 단지 여러 권능의 묶음으로 볼 것인가. 보호 대상이 될 데이터세트를 특정하고 거래 안전을 도모하기 위하여 공시제도를 도입할 필요는 없는가. 만약 이를 긍정한다면 공시의 방법은 어떠해야 하고 어떠한 효력이 인정되어야 하는가. 그리고 데이터세트에 대한 배타적 권리를 인정할 경우에 정보의 지배와 공유 사이에 균형을 달성할 방안은 무엇인가.

아래에서는 이러한 질문들에 대한 상세한 검토를 통해 바람직한 법적 장치의 구성 요소들을 확인하고, 기존 법제도 가운데 이러한 법적 장치로서 작동할 수 있는 잠재력이 있는 것들을 취하여 보완할 부분을 찾아보고자 한다.

제2장 배타적 권리를 인정할 것인가

제1절 서설

데이터세트 생산과 유통의 인센티브를 보완하기 위한 법적 장치의 구성 요소 가운데 가장 중요한 것은 데이터세트에 대한 배타적 권리의 부여이다. 이는 현행 법제도가 결여하고 있는 가장 두드러진 요소이며, 서두에서 보았던 데이터 오너십 논쟁의 가장 중요한 주제이기도 했다.

데이터세트에 대한 배타적 권리의 부여 여부를 논하기 위하여 가장 먼저 할 일은 '배타적 권리'가 무엇을 의미하는지 확정짓는 것이다. 뒤에서 자세히 검토하겠지만, 입법정책적 측면에서 볼 때 데이터세트 보유자에게 '간섭의 배제'를 구할 수 있도록 하는 것이 데이터세트에 '배타적 보호영역을 할당'하는 것보다 훨씬 중요하다. 즉 데이터세트에 대한 배타적 권리 인정 여부에 관한 논의는 데이터세트 보유자에게 금지청구권을 인정할 것인지 여부에 관한 논의를 포함해야 한다.

본 절에서는 먼저 배타적 권리의 의미와 금지청구권과의 관계를 살펴보고, 법철학적, 법경제학적, 헌법적 분석을 통해 데이터에 대한 배타적 권리의 인정 여부 내지 금지청구권의 인정 여부에 관한 결론을 도출한 뒤, 이를 바탕으로 데이터 오너십 논쟁에서 제기되었던 찬반론을 평가해보기로 한다.

제2절 배타적 권리의 의의

1. 권리의 배타성과 금지청구권

권리의 배타성이란 다른 사람의 간섭을 배제하고 독점적 이익을 얻는 성질을 가리킨다. 배타적 권리의 전형은 물권이지만, 그 외에 지적재산권과 같은 준물권이나 인격권도 배타적 권리에 해당한다고 이해되고 있다. 일반적으로 이들 권리들은 다른 사람의 간섭을 배제할 수 있다는 점 외에도 권리자에게 배타적으로 할당된 보호영역(할당내용, Zuweisungsgehalt)이 존재한다는 점에서 공통점이 있다고 이해된다. 이러한 할당내용은 그 객관적침해만을 요건으로 하여 침해행위를 배제할 수 있는 구제수단에 의하여 확보된다. 그리고 흔히 이러한 할당내용의 침해는 위법성을 징표하는 것으로이해된다. 이처럼 권리의 배타성과 할당내용의 존재, 금지청구권의 인정, 그리고 위법성의 징표는 서로 밀접하게 연결되어 있는 것처럼 보인다. 그런데 과연 그럴까.

이러한 특징들을 모두 갖고 있는 전형적인 권리는 물권이다. 물권자는그에게 할당된 보호영역의 침해만 있으면, 즉 물권의 위법한 침해 또는 침해의 염려라는 객관적 사실만 있으면 고의나 과실과 같은 주관적 사정이나피해자의 손해 또는 침해자의 이익과 무관하게 침해자를 상대로 물건의 반환 또는 방해의 제거·예방을 위한 조치 등의 물권적 청구권을 행사할 수있다. 나아가 물권의 침해는 그 자체로 위법성이 징표되어 위법성조각사유가 없는 한 위법하다고 평가받는다. 지적재산권의 경우에도 이와 유사하다. 예컨대 저작권자는 그의 권리에 대한 침해 또는 침해의 우려가 있다는 객관적 사실만 있으면 침해의 정지나 예방을 구할 수 있다(저작권법 제123조). 단지 모든 권능이 혼일되어 있는 소유권과 달리 복제권이나 배포권과같은 권능들의 묶음(bundle of rights)으로 되어 있어 침해가 될 수 있는 행위가 제한되어 있을 뿐이다. 그리고 지적재산권의 침해 역시 물권 침해와 마찬가지로 위법성을 징표한다.1010)

인격권 침해의 경우에도 침해의 배제나 예방을 구하는 금지청구권이 인정된다.1011) 이 경우 금지청구권의 법적 근거로 불법행위를 드는 견해도 있지만,1012) 다수의 학설은 물권적 청구권의 규정을 유추적용하고 있으며,1013) 최근에는 법유추에 의하여 금지청구권을 인정하는 견해도 나타나고 있다.1014) 인격권 침해로 인한 금지청구권의 경우에도 고의나 과실과 같은 주관적 요건을 필요로 하지 않으며,1015) 침해의 중대성이나 명백성1016) 또는 피해자에게 중대하고 현저하며 회복하기 어려운 손해를 입힐 우려1017)와 같은 객관적 요건에 의하여 인정 여부가 판단된다. 다만 인격권의 경우에는 물권이나 준물권의 경우와는 달리 할당내용의 침해만으로 바로 위법성이 징표되는 것은 아니다. 생명이나 신체의 경우에는 보호영역이 명확하여 그 침해만으로 위법성이 징표될 수 있지만, 명예나 프라이버시와 같은 경우에는 보호영역이 불명확하여 표현의 자유와의 관계에서 이익형량을 거쳐야만 비로소 위법성이 판단될 수 있다.1018) 판례는 명예의 침해를 이유로 한 출판물 발행의 금지를 구하는 사건에서, 표현의 자유 및

1010) 박시훈, 앞의 논문(2015B), 57면.
1011) 대법원 1996. 4. 12. 선고 93다40614,40621 판결
1012) 김기선, 앞의 책, 455-456면; 송오식, 앞의 논문, 146면.
1013) 주석민법, 채권각칙(6), 418면(김재형 집필부분); 김재형, 앞의 논문(2004), 85-86면; 양창수, 앞의 논문(2010), 550면(금지청구권이 물권과 같은 절대권의 특성으로부터 도출된다고 주장한다).
1014) 권영준, 앞의 논문(2008), 58-62면; 김상중, 앞의 논문(2011), 178면.
1015) 「언론중재 및 피해구제 등에 관한 법률」은 인격권을 침해하는 언론사 등에 대한 피해자의 침해 정지 및 예방청구권을 규정하고 있는데(제30조 제3항), 명문 규정은 없지만 손해배상의 경우와 달리 고의 또는 과실은 필요하지 않다는 해석론이 힘을 얻고 있다[주석민법, 채권각칙(6), 423면(김재형 집필부분)].
1016) 주석민법 채권각칙(6), 423면(김재형 집필부분) 참조.
1017) 대법원 2005. 1. 17.자 2003마1477 결정 참조.
1018) 주석민법, 채권각칙(6), 397면(김재형 집필부분)

사전검열의 금지와의 관계를 고려하여 원고 측에게 위법성에 대한 증명을 요구한 바 있다.[1019] 한편 사후적 구제수단인 손해배상청구와 사전적 구제수단인 금지청구권의 위법성 판단기준이 동일한 것은 아니다. 예컨대 판례는 명예 침해를 이유로 언론기사의 삭제를 구하는 사건에서, 피고가 그 기사가 진실이라고 믿은 데 상당한 이유가 있었다는 주관적 사정은 손해배상책임을 부정하는 사유는 될지언정 기사의 삭제를 구하는 방해배제청구권을 저지하는 사유로는 될 수 없다고 판시함으로써,[1020] 손해배상청구 시의 위법성 판단기준[1021]과 차별화하였다.

한편 영업의 경우 일반적으로 할당내용을 결여하고 있다고 이해되고 있음에도 불구하고 그 침해에 대한 구제수단으로 금지청구권이 인정되고 있다.[1022] 다만 이 경우 금지청구권의 요건인 위법성이 바로 징표되지 못하고 이익형량에 의한 불법 내용의 파악이 있은 뒤에야 위법성이 판단될 수 있을 뿐이다.[1023] 부정경쟁방지법 등 각종 특별법 규정에서 정하고 있는 금지청구권들은 또 다른 구조를 지닌다. 위 규정들은 일반적으로 불법행위에 관한 특별법으로 이해되므로,[1024] 위 규정들에 의하여 보호되는 이익은 할당내용이 있는 것으로 볼 수 없다. 그럼에도 불구하고 위 규정들이 정하는 침해행위의 유형에 속하는 행위는 일응 위법한 것으로 인정된다.

이처럼 영업의 침해나 부정경쟁방지법상 부정경쟁행위에 금지청구권이

1019) 대법원 2005. 1. 17.자 2003마1477 결정.
1020) 대법원 2013. 3. 28. 선고 2010다60950 판결.
1021) 대법원 1988. 10. 11. 선고 85다카29 판결. "형사상이나 민사상으로 타인의 명예를 훼손하는 행위를 한 경우에도 그것이 공공의 이해에 관한 사항으로서 그 목적이 오로지 공공의 이익을 위한 것일 때에는 진실한 사실이라는 증명이 있으면 위 행위에 위법성이 없으며 또한 그 증명이 없더라도 행위자가 그것을 진실이라고 믿을 상당한 이유가 있는 경우에는 위법성이 없다."
1022) Karl & Canaris, op. cit., S. 544; von Caemmerer, op. cit., S. 89f.; 이동진, 앞의 논문(2018), 228-229면
1023) 대법원 2001.07.13. 선고 98다51091 판결.
1024) 나종갑, 앞의 논문, 68면.

인정된다는 점을 고려하면, 그동안 물권과 같은 전형적인 배타적 권리의
속성으로 제시되어 왔던 '간섭의 배제'와 '할당내용' 가운데 간섭의 배제가
전형적인 배타적 권리만의 속성은 아님을 알 수 있다. 즉 금지청구권이 권
리의 배타적 성격으로부터 도출되는 것은 아니다.[1025] 한편 명예 침해의
경우에 위법성이 징표되지 못하고 반대로 부정경쟁방지법상 부정경쟁행위
의 경우에는 일응 위법성이 인정된다는 점을 고려하면, 위법성 역시 권리
의 배타적 성격으로부터 당연히 징표된다고는 할 수 없다. 그렇다면 물권
과 같은 전형적인 배타적 권리와 밀접하게 결부된 채로 남는 속성은 '할당
내용' 뿐이라고 하겠다.

　　그런데 타인의 간섭이 배제될 수 있다면 당연히 권리자는 독점적 이익을
얻을 수 있으므로 배타적 보호영역의 할당은 그렇게 큰 의미를 지니지 못
한다. 다만 보호영역의 할당이 있는 경우 권리 객체의 반환이나 침해부당
이득의 반환청구[1026]가 가능하고, 양도나 담보제공 등 법적 처분이 가능하
며, 강제집행의 대상이 된다는 등의 실익이 있을 뿐이다. 그런데 이들은 권
리의 '배타성'보다는 '직접 지배성' 또는 '절대성'[1027]과 좀 더 관련이 있어
보인다. 영업과 같이 할당내용을 결여한 권리를 설명하는 과정에서 절대권
과 달리 보호법익의 종류와 구체적 범위가 확고한 기준 없이 개별 소송에
서 확정되는 권리를 '범주적 권리(Rahmenrecht)'라고 지칭하거나,[1028] 할당
내용을 갖고 있지 않은 영업비밀을 '불완전한 배타적 권리(unvollkommenes
Ausschließlichkeitsrecht)'라고 표현하는 것[1029]은 이와 관련되어 있다. 즉

1025) 김상중, 앞의 논문(2011), 211면.
1026) 침해부당이득은 할당내용의 객관적 침해로 인한 침해자 이득의 처리문제로서 물권
　　적 청구권과 논리구조를 같이 한다[양창수·권영준, 앞의 책, 522면].
1027) 권리에는 특정인의 행위에 지향된 상대권과 대상을 매개로 모든 사람에 대하여 효
　　력(erga omnes)이 있는 절대권이 있으며, 채권은 전자의, 물권은 후자의 대표적인
　　예이다(Zech, op. cit., S. 344 ff).
1028) Fikentscher & Heinemann, op. cit., Rn. 1571ff.
1029) Alois Troller, Immaterialgüterrecht, Bd. I, 3.Aufl., Helbing & Lichtenhahn, 1983,

배타성은 간섭의 배제 권능과 주로 관련되어 있고 할당내용의 존부와는 관련이 적다고 보는 것이 맞을 것 같다.

입법정책의 측면에서 보자면 데이터세트의 적법한 보유자에게 외부의 간섭을 배제할 수 있는 배타적 지위를 인정할 것인지 여부의 문제에 있어서는 할당내용을 갖는 배타적 지배권과 할당 내용이 없이 단지 금지청구권이 인정된 결과로서 독점적 이익을 누리는 지위를 함께 묶어서 분석하는 것이 보다 효과적이라고 할 수 있다. 다만 부정경쟁방지법상 금지청구권이 인정되는 결과 누리게 되는 이익을 '권리'라고 부르는 것이 적절한지 아니면 이를 단순히 반사적 이익으로 볼 것인지는 견해의 대립이 있다. 권리라는 것이 일반적으로 '일정한 이익을 누릴 수 있게 하기 위한 법의 힘'이라고 이해되는 이상(권리법력설),[1030] 이를 권리라고 불러도 무방하다는 견해[1031]도 있다. 그러나 부정경쟁방지법은 절대적 지배권인 소유권적 구성을 취하지 않으므로, 이는 상대적 독점권에 그치며,[1032] 특허권·저작권 등 전형적인 지적재산권과 달리 적극적인 독점권이라고 볼 수 없다.[1033] 아직은 부정경쟁방지법상의 독점적 지위를 사법상 권리로 포섭하기에는 이론적 근거가 부족하다고 생각된다. 다만 입법정책적 분석을 위한 목적으로

S. 82. 비밀 소지자의 권리는 비밀의 내용 보호가 아니라 비밀인 사실 그 자체 (geheimsein)에 대한 법적 보호이다.

1030) 곽윤직·김재형, 앞의 책(2013), 박영사, 2013, 58면.

1031) 박준석, "무체재산권·지적소유권·지적재산권·지식재산권 - 한국 지재법 총칭(總稱) 변화의 연혁적·실증적 비판 -", 법학 제53권 제4호, 서울대학교 법학연구소, 2012, 143-148면 참조.

1032) 中山信弘, マルチメディアと著作權, 岩波新書, 2005, 18-21.

1033) 박준석, 앞의 논문(2019), 112면; 정보의 무단이용행위에 대한 금지청구권도 부여된다면 정보보유자의 사실상의 권리가 인격권이나 물권과 유사하게 배타적 지배권이라는 속성을 가진 권리로 이해될 수 있다거나(정상조, "인터넷 콘텐츠의 보호", 인터넷법률 통권 제2호, 법무부, 2000, 12-13면], 영업비밀이 영업과 분리되어 양도될 수 있다는 점을 인정한다면 그 물권적 성격은 어느 정도 승인해야 한다(이일호, 앞의 논문, 88면)는 견해도 있으나, 금지청구권의 인정이 절대적 지배권을 징표하지는 않는다고 여겨진다.

한정한다면 편의상 위 두 가지 경우를 모두 포함하는 도구적 개념으로서 '넓은 의미의 배타적 권리'라는 표현을 사용해도 좋을 것이다. 즉 어떠한 권리나 법적 지위의 배타성은 금지청구권에 의하여 실현되는 동시에 금지청구권이 부여된 결과라고 할 수 있다.

2. 경제학적 재산권과 영미법상의 재산권

가. 경제학적 재산권

법경제학에서는 일반적으로 재산권(property right)을 '권리자가 자유롭게 행사할 수 있고 다른 사람의 간섭으로부터 보호받을 수 있는 자원에 대한 법적 권능들의 묶음'으로 이해한다.[1034] 사실 법경제학은 법형식보다는 실질을 중시하여 재산권 자체보다는 각각의 개별 권능(entitlement)에 주목하는 전통이 있다.[1035] 경제학적 의미의 재산권의 법적인 특징은 그 침해에 대한 구제수단으로서 손해배상만이 아니라 금지청구가 허용된다는 점이다. 재산의 사용을 중단시킬(enjoin) 권한이 있다면 법적인 의미의 재산권에 해당하지 않더라도 이를 일종의 권능으로 파악하여 분석할 수 있는 것이다.[1036]

예컨대 공장에 이웃한 주민들의 공장주에 대한 공해물질 배출 금지청구(injunction)가 인용될 수 있다면, 해당 공장에 대한 공해물질 배출 권능의 보유자는 공장주가 아닌 이웃 주민들이다.[1037] 즉, 경제학적으로는 타인의

1034) Robert Cooter & Thomas Ulen(한순구 역), 법경제학(제5판), 경문사, 2009, 88면, 199면. 한편 Posner 판사는 법경제학에서의 재산권(property right)을 '가치 있는 자원의 배타적 사용을 위한 권리(right to the exclusive use of valuable resources)'로 정의한다[Richard Posner, *Economic Analysis of Law* (8th ed.), Aspen Publishers, 2011, p. 39 참조].

1035) Guido Calabresi & Douglas Melamed, "Property rules, liability rules, and inalienability: one view of the cathedral", 85 Harv. L. Rev. 1089, 1972, pp. pp. 1090-1093.

1036) Louis Kaplow & Steven Shavell, "Property rules versus liability rules: An economic analysis", 109 Harv. L. Rev. 713, 1995, pp. 754-755.

이용을 금지할 수 있는 권능이 있다면 재산권이 있는 셈이며, 이러한 관점에서는 사전동의의 원칙에 터 잡은 현행 개인정보보호법도 정보주체에게 경제학적 의미의 재산권은 부여하고 있다고 할 수 있다.[1038] 개인정보에 관하여 사전동의의 원칙(opt-in)을 취하지 않는 미국에서 정보주체의 개인정보 통제권에 관한 논의가 '재산권(property right)'이라는 용어를 중심으로 이루어진 것은 이 때문이다.[1039] 이른바 퍼블리시티권(publicity right)의 경우에도 인격권이 인간의 동일성 표지를 그 주체에게 독점적, 규범적으로 귀속시킴으로써 그 동일성 표지의 희소성을 재창출하였고 이로 인해 인간의 동일성 표지에 재산적 가치가 성립하게 되었다고 볼 수 있다.[1040]

법경제학에 있어서 재산권 논의의 핵심은 어떠한 권리나 이익에 대한 사회적 조정을 경제학적 의미의 재산권을 부여하여 당사자의 자율적 교섭에 맡길 것인지, 아니면 제3자, 예컨대 국가의 고권적 처분에 맡길 것인지에 있고,[1041] 조정의 대상이 인격적 이익인지 재산적 이익인지와는 무관하다.[1042] 이런 점에서 법경제학의 시각에서 재산권의 인정 여부는 넓은 의미의 배타적 권리 인정 여부의 문제와 실질적으로 동일하다고 할 수 있다.

1037) Calabresi & Melamed, op. cit., pp. 1115-1116.

1038) 이동진, 앞의 논문(2018), 224-225면.

1039) Lund, op. cit.; Jessica, Litman, "Information privacy/information property", 52 Stanford Law Review 1283, 2000.

1040) 안병하, "인격권의 재산권적 성격 - 퍼블리시티권 비판 서론", 민사법학 제45권 제1호, 한국민사법학회, 2009, 81면. 위 견해는 인간의 동일성 표지에 대한 재산적 가치가 인격권에 의한 규율을 통하여 성립하였음을 이유로 그러한 재산적 가치의 귀속 또한 인격권이 담당해야 한다면서, '퍼블리시티권'이라는 독자적인 권리의 인정에 반대한다(앞의 논문 81면, 124면).

1041) Ronald Coase, "The Problem of Social Cost", Journal of Law and Economics, vol.3, 1960 및 Calabresi & Melamed, op. cit.

1042) 백대열, 앞의 논문, 143면.

나. 영미법상의 재산권

한편, 배타적 권리의 의미와 관련된 개념적 어려움은 우리가 대륙법의 체계에 익숙해 있다는 점에서 기인하는 측면도 있다. 영미법에서는 대체로 물권이건 채권이건 권리의 종류에 관계없이 모든 권익침해에 대하여 손해배상청구권과 함께 금지청구권을 구제수단으로서 인정한다.[1043] 이에 비해 대륙법에서는 전통적으로 금지청구권을 요건사실의 충족에 따른 법률효과의 해석 문제로 파악하여 침해된 권리의 법적 성격에 매달려온 경향이 있었다. 다만 최근에는 금지청구권이 피침해이익의 성질에 의존하지 않는다는 이론적 극복이 이루어지고 있음은 이미 살펴본 바와 같다.

결국 영미법의 시각에서 데이터세트에 대한 재산권 인정 여부의 문제는 실질적으로 데이터세트 보유자에 대한 금지청구권의 인정 여부의 문제, 즉 넓은 의미의 배타적 권리 인정 여부의 문제와 크게 다르지 않으며, 적어도 할당내용을 지닌 배타적 지배권의 인정 여부의 문제는 아니라고 할 수 있다.

3. 동의 규칙과 보상 규칙

그렇다면 입법정책의 관점에서 '간섭의 배제'와 '할당내용' 가운데 어느 것이 더 중요할까. 타인이 보유하는 권리나 이익의 이용 방법에 관한 칼라브레시(G. Calabresi)와 멜라메드(A. D. Melamed)의 연구[1044] 결과는 간섭의 배제가 훨씬 중요하게 고려되어야 할 요소임을 보여준다.

이들에 따르면 타인의 권리나 이익을 이용하는 방법에는 동의 규칙

1043) 김차동, 앞의 논문(2010), 84면, 87면. 다만 영미법에서는 전통적으로 금지청구권의 요건으로서 회복불가능성 등을 요소로 하는 구제의 적합성(appropriateness)을 요구함으로써 금지청구권을 손해배상청구권의 열위에 두고 있다. 이는 금지청구권이 배분적 효율성을 달성하는 최적의 구제수단이라는 법경제학적 연구 성과와는 배치되는 것으로서 많은 비판을 받고 있다.

1044) Calabresi & Melamed, op. cit., pp. 1089-1128.

(property rule),[1045] 보상 규칙(liability rule), 그리고 양도 불가능성 규칙 (inalienability) 등 세 가지 규칙이 있을 수 있다. 동의 규칙은 보유자의 허락 없이는 타인의 권리나 이익을 이용할 수 없다는 원칙이다. 보상 규칙은 보유자의 동의 없이도 그의 권리나 이익을 이용할 수 있도록 하되 이에 관하여 정당한 보상을 하여야 한다는 원칙이다. 마지막으로 양도 불가능성 규칙은 신체장기, 성, 마약, 자녀, 투표권, 핵무기, 인권 등의 사례에서 찾아볼 수 있다.

동의 규칙과 보상 규칙을 법적 구제수단의 관점에서 표현한다면 금지청구권(injunction)과 손해배상(damages)이라고 할 수 있을 것이다. 미국을 중심으로 한 법경제학의 연구 결과는 원칙적으로 금지청구권에 의한 권익의 보호가 배분적 효율성(allocative efficiency)을 달성할 수 있는 최적의 구제수단임을 보여주었다.[1046] 금지청구권에 의한 침해의 배제가 가능하다면, 권리자와의 협상을 통한 자발적 거래에 의하여 재화에 대하여 가장 높은 효용가치를 갖는 사람이 재화를 사용하게 됨으로써 자원의 효율적 배분이 이루어지게 되는 것이다.

다만 예외적으로 거래비용이 너무 높은 경우에는 금지청구권을 부정하고 손해배상만을 인정하는 편이 효율적일 수 있다.[1047] 즉 보유자가 갖는 효용가치에 거래비용을 더한 값이 상대방이 갖는 효용가치보다 큰 경우에는 비록 상대방의 효용가치가 보유자의 효용가치에 비하여 크더라도 거래

1045) 'property rule'은 연구자에 따라 '물권적 보호원칙,' '금지청구권,' '동의 규칙' 등 다양한 용어로 번역되고 있다. 본고에서는 경제학적 분석의 취지를 살려 동의 규칙이라고 번역한다.

1046) 김차동, "금지청구권의 요건사실에 관한 법경제학적 검토", 법경제학연구 제7권 제1호, 한국법경제학회, 2010, 85-86면; 다만 법원이 당사자들의 주관적 효용가치를 알 수 있다면(다시 말해 법원의 정보비용이 낮다면) 손해배상이 금지청구권 못지않게 효율적인 구제수단이 될 수 있겠지만, 실제 그런 경우가 있다고 생각하기는 어렵다[Cooter/Ulen (한순구 번역), 앞의 책, 120-123면].

1047) 김차동, 앞의 논문(2010), 86-87면.

가 발생하지 않고, 그 결과 자원의 효율적 배분이 이루어지지 못한다. 이 경우에는 상대방이 보유자의 권익을 침해하더라도 금지청구권에 의하여 이를 배제하는 것을 허용하지 않고, 대신 시장가격에 의하여 이를 배상받 도록 함으로써, 해당 권익이 더 높은 효용가치를 매기는 자에게 이전되도 록 하는 편이 사회 전체적으로는 더 효율적인 것이다. 거래비용이 커서 당 사자들 사이에 협상이 되지 않는 사례로는 Ploof v. Putnam 사건[1048]을 들 수 있다. 위 사건에서 Ploof 씨는 폭풍우가 몰아치는 긴급 상황에서 보트를 Putnam 씨의 섬 부두에 정박하려 했지만 관리인이 배를 떠밀어 좌초된 끝 에 부상을 입고 말았다. 이런 상황에서 만약 협상이 벌어졌다면 절박한 상 황으로 인해 터무니없는 가격에 협상이 이루어졌을 것이다. 개인적 절박성 (private necessity)이 일종의 독점력으로 작용하는 것이다.

결국 권익 보호를 위한 구제수단으로서 금지청구권과 손해배상 가운데 무엇이 더 효율적인지는 거래비용의 많고 적음에 의하여 결정된다.[1049] 만 약 거래비용이 높지 않다면 금지청구권을 인정하는 것이 효율적이겠지만 그렇지 않은 경우에는 이를 부정하고 손해배상만을 받을 수 있도록 하는 것이 효율적이다.[1050] 한편 양도불가능성 규칙이 적용되는 대상들은 일반 적인 재산권의 대상과는 달리 재산적 가치만을 내용으로 하지는 않는다. 거래의 효율성은 거래의 금지를 통해서는 결코 높아질 수 없다는 점을 고 려해보면,[1051] 양도불가능성은 경제적 효율성의 논리에 근거하기보다는 전 통적인 도덕관념과 정치철학에 근거한 것으로 보아야 할 것이다.[1052]

이처럼 배타적 권리의 속성으로 제시되어 온 '간섭의 배제'와 '할당내용'

1048) Ploof v. Putnam - 81 Vt. 471, 71 A. 188 (1908)
1049) Robert Cooter & Thomas Ulen(한순구 역), 앞의 책, 120-124면.
1050) Calabresi & Melamed, op. cit., pp. 1118-1119; 박세일, 법경제학(개정판), 박영사, 2013, 151-152면.
1051) Landes, Elisabeth & Richard Posner, "The economics of the baby shortage", The Journal of Legal Studies, vol.7 no.2, 1978, pp. 323-338.
1052) Robert Cooter & Thomas Ulen(한순구 역), 앞의 책, 199면.

가운데 입법정책적으로 보다 중요한 의미가 있는 것은 '간섭의 배제'이다. 그렇다면 데이터세트 보유자에 대한 새로운 보호방안을 논할 때 우리는 먼저 '간섭의 배제'를 위한 '금지청구권'을 인정할 것인지 여부를 묻고, 그 뒤에 '할당내용'이 있는 '배타적 지배권'을 인정할 것인지를 물어야 할 것이다. 즉 배타적 권리의 인정 여부에 관한 논의는 먼저 금지청구권에 의하여 타인의 간섭을 배제할 수 있는 '넓은 의미의 배타적 권리'의 인정 여부에 관한 논의부터 시작되어야 할 것이다.

제3절 법철학적 분석1053)

1. 서설

데이터세트에 대한 배타적 권리의 인정 여부라는 의제가 데이터 경제로의 이행에 따른 사회경제적 변화를 뒷받침하는 법적 기반을 정비하는 데 있다는 점을 고려해 보면, 이를 위한 분석에 사용될 도구는 어떤 사회가 보다 바람직한 사회인가에 관한 문제의식과 함께 설득력 있는 평가기준을 내포하는 것이어야 한다. 이는 사실의 문제라기보다는 가치의 문제, 즉 인간 행위의 규범 및 정치적 구성의 정당성의 문제이다. 따라서 이에 관한 논의의 출발점은 재산권의 정당성 근거가 되어야 하며, 이를 위해 도덕철학과 정치철학의 도움을 얻을 수밖에 없다.

1053) 이 부분은 이상용, "데이터에 대한 배타적 권리의 법철학적 정당화", 일감법학 제50호, 건국대학교 법학연구소, 2021을 수정 보완한 것이다.

2. 사적 재산권의 정당성 근거

사적 재산권을 정당화하기 위한 이론들은 인류 문명의 오랜 역사 속에서 다양하게 주장되어 왔지만, 여기서는 오늘날 우리나라를 포함한 각국 법제도의 바탕이 되고 있는 서구에서의 논의를 주로 검토하기로 한다. 사적 재산권의 정당성 및 그 제한에 관한 철학적 이론은 중심이 되는 정당성 근거에 따라 기준으로 자유 논변, 효용 논변, 그리고 필요 논변 등으로 대별될 수 있다.[1054)

가. 자유 논변

사적 소유의 문제는 근대의 인간 해방의 기획을 이끌어 갔던 가장 중요한 정치철학적 주제를 형성하였으며, 사적 소유는 한 인간이 주체로 인정받는, 즉 자유롭고 자율적인 존재임을 드러내는 가장 직접적인 징표로 간주되었다.[1055) 이에 따라 근대 이후에는 자유에 기반한 강력한 이론들이 나타나 이후 자본주의 시장경제로의 전환을 뒷받침하게 되었다. 그로티우스(H. Grotius)와 푸펜도르프(S. von Pufendorf)의 무주물 선점 이론(Okupationstheorie)은 아마도 그러한 이론들 가운데 가장 오래된 것 중 하나일 것이다. 위 이론은 소유권이 권력에 의한 자의적 찬탈의 대상이 되지

1054) 황경식, "소유권은 절대권인가 -사유재산권과 분배적 정의-", 철학연구 제72호, 철학연구회, 2006, 3면 이하는 노동 논변, 자유 논변, 필요 논변 등으로 나누어 재산권의 정당성과 그 한계에 관한 각각의 논거들을 검토한 뒤 분배적 정의의 관념이 이들을 묶는 연결고리가 된다고 주장한다. 위 주장은 필요 논변까지도 재산권에 관한 이론의 하나로 식별하고 있다는 점에서 상당히 포괄적이다. 그러나 노동 이론(그리고 그와 함께 검토되고 있는 인격 이론)은 자유 논변의 일종으로 파악될 수 있고, 공리주의 논변은 공동체의 관점에서 출발함에도 불구하고 개인의 자유를 주장하는 결과로 이어진다는 점에서 별도의 논변으로 파악할 필요가 있다는 점에서 본문과 같이 논변들을 분류하였다.

1055) 정대성, "추상적 소유이론에 대한 헤겔의 비판", 인간연구 제22호, 가톨릭대학교 인간학연구소, 2011, 112면.

않는다는 점을 강조함으로써 사적 소유와 자유로운 개인과의 관계를 드러
내었다.[1056] 그러나 자유 논변 가운데 가장 중요한 역할을 한 것은 로크(J.
Locke)의 노동 이론(labor theory)과 헤겔(G. W. F. Hegel)의 인격 이론
(Persönlichkeitstheorie)이었다. 자유 논변은 로크 이래로 사회계약론과 밀접
하게 관련되어 주장되어 온 까닭에 분배적 정의라는 주제와도 연결되어 있
다. 노직(R. Nozick)이나 롤즈(J. Rawls)의 정교한 현대적 이론들은 이러한
전통의 연장선 위에 있다고 할 수 있다.

(1) 노동 이론

로크는 1689년 출판된 「통치론(Two Treatises of Government)」을 통해 자
연상태(state of nature)에서 출발하여 국가 성립에 이르는 과정을 이른바 사
회계약론에 의하여 설명하면서 재산권 보호가 국가의 임무라고 설명한다.
그에 따르면 인간은 시민사회 또는 정부의 존재 이전에 이미 재산에 대한
자연권을 가지고 있으며,[1057] "사람들이 국가를 결성하고 정부의 지배 아
래에 들어가는 가장 중요하고 주된 목적은 그들의 재산을 보존하는
것"[1058]이다. 로크는 본래 재화는 자연 상태에서 누구든지 접근 가능한 것

1056) 정대성, 앞의 논문, 112면; 한편 칸트 역시 선점을 중요한 요소로 보는 것 같다.
칸트는 "일차적 소유권은 근원적인 획득을 통해서만 발생 - 이 점은 로크의 노동이
론과 공감되는 부분이다 - 하지만, 노동은 무로부터 대상을 창조하는 것이 아니라
이미 나에게 속해 있어야 하는 재료를 전제하는 것이어서 근원적인 점유 획득에
대한 외적인 표징일 뿐"이라고 보고 있다(Immanuel Kant, Die Metaphysik der
Sitten, Suhrkamp, 1977, §15); Otfried Höffe(이상헌 역), 임마누엘 칸트, 문예출판
사, 1998, 263-264면.

1057) Crawford Macpherson(황경식·강유원 공역), 홉스와 로크의 사회철학: 소유 개인주
의의 정치이론, 박영사, 1990, 230면.

1058) John Locke, Two treatises of government, Yale University Press, 2008, § 124. 로크
가 말하는 소유권은 때로는 물질적 재화를 뜻하지만 때로는 생명, 자유, 재산을 포
괄하는 넓은 의미를 갖기도 한다(김남두, "소유권에 관한 철학적 성찰 : 사유재산권
과 삶의 평등한 기회 - 로크를 중심으로 -", 철학연구 제27권, 철학연구회, 1990,
159면 참조)

이지만, 이것에 새로운 가치를 부여하는 노동을 통해 사적 소유로 변화시킬 수 있다고 주장하면서,[1059] 국가에 선재하는 재산권의 성립 과정을 다음과 같이 묘사했다.

> "대지와 모든 하등생물들은 인류 공동의 것이지만, 모든 인간은 자기 자신의 인신(person)에 대해서는 재산권을 갖는다. 자신의 인신에 대해서는 자신을 제외한 어느 누구도 권리를 갖지 못한다. 그의 신체의 노동(labour)과 그의 손의 작업(work)은 오로지 그의 것이라고 할 수 있다. 그러므로 자연 그대로의 상태로부터 이끌어낸 것은 무엇이든지 간에 그가 그것에 자신의 노동을 혼합하고 결합한 것이며, 이렇게 함으로써 그것은 그의 재산이 되는 것이다. 그것은 자연 그대로의 공유 상태로부터 그가 이끌어낸 것이기 때문에, 그의 노동이 부가되면 그것에 대해서는 다른 사람들의 공유권이 배제된다."[1060]

위 인용문에서 알 수 있듯이, 로크의 이론은 권리의 발생근거를 사회적 필요가 아니라 개인의 노동 자체에서 찾는 점에서 자유 지향적 요소가 강하다. 그럼에도 불구하고 이른바 '로크의 단서(Lockean Proviso)'라고 불리는 전제조건은 그의 이론에 공동체 지향적 요소도 내재되어 있음을 보여준다.[1061] 즉 로크는 어떤 사람이 재산권을 가지기 위한 전제조건의 하나로서 "적어도 타인을 위하여 충분하고 좋은 것이 공유의 영역에 남아있을 것 (at least where there is enough and as good left in common)"이라는 중요한 단서를 부가하였다. 로크의 단서는 일반적으로 네 가지 측면에서 이해된다.[1062] 즉, 사람은 ① 자연의 생산물이 부패하지 않는 만큼(부패 또는 손

1059) Locke, op. cit., § 42.
1060) Locke, op. cit., § 27.
1061) 권영준, 앞의 논문(2010), 167-168면.
1062) 송문호, "법률상 사이버 재물 개념과 철학적 근거", 원광법학 제33권 제1호, 원광대학교 법학연구소, 2017, 40면.

상 한계), ② 그 전에 향유하며 사용할 수 있는 만큼(사용 한계), ③ 그의 노동에 의해서(노동 한계) 그의 재산으로 할 수 있다. ④ 이것을 넘어서는 부분은 무엇이든 그의 몫을 넘는 것이다(충분 한계).

하지만 언뜻 강력해 보이는 이러한 단서는 로크가 간접적 노동을 인정하고 화폐 개념을 수용함으로써 크게 약화되어 있다.[1063] 즉 로크는 "내 말(馬)이 뜯은 풀, 내 하인이 떼어 온 잔디 뗏장 또는 내가 캐낸 광석 등은 어느 누구의 양도나 동의가 없어도 나의 소유물이 된다"고 함으로써 노동의 범위를 확장했다.[1064] 그리고 화폐를 "인간이 부패시키지 않으면서 오래 보유할 수 있는 내구적인 물건이며, 상호 동의에 의해서 사람들이 진정으로 유용하지만 부패할 수 있는 생필품과 교환할 수 있는 물건"으로 정의하면서 "사람들은 암묵적이면서 자발적인 동의에 의하여 자신이 쓸 수 있는 것보다 더 많은 재물을 정당하게 소유할 수 있는 방법을 찾아냈다"고 평가함으로써 노동을 추상화했다.[1065]

로크의 단서와 그 형해화에 대한 학자들의 평가는 서로 엇갈린다. 일부 견해는 로크의 이론이 노동계급과 유산계급 사이의 차별성을 정당화했다거나,[1066] 무제한적 재산 축적을 정당화함으로써 부르조아 계층을 옹호했다고[1067] 비판하는 반면, 다른 견해는 로크의 주장이 개인이 국왕의 승인 없이 사유 재산을 가질 수 있다는 점을 강조하면서도 재산권이 사회적 의무를 수반한다는 점을 보여주었다고 긍정적으로 평가한다.[1068]

1063) 로크의 전제조건이 사실상 형해화된 것은 그의 사회적 지위와도 관련이 있다는 지적이 있다. 로크는 노예거래 회사의 주주이자 영국은행의 창립주주였으며, 명예혁명의 와중에 증권투자를 통해 거부가 된 자본가였다(윤재왕, "자연법과 역사 - 존 로크 법철학의 양면성?", 강원법학 제34권, 강원대학교 비교법학연구소, 2011, 373면).

1064) Locke, op. cit., § 28.

1065) Locke, op. cit., § 47, § 48, § 50.

1066) Crawford Macpherson(황경식·강유원 공역), 앞의 책, 256면 이하.

1067) 양삼석, "로크의 사유론에 나타난 몇 가지 논점", 대한정치학회보 제18집 2호, 대한정치학회, 2010, 135면.

1068) 강정인, "로크사상의 현대적 재조명-로크의 재산권 이론에 대한 유럽중심주의적 해

재산권의 정당성 근거에 관한 로크의 이론은 직관적이고 명료하여 오늘날까지도 상당한 설득력이 있다. 그럼에도 불구하고 로크의 이론이 가진 한계를 지적하는 견해도 만만치 않다. 저명한 자유지상주의자 노직은 비례성(proportionality)과 관련된 다음과 같은 질문들을 던지며 그의 견해에 의문을 제기했다.1069) 한 통의 토마토 주스를 바다에 부어 도처에 섞이게 했다고 그 바다에 대한 재산권을 주장할 수 있겠는가? 다시 말해 왜 노동이 창출해 낸 부가가치에 대해서만이 아니라 대상물 전체에 대해 재산권이 확장되는가? 노동의 요소를 중시한다면 사유재산제가 아니라 공동재산제를 옹호할 수도 있지 않은가? 로크의 재산권 이론은 기본적으로 국가의 필요성에 관한 정치철학적 담론의 일부일 뿐이어서 모든 재산권에 적용될 수 있는 완전성을 갖추지 못하고 있다는 지적도 있다. 예컨대 로크의 이론은 노동에 의하여 생산되었다고 보기 어려운 토지에 관한 재산권의 설명에 난점이 있고, 저작물의 경우 그 생산에 노동이 필요함에도 불구하고 로크 자신은 정신적 창작물의 독점에 대하여 비판적인 입장을 취하였다는 것이다.1070) 또한 모든 노동의 산물은 공동체의 역사적, 집단적 성과에 힘입어 만들어지는 것이므로 배타적 재산권이 견지되기 어렵다는 지적도 있다.1071)

(2) 인격 이론

노동을 가치를 만들어내는 수단으로 본 로크와 달리 헤겔은 노동을 외부적으로 자신의 개성을 표현하는 인간성의 본질적 실현으로서 그 자체로 가

석을 중심으로", 한국정치학회보 제32집 제3호, 한국정치학회, 1998.
1069) Robert Nozick(남경희 역), 아나키에서 유토피아로, 문학과 지성사, 2000, 221-225면; 다른 측면에서 보면 이 문제는 재산권 객체의 경계를 명확히 하는 것과도 관련되어 있다. 예컨대 그로티우스는 사적 소유권은 선점에 의하여 발생한다고 하면서 바다의 경우 점유할 수 없으므로 사적 소유의 대상이 되지 않는다고 설명하였다 (Peter Drahos, A Philosophy of Intellectual Property, Routledge, 2005, pp. 49-50).
1070) 권영준, 앞의 논문(2010), 168면.
1071) 황경식, 앞의 논문, 4면.

치 있는 것으로 보았다.[1072] 즉 재산은 단순히 욕구를 충족시키는 수단이 아니라 개인적 자유를 표현한다는 것이다. 헤겔은 정신 활동의 모든 결과는 정신에 고유한(eigen) 것이라고 보는데, 이는 그 결과물들이 모두 정신의 소유(eigentum)라는 점을 함축한다고 볼 수도 있다.[1073]

헤겔은 개인이 자신의 의지를 외부 세계에 투영할 수 있어야 비로소 자아실현이 가능하다고 보았고, 그 논리적 귀결로서 개인은 그의 의지와 인격을 객관화한 산물에 대하여 당연히 통제권을 갖는다고 보았다.[1074] 재산권에 관한 위와 같은 논리는 다음과 같은 표현에 잘 드러나 있다.

> "인격이 이념으로 존재하려면 그의 자유를 누릴 수 있는 외적 영역이 존재해야만 한다. 인격은 절대적으로 존재하는 무한한 의지이지만, 아직은 전적으로 추상적인 첫 단계에 규정되어 있으므로 외적인 자유의 영역을 이루는 것은 의지와는 직접 구별되는, 분리 가능한 존재로서 규정된다."[1075] "모든 물(Sache)은 인간의 소유가 될 수 있는데, 이는 인간이 즉자적(卽自的)이며 대자적(對自的)인 자유의지(Der an und für sich freie Wille)를 가지고 있는 반면에 그의 대상인 사물은 이러한 속성을 가지고 있지 않기 때문이다. 이것이 바로 모든 물건에 대한 인간의 절대적 취득권(Zueignungsrecht)이다."[1076]

많이 언급되지는 않지만 헤겔은 경제적 측면도 강조하였다. 즉 헤겔은 학문과 예술을 장려하기 위해서는 창작자들을 해적행위로부터 보호하고, 재산권을 보호하여 이윤을 얻을 수 있도록 해야 한다고 주장하였다.[1077]

1072) 송문호, 앞의 논문(2017), 41면.
1073) 정대성, 앞의 논문, 122면.
1074) 송문호, 앞의 논문(2017), 42면.
1075) Hegel, Georg Wilhelm Friedrich, Grundlinien der Philosophie des Rechts oder Naturrecht und Staatswissenschaft im Grundrisse, Suhrkamp, 1986, § 41.
1076) Hegel, op. cit., § 44.

그리고 이러한 내용은 그의 인격론의 구조에도 투영되어 있다. 즉 로열티 등을 지불하는 행위는 개인의 재산권에 대한 주장을 인정하는 것이며 (Anerkennung), 이러한 인식행위를 통하여 개인은 타인에 의해 한 명의 인격체로서 인정받는다는 것이다.[1078]

(3) 현대적 자유 논변

자유를 강조하는 논변은 현대에 들어와 더욱 정교하게 발전되고 있다. 민주주의가 보편화되고 자본주의의 발전과 함께 그 폐해도 명확해진 상황에서 자유 논변은 계약론과 분배적 정의[1079]의 관점을 보다 명시적으로 도입하게 되었다. 여기에서는 사유재산권과 자유의 관계에 관한 새로운 논변을 제시한 자유지상주의자 노직(R. Nozick)의 견해와 자유주의의 외연을 크게 확장하고 체계화한 롤즈(J. Rawls)의 견해를 살펴보기로 한다.[1080]

노직은 복지국가적 간섭주의와 이를 지지하는 분배적 정의관에 대항하기 위하여 칸트(I. Kant)의 자유주의적 의무론과 전통적 사회계약론을 토대로 하여 분배의 결과보다는 그 과정을 더 강조하는 이론을 전개하였다. 즉 만약 초기의 자원 배분이 정의로웠고 이러한 초기 자원이 경쟁적인 시장에서 자발적인 교환에 의해 분배되었다면 그 결과가 무엇이건 정의로운 분배라고 보아야 한다는 것이다. 그는 정형적인(patterned) 분배적 정의를 이루려는 시도는 개인의 자유를 침해할 수밖에 없다고 보았다. 자유는 관행화

1077) Hegel, op. cit., § 69.
1078) Hegel, op. cit., § 71.
1079) 분배적 정의에 관한 이론은 아리스토텔레스까지 거슬러 올라갈 수 있다. 아리스토텔레스는 사회마다 분배적 정의에 관한 원칙이 다를 수 있다고 보았다. 예컨대 귀족정에서는 덕과 계급에 따라서 부가 분배되어야 하지만, 민주정에서는 사람들의 재산이 동일하게 되도록 부를 재분배하여야 한다는 것이다.
1080) 노직의 주저 'Anarchy, State, and Utopia(1974)'는 롤즈의 'A Theory of Justice (1971)'에 자극을 받아 일종의 반론으로서 저술된 측면이 있다. 그러나 노직의 주장이 보다 단순하고 명료한 형태로 되어 있으므로 본문에서는 이를 먼저 설명하고 그와 비교하여 롤즈의 주장을 설명하는 방식으로 서술하였다.

된 기존의 정형을 뒤엎게 마련이고, 반대로 최소국가(minimal state)를 넘어
서는 공권력에 의해 이러한 정형을 유지하고자 하는 시도는 언제나 개인의
자유를 제약하기 마련이기 때문이다.[1081] 노직이나 하이에크(F. Hayek)와
같은 현대의 자유지상주의자들은 사적 재산권을 정부의 독단적인 권위에
개인들이 대항할 수 있는 성벽과도 같은 것으로 생각한다.[1082] 하이에크에
따르면 사적 재산권은 시장이 성립하기 위한 필요조건이며 시장이야말로
자원의 배분이 분권적인 메커니즘에 의해 이루어지는 곳이다. 시장이 없다
면 결국 정부의 계획에 의해 자원이 배분될 수밖에 없는데, 그 경우 계획자
에게 경제적 의사결정의 권력이 집중되고 결국 개인의 자유에도 영향을 미
치게 된다는 것이다.[1083]

　노직의 이론은 자유방임주의와 야경국가의 전통적 입장을 현대 분석철
학의 엄밀한 도구를 사용하여 구체적이고 강력한 논변으로 재구성한 것으
로서 상당한 매력이 있다. 특히 노직은 로크의 단서를 원용하여 사유화가
타인의 상황을 악화시키는 경우 사적 재산권이 정당화되지 않는다는 점을
정밀하게 논증했다.[1084] 그럼에도 불구하고 그의 이론에는 결정적인 한계
가 있는데, 사유재산권과 그것이 보장하는 자유를 미리 전제하고 있다는
점이 바로 그것이다.[1085] 결국 노직의 이론은 그 기저에 깔린 그의 신념,
즉 사유재산권이 개인의 자유와 자율성에 의하여 당연히 요구된다는 점을

1081) Robert Nozick(남경희 역), 앞의 책, 212-214면.

1082) Friedrich, Hayek, The Constitution of Liberty, Routledge, 2013.

1083) Friedrich Hayek(김이석 역), 노예의 길, 자유기업원, 2018 참조. 1786년의 「the
Federalist Papers」는 이러한 입장에 서 있으며 미국 헌법도 이런 사상에 바탕을 두
고 있다.

1084) Robert Nozick(남경희 역), 앞의 책, 222면 이하.

1085) Cheyney Ryan, "Yours, Mine and Ours : Property Rights and Individual Liberty",
in: Jeffrey Paul(eds), Reading Nozick, Rowman Littlefield, 1981, p. 324; 노직 자신
이 그의 저서 서문에서 "이 책은 개인의 권리들의 도덕적 기초에 관한 정확한 이론
을 제시하지 않는다"고 고백하고 있기도 하다[Robert Nozick(남경희 역), 앞의 책,
17면].

수용하지 못하는 사람들에게는 설득력이 반감되고 만다.

그에 비해 롤즈는 노직과 마찬가지로 자유주의적 의무론과 사회계약론에 바탕을 두면서도 분배적 정의를 보다 중요하게 다룬다. 또한 롤즈는 국가에 선재하는 일련의 권리를 가정한 노직과 달리 그러한 권리들 자체가 사회적 계약 상황의 논의에 회부되어야 한다고 생각했다.[1086] 즉 롤즈는 특정한 가치나 권리를 전제하지 않고 순수 절차적 정의의 관념을 기초로 이론을 전개하였는데, 이를 위해 그는 사람들이 '무지의 베일(veil of ignorance)' 속에 있다고 가정하였다.[1087] 이것은 거기에서 합의된 어떤 원칙도 정의로운 것이 되게 하는 공정한 절차를 설정하기 위한 원초적 입장이며, 행동준칙의 보편화를 요구하는 칸트의 정언명령에서 비롯된 것이다.[1088] 이처럼 공정한 절차가 마련된다면 그에 따른 재산의 배분은 그 결과가 어떻든 정의로운 것이 된다. 그런 점에서 롤즈의 정의론은 '공정으로서의 정의(justice as fairness)'라고 할 수 있다. 흥미롭게도 노직 역시 초기 자원이 평등하게 배분되어 있음을 암암리에 전제하면서 정의로운 취득과 양도를 규율하는 절차적 혹은 역사과정적(historical) 원칙이 준수되어 왔다면 그 결과가 어떻든 정의로운 것이라고 보았다. 결국 정의의 절차적 측면과 분배적 측면에 있어서 롤즈와 노직 사이의 형식적 차이가 있는 것은 아니다.

롤즈의 이론이 결정적으로 노직과 다른 부분은 분배의 대상, 그리고 이를 통해 엿보이는 재산과 정의의 관계에 있다. 노직에게 있어 분배의 대상은 로크적 재산권으로서 처음부터 재산과 정의의 관계가 명확하다. 단지

1086) 황경식, 앞의 논문, 19면. 따라서 어떤 권리를 존중할 것인가라는 중요한 논점에 있어서 롤즈의 이론이 보다 강력하다고 평가할 수 있다.

1087) 롤즈는 "권리와 의무의 배분을 정하고 사회적·경제적 이득의 분배를 규율하는" 정의 원칙들이 자신의 신념과 상황의 특수한 측면들에 관하여 모르는 사람들에 의해 도달되는 가상적인 계약 혹은 합의에서 비롯되는 것으로 이해한다[Stephen Mulhall & Adam Swift(김해성·조영달 역), 자유주의와 공동체주의, 한울, 2011, 33면].

1088) John Rawls(황경식 옮김), 정의론, 이학사, 2003, 195면.

정형에 따른 재분배가 자유를 침해하고 정의에 반한다고 볼 뿐이다. 이에
비하여 롤즈는 삶에 대한 인간적 기대(human expectation of life)에 관심을
두면서 최소 수혜자의 기대치가 극대화될 수 있도록 기본 선(good)을 배분
하고자 한다. 롤즈에게 있어서 원초적 입장에서 공정한 절차를 통해 합의
될 내용에는 재분배를 위한 법제 역시 포함될 수 있다. 특히 롤즈는 자유시
장 체제가 반드시 생산수단의 사적 소유를 전제하는 것이 아니며 생산수단
의 사회적 소유와도 양립할 수 있다고 보았다.[1089]

롤즈가 구상하는 사회의 기본 구조에서 기본적 자유(basic liberty)는 의
회 민주주의에 의하여 보장되며, 이러한 민주주의는 시장 체제에 의해 경
제가 조직될 것을 요구한다. 이와 같은 방식으로 평등한 시민적, 정치적 권
리는 직업 선택 및 소비자 선택의 경제적 자유와 결합된다. 롤즈에게 있어
개인 재산에 대한 사적 소유권은 기본적 자유로서 보장되지만[1090] 다른 자
유와의 관계에서 제한될 수도 있다. 상이한 기본적 자유들은 서로 조정되
어 전반적 자유의 가장 광범위한 전체 체계를 결과해야 하고, 다른 사람의
자유 역시 존중되어야 하기 때문이다. 이처럼 롤즈는 평등한 자유를 강조
하지만 그의 정의론의 요체는 무엇보다 분배적 정의를 위한 차등의 원칙
(difference principle)에 있다. 차등의 원칙은 자유의 사용가치 역시 공정하
게 배분되어야 함을 강조하지만, 그것이 완전한 경제적 평등을 의미하지는
않는다. 오히려 합당한 공교육 체제와 진정으로 경쟁적인 시장이 존재하고,
그래서 실질적으로 상당한 정도의 평등한 자유와 기회 균등이 보장된다면,
각자의 경제적 지위에 차등이 있더라도 그것이 최소 수혜자의 복지에 기여
하는 이상 정의롭고 바람직하다는 것을 뜻한다.[1091]

1089) John Rawls(황경식 옮김), 앞의 책, 106-107면.
1090) 롤즈는 개인 재산이 아닌 생산수단에 대한 권리는 기본적 자유에 속하지 않는다고
    보았다. 이것은 생산수단의 사적 소유가 불가침의 것이 아니라는 것, 즉 국유화의 추
    진이 가능하다는 것을 의미하는 한편, 생산수단의 국유화를 이유로 기본적 자유를
    제한하는 것은 불가능함을 의미한다[John Rawls(황경식 옮김), 앞의 책, 106-107면].

축차적 서열[1092])에 따라 구성된 정의의 원칙[1093])으로 요약되는 롤즈의 이론은 인간의 존엄성과 보편성에 기반한 자유주의적 관점을 기초로 한다. 그러면서도 원초적 입장에서 공정한 절차를 통해 이루어지는 사회적 합의와 최소 수혜자를 배려하는 차등의 원칙을 통해 배분적 정의를 포용하고, 결여된 자율성을 보충하는 '약한 후견주의(weak paternalism)'를 수용함으로써 일견 냉담해 보이는 고전적 자유주의의 약점을 극복하였다. 특히 국가에 선재하는 재산권을 인정하면서 재분배를 반대하는 노직과 달리 롤즈의 재산권 이론은 재산권이 사회계약의 산물이라는 홉스(T. Hobbes)의 견해를 받아들임으로써 재산권의 정당성 근거를 포함하는 동시에 그 제한에 관한 논거도 내포하고 있다. 즉, 우리의 관심이 총체적 자유에 있다면 소유

1091) 황경식, 앞의 논문, 24면.

1092) 롤즈는 사회적·경제적 이득에 대한 자유의 우선성(제1우선성 규칙)과 효율성에 대한 정의의 우선성(제2우선성 규칙), 그리고 좋음에 대한 옳음의 우선성을 주장하였다[이상용, 앞의 논문(2020), 134-135면].

1093) [제1원칙] 각자는 모든 사람의 유사한 자유 체계와 양립할 수 있는 평등한 기본적 자유의 가장 광범위한 전체 체계에 대해 평등한 권리를 가져야 한다.

　[제2원칙] 사회적·경제적 불평등은 다음 두 가지, 즉

　　(a) 그것이 정의로운 저축 원칙과 양립하면서 최소 수혜자에게 최대 이득이 되고,

　　(b) 공정한 기회 균등의 조건 아래 모든 사람들에게 개방된 직책과 직위가 결부되게끔 편성되어야 한다.

　[제1우선성 규칙](자유의 우선성) 정의의 원칙들은 축차적 서열로 이루어져야 하고 따라서 기본적 자유는 자유를 위해서만 제한될 수 있다. 두 가지 경우가 있는데,

　　(a) 덜 광범위한 자유는 모든 이가 공유하는 자유의 전 체계를 강화해야만 하고,

　　(b) 덜 평등한 자유는 보다 작은 자유를 가진 사람들에게 받아들여질 수 있어야 한다.

　[제2우선성 규칙](효율성과 복지에 대한 정의의 우선성) 정의의 제2원칙은 서열상으로 효율성의 원칙이나 이득의 총량의 극대화 원칙에 우선해야 하며 공정한 기회는 차등의 원칙에 우선하여야 한다. 여기에는 두 가지 경우가 있는데, 즉

　　(a) 기회의 불균등은 보다 적은 기회를 가진 사람들의 기회를 증대해야 하고,

　　(b) 과도한 저축률은 결국 이러한 노고를 치르는 사람들의 부담을 경감시켜야 한다.

　[John Rawls(황경식 옮김), 앞의 책, 400-401면)].

와 관련된 모든 자유 - 소유자의 처분의 자유 뿐 아니라 타인의 이용의 자유도 포함하여 - 가 고려되는 것이 마땅하다는 것이다.[1094]

나. 효용 논변

공리주의자들은 물건이나 행동이 만들어내는 만족감과 즐거움, 즉 효용에 따라 물건이나 행동의 가치를 정한다. 그리스의 쾌락주의자들에게서 연원을 찾을 수 있는 이러한 관점은 근대에 들어와 벤담과 밀에 의하여 정교하게 다듬어졌다.

자유 논변이 자연법 또는 사회계약의 산물로서 자유와 밀접하게 결부된 재산권 개념을 내세우는 것과 달리 공리주의의 재산권은 자유와 직접적인 관계가 없다. 물론 밀(J. S. Mill)의 질적 공리주의는 벤담(J. Bentham)의 양적 공리주의와 달리 다른 공리에 대한 자유의 우선성을 인정하지만, 이는 인간의 도덕적 삶을 위한 전제로서 자유 그 자체가 목적이 되는 칸트의 의무론적 자유주의와 달리 자유를 행복의 수단으로 파악하는 목적론적 자유주의에 그친다. 벤담의 유명한 표현처럼 '최대 다수의 최대 행복'을 추구하는 공리주의자들에게 있어서 재산권의 목적은 효용을 극대화시키는 데 있으며, 재산이란 미래 효용의 기댓값에 불과하다. 이러한 공리주의의 관점에서 개인에게 배타적 재산권을 인정하는 정당성 근거는 생산에 대한 유인(incentive)의 제공과 자원의 과도한 이용(depletion)의 방지라고 할 수 있다.

만약 누군가 노력을 기울여 토지를 개발하거나 유용한 물건을 만들었음에도 불구하고 다른 사람이 자유롭게 이를 사용할 수 있다면 그러한 생산 활동을 할 이유가 없게 된다. 나아가 사적 소유가 인정된다면 경쟁자보다 더 효율적인 기업은 시장에서 부로써 보상을 받는 반면 그렇지 않은 기업은 시장에서 퇴출됨으로써 사회의 총 효용이 늘어날 수 있다. 이러한 메커니즘이 바로 아담 스미스의 '보이지 않는 손(invisible hand)'이다.[1095] 사적

1094) 황경식, 앞의 논문, 20-21면.

이익 추구에 의하여 공적 이익이 극대화되고 결국 최소 수혜자에게도 이득을 준다는 논리는 자유시장경제에서 초래되는 불평등에 대한 대표적인 정당화 근거가 되었다.[1096]

한편 자원 고갈의 방지라는 근거는 이른바 '공유의 비극(tragedy of the commons)'이라는 비유로 잘 알려져 있다.[1097] 목초지가 모두에게 개방되어 있다면 누구나 자신의 가축을 풀어놓아 먹일 것이므로 결국 목초지가 황폐화되어 공멸에 이르고 만다는 것이다. 목초지를 사유화한다면 재산권자가 장기적으로 효율적인 사용방법을 결정할 수 있으므로 이러한 비극을 피할 수 있게 된다.

공리주의는 배타적 재산권의 정당성 근거와 함께 그 제한의 근거도 제공한다. 만약 재산권자가 아닌 다른 사람이 그 재산에서 얻을 수 있는 가치가 재산권자가 얻을 수 있는 가치보다 높다면 재산권자가 재산을 다른 사람에게 넘기는 것이 옳다고 보게 되기 때문이다.[1098] 한편 국부론을 저술했던 아담 스미스가 사적 소유와 경쟁이 우리에게 물질적 풍요를 가져다줄 것을 확신하면서도 부나 재산이 우리에게 진정한 행복을 가져다줄 것이라는 믿음은 일종의 - 생산적인 - 기만(deception)이라고 생각했던 점도 주목할 만하다.[1099]

1095) 한편 로크는 "노동을 통해 획득된 재화에 대하여 재산권을 부여하는 것이야말로 인류의 공동 자산(common stock)을 증가시킨다"고 주장하였는데(Locke, op. cit., §37), 이는 그의 노동이론이 공리주의 논변과도 어느 정도 관련성이 있음을 보여준다(한지영, "지적재산의 철학에 관한 연구 : 로크의 노동이론을 중심으로", 산업재산권 제20호, 한국지식재산학회, 2006, 7면).

1096) Adam Smith, An inquiry into the nature and causes of the wealth of nations, in: Campbell & Skinner(eds), Oxford University Press, 1976, p.24.

1097) 1968년 생물학자 하딘(G. Hardin)이 Science지에 기고한 논문에서 비롯된 '공유지의 비극(tragedy of commons)'이라는 표현은 환경 문제의 심각성을 강조하려던 저자의 본래 의도와는 달리 오히려 사적 재산권의 정당성 근거로 더 유명해졌다(Hardin, op. cit., pp. 1243-1244).

1098) Robert Cooter & Thomas Ulen(한순구 역), 앞의 책, 133-134면.

오늘날 공리주의는 배타적 재산권에 관한 가장 강력한 이론적 근거 중 하나이다. 그럼에도 불구하고 공리주의는 재산권의 원시적 귀속에 관하여는 로크의 노동이론과 같은 다른 이론에 의지할 수밖에 없다는 한계가 있다. 비록 재산권과 직접적 관계는 없지만 공리주의는 윤리적 측면에서도 난점이 있다. 공리주의는 인간을 이익형량의 대상으로 삼는 것을 허용하는데, 이는 인간을 수단이 아닌 목적으로 대하라는 칸트의 정언명령, 즉 인간의 존엄성에 반하는 결과가 되어 의무론적 자유주의와 긴장 관계에 놓이게되기 때문이다.

다. 필요 논변

앞서 보았던 자유 논변과 효용 논변은 근대 이후 '개인의 발견'이 이루어진 뒤에 비로소 개진되었던 이론들이다. 베버(M. Weber)가 지적한 것처럼 부의 취득 그 자체가 윤리적으로 인가된 삶의 방식이 된 것은 근대 이후 자본주의가 자리 잡기 시작한 이후의 일이다.[1100] 그 전에는 동서양을 막론하고 돈을 버는 일은 공식적으로 오명의 대상이었고 사적 소유는 필요에 의하여 정당화될 뿐이었다.

서구의 경우 이러한 사상은 고대 그리스와 유대 기독교 전통에서 찾을수 있다. 아리스토텔레스는 정당한 자기애(self love)와 이기심(egoism)을 구분하면서 이에 상응하여 부를 얻는 자연스런 기술과 금전에 대한 과도한 욕망을 구분하였다. 그리고 돈을 버는 것은 가계의 필요를 충족하기 위한 수단일 뿐이므로 언제나 목적 자체에 의해 제약된다고 보았다.[1101] 특히 돈을 빌려주고 돈을 버는 일은 가장 부자연스러운 것이라고 보았는데, 이러한 생각은 '금전 불임쾌락주의론(doctrine of the sterility of money)'이라

1099) 황경식, 앞의 논문, 6-7면.

1100) Max Weber(translated by Talcott Parsons), The Protestant Ethic and the Spirit of Capitalism, George Allen & Unwin Ltd, 1930, p. 56.

1101) Aristotle(translated by Benjamin Jowett), Politics, Clarendon Press, 1905, p. 61.

는 표현으로 잘 알려져 있다. 유대·기독교의 전통도 이와 유사한 태도를
갖고 있다. 예수는 영생을 원하는 부자에게 "가서 가진 모든 것을 가난한
이에게 나누어주라. 그러면 하늘에 보화를 쌓게 될 것이다"라고 말했다. 그
가르침을 이어받은 초기 기독교 공동체는 원시 공산사회의 모습을 방불케
하였으며, 교부(敎父)들은 가난한 이를 구제하는 것은 자선이 아닌 정의의
문제라고 생각했다. 두 전통은 중세 스콜라 철학이 아리스토텔레스를 받아
들이면서 하나로 융합되었다. 아퀴나스(T. Aquinas)는 굶주려 죽어가는 이
에게 먹을 것을 주지 않는 것은 그를 살해하는 것과 다름없다고 보았으며,
절실한 필요에서 남의 것을 훔치는 것은 합법적이라고까지 했다.1102)

필요 논변에 의한 설명은 근대에 와서도 명맥을 이어갔다. 예컨대 루소
(J. Rousseau)는 사유재산 제도를 비난하면서 그것이 우리로 하여금 필요
이상으로 재화를 축적하게 하고 타인과의 상대적 비교에 몰두하게 함으로
써 불평등과 증오, 범죄, 전쟁과 같은 수많은 악의 근원이 된다고 역설하였
다.1103)

그러나 필요에 의하여 사적 소유를 설명하는 대표적인 관점은 역시 맑스
(K. Marx)의 정의관일 것이다. 사회정의의 개념과 관련하여 인간의 필요
(need)는 기본적(basic) 필요와 부차적(non basic) 필요, 그리고 진정한
(genuine) 필요와 거짓된(false) 필요로 나누어볼 수 있다.1104) 오늘날의 복
지국가 이념은 사회가 그 성원들의 기본적 필요를 충족시킬 의무를 갖는다
는 생각을 전제로 한다. 그런데 '능력에 따라 일하고 필요에 따라 나눈다'
는 맑스의 공식에서 말하는 필요란 기본적 필요를 넘어서는 것이고, 바로
그러한 이유 때문에 그의 이상은 실현 불가능한 공상이라는 비판을 받곤
한다.

1102) Thomas Aquinas, Summa Theologica II-II, Question 67, art7, pp.1479-1480(황경식,
       앞의 논문, 13면에서 재인용)
1103) 황경식, 앞의 논문, 5-6면.
1104) 황경식, 앞의 논문, 14면.

이에 대한 맑스주의 관점에서의 반박1105)은 흥미로우면서도 우려스럽다. 위 공식에서 염두에 두고 있는 것은 모든 현실적 필요가 아니라 합리성 (rationality)이나 합당성(reasonableness)의 기준에 부합하는 필요일 뿐이다. 맑스에게 있어서 합리적 필요의 수준은 물질적 풍요의 수준에 따라 변화하기도 하고 인간성의 발전에 따라 변화하기도 한다. 특히 인간성의 발전은 인간이 이타적이고 사회적인 감정에 의하여 자신의 필요에 스스로 제한을 부과함으로써 거짓되지 않은 진정한 필요만을 요구하게 함으로써 위 공식을 실현 가능하게 만든다. 엥겔스(F. Engels)가 말한 것처럼 미래 사회는 새로운 인간을 산출할 뿐 아니라 그런 사회로 나아가기 위해서도 새로운 인간이 요구되는 것이다. 그러나 인간의 가소성은 그만큼 크지 않으며 인간이 반드시 이타적이라고 믿을 이유도 없다. 인간성을 조건으로 하여 사회 정의를 실현하려 한다면 그것은 정의의 이름으로 인간을 조종하는 결과를 낳을 따름이다.1106)

필요 논변은 소극적인 방식으로나마 재산권을 정당화하는 한편 그 제한이나 한계에 관하여 강력하고도 직관적인 설명을 제공한다. 그 결과 필요 논변은 자유 논변과 효용 논변을 보완하면서 현대 복지국가의 이념적 기초가 되어 있다.

3. 지적 산물에 대한 재산권

가. 일반론

앞서 보았던 재산권의 정당화 이론들은 본래 유체물의 경우를 전제로 하여 주장된 것들이었다. 그러나 위 이론들은 지적 산물을 비롯한 무체물의

1105) Wojciech Sadurski, "To each according to his(genuine?) needs", Polical Theory, vol.11. no.3, Sage Publications, 1983, pp. 419-431.
1106) 황경식, 앞의 논문, 16면.

경우에도 어렵지 않게 응용될 수 있다. 이를 잘 보여주는 것이 지적재산권, 특히 저작권의 형성 과정에서 이루어진 정당성 근거에 관한 논의이다.

저작권 보호의 근거에 관한 입장은 대체로 창작자에 대한 도덕적으로 정당한 대가의 지급이라는 대륙법계 국가의 자연권론적 입장과, 공공복리의 증진을 위한 수단으로서의 경제적 인센티브의 제공이라는 영미법계 국가의 실정권론적 입장으로 나누어 볼 수 있다.[1107] 먼저 실정권론적 입장은 흔히 유인 이론이라고 불린다. 이에 따르면 저작권은 자연권이 아니라 문화 발전의 증진이라는 공익을 달성하기 위한 수단으로서 부여된 실정권에 불과하다. 즉 저작권이라는 배타적 권리가 인센티브로 주어짐으로써 양질의 저작물이 보다 많이 만들어지고, 그 결과 전체적으로 문화 발달이 가능하게 된다는 것이다.[1108] 한편 자연권론적 입장에 따르면 저작자는 다른 노동자와 마찬가지로 그의 지적 노동(intellectual labor)의 결실에 대한 권리를 갖게 된다.[1109]

이처럼 지적 산물에 대한 재산권의 정당성 근거 역시 일반적 재산권과 마찬가지로 자유 논변과 효용 논변을 비롯한 법철학적 논변들에서 찾아진다고 할 수 있다. 그런데 이러한 법철학적 논변들은 저작권이나 특허권과 같은 무형의 대상에 대한 지적재산권의 맥락에서 고유한 강점을 갖게 되는 동시에 약점 또한 지니게 된다. 효용 논변의 경우 뒤에서 법경제학적 분석을 수행하면서 검토하기로 하고 여기에서는 자유 논변을 중심으로 살펴본다.

나. 지적 산물의 특수성

학자들은 대체로 로크의 노동 이론이 지적 노동의 맥락에서도 큰 무리

1107) 김현경, "인공지능 창작물에 대한 법적취급 차별화 방안 검토 - '방식주의'의 도입을 중심으로", 법학연구 제29권 제2호, 충남대학교 법학연구소, 2018, 126면.
1108) 김남두 편역, 재산권 사상의 흐름, 도서출판 천지, 1993, 90-133면.
1109) Stephen Stewart, International Copyright and Neighbouring rights, 2nd ed., Butterworths, 1992, p. 3.

없이 적용될 수 있다고 본다.[1110] 앞서 본 것처럼 로크에게 있어 재산권은 자신의 신체에 대한 자연법적인 권리로부터 비롯된 것인데 지적 노동의 경우에도 이와 달리 볼 이유가 별로 없기 때문이다. 일부 견해는 로크의 재산권의 정당화 근거를 보상을 통해 불유쾌한 노동의 회피를 막아야 한다는 점(avoidance theory)과 노동을 통한 사회적 가치 창출에 대한 보상이 이루어져야 한다는 점(value-added theory)에서 찾기도 하는데,[1111] 이들 논거 역시 지적 노동의 경우에 그대로 유효하다. 다만 위 견해는 저작권의 경우 사회적 가치를 명시적 요건으로 하지 않으므로 가치 부여와 관련된 정당성 근거에 부합하지 않는다고 보지만,[1112] 저작물은 일반적으로 문화 발전에 대한 잠재적 가치를 지닌다고 보아야 할 것이다.

로크의 노동 이론이 지적재산권의 맥락에서 적용될 때 나타나는 중요한 특징은 그 전제조건인 이른바 로크의 단서, 특히 부패 한계 및 충분 한계와 주로 관련되어 있다. 우선 부패 한계의 경우 시간 경과에 따른 가치 감소가 나타나지 않는 지적 산물의 맥락에서는 장애가 되지 않는다.[1113] 한편, 타

1110) William Fisher, "Theories of Intellectual Property", in: Stephen Munzer(ed), New Esseys in the Legal and Political Theory of Property, Cambridge University Press, 2001, pp. 185-186; 권영준, 앞의 논문(2010), 167면; 다만 Feist 판결[Feist Publications, Inc., v. Rural Telephone Service Co., 499 U.S. 340 (1991)]은 노동이론의 수정과 후퇴를 가져온 측면이 있다[오승종, 앞의 책, 1047면 참조].

1111) 한지영, 앞의 논문(2006), 14-15면; 로크의 노동이론은 소유권의 정당화 근거로서 자기 보존을 위한 필요, 자연의 지배라는 기독교적 소명, 자신의 신체에 대한 소유권, 성실과 이성, 유용성에 대한 보상 등 다양한 요소를 제시한다. 유체물과 달리 경합성이 없는 지적 재산에 대한 배타적 권리의 인정 범위는 이 중 무엇을 중시할 것인가에 따라 달라질 수 있다. 이에 관한 자세한 내용은 한지영, 앞의 논문, 7-8면 참조.

1112) 한지영, "지적재산의 철학에 관한 연구 : 로크의 노동이론을 중심으로", 산업재산권 제20호, 한국지식재산학회, 2006, 16-17면 참조. 위 견해는 특허권의 경우에도 우리 특허법이 미국의 특허법과 달리 '유용성(usefulness)'이 아닌 '산업상 이용가능성'만을 요건으로 하고 있으므로 가치 부여와 관련된 정당성 근거와 잘 부합하지 않는다고 본다.

1113) 한편 특허권자가 소극적으로 타인의 사용을 배제하기 위한 목적으로 특허권을 이

인을 위하여 충분하고 좋은 것이 공유의 영역에 남아있어야 한다는 것을
의미하는 충분 한계는 유체물의 경우 재화의 희소성과 인간 욕망의 무한성
때문에 엄격하게 적용되기 어렵다.[1114] 그런데 추상적인 무형의 객체는 누
군가의 사용에 의하여 소진되는 것이 아니라 오히려 타인을 위한 더 많은
가능성을 제공한다. 이는 아이디어와 같은 지적 산물이 유체물에 비해 로
크의 '공유 상태'에 보다 잘 상응할 수 있으며,[1115] 지적 산물을 특정인에
게 독점시키는 것을 정당화하기 어렵다는 점을 시사한다. 그러나 실제에
있어서는 이러한 독점의 우려는 상당히 완화될 수 있다. 지적재산권은 보
호기간이 한정되어 있고, 저작재산권의 제한이나 특허권의 강제실시 등의
제도를 통해 제3자의 이용이 가능하며, 특히 아이디어는 제품이나 서비스
를 통하여도 확산될 수 있기 때문이다.[1116] 한편 노직은 충분 한계를 누군
가의 재산권 획득에 의하여 제3자가 '실질적 손해(net harm)'를 받아서는
안 된다는 의미로 재해석함으로써 이 문제를 새로운 각도에서 바라본다.
즉 특허권의 부여에 의하여 제3자가 발명에 접근할 수 없다고 하더라도 특
허권자의 노력이 없었더라면 발명은 존재하지도 않았을 것이므로 제3자는
불이익이 아니라 이익을 받았다는 것이다.[1117] 대체로 말하자면 로크의 노
동 이론은 유체물보다도 지적 산물의 경우에 대체로 더 큰 설득력을 지닌
다고 할 수 있다.[1118]

용한다면, 이는 유용한 기술의 활발한 이용을 추구하는 특허제도의 목적에 반하여
특허기술을 부패시키는 것으로 볼 수 있다는 견해도 있다(심미랑, "배타적 재산권
으로서 특허권의 개념에 관한 연구", 법학연구 제14권 제2호, 인하대학교 법학연구
소, 2011, 101-102면).

1114) Drahos, op. cit., pp. 49-50
1115) Justin Hughes, "The Philosophy of intellectual property", 77 Georgetown Law
Journal, 1988, p. 315.
1116) Hughes는 어떤 아이디어로부터 제3자를 완전히 배제하는 것은 기술적·경제적으로
불가능하다고 지적했다(Hughes, op. cit., p. 316).
1117) Robert Nozick(남경희 역), 앞의 책, 226면, 229-230면.
1118) 한지영, 앞의 논문, 17-24면.

그러나 지적 산물에 더욱 친화적인 것은 헤겔의 인격 이론이다. 헤겔은 학문이나 예술과 같은 정신적인 표현물도 '자신의 표현방식'에 의해 타인에 의해 이용될 수 있는 '물건'과 같은 외형적인 것으로 전환되거나 사람들 사이에서 승인될 수 있다고 봄으로서 재산권의 대상이 될 수 있음을 명시적으로 인정하였다. 저작권 분야에서 아이디어-표현 이분법(idea v. expression dichotomy)에 큰 영향을 미친 이러한 논리는 다음과 같은 표현에 잘 나타나 있다. "지식, 학문, 재능 등은 물론 자유로운 고유의 정신으로서 내적인 것이지 외적인 것은 아니다. 그러나 이들은 외형화 과정(Äusserung)을 통해 외적 존재가 될 수 있고 양도(Veräusserung)할 수도 있으며, 따라서 물건에 관한 규율(Bestimmung von Sachen) 하에 놓일 수 있게 되는 것이다."[1119] 다만 지적 재산과 인격과의 밀접성은 지적 재산의 종류에 따라 달라질 수 있다. 예컨대 퍼블리시티권의 대상이 되는 개인의 공적 이미지, 즉 '페르소나(persona)'는 인격과 매우 밀접하여 심지어 '표현'이라는 중간 개념도 희미해지는 반면,[1120] 특히 발명의 경우 발명자의 인격과의 거리가 상당히 멀다.

헤겔의 철학에서 재산의 양도성은 그의 명시적 승인에도 불구하고 상당한 난점으로 지적된다. 헤겔의 관점에서 지적 재산의 양도는 두 가지 유형으로 나뉠 수 있다.[1121] 첫 번째 유형은 지적 재산 전부의 완전한 양도이다. 헤겔은 "내가 나의 소유권을 양도할 수 있는 이유는 그것에 나의 의지를 두고 있는 한 내 것이기 때문이며, 따라서 나는 내가 가지고 있는 것을 무주물(res nullius)로 하거나 타인의 의지 아래에 놓음으로서 포기할 수 있

1119) Hegel, op. cit., § 43; 다만 헤겔은 수작업에 의한 미술작품의 복제물의 경우 본질적으로 복제한 사람의 정신적 및 기술적인 숙련의 산물로 보아야 하기 때문에 복제한 자의 소유가 되고, 반드시 원래의 예술가의 재산권을 침해한 것은 아니라고 보았다 (상게서 §68, §69).

1120) Hughes, op. cit.,, p. 341.

1121) 한지영, "헤겔의 법철학과 지적재산", 산업재산권 제23호, 한국지식재산학회, 2007, 660-662면.

다"1122)고 설명한다. 그러나 양도는 단순한 포기와는 달리 대상물의 미래
를 결정하는 행위이다. 그런데 헤겔의 위 설명처럼 양도를 포기로 이해한
다면 양도와 동시에 재산이 더 이상 소유자의 표현으로 되지 않는 결과 재
산권을 정당화하는데 필요한 인격성이 부인되는 모순에 빠지게 된다.1123)
헤겔이 자기 자신의 보편성이나 포괄적인 총체를 포기하는 양도행위는 노
예제도와 마찬가지로 허용될 수 없다1124)고 한 것은 이와 관련된 것이다.
한편 두 번째 유형은 지적 재산의 복제물의 양도이다. 이 경우 양도인은 지
적재산에 대한 권리를 그대로 보유할 수 있으므로 완전 양도의 경우와 같
은 딜레마가 발생하지 않는다. 오늘날에는 지적재산권의 완전한 양도가 널
리 인정되지만 일신전속성을 갖는 저작인격권, 특히 동일성 유지권에는 헤
겔의 사고방식이 아직 남아 있다고 할 수 있다.

　이처럼 자유 논변의 핵심을 이루는 노동 이론과 인격 이론은 모두 유체
물보다는 지적 재산에 보다 용이하게 적용될 수 있다. 다만 양자는 서로 보
완적인 관계에 있다. 예를 들어 지적 재산의 양도와 관련하여 인격 이론이
갖는 난점을 노동 이론이 보완해줄 수 있다.

4. 데이터세트에의 적용

가. 데이터세트에 대한 재산권의 정당성

　지금까지 재산권의 정당성 근거를 밝히는 법철학적 이론들과 그 이론들
이 무형의 지적 산물에 대한 배타적 재산권을 정당화하는데도 유효하게 적
용될 수 있음을 살펴보았다. 그렇다면 데이터세트에 대한 배타적 권리 역
시 철학적으로 정당성을 인정받을 수 있을까?

1122) Hegel, op. cit., §65.
1123) Hughes, op. cit., pp. 344-347.
1124) Hegel, op. cit., §57, §70.

자유 논변은 이를 지지하는 것 같다. 로크는 힘든 노력을 통해 사회적인 가치를 창출한 것에 대해 정당한 보상이 이루어져야 한다고 주장한다. 데이터세트는 이를 구축하기 위하여 많은 비용과 노력을 필요로 하며 그 가치는 날이 갈수록 커지고 있다. 따라서 노동 이론은 지적재산권을 정당화했던 것과 마찬가지 방식으로 데이터세트에 대한 재산권을 정당화할 수 있다.[1125] 이러한 결론은 자유 논변에 속하는 다른 주장들과도 양립할 수 있다. 헤겔은 자유가 구체화되려면 인간의 의지가 투영된 산물에 대한 권리를 인정해야 한다고 보았고, 노직과 롤즈는 분배적 정의의 원천을 사적 재산권을 전제로 하여 시장에서 이루어지는 자발적 교환에서 찾았기 때문이다.

효용 논변 역시 데이터세트에 대한 배타적 권리 인정을 지지한다. 데이터세트의 생산에 비용과 노력이 필요하고 그 활용이 사회적 가치를 만들어 낸다는 점은 데이터세트의 생산을 위한 유인이 필요하다는 근거가 되며, 재산권의 인정이야말로 최선의 유인이 되기 때문이다. 또한 데이터세트에 대한 배타적 권리를 인정하는 것은 보유자가 안심하고 데이터세트를 유통시킬 수 있는 유인이 되기도 한다. 개인정보나 산업데이터는 특별한 유인 없이도 생성된다는 점을 들어 데이터에 대한 재산권 인정에 반대하는 견해는 데이터세트의 맥락, 즉 빅데이터의 분석과 인공지능의 학습을 위하여 양질의 데이터세트를 생성하는데 큰 비용이 들어간다는 현실을 간과한 것으로 여겨진다. 다만 필요 논변은 데이터세트에 대한 배타적 권리의 설정을 위한 적절한 근거가 되기 어려워 보인다. 오늘날의 발전된 정보사회에서 데이터세트가 인간다운 삶을 위해 꼭 필요하게 되었다고 하더라도 비마모성이나 비경합성과 같은 정보의 특성상 굳이 배타적 권리를 확보해줄 필요가 있다고 보기는 어렵기 때문이다.

1125) 송문호, 앞의 논문(2017), 48면; Epstein은 자본 투자와 지적 노동이 로크의 이론에 따른 사이버재산에 대한 정당화를 가능하게 한다고 주장한다.(Richard Epstein, "Cybertrespass", 70 U. Chi. L. Rev., 2003, p. 79).

나. 데이터세트에 대한 재산권의 한계

이러한 소유권 이론들은 데이터세트에 대한 재산권의 한계에 관한 근거
도 제공하며, 사실 이러한 맥락에서 더욱 가치를 발한다. 이와 관련하여 저
작권의 사회적 구속성에 관한 논의를 살펴보는 것이 도움이 된다. 지적 산
물을 비롯한 무체물에 대한 재산권의 인정은 역사적으로 유체물에 대한 소
유권의 개념으로부터 많은 영향을 받아 왔고,[1126] 철학적인 정당성 근거
역시 유사하다고 할 수 있다. 그러나 저작권은 탄생 배경부터 근대적 소유
권에 비하여 공동체 지향성이 강했다. 양자는 모두 특권계급(저작권의 경
우는 출판업자, 소유권의 경우는 봉건영주)의 독점이나 간섭을 제어하려는
과정에서 성립되었다는 점에서 공통점이 있지만 이를 위한 방법과 이념은
서로 달랐다.[1127] 근대적 소유권 제도는 봉건영주 등에게 흩어져 있던 권
능을 소유자에게 집중시키면서 이념적으로는 아무런 제한과 부담이 없는
강한 소유권을 강조한 반면, 저작권 제도는 출판업자의 권리를 작가와 일
반 공중에게 분산시키면서 이념적으로는 배움의 격려(encouragement of
learning)를 강조했던 것이다.[1128] 저작권의 강한 사회적 구속성은 위와 같
은 연혁에도 이유가 있지만 근본적으로는 권리 객체의 특성에서 비롯되었
다고 할 수 있다. 물건과 달리 저작물은 동시에 다수가 서로를 방해하지 않
은 채 사용할 수 있고, 그렇게 하더라도 저작물이 닳아 없어지지 않는다. 따
라서 특정인에게 특정한 물건의 소유권을 귀속시키지 않으면 결국 경쟁적
으로 그 물건을 이기적인 목적으로 사용함으로써 자원이 쉽게 낭비될 것이
라는 '공유의 비극'은 무형적인 저작물에는 적용되지 않는다는 것이다.[1129]

1126) 독점성과 지배성이 극대화된 권리인 소유권과의 연결고리가 강해짐에 따라 저작권
의 경우에도 점차 독점의 공간이 늘어나고 공유의 공간이 줄어드는 경향이 나타났
다(권영준, 앞의 논문(2010), 161면).

1127) 권영준, 앞의 논문(2010), 171-173면.

1128) Martin Thormann, Abstufungen in der Sozialbindung des Eigentums, Boorberg,
1996, S. 162ff, 214.

1129) Mark Lemley, "Property, Intellectual Property, and Free Riding", 83 Texas Law

데이터세트에 대한 재산권을 인정하더라도 마찬가지로 강한 사회적 구속을 받게 될 수밖에 없다. 앞서 보았던 소유권의 정당성 근거에 관한 철학적 논변들은 재산권의 한계 역시 내포하고 있다. 필요 논변이 재산권의 한계를 요구할 것임은 명백하지만, 자유 논변과 효용 논변 역시 나름의 방식으로 데이터세트에 대한 재산권에 제한을 가한다.

로크의 노동 이론은 이른바 로크의 단서를 통해 명시적으로 사적 소유권의 한계를 지적한다. 데이터세트에 대한 재산권의 배타적 성격을 지나치게 강조한다면 충분 한계를 위배할 위험이 커진다.[1130] 노직 역시 로크의 충분 한계를 고려하여 특허법의 구조를 변경할 필요가 있다고 보았다. 또한 헤겔의 인격 이론에 따른 지적 산물에 대한 재산권은 다른 사회 구성원들의 승인을 필요로 한다. 롤즈의 경우 개인 재산에 대한 소유권이 원초적 입장에서 공정한 절차를 통해 합의될 기본적 자유에 해당한다고 보고 있지만, 데이터세트에 대한 재산권이 여기에 일반적 소유권과 같은 방식으로 포함될 것인지는 확신하기 어렵다.

효용 논변은 생산에 대한 유인의 제공과 자원의 과도한 이용의 방지를 재산권 인정의 주된 논거로 삼는다. 그런데 데이터세트의 경우 정보의 특성상 누군가의 이용이 다른 이의 이용을 제한하지 않기 때문에 자원 고갈의 방지라는 정당성 근거가 상실되고, 그 결과 재산권을 인정하더라도 비교적 약한 것으로 될 수밖에 없다. 특히 효용 논변은 데이터세트에 대한 재산권의 한계를 그 내용과 제한의 측면에서 구체적으로 보여줄 수 있는 잠재력을 가진다. 사회적 효용의 증진이 정당성 근거가 되는 이상 데이터세트에 대한 재산권의 인정 여부는 물론 그 내용에 따른 사회적 이익과 손실을 비교형량하는 식으로 접근할 수 있기 때문이다. 법경제학적 분석은 이

Review 1031, 2005, p. 1051.

1130) 일부 학자는 충분 한계가 지적재산권에 결정적인 제한을 가하며, 지적 노동의 창작자들에 대하여 독점권이라는 특권을 부여하는 것은 일반 대중에게 유익을 주기 보다는 해를 끼칠 수 있다고 주장하였다(Fisher, op. cit., pp. 184-189).

러한 방법론을 보다 정밀하게 발전시킨 것이라고 할 수 있다.

한편 일부 학자는 윤리학적 관점에 초점을 맞추어 지적재산권과 같은 정보의 과도한 사적 소유를 비판하면서 보상을 전제로 한 보편적 접근권을 지지하기도 한다.[1131] 위 견해는 노동 이론이나 인격 이론은 지나치게 개인에 치우쳐 있고, 공리주의는 반대로 개인의 권리를 경시할 우려가 있으므로, 대안으로서 자연법적 접근을 취하여 아리스토텔레스의 덕(virtue)의 윤리를 따라 인간과 사물의 본성에 맞는 방식으로 법제도가 구성되어야 한다고 주장한다. 정보의 본성과 목적은 무엇보다 의사소통에 있으므로 정보법제는 생산의 장려만이 아니라 자유로운 유통과 소통에 방점이 놓여야 한다는 것이다.

다. 소결

지금까지 사적 재산권의 정당성 및 그 한계에 관한 철학적 이론들을 활용하여 데이터세트에 대하여 새로운 배타적 권리를 인정할 것인지 여부를 검토해보았다. 철학적 이론들은 우리가 문제를 보다 깊게 이해하고, 보다 사려 깊은 잣대를 선택하게 하며, 궁극적으로 올바른 판단을 내리도록 도와줄 수 있다. 그러나 이러한 이론들은 데이터세트에 대한 재산권의 인정이 정당한지 여부에 관하여는 어느 정도 답을 줄 수 있지만, 재산권의 내용 및 제한은 어떻게 구성할 것인지와 같은 보다 구체적인 질문에는 대답하기 어렵다. 이 문제에 답하려면 법경제학적 검토와 헌법적 검토가 추가로 이루어져야 한다.

1131) 황경식, 앞의 논문, 8-10면. 규범 윤리학의 접근법은 통상 의무나 규칙을 강조하는 의무론, 행위의 결과를 강조하는 귀결주의(공리주의), 그리고 덕이나 성품을 강조하는 덕(德, virtue) 윤리학 등 세 가지로 나뉜다.

제4절 법경제학적 분석

재산권은 자유, 효용, 필요 등의 법철학적 논거에 의하여 정당화될 수 있다. 사견으로는 자유주의에 입각한 설명이 가장 타당하다고 보지만, 어느 견해에 의하더라도 재산권에 관한 구체적 제도의 설계에 있어서는 효율성을 중시하는 공리주의적 입장에 의할 수밖에 없다. 공리주의는 경제학을 매개로 오늘날 공공정책의 입안과 집행에 결정적인 영향을 미치고 있으며,1132) 입법 과정 역시 예외가 아니다.1133) 법적 문제를 경제학적으로 분석하는 법경제학은 법적 권리와 의무의 정당성 근거를 부분적으로 설명할 능력을 갖춘 동시에 공공정책의 방향에 관하여 강력한 설명력을 지니고 있다. 이런 이유로 아래에서는 법경제학적 방법론에 의하여 데이터에 대한 배타적 권리 인정의 타당성 여부에 관하여 논의하고자 한다.

1. 경제학적 정당성

가. 파레토 효율성

배타적 재산권을 인정하는 것이 경제학적으로 타당한지 여부를 판단하려면 우선 경제학적 정당성이 무엇을 의미하는지 살펴볼 필요가 있다. 바람직한 사회의 모습에 관하여 경제학이 내놓은 대답 가운데 가장 널리 받아들여지고 있는 것은 '파레토 효율성(Pareto efficiency)'이라는 개념이다. 이탈리아의 경제학자 파레토(V. Pareto)의 이름을 딴 위 개념은 '최대 다수

1132) 법경제학은 본래 17, 18세기 스코틀랜드에서 유행하였던 도덕철학에서 시작되었다 [박세일, 앞의 책, 10면].

1133) 법의 해석과 적용 단계에서 법관이 경제적 효율을 고려할 수 있는지에 관하여는 견해가 나뉘지만 입법정책의 단계에서 경제적 효율이 고려되어야 한다는 점에는 별로 이견이 없다(윤진수, "법의 해석과 적용에서 경제적 효율의 고려는 가능한 가?", 법학 제50권 제1호, 서울대학교 법학연구소, 2009, 40면 참조).

의 최대 행복'이라는 명제로 대표되는 공리주의 도덕철학에 바탕을 둔 것이다. 파레토 효율성은 후생경제학1134)의 핵심적 규준으로서 매우 강력하면서도 유연한 도구이다.

파레토 효율성은 파레토 개선(Pareto improvement) 및 파레토 최적(Pareto optimality)의 개념을 이용하여 설명된다. 어떠한 자원 배분에서 다른 자원 배분으로 이동할 때 모든 소비자의 만족1135)이 감소하지 않으면서 최소한 한 소비자의 만족이 증가할 수 있다면 파레토 개선이 가능하다고 한다. 파레토 효율성이란 더 이상의 파레토 개선이 불가능한 최적의 자원 배분 상태, 즉 파레토 최적의 상태를 의미한다.

파레토 개선의 개념은 정책적 측면에서 중요한 함의를 담고 있다.1136) 즉 어떤 사람도 전보다 상황이 나빠지지 않으면서 적어도 한 사람은 상황이 확실히 좋아지는 경우만을 파레토 개선이라고 부른다면 만장일치에 의한 정책만을 개선이라고 할 수 있어서 사실상 공공정책의 추진이 불가능해진다. 이를 해결하기 위하여 제안된 것이 잠재적 파레토 개선, 즉 '칼도어-힉스 규준(Kaldor‑Hicks criterion)'1137)이다. 즉 정책의 변화로 이득을 본 사람이 손실을 본 사람에게 자신의 이득의 일부를 나누어준다고 가정할 때 사회의 모든 사람이 이득을 보게 되는 경우 역시 파레토 개선으로 보는 것이다. 손실과 이득의 교환이 실제로 이루어지는지 여부는 묻지 않는다는 문제가 있기는 하지만, 잠재적 파레토 개선의 기준은 비용·편익 분석

1134) 후생경제학의 주요 내용에 관한 설명은 이준구·조명환, 재정학, 문우사, 2016, 제3장, 제8장 및 서승환, 미시경제학, 홍문사, 2011, 제18장, 제19장을 주로 참고하였다.
1135) 후생경제학에서 효율성은 생산, 교환(소비), 산출물 구성(분배)의 각 측면에서 검토된다. 본문은 소비의 측면에서 서술된 것이며, 생산의 측면에서 바라본다면 '소비자의 만족'은 '산업의 산출량'으로 대체되어야 할 것이다.
1136) Robert Cooter & Thomas Ulen(한순구 역), 앞의 책, 52-53.
1137) Nicholas Kaldor, "Welfare propositions of economics and interpersonal comparisons of utility", The Economic Journal, vol. 49, 1939, pp. 549‑552; John Hicks, "The foundations of welfare economics", The Economic Journal, vol. 49, 1939, pp. 696‑712.

(cost-benefit analysis)의 이론적 기초로서 정책 결정 과정에서 광범위하게 이용되고 있다.

파레토 최적의 조건을 만족하는 자원배분은 무수히 많이 있을 수 있다. 그러나 이들을 비교해 우열을 판단할 수 있는 객관적인 기준은 존재하지 않는다. 다시 말해 파레토 최적은 소득분배의 공평성(equity), 즉 분배적 정의에 관하여는 아무런 기준을 제공하지 못한다는 한계가 있다.

나. 후생경제학의 기본 정리

경제학은 무엇이 공평한가라는 문제에 대한 답을 주지는 못하지만 적어도 주어진 결과를 효율적으로 달성하는 수단이 어떠해야 하는지에 대하여는 답을 줄 수 있다. 이른바 '후생경제학의 기본 정리(fundamental theorem of welfare economics)'가 그것이다.

후생경제학의 제1정리에 따르면, 모든 소비자의 선호 체계가 강단조성(强單調性, monotonicity)을 갖고 경제 안에 외부성이 존재하지 않으면 일반경쟁균형의 배분은 파레토 효율적이다. 다시 말해 완전경쟁시장에 있어서는 가격 메커니즘을 통해 생산, 교환(소비), 산출물 구성(분배)의 파레토 효율성이 모두 달성된다는 것이다. 가히 아담 스미스(Adam Smith)의 '보이지 않는 손(invisible hand)'의 현대적 해석이라고 할 만하다.

한편 후생경제학의 제2정리에 따르면, 초기 자원(endowment)이 적절하게 분배된 상태에서, 모든 사람의 선호가 (연속적이고 강단조적인 위에) 볼록성(convexity)을 가지면 파레토 효율적인 배분은 일반경쟁균형이 된다. 즉, 볼록성을 가진 사람의 선호체계에서는 제1정리의 역이 성립할 수도 있다는 것이다. 제2정리는 재분배 정책의 방식에 관한 중요한 암시를 담고 있다. 즉 파레토 효율성을 유지한 채 공평성을 도모하려면 시장의 가격체계를 인위적으로 변경해서는 안 되고 세금 등의 직접적 소득이전 방식에 의한 재분배 방식을 택해야 한다는 것이다. 제2정리는 시장에 대한 정부

개입의 근거와 준칙을 제시하고 있다고 평가할 수 있다.

그러나 후생경제학의 기본정리는 파레토 효율성이 달성될 수 있는 다수의 생산, 교환 및 분배의 방법 가운데 무엇이 더 공평한가에 관한 기준을 제시하지는 않는다. 경제학에서 공평함의 문제를 다루기 위해서는 사회후생함수를 이해할 필요가 있다.

다. 사회후생함수와 재분배

사회후생함수(social welfare function)는 개인의 소비에 대한 만족도, 즉 효용에 관하여 효용함수(utility function)를 정의하는 것과 유사하게 국민경제생활의 바람직한 정도를 수치화한다. 사회후생함수는 주관적일 수밖에 없는 개인 간의 효용을 비교할 수 있다는 가정을 전제하고 있는 까닭에 적지 않은 비판을 받기도 하지만 공공정책을 입안하고 평가함에 있어 유용한 개념 도구로 많이 사용되고 있다.

후생경제학의 기본정리는 다수의 효율적인 배분상태 가운데 무엇이 공평한지에 관하여는 답을 주지 못하지만, 사회후생함수는 어떠한 배분상태가 보다 공평한지를 보여준다. 이를 이용하면 효율적인 동시에 공평한 배분상태를 찾아낼 수 있다. 따라서 사회후생함수를 알 수 있다면 이론적으로는 재분배정책 등에 의하여 효율성과 공평성의 목표를 동시에 달성할 수 있다. 대표적인 사회후생함수로는 공리주의 사회후생함수, 롤즈의 사회후생함수, 그리고 평등주의적 사회후생함수가 있다.[1138) 벤담의 공리주의는 최대 다수의 최대 행복을 주장하므로 사회후생은 소득분배와는 관계없이 개인의 효용의 합에 의해서만 결정되게 된다. 이에 비하여 롤즈의 정의 원칙에 포함된 차등 원리를 적극적으로 해석할 경우 가장 적은 효용을 지닌 사람의 효용이 사회후생을 결정하게 되므로 극단적인 재분배 정책을 옹호

1138) 공리주의 사회후생함수는 $SW=U_A+U_B$, 롤즈의 사회후생함수는 $SW=\min[U_A+U_B]$ 평등주의적 사회후생함수는 $SW=\min[U_A \times U_B]$ 등으로 나타낼 수 있다.

하게 된다.1139) 평등주의적 사회후생함수는 이들 둘의 가운데쯤에 있는 것이라고 할 수 있는데, 이 입장에서는 저소득층에게 보다 높은 가중치를 부여하게 된다.

그러나 사회후생함수는 결국 가치판단에 의존하는 것이어서 어떠한 사회후생함수가 타당한지에 관하여 보편타당한 결론을 내리기는 어렵다.1140) 뿐만 아니라 경제학의 성과는 합리성과 민주성을 모두 만족시키는 사회후생함수가 존재할 수 없음을 보여준다(Arrow의 불가능성 정리).1141)

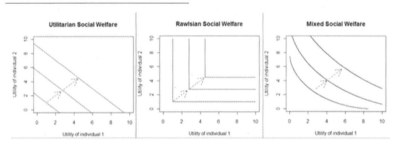

1139) 그러나 가장 적은 효용을 지닌 사람의 효용이 사회후생을 결정한다는 것은 롤즈의 주장을 잘못 해석한 것일 수 있다. 롤즈의 차등 원리는 정의의 두 원칙에 종속되는 것으로서 이들 원칙이 지켜진 결과 각자의 경제적 지위에 차등이 생기더라도 그것이 최소 수혜자의 복지에 기여하는 이상 정의롭고 바람직하다는 의미로 이해되어야 하기 때문이다(황경식, 앞의 논문, 24면).

1140) 이러한 가치관의 대립을 자유와 평등의 대립 또는 자유주의와 공동체주의의 대립이라는 틀로 해석하려는 시도도 있을 수 있다. 그러나 대표적인 자유주의자인 롤즈의 사회후생함수가 평등주의적 사회후생함수보다도 극단적인 재분배를 옹호하는 결과를 가져오는 것에서 알 수 있듯이 쉽사리 단순화할 수 있는 문제는 아니다.

1141) 미국의 경제학자 애로우(K. Arrow)는 그의 사회선택이론에서 이른바 불가능성 정리(Impossibility Theorem)를 정식화하였다. 애로우는 합리적인 사회후생함수가 갖추어야 할 요건으로서 ① 집합적 합리성을 의미하는 완비성(completeness)과 이행성(transitivity) ② 비제한성(unrestricted domain or universality) ③ 파레토원칙(Pareto principle) ④ 무관한 선택 대안으로부터의 독립성(independence of irrelevant alternatives) 등을 제시하였다. 그리고 ① 내지 ④의 공리를 모두 만족시키는 사회적 선호체계는 ⑤ 비독재성(non-dictatorship), 즉 한 사람의 사회 구성원의 선호가 사회 전체의 선호를 좌우해서는 안 된다는 공리를 만족시킬 수 없다는 점을 증명하였다. 즉 사회후생함수에서 합리성과 민주성은 양립할 수 없다는 것이다.

라. 시장실패와 그 교정

비록 많은 한계가 있음에도 불구하고 후생경제학의 성과는 공공정책을 입안함에 있어서 존중해야 할 두 가지 교훈을 준다. 시장에 개입하지 말라는 것, 그리고 직접적인 소득재분배 수단에 의하여 공평함을 도모하라는 것이 바로 그것이다. 그러나 이는 이상적인 완전경쟁시장을 전제로 한 것이다. 현실의 세계는 이와는 거리가 있는데, 시장의 자율에 맡겨도 효율적 자원배분에 도달할 수 없는 상황을 시장실패라고 한다. 시장실패의 요인으로는 불완전경쟁, 외부효과, 공공재, 정보비대칭 등이 지적되고 있다.[1142]

시장실패는 정부의 시장개입을 통해 어느 정도 해소될 수 있다.[1143] 즉, 불완전경쟁에 대하여는 반경쟁적 행위에 대한 규제, 외부효과에 대하여는 보조금의 지급이나 과징금의 부과를 통한 내부화(internalization), 공공재에 대하여는 보조금의 지급이나 정부 생산, 정보비대칭에 대하여는 정보제공

1142) 시장실패의 요인들로는 다음과 같은 것들이 지적된다.
  ① 불완전경쟁 : 제한된 소수 기업만이 존재하는 독점이나 과점 등 불완전경쟁시장에서는 공급량 제한을 통한 가격 인상이 이루어지므로 자원배분의 비효율이 생긴다.
  ② 외부효과 : 외부효과는 어떤 경제주체의 행위가 다른 경제주체들에게 기대되지 않은 혜택이나 손해를 발생시키는 현상을 말한다. 외부효과가 존재하는 경우에는 사회적으로 유익한 재화는 과소 공급되고, 공해기업의 사례에서처럼 사회적으로 유해한 재화는 과잉 공급될 가능성이 높다.
  ③ 공공재 : 국방이나 기초 학문과 같은 공공재는 한 사람의 소비가 다른 사람의 소비량을 제한하지 못하는 '비경합성(non-rivalry)'과 무임승차자(free rider)를 차단하기 어려운 '비배타성(non-excludability)'의 특징을 갖는다. 공공재의 경우 대다수의 이용자가 비용을 지불하려 하지 않기 때문에 시장에 맡길 경우 과소 공급될 가능성이 매우 크다.
  ④ 정보비대칭 : 거래에 관한 정보가 거래 당사자들 사이에 균등하지 않을 경우 도덕적 해이(moral hazard)가 발생하기 쉽다.
1143) 그러나 정부 개입을 통한 시장실패의 교정이 가능하다는 설계주의적 사고에 대하여는 모든 시장개입 장치들은 정책화 과정에서 발생하는 '정치적 실패(political failure)'로 인해 왜곡될 수밖에 없다는 반론이 제기되기도 한다(한국법제연구원, 앞의 자료, 59면).

의무의 부과 등의 정책수단이 활용될 수 있다. 이처럼 시장실패를 치유하기 위한 정부의 시장개입을 '보이는 손(visible hand)'에 비유하곤 한다. 다만 이러한 시장개입은 시장 기능을 되살려 효율성을 회복하기 위한 것으로서 공평성을 달성하기 위한 재분배와는 구별되어야 한다.

2. 재산권의 경제학적 근거

가. 재산권의 보장

법경제학에서는 일반적으로 재산 보호 비용의 절감을 위해 재산권의 제도적 보장이 이루어졌다고 설명한다.[1144] 재산권 보장의 기원 내지 정당성에 관한 이러한 설명은 사회계약론과 일맥상통한다. 국가에 의한 재산권 보호가 없는 상황에서는 개인들이 스스로 자신의 재산을 지켜야 하고 여기에는 비용이 든다. 만약 개인들이 스스로 재산을 지키는 비용보다 재산권을 인정하는 법제도를 정비하는 비용이 저렴하다면 사람들은 이러한 법제도를 마련함으로써 보다 많은 자원을 방어에서 생산으로 돌릴 수 있을 것이다.

그러나 이러한 설명은 사적 재산에 대한 배타적 독점이 바람직하다는 점을 미리 전제한 것이라는 한계가 있다.[1145] 경제학적으로 보다 충실한 설명은 재산권 제도가 갖는 비용과 편익의 비교를 통해 이루어질 수 있다. 즉 재산권 설정을 통하여 사회가 얻게 되는 이익이 재산권 설정에 필요한 사회적 비용보다 큰 경우에만 재산권은 경제학적으로 정당화될 수 있다.[1146] 재산권 설정에 필요한 비용은 다시 측정비용, 감시비용, 그리고 강제비

1144) Robert Cooter & Thomas Ulen(한순구 역), 앞의 책, 93면, 96-97면.
1145) 소유권의 정당성에 관한 노직의 견해가 동일한 이유로 비판받았음은 이미 살펴보았다.
1146) 정상조 외 5인, 데이터베이스 보호방안 연구보고서, 한국데이터베이스진흥센터, 2000, 65면.

용으로 나눌 수 있다.[1147] 측정비용은 재산권 설정의 대상이 되는 재산의 가치와 범위를 측정하는 비용을, 감시비용은 재산권의 침해 여부를 감시하는 비용을, 강제비용은 재산권이 침해된 경우 재산권을 강제하는데 들어가는 비용을 의미한다. 한편 배타적 재산권으로 인해 제3자가 재산을 사용할 수 없게 되었다는 점 자체도 사회적 비용으로 고려되어야 한다. 16세기경 영국에서 인클로저(enclosure) 운동이 시작된 이래 근대적 소유권은 개인으로 하여금 자원을 독점하게 하고 제3자의 활용을 배제함으로써 사회적 비용을 초래해 왔다. 그러한 비용은 "소유권은 식품 창고 바로 옆에서 사람을 굶어죽게 할 수도 있는 값비싼 제도"라는 표현에 잘 담겨 있다.[1148]

그렇다면 이러한 사회적 비용에도 불구하고 배타적 재산권을 인정하도록 하는 사회적 편익은 과연 어떤 것일까. 재산권 제도가 갖는 양의 외부성(positive externalities), 거래비용의 감소, 그리고 사회 문제의 효율적인 해결 등이 답이 될 수 있다.[1149]

먼저 양의 외부성이 있는 활동, 즉 사적인 편익보다 사회적인 편익이 큰 활동의 경우 사회적으로 바람직한 수준에 비하여 과소 생산되므로 이에 대한 유인을 마련할 필요가 있다. 유인 설계의 방식으로는 사적 과세의 허용(예컨대 KBS의 시청료 징수), 부당이득의 법리, 면책(예컨대 정당방위와 긴급피난), 보조금, 포상[1150] 등 여러 방법들이 있다. 그러나 가장 효율적인 것은 배타적 재산권을 설정하여 그러한 바람직한 활동으로 인한 사회적 편

1147) Douglass North, Institutions, Institutional Change and Economic Performance, Cambridge University Press, 1990, pp. 27-33.
1148) 박상철, 앞의 논문, 265면.
1149) 박상철, 앞의 논문, 265-266면.
1150) 예컨대 발명에 대한 인센티브로서 특허권이라는 독점권을 부여하는 것에 대하여는 높은 가격과 과소생산의 원인이 된다는 비판과 함께 포상이 그 대안으로 제시되어 왔다(Michele Boldrin & David Levine, "The case against intellectual property", American Economic Review, vol.92 no.2, 2002, pp. 209-212). 영국의 경도위원회에서 내건 경도상(經度賞, Longitude Prize)는 포상의 방식이 적용된 좋은 사례이다.

익을 사유화하도록 허용함으로써 외부성을 내부화하는 것이다. 예컨대, 동산 소유권은 노동의 과실을 안전하게 보유하게 함으로써 폭력을 통한 탈취보다는 노동을 통한 생산을 촉진하였고, 부동산 소유권은 부동산 이용의 시점 간 선택(intertemporal choice)을 가능하게 함으로써 자원 고갈을 초래하는 근시안적 낭비(공유지의 비극)[1151]보다는 자원 개량을 위한 투자를 촉진하였으며, 지적재산권은 창조적 활동을 사회적으로 바람직한 수준까지 끌어올렸다.[1152] 로크의 노동 이론과 공리주의 논변에서 강조된 사회적 가치 창출에 대한 보상과 장려는 이처럼 법경제학적 분석에서도 핵심적 지위를 갖는다. 다만 양의 외부성의 내부화를 위한 유인이라는 논거는 상속에 의한 재산권 취득을 정당화하지는 못한다.[1153]

한편 재산권은 권능들을 하나의 권리로 묶고[1154] 물권법정주의(Numerus Clausus)에 기해 규격화함으로써 거래비용을 낮추어주며,[1155] 이를 통해 자

1151) 어떤 목초지가 공동체 구성원 모두에게 개방되어 있다면, 개인이 가축을 한 마리 더 방목하여 얻는 이익은 그 개인에게 집중되는 반면, 그로 인한 목초지의 황폐화 비용은 모든 공동체 구성원들이 분담하게 된다. 이 경우 방목의 사적 한계비용이 사회적 한계비용보다 적으므로 가축의 과다 방목현상이 일어난다. 이러한 개인들의 행동이 누적되면 목초지라는 공유자원의 과도한 황폐화를 가져와서 궁극적으로 이를 쓸모없는 땅으로 만들게 된다. 이에 대한 자세한 내용은 박세일, 앞의 책, 127-130면 참조.

1152) William Landes & Richard Posner, "The Economic Structure of Intellectual Property Law", Harvard University Press, 2003, pp. 11-36.

1153) 박상철, 앞의 논문, 266면.

1154) Harold Demsetz, "Toward a Theory of Property Rights", American Economic Review, vol.57, 1967, pp. 354-359.

1155) Fairfield, op. cit., pp. 805-874; 참고로 물권법정주의는 정보비용(information cost), 즉 ① 물권의 종류와 내용이 법정되지 아니함으로 인하여 제3자가 개별 거래마다 권리의 내용과 범위를 확인해야 함에 따라 발생하는 계측비용(measurement cost), ② 물권의 종류와 내용을 한정함으로써 거래의 활성화가 방해받게 됨에 따라 발생하는 방해비용(frustration cost), ③ 물권의 종류와 내용이 법정되지 아니함으로 인하여 발생하는 각종 제도적 관리비용(administrative cost)의 합을 최소화하기 위한 제도로서 정당화된다(Thomas Merrill & Henry Smith, "Optimal Standardization in the Law of Property: The Numerus Clausus Principle", 110 Yale L. J. 1, 2000, p.

발적 거래를 촉진한다. 효율적 시장을 가정한다면 가장 높은 가격을 지불할 용의가 있는 사람이 자원을 가장 잘 활용할 수 있는 사람과 일치하므로 이는 결국 사회적 효용을 극대화할 수 있게 해 준다.[1156]

마지막으로 재산권은 사회문제들이 갖는 음의 외부성(negative externalities)을 효율적으로 해결하기 위한 수단이 될 수 있다. 전통적 후생경제학은 사적 비용을 사회적 비용으로 끌어올리기 위한 방안으로 과세, 손해배상, 형사처벌 등을 제시하였지만, 코즈(R. Coase)는 배타적 재산권을 확립하고 거래비용을 감소시키면 당사자들 간의 자발적인 거래를 통해 사회 문제를 가장 효율적으로 해결할 수 있음을 보여주었다.[1157] 다만 거래비용이 높거나 집단적 가치평가가 바람직한 경우에는 재산권의 배타성보다 손해배상에 의지하는 편이 효율적이다.[1158]

나. 재산권의 제한

이처럼 사적 재산권의 인정은 그 사회적 편익이 사회적 비용을 능가한다는 점에서 정당화될 수 있다. 일반적으로 재산에 대한 권리는 효율성 측면에서 최대 자유(maximum liberty) 원칙이 적용된다. 하지만 이러한 사회적 편익에도 불구하고 재산권이 제한되어야 할 경우도 있다.

첫 번째 경우는 이른바 가치재(merit goods)와 관련되어 있다. 소비에 양의 외부성이 존재하는 재화를 가치재라고 하는데,[1159] 소비의 양의 외부성이 생산의 양의 외부성을 압도하는 경우에는 공유를 허용하는 편이 사회적 효용을 증가시킬 수 있다.[1160] 예컨대 코로나 바이러스의 확산을 막기 위

38).
1156) Ronald, op. cit., pp. 2-6.
1157) Ronald, op. cit., pp. 39-44.
1158) Calabresi & Melamed, op. cit., pp. 1089-1128.
1159) Richard Musgrave, "A Multiple Theory of Budget Determination", in: Finanzarchiv, N.F. Bd. 17, 1956/57, S. 333-343.
1160) 박상철, 앞의 논문, 267면.

해 백신 개발회사의 특허를 유예하자는 주장이나 저작권법상 공정이용의 법리[1161]의 논거는 여기에서 찾을 수 있다. 가장 대표적인 가치재는 다른 재화의 생산에 사용되는 기반설비(infrastructure)로서, 그 공유를 허용하기 위한 제도들이 여럿 만들어져 있다. 기반설비 보유자로 하여금 그 이용을 원하는 사람에게 강제로 이용을 허락하도록 하는 경쟁법상 필수설비의 법리[1162] 및 부당거래거절의 법리,[1163] 공익산업법 상의 기반설비 개방[1164] 등이 그것이다.

다음으로 공유의 비극에 비견되는 이른바 반공유의 비극(the tragedy of the anticommons)[1165] 역시 소유권 제한의 근거가 될 수 있다. 반공유의 비극이란 특정 자원에 대해 다수의 소유자가 존재하여 서로의 사용을 배제할 권리를 갖게 됨에 따라 소유자들 간의 전략적 행동으로 인하여 아무도 자원을 효과적으로 사용할 수 없게 되는 문제, 즉 재산권이 지나치게 세분화되어 정의된 결과 효율적 활용이 어려워지는 문제를 말한다.[1166] 1990년대 초반 구 소련이 붕괴하는 과정에서 이런 일이 실제 발생했다. 네 가족이 화장실 등을 공동으로 이용하는 아파트는 25,000달러 내지 100,000달러이고 한 가족 단독 이용 아파트는 500,000달러여서, 네 가족이 합의하여 한 가족에게 매도하면 최소 400,000달러의 이득을 올릴 수 있었음에도 불구하고 합의가 좀처럼 이루어지지 못하는 것과 같은 사례가 속출했던 것이다. 재산권의 과도한 분할도 그러한 예에 속하는데, 분할을 통하여 재산의 가치가 높아진다면 원칙적으로 막을 이유가 없지만, 거래의 불확실성, 즉 거래비용을 증가시킴으로써 상거래를 저해할 수 있기 때문이다.[1167] 이 때문에

1161) 저작권법 제23조 내지 제38조.
1162) 공정거래법 제3조의2 제1항 제3호, 제4호, 시행령 제5조 제3항 제3호, 제4호.
1163) 공정거래법 제23조 제1항 제1호.
1164) 전기통신사업법 제35조(설비제공), 제36조(LLU), 제37조(로밍), 제38조(도매제공) 등
1165) Michael Heller, "The tragedy of the anticommons: property in the transition from Marx to markets", 111 Harv. L. Rev., 1998, pp. 621-688.
1166) 홍대식, 앞의 논문(2019), 190면 참조.

재산권의 분할은 한정된 기간 동안만 인정되거나(보통법상 영속 제한의 원칙), 법률이 정한 것에 한하여 인정된다(시민법상 물권법정주의). 비유적으로 표현하자면 과소하게 부여된 재산권(under propertization) 뿐 아니라 과다하게 부여된 재산권(over propertization) 역시 상황에 따라서는 문제가 될 수 있는 것이다.[1168]

마지막으로 공익적, 윤리적 이유에 따른 소유권 제한이 있을 수 있다.[1169] 이것은 경제학적인 논거라고 보기는 어렵지만, 앞서 사회후생함수의 예에서 보았던 것처럼 경제학적 분석이 반드시 경제학 외적인 논거를 배척하는 것은 아니다. 예를 들어 다른 사람 또는 그 신체의 일부는 사적 소유의 대상이 될 수 없다.

다. 재산권의 배분

(1) 코즈 정리

법경제학은 배타적 재산권의 보장과 제한에 대한 설득력 있는 논거를 제공해주지만 최초에 누구에게 재산권을 인정해 주어야 하는지는 잘 설명하지 못한다. 법경제학은 그저 산일 재산(fugitive property)의 재산권 확립에 관하여 선점의 원칙(first possession)과 종속의 원칙(tied ownership)을 구별하여 설명할 뿐이다.[1170] 그러나 사회적 효용이라는 관점에서 보면 재산권을 누구에게 귀속시킬 것인지의 문제는 그다지 중요하지 않다고 지적한 코즈 덕분에 법경제학자들은 이 논쟁적인 문제로부터 슬며시 벗어날 수 있었다.

일단 재산권이 보장되면 사람들은 협상 및 교환을 통해 개인과 사회의 효용을 증진시킬 수 있다. 즉 협상을 통하여 어떠한 자원에 보다 낮은 가치

1167) Robert Cooter & Thomas Ulen(한순구 역), 앞의 책, 201-204면.
1168) Robert Cooter & Thomas Ulen(한순구 역), 앞의 책, 143-144면.
1169) 박상철, 앞의 논문, 267면
1170) Robert Cooter & Thomas Ulen(한순구 역), 앞의 책, 176-180면 참조.

를 부여하는 사람으로부터 보다 높은 가치를 부여하는 사람에게 자원이 이
동되면 가치의 차액인 사회적 잉여(cooperative surplus)가 생긴다.[1171] 당사
자 개인으로서도 협상 결렬시의 상태, 즉 유보가치(reserve value)[1172]보다
나은 결과를 가져올 수 있을 때 협상을 받아들일 것이므로 이익이 된다. 사
회적 잉여를 당사자들에게 어떻게 분배할 것인지는 협상 내용에 의하여 정
해지겠지만, 양자의 협상력이 유사하다면 절반씩 분배된다고 가정해도 좋
을 것이다. 만약 거래비용이 0이라면 협상은 반드시 성공하고, 자원은 효율
적으로 배분되며, 사회적 잉여가 발생하게 된다. 이를 재산권의 맥락에서
해석한 것이 유명한 코즈의 정리(Coase theorum)이다. 즉 "거래비용이 없는
경우라면 법이 누구에게 재산권을 부여하는가와 무관하게 개인들 사이의
협상은 항상 효율적인 결과를 도출한다."[1173]

효율성의 측면에서 볼 때 배타적 재산권이 보장되기만 한다면 누구에게
그 권리가 인정되는지는 중요하지 않다는 다소 충격적인 위 결론은 어디까
지나 거래비용이 존재하지 않는 경우를 전제로 한 것이다. 그러나 현실에
서는 시장실패가 존재하는 것과 마찬가지로 거래비용 역시 적지 않게 존재
한다. 이에 대한 정책적 대응방법은 둘로 나뉘는데, 규범적 코즈 정리
(normative Coase theorum)와 규범적 홉스 정리(normative Hobbes theorum)
가 그것이다.

(2) 규범적 코즈 정리

거래비용이 사회적 잉여보다 높아서 거래가 이루어지지 못하고 자원배
분의 비효율이 초래되는 상황에 대한 첫 번째 대응방법은, 자발적 합의에
대한 장애요소들을 제거할 수 있도록 법제도를 형성함으로써 거래비용을

1171) Robert Cooter & Thomas Ulen(한순구 역), 앞의 책, 89-91면.
1172) 최선의 대안(best alternative to a negotiated agreement, BATNA)이 존재하는 경우는
     그것의 가치가 유보가치가 된다.
1173) Robert Cooter & Thomas Ulen(한순구 역), 앞의 책, 102면.

낮추는 것이다. 이를 규범적 코즈 정리(normative Coase theorum)라고 한다.

규범적 코즈 정리에 따르면 거래비용을 최소화하는 법제도가 요구되므로 거래비용의 증가 요인과 감소 요인을 분석해보면 입법정책적인 시사점을 얻을 수 있다. 통상적으로 거래비용은 탐색비용, 교섭비용, 집행비용 등으로 나뉘어 분석된다. 탐색비용은 제품이나 서비스가 표준적일수록 낮고 특수할수록 높다. 교섭비용은 협상이 실패할 경우의 가치(유보가치)에 대한 정보가 비공개적일수록, 당사자들의 숫자가 늘어날수록, 그리고 당사자들이 적대적이거나 비합리적일수록 높다. 집행비용은 위반사항을 쉽게 발견하고 처벌할 수 있는 경우에 더 낮다.

재산권의 맥락에서 거래비용을 감소시키기 위하여 가장 중요한 것은 재산권을 간단하고 명확하게 규정하는 것이다.[1174] 재산권이 명확해지면 당사자들이 필요로 하는 재산 및 그 권리자를 보다 쉽게 탐색할 수 있고, 해당 재산권이 지닌 가치 평가가 쉬워짐에 따라 협상이 실패할 경우의 유보가치를 보다 명확히 알 수 있게 되기 때문이다. 앞에서 소유권의 혼일성과 물권법정주의가 거래비용을 낮추어준다고 한 것은 이러한 맥락에서 이해할 수 있다.

(3) 규범적 홉스 정리

그러나 현실적으로 거래비용을 낮추는 데에는 한계가 있으며, 법제도 개선을 위한 노력에도 불구하고 결국 거래비용이 사회적 잉여보다 높게 유지된다면 협상은 이루어지지 못한다. 이런 경우에는 더 이상 재산권 배분의 문제가 중요하지 않다고 말할 수 없게 된다.

앞서 재산권의 철학적 정당성 근거를 논하면서 살펴보았던 것처럼 재산권의 배분에 관하여는 여러 가지 입장이 있을 수 있다. 로크에 따르면 노동을 한 자가 재산을 소유한다. 헤겔은 사람들이 표현행위를 통해 자연물에

1174) Robert Cooter & Thomas Ulen(한순구 역), 앞의 책, 2009, 111.

자신의 인격을 투영함으로써 재산을 소유하게 된다고 보았다. 그러나 일반적으로 법경제학은 공리주의의 입장에서 논의를 개진한다. 공리주의에 있어서 재산은 벤담이 말한 것처럼 효용의 기댓값에 불과하므로, 재산에 대한 권리는 해당 재산으로부터 가장 높은 가치를 얻는 사람에게 부여되어야 한다고 보게 된다. 이를 규범적 홉스 정리(normative Hobbes theorum)라고 한다.[1175)

이러한 기준은 효율성에 기반한 것으로서 인과관계나 공평성에 관한 우리의 직관과 배치될 수 있다. 예컨대 소들이 농장으로 들어와 옥수수 밭에 피해를 주는 상황에서, 우리의 직관으로는 원인을 제공한 목장주가 울타리를 설치하도록 하는 것이 공정하지만, 효율성의 관점에서는 울타리의 길이가 짧은 농장주가 울타리를 설치하도록 하는 것이 효율적이다. 규범적 홉스 정리에 따르면 위와 같은 사례에서 농장주가 울타리를 설치하도록 법제도를 만들어야 한다는 결론이 나온다. 이 경우 공평성의 문제는 재분배에 의하여 해결된다.

법경제학자들은 대체로 재분배를 위한 수단으로서 법적 권리의 재구성이나 수정보다는 조세정책이나 복지정책을 선호한다. 법적 권리의 재구성을 재분배 목적으로 활용할 경우에는 조세정책 등에 비하여 부정확성, 효과 예측의 어려움(전가의 가능성), 높은 거래비용(법률 비용), 그리고 인센티브에 대한 왜곡이 나타나기 때문이다.[1176) 이는 시장개입이 아닌 소득이전 방식에 의한 재분배를 지지하는 후생경제학의 제2정리와 같은 맥락이라고 할 수 있다.

1175) 홉즈는 개인의 합리성을 불신하여 협상의 성공 가능성을 낮게 보았다.
1176) Robert Cooter & Thomas Ulen(한순구 역), 앞의 책, 11-13면, 129-131면.

3. 정보에 대한 재산권

지금까지 살펴본 재산권의 법경제학적 정당화 논리는 정보의 경우에도 대체로 타당하지만, 정보가 가진 특성으로 인해 상당 부분 수정, 보완되어 적용되어야 한다. 예컨대 정보는 마모성과 경합성이 없기 때문에 자원 고갈의 방지라는 재산권의 정당성 근거는 적용될 수 없다. 공유의 비극이라는 표현으로 대표되는 자원 고갈의 문제는 경합성이 있는 재화에 배제성이 인정되지 않을 경우에 발생하는 것이기 때문이다.[1177] 또한 정보는 일반 재화와 달리 혁신성과 비전유성(nonappropriability)[1178]이라는 중요한 특성을 갖는다. 특히 전자는 정보에 관한 법경제학적 분석에 정적 균형 분석(static equilibrium analysis) 외에도 성장 이론(growth theory)이 함께 고려될 필요가 있음을 암시한다.[1179]

정보의 가치는 무엇보다 혁신의 원천이 된다는 점에 있다. 혁신은 기존 상품 가격의 인하나 새로운 상품의 등장을 촉진시켜 소비자 잉여를 발생시킨다. 혁신은 창조적 파괴를 통해 현재의 균형을 무너뜨리며 혁신자는 불균형이 해소될 때까지 커다란 보상을 받게 된다. 이러한 메커니즘은 혁신을 촉발시키는 고유한 인센티브라고 할 수 있는데, 지적재산권법은 발명이나 창작물에 독점권을 인정함으로써 이를 극적으로 강화한다. 즉 정보에 대한 배타적 재산권을 인정하는 것은 동적 효율성(dynamic efficiency)을 증진시킨다. 정보가 지니는 비전유성은 생산 및 개방을 위한 인센티브로서의 독점권 인정을 더욱 정당화한다. 많은 재화들이 양의 외부성을 지니고 바로 그것 때문에 재산권이 정당화될 수 있음은 이미 보았지만, 정보는 이와

1177) 경합성은 있으나 배제성이 없는 재화를 일반적으로 '공동자원(commons)'이라고 부른다(김성은, "커먼즈 개념의 민사법적 소고", 토지법학 제37권 제1호, 한국토지법학회, 2021, 84-85면.

1178) 정보와 기술혁신을 한 자가 그로 인한 수익을 온전하게 수취할 수 없음을 의미한다.

1179) Robert Cooter & Thomas Ulen(한순구 역), 앞의 책, 147면.

비교되지 않는 외부효과를 갖는다. 정보는 쉽게 복제되어 수많은 사람들에 의하여 동시에 이용될 수 있는 비전유성이 있다. 이는 누군가의 소비가 다른 사람의 소비를 제한하고(경합성), 무임승차자를 쉽게 배제할 수 있는(배제성) 일반적인 유체의 재산이 갖는 특성과는 확연히 다르며, 사실상 공공재의 특성과 같다고 할 수 있다.1180) 이처럼 양의 외부성이 매우 크기 때문에 정보는 사회적으로 바람직한 양보다 적게 생산되고 적게 개방될 수밖에 없다. 정보에 대한 독점권 인정은 이러한 과소생산을 교정하는 역할을 하며, 나아가 혁신의 원천이 되어 동적 효율성을 증진시킬 수 있다.1181)

그러나 정보에 대한 독점권을 인정하여 제3자의 이용을 인위적으로 배제하는 것은 동시에 정적 효율성(static efficiency)의 감소를 가져올 수밖에 없다. 정보에 대한 접근이 배제된다면 중복 투자가 발생하거나 새로운 기술이나 응용기술의 창출을 저해할 수도 있다. 정보가 갖는 가치재로의 특성, 즉 소비에 있어서의 양의 외부성을 고려하면 이는 심각한 문제가 아닐 수 없다. 물론 특허권자나 저작권자와 같은 독점적 권리자가 이를 영업비밀 등으로 간직하는 대신 제3자에게 사용료를 받고 이용하도록 한다면 보다 많은 사람이 이용할 수 있기는 하다. 그럼에도 불구하고 독점력으로 인하여 최적치보다는 과소 공급된다는 문제는 여전하다. 즉, 효율성의 원칙에 따르면 가격이 한계비용과 같도록 설정되어야 하는데, 지적 생산물의 한계비용은 매우 낮음에도 불구하고 독점력의 부여로 인하여 그보다 높은 가격이 책정되고 적게 공급되는 것이다.

이처럼 정보에 대한 배타적 재산권의 인정에 있어서는 항상 혁신과 보급의 상충 문제를 염두에 두어야 한다.1182) 예컨대 독점의 범위와 기간이라는 인센티브를 늘리면 동적 효율성은 증대되지만 정적 효율성은 감소된다.

1180) Robert Cooter & Thomas Ulen(한순구 역), 앞의 책, 140-141면.
1181) 한국법제연구원, 앞의 자료, 31면.
1182) Robert Cooter & Thomas Ulen(한순구 역), 앞의 책, 145-147면.

이러한 상충 문제를 해결하는 방법은 지적재산권의 종류마다 상이하다.

4. 데이터세트에의 적용

데이터세트도 정보이므로 정보에 대한 재산권 인정에 관한 논의 방식이
대체로 유효하다. 특히 데이터세트는 사용과 결합을 통해 그 가치가 점점
커진다는 점은 강조될 필요가 있다.[1183] 예를 들어 기업은 서비스 과정에
서 축적한 데이터세트를 기존 서비스를 개선하는 것뿐만 아니라 새로운 서
비스를 개발하거나 심지어 다른 기업의 서비스를 위하여 제공할 수도 있
다. 또한 온라인에서의 검색 정보와 결제 정보를 결합한다면 소비자가 어
떠한 상품 검색 과정을 거쳐서 최종 선택을 했는지 알 수 있으므로, 이종
데이터의 결합을 통해 소비자의 최종 의사결정뿐만 아니라 그 의사결정에
이르는 경로를 파악할 수도 있다.

데이터세트의 경우에도 저작권이나 특허권과 마찬가지로 배타적 재산권
을 인정하는 것이 법경제학적으로 정당화될까? 이에 대한 해답은 데이터세
트에 대한 배타적 재산권을 인정함으로써 얻을 수 있는 편익과 비용을 면
밀히 분석함으로써 알 수 있을 것이다. 우선 사회적 편익으로 고려될 요소
들은 양의 외부성의 내부화에 의한 데이터세트의 생산 및 유통의 증가,[1184]
그것이 촉발하는 혁신에 따른 동적 효율성의 증가, 그리고 유보가치의 명
확화에 따른 거래비용의 감소 및 시장의 창출 등이 있다. 반대로 사회적 비
용으로 고려될 요소들로는 데이터세트에 대한 독점의 인정에 따라 생산 및
유통이 감소하고 가격이 상승함으로써 초래될 정적 효율성의 감소, 데이터
세트가 갖는 가치재로서의 특성, 데이터세트에 대하여 다수의 권리자가 존
재할 경우 거래비용이 증가하여 자원이 과소 활용될 우려 등을 들 수 있을

1183) 한국법제연구원, 앞의 자료, 29-30면.
1184) 박상철, 앞의 논문, 270면.

것이다.

오늘날 데이터세트가 혁신의 원천이 되고 있다는 점은 명백하다. 이 때문에 많은 기업들이 더 크고 질이 높은 데이터세트를 확보하려는 노력을 경주하고 있다. 하지만 이렇게 힘들게 만들어진 데이터세트는 서로 공유되지 못한 채 기업 내에 유보되면서 독점력을 키우는 진입장벽으로 활용되고 있는 것이 현실이다. 어렵게 데이터세트에 관하여 거래를 하려 해도 데이터세트에 대한 권리가 불명확하고 불확실한 탓에 거래대금의 산정이나 계약조항의 작성에 애를 먹기 일쑤이다. 현재로서는 데이터세트의 생산이나 유통을 위한 인센티브가 턱없이 부족하여 사회적으로 적정한 만큼 생산되지 못하고 있다고 할 수 있다.

반면에 데이터세트에 대한 권리 부여로 인한 비용은 과장된 측면이 있어 보인다. 데이터세트에 대한 독점의 인정에 따른 정적 효율성의 감소는 인센티브의 부재로 인하여 초래되는 데이터세트의 과소 생산 및 유통의 문제에 비하면 사소한 문제에 불과할 뿐 아니라, 경쟁적인 데이터세트 사용권 시장을 통해 상당 부분 완화될 수 있다. 데이터세트가 지닌 가치재로서의 특성은 사회적 구속성을 반영하기 위한 지적재산권법상의 제도들을 응용하고 발전시킴으로써 충분히 반영할 수 있다. 그러나 지나치게 많은 권리자들이 존재하는 경우 거래비용을 증가시켜 오히려 데이터세트의 공유와 이용에 장애를 초래할 것이라는 지적은 새겨들을 필요가 있어 보인다.[1185]

저작물의 경우 동일한 저작물에 대하여 저작권자와 저작인접권자가 중첩적으로 존재하여 이들 모두를 탐색하고 협상하기 위한 거래비용이 많이 든다. 데이터의 경우에도 개별데이터에 대한 권리가 파편화되면 데이터세트의 통합에 의한 범위의 경제가 실현되지 못하는 문제가 생길 수 있

1185) Banterle, op. cit., p. 13; Wolfgang Kerber, "Governance of Data: Exclusive Property vs. Access", International Review of Intellectual Property and Competition Law, vol.47, 2016, p. 761; Matthias Leistner, "Big Data and the EU Database Directive 96/9/EC: Current Law and Potential for Reform", 2018, p. 6.

다.[1186] 그러나 개별데이터에 관하여 다수의 권리자가 존재하는 경우의 문제는 데이터세트에 대한 배타적 권리 부여 여부와는 무관하게 발생하는 것이다. 그리고 뒤에서 다시 상술하겠지만 데이터세트에 관하여 다수의 권리자가 발생하는 문제는 법제도의 설계 여하에 따라 어느 정도 피할 수 있다. 특히 온라인 디지털 플랫폼이 데이터에 대한 권리의 파편화로 인한 자원의 과소 활용 문제를 기술적으로 해결해 줄 수 있다는 점에 주목할 필요가 있다.[1187] 디지털 플랫폼은 정보비용과 거래비용을 획기적으로 감소시킴으로써 다수의 당사자들 사이의 상호작용을 가능하게 하며, 이를 통해 데이터 통합과 범위의 경제를 촉진시킨다.[1188] 과거에 높은 거래비용으로 인해 거래가 많지 않았던 음악 저작권이 최근에 들어와 온라인 플랫폼에 힘입어 거래가 활성화되고 심지어 다수의 지분으로 분할 거래되기도 하는 것이 좋은 사례이다.[1189]

이러한 점들을 종합적으로 고려하면 데이터세트에 대한 배타적 권리를 인정하는 것은 법경제학적으로 타당한 정책적 대응이라고 할 수 있다. 다만 불완전경쟁의 가능성은 유의할 필요가 있다. 정보로서의 데이터의 속성상 추가로 생산하는데 드는 한계비용이 매우 적어 생산량의 증가에 따른 평균비용의 감소로 인해 자연독점이 발생하기 쉽고, 소셜 네트워크 서비스와 같이 이용자 활동 데이터를 중심으로 하는 서비스의 경우 네트워크 효과(data-driven network effects)[1190]가 발생할 수 있기 때문이다. 그러나 엄

1186) 홍대식, 앞의 논문(2019), 190면. 그러한 사례로 음식점의 리뷰 점수나 서비스 평점 등이 언급되고 있다(Duch-Brownet et al., op. cit., p. 31).

1187) 홍대식, 앞의 논문(2019), 190면.

1188) 홍대식, 앞의 논문(2019), 190-192면; Duch-Brownet et al., op. cit., p. 32; OECD, Data-Driven Innovation: Big Data for Growth and Well-Being, 2015.

1189) 매일경제, "뮤직카우, 음악 저작권 거래 플랫폼…아티스트·대중 '상생'" (2021. 11. 29. https://www.mk.co.kr/news/special-edition/view/2021/11/1101403/)

1190) 김지홍·김승현, 앞의 논문, 173면; Maurice Stucke & Allen Grunes, "Debunking the myths over big data and antitrust", CPI Antitrust Chronicle, May, 2015, Ch. 10 이하.

밀히 말하자면 이러한 우려는 데이터세트에 배타적 권리를 인정할 것인지 여부와는 무관한 것이다. 데이터세트에 대한 배타적 권리 인정에 소극적인 미국에서 거대 데이터 기업들이 데이터를 사내에 유보하면서 독점적 지위를 강화하고 있는 것이 그에 대한 방증이다.

제5절 헌법적 분석

1. 서설

시민혁명의 결과 탄생한 근대 사회는 봉건적 속박으로부터 벗어난 자유롭고 독립적인 개인이 주체가 되어 자유와 평등을 지향하는 사회였다. 이러한 근대 사회의 이상은 사법 영역에서는 소유권 절대의 원칙, 계약 자유의 원칙, 과실 책임의 원칙으로 나타났고, 이는 근대 헌법의 핵심적 요소로 반영되었다. 예컨대 1789년 프랑스 인권선언은 제17조에서 "소유권은 불가침이고 신성한 권리이므로, 법에 의해서 공공 필요를 위하여 명백히 요구되고 정당한 보상이 지불되지 않는 한 이를 박탈할 수 없다"고 규정하였고, 미국 수정 헌법 제5조는 "적법절차에 의하지 않는 한 사유재산은 박탈되지 않으며, 정당한 보상 없이는 공용을 위하여 수용되지 않는다"고 규정하였다. 소유권 절대의 원칙은 소유권 이외의 재산권 일반에도 영향을 미쳤으며, 그리하여 헌법상 재산권이란 '사적 유용성 및 그에 대한 원칙적 처분권을 내포하는 재산가치가 있는 구체적 권리'로서, 협의의 소유권은 물론 제한물권이나 채권, 나아가 특허권이나 저작권과 같은 지적재산권도 포함하게 되었다.[1191]

그러나 오늘날 재산권은 더 이상 신성불가침의 권리가 아니다. 소유권

1191) 헌법재판소 1992. 6. 26.자 90헌바26 결정

절대의 원칙은 사유재산제도를 보장함으로써 시장경제를 근간으로 한 자본주의의 법적 기반이 되었지만,[1192] 자본주의의 발전은 인류에게 번영을 가져오는 한편 많은 사회적 모순과 폐해도 함께 발생시켰고, 이에 따라 재산권의 천부인권적 성격에 대한 재고가 필요해진 것이다. 1919년 독일의 바이마르 헌법 제153조는 "소유권은 헌법에 의하여 보장된다"고 하면서도, "그 내용과 한계는 법률로 정한다"면서(제1항), "소유권은 의무를 부담한다. 소유권의 행사는 동시에 공공의 복리에 대한 봉사가 되어야 한다"고 규정함으로써(제4항) 처음으로 소유권의 의무성(사회성)을 선언하였다. 이러한 태도는 우리 헌법을 비롯한 현대의 대부분의 헌법에 받아들여졌다.

이처럼 헌법은 재산권의 보장과 함께 재산권의 내용과 제한을 규정하고 있다. 데이터세트에 대한 배타적 권리를 부여한다면 그 역시 헌법상 재산권에 해당할 것이므로 이러한 헌법 원리가 그대로 적용될 수 있을 것이다. 아래에서는 데이터세트에 대한 배타적 권리에 대한 헌법적 정당성 근거, 그 내용 및 제한에 관한 헌법적 원리, 그리고 헌법적 근거와 법철학적, 법경제학적 근거 사이의 관계에 관하여 차례로 살펴보기로 한다.

2. 재산권의 헌법적 정당성 근거

가. 재산권과 자유의 관계

헌법상 재산권 규정은 미시적으로 개인에게 주관적 공권으로서의 재산권을 보장하며, 거시적으로 사유재산제도라는 객관적 질서를 보호하는 이중적 의미를 가진다.[1193] 재산권 자체는 자유가 아니다.[1194] 자유는 국가의

1192) 재산권의 보장은 사유재산권이라는 주관적 공권의 보장으로서의 성격과 함께 사유재산제도라는 객관적 가치질서의 보장으로서의 성격을 함께 가지고 있다(헌법재판소 1993. 7. 29.자 92헌바20 결정).
1193) 헌법재판소 1994. 2. 24.자 92헌가15 등 결정
1194) 주관적 공권으로서의 기본권은 국가의 부작위를 요구하는 소극적인 방어권과 국가

법률에 의하여 인정되는 것이 아니라 국가 이전에 주어진 선험적인 것으로
인정되지만, 대상에 대한 일정한 '법적 지위'를 의미하는 재산권은 국가 형
성 이후에 비로소 보장되기 때문이다.[1195)

그러나 자유와 재산권은 상호 보완하는 관계이자 불가분의 관계에 있
다.[1196) 재산권을 보장하는 이유가 기본권 주체에게 경제적 영역에서 자유
실현을 위한 물질적 바탕을 제공하는 데 있기 때문이다. 즉, 재산권은 기본
권 주체로서의 개인이 자기책임 아래에서 독립적이고 자율적인 생활을 형
성하는데 필요한 경제적 조건을 보장하면서 동시에 최소한의 인간의 존엄
과 가치를 담보하는 토대이다. 이러한 재산권의 자유보장적 기능은 재산권
을 어느 정도로 제한할 수 있는가 하는 사회적 의무성의 정도를 결정하는
중요한 기준이 된다.[1197)

나. 데이터세트에 대한 배타적 재산권 인정의 합헌성

데이터세트에 대한 배타적 재산권의 헌법적 정당성은 그러한 권리의 인
정이 합헌적인지 여부의 문제와 그러한 권리의 근거 조항이 무엇인지의 문
제로 나누어 검토할 수 있다. 여기서는 먼저 합헌성의 문제부터 살펴보기
로 한다.

합헌성의 문제는 과거 데이터베이스에 대한 배타적 권리 인정 여부를 놓
고 벌어진 논쟁을 되짚어보는 것이 도움이 된다. 위헌론은 헌법 제22조가
저작권 등을 부여하는 취지는 우리 사회에 창작적인 기여를 하도록 유인하
기 위하여 그러한 필요에 비례한 한도에서만 배타적 권리를 부여하는 것인

의 작위를 요구하는 청구권으로 구분된다. 방어권은 다시 자유, 인격적 지위, 법적
지위로 구분되는데, 재산권은 이 중 법적 지위에 해당한다(정필운·강태수·이규호·
김갑성, "지적재산권의 헌법상 근거와 위헌심사방법 - 헌법 제22조와 제23조를 중
심으로 -, 헌법재판연구 제30권, 헌법재판소, 2019, 111-112면).

1195) 정필운 외, 앞의 논문, 112면.
1196) 헌법재판소 1998. 12. 24.자 89헌마214 결정; BVerfGE 24, 367(389).
1197) 정필운 외, 앞의 논문, 115면.

데, 창작성을 결여한 데이터베이스에 대해서 배타적 권리를 부여하는 것은 헌법 규정의 취지에 반하고 본래 공유자산인 것을 사유화하는 길을 열어주는 것이라고 비판한다.[1198] 나아가 위 견해는 데이터베이스에 대한 저작권법적 보호는 정보 자체에 대한 배타적 지배를 초래하여 정보의 자유로운 이용과 접근을 억제함으로써 언론·출판의 자유를 규정한 헌법 제21조에 반하고 민주주의적 기본질서를 위협할 소지가 있다고 우려한다.[1199] 이에 비하여 합헌론은 헌법 제22조는 이러한 유형의 보호를 국가의 의무 내지는 책무로 정한 것이지 새로운 권리 유형을 창설할 수 없다는 의미로 해석될 수는 없다고 한다.[1200] 모든 지적재산권이 헌법 제22조 제2항에서 요구하는 창작성에 기해서 보호되는 것은 아니며, 상표권이나 퍼블리시티권등이 그 사례라고 주장하는 견해도 유사한 취지라고 할 수 있다.[1201]

위헌론은 '창작자'의 권리를 규정하였다는 점과 함께 정보 재산권에 관한 법경제학 이론을 원용함으로써 헌법적 논거와 함께 법경제학적 논거도 함께 제시하는 것으로 보인다. 법경제학적 분석이 데이터세트에 대한 배타적 권리를 부정하는 결과로 이어지지 않음은 이미 살펴보았다. 헌법 해석론의 측면에서 보더라도, 헌법 제22조가 창작자의 권리를 규정한 것이 입법자가 창작자 아닌 자의 재산적 이익을 보호하기 위한 권리를 창설할 수 없다는 결론으로 이어지지는 않는다. 따라서 입법자는 헌법 제23조에 근거하여 데이터세트에 대한 배타적 권리를 창설할 수 있다고 할 것이다.

다. 재산권의 근거 조항

헌법은 제23조 제1항 제1문에서 "모든 국민의 재산권은 보장된다"고 규

1198) 정상조, 앞의 논문(2006), 24면.
1199) 정상조, 앞의 논문(2006), 25면.
1200) 이일호·김기홍, 앞의 논문, 53면.
1201) 정필운, "헌법 제22조 제2항 연구", 법학연구 제20권 제1호, 연세대학교 법학연구원, 2010, 222면.

정하는 한편, 제22조 제2항에서 "저작자·발명가·과학기술자와 예술가의 권리는 법률로써 보호한다"고 규정함으로써 지적 산물에 대한 재산권을 보장하고 있다.1202)

그런데 헌법 제23조와 제22조 제2항의 관계에 관하여는 해석이 엇갈리고 있다. 통설인 중첩적 보장설은 두 조항이 지적재산권을 중첩적으로 보장하고 있는 것으로 본다.1203) 이에 비하여 독자적 보장설은 지적재산권이 제22조 제2항에 의하여 독자적으로 보장된다고 본다. 독자적 보장설은 내용에 따라 다시 몇 가지로 나뉘는데, 두 조항의 규정 형식을 근거로 제22조 제2항은 실정권인 지적재산권을, 제23조는 천부인권인 일반 재산권을 보장하는 것이라는 견해,1204) 제22조 제2항은 자유권인 지적재산권을, 제23조는 재산권을 보장하는 것이라는 견해1205) 등이 그것이다.

최근에는 제22조 제2항에서 권리자로 열거된 자들이 모두 '창작자'라는 점을 중시하면서 통상 지적재산권법에서 다루어지는 권리들 가운데 저작권·특허권·실용신안권 등 인간의 지적 창작물을 보호 대상으로 하는 권리들만이 위 조항을 근거로 보호되며, 상표권·퍼블리시티권1206)·영업비밀 등과 같이 창작성을 요건으로 하지 않는 권리들은 일반 재산권과 마찬가지로 제23조에 의하여 보호될 뿐이라고 주장하는 견해도 있다.1207) 위 견해는

1202) 헌법 제22조 제2항과 제23조의 상세한 해석론에 관하여는 정필운 외, 앞의 논문, 제3장 참조.
1203) 권영성, 헌법학원론, 법문사, 2010, 552면.
1204) 이인호, "지적재산권의 헌법적 한계-헌법상의 언론자유조항과 지적재산권조항의 긴장과 조화", CLIS Monthly, 정보통신정책연구원, 2002, 12-13면.
1205) 김주영, "정보시장의 균형을 위한 정보의 공공성에 관한 헌법학적 연구", 서울대학교 박사학위논문, 2007, 75면.
1206) 퍼블리시티권(publicity right)이란 성명, 초상, 목소리, 서명, 이미지 등을 상업적으로 이용할 수 있는 권리 또는 그 이용을 허락할 수 있는 권리를 말한다[이영록, "퍼블리시티권에 관한 연구(I) -그 주체·객체에 대한 미국에서의 논의를 중심으로-", 저작권심의조정위원회, 2003, 114면].
1207) 강태수·정필운, "지적재산권과 관련한 헌법소송의 쟁점과 처방", 공법연구 제48권 제2호, 한국공법학회, 2019, 199-200면.

제22조 제2항이 학문과 예술의 발전이라는 목적을 위하여 창작자를 보호하는 규정이며, 재산적 이익의 보호에 있어서는 제23조의 특별 규정인 동시에(따라서 이 범위에서는 중첩적 보장설과 내용을 같이 한다), 인격권 보호에 있어서는 제10조의 특별 규정이 된다고 본다.[1208] 헌법 규정의 문언과 구조, 그리고 연혁과 취지를 고려할 때 위와 같은 해석이 타당하다고 생각된다.

이러한 해석에 따른다면 창작성을 요건으로 하지 않는 데이터세트에 대한 배타적 권리는 제23조에 근거하여 마련될 수 있다고 할 것이다. 이처럼 제23조가 근거 규정이 되는 경우 자유권 가운데 유일하게 보호영역이 합헌적 법령에 의하여 결정되는 재산권 구조의 특성[1209]이 준용되게 된다. 즉 보상의무가 있는 재산권의 내용 규정과 정당보상을 수반하는 공용수용의 요건 등은 데이터세트에 대한 배타적 재산권에도 적용되어야 한다.[1210]

3. 재산권의 내용과 제한

가. 재산권의 내용

우리 헌법은 제23조 제1항에서 "모든 국민의 재산권은 보장된다"고 하면서도 "그 내용과 한계는 법률로 정한다"고 하는 한편 제2항에서 "재산권의 행사는 공공복리에 적합하도록 하여야 한다"고 선언하고 있다. 즉, 재산권은 생명, 신체, 자유 등을 보호하는 다른 기본권과 달리 내용 자체가 법률에 의하여 형성되는 기본권형성적 법률유보(Ausgestaltungsvorbehalte der Grundrechte) 형태를 취하는데, 이는 보호대상인 재산이 시장질서 등 사회적 기제를 통하여 형성되고 그에 따라 사회적 관련성이 강하기 때문이

1208) 강태수·정필운, 앞의 논문, 201-202면; 정필운, 앞의 논문, 227면.
1209) 강태수, "분리이론에 의한 재산권체계 및 그 비판에 대한 고찰", 헌법학연구 제10권 제2집, 한국헌법학회, 2004, 117면 이하
1210) 강태수·정필운, 앞의 논문, 195-196면 참조.

다.1211) 지적재산권의 근거 조항인 헌법 제22조 제2항은 '법률로써 보호'한다고 함으로써 이를 명시적으로 보여준다. 다만 재산권의 사회기속성을 구체화하기 위한 입법권자의 입법형성권에도 일정한 한계가 존재한다. 즉, 재산권의 내용 형성 과정에서 수인한도를 넘는 사회적 제약이 부과되고 있다면 조정적 보상규정에 의하여 비례성이 회복되어야 하며, 과잉금지의 원칙 내지 비례의 원칙에 반하는 재산권에 대한 제약은 위헌이 된다.1212)

이러한 헌법 원칙은 민법상 소유권 제한의 법리에도 반영되어 있다.1213) 소유권 제한에 관한 민법학자들의 견해는 내재적 제한설과 분리설로 나뉘어 있다. 내재적 제한설은 소유권의 개념 자체에 제한이 포함되어 있다고 본다.1214) 그 연원은 게르만법 전통에서 찾아지기도 한다.1215) 이에 반해 분리설은 소유권을 추상적인 개념과 구체적 내용으로 나누어, 전자는 절대

1211) Walter Leisner, § 149 Eigentum, in: Josef Isensee & Paul Kirchhof(Hrsg.), Handbuch des Staatsrechts der Bundesrepublik Deutschland, Band VI, C.F. Müller, 2009, Rn. 60ff.

1212) 헌법재판소 2015. 10. 21.자 2014헌바170 결정. "비례원칙이 심사기준이 되는 행위제한조항과는 달리 매수조항만을 심판대상으로 하여 그 위헌성을 다투는 이 사건의 경우에는 '행위제한조항이 재산권의 사회적 제약의 한계를 넘는 과도한 부담을 초래하고 있는가', '만약 그렇다면 매수조항을 비롯한 보상규정이 이러한 과도한 부담을 완화하여 재산권의 사회적 제약을 합헌적으로 조정하고 있는가'라는 두 단계의 심사를 거치는 것이 타당하다. 입법자는 재산권의 내용을 구체적으로 형성함에 있어서 헌법상의 재산권보장(헌법 제23조 제1항 제1문)과 재산권의 제한을 요청하는 공익 등 재산권의 사회적 기속성(헌법 제23조 제2항)을 함께 고려하고 조정하여 양 법익이 조화와 균형을 이루도록 하여야 하는데(헌재 1998. 12. 24. 89헌마214 등 참조), 재산권의 내용 형성 과정에서 수인한도를 넘는 사회적 제약이 부과되고 있는 것이 확인된 상황에서는, 위와 같은 제약이 조정적 보상규정에 의하여 비례성을 회복하여 재산권이 보장되고 있는지를 검토할 필요가 있기 때문이다."

1213) 윤철홍, "소유권의 개념과 그 제한의 법리", 토지법학 제24권 제1호, 한국토지법학회, 2008, 3면 이하.

1214) 주석민법(제4판), 물권(1), 569면(윤철홍 집필부분)

1215) Otto von Gierke, Die soziale Aufgabe des Privatrechs, Springer, 1889, S. 492. "모든 권리는 내재적인 한계가 있다는 게르만적 관념은 '의무가 없으면 권리가 없다'는 명제와 내적으로 연관되어 있다."

적이고 포괄적인 지배권으로서 불변의 것이지만, 후자는 다양한 제한들에 의해 형태가 변화될 수 있다고 본다.[1216] 내재적 제한설은 소유권의 사회적 의무성을 강조한 나머지 소유권을 심각하게 제한하는 경우에도 이를 정당화하기 위한 이론으로 남용될 우려가 있다는 것이다.[1217] 이러한 우려는 공감이 가는 바이지만, 분리설은 원칙적으로 보상이 필요 없는 재산권의 내용 형성과 정당한 보상이 있어야 하는 재산권의 제한을 구별할 수 없다는 결정적인 문제가 있다. 판례 역시 내재적 제한설을 취하는 것으로 보인다.[1218]

헌법 이론상 지적재산권은 대체로 일반적 재산권보다 강한 사회적 기속성을 갖는 것으로 이해된다. 그 근거로는 보호대상인 지적 재산이 유체물과 달리 경합성과 배타성이 없는 점, 대부분의 저작물은 기존의 문화나 저작물을 바탕으로 사회적 맥락에서 생성된다는 점, 저작물은 그 자체가 이용 과정에서 사회적 관계를 형성한다는 점, 지적재산권은 학문·예술·문화·과학의 발전을 위하여 인정된다는 점 등이 제시된다.[1219] 저작권법은 법정의 사유에 해당하는 경우 보상 없이도 저작물을 이용할 수 있도록 하고 있는데, 이는 강화된 사회적 기속성을 잘 보여준다. 그러나 다른 한편으로는 지적재산권이 일반적인 재산권보다 사회적 기속성이 완화된다고 볼 여지도 있다. 지적 재산은 그 형성 과정에서 개인의 개성이 더해지므로 이러한 인격적 속성이 내재되어 있다는 측면에서 일반적인 재산권과 비교하여 더욱 강한 보호를 받는다고 볼 수도 있기 때문이다.[1220] "저작권은 가장 인격적이고 동시에 가장 사회적이다"라는 언명은 이러한 두 가지 측면을 잘 보

1216) 주석민법 물권(1), 569면(이계정 집필부분)
1217) 주석민법 물권(1), 569면(이계정 집필부분); 권영준, 앞의 논문(2006) 참고.
1218) 헌법재판소 2003. 4. 24. 선고 99헌바110, 2000헌바46(병합) 결정. "자연공원법상의 현상유지의무나 사용제한은 토지의 위치와 주변 환경에 비추어 토지 재산권에 내재하는 제한을 구체화한 것으로서 사회적 제약의 한 표현이라고 볼 수 있다."
1219) 정필운 외, 앞의 논문, 102면.
1220) 정필운 외, 앞의 논문, 103면.

여준다고 할 수 있다.[1221]

나. 재산권의 수용·제한

헌법 제23조 제3항은 "공공필요에 의한 재산권의 수용·사용 또는 제한 및 그에 대한 보상은 법률로써 하되, 정당한 보상을 지급하여야 한다"고 함으로써 공용수용에 의한 적법한 재산권 제한의 요건과 그에 대한 보상의 원칙을 명문화하고 있다(헌법 제23조 제3항). 적법한 재산권 제한으로 인정되려면 공공필요, 법률의 형식, 정당한 보상 등 세 가지 요건이 갖추어져야 한다. 이는 기본권 제한의 한계에 관한 헌법 제37조 제2항과 일맥상통하는 것으로서, 재산권을 제한함에 있어서는 비례의 원칙이 지켜져야 하고 재산권의 본질적인 내용은 침해할 수 없다. 특히 적법한 재산권 제한이 되려면 반드시 보상이 이루어져야 하며, 재산권의 제한에 관한 법률에는 보상의 기준과 방법이 반드시 함께 규정되어야 한다(불가분조항, Junkim-Klausel). 다만 헌법학계의 지배적인 견해에 따르면 조세의 징수는 원칙적으로 재산권의 침해가 아니어서 보상할 필요가 없다.[1222] 보상의 기준으로는 상당보상, 정당보상, 입법보상, 이익형량보상 등 여러 가지 견해가 제시되어 왔지만, 현행 헌법은 '정당한 보상'을 지급하도록 하고 있다. 이는 원칙적으로 시가에 따른 완전한 보상을 의미하는 것이다.[1223]

재산권의 내용 규정과 공용수용 규정 사이의 관계에 관한 접근법은 두 가지가 있다.[1224] 먼저 경계 이론은 재산권의 내용 규정과 공용수용은 별

1221) Felix Leinemann, Die Sozialbindung des Geistigen Eigentums, Nomos, 1998, p. 60.

1222) 허영, 한국헌법론, 박영사, 2016, 515면. 다만 헌법재판소는 사유재산에 관한 이용·수익·처분권이 중대한 제한을 받게 되는 경우에는 예외적으로 재산권의 침해가 될 수 있다고 보았다(헌법재판소 1997. 12. 24.자 96헌가1 결정).

1223) 헌법재판소는 시가가 아닌 공시지가를 기준으로 보상액을 산정하는 것, 그리고 보상액의 산정시 개발이익을 배제하는 것은 정당한 보상의 원리에 부합한다고 보았다(헌법재판소 2011. 8. 30.자 2009헌바245 결정). 후자는 타당하나 전자는 비판의 여지가 있다(허영, 앞의 책, 526-527면).

개의 독자적인 제도가 아니라 재산권 규제의 강도에 따라서 상대적으로 구분된다고 본다. 재산권 규제의 강도가 사회적 제약의 범위 내에 있으면 재산권의 내용 규정으로서 보상이 필요 없지만, 이를 벗어나는 재산권 규제는 보상할 의무가 있는 공용수용이라는 것이다. 그 경계를 구분하는 기준으로는 사람의 수에 초점을 둔 형식설과 재산권 규제의 실질적 내용에 초점을 둔 실질설로 구분되는데, 특별희생설(Sonderopfertheorie)로 대별되는 형식설에 의하면 법률이 불특정 다수인에게 일반적으로 가한 재산권 규제는 불평등하게 희생을 가한 것이 아니고 누구에게나 공공복리를 위하여 가해지는 부담이기 때문에 보상을 할 필요가 없다.[1225]

경계 이론은 수용 개념의 확장으로 이어진다. 즉 본래 수용 개념은 의도적이고 고권적인 적법한 재산권 박탈을 의미하지만, 경계 이론에 따라 비의도적·비정형적인 재산권 제한인 '수용적 침해'나 위법한 재산권 침해로서 당사자에게 특별한 희생을 초래하는 '수용유사적 침해(enteignungsgleicher Eingriff)' 역시 헌법 제23조 제3항에 의하여 정당보상을 필요로 하는 공용수용에 해당하게 된다. 특히 수용유사적 침해의 경우에, 국민은 취소소송을 통해 행정법원에서 취소를 구하든지 아니면 그 침해를 받아들이고 일반법원에서 보상을 주장할 수 있는 선택권을 가지게 된다.[1226] 경계 이론은 재산권의 가치보장에 충실하다는 측면이 있기는 하지만, 불법적인 재산권 침해도 보상만 해주면 합헌이 될 수 있다는 발상은 기본권보다 국가가 추구하는 공익이 우선한다는 전체주의적 사고에 기인하는 것으로서 기본권이 모든 국가권력을 기속한다는 기본권의 본질과 법치국가 원리에 위배될 뿐

1224) 이덕연, "보상 없는 재산권 제한의 한계에 관한 연구", 헌법재판연구 제9집, 헌법재판소, 1997, 30면 이하; 강태수, "개발제한구역지정에 대한 헌법불합치결정", 헌법판례연구(2), 한국헌법판례연구학회, 2000, 303면 이하.

1225) 강태수·정필운, 앞의 논문, 139면.

1226) 홍강훈, "분리이론·경계이론을 통한 헌법 제23조 재산권조항의 새로운 구조적 해석", 공법연구 제42권 제1호, 한국공법학회, 2013, 622면.

만 아니라 재산권에 대한 존속보장 원칙을 근저에서 무너뜨린다.[1227]

이에 비해 1981년 독일 연방헌법재판소의 '자갈채취 사건' 판결[1228]을 통해 확립된 분리 이론은 재산권 내용 규정과 공용수용 규정을 엄격하게 분리된 독립된 범주로 파악하며, 재산권 규제의 강도가 아니라 입법의 목적과 형식에 따라 둘을 구별한다. 즉 재산권의 내용 규정은 '입법자가 장래를 향하여 재산권자의 권리와 의무를 추상적·일반적(abstrakt-generell) 형식으로 확정하는 것'인 반면, 공용수용은 '국가가 구체적인 공적 과제의 이행을 위하여 이미 형성된 구체적인 재산권적 지위를 전면적 또는 부분적으로 박탈하는 것'이다.[1229] 분리 이론에 따르면 재산권의 내용 규정이 일정한 한계를 벗어났다고 하여도, 법원에 의하여 공용수용으로 전환되는 것이 아니라 단지 위헌인 규정일 뿐이므로, 국민은 행정소송을 통해 침해의 취소를 구할 수 있을 뿐 보상을 구하지는 못한다. 우리 헌법재판소는 1998년 도시계획법 제21조에 대하여 헌법불합치결정[1230]을 내리면서 분리 이론을 처음 채택한 이래 지금까지 이를 견지하고 있다. 재산권에 대한 일차적인 권리보장인 존속보장은 이차적 권리보장인 가치보장보다 본질적으로 우선하는 것이다.[1231] 따라서 분리 이론이 보다 타당하다고 하겠다.

다. 데이터세트에 대한 배타적 재산권의 내용과 범위

입법자는 헌법 제23조 제1항에 따라 데이터세트에 대한 배타적 재산권의 내용과 한계를 형성할 입법형성권을 지닌다. 지적재산권은 일반 재산권에 비하여 더 강한 사회적 기속을 받고, 데이터베이스나 데이터세트의 경

1227) 정필운 외, 앞의 논문, 115면, 139면. 재산권 보장은 '물적보장'이기에 앞서 '권리주체에 대한 인적보장'(Rechtsträgergarantie)으로서 존속보장이 우선된다.

1228) BVerfGE58,300. 1981. 7. 15

1229) 강태수·정필운, 앞의 논문, 140면.

1230) 헌법재판소 1998. 12. 24.자 89헌마214등 결정

1231) 이는 동의 규칙이 보상 규칙보다 효율적이며, 배타적 권리의 핵심이 금지청구권이라는 앞서의 논의들을 상기시킨다.

우에는 창작성이 없어 개인의 인격 발현과의 관련성도 적으므로, 권리의
내용과 범위가 상당히 좁게 설정되더라도 비례의 원칙에 반하지 않는다.
데이터세트는 데이터베이스와 달리 체계성과 검색가능성을 요하지 않으므
로 데이터세트에 대한 배타적 재산권의 내용과 범위는 데이터베이스권보
다 좁아도 될 것이다. 예컨대 데이터세트에 대한 배타적 권리를 신설할 경
우 권리 제한의 범위를 저작권이나 이에 준하는 데이터베이스권의 경우보
다 확대할 수 있고, 침해행위의 범주를 좁히거나, 권리의 존속기간을 줄이
는 것도 허용될 것이다.

4. 헌법적 정당성과 법철학적·법경제학적 정당성의 관계

헌법은 근대 시민혁명의 소산 위에서 현대 자본주의에 대한 반성을 거쳐
탄생한 것이므로, 헌법적 정당화는 근대 자유주의 사상가들로부터 시작된
재산권의 법철학적 정당화와 상당 부분 내용을 공유한다.

헌법적 정당성과 법경제학적 정당성의 관계는 헌법이 경제적 효율성을
헌법원리로 채택했는지 여부와 관련하여 많이 논의되었다. 독일의 경우 경
제적 효율성이 포괄적 헌법원리가 된다고 주장하는 견해가 많지만,[1232] 독
일 헌법이 입법자에게 자유시장경제 또는 사회적 시장경제를 명하지 않았
다는 이유로 이를 부정하는 견해도 유력하다.[1233] 한 발 물러서서 효율성이
헌법원리인 것은 아니지만 포괄적 법원리에 해당한다는 견해도 있다.[1234]

1232) Stefan Grundmann, "Methodenpluralismus als Aufgabe", Rabels Zeitschrift für
ausländisches und internationales Privatrecht Bd. 61, 1997, S. 442; Erik Gawel,
"Ökonomische Effizienzforderungen und ihre juristische Rezeption", in
Gawel(Hrsg.), Effizienz im Umweltrecht, 2001, S. 38.

1233) Horst Eidenmüller, Effizienz als Rechtsprinzip, 3. Aufl., Mohr Siebeck, 2005, S. 443
ff. S. 459 ff, S. 467 ff, S. 480 ff.

1234) Gunnar Janson, Ökonomische Theorie im Recht, Dunker & Humbolt, 2004, S. 164
ff.(효율적인 것이 반드시 정의로운 것은 아니지만, 비효율적인 것은 통상 정의롭지

우리나라의 학자 가운데에도 경제적 효율성이 헌법원리라고 주장하는 견해가 있다. 헌법상 재산권 보장 규정이나 헌법상의 행복추구권 속에 함축된 일반적 행동자유권으로부터 계약자유의 원칙이 파생되어 나온다는 판례[1235] 법리가 이를 뒷받침하며, 신뢰보호의 원칙도 경제적 효율성에 의하여 설명할 수 있다는 것이다.[1236] 특히 위 견해는 경제적 효율의 관점에서 헌법상 비례의 원칙을 잘 설명할 수 있다고 한다.[1237] 비례의 원칙에 내포된 목적의 정당성과 방법의 적절성은 이론적 합리성(theoretical rationality)이 아닌 실제적 합리성(practical rationality)을 뜻하는데 이는 경제학에서 합리성을 절차적 합리성으로 이해하는 것[1238]과 상통하고, 피해의 최소성은 파레토 기준을 만족시키며, 법익의 균형성은 일종의 비용-편익 분석(cost-benefit analysis)으로서 칼도어-힉스 규준(Kaldor-Hicks criterion)을 충족시킨다는 것이다.[1239]

생각건대, 우리 헌법은 제119조 제1항에서 "대한민국의 경제질서는 개인과 기업의 경제상의 자유와 창의를 존중함을 기본으로 한다"고 규정함으로써 명시적으로 시장경제의 원리를 채택하고 있으므로,[1240] 경제적 효율성을 헌법원리로 인정하는 것에는 큰 어려움이 없다고 여겨진다. 다만 경제적 효율성의 관점에서 비례의 원칙을 바라보는 것은 유익한 일일 수 있지만 비례의 원칙이 경제적 효율성과 동등한 것이라는 식으로 이해하는 것은 피해야 한다. 그럴 경우 위법한 기본권의 침해라도 적절한 보상이 있는 한

못하다고 한다).
1235) 헌법재판소 1991. 6. 3. 선고 89헌마204 결정
1236) 윤진수, 앞의 논문(2009), 71면
1237) 윤진수, 앞의 논문(2009), 74-76면.
1238) Posner, op. cit., p. 3
1239) Gawel, op. cit., S. 230 f. 참조. 다만 편익과 비용을 비교할 수 있는 객관적인 기준 내지 공통의 분모가 없다는 통약 불가능성의 문제는 법익 균형성을 엄밀한 의미의 비용-편익 분석으로 이해하는 데 장애가 된다(Eidenmüller, op. cit., S. 443 ff. S. 459 ff, S. 467 ff, S. 467 ff. 참조).
1240) 정종섭, 헌법학원론, 박영사, 2016, 229면.

경제적 효율성을 이유로 허용된다고 보게 되어 자유민주적 기본질서에 반하기 때문이다.[1241] 제37조 제2항 후문이 "자유와 권리의 본질적인 내용을 침해할 수 없다"고 규정하고 있는 것도 상기할 필요가 있다. 그런 점에서 헌법적 정당성은 법경제학적 정당성을 내포하지만 그것과 동치인 것은 아니며, 자유주의를 중심으로 한 법철학적 정당성을 불가결의 요소로 포함한다고 할 것이다.

제6절 긍정론과 부정론의 논거들

데이터에 대한 배타적 권리 부여 여부에 관하여는 국내외에서 수많은 학자들이 긍정론과 부정론으로 나뉘어 논쟁을 펼쳐 왔다.[1242] 아래에서는 찬반 양론의 논거들을 몇 가지 범주로 나누어 비교하기 쉽도록 정리한 뒤,[1243] 지금까지 살펴본 분석 내용에 의거하여 부정론의 논거들을 반박하고 데이터세트에 대한 배타적 권리 부여가 타당함을 밝히고자 한다.

1241) Eidenmüller, op. cit., S. 443 ff. S. 459 ff, S. 467 ff, S. 480 ff. 역시 기본권의 보호가 경제적 효율과 조화되지 않는다고 지적한다.

1242) 유럽의 데이터 오너십 논의 상황을 정리한 대표적인 문건들로는 Osborne Clarke LLP, Legal study on Ownership and Access to Data, European Union, 2016; Drexl, Josef et al, op. cit.; Duch-Brown et al., op. cit.; European Political Strategy Centre, op. cit.; European Commission, Synopsis Report Consultation on The 'Building A European Data Economy' Initiative, 2017.

1243) 다만 각각의 논거들을 파악함에 있어서는, 개별데이터와 데이터세트를 명확히 구별하지 않은 채 제기된 주장들도 있기 때문에 맥락을 잘 살펴야 한다는 점과 넓은 의미의 배타적 권리가 아니라 물권과 같은 절대적인 지배권을 상정하여 제기된 주장도 있다는 점을 유의할 필요가 있다.

1. 긍정론의 논거

데이터에 대한 배타적 권리 부여를 긍정하는 입장의 논거는 ① 데이터 보유자 보호 필요성과 법적 안정성 확보, ② 생산·유통의 유인 제공 필요성, ③ 거래비용의 절감, ④ 데이터 접근 확대를 위한 수단 등으로 나뉠 수 있다.

첫째, 현행법상 데이터 보유자를 보호할 방법이 마땅하지 않으므로 물권법이나 지적재산권법에서와 같이 데이터에 대한 배타적 권리를 인정할 필요가 있다.1244) 또한 데이터에 대한 배타적 권리 부여는 법적 안정성을 제고한다.

둘째, 데이터에 대한 배타적 권리 부여를 통해 양의 외부성을 내부화하여 데이터의 수집·생성, 유통 및 상업화를 위한 인센티브를 제공할 필요가 있다.1245) 우선 배타적 권리 부여는 데이터의 수집·생성을 위한 인센티브가 된다.1246) 특히 절대적인 배타적 지배권을 부여하면 데이터 생산자가 데이터로부터 나오는 이익을 독점적으로 지배할 수 있게 되어 인센티브가 더욱 커진다.1247) 다음으로 배타적 권리 부여는 데이터의 유통 내지 공개 (Offenbarung)에 대한 인센티브가 된다.1248) 지적재산권에서와 마찬가지로 데이터가 비밀 정보재인 경우에는 그 공개에 대한 보상을 받을 권리가 보장되지 않는다면 누구도 이를 제3자와 공유하지 않을 것이므로 이를 극복할 타개책이 필요하다.1249) 마지막으로 배타적 권리 부여는 데이터의 거래

1244) Herbert Zech, "Information as Property", 6 Journal of Intellectual Property, Information Technology and Electronic Commerce Law 192, 2015; Ritter & Mayer, op. cit.

1245) Wiebe, op. cit.(2016), 881; 박상철, 앞의 논문, 270면

1246) Zech, op. cit., S. 145; 이상용, 앞의 논문(2018), 20-22면; 박준석, 앞의 논문(2019), 118-119면.

1247) 박준석, 앞의 논문(2019), 88면 참조.

1248) 박준석, 앞의 논문(2019)9, 118-119면; Kerber, op. cit.(2016A), p. 760 참조.

1249) 박준석, 앞의 논문(2019), 118-119면.

를 촉진하여 기존에 존재하지 않던 새로운 시장을 창출할 인센티브를 부여
한다.[1250]

셋째, 데이터에 대한 배타적 권리 부여는 시장실패를 치유하고 거래비용
을 감소시키며 시장을 효율화한다. 데이터에 대한 잘 정의된 권리는 시장
실패를 교정할 수 있다.[1251] 불분명하거나 불완전한 법적 보호는 그 틈을
노린 기회주의적 행태(opportunistic behaviour)와 그에 대응하기 위한 자원
의 낭비를 초래한다.[1252] 재화에 대한 배타적 권리가 부여되어 금지명령에
의하여 타인의 간섭을 배제할 수 있다면 협상이 좀 더 용이해지므로(법의
그늘에서 하는 협상) 거래비용을 감소시킬 수 있다.[1253] 데이터에 대한 권
리의 불명확성은 거래 당사자의 입장에서는 유보가치가 명확하지 않음을
의미하므로 거래가 이루어지기 어렵고 시장가격이 쉽사리 형성되지 못하
는 요인이 되는 것이다.[1254] 배타적 권리 부여는 데이터의 가치와 데이터
분석기술에 관한 정보 비대칭의 문제 해결에도 간접적으로 도움을 줄 수
있다.[1255] 나아가 데이터에 대한 배타적 권리 부여는 데이터의 공급을 늘
릴 뿐만 아니라 품질도 제고함으로써 시장의 효율성을 높일 수 있다.[1256]

1250) Zech, op. cit.; European Political Strategy Centre, op. cit., pp. 10-11.
1251) Hans-Heinrich Trute(이성엽 역), "독일과 EU에서 Industry 4.0: 소유권과 접근권 사
     이의 데이터 주도 경제에서 데이터", 경제규제와 법 제20호, 서울대학교 법학연구
     소, 2017, 203면.
1252) Drexl, op. cit., p. 35.
1253) Robert Cooter & Thomas Ulen(한순구 역), 앞의 책, 116-122.
1254) 이상용, 앞의 논문(2018), 22면.
1255) 정보 비대칭의 문제들은 데이터 브로커에 의하여 해결될 수 있다. 다만 데이터 브
     로커 시장에서는 그 역학관계로 인하여 프라이버시를 촉진하려는 시장의 인센티브
     가 부족함을 주의할 필요가 있다[홍대식, 앞의 논문(2019), 190-191면]; Drexl et al,
     op. cit., p. 44는 "정보의 역설(Informationsparadox)"이라는 현상을 제시했다. 잠재
     적인 데이터 구매자로서는 자신이 원하는 정보가 데이터로부터 추출될 수 있는지
     여부를 알지 못한 상태에서는 데이터의 가치를 평가할 수 없어 구매 의사를 결정
     하기 어렵다. 그러나 데이터가 잠재적 구매자에게 접근 가능하게 된다면, 구매자는
     더 이상 대가를 지급하려고 하지 않게 된다.

넷째, 데이터에 대한 배타적 권리 부여는 데이터 접근을 증대할 수 있는 수단이 된다. 마치 저작권법상 공정이용 제도에 의하여 공유의 영역이 안정적으로 확보된 것처럼, 데이터에 대한 배타적 권리를 인정하면서 그 제한에 관한 사항을 규정한다면 그러한 법적 제한 없이 사실상 지배와 계약에만 의존하는 경우보다 오히려 공중의 데이터 접근을 강화할 수 있다.[1257)

2. 부정론의 논거

데이터에 대한 배타적 권리 부여를 부정하는 입장의 논거는 ① 현행법의 의한 충분한 보호 및 법적 안전성 악화, ② 생산·유통을 위한 유인 제공의 불필요, ③ 거래비용의 증가, ④ 독점의 위험 및 데이터 권력의 고착화 등으로 나뉠 수 있다.

첫째, 현행법으로도 데이터 보유자의 권익을 충분히 보호할 수 있다.[1258) 특히 독일의 워킹그룹 'Digitaler Neustart'는 데이터 자체에 대한 물권 유사의 절대권(ein sach-eigentumsähnliches absolutes Recht)은 필요하거나 바람직하지 않다면서, 비록 조각보처럼 복잡하기는 하지만, 형사법상 규제, 매체에 대한 물권적 규제, 그리고 데이터 내용(Dateninhalt)에 대한 저작권법 등 특별법에 의하여 이루어지는 보호가 서로 충돌하는 이익들을 조정하기에 충분하다고 하였다.[1259) 인공지능 산업을 위한 데이터세트의 보호와 관

1256) Wiebe, op. cit.(2016), 881.

1257) 박준석, "지적재산권법에서 바라본 개인정보 보호", 정보법학 제17권 제3호, 한국정보법학회, 2013, 22면 참조.

1258) Arbeitsgruppe „Digitaler Neustart" der Konferenz der Justizministerinnen und Justizminister der Länder, 2017; Hoeren, op. cit.(2019), S. 5-8; 이동진, 앞의 논문 (2018), 27면(현행법이 충분히 만족스럽지는 않지만 데이터에 배타적 재산권을 부여하는 것이 얼마나 기여할 수 있을지는 의심스럽다고 한다); 권영준, 앞의 논문 (2021), 15면(개별 법제도가 큰 문제없이 운영되는 상황에서 데이터 소유권에 대한 법제의 도입 필요성은 의문스럽다고 한다).

1259) Hoeren, op. cit.(2019), S. 6.

련하여 미국에서 이루어진 전문가 의견 조사에서도 기존 제도들이 충분한
보호를 제공하고 있다는 견해가 다수였는데, 특히 데이터세트에 대한 별도
의 권리(sui generis right)를 부여하는 방안은 여전히 그다지 지지를 받지
못하였다.[1260] 뿐만 아니라 데이터의 보호에 있어서는 법적 보호보다는 기
술적 보호가 더욱 중요한 역할을 한다.[1261] 실제로 대규모 데이터를 보유
한 플랫폼들은 데이터에 대한 배타적 권리의 도입을 원하지 않는다는 보고
도 있다.[1262]

한편, 데이터에 대한 배타적 권리의 부여는 법적 안정성을 제고하기보다
는 오히려 분쟁을 조장할 소지가 크다. 데이터는 외연을 특정하기 힘들기
때문에 권리 객체로 삼기 어렵다. 오늘날 개별 데이터가 다른 데이터세트
에 끊임없이 통합되고 배치되는 환경에서 권리 귀속자를 결정하는 것은 쉽
지 않은 일일 뿐 아니라,[1263] 이를 정할 수 있다 하더라도 의도하지 않은
권리 침해의 위험을 증대시킬 수 있다.[1264]

둘째, 데이터의 수집·생성, 유통이나 상업화를 위한 인센티브를 제공할
필요가 없다. 우선 수집·생성의 경우 데이터의 상당 부분은 서비스 과정에
서 자동으로 생성된 경제 활동의 부산물(byproduct or spin-off)이므로 소유

1260) USPTO, Public Views on Artificial Intelligence and Intellectual Property Policy,
2020, pp. 36-39. 다만 일부 전문가들은 양질의 데이터에 대한 투자를 촉진하기 위
해 데이터세트와 데이터베이스에 대한 추가적 보호가 재검토될 필요가 있다는 견
해를 밝혔다. 이들은 영업비밀 보호는 데이터 유통의 맥락에서는 부적절하고, 계약
은 상대적 효력만 있을 뿐이라면서, 유럽을 모델로 하여 별도의 권리(sui generis
right)를 부여하거나 일본을 모델로 하여 거래에 제공되는 데이터를 보호할 필요가
있다는 의견을 제시하였다.

1261) 이동진, 앞의 논문(2018), 237면. "기술적 보호조치 없는 법적 보호로 얻을 것은 많
지 아니한 반면, 기술적 보호조치가 잘 이루어지는 한 법적 보호의 필요성이나 추
가적인 기여는 그리 크지 않다."

1262) Banterle, op. cit.,, p. 13; Drexl, op. cit., p. 5.

1263) European Political Strategy Centre, op. cit.

1264) 홍대식, 앞의 논문(2019), 198면.

권과 같은 절대적 지배권의 설정에 의한 추가적인 유인 부여가 필요 없다.[1265] 데이터에 그러한 권리가 인정되지 않는 현재에도 데이터는 충분히 생산되고 있다.[1266] 더구나 데이터의 생산 자체를 유인을 통해 고취해야 할 혁신 행위라고 볼 수도 없다.[1267] 시장 창출의 인센티브는 데이터의 수집·생성의 인센티브와 사실상 동일한 것이므로,[1268] 이와 마찬가지 이유로 불필요하다.

데이터의 유통 내지 공개와 관련해서도 인센티브 제공은 필요 없다. 저작물 등과 달리 데이터는 거래되거나 유통되는 경우가 많지 않으므로 이를 상정하여 배타적 권리를 부여할 필요가 없다. 실시간 데이터의 이용 가능성이 핵심인 환경에서는 원하지 않는 무임승차에 의하여 이익이 침해될 위험의 정도가 높지 않다.[1269] 데이터에 대한 배타적 권리가 없더라도 데이터 브로커는 데이터세트의 통제를 통한 사실상의 배타성에 의존할 수도 있다.[1270] 또한 데이터는 일단 시장 참여자들에게 공개되면 가치를 상실하므로 데이터의 유통 내지 공개와 관련된 인센티브가 필요하다는 주장은 설득력이 약하다.[1271] 어차피 디지털 경제에서는 정보재를 비밀로 유지하는 것이 점차 어려워지고 있고, 지적재산권의 정당화 근거도 점차 약해지고 있다.[1272]

1265) Bernt Hugenholtz, "Abuse of Database Right: Sole-source information banks under the EU Database Directive", in: François Lévêque & Howard Shelanski(eds.), Antitrust, Patents, and Copyright: EU and US Perspectives, Edward Elgar Publishing, 2005, pp. 203-204; Hugenholtz, op. cit.; Heymann, op. cit., 653; Wolfgang Kerber, *A New (Intellectual) Property Right for Non-Personal Data? An Economic Analysis*, GRUR Int. 2016, 989, 993; EU Working Paper, op. cit., p. 14; MünchKomm/Wagner, 8. Auflage, 2020, § 823, Rn. 335; 홍대식, 앞의 논문(2019), 197면.
1266) 권영준, 앞의 논문(2021), 15면.
1267) Heymann, op. cit., 653.
1268) Ibid., S. 654.
1269) 홍대식, 앞의 논문(2019), 198면.
1270) 홍대식, 앞의 논문(2019), 198면.
1271) Baranowski & Kornmeier, op. cit., 1219.

셋째, 데이터에 대한 배타적 권리 부여는 거래비용을 증가시켜 오히려 데이터의 거래에 지장을 초래하고 자유로운 데이터 흐름을 방해할 것이다.[1273] 하나의 대상에 지나치게 많은 권리자들이 존재하는 경우 거래비용이 증가할 수 있기 때문이다. 또한 데이터에 배타적 권리를 부여할 경우 데이터 생산에 직접 관여하지 않고 나중에 그것을 분석하는 역할을 담당하는 기업들의 동기 부여를 낮추는 부작용도 있을 수 있다.

넷째, 데이터에 대한 배타적 권리 부여는 '네트워크 효과(network effect)'나 '잠금(lock-in) 효과'[1274] 등을 통하여 대규모 데이터 기업이나 글로벌 플랫폼 기업의 데이터 독점을 더욱 강화함으로써 경쟁을 제한할 우려가 있다.[1275] 또한 데이터에 대한 배타적 권리 부여에 의하여 데이터 보유자가 헌법상 재산권자가 되면 그에 대한 새로운 조정은 엄격한 헌법적 제한 아래 놓이게 되므로 현재의 불공평한 데이터 권력이 고착화될 우려가 있다.[1276] 나아가 이 문제가 원(源)정보 귀속주체 등의 이익참여권에 관한 이념적 논쟁으로 비화할 경우 데이터 경제에 불확실성과 비용으로 작용할 수 있다.[1277]

1272) Heymann, op. cit., S. 653.

1273) Banterle, op. cit., p. 13; Kerber, op. cit.(2016A), p. 761; Leistner, op. cit., p. 6.; European Political Strategy Centre, op. cit.; 권영준, 앞의 논문(2021), 15면; 홍대식, 앞의 논문(2019), 190면.

1274) 잠금효과(Lock-in)는 새로운 상품이 나와도 소비자가 다른 상품으로 소비를 전환하지 않고 기존의 상품이나 서비스에 계속 머무르는 현상을 말한다.

1275) Hugenholtz, op. cit., pp. 14-15; Bernt Hugenholtz, "*Against Data Property*", in: Hanns Ullrich, Peter Drahos & Gustavo Ghidini(eds), Kritika: Essays on Intellectual Property, vol.3, Edward Elgar Publishing Limited, 2018; 권영준, 앞의 논문(2021), 15면.

1276) 이동진, 앞의 논문(2018), 235면.

1277) 이동진, 앞의 논문(2018), 237면.

3. 부정론에 대한 반박

그러나 부정론의 논거들은 다음과 같은 이유로 타당하지 않거나 부적절하다.

우선 ① 현행법에 의한 충분한 보호 및 법적 안전성의 악화에 관한 논거에 관하여 살펴본다. 현행법상 데이터세트 보유자가 데이터세트의 생산과 유통의 인센티브를 제공할 정도로 충분히 보호받지 못하고 있다는 점은 이미 앞서 기존 법제도를 평가하면서 살펴본 바 있다. 여기에 더해 부정론이 스스로 인정하는 것처럼 데이터세트 보유자의 권익을 보호하기 위한 장치들이 지나치게 복잡하다는 점은 권리의 불명확성과 그로 인한 과도한 거래비용을 의미하는 것으로서 데이터세트의 거래를 가로막는 대표적인 장애물 중 하나이다. 데이터세트에 대한 배타적 권리의 부여가 법적 안전성에 도움이 되지 않고 분쟁을 증가시킬 것이라는 주장에도 동의하기 어렵다. 데이터세트의 외연이 특정되지 않는다는 주장은 데이터 상품 설명서나 데이터 속성 정의서 등을 통해 거래 대상인 데이터가 정의되고 있다는 현실과 부합하지 않는다. 장차 데이터의 표준화나 공시수단의 발전을 통해 객체의 특정은 어렵지 않게 해결될 수 있을 것이다.[1278] 권리 귀속의 문제는 개별데이터가 아닌 데이터세트를 중심으로 검토한다면 해결방법에 보다 쉽게 다다를 수 있다. 나중에 보다 자세히 설명하겠지만, 데이터세트 생산자에게 데이터세트에 관한 권리가 귀속되는 것을 원칙으로 하고, 개별데이터에 대한 권리의 경우 2차적 저작물에 관한 법리 등을 준용하여 해결할 수 있을 것이다.

다음으로 ② 생산·유통을 위한 유인 제공이 불필요하다는 논거에 관하여 본다. 먼저 데이터세트 수집·생성을 위한 인센티브가 필요 없다는 주장

1278) 특히, 후술하는 것처럼 넓은 의미의 배타적 권리를 지배권 모델이 아니라 부정경쟁 모델에 의하여 구현하는 경우에는 객체의 특정이 큰 장애물이 되지 않을 것이다.

은 현실에 부합하지 않는다. 데이터가 자동으로 생성되는 경제활동의 부산
물이라는 주장은 개별데이터에 관하여는 일부 수긍이 가는 측면이 있지만
수집·생성에 많은 비용과 노력이 필요한 데이터세트의 맥락에서는 맞지 않
는다. 데이터가 충분히 생산되고 있다는 주장 역시 기업이 데이터를 활용
함에 있어서 가장 큰 애로사항이 쓸 만한 양질의 데이터 부족이라는 조사
결과[1279]와 배치되는 것이다. 그리고 데이터 생산 자체는 고취할 만한 혁
신 행위가 아니라는 주장은 빅데이터 기술에 의한 통찰과 인공지능 기술에
의한 예측이 경제 전반에 미치는 영향을 헤아리지 못한 것이며, 정보의 확
산이 동적 효율성을 향상시키는 메커니즘을 충분히 고려하지 않은 것이다.

　데이터세트 유통을 위한 인센티브가 필요하지 않다는 주장 역시 이유 없
다. 데이터세트의 거래가 많지 않다는 것은 그러한 수요가 적다는 것을 뜻
하는 것이 아니라 데이터세트의 유통에 장애가 존재한다는 증거이다. 실시
간 이용 환경에서 무임승차에 의한 침해 위험이 높지 않다는 것은 검증되
지 않은 주장으로서 의심스러울 뿐 아니라, 인공지능 학습용 데이터세트의
경우에서 보듯 현실에서 거래되는 데이터세트는 실시간 이용을 전제하지
않은 것도 많다. 데이터세트 보유자가 사실상의 배타성에 의존하는 것은
결코 완전한 보호수단이 되지 못한다. 구매자의 이용방법을 제약할 정도로
기술적 보호수단을 갖출 경우 데이터의 잠재적 가치는 충분히 활용될 수
없고, 구매자의 이용방법을 기술적으로 제한하지 않는다면 데이터세트가
제3자에게 유출될 경우 사실상 피해 확대를 막을 길이 없다. 그리고 데이
터가 공개되면 가치를 상실한다는 비판은 정보의 비경합성 및 비배타성에
관한 설명에 불과하며, 법률에 의하여 정보에 인위적으로 배타성을 부여함
으로써 경제재로 만들고 동적 효율성을 도모한다는 취지를 충분히 고려하
지 않은 못한 것이다. 또한 정보재를 비밀로 유지하는 것이 어려워진다는
비판은 기술적 보호수단의 발전을 도외시한 것이며 정보에 대한 비밀 유지

1279) 한국데이터산업진흥원, 앞의 자료(2021) 참조.

가 반드시 그에 대한 배타적 권리 설정의 전제가 되는 것은 아니라는 점을 무시한 것이다. 마지막으로 시장 창출의 인센티브가 데이터의 수집·생성의 인센티브와 동일하다는 주장은 사적 재산권의 경제학적 정당성 근거를 도 외시한 주장이다. 즉 데이터에 대한 배타적 권리는 데이터의 거래를 촉진 하여 데이터가 그에 대한 가치를 높게 매기는 사람에게 흘러갈 수 있도록 함으로써 사회적 효율성을 달성할 수 있도록 한다는 점에서도 의의가 있는 것이다.

그리고 ③ 데이터세트에 대한 배타적 권리 부여가 다수 권리자의 존재 로 인해 거래비용을 증가시킬 것이라는 논거도 이유 없다. 이러한 비판은 저작권의 경우에도 항상 있어 왔다. 즉 동일한 저작물에 대하여 저작권자 와 저작인접권자가 중첩적으로 존재할 경우 이들 모두를 탐색하고 협상하 기 위한 거래비용이 많이 들게 된다. 그럼에도 불구하고 군건하게 저작권 보호제도가 유지되어 온 사실 자체가 배타적 권리 부여를 통한 유인 제공 의 필요성이 위와 같은 거래비용 증가에 대한 우려를 압도하였음을 반증한 다.1280) 유럽에서 제시된 부정론들의 상당수가 배타적 권리 부여가 데이터 의 자유로운 흐름을 방해할 것으로 우려하면서도 정보주체의 개인정보에 대한 강력한 통제로 인해 발생하는 유사한 성질을 지닌, 그러나 심각성은 훨씬 큰 방해 효과에 그다지 경각심을 보이지 않는 것도 이해하기 어려운 일이다.1281) 무엇보다 다수 권리자의 존재로 인한 거래비용 증가의 문제는 기술적, 법적 수단에 의하여 완화될 수 있다. 우선 온라인 디지털 플랫폼이 권리의 파편화로 인한 자원의 과소 활용 문제를 기술적으로 해결해 줄 수 있다.1282) 그리고 데이터세트의 권리 귀속에 관한 법리의 발전을 통해 권 리자의 수를 합리적인 수준으로 낮추거나 원칙적으로 모든 권리자들이 데

1280) 박준석, 앞의 논문(2019), 101면.
1281) 박준석, 앞의 논문(2019), 119면.
1282) 홍대식, 앞의 논문(2019), 190면.

이터를 사용할 수 있도록 함으로써[1283] 이 문제를 해결할 수도 있을 것이다. 한편, 배타적 권리 부여가 지나치게 많은 권리자를 탄생시킬 것이라는 우려는 데이터세트가 아닌 개별데이터를 상정한 것 아닌가 하는 의문이 있다. 예컨대 부정론 가운데 데이터에 대한 배타적 권리 부여가 데이터를 분석하는 기업의 동기를 감소시킨다는 주장은 개별데이터를 전제한 것으로 짐작된다.

마지막으로 ④ 독점의 위험 및 데이터 권력의 고착화에 관한 우려도 타당하지 않다. 우선 데이터세트에 대한 배타적 권리의 부여는 데이터 독점과는 무관하다. 데이터에 대한 배타적 권리가 부여되지 않고 있는 현재에도 대규모 데이터 기업이나 글로벌 플랫폼 기업은 데이터세트를 영업비밀로 관리하면서 자신들의 독점적 지위를 유지하고 있을 뿐 아니라 지속적으로 강화하고 있다. 데이터 부족의 호소나 데이터에 대한 배타적 권리의 요구가 이들이 아닌 중소 벤처기업이나 스타트업들로부터 나오는 이유도 바로 여기에 있다. 물론 데이터 주도의 네트워크 효과로 인한 경쟁제한행위의 가능성에는 유의해야 한다. 그러나 그러한 경쟁제한행위를 식별하기 위하여 잠재적으로 거론되는 어떠한 이론에서도 데이터에 대한 배타적 권리 부여 여부는 영향을 미치지 않는다.[1284] 결국 데이터세트 보유 기업이 해당 데이터세트에 대한 거래나 접근을 허용하거나 거부하는 것은 그의 자유의 문제이지 데이터세트에 대한 배타적 권리 유무의 문제가 아닌 것이다.[1285] 다음으로 데이터 권력의 고착화에 관한 우려는 다소 과장된 것일 수 있다. 현재의 데이터 보유 상황이 '불공평'하다는 전제는 증거에 의하여 뒷받침되었다고 보기 어려울 뿐 아니라 공평성의 의미와 기준에 대한 새로

1283) 「산업디지털 전환 촉진법안」 (2020. 9. 14. 조정식 의원 대표발의, 의안번호 제 2103873호) 제9조 제2, 3항이 바로 이러한 접근법을 취하고 있다.

1284) 홍대식, 앞의 논문(2019), 192-197면.

1285) 홍대식, 앞의 논문(2019), 199면. "데이터에 대한 사실상 통제의 권한을 보유한 자가 그에 대한 접근을 거절하는 것은 그 자체로 문제가 되지 않는다."

운 합의를 필요로 한다. 헌법상 재산권의 내용과 범위가 기본권형성적 법률유보에 의하여 형성된다는 점을 고려해본다면 기득권의 '고착화'라는 표현에도 동의하기 어렵다. 이익참여권에 관한 논쟁 자체가 데이터 경제에 불확실성과 비용으로 작용한다는 주장은 오히려 이러한 문제가 명확히 해소되어야만 데이터 경제가 불확실성의 굴레로부터 벗어나 발전할 수 있다는 의미로 해석되어야 한다.

제7절 결론

데이터세트에 넓은 의미의 배타적 권리를 부여하는 것은 정당화될 뿐만 아니라 필요한 일이다. 그 이유는 앞서 법철학적, 법경제학적, 헌법적 검토를 수행하면서 이미 살펴본 바와 같다. 특히 법경제학적 정당화 사유들은 데이터에 대한 배타적 권리에 관한 논쟁에서 긍정론이 취한 논거들에 상당 부분 반영되어 있다. 즉 데이터세트에 대한 배타적 권리 부여는 ① 데이터 보유자 보호 필요성과 법적 안정성 확보, ② 생산·유통의 유인 제공 필요성, ③ 거래비용의 절감, ④ 데이터 접근 확대를 위한 수단 등의 이유로 정당화되고 또 요구되는 것이다.

데이터세트에 대한 배타적 권리는 인정될 필요가 있다. 데이터세트에 비용과 노력을 투입한 자는 자신의 의사에 반한 침해로부터 이를 지켜낼 자유가 있다. 그럴 수 없다면 그의 자유는 허울뿐인 것이 된다. 더구나 배타적 권리를 인정하는 것은 데이터세트를 더 많이 만들고 이를 필요로 하는 더 많은 사람들에 의하여 쓰이게 함으로써 사회적 잉여를 증가시키고 보다 나은 세상을 만들 수 있게 한다. 다만 데이터세트에 대한 배타적 권리는 많은 사람들에 의하여 사용될 수 있고 닳아 없어지지도 않는 정보의 속성에 맞게 공유의 영역이 충분히 확보되는 방식으로 정당하게 그리고 합헌적으로 형성되어야 한다. 어느 현명한 판사가 말했듯이, "재산권은 인간적 가치에 봉사한다. 그것은 그 목적에 의하여 인정되고, 그에 의하여 제한된다."[1286]

1286) State v. Shack - 58 N.J. 297, 277 A.2d 369 (1971) 판결에서 미국 뉴저지 주의 대법관 Joseph Weintraub가 밝힌 견해에서 따온 것이다.

제3장 어떻게 보호할 것인가

제1절 서설

지금까지 데이터세트에 대한 배타적 보호의 필요성이 인정됨을 살펴보았다. 그렇다면 이제 구체적으로 어떠한 방식으로 보호할 것인지에 관해 살펴보아야 할 것이다. 일반적으로 데이터에 대한 보호 방식은 지배권 모델과 부정경쟁 모델로 나뉘어 분석되며, 본고 역시 이러한 틀에 따라 서술하고자 한다. 하지만 그 전에 데이터세트에 대한 보호를 부여받을 자가 누구인지 살펴볼 필요가 있다.

제2절 이익의 귀속

1. 데이터세트에 대한 권리자

가. 생산자

데이터세트에 관한 권리나 이익을 누구에게 귀속시켜야 할까. 이것은 쉬운 문제가 아니다. 데이터세트가 만들어지는데 어떤 식으로든 기여한 사람은 생각보다 다양할 수 있다. 어떤 학자는 데이터에 대한 잠재적 권리 주장자를 10가지 유형으로 분류하기도 했다.[1287] ① 생산자(creator), ② 소비자(consumer), ③ 편집자(compiler), ④ 기업(enterprise), ⑤ 투자자(funder), ⑥

1287) David Loshin, "Knowledge integrity: Data ownership", as quoted in US Department of Health and Human Services, Data Ownership, Rockville, 2002.

해독자(decoder, 정보의 보안조치를 해제할 권한이 있는 자를 말한다), ⑦ 포장자(packager, 정보를 수집·배열하는 자를 말한다), ⑧ 소유자로서의 독자(reader as owner, 읽은 정보를 흡수하여 '정보의 보고'에 가치를 더하는 자를 말한다), ⑨ 소유자로서의 정보주체(subject as owner), ⑩ 소유자로서의 매수인/이용권자(purchaser/ licenser as owner) 등이 그것이다. 그 밖에 등재자(uploader)를 제시하는 견해도 있다.[1288]

다수의 견해[1289]는 데이터의 생산자(producer)[1290]에게 권리나 이익이 귀속된다고 보고 있다. 그러나 데이터세트의 경우 그 생산이 구체적으로 무엇을 의미하는지에 관하여는 의견이 엇갈릴 수 있다. 그 핵심적 표지로는 잠정적으로 수집·생성 등 사실행위에 의한 '작성', 비용의 '투자', 전체적인 '기획' 등 세 가지가 고려될 수 있을 것이다. 이른바 데이터 소유권을 인정하는 견해는 대체로 데이터를 작성한 자에게 권리를 부여하려고 한다.[1291] '데이터의 생성·가공·제작 등과 관련된 경제활동을 하는 자'를 '데이터생산자'로 정의하여 부정경쟁방지법적 보호를 하는 데이터산업법은 이러한 입장을 취한 것으로 이해된다(제2조 제5호, 제12조). 이에 비해 데이터 생산에 대한 투자에 중점을 두는 견해도 있다.[1292] 예컨대 저작권법상 데이

1288) 박주현, "스마트 공유경제 사회에서 빅데이터의 법률관계에 관한 소고", 법학논총 제35권 제2호, 한양대학교 법학연구소, 2018, 204면 참조.

1289) European Commission, op. cit.(2017A).

1290) EPSC는 인터넷 검색엔진 이용자나 신용카드 사용자 등을 그들 자신의 행위에 의하여 관련 데이터를 창출한다는 의미에서 '데이터 창출자(data generator)'라고 지칭한다(European Political Strategy Centre, op. cit.). 그러나 이들은 데이터세트의 소재가 되는 개별데이터에 대한 권익의 주체일 뿐이며 데이터세트에 대한 권리와 관련하여 위와 같이 표현하는 것은 오해를 불러일으킬 소지가 있다(같은 취지로 박준석, 앞의 논문(2019), 88면 참조).

1291) Thomas Heymann, "Der Schutz von Daten bei der Cloud Verarbeitung", CR 12/2015, S. 810; Louisa Specht, "Ausschließlichkeitsrechte an Daten – Notwendigkeit, Schutzumfang, Alternativen", Computer und Recht 2016, 288, S. 294 f.; 박진아, 앞의 논문, 34면.

1292) Baranowski & Kornmeier, op. cit., 1222.

터베이스권은 '상당한 투자'를 요건으로 하고 있고(제2조 제20호), 산업데
이터 생성자의 사용·수익권을 인정하면서 데이터 생성의 개념에 상당한 투
자와 노력이라는 요소를 포함시키고 있는 「산업디지털 전환 촉진법안」[1293]
역시 이러한 입장에 선 것으로 이해된다(제2조 제2호, 제9조). 한편, 저작인
접권[1294]이나 업무상저작물[1295] 또는 콘텐츠[1296]의 경우에는 원칙적으로
전체적인 '기획'[1297]을 맡은 제작자나 법인 등에게 권리가 귀속된다. 같은
맥락에서 위임계약에 의한 데이터 생산의 경우 위임인을 데이터 생산자로
볼 수 있을 것이다.[1298]

나. 생산자에 대한 권리 귀속의 정당성

이러한 다양한 대안들 가운데 어떠한 원칙이 정당한가의 문제는 결국 앞
서 보았던 재산권의 정당화 원리들에 의존해야 한다.

먼저 법철학적 측면에서 살펴보자. 자유 논변, 특히 로크의 노동 이론은
생산자에 대한 권리 귀속을 쉽게 정당화한다. 노동 이론은 '작성자'에 대한
권리 귀속을 직접적으로 정당화하지만, '투자자'와 '기획자'에 대한 권리
귀속 역시 간접적으로 정당화한다. 로크는 화폐 개념을 수용하고 간접적
노동을 인정하고 있기 때문이다.[1299] 헤겔의 이론 역시 생산자에 대한 권

1293) 2020. 9. 14. 조정식 의원 대표발의, 의안번호 제2103873호; 산업의 디지털 전환
　　　및 지능화 촉진에 관한 법(안)(2020. 10. 14. 고민정 의원 대표발의, 의안번호 제
　　　2104509호) 역시 사실상 동일한 내용의 법안이다.
1294) 저작권법 제2조 제6호, 제14호, 제78조 이하, 제101조.
1295) 저작권법 제2조 제31호, 제9조.
1296) 콘텐츠산업진흥법 제2조 제1항 제4호.
1297) 여기서 기획이란 "법인 등이 일정한 의도에 기초하여 컴퓨터프로그램저작물의 작
　　　성을 구상하고 그 구체적인 제작을 피용자에게 명하는" 정도일 것을 요한다(대법
　　　원 2010. 1. 14. 선고 2007다61168 판결 참조).
1298) Zech, op. cit.(2015A), 137ff.
1299) 로크가 그의 전제조건을 사실상 형해화하고 있는 것은 그의 사회적 지위와도 관련
　　　이 있다는 지적이 있다. 로크는 노예거래 회사의 주주이자 영국은행의 창립주주였

리 귀속을 정당화한다. 다만 '작성자'나 '기획자'에 비하여 '투자자'의 경우
에는 다소 난점이 있다. 헤겔은 노동을 가치를 만들어내는 수단이 아니라
외부적으로 자신의 개성을 표현하는 인간성의 본질적 실현이라고 보았기
때문이다.1300) 그러나 투자의 보호가 간접적으로 창작을 돕는다는 근거에
서 저작인접권이 인정되고 있고, 보상이나 합의의 기회가 보장되는 경우가
많다는 점을 고려해본다면 정당화가 불가능하지는 않다.

　법경제학적 정당화는 효용 논변의 관점을 포함한다. 사회적 효용의 극대
화를 추구하는 공리주의의 입장에서는 비배타적·비경합적 정보의 생산을
위한 유인으로서 배타적 권리가 정당화되므로, 데이터세트의 생산자에게
권리가 귀속되어야 한다. 그리고 배타적 권리의 인정이 데이터세트의 유통
을 위한 인센티브로 충분히 기능하려면 거래비용이 너무 높아서는 안된다
(규범적 코즈 정리). 거래비용을 낮추기 위해서는 무엇보다 권리의 내용을
명확히 하고 권리자를 쉽게 확정할 수 있도록 해야 한다. 그런 점에서 권리
자의 확정이 어려울 수 있는 '투자자'에 대한 권리 귀속보다는 '작성자'나
'기획자'에 대한 권리 귀속이 좀 더 효율적이다. 한편 하나의 대상에 대하
여 지나치게 많은 수의 권리자가 존재하면 그들 사이의 전략적 행동으로
인하여 아무도 자원을 효과적으로 사용할 수 없게 되는 이른바 반공유의
비극이 나타난다. 이 점에서도 '기획자'에 대한 권리 귀속이 데이터세트 생
산 과정의 특성상 권리자가 다수 발생할 개연성이 있는 '작성자'1301)나 '투
자자'에 대한 권리 귀속에 비하여 효율적이라고 할 수 있다.

　마지막으로 헌법적 측면에서 보자면, 재산권은 핵심적 기본권의 하나이

　　으며, 명예혁명의 와중에 증권투자를 통해 거부가 된 자본가였다(윤재왕, 앞의 논
　　문, 373면).

1300) 송문호, 앞의 논문(2017), 41면; 한편 헤겔의 영향을 많이 받은 저작권 분야에서는
　　저작물을 창작한 저작자가 누구인가를 밝히는 문제와 관련하여 '낭만주의 작가관'
　　과 '미학적 표현주의'가 대립한다(김현경, 앞의 논문, 126-128면).

1301) 공동저작물에 관한 법률관계는 특약이 없는 한 준공유로 된다(저작권법 제48조, 민
　　법 제278조).

고 재산권의 내용 형성에 관하여는 입법자의 광범위한 재량이 인정되므로 데이터세트에 대한 권리를 생산자에게 귀속시키는 것은 쉽게 정당화될 수 있다. 다만 재산권의 내용 형성 과정에서 수인한도를 넘는 사회적 제약이 부과되고 있다면 조정적 보상 규정에 의하여 비례성이 회복되어야 한다.[1302] 그런 점에서 '기획자'에 대한 권리 귀속의 경우에는 '작성자'나 '투자자'에 대한 권리 귀속에 비하여 유의해야 할 부분이 있다. 실제 노력이나 비용을 투입한 '작성자' 또는 '투자자'에 대한 권리 귀속을 부정할 경우에는 그에 대한 조정적 보상규정이나 당사자의 합의 등에 의한 비례성 회복이 수반될 필요가 있는 것이다.

다. 기획자에 대한 권리 귀속의 우월성

이처럼 데이터세트의 생산자에게 권리를 귀속시키는 것은 법철학적, 법경제학적, 헌법적 관점에서 모두 정당화된다. 그런데 널리 생산자의 범주에 포함될 수 있는 '작성', '투자', '기획' 가운데 어느 요소에 중점을 두어 권리를 귀속시키는 것이 정당할지에 관하여는 각 관점에 따라 평가가 달라질 수 있다.

예컨대 '작성'을 중시하는 입장은 자연적 사실행위에 기초한 까닭에 권리자의 확정이 비교적 쉽고, 로크의 이론에서 보았듯이 자유와 정의의 관념에 잘 부합한다는 장점이 있다. '투자'를 중시하는 입장은 때때로 투자자 여부나 투자의 상당성 여부를 확정하기 어려워 법적 거래에서 불확실성을 초래할 위험이 있기는 하지만,[1303] 데이터 생산 및 유통의 인센티브를 부여한다는 취지와 부합한다는 장점이 있다. 그러나 이들은 모두 다수의 권리자를 창출하여 거래비용을 증가시키고 자원의 과소 활용을 낳을 위험이 있다.

1302) 헌법재판소 2015. 10. 21.자 2014헌바170 결정.
1303) Baranowski, & Kornmeier, op. cit., 1222.

전체적인 '기획'을 중시하는 입장은 이러한 위험을 최소화하면서 생산 및 유통의 인센티브를 부여할 수 있다는 장점이 있다. 이 경우 직접 생산행위를 한 사람이 원시적 권리 귀속자가 되지는 못하지만, 로크는 다른 사람이나 도구를 이용한 간접적 노동 개념을 승인한 바 있다. 인격 이론의 관점에서 정당화하는 것은 다소 곤란한 측면이 있지만, 데이터세트가 창작성을 요구하지 않는다는 점을 고려한다면 크게 문제되지는 않을 것이다. 이러한 여러 사정들과 함께 다수 권리자의 존재로 인한 자원의 과소 활용 위험이 데이터에 대한 배타적 권리 인정에 반대하는 주된 논거라는 점을 고려하면, 데이터세트 생산에 관한 전체적 '기획'을 한 자에게 권리를 부여하는 것이 가장 타당해 보인다. 이는 거래비용이 과다한 경우 사회적 효용을 높일 수 있는 방식으로 재산권을 배분해야 한다는 규범적 홉스 정리에 부합하는 동시에 우리의 정의 관념에도 부합하는 방안이다. 다만 실제 입법에 있어서는 '기획자'가 누구인지 명확히 특정될 수 있도록 유의할 필요가 있다. 그렇지 않으면 불확실성을 초래하여 거래비용을 증가시킬 위험이 있기 때문이다.

최근 헌법재판소는 이와 같은 논증에 힘을 실어주는 결정을 내놓았다. 즉 헌법재판소는 업무상저작물[1304]의 저작권을 원칙적으로 이를 기획한 법인 등 사용자에게 귀속시키도록 한 저작권법 제9조에 대한 위헌제청신청 사건에서, 위 조항이 다수 권리자의 존재로 인한 거래비용 증가의 문제에 대응하고 저작물 생산의 인센티브를 마련하기 위한 것으로서 입법 목적의 정당성이 인정된다면서 다음과 같이 판시하였다.[1305] "업무상저작물이 창

[1304] 저작권법 제9조는 동법 제2조 제2호에 대한 예외규정이 되므로, 대법원은 업무상저작물의 요건을 제한적으로 해석하려는 태도를 취하고 있다(대법원 1992. 12. 24. 선고 92다31309 판결 등 참조).

[1305] 헌법재판소 2018. 8. 30.자 2016헌가12 결정. 위 결정은 심판대상조항이 '입법형성권의 한계를 일탈'하였는지 여부에 관하여 살펴본다면서 일반적인 과잉금지의 원칙에 따라 판단하고 있다. 이에 대하여는 실질적으로 엄격한 심사기준인 과잉금지의 원칙을 적용하면서도 완화된 심사를 의미하는 '입법형성권의 한계 일탈'이라는

작되는 실태에 비추어보면, 여러 피용자가 협업하여 작성하고 각자가 작성에 이바지하는 정도나 모습이 다양하여 창작자를 특정하기 쉽지 않다. 창작자를 특정할 수 있다고 하더라도 이들이 저작권을 행사할 경우 향후 업무상저작물을 이용할 때 권리관계가 번잡해질 우려가 있다. 프로그램의 경우 이러한 우려가 더욱 크다. 프로그램이 컴퓨터에서 효율적으로 이용되려면 자주 개량되고, 개량된 프로그램은 디지털화·네트워크화된 환경 속에서 원활하게 유통되어야 한다. 프로그램을 작성한 피용자가 저작자로서 저작권을 행사할 경우 프로그램이 빈번하게 개량되거나 활발하게 유통되기는 쉽지 않다. 한편 업무상저작물의 창작 과정에는 자본이 투여되므로 이를 기획하는 법인 등이 자본을 회수하고 이윤을 획득할 수 있도록 하여 지속적인 창작이 이루어지도록 유인해야 할 필요성도 인정된다. 특히 프로그램의 창작 과정에는 여러 피용자가 법인 등의 기획에 따라 기능적으로 관여하게 되는바, 법인 등의 역할이나 기여가 다른 업무상저작물에 비하여 더욱 중요하다. 이와 같이 심판대상조항이 업무상 창작된 프로그램의 저작자를 법인 등으로 정한 것은 권리관계를 명확히 하고, 이를 바탕으로 프로그램이 활발하게 개량되고 유통되며, 나아가 지속적이고 안정적으로 창작되도록 유인하기 위한 것으로서, 그 입법목적이 정당하다. … 심판대상조항은 업무상저작물의 성립요건을 엄격하게 제한하여 피용자의 이익을 충분히 배려하고 있고, 법인 등과 피용자 사이에 달리 합의할 가능성을 부여하여 이들의 이익을 상호 조정하는 수단도 마련하고 있다. … 이와 같이 '특허를 받을 수 있는 권리'를 종업원에게 원시적으로 귀속시키고, 보상청구권을 인정하는 발명진흥법상 직무발명제도와 비교하여 볼 때, 심판대상조항이 피용자의 이익을 지나치게 경시하는 것은 아닌지 하는 의문이 있을 수 있다. 먼저 권리발생요건의 측면에서 보면 … 특허권이 저작권에 비하여 엄격한 요건에 따라 인정되고 그에 투여된 창작성이나 개성의 발현도가

표현을 사용한 것은 부적절하다는 지적이 있다(강태수·정필운, 앞의 논문, 212면).

상대적으로 높다는 점을 고려하면, 특허를 받을 수 있는 권리를 종업원에게 귀속시켜야 할 요청은 저작권의 경우에 비하여 상대적으로 크다고 볼 수 있다. 다음 공시절차의 측면에서 보더라도, 특허권은 출원과 심사를 거친 후 등록하여야 권리가 발생하고, 특허등록원부나 특허증을 확인함으로써 권리자, 존속기간을 확인할 수 있는 반면, 저작권은 창작한 때 발생하고 등록될 필요도 없으므로 권리자, 존속기간을 확인하기 쉽지 않다. 이에 저작권의 경우 제3자의 입장에서 저작자가 누구인지를 용이하게 판단할 수 있도록 하는 제도적 장치를 둘 필요가 있다. 이와 같이 권리발생요건 및 공시절차를 달리하는 발명진흥법상 직무발명제도와의 단순 비교를 통하여, 심판대상조항이 피용자의 이익을 지나치게 경시하고 있다고 보기도 어렵다."

2. 개별데이터에 대한 권리와 데이터세트에 대한 권리의 관계

가. 서론

데이터세트는 개별데이터를 소재로 한 집합물이다. 이 때문에 데이터세트에 대한 권리의 귀속 문제에 관한 논의는 개별데이터에 대한 권리의 귀속 문제와 관련되어 이루어지는 경향이 있다. 특히 개별데이터가 개인정보나 저작물과 같이 다른 권리의 목적이 되는 경우에는 개별데이터에 대한 권리와 데이터세트에 대한 권리가 서로 어떤 관계에 있는지 의문이 생길 수 있다.

이러한 의문은 보는 관점에 따라서 두 가지로 표현될 수 있다. 우선 개별데이터에 대한 권리자의 관점에서 보면, 특히 개별데이터가 개인정보인 경우 그 정보주체가 데이터세트에 대하여도 권리를 주장할 수 있는 것은 아닌가 하는 의문이 들 수 있다. 이러한 질문은 흔히 데이터 통제권이라는 이름으로 제기된다. 최근에 많이 언급되고 있는 데이터 공동소유(co-ownership) 개념이라든가 사후적 이익참여권의 문제 등이 이와 관련된 것들이다. 데이터 통제권은 주로 분배적 정의와 관련된 문제의식을 담고 있다. 다음으로 데이터세트에 대한 권리자의 관점에서 보면, 이는 개별데이터에 대한 적법한 이용권한의 확보 문제가 된다. 개별데이터에 대한 이용권한 확보의 맥락에서는 이른바 '반공유의 비극'을 넘어서 거래비용을 절감하는 것이 주된 과제가 된다.

아래에서는 먼저 데이터세트에 대한 잠재적 권리자의 많고 적음에 따른 거래비용의 차이에 관한 법경제학적 검토를 한 뒤에, 이를 바탕으로 앞서 본 두 가지 관점에서 개별데이터에 대한 권리와 데이터세트에 대한 권리의 관계를 차례로 살펴보기로 한다.

나. 법경제학적 검토

(1) 사적재와 공공재

데이터세트에 배타적 권리를 부여하여 사적재(private goods)로 삼을 것인지 여부의 문제와 이를 긍정할 경우 그 소유 관계를 다수에 의한 소유로 할 것인지 아니면 소수에 의한 소유로 할 것인지의 문제는 서로 별개이다.

전자에 관하여는 데이터세트에 대한 배타적 권리 부여 여부를 논하면서 이미 자세히 살펴보았다. 경합성과 배타성이 없는 재화는 무임승차자를 배제할 수 없어 생산을 위한 유인이 부족하므로 시장에만 맡겨서는 충분히 생산되지 않는다. 이러한 경우 사회적으로 바람직한 만큼 충분히 생산되게 하려면 이를 공공재(public goods)로 취급하여 보조금의 지급이나 국가에 의한 생산 등에 의지해야 한다. 즉 사적재와 공공재는 외부성을 미치는 사람들의 숫자로 판가름된다. 정보의 경우 경합성과 마모성이 없어 본래 사적재가 되기 어려움에도 불구하고 혁신의 원천으로서 동적 효율성 제고에 기여하는 바가 크다는 점을 고려하여 그 인센티브로서 배타적 권리를 부여하여 인위적으로 사적재로 만든 것이라고 할 수 있다.

(2) 소수에 의한 소유와 다수에 의한 소유

별개의 재화를 보유한 개인들 간에 협상이 이루어지는 것처럼 하나의 재화를 공동으로 보유한 경우에도 소유자들 사이에 협상이 필요하다. 권리자의 많고 적음은 협상 구조에 영향을 미치고 결국 거래비용의 차이를 낳는다.[1306)

권리자가 소수인 경우에는 서로의 동의를 얻어 재화를 이용하고 이윤을 추구하는데 별다른 어려움이 없다. 이런 경우에 다른 권리자의 동의가 필요 없다고 하면, 즉 서로의 이용을 배제할 수 없도록 하면 자원의 과도한 이용으로 이어져 '공유의 비극'이 발생할 수도 있다. 반면에 권리자가 다수인 경우[1307) 서로의 이용을 배제할 수 있도록 하면 이른바 '반공유의 비극'이 발생할 수 있다. 권리자들 사이의 전략적 행동으로 인해 자원을 제대로 활용하지 못하는 과소 이용의 문제가 발생할 수 있는 것이다. 과거 동유럽 공산국가들이 몰락한 뒤 여러 사람이 복잡한 방식으로 공유하던 아파트가 소유권이 집중된 아파트의 1/5도 되지 않는 가격에 거래되었던 것이 그 사례이다.

어떤 재화에 대한 권리자가 다수가 될 경우 그 이용에 관한 제도의 선택에는 몇 가지 대안이 있다. 우선 앞서 언급한 것처럼 권리자들이 서로의 이용을 배제할 수 있도록 하는 만장일치 제도가 있을 수 있지만, 그것이 비효율적임은 이미 살펴보았다. 다음으로 다수결을 비롯한 거버넌스(governance) 체제를 도입할 수 있다. 예컨대 아이슬란드의 목초지는 주민들의 효율적인 거버넌스에 의하여 과도한 이용 없이 잘 관리되고 있으며, 우리 민법상 공동소유 제도[1308) 역시 이에 해당한다고 볼 수 있다. 마지막으로 서로의 이

1306) Robert Cooter & Thomas Ulen(한순구 역), 앞의 책, 171-184면
1307) 다만 권리자가 소수인 경우에도 권리자들이 서로 외부성의 영향을 미치는 경우라면 협상의 거래비용이 지나치게 높아져 권리자가 다수인 경우와 마찬가지 결과가 발생할 수 있다.
1308) 개인주의적 성향이 강한 공유의 경우 지분 비율에 따라 공유물 전부를 사용하고(제

용을 배세하지 못하도록 하거나 아예 공적 소유로 하면서 국가에 의한 규제를 통해 자원의 과도한 이용을 통제하는 방법도 있다. 전자의 사례로는 집합건물법상 구분소유자들이 공유지분의 비율과 상관없이 대지 전부를 용도에 따라 사용할 수 있도록 한 것[1309])을 들 수 있다. 그리고 후자의 사례로는 정부가 국유지를 국립공원으로 관리하면서 일반에 개방하는 경우를 들 수 있을 것이다.

　데이터세트는 다수의 개별데이터를 포함하고 있고 그 중에는 배타적 권리의 대상이 되어 있는 것도 많다. 또한 데이터세트는 가공이나 다른 데이터세트와의 결합이 쉽고 이를 통해 효용과 가치가 크게 증가한다는 특징이 있다. 이런 점을 고려하면 데이터세트는 법제도의 설계 여하에 따라 잠재적으로 다수의 권리자가 발생할 소지가 크다고 할 수 있다. 그렇다면 앞에서 보았던 여러 대안들 가운데 어떤 접근방법을 취하는 것이 맞을까. 사건으로는 권리자들 사이에 서로의 이용을 완전히 배제할 수 있게 하거나, 반대로 전혀 배제하지 못하도록 하는[1310]) 극단적인 방안보다는 이를 절충할 수 있도록 법제도를 설계하는 타당하다고 생각된다. 그러한 법제도의 구체적 내용을 검토하는 것은 본고의 범위를 벗어나지만, 전체적인 조망은 가능할 것이다. 아래에서 이에 관하여 살펴본다.

263조), 과반수 지분에 의하여 관리하며(제265조), 전원의 동의에 의하여 처분한다(제264조). 합유의 경우 계약에 따라 사용하고(제271조 제2항), 전원의 동의에 의하여 처분한다(제264조). 공동체적 성향이 강한 총유의 경우 규약에 따라 사용하고, 관리·처분은 사원총회의 결의에 의하도록 되어 있다(제276조). 우리 민법은 공유관계를 기본적 공동소유 관계로 삼고 있다.

1309) 대법원 2018. 6. 28. 선고 2016다219419, 219426 판결 참조.

1310) 「산업디지털 전환 촉진법안」(2020. 9. 14. 조정식 의원 대표발의, 의안번호 제2103873호) 제9조 제2, 3항은 산업데이터 생성자에게 사용·수익권을 귀속시키면서 생성자가 다수인 경우나 생성자로부터 산업데이터를 제공받은 제3자가 있는 경우에 다른 약정이 없는 한 이들 모두가 산업데이터를 사용·수익할 수 있다고 함으로써 이러한 접근법을 취하고 있다. 다만 조문상 명확하지는 않으나 처분권한은 생성자에게 유보되어 있는 것으로 여겨진다.

다. 데이터 통제의 문제로 보는 관점

최근 유럽에서는 리스본 회의(Lisbon Council)의 보고서[1311]를 계기로 '다원적 데이터 오너십' 내지 '데이터 공동소유(co-ownership)'를 주장하는 견해가 나타나고 있다. 위 견해는 데이터가 누군가에 의하여 일방적으로 창조되거나 생성되는 것이 아니라는 점을 강조하면서 데이터를 생산하거나 수집하는 자가 해당 데이터에 대하여 배타적 권리를 주장할 수 없다고 주장한다.[1312] 그리고 그 대안으로서, 데이터의 종류를 개인데이터, 공공데이터, 상업적·독점적 데이터로 구분하고, 이 구분이 명확하지 않은 영역의 데이터(data commons)에 대해서는 다수의 소유자를 인정하는 한편 접근성을 강화하여 모든 사람들이 활용할 수 있도록 보장해야 한다고 주장한다.[1313]

위 견해는 비록 일부 연구자들의 관심을 받고 있기는 하지만,[1314] 정보로서의 데이터가 갖는 특성에 기인하는 공유 영역(public domain)의 광범위성을 다시 진술한 것에 불과할 뿐만 아니라, 문제의 이해와 해결을 방해하는 오류와 불명료함을 내포하고 있다. 즉, 배타적 권리를 부여하여 사적재로 삼을 것인지 여부의 문제와 그러한 사적재의 소유 관계를 다수에 의한 소유로 할 것인지 아니면 소수에 의한 소유로 할 것인지의 문제는 서로 별개의 것임에도 불구하고, 위 견해는 이를 하나의 평면에서 다루고 있다는 점에서 오류가 있다. 예컨대 다수의 개인정보를 포함하는 데이터세트의 경우 해당 데이터세트를 사적재가 아닌 것으로 보아 모든 사람들이 사용할

1311) Hofheinz et al., op. cit.
1312) Hofheinz et al., op. cit., p. 19.
1313) 위 보고서는 다음과 같은 예를 든다. "어떤 부모도 자신의 아이를 소유(own)하지 않는다 … 그러나 부모들은 아이의 삶이 어떻게 전개될 것인지, 예컨대 그 아이가 어느 학교에 입학할 것인지, 언제 놀러갈 것인지 확실히 말할 수 있다. (중략) 이는 부모가 함께 공동의 결정을 내리는 것이다. 이것이 우리가 데이터를 생각해야 하는 방법이다. 즉, 그것은 최선의 대안을 함께 결정하는 영역이다." Hofheinz et al., op. cit., p. 18.
1314) 한국법제연구원, 앞의 자료, 19-26면.

수 있도록 하는 것과 각 개인정보 주체들이 해당 데이터세트에 대하여 통제권을 행사할 수 있도록 하는 것은 서로 별개의 평면에 있는 문제인 것이다. 그리고 데이터세트에 대한 다수의 통제를 허용한다고 하더라도 그 방안은 거버넌스에 의할 수도 있고 공동 소유에 의할 수도 있다. 각각의 방안은 나라마다 상이하게 발전한 법제도와 법이론에 기반하여 서로 달리 구성되고 효과도 제각각일 것이다. 그럼에도 불구하고 위 견해는 이를 뭉뚱그려 당부를 논하고 있다는 점에서 불명료하다.

이에 비하면 사후적 이익참여권에 관한 문제 제기[1315]는 데이터에 대한 배타적 권리의 인정 여부 및 그 내용과 범위 자체를 문제삼는 것이 아니라 그것이 미치게 될 정치철학적 함의를 문제삼는다는 점에서 방법론적으로는 보다 온당하다. 예컨대 위 견해는 더 이상 개인을 식별할 수 없도록 개인정보를 비식별처리한 익명정보와 관련하여, 비록 그것이 현행 개인정보 보호법상 보호 대상이 되지는 않지만, 이를 포함하는 데이터세트에 대한 통제권한이나 그로부터 나온 이익의 일부를 익명화된 개인정보의 정보주체에게 귀속시킬 것인지 여부의 문제가 데이터 경제 시대의 분배적 정의에 관한 사회적 합의를 다시 수립하는 어려운 정치철학적 문제를 내포한다고 평가한다.[1316] 이러한 지적은 타당하며, 본고는 앞서 데이터세트에 대한 권리 귀속에 관한 법철학적, 법경제학적, 헌법적 검토를 통해 미진하나마 어느 정도 이 문제에 답하였다고 생각한다.

라. 개별데이터 이용의 적법성 문제로 보는 관점

다원적 데이터 오너십이나 사후적 이익참여권에 관한 주장들은 데이터세트에 대한 통제권이라는, 법학이 다루기에는 너무 크고 모호한 틀을 사

1315) 이동진, 앞의 논문(2018), 235-236면; Fezer, op. cit., 99.
1316) 이동진, 앞의 논문(2018), 235-237면 참조. 위 견해는 사후적 이익참여권에 관한 질문에 대하여 답하는 것이 "완전히 새로운 시대와 사회의 설계에 해당하는 작업"이 될지도 모른다고 평가한다.

용한다. 이 문제를 데이터세트에 대한 권리자의 관점에서 개별데이터에 대한 적법한 이용권한의 확보 문제로 다시 바라본다면 구체적 문제 해결을 위한 실제적 대안들을 조망할 수 있다. 개별데이터에 대한 적법한 이용권한 확보는 당사자들의 자발적 합의에 기반한 계약적 방법과 강제적 접근을 허용하는 비계약적 방법으로 나뉠 수 있다.[1317) 이는 데이터세트에 대하여 데이터 오너십과 데이터 접근권이라는 관점이 대립하는 것과 마찬가지라고 할 수 있다.

(1) 첨부의 법리와 2차적 저작물의 법리

원천 데이터를 가공하여 가공 데이터를 생산하는 경우에 이들 사이의 권리 관계는 원천 데이터에 배타적 권리가 존재하는지 여부 및 원천 데이터와 가공 데이터 사이의 경제적 상관성으로부터 영향을 받는다.[1318) 원천 데이터에 대한 배타적 권리가 존재하지 않는다면 이를 가공하여 이용하는 것은 원칙적으로 자유이지만, 원천 데이터에 대한 배타적 권리가 존재한다면 그 권리자는 가공 데이터와 관련하여 원칙적으로 어떤 형태로든 권리를 갖게 되며, 그렇지 않다면 그의 권리를 박탈당하는 셈이 되어 자유주의적 기본질서에 어긋나게 된다. 가공 데이터가 경제적 가치를 지니고 독립하여 거래의 대상이 될 적격이 있다면 이를 '2차적 데이터'라고 표현할 수 있을 것이다.[1319) 2차적 데이터는 원천 데이터의 단순한 가공에 그치는 경우도 있고, 별도의 파생데이터나 결과(result)인 경우도 있겠지만,[1320) 본고의 주

1317) 이하 개별데이터와 데이터세트의 관계 및 개별데이터 이용의 적법성 확보 방안에 관한 설명은 이상용, "데이터의 비계약적 이용 – 데이터 마이닝을 위한 저작권 제한을 중심으로 -", 강원법학 제65권, 강원대학교 비교법학연구소, 2021의 내용을 토대로 한 것이다.

1318) Härting, Niko, op. cit., S. 647.

1319) 이상용, 앞의 논문(2018), 43면에서는 이러한 가공 데이터를 '2차적 데이터'라고 표현하였다.

1320) 파생 데이터의 권리 귀속에 관하여는 차상육, 앞의 논문(2020), 21-23면 참조; 학습

된 논의 대상이 되는 것은 개별데이터를 소재로 한 집합물인 데이터세트의 경우이다.[1321]

개별데이터에 대한 배타적 권리가 존재하는 경우 그 권리자가 데이터세트에 대하여 어떠한 권리를 갖게 될 것인지는 입법정책의 문제라고 할 수 있다. 만약 물권법상 첨부(添附)의 법리를 적용할 수 있다면 다수 권리자의 존재로 인한 자원의 과소 활용 문제는 상당히 완화될 수 있다. 물건의 경우에는 어떠한 물건이 부합·혼화·가공 등에 의하여 다른 물건으로 된 경우 원칙적으로 소유권을 한 사람에게 집중시키고, 이로 인해 소유권을 잃은 자에게는 부당이득의 반환만을 인정하는 첨부의 법리가 마련되어 있다.[1322] 그 근거에 관하여는 첨부의 결과로 만들어진 것을 하나의 물건으로 보아 복구하지 못하도록 하려는 것이라는 설명이 일반적이지만,[1323] 첨부에 의하여 만들어진 물건을 효율적으로 활용하고 처분할 수 있도록 함으로써 자원의 과소 활용을 피하려는 취지도 있다고 할 것이다.[1324] 반면에

용 데이터세트로 훈련한 인공지능 모델을 이용하여 생성된 결과물은 데이터세트에서 파생된 가공 데이터라고 볼 수 없다. 인공지능 모델의 이용이 학습용 데이터를 이루는 개별데이터에 관한 저작권을 침해하는 경우 누가 침해자에 해당하는지, 오픈소스 라이선스에서 결과물 판매금지 조건의 법적 효력은 어떠한지에 관하여는 전응준, "인공지능 관련 저작권 침해에 관한 시론", 경영법률 제31권 제4호, 한국경영법률학회, 2021, 274-287면 참조.

1321) 그 밖에 복수의 데이터세트를 결합한 결합데이터의 경우도 중요한 문제이지만, 그에 관한 상세한 검토는 다음 기회로 미루기로 한다.

1322) 부동산의 소유자는 그 부동산에 부합한 물건의 소유권을 취득하고(제256조), 동산 간의 부합이 있는 경우 주된 동산의 소유자가 합성물의 소유권을 취득하며(제257조), 가공물은 원칙적으로 원재료의 소유자 소유로 하되 가공으로 인한 가액 증가가 원재료 가액보다 현저히 다액인 경우에는 예외적으로 가공자의 소유가 된다(제259조). 이들 법리에 따라 소유권을 잃은 자는 부당이득 규정에 의하여 보상을 청구할 수 있다(제261조).

1323) 민법주해(V), 491면(권오곤 집필부분); 주석민법 물권(1), 987면(김진우 집필부분); 곽윤직·김재형, 앞의 책(2015), 199면; 이영준, 앞의 책(2009), 502면; 지원림, 앞의 책, 631면.

1324) 법경제학에서는 산일 재산(fugitive property)의 재산권 확립에 관하여 선점의 원칙

지적재산권법의 경우에는 원래의 권리자가 권리를 잃지 않는 것이 일반적이다.[1325] 예컨대 저작권법은 기존 저작물을 토대로 부가되는 누적적 창작활동을 인정하고, 원저작권과 2차적 저작권, 편집저작권의 병존을 인정한다. 이는 소재로 이루어진 데이터베이스권의 경우에도 마찬가지이다. 2차적 저작권이나 편집저작권 또는 데이터베이스권이 성립하더라도 그 보호는 원저작물이나 소재에 미치지 않고, 원저작물이나 소재에 대한 저작권법상의 권리에 영향을 미치지도 않는다.[1326] 소재에 관하여 부정경쟁방지법상의 보호가 주어지는 경우나 소재가 개인정보에 해당하는 경우에도 마찬가지라고 할 것이다.

데이터세트에 대한 배타적 권리를 부여할 때 물권법상의 첨부의 법리 적용을 해석론상 또는 입법론상 긍정할 수 있을까. 학설은 대체로 이에 대하여 부정적이다.[1327] 첨부법은 어디까지나 '물건'의 경우를 전제한다는 것이다. 하지만 물권법상 첨부의 법리의 주된 근거는 그것이 유체물이라는 점에 있다기보다는 경제적 효율성에 있다는 점을 고려하면, 해석론으로는 무리가 있지만 입법론으로서는 무체물에 대한 첨부의 법리 적용이 불가능하지는 않을 것이다. 다만 개별데이터에 대한 권리가 성질상 첨부로 인하여 소멸될 수 없는 성질의 것인 경우에는 첨부의 법리가 적용될 수 없다. 예컨대 개인정보에 관한 권리는 인격권으로서 양도나 포기가 불가능하므로 개별데이터가 개인정보인 경우에 첨부의 법리를 적용하여 이를 소멸시키는

(first possession)과 종속의 원칙(tied ownership)을 구별하여 설명하는데, 첨부의 법리는 종속의 원칙이 적용되는 예라고 할 수 있다[Robert Cooter & Thomas Ulen(한순구 역), 앞의 책, 176-180면 참조].

1325) 다만 이론적으로는 개별 데이터에 대한 권리자가 데이터세트의 작성에 기여한 경우라면 데이터세트에 대한 공동 권리자가 될 수도 있다. 예컨대 저작권의 경우 ① 창작적 기여, ② 공동관계, ③ 개별적 이용의 불가능이라는 요건이 충족되면 공동저작자로 될 수 있다(차상육, 앞의 논문(2020), 23면). 그러나 데이터세트가 생산되는 현실을 고려해보면 이러한 사례는 사실상 존재하지 않을 것으로 생각된다.

1326) 저작권법 제5조 제2항, 제6조 제2항, 제93조 제3, 4항.

1327) 이동진, 앞의 논문(2018), 229면.

것은 허용되지 않을 것이다. 개별데이터에 대한 권리와 데이터세트에 대한 권리의 성질이나 내용이 크게 다른 경우에도 첨부의 법리가 적용되기는 어려울 것이다. 예컨대 특허권은 발명이라는 의미론적 정보를 보호하는 반면 데이터세트에 대한 권리는 구문론적 정보를 보호하는 것이므로, 특허권에 의하여 보호되는 개별데이터를 소재로 하는 데이터세트가 생산되었다고 하더라도 특허권이 첨부의 법리에 의하여 소멸될 여지는 없다. 결국 데이터세트와 관련하여 첨부의 법리를 입법화하더라도 이는 이론상 복수의 데이터세트의 결합과 같은 경우에 한정될 수밖에 없고, 그 경우에도 거래계의 실태를 충분히 고려해야만 할 것으로 생각된다. 한편, 비록 데이터세트는 아니지만, 비트코인과 같이 경합성과 배타성이 인정되는 유체물-동등 데이터의 경우에는 다른 입법이 없더라도 첨부의 법리가 충분히 적용 내지 유추적용될 수 있을 것이다.[1328)

(2) 계약적 방법

아무튼 현재로서는 데이터세트에 대한 배타적 권리가 인정되더라도 지적재산권법에서와 유사하게 개별데이터에 대한 권리자가 해당 권리를 여전히 행사할 수 있고,[1329) 이러한 권리를 바탕으로 당사자 간의 계약에 의하여 개별데이터 이용관계가 형성된다고 할 것이다. 사실 현실적으로는 데이터에 관한 권리관계는 주로 데이터 계약에 의하여 규율되고 있다. 데이터 계약은 데이터세트 보유자의 개별데이터 이용 권한을 정하기도 하지만 반대로 개별데이터에 대한 권리자의 데이터세트 이용 권한이나 나아가 데이터세트의 이용으로 인한 결과물(result)에 관한 이용 권한도 규정

1328) 이와 관련하여 장시간의 게임플레이를 통해 경험치를 올리고 다수의 게임 아이템을 보유하게 된 게임 캐릭터는 가공의 법리에 따라 이용자에게 소유권이 인정될 여지도 있다는 견해가 있다(이권호, 앞의 논문, 139면). 다만 대부분의 게임 약관에서는 게임 캐릭터의 양도를 금지하고 있다.

1329) 권영준, 앞의 논문(2021), 19-20면 참조; 박준석, 앞의 논문(2019), 85면.

하고 있다.1330)

특히 개별데이터가 개인정보인 경우 정보주체의 동의는 계약의 구성요소로 이해될 수 있다.1331) 원리적으로만 보자면 계약법은 개인의 자유를 실현하는 수단인 동시에 시장을 통해 사회적 효용을 증진하는 기제이다. 그러나 현실은 이러한 이상을 달성하기에는 턱없이 부족하다. 동의 제도가 사실상 무력화되어 있기 때문이다. 즉, 오늘날 동의 제도는 개인정보처리자와 정보주체 사이의 정보의 비대칭성으로 인한 형해화의 문제나 빅데이터 환경에서의 비현실화 문제에 직면해 있다.1332) 현행 개인정보보호법이 계약법의 이점인 자율성과 유연성을 누리기에는 지나치게 경직적이고 후견적인 것도 문제이다. 이러한 문제들을 해소하기 위한 방안은 정보주체의 능력 확장과 자율성 확대라는 두 가지 방향에서 찾을 수 있다.

동의 제도의 무력화에 대응하기 위해서는 정보주체의 능력 확장이 이루어질 필요가 있다. 이를 위하여 종래 일반적으로 제시되어 온 방안은 동의 여부를 결정하기 위한 정보제공을 실질화하는 것이었다.1333) 그러나 일상생활에서 개인정보의 활용이 갈수록 늘어나는 상황에서 정보제공만으로 문제가 해결되기는 어렵다. 언뜻 보기에 그다지 중요한 것 같지 않고 이해하기도 쉽지 않은 개인정보 이용에 관한 수많은 결정들을 일일이 신중하게 한다는 것은 바쁜 현대인들에게 기대하기 어려운 일이다. 그렇다면 우리는 대리나 신탁의 법리에 기대어 정보주체의 능력을 확장하는 방안을 고려할 수 있다. 우리 정부가 추진하고 있는 마이데이터 사업1334)은 바로 여기에

1330) 한국데이터산업진흥원, 앞의 자료(2019) 참조.
1331) 김진우, 앞의 논문, 1539-1540면. 다만 정보주체의 동의와 일반적인 민법상 의사표시 사이에 상당한 차이가 존재하는 것은 사실이다(Hacker, op. cit(2020), S. 670).
1332) 권영준, "개인정보 자기결정권과 동의 제도에 대한 고찰", 법학논총 제36권 제1호, 전남대학교 법학연구소, 2016, 707-710면; 이대희, "빅데이터와 개인정보 보호", 정보법학 제19권 제2호, 한국정보법학회, 2015, 138-139면.
1333) 권영준, 앞의 논문(2016), 712-713면.
1334) 2020. 2. 4. 개정된 신용정보법은 '본인신용정보관리업'에 관한 조항(제22조의8 및

초점을 맞춘 것이다. 즉 정보주체가 전문성을 갖춘 개인정보관리업자에게 자신의 개인정보의 관리를 위탁하도록 함으로써 정보주체의 능력을 확장하는 것이다. 이 경우 개인정보관리업자는 정보주체에 대하여 수임인으로서 선량한 관리자의 주의의무를 부담한다. 나아가 개인정보관리업자가 신탁법상 수탁자로서 정보주체에게 충실의무를 부담한다는 주장도 제기된다.1335) 이 경우 개인정보 관리의 위탁이 신탁자가 수탁자에게 '특정의 재산'을 '이전'하거나 '처분'하여야 한다는 신탁의 요건(신탁법 제2조)을 충족할 수 있을지 여부가 문제될 수 있다. 그러나 이러한 요건이 결국 수탁자에게 신탁법상 의무를 부과하는 것을 정당화하기 위한 것이라는 관점에 선다면, 수탁자가 사실상 이전받아 관리할 수 있는 이상 '개인정보'에 대한 '사실상 지배의 이전'도 신탁의 요건을 충족할 수 있다는 입론도 검토해볼 만하다고 생각된다.1336) 한편 사물인터넷 환경을 고려한다면 정보주체의 동의 등 개인정보자기결정권의 행사가 자동화된 기기에 의하여 이루어지는 것도 적법한 것으로 인정될 필요가 있다.1337)

다음으로 동의 제도의 경직성을 완화하여 정보주체의 자율성을 확대할 필요가 있다. 동의 제도를 완화하면서 데이터 수집에서 이용으로 초점을 옮기거나,1338) 수집 제한의 원칙, 목적 명확성의 원칙, 또는 목적 제한의 원칙과 같은 개인정보에 관한 원칙들을 완화하여 해석하는 것1339) 등이 이를

제22조의9)을 마련하여 정보주체가 본인신용정보관리업자에게 자신의 신용정보의 관리를 위탁할 수 있도록 하였다. 한편 공공 분야에서 마이데이터 제도를 도입하기 위한 「전자정부법 일부개정법률안」(김용판 의원 대표발의, 의안번호 제2104733호)도 제출되어 있다. 개인정보보호위원회가 입법예고한 「개인정보보호법」에도 개인정보관리 전문기관 제도가 도입되어 있다(제35조의3)(https://www.moleg.go.kr/ lawinfo/ makingInfo.mo?lawSeq=63807&lawCd=0&&lawType=TYPE5&mid=a10104010000)

1335) 이중기, "데이터관리업자의 법적 지위 : 정보수탁자의 신탁법상 지위를 중심으로", 4차산업혁명 법과 정책 제3권, 2021, 47-56면.

1336) 이중기, 앞의 논문, 49-54면.

1337) Hacker, op. cit(2020), S. 671.

1338) 권영준, 앞의 논문(2016), 713면; 이대희, 앞의 논문(2015), 148-150면.

위한 방안에 해당된다고 할 수 있다. 예컨대 개정 개인정보보호법이 당초
의 수집 목적과 합리적으로 관련된 범위에서는 일정한 요건 하에 정보주체
의 동의 없이 개인정보를 이용하거나 제3자에게 제공할 수 있도록 한 것은
(제15조 제3항, 제17조 제3항) 목적 제한의 원칙을 완화한 것으로 이해할
수 있다. 특히 정보주체의 취약한 지위를 보완한다는 명목으로 이루어진
후견적 조치들이 당초의 입법취지에 부합하지 못하고 비례의 원칙에 반하
는 비합리적인 규제로 변질되고 있는 것은 아닌지 재검토할 필요가 있다.
예컨대 동의의 방식을 지나치게 한정하거나, 불필요한 고지를 요구하는 것
은 재고되어야 한다.

개별 데이터에 대한 배타적 권리자가 갖는 데이터세트에 대한 통제력은
구제수단의 구체적 모습에 따라 달라질 수 있다. 배타적 권리의 전형적인
구제수단은 침해 또는 침해행위의 금지청구권이다. 개별데이터의 이용은
침해행위의 핵심적 요소가 되고, 데이터세트에 개별데이터가 포함되어 있
다는 것은 그 자체로 개별데이터의 이용이므로, 개별데이터에 대한 배타적
권리자는 이를 포함하는 데이터세트의 권리자를 상대로 개별데이터의 이
용 금지는 물론 데이터세트로부터의 삭제를 청구할 수 있다. 예컨대 개인
정보의 정보주체가 갖는 처리정지 및 삭제권(개인정보보호법 제4조 제4호)
이 이에 해당한다. 문제는 개별데이터만의 이용정지나 삭제가 기술적·경제
적으로 과도한 부담이 되는 경우에 금지청구권이 인정될 수 있는지 여부이
다. 민법상 권리남용 금지의 원칙이나 불법행위에 기한 금지청구권의 요건
으로서 피해자의 이익과 가해자 불이익 사이의 형량을 요구하는 대법원 판
례[1340]를 고려하면 사안에 따라서는 금지청구권이 부정될 여지도 있어 보
인다. 일반적으로 '법의 그늘에서 하는 협상'이 보다 효율적인 것은 사실이

1339) 이대희, "개인정보 보호 및 활용을 위한 공정정보원칙(FIPPs)의 융통적인 적용과
　　　새로운 접근방법에 대한 연구 - 사물인터넷 및 빅데이터의 예를 중심으로 -", 법조
　　　제67권 제1호, 법조협회, 2018, 35-36면.
1340) 대법원 2010. 8. 25.자 2008마1541 결정.

지만,[1341] 알박기의 경우처럼 절박성(necessity)을 이용한 '상황적 독점'은 시장의 효율성을 떨어뜨리는 대표적 사례이므로, 이러한 경우 예외적으로 개별데이터에 대한 권리자에게 금지청구권을 허용하지 않고 손해배상만을 인정하는 것이 타당할 것이다. 다만 개별데이터가 개인정보와 같이 중요한 의미가 있는 경우에는, 예방적 효과를 확보하기 위하여 필요한 한도 내에서, 시정조치나 과징금 등 행정법상 규제를 부과하거나, 악의 또는 이에 준하는 중과실이 있는 경우 징벌적 배상을 명하는 등의 방식으로 보완할 필요가 있을 것이다.[1342]

(3) 비계약적 방법

한편, 개별데이터도 정보로서 데이터세트와 마찬가지로 강한 사회적 구속성 아래에 놓여 있다는 점과 데이터세트 활용의 경제적 중요성이 커지고 있다는 점을 고려하면 개별데이터에 관한 권리의 내용과 범위는 지나치게 넓지 않아야 할 것이다.

개별데이터가 지적재산권의 목적인 경우에는 저작권법상 저작재산권 제한 제도[1343]나 특허법상 강제실시 제도[1344]와 같이 공유의 영역이 마련되어 있다. 특히 최근에는 효과적인 빅데이터 분석이나 인공지능 학습을 위해 대량의 데이터를 수집하고 분석하는 것이 필요하다는 이유로 그러한 분석을 위한 저작물의 이용을 저작권의 침해로 보지 않도록 하기 위하여 이른바 데이터 마이닝(Text and Data Mining, TDM)을 위한 면책 규정을 도입해야 한다는 주장이 제기되고 있다.[1345] 데이터 마이닝을 위한 면책 규정

1341) Robert Cooter & Thomas Ulen(한순구 역), 앞의 책, 116-122면.
1342) 개인정보보호법 제39조 제3항(징벌적 배상), 제39조의15(과징금), 제64조(시정조치) 등 참조.
1343) 저작권법 제23조 내지 제38조.
1344) 특허법 제106조 내지 제107조.
1345) 데이터 마이닝을 위한 저작재산권의 제한에 관한 상세한 내용은 이상용, 앞의 논문 (2021A) 참조.

은 이미 유럽연합1346)을 비롯한 선진 각국의 저작권법에 도입되었고, 국내
에도 이러한 내용을 담은 저작권법 전부개정안1347)이 제출되어 있다.

가치 있는 데이터세트의 상당수가 개인정보를 포함하고 있다는 점을 고
려하면, 비계약적 이용 가능성은 개별데이터가 개인정보인 경우에 더욱 중
요한 의미가 있다. 공개된 개인정보의 이용에 관하여 위법성의 기준을 높
인 대법원 판례가 최근에 등장한 것이라든가,1348) 2020년 개정 개인정보보
호법에서 가명정보 개념을 도입하여 '통계작성, 과학적 연구, 공익적 기록
보존' 등의 목적을 위해서는 정보주체의 동의 없이도 가명정보를 처리할
수 있도록 하고(제28조의2), 당초 수집 목적과 합리적으로 관련된 범위에서
는 일정한 요건 하에 정보주체의 동의 없이 개인정보를 이용하거나 제3자
에게 제공할 수 있도록 한 것은(제15조 제3항, 제17조 제3항) 이러한 요구
에 대한 대응이라고 볼 수 있다. 그러나 위와 같은 제도들은 요건이 까다롭
고 절차가 복잡하여 실제로 충분히 기능하지는 못하고 있는 상황이다. 무
엇보다 개인정보에 관한 권리는 이미 인격적 지배권으로서 우리 법체계 내
에서의 지위를 공고히 하고 있을 뿐 아니라 사회적 경각심도 높아서 적정
한 이해관계의 조정이 쉽지 않은 상황이다. 결국 개별데이터가 개인정보인
경우에는 주로 계약적 방법, 즉 동의에 의한 활용에 의존할 수밖에 없는 것
이 현실이라고 하겠다.

(4) 소결

개별데이터의 계약적 이용 수단이 충분히 효율화되거나 비계약적 이용

1346) Directive(EU) 2019/790 of 17 April 2019 on copyright and related rights in the
    Digital Single Market and amending Directives 96/9/EC and 2001/29/EC. 회원국들
    은 2021년 6월 7일까지 DSM 지침을 준수하기 위한 법령 제정을 마쳐야 한다.
1347) 2021. 1. 15. 도종환 의원 대표발의, 의안번호 제2107440호. '정보분석을 위한 복
    제·전송'이라는 표제로 제43조가 신설되어 데이터마이닝을 위한 면책에 관하여 규
    율하고 있다.
1348) 대법원 2016. 8. 17. 선고 2014다235080 판결

가능성이 확대되지 않는 한 데이터세트의 생산과 이용에는 상당한 장애가
있게 된다. 이는 데이터세트에 배타적 권리를 인정하는 경우는 물론 그렇
게 하지 않는 경우에도 마찬가지이다. 따라서 개별데이터 이용의 적법성
확보 방안에 관한 문제는 데이터세트에 대한 배타적 권리부여 보호를 통한
생산 및 유통의 유인 못지않은 중요성을 지닌다. 본 연구는 후자에 중점을
두고 있지만, 장차 전자에 관하여도 깊이 있는 연구가 이루어질 필요가 있
을 것이다.[1349]

제3절 보호의 방법

1. 지배권 모델과 부정경쟁 모델

데이터세트에 대한 보호 방법은 지배권 모델과 부정경쟁 모델로 나눌 수
있다.[1350] 두 모델은 금지청구권에 의하여 타인의 간섭을 배제할 수 있다
는 점은 공통되지만, 지배권 모델의 경우 절대적 지배권으로서 할당내용을
지니는 반면 부정경쟁 모델의 경우 그렇지 않다는 차이가 있다. 양자의 구
별은 물권적 보호와 부정경쟁방지적 보호,[1351] 권리부여형과 행위규제
형[1352] 등 다른 이름으로 불리기도 한다. 한편 위와 같은 구별은 종종 법경

1349) 개별데이터가 개인정보인 경우 그 적법성 확보를 위한 다양한 접근방법에 관한
　　　 선행 연구들을 폭넓게 소개한 것으로는, 정원준, "빅데이터 환경에서 개인정보 이
　　　 용에 관한 법적 고찰", 고려대학교 박사학위 논문, 2019 참조.
1350) 한국법제연구원, 앞의 자료, 58-61면은 재산권 모델과 부정경쟁 모델로 나누고 있
　　　 다. 본고에서 재산권은 넓은 의미의 배타적 권리와 유사하게 사용되고 있으므로,
　　　 절대적 지배권의 성격을 명확히 하기 위해 재산권 모델 대신에 지배권 모델이라는
　　　 용어를 사용하였다.
1351) 오승종, 앞의 책, 1038면.
1352) 유대종, 앞의 논문, 66면.

제학에서 말하는 동의 규칙(property rule)과 보상 규칙(liability rule)에 상응하는 것으로 설명되기도 하는데,[1353] 엄밀히 말하자면 이러한 설명은 타당하지 않다. 앞서 보았던 것처럼 금지청구권에 의한 제3자의 배제가 가능한 경우라면 동의 규칙이 적용되는 것인데, 부정경쟁 모델 역시 금지청구권을 구제수단으로 삼고 있는 이상 보상 규칙이 아니라 동의 규칙이 적용되는 경우에 해당하기 때문이다. 데이터베이스권의 도입이나 콘텐츠 보호제도의 도입 과정에서도 논의된 바 있는 위의 두 모델은 데이터세트의 보호를 위한 제도의 설계에 있어서도 유용한 사고의 틀이 된다.

2. 두 모델의 차이점

지배권 모델과 부정경쟁 모델은 다음과 같은 몇 가지 법적 차이점을 지닌다.

첫째, 권리를 주장할 수 있는 상대방의 범위에 차이가 있다. 지배권 모델은 모든 사람들에 대하여 권리를 주장할 수 있다는 점에서 강한 절대권적 성질을 갖는다. 이에 비해 부정경쟁 모델은 채권과 같이 특정인에 대하여만 권리를 주장할 수 있는 상대적 권리는 아니지만, 원칙적으로 경쟁사업자에 대하여만 주장할 수 있다는 점에서 지배권 모델에 비하여 절대권적 성질이 약하다.[1354]

둘째, 권능의 범위에 차이가 있다. 지배권 모델은 권리자에게 객체를 지배할 수 있는 적극적 권능을 부여한다. 다만 주어지는 권능의 종류나 범위는 권리의 종류에 따라 다를 수 있다. 포괄적 지배권인 소유권의 경우 소유자에게 사용·수익·처분 등 객체를 지배할 수 있는 모든 권능을 부여한다. 개별 권능의 묶음으로 이해되는 지적재산권의 경우에는 권리의 종류에 따

1353) 유대종, 앞의 논문, 66면.
1354) 유대종, 앞의 논문, 66면 참조.

라 부여되는 권능이 법정되어 있는데, 예컨대 저작권의 경우 복제권이나 배포권 등이, 특허권의 경우 실시권 등이 주어진다. 이처럼 지배권 모델은 객체에 대한 관념적 지배권이 부여되어 배타적으로 할당된 보호영역이 존재하므로, 이를 침해하는 경우 침해부당이득의 반환을 구할 수 있고, 물건의 경우에는 객체의 반환청구도 가능하다. 이에 비해 부정경쟁 모델은 권리자에게 객체를 지배할 수 있는 적극적 권능을 부여하지 않고, 단지 금지청구권에 의하여 타인의 간섭을 배제함으로써 보호이익을 독점할 수 있도록 할 뿐이다.

셋째, 권리의 법률적 처분 가능성에 차이가 있다. 지배권 모델의 경우 사실상 지배를 잃더라도 보호 객체를 직접 지배할 수 있는 권리가 부여되므로, 보호 객체를 양도하는 것은 물론 담보로 제공할 수도 있고, 이를 강제집행이나 도산절차의 대상으로 삼을 수 있으며, 제3취득자 보호 등 거래안전을 위한 장치를 마련하는 것도 가능하다.[1355] 이에 비해 부정경쟁 모델에서 보호 객체의 양도는 계약과 사실상 지배의 이전[1356]에 의할 수밖에 없고, 이를 담보로 제공하거나 집행의 대상으로 삼을 수 없다.

넷째, 두 모델은 모두 침해를 배제할 수 있는 금지청구권이 있으나, 그 요건이 되는 위법성 판단 구조에는 차이가 있다. 지배권 모델의 경우 배타적으로 할당된 보호영역이 침해되면 그 자체로 위법성이 징표되는 반면, 부정경쟁 모델의 경우에는 이러한 할당내용이 없으므로 침해이익과 침해행위의 상관관계를 고려하여 이익형량을 거친 뒤에야 위법성을 판단할 수 있다.[1357]

다섯째, 두 모델은 권리의 내용과 범위, 달리 말하자면 공유 영역을 확보하는 방식에 차이가 있다.[1358] 지배권 모델의 경우, 특히 지적재산권의 경

1355) Zech, op. cit., S. 111 ff.
1356) 점유의 법리가 유추적용될 경우 목적물 반환청구권의 양도나, 간이인도, 점유개정 등 관념적 방법에 의한 지배의 이전도 가능할 것이다.
1357) 윤태영, 앞의 논문(2006), 66면 참조; 대법원 2016. 11. 10. 선고 2013다71098 판결.

우에는 저작권법상 공정이용 제도나 특허법상 강제실시 제도와 같이 공유
의 영역이 법적으로 명확하게 규정되어 있으며, 권리보호 기간도 법정되어
있다. 이에 비해 부정경쟁 모델은 공유의 영역이 따로 정해져 있지 않고,
부정경쟁행위 유형의 열거적 규정 구조나 위법성 판단의 구조를 통해 간접
적으로 공유의 영역이 확보될 뿐이다.1359)

　여섯째, 두 모델은 국가 개입의 정도에 차이가 있다. 지배권 모델의 경우
법은 누구에게 권리를 부여할 것인가만 결정하므로 국가 개입의 정도가 비
교적 적은데 비하여, 부정경쟁 모델은 국가 개입의 정도가 보다 크다고 할
수 있다.1360)

3. 두 모델에 대한 평가

　학자들의 평가는 대체로 부정경쟁 모델에 기울어 있다. 그 첫 번째 이유
는 지배권 모델의 실익이 크지 않다는 것이다. 법이론적 측면에서 지배권
모델의 가장 큰 실익은 데이터세트의 양도와 담보설정 및 강제집행을 법적
으로 뒷받침한다는 데 있다. 그런데 데이터세트의 양도는 지배권 모델에
의하지 않더라도 데이터 계약 및 사실상 지배의 이전에 의하여 이루어질

1358) 그 밖에 일본에서는 정보의 공개성에도 차이가 있다고 지적된다. 즉 지배권 모델은
　　　공개하여 보호하는 구조인 반면 부정경쟁 모델은 비밀로서 보호하는 구조라는 것
　　　이다(林紘一郎, 情報法のリーガル・マインド, 勁草書房, 2017, 73頁). 그러나 이러한
　　　설명은 영업비밀에 의한 규율이 중심이 되는 일본 부정경쟁방지법에서는 타당할
　　　수 있어도 일반조항으로서 성과물 무단사용 조항을 도입한 우리 부정경쟁방지법에
　　　서는 타당하지 않다. 또한 후술하는 한정제공데이터 제도가 도입된 이상 일본에서
　　　도 위와 같은 설명은 더 이상 타당하지 않다고 생각된다.
1359) 정상조 외 5인, 앞의 자료, 61면은 "부정경쟁행위의 유형을 조절하여 경쟁을 조절
　　　할 수 있고, 결과적으로 상업정보의 생산과 이용간의 균형을 조절할 수 있다"고
　　　서술하고 있는데, 유사한 취지라고 할 것이다.
1360) 허성욱, "권리남용금지 법리에 관한 법경제학적 고찰", 법조 제55권 제1호, 법조협
　　　회, 2006, 213면.

수 있고, 실제로 많이 이루어지고 있다.[1361] 또한 담보설정이나 강제집행은 권리자가 사실상 지배를 떠나 관념적 지배를 하는 것을 본질로 하는데, 현실적으로 데이터세트는 그 이전을 위하여 사실적 협력이 필수적이므로 강제집행 및 담보설정 등의 가능성이 가지는 기능 또한 제한적이라는 것이다.[1362]

두 번째 이유는 데이터의 생산 및 유통의 유인을 제공하려는 지배권 모델이 오히려 데이터의 자유로운 흐름을 방해하고 데이터 간의 결합을 방해할 우려가 있다는 것이다.[1363] 이는 앞서 데이터에 대한 배타적 권리 부여에 관한 논쟁에서 부정론이 주된 논거로 삼았던 거래비용의 문제라고 할 수 있다. 즉, 법경제학적으로 보면 자원 이동의 거래비용이 낮거나 자원 이동의 필요가 적을수록 동의 규칙(property rule)을, 반대로 자원 이동의 거래비용이나 자원 이동의 필요가 클수록 보상 규칙(liability rule)을 적용하는 것이 효율적이다. 법적인 관점에서 이들은 각각 물권적 보호와 불법행위적 보호에 대응한다.[1364] 그런데 정보의 경우 유체물과 달리 일단 내용을 알면 다시 반환하는 것이 불가능하여 거래 전에 내용을 알려주지 않는 것이 관행이기 때문에 그 가치를 파악하기 힘들고,[1365] 데이터세트는 생산 과정에서 다수의 권리 주장자가 발생하기 쉬워서 당사자 간에 자발적 교환이 이루어지기 어려우므로, 불법행위적 보호인 부정경쟁 모델이 타당하다는 것이다. 콘텐츠산업진흥법이 부정경쟁 모델을 취한 것도 바로 이러한 이유 때문이었다.[1366] 이런 점에서 데이터세트의 경우에도 부정경쟁 모델이 반대 목소리를 잠재우면서 데이터세트 생산자를 보호할 수 있는 합리적인 절

1361) 이동진, 앞의 논문(2018), 237면.
1362) 이동진, 앞의 논문(2018), 237면.
1363) 유대종, 앞의 논문, 68면.
1364) 정상조 외 5인, 앞의 자료, 57-63면.
1365) 정상조 외 5인, 앞의 자료, 61면.
1366) 유대종, 앞의 논문, 73면.

충책이 될 수 있다는 것이다.[1367]

그러나 데이터세트에 대한 보호방식으로서 언제나 부정경쟁 모델이 우월하다고는 할 수 없다. 우선 부정경쟁 모델을 선호하는 견해가 내세우는 논거 가운데 제도의 실익에 관한 첫 번째 논거는 반드시 타당하다고 할 수 없다. 배타적으로 할당된 보호영역을 갖는 절대적 지배권에 의한 보호는 보호영역의 침해 시 위법성이 징표되고 부당이득의 반환이 인정된다는 점에서 권리자 보호의 효과와 이를 통한 인센티브의 정도가 더욱 크며, 보다 높은 예측 가능성과 법적 안정성을 확보할 수 있다.[1368] 데이터세트의 이전에 사실적 협력이 필요하여 담보설정이나 강제집행 가능성이 갖는 기능이 제한적이라는 주장도 클라우드 서비스에 의한 간접적인 데이터 지배가 일반화되고 있는 현실과 부합하지 않는다. 최근에 각국에서 특허권에 의한 인공지능 학습용 데이터세트 보호 시도가 이루어지고 있고 학설들도 대체로 이에 동조하고 있는 상황은 일정한 영역에서 절대적 지배권에 의한 데이터세트 보호에 대한 수요가 엄존한다는 점에 대한 방증이다.

그리고 부정경쟁 모델 우위론의 거래비용에 관한 두 번째 논거는 앞서 데이터세트에 대한 배타적 권리 부여에 관한 논쟁에 관한 검토에서 이미 어느 정도 반박되었다. 즉 다수 권리자의 존재로 인한 거래비용 증가의 문제는 디지털 플랫폼의 활용과 같은 기술적 수단이나 데이터세트에 대한 권리자를 기획자나 투자자 등으로 한정시키는 것과 같은 법적 수단에 의하여 완화될 수 있다. 그리고 데이터세트를 이루는 개별데이터의 권리자가 다수

1367) 박준석, 앞의 논문(2019), 111면; 일본 부정경쟁방지법 개정 과정에서 아직 불확실한 현실을 고려하여 과도기적인 입법으로 부정경쟁방지법에 의한 보호수준이 적절하다는 요지의 유력한 분석(村善之, "ビッグ・データの保護客体に着目するアプローチと行為に着目するアプローチの優劣という観点から-", 産業構造審議会 知的財産分科会 不正競争防止小委 1回 配布資料(2017. 7. 27.), 44頁)도 참조

1368) 유럽연합이 데이터베이스 보호에 관하여 부정경쟁 모델이 아닌 지배권 모델을 채택한 이유 중 하나는 데이터베이스 제작자들에게 어떤 행위가 위법한 이용행위인가를 알릴 필요성이 있었기 때문이다(Reichman & Samuelson, op. cit., p. 146).

인 경우의 문제는 데이터세트에 대한 권리의 부여 여부나 방법과는 무관하게 발생하는 문제이다. 한편 위 논거는 금지청구권에 의한 제3자 배제가 가능함에도 불구하고 부정경쟁 모델을 보상 규칙에 의한 불법행위적 보호로 분류하여 분석하고 있다는 점에서 논리적으로도 아쉬운 점이 있다.

생각건대 부정경쟁 모델이나 지배권 모델 중 어느 하나가 다른 하나에 비하여 언제나 우월하다고 할 수는 없을 것이다. 거래비용이 충분히 낮거나 유인의 필요성이 매우 큰 경우에는 지배권 모델의 장점을 저버리기 어려울 것이다. 위에서 보았던 인공지능 학습용 데이터의 경우나 데이터세트의 상업적 제공을 업으로 하는 데이터 브로커의 경우에는 이러한 방식이 선호될 수 있다. 다만 지배권 모델을 채택할 경우에는 공유 영역을 충분히 넓게 확보하여 부당한 정보의 독점이 없도록 유의해야 할 것이다. 반대로 거래비용이 높은 경우라면 아무래도 부정경쟁 모델이 타당할 수 있다. 부정경쟁 모델의 경우에도 역시 금지청구권에 의한 배타적 보호가 이루어지므로 공유 영역이 충분히 보장되어 있는지 확인할 필요가 있다. 한편, 두 모델이 서로를 배제하는 선택적 관계에 있는 것은 아니다. 예컨대 데이터세트의 보유자가 저작권법상 데이터베이스 제작자로서의 보호 요건과 부정경쟁방지법상 성과물 무단사용 조항 또는 데이터 부정사용 조항에 의한 보호 요건을 모두 갖춘 경우라면 그는 두 가지 모델에 따른 구제수단을 모두 갖게 된다.

제4절 지배권 모델

1. 서설

지배권 모델은 권리자에게 데이터세트에 관한 배타적 보호영역을 할당하고 그가 이를 직접적으로 지배하고 누구에게나 권리를 주장할 수 있도록 한다. 지배권 모델은 다시 소유권 모델과 지적재산권 모델로 나눌 수 있지만, 데이터세트의 보호에는 지적재산권 모델이 보다 적합하다고 할 수 있다. 아래에서는 주로 지적재산권 모델을 중심으로 하여 권리의 내용, 권리의 범위와 제한, 그리고 공시방법의 순으로 바람직한 모습을 그려본 뒤에, 이를 바탕으로 그 동안 제안된 구체적 대안들을 평가해보기로 한다.

2. 소유권 모델과 지적재산권 모델

지배권 모델은 다시 권리의 응집성,[1369] 즉 하나의 단위 권리를 구성하는 개별적인 하위 권능이 그 단위 권리 안에서 얼마나 강하게 결합되어 있는가에 따라 소유권 모델과 지적재산권 모델로 나뉠 수 있다.

소유권 모델은 객체에 대한 포괄적 지배를 내용으로 하며 해당 권리로부터 사용·수익·처분을 비롯한 모든 권능[1370]이 파생되어 나온다. 따라서 위와 같은 개별 권능을 분리하여 양도하는 것은 불가능하다.[1371] 소유권이 지니는 전면성과 혼일성, 그리고 탄력성은 소유권의 강한 응집성을 잘 보여준다.[1372] 한편, 데이터세트는 물건이 아니므로 소유권 모델이 적용되지 않는다고 하는 것은 문제의 핵심을 놓친 것이다. 데이터세트에 대하여 소유권 모델을 적용할 것인지 여부는 해석론이 아니라 입법론의 문제이기 때문이다.

지적재산권 모델은 객체에 대한 여러 권리 내지 권능의 다발(bundle of

1369) 권영준, 앞의 논문(2010), 174-175면 참조.

1370) 사용·수익·처분 권능 외에도 점유·보존·관리·개발 등 인간이 물건에 대하여 가질 수 있는 모든 권능이 소유권으로부터 나온다[주석민법 물권(1), 586면(이계정 집필부분)].

1371) 공유지분의 양도는 가능하지만 이는 그 공유지분을 하나의 소유권의 분량적 분할로 보기 때문이다(대법원 1991. 11. 12. 선고 91다27228 판결 등 참조).

1372) 권영준, 앞의 논문(2010), 175-176면.

rights)로 구성된다. 이러한 개별 권리들은 상당히 이질적일 수도 있다. 예컨대 저작권은 서로 성질을 달리하는 저작인격권과 저작재산권으로 구성되며, 저작인격권은 다시 공표권, 성명표시권, 동일성유지권으로(제11조 내지 제13조), 저작재산권은 복제권, 공연권, 공중송신권, 전시권, 배포권, 대여권, 2차적 저작물 작성권 등으로 구성되어 있다(제16조 내지 제22조). 이들 개별 권리들은 각각 분리하여 양도할 수 있고, 소송법적으로도 별개의 소송물로 취급되는 것이 원칙이다.1373)

학설은 대체로 지적재산권 모델이 소유권 모델에 비하여 데이터에 관한 문제를 다루기에 적합하다는 입장이다.1374) 지적재산권 모델은 소유권 모델에 비하여 공유 영역의 확보에 유리하고 사회적 요청에 유연하게 대응할 수 있다는 장점이 있기 때문이다. 비경합성, 비배제성, 비마모성이라는 정보로서의 속성을 지닌 데이터세트에 대한 재산권이 강한 사회적 구속성 하에 놓이게 된다는 점과 데이터세트와 관련된 기술적, 산업적 발전이 한창 진행 중이라는 점을 고려해 본다면 위와 같은 입장은 타당하다고 생각된다. 참고로 영미법에서는 재산권(property right)의 성질에 관하여, 물건과의 관련성(thing aspect)을 강조하여 객체에 대한 지배권(dominion)을 의미하는 '단발적 자산(discrete asset)'으로 보기보다는, 타인과의 관련성(relations with other societal actor)을 강조하여 '권리의 다발(bundle of rights)'로 보는 관점이 우세하다.1375) 사실 연혁적으로 영미법은 소유권(ownership) 자체를 대륙법과 같은 단일한 권리(Eigentum)가 아닌 권리의 다발로 이해하여 왔다.1376) 이런 점들을 고려하여 아래에서는 원칙적으로 지적재산권 모델을

1373) 권영준, 앞의 논문(2010), 174-175면.

1374) 권영준, 앞의 논문(2021), 16-17면; 박준석, 앞의 논문(2019), 97면; 박상철, 앞의 논문, 266면.

1375) Jonathan Nash & Stephanie Stern, "Property Frames", 87 Wash. U. L. Rev. 449, 2009, p. 463.

1376) Honoré, op. cit., pp. 112-128.

상정하여 논의를 진행하기로 한다.

3. 권리의 내용

가. 보호 객체

어떠한 객체를 직접적으로 지배하는 권리는 객체가 특정될 수 있을 것을 전제로 한다. 이는 권리의 객체가 되기 위해 특정성, 현존성, 독립성이 요구되는 물권의 경우에 두드러지지만,[1377] 지적재산권의 경우에도 지배권인 이상 보호 객체가 다른 객체와 구별될 수 있어야 하고 그 경계가 인식될 수 있어야 한다. 그런데 데이터는 다른 데이터와 긴밀하게 연결되어 있어 구별이 어렵거나 경계가 뚜렷하지 않은 경우가 많다. 개별데이터에 대하여 새로운 배타적 권리를 인정하기 어려운 것은 이 때문이다.[1378]

그러나 어떠한 목적에 따라 의식적으로 생산된 데이터세트의 경우에는 데이터를 특정할 수 있는 경우가 많다. 특히 제3자에 대한 상업적 제공을 위한 데이터세트의 경우에는 그에 대한 배타적 권리의 인정 여부와 무관하게 거래 대상이 되는 데이터세트의 특정에 대한 거래상의 요구가 매우 크다. 이를 반영하여 국내외에서 데이터의 특정과 식별을 위한 기술적 표준 개발이 한창 진행되고 있다. 예컨대 정부는 2021년 발표된 '데이터 플랫폼 발전전략'에서 유통되는 데이터의 이력을 관리하고 공급자와 수요자 사이의 분쟁을 방지하기 위해 데이터를 식별할 수 있는 체계의 도입을 추진할 것을 명시하고 있다.[1379] 즉, 객체에 유일한 식별번호를 부여하는 객체식별자(OID, Object IDentifier)[1380]를 데이터세트에 적용하기 위한 표준(TTAK.

1377) 주석민법 물권(1), 15-16면(손철우 집필부분)
1378) 홍대식, 앞의 논문(2019), 198면 참고.
1379) 관계부처 합동, 앞의 자료, 6면. 35-36면.
1380) 어떠한 객체에 유일한 명칭을 부여하기 위하여 ITU-T와 ISO/IEC 국제표준화 관련 기구들이 개발한 식별 체계를 말한다.

KO-10.1273)을 제정하고,[1381] 이를 관리하기 위한 시스템(OID Resolution System, ORS)을 개발하며, 일부 빅데이터 플랫폼에서 제공되는 데이터세트에 시범 적용하는 등의 방법으로 확산시키겠다는 것이다. 특정성이나 독립성은 물리적 개념이 아니라 거래의 실정이나 관념에 의하여 결정되는 경제적 개념이다.[1382] 따라서 데이터세트의 상당수는 현재에도 특정 가능하고, 기술의 발전과 거래 관행의 축적에 따라 앞으로 특정 가능한 데이터세트는 점점 더 많아질 것으로 여겨진다.

그럼에도 불구하고 모든 데이터세트가 특정 가능하다고 할 수는 없다. 데이터세트는 단지 다수의 개별데이터들의 집합물로 정의될 뿐이어서 매우 광범위하기 때문이다. 그렇다고 특정성이 인정되는 데이터세트만 권리객체가 될 수 있다고 하는 것은 지배권 모델의 장점인 명확성을 살릴 수 없게 된다. 이러한 문제를 해결할 수 있는 방법 중 하나는 공시방법에 의하여 특정성을 보완하는 것이다. 부동산의 일부에 대한 용익물권의 경우가 좋은 예가 된다. 본래 물건의 일부는 독립성이 없어 물권의 객체가 될 수 없으나, 공시방법에 의하여 특정되는 경우 예외적으로 물권의 객체가 될 수 있는 것이다.[1383] 따라서 데이터세트에 대한 배타적 지배권을 설정하기 위해서는 적절한 공시방법을 마련하고 이와 연계시키는 것이 전제되어야 할 것이다.[1384]

1381) 유시형, "데이터 유통 플랫폼을 위한 객체 식별자", TTA 저널 제192호, 한국정보통신기술협회, 2020, 참조.

1382) 대법원 2003. 9. 26. 선고 2001다52773 판결 참조.

1383) 부동산등기법 제69조 제6호(지상권의 경우), 제70조 제5호(지역권의 경우), 제72조 제1항 제6호(전세권의 경우). 이처럼 물권은 예외적으로 물건의 일부에 대하여 성립할 수도 있지만 수 개의 물건에 관하여 성립할 수도 있다. 판례는 집합물이라도 단일한 경제적 가치를 가지고 거래상 일체로 취급되며, 그 대상이 종류, 수량, 장소 등의 방법으로 특정된 경우에는 하나의 양도담보권이 설정될 수 있다고 한다(대법원 1990. 12. 26. 선고 88다카20224 판결).

1384) 최경진, 앞의 논문(2020) 참조.

나. 침해행위

소유권 모델의 경우 포괄적 지배권으로 되어 있어 보호 객체를 침범하는 것 자체가 침해행위가 되는 것과 달리, 지적재산권 모델은 권능의 다발로 구성되어 있어 해당 권능을 침해하는 것만이 침해행위가 된다. 지적재산권 모델이 소유권 모델에 비하여 공유 영역의 확보에 유리한 이유는 바로 여기에 있다.

지적재산권 모델에서 어떠한 행위가 침해행위가 되는지는 해당 지적재산권이 어떠한 권능으로 구성되어 있는지와 관련되어 있다. 예컨대 특허권의 경우 특허권자가 특허발명의 실시권을 독점하므로 제3자가 무단으로 특허발명을 실시하는 행위가 침해행위로 된다. 저작재산권의 경우 저작권자가 복제권, 공연권, 공중송신권, 전시권, 배포권, 대여권, 2차적 저작물 작성권 등의 권능을 가지므로(제16조 내지 제22조) 제3자가 무단으로 저작물을 복제하거나 배포하는 등의 행위가 침해행위로 된다. 저작인접권의 경우, 특히 투자 보호를 위한 경우 권능의 범위가 상당히 축소되어 있는데,[1385] 예컨대 음반제작자는 복제권, 배포권, 대여권, 전송권이나 방송사업자 등에 대한 보상청구권 등은 가지지만(제78조 내지 제83조의2), 2차적 저작물 작성권은 갖지 않는다. 데이터베이스권도 투자를 보호하기 위한 것이고 저작인접권과 달리 간접적으로 저작물의 창작에 기여하는 것도 아니므로 권능의 범위는 더욱 협소하다. 즉, 데이터베이스의 '전부 또는 상당한 부분'을 복제·배포·방송 또는 전송할 권리만을 갖는 것이다(제93조 제1, 2항). 한편 저작권법은 기술적 보호조치를 무력화하는 행위를 금지하고 있다(제104조의2).

데이터세트에 대한 권리에 포함될 권능을 정하기 위해서는 면밀한 실태 조사가 전제되어야 할 것이지만, 대략적인 방향은 이야기할 수 있을 것이다. 데이터세트에 대한 권리는 창작성과 무관하게 그 생산에 들어간 노력

1385) 오승종, 앞의 책, 931면.

과 비용의 보호를 통한 인센티브로서 부여될 뿐이며, 데이터베이스권과 달리 구성의 체계성과 소재의 검색가능성이라는 요건의 제한을 받지 않아야한다. 이런 점을 고려한다면 데이터세트에 대한 권리에 포함될 권능의 범위는 데이터베이스권의 경우와 같거나 더 작아야 할 것이다.

다. 구제수단

데이터세트에 대한 권리가 배타적 권리로서 기능하기 위해서는 금지청구권이 인정될 필요가 있다. 금지청구권의 핵심적 내용은 침해의 배제와 예방이다. 지배권의 성질상 침해행위나 그 우려의 존재만으로 금지청구권이 인정될 수 있을 것이며, 위법성은 침해행위에 의하여 징표될 것이다.

침해로 인하여 손해가 발생한 경우에는 고의·과실 등 불법행위의 요건이 충족되는 것을 전제로 손해배상청구권도 인정될 것이다. 데이터에 대한 권리가 침해되는 경우 손해액 산정이 어렵다는 점을 고려하여 손해액의 추정이나 법정손해배상 규정을 둘 필요가 있다는 견해도 있다.[1386] 데이터베이스권의 경우에는 실제로 그러한 제도가 적용되고 있다.[1387] 긍정적으로 검토해볼 만한 견해라고 생각된다.

한편 데이터세트 침해에 대한 구제수단으로서 반환청구권을 인정하기는 어렵다. 데이터세트는 무체물인 정보로서 복제가 용이하여 반환청구권을 인정할 실익이 없기 때문이다. 이는 지적재산권 모델을 채택할 경우는 물론 소유권 모델을 택하는 경우에도 마찬가지이다. 데이터세트를 삭제하거나 보안조치가 취해진 데이터세트의 비밀키를 탈취하는 등의 방법으로 데이터세트를 이용할 수 없게 한 경우 데이터세트의 복원이나 비밀키의 이전 등을 요구할 수 있겠지만, 이는 반환청구가 아닌 침해 배제청구로도 구할

1386) 박진아, 앞의 논문, 36면.
1387) 저작권법 제125조 제1, 2항(손해액의 추정), 제125조의2(법정손해배상), 제126조(손해액의 인정)

수 있다고 할 것이다. 한편 데이터세트의 문제는 아니지만, 경합성과 배타
성을 지니는 유체물·동등 데이터의 경우에는 소유권 모델을 채택하여 반환
청구권을 인정할 실익이 있다. 이에 관하여는 도메인이름(domain name)이
좋은 사례가 된다. 과거 도메인이름을 부정하게 침해한 자에 대하여는 부
정경쟁방지법에 근거하여 해당 도메인이름의 사용을 금지하도록 하는 일
종의 소극적 방해배제청구권만이 인정될 뿐 적극적 이전청구권은 인정되
지 않고 있었다.[1388] 즉, 업계에서는 국제인터넷주소관리기구(The Internet
Corporation for Assigned Names and Numbers, ICANN)가 제정한 통일 도메
인이름 분쟁해결정책(Uniform Domain-Name Dispute-Resolution Policy,
UDRP)이 널리 활용되고 있었지만, 법원은 위 분쟁해결정책의 규정들이 도
메인이름 등록기관과 도메인이름 등록인 사이에 합의된 등록약관의 내용
에 편입되어 효력을 가질 뿐 도메인이름 등록인과 제3자 사이에서는 실체
적 권리관계를 규율하는 구속력이 없다고 보고 있었다.[1389] 이에 따라

1388) "부정경쟁방지법상 부정경쟁행위 금지의 효과로서 그 도메인이름의 등록말소에 갈
음하여 부정경쟁행위자가 가진 도메인이름을 자기에게 이전할 것을 청구할 수 있
는 도메인이름의 등록이전청구권을 가진다고까지 해석할 수는 없다."(서울중앙지
방법원 2007. 8. 30. 선고 2006가합53066 판결 : 확정);

1389) 국제인터넷주소관리기구(The Internet Corporation for Assigned Names and
Numbers, ICANN)가 마련한 통일 도메인이름 분쟁해결정책(Uniform Domain
Name Dispute Resolution Policy, UDRP)은 도메인이름 등록기관과 도메인이름 등
록인 사이에 합의된 등록약관의 내용에 편입되어, 도메인이름 등록인과 상표 또는
서비스표에 관한 권리를 가진 자(제3자) 사이에 도메인이름을 둘러싸고 분쟁이 발
생한 경우 그 등록의 유지·취소·이전 등에 관한 판단을 신속히 내려 등록행정의
적정성을 향상시키기 위한 등록기관의 행정절차에 관한 규정에 불과하고, 도메인
이름 등록인과 제3자 사이에서는 위 분쟁해결방침이 상표 등에 관한 권리와 도메
인이름의 등록·사용 등에 관한 실체적 권리관계를 규율하는 구속력을 가지는 것이
아니므로, 제3자는 의무적 행정절차를 벗어나서 위 분쟁해결방침이 정한 요건에
의하여 도메인이름의 사용금지를 도메인이름 등록인에게 직접 청구할 수 있는 실
체적 권리가 없다. 따라서 도메인이름에 관한 소송을 심리·판단하는 법원은 위 분
쟁해결방침에 의할 것이 아니라 당해 사건에 적용 가능한 법률에 의하여 당해 사
건을 심리·판단하여야 한다(대법원 2008. 2. 1. 선고 2004다72457 판결).

2009. 6. 9. 개정된 「인터넷주소자원에 관한 법률」은 도메인 이름을 두고 빈발하던 분쟁의 종국적 해결을 위하여 침해자로부터 권리자 앞으로의 '도메인이름' 자체의 이전청구권을 명시적으로 인정하게 되었다(제12조 제2항).

4. 권리의 범위와 제한

가. 일반론

데이터세트는 경합성과 배타성이 없는 정보로서 생산·유통의 인센티브를 부여하기 위하여 그에 대한 배타적 권리가 보호될 뿐이므로 그 권리는 일반적 재산권보다 강한 사회적 기속성을 갖는다. 따라서 데이터세트에 대한 권리의 내용과 범위에는 이러한 강화된 사회적 기속성이 반영되어 충분한 공유 영역이 확보되어야 한다. 나아가 데이터세트에 대한 권리는 기존의 지적재산권보다도 공유 영역이 넓게 인정되어 공중의 자유로운 이용과 충분한 경쟁의 여지가 마련되어야 한다. 공유 영역을 확보하는 방법은 여러 가지가 있을 수 있다. 예컨대 권능을 제한적으로 열거하거나, 보호기간을 제한하는 것은 물론, 보상을 전제로 적법하게 권리를 제한할 수 있게 하는 것도 넓게 보면 공유 영역의 확보를 위한 장치라고 할 수 있다.

나. 보호기간의 제한

먼저 보호기간의 제한에 관하여 본다. 지적재산권법상의 권리들은 원칙적으로 보호기간이 제한되어 있다. 한 가지 예외는 상표권인데, 상표권은 품질경쟁을 촉진시키고 탐색비용을 절감시키므로 보호기간을 제한할 이유가 없다.[1390] 그 밖의 지적재산권의 경우 보호기간을 제한하지 않는다면 생산의 인센티브를 제공하는 것을 넘어 정보의 영구적 독점을 허용하는 것이므로 정당화되기 어렵다. 법경제학적으로 설명하자면, 특허권의 경우에

1390) Robert Cooter & Thomas Ulen(한순구 역), 앞의 책, 163-166면.

는 특허기간이 늘어날수록 혁신의 한계편익이 감소하는 동시에 사회적 비용이 증가한다는 이유로 보호기간이 제한되고,[1391] 저작권의 경우에는 그 성립을 위하여 등록이 필요하지 않은 관계로 추적비용(tracing cost)이 발생한다는 이유로 보호기간이 제한된다.[1392] 현행법상 특허권은 출원일 이후 20년까지로(특허법 제88조), 저작재산권은 저작자 사후 70년까지로(저작권법 제39조) 각 보호기간이 제한되어 있으며, 데이터베이스권의 경우 데이터베이스 제작 완료 다음 해부터 5년간으로 제한되어 있다(저작권법 제95조). 위와 같은 규정들을 고려할 때, 데이터세트에 대한 배타적 권리를 인정한다면 그 보호기간은 현행 데이터베이스권과 같거나 그보다 단기여야 균형이 맞을 것이다.

다. 공정이용 등

다음으로 공정이용 등의 권리제한 제도에 관하여 본다. 저작권법은 보상이 필요 없는 공정이용 조항(제35조의5)을 비롯한 저작재산권 제한 제도(제23조 내지 제37조)와 보상을 전제로 한 강제허락 제도(제25조 제6항, 제31조 제5항, 제50조 내지 제52조)를 두고 있다. 특허법도 보상을 전제로 한 강제실시 제도(제106조 내지 제107조)를 마련하였다. 데이터베이스권의 경우 성질상 가능한 범위에서 저작재산권 제한 제도와 강제허락 제도를 준용하고 있을 뿐만 아니라(제94조 제1항), 추가적으로 통신 기술의 작동을 위해 필수적인 데이터베이스를 적용 대상에서 제외하고(제92조), 데이터베이스의 통상적인 이용과 저촉되지 않는 한 교육·학술 또는 연구를 위한 이용이나 시사보도를 위한 이용을 허용함으로써 저작재산권의 경우보다 공유 영역을 확장하였다(제94조 제2항). 데이터세트에 대한 권리의 공유 영역은 현행 데이터베이스권의 경우보다도 더 확장될 필요가 있다.

1391) Robert Cooter & Thomas Ulen(한순구 역), 앞의 책, 147-160면.
1392) Robert Cooter & Thomas Ulen(한순구 역), 앞의 책, 160-163면.

다만, 데이터세트의 보호와 관련하여 공정이용의 법리를 받아들임에 있어서 주의할 부분이 있는데, 바로 저작권법 분야에서 논의되어 왔던 디지털 정보로 이루어진 저작물에 관한 사적 복제의 허용 범위에 관한 문제와 최초판매의 원칙(the first sale doctrine)의 인정 여부에 관한 문제이다. 저작권법은 저작물의 사적 복제를 공정이용의 하나로 허용하고 있고(제30조),[1393) 저작물의 원본이나 그 복제물이 해당 저작재산권자의 허락을 받아 판매 등의 방법으로 거래에 제공된 경우에는 해당 원본이나 복제물에 대한 저작재산권자의 배포권은 소멸한다고 함으로써 이른바 최초 판매의 원칙을 명문화하였다(제20조).[1394) 그러나 이들은 복제기술이 발달하지 않았던 시대의 유산으로서 디지털 저작물의 경우에 적용하기에는 부적절할 수 있다.

서적과 같이 유형물에 불가분적으로 고정된 저작물과 달리 디지털 저작물의 경우에는 원본과 복제본의 구별이 불가능하여 유일무이성이 인정되지 않고 시간 경과에 따른 마모도 일어나지 않으며 복제를 위한 한계비용도 매우 낮다.[1395) 동일 품질의 무한 복제가 가능한 디지털 저작물의 경우에도 사적 복제를 공정이용으로 무제한 허용하는 것은 사실상 저작자의 권리를 전혀 인정하지 않는 것과 유사한 결과가 된다. 이러한 사정은 디지털 저작물의 경우에는 입법적으로 또는 해석상 사적복제의 허용범위를 좁게 적용해야 한다는 주장의 배경이 되었고, 실무상 디지털 저작물 이용계약에 사적 복제의 제한에 관한 내용이 포함되는 이유가 되기도 하였다.[1396) 데

1393) 제30조(사적이용을 위한 복제) 공표된 저작물을 영리를 목적으로 하지 아니하고 개인적으로 이용하거나 가정 및 이에 준하는 한정된 범위 안에서 이용하는 경우에는 그 이용자는 이를 복제할 수 있다. 다만, 공중의 사용에 제공하기 위하여 설치된 복사기기, 스캐너, 사진기 등 문화체육관광부령으로 정하는 복제기기에 의한 복제는 그러하지 아니하다.
1394) 제20조(배포권) 저작자는 저작물의 원본이나 그 복제물을 배포할 권리를 가진다. 다만, 저작물의 원본이나 그 복제물이 해당 저작재산권자의 허락을 받아 판매 등의 방법으로 거래에 제공된 경우에는 그러하지 아니하다.
1395) 오병철, 디지털정보계약법, 법문사, 2005, 13-16면.
1396) 구병문, 앞의 논문, 38-39면.

이터세트 역시 디지털 정보의 형태로 되어 있으므로 그에 관한 배타적 권리를 창설함에 있어서 공정이용에 관한 조항을 두더라도 사적 복제를 공정이용의 범주에 포함시킬 것인지 여부에 관하여는 신중한 검토가 있어야 할 것이다.

최초 판매의 원칙 역시 서적과 같이 유형의 매체에 흡수되어 해당 매체에 대한 민법상의 권리와 함께 행사되었던 전통적 저작물의 경우에나 타당한 것이다. 전통적 저작물은 구매자가 재배포함과 동시에 저작물을 이용할 수 없게 될 뿐만 아니라 재배포가 거듭될수록 상품성이 떨어지기 때문에 최초 판매의 원칙을 채용하더라도 저작권자의 이익을 크게 해하지 않았다.[1397] 그러나 디지털 저작물의 경우에는 동일한 품질로 무한히 복제할 수 있기 때문에 최초 판매의 원칙은 저작권자의 정당한 이익과 양립하기 어렵다. 이러한 이유로 저작권법은 상업용 음반이나 컴퓨터 프로그램의 경우 최초 판매의 원칙에 대한 예외로서 저작권자의 대여권을 인정하였다(제21조).[1398] 그러나 위의 예외는 디지털 정보로 구성된 저작물을 모두 포괄하지 않으며, 이 때문에 실무상 종종 디지털콘텐츠 이용계약에서 최초 판매의 원칙을 제한하는 조항이 삽입되기도 한다. 데이터세트에 관한 배타적 권리를 창설할 경우 최초 판매의 원칙을 인정할 것인지 여부는 데이터세트의 거래 실태에 관한 충분한 조사가 이루어진 후에야 판단할 수 있을 것이다. 다만 최근의 추세를 보면 데이터세트의 보안 등 관련 기술의 발전에 따라 데이터세트를 유형의 매체에 담아 판매하기보다는 네트워크를 통해 다운로드하거나 더 나아가 API 형태로 제공하는 경우가 많아질 것으로 예상되므로 최초 판매의 원칙이 정당화되기는 쉽지 않을 것이다.[1399] 현재로서

[1397) 오병철, 앞의 책, 387-388면

1398) 제21조(대여권) 제20조 단서에도 불구하고 저작자는 상업적 목적으로 공표된 음반(이하 "상업용 음반"이라 한다)이나 상업적 목적으로 공표된 프로그램을 영리를 목적으로 대여할 권리를 가진다.

1399) 다만 유럽사법재판소(Court of Justice of the European Union; CJEU)는 다운로드된

는 이익상황이 구체적인 사안마다 다르므로 이 문제는 당사자 간의 계약에
의하여 해결하는 것이 가장 적절해 보인다.

라. 유일한 출처

데이터세트에 대한 배타적 권리 부여 시 공유 영역의 확보와 관련하여
추가적으로 검토해야 할 것은 과거에 데이터베이스권을 법제화하는 과정
에서 논의된 바 있던 '유일한 출처(Soul Source)'의 문제이다. 유일한 출처
의 정보란 데이터베이스에 수록될 정보의 출처가 하나뿐인 경우에 그 정보
를 말한다. 유일한 출처의 정보가 필요한 자는 그 정보 생산자의 도움 없이
는 그 정보를 이용할 수 없다. 이는 해당 정보의 독점을 통해 자신은 어떠
한 활동을 하면서 타인의 진입을 봉쇄하는 결과로 이어질 수 있으며, 결국
사회적 후생을 떨어뜨리는 부작용을 가져올 위험이 있다. 이런 상황에서
데이터베이스에 대하여 배타적 권리를 부여하는 것은 정보의 독점과 경쟁
의 제한을 심화할 수 있다.

이를 해결하기 위한 방안으로는 ① 처음부터 그러한 정보는 데이터베이
스의 보호 대상에서 제외되도록 규정하는 방안, ② 보호를 인정하되 강제
허락 규정을 두는 방안, ③ 독점금지 등 기존의 규제에 맡기는 방안 등이
주장된 바 있다.[1400] EU 데이터베이스 지침의 제정 과정에서 초기에 논의
되었던 안은 데이터베이스가 유일한 출처만 가지고 있는 정보를 포함하고
있는 경우 데이터베이스 권리자에게 공정하고 비차별인(fair, reasonable and

컴퓨터프로그램에 유럽 컴퓨터프로그램 보호 지침(Directive 2009/24/EC)상 최초판
매원칙을 적용하여야 한다고 판시한 바 있다(UsedSoft, C-128/11, ECLI:EU:
C:2012:407). 참고로 위 결정은 매수한 컴퓨터프로그램의 '소유권(owner)'이 매수
인에게 귀속한다는 점을 논거로 들고 있는데, 이것은 저작권 제한의 논거일 뿐 (물
권과 유사한) 데이터 소유권을 인정하는 취지는 아니라는 평가가 있다[이동진, 앞
의 논문(2018), 231면].

1400) 채명기·이영록, "데이터베이스의 추가 보호", 저작권심의조정위원회 연구보고서,
2000, 108-109면.

nondiscriminatory; FRAND) 조건으로 라이선스 계약을 체결할 의무를 부과
함으로써 ②, ③안을 절충한 내용을 법제화하고 있었다.[1401] FRAND 확약
의 법리는 표준기술을 구현하기 위해 반드시 실시되어야만 하는 특허인 표
준특허(standard patent)와 관련하여 발전된 법리이다. 표준특허의 경우에는
특허권자가 이를 원하는 기업 모두에게 공정하고 합리적이며 비차별적인
조건(FRAND 조건)의 실시를 허락하겠다는 확약을 하는 경우가 많다. 비록
이러한 확약에 의하여 바로 실시권이 부여되는 것은 아니지만, 표준특허권
자가 FRAND 조건에 따른 성실한 실시계약 협상 없이 침해금지청구를 하
는 것은 권리남용으로 허용되지 않거나 경쟁법 위반으로 규제 대상이 될
수 있다.[1402] 우리 저작권법은 데이터베이스권에 관하여 ①안이나 ②안과 같
은 규정을 두지 않고 있으므로 결과적으로 시장의 자율에 맡기면서 기존의
경쟁법에 저촉될 경우에 한하여 규제할 수 있도록 한 취지라고 해석된다.[1403]

　데이터세트에 관한 권리의 경우에도 데이터베이스권에 관한 위의 논의
가 그대로 타당하다. ①안의 경우 그 불명확성으로 인하여 분쟁이 발생할
여지가 많으므로 ②안이나 ③안이 적절하다고 보이는데, 그 중에서도 당사
자 간의 자발적 합의를 존중하는 ③안이 자유와 효율성의 측면에서 우월하
다고 생각된다.[1404] 다만, 권리의 명확성과 예측가능성을 높이기 위해서는
유일 출처 정보를 포함하는 데이터세트에 대한 권리자에게 FRAND 조건에
의한 라이선스 계약 의무를 명문화하는 것도 긍정적으로 고려해볼만하다.
그렇지 않더라도 기존의 FRAND 사건에서 제시된 협상 규칙은 사적 조정
기제를 촉진하는 연성법적 수단을 설계하는데 유용하게 참조될 수 있을 것

1401) 채명기·이영록, 앞의 자료, 108-109면 참조.
1402) 남구현, "표준특허에 대한 특허법과 경쟁법 적용의 제문제 - FRAND 위반행위에
　　　대한 규율을 중심으로 -", Law & technology 제11권 제6호, 서울대학교 기술과 법
　　　센터, 2015, 62-86면.
1403) 이상정, 앞의 논문(2003), 30면; 오승종, 앞의 책, 1040면.
1404) 이상용, 앞의 논문(2018), 58-60면.

이다.[1405] 최근 들어 데이터 독점에 대한 우려가 커지면서 이를 기업결합 심사기준에 반영하는 등[1406] 성급하게 독점규제법을 적용하려는 경향이 생기고 있다. 그러나 경쟁 침해의 우려가 있다는 점만으로 사전적 규제를 하는 것은 정당화되지 않을 뿐 아니라 오히려 효율성을 해할 수 있다.[1407] 그런 점에서 자발적 합의를 존중하는 방식으로 경쟁 제한성을 해소하려는 위와 같은 방안이 바람직하다고 할 것이다.

5. 공시방법

가. 공시방법의 의의

지배권 모델은 권리의 존재 및 내용과 그 변동에 관하여 어떠한 외적 표상, 즉 공시방법을 수반하는 것이 일반적이다. 이는 물권법에서 공시의 원칙으로 확립되어 있지만, 지적재산권법에서도 지배권적 권리에는 공시방법이 마련되어 있다. 다만 공시방법의 효력은 권리마다 다르게 정해져 있다. 물권의 경우 부동산은 등기, 동산은 인도가 공시방법이 되고, 등기나 인도는 법률행위에 의한 물권변동을 위한 성립요건이 된다(민법 제186조, 제188조). 특허권의 경우 설정등록이 성립요건이 되는 반면(특허법 제87조 제1항), 저작권의 경우에는 취득을 위하여는 등록이 필요하지 않지만 권리변동 시에는 등록을 해야만 제3자에게 대항할 수 있도록 되어 있다(저작권법 제54조). 데이터베이스권도 저작권의 규정이 준용되며, 이를 위하여 데이터베이스제작자권리등록부가 마련되어 있다(저작권법 제98조). 다만 데이터베이스권의 경우 등록제도의 활용이 매우 저조한 것으로 나타나고 있다.[1408]

1405) 홍대식, 앞의 논문(2019), 201면.
1406) 「기업결합 심사기준」(공정거래위원회 고시 제2019-1호, 2019. 2. 27., 일부개정) Ⅵ. 경쟁제한성 판단기준 5. 정보자산을 수반하는 기업결합의 경쟁제한성 판단 시 고려사항 참조
1407) 이상용, 앞의 논문(2020), 147면.

나. 데이터세트에 대한 공시방법의 기능

데이터세트에 대한 배타적 권리를 표상하기 위하여 공시방법을 마련하는 것은 ① 특정성을 보완하고, ② 거래비용을 절감하며, ③ 보다 강한 보호를 위한 전제가 되고, ④ 거래안전을 위한 제3자 보호제도의 바탕이 된다는 점에서 큰 의미가 있다.

우선 공시방법을 마련하는 것은 데이터세트의 특정성을 보완하여 데이터세트에 대한 지배권적 권리 부여를 현실적으로 실현 가능하게 만든다. 공시방법은 일반적으로 공적 장부의 형태로 마련되겠지만, 공적 장부의 기록과 해당 데이터세트는 서로 연결될 수 있어야 하므로 데이터 자체에도 특정을 위한 요소가 존재해야 한다. 앞서 보았던 데이터세트의 표준화나 객체식별자(OID)와 같은 기술적 수단의 발전이 병행되어야 하는 것은 이 때문이다.

공시방법의 두 번째 의의는 거래비용의 절감에 있다. 권리 및 권리자에 관한 공적 기록을 유지하는 것은 상거래의 장애가 되는 불확실성을 감소시키고, 잠재적 분쟁에서의 증명비용을 감소시킨다.[1409] 이처럼 재산권을 기록으로 남기는 것은 거래비용을 감소시킴으로써 규범적 코즈 정리가 추구하는 바를 달성할 수 있게 해 준다. 유럽 연합에서 발간한 데이터 오너십에 관한 백서는 데이터에 대한 새로운 권리(sui generis right)를 부여하기 위한 요건으로서 권리의 귀속과 거래 당사자를 명확히 할 수 있도록 데이터 추

1408) 2019년의 경우 저작권 기본등록 건수가 41,757건에 이르는 반면 저작인접물에 대한 권리의 기본등록 건수는 145건, 데이터베이스권의 기본등록 건수는 74건에 불과하다[통계청, "전체 저작권 등록 건수" (자료갱신일 2021. 2. 19.) (https://kosis.kr/statHtml/statHtml.do?orgId=443&tblId=DT_443001_001&vw_cd=&list_id=00000190&scrId=&seqNo=&lang_mode=ko&obj_var_id=&itm_id=&conn_path=R1&path=)]

1409) 공시방법은 물권법정주의와도 관련이 있다. 일부 학자는 물권법의 핵심이 물권의 객체가 되는 물건의 형식(format)을 한정함으로써 거래비용을 감소시키는 데 있다고 주장하면서 공시에 기반한 물권법의 특성을 강조하기도 하였다. Fairfield, op. cit., pp. 805-874.

적을 가능하게 할 의무(data traceability obligation)를 부과할 것을 제안한 바 있다.[1410) 그러나 이러한 공적 기록의 구축에는 비용이 들어간다. 이처럼 권리의 불확실성으로 인한 상거래의 장애와 공적 기록의 유지를 위한 비용 사이에는 상충관계가 존재한다. 법경제학적 분석 결과에 따르면 공적 기록의 유지 여부는 대체로 재화의 단위당 가격의 높고 낮음에 달려있다.[1411) 예컨대 주택이나 자동차와 같이 비싼 재화들은 등기·등록제도를 시행하는 편이 효율적이지만, 일반적 동산과 같이 저렴한 재화의 거래의 경우 공적 기록의 유지에 들어가는 비용이 불확실성을 줄여주는 효과보다 크므로 공적 기록을 두지 않는 편이 효율적이다. 저작권이 등록을 권리 발생 요건으로 하지 않는 이유 중 하나는 바로 이러한 점과 관련되어 있는데, 저작권의 보호가 반드시 저작물의 경제적 가치와 유통을 전제로 하는 것이 아니기 때문이다. 한편 기술 발전에 따라 공적 기록을 유지하는 비용이 줄어들게 되면 기존에는 공적 기록을 두는 것이 비효율적이었던 재화들에도 공적 기록을 마련하는 편이 효율적인 것으로 될 수 있다. 최근에 급속도로 발전하고 있는 블록체인 등 분산원장 기술(Distributed Ledger Technology, DLT)은 공적 기록 유지를 위한 비용을 획기적으로 낮추고 있다. 이 밖에 분산원장 기술은 데이터의 특정을 용이하게 하고, 나아가 데이터에 경합성과 배타성을 부여함으로써 유체물과 유사한 규율이 가능하게 하기도 한다 (유체물-동등 데이터). 데이터의 보호와 관련하여 분산원장 기술의 발전에 주목해야 하는 이유이다.

공시방법의 세 번째 의의는 그것이 강력한 절대적 보호의 전제가 된다는 점이다.[1412) 예컨대 물권이 지닌 높은 수준의 배타성과 절대성은 물권의

1410) Benoit Van Asbroeck, Jasmien César & Julien Debussche, White Paper - Data ownership in the context of the European data economy: proposal for a new right, Bird & Bird, 2017.

1411) Robert Cooter & Thomas Ulen(한순구 역), 앞의 책, 184-186면.

1412) 권영준, 앞의 논문(2010), 173-174면.

귀속 주체와 내용을 인식할 수 있는 객관적인 표상, 즉 공시방법을 갖출 것을 요구한다.[1413) 권리의 성립을 위하여 등록을 요하지 않는 저작권이 물권과 유사하거나 오히려 강하게 보호된다는 점을 문제삼으면서 저작권 분쟁에서 사법재량의 중요성을 강조하는 견해[1414)는 바로 이 점을 지적한 것이다. 한편 공시방법의 유무와 형태는 강한 보호의 전제이기도 하지만 정교한 보호의 전제이기도 하다. 그 단적인 예가 바로 담보권이다. 점유를 공시방법으로 하는 동산의 경우 담보 설정자의 점유를 빼앗는 질권과 외부적 소유권을 이전받는 양도담보만이 활용되는 반면, 등기를 공시방법으로 하는 부동산의 경우 교환가치만을 지배하는 저당권 제도가 마련되어 경제에 막대한 신용을 공급하고 있는 것이 현실이다.

마지막으로 공시방법은 제3자를 보호하여 거래 안전을 도모하기 위한 제도의 바탕이 된다. 물권법에서는 동산에 경우에 한하여 공시방법에 공신력을 부여하는 공신의 원칙을 받아들이고 있다(제249조). 그러나 거래안전을 위한 제도는 물권법에만 존재하는 것은 아니다. 예컨대 어음상 권리나 수표상 권리와 같은 증권적 채권도 선의취득이 가능하다.[1415) 그러나 지적재산권의 전면적인 선의취득은 인정되지 않고 있다. 그 근거는 명확하지 않으나 정보의 무한한 복제 가능성을 들고 있는 견해가 있다.[1416) 다만 특허법에는 실시권의 선의취득이라고 할 수 있을 '중용권(中用權)'이라는 제도가 존재한다. 즉 동일한 발명에 대한 둘 이상의 특허 중 무효로 된 특허권에 관하여 무효심판청구 등록 당시에 이미 전용실시권이나 통상실시권

1413) 주석민법 물권(1), 26면(손철우 집필부분); 불법행위법에서 물권 침해가 곧바로 위법성을 징표하여 손쉽게 불법행위가 인정되는 반면, 채권침해는 복잡한 이익 형량을 거쳐서 비로소 위법성을 지닌 불법행위로서 인정되는 것도 공시제도의 유무와 밀접한 관련이 있다(권영준, 앞의 논문(2010), 173면).

1414) 권영준, 앞의 논문(2010), 174면.

1415) 어음법 제16조, 수표법 제21조.

1416) 정해상, "온라인콘텐츠의 선의취득에 관한 법리", 홍익법학 제17권 제3호, 홍익대학교 법학연구소, 2016, 209면.

을 취득하고 등록을 받은 자는 특허권에 대하여 법정실시권을 취득한다(제
104조). 저작권법에는 이와 같은 제도가 없으나, 일정한 경우 저작권 자체
가 아닌 저작물 이용권(콘텐츠 이용권)의 선의취득을 인정할 필요가 있다
는 주장이 있다.[1417] 한편 부정경쟁방지법은 거래에 의하여 중대한 과실
없이 선의로 영업비밀을 취득한 자는 그 거래에 의하여 허용된 범위에서
그 영업비밀을 사용하거나 공개할 수 있다고 함으로써 선의자에 대한 특례
를 두고 있다(제13조). 법경제학적인 측면에서 보면 거래 안전을 위하여 선
의취득와 같은 제도를 두는 것은 암묵적으로 코즈의 정리를 바탕에 깔고
있다고 할 수 있다. 즉 거래비용이 없다는 전제 하에서는 사적 재산권이 확
립되기만 하면 그것이 누구에게 귀속되건 배분적 효율성이 달성되고 사회
적 효용이 극대화될 수 있다는 것이다. 또한 선의취득 제도는 양수의 목적
이 된 권리의 귀속에 관한 양수인의 주의의무에 한계를 지워줌으로써, 간
접적으로 지나치게 복잡한 권리 귀속관계로 인한 재화의 과소 활용 문제를
해결해줄 수도 있다. 데이터세트에 대한 배타적 권리와 관련하여 공시방법
을 마련할 경우 선의취득과 같은 거래 안전을 위한 제도를 마련해야 할까.
이를 긍정하는 견해도 있으나,[1418] 거래 현황을 면밀히 조사하면서 신중하
게 접근할 필요가 있다고 생각된다. 거래 안전의 보호, 즉 '동적 안전'도 중
요하지만 진정한 권리자 보호 필요성, 즉 '정적 안전'과의 형량이 반드시
전제되어야 하기 때문이다.[1419]

다. 소결

지배권 모델에 따라 데이터세트에 대한 배타적 권리를 창설할 경우 데이
터베이스권과 마찬가지로 공적 장부를 마련하여 권리의 존재·내용 및 변동

1417) 정해상, 앞의 논문(2016), 212-213면.
1418) 박진아, 앞의 논문, 34면.
1419) 주석민법 물권(1), 928면(김진우 집필부분); 지원림, 앞의 책, 520면.

을 공시해야 할 것이다. 다만 데이터세트에 대한 지배권적 보호에 대하여
는 특정성의 부족을 이유로 반대하는 견해가 많았다는 점을 고려하면, 기
존의 저작권법상 권리들과 달리 등록을 권리 취득을 위한 요건으로 할 필
요가 있다고 보인다. 그 경우 데이터세트 생산자의 권리보호는 다소 약해
질 수 있지만, 담보제공 등 지배권적 성질을 바탕으로 하는 제도적 기능은
크게 강화될 수 있다. 이러한 제도적 기능을 활용할 계획이 없는 데이터세
트 생산자라면 지배권 모델에 의한 보호를 포기하고 후술하는 부정경쟁 모
델에 따라 보다 간편하게 자신의 권익을 보호받을 수 있을 것이다.

6. 대안들의 검토

가. 대안 1 : 데이터베이스권의 수정·보완

(1) 서설

지배권 모델에 의한 데이터세트 보호 방안 중 가장 잠재력이 큰 대안은
기존의 데이터베이스권을 데이터세트 보호에 적합하도록 수정·보완하는
것이다.[1420] 데이터베이스권은 세계 각국에서 수년에 걸쳐 이루어진 논쟁
과 신중한 검토 끝에 도입된 것으로서 지배와 공유 사이의 섬세한 균형을
도모하고 있으며 저작권법의 체계를 모범으로 하여 완성도 높은 구조를 가
지고 있다. 다만 데이터베이스권은 빅데이터 기술 및 인공지능 기술이 보
편화되기 전의 전통적 데이터베이스를 전제로 입안된 것인 탓에 오늘날 경

1420) 유럽 집행위원회는 지난 2017년에 EU 데이터베이스 지침이 오늘날의 실정에 부합
하는지 여부를 평가하기 위한 작업을 시작하였다. 주요 쟁점은 데이터베이스제작
자에 대한 독자적 권리 부여가 얼마나 효과적인지, 데이터베이스 생산을 얼마나 촉
진하였는지, 산업과 이용자 사이의 균형이 이루어져 있는지 등이다(European
Commission, Evaluation and Fitness Check(FC) Roadmap - Evaluation of Directive
on the legal protection of databases, 2017. Available at: https://ec.europa.eu/info/law/
better-regulation/have-your-say/initiatives/1360-Evaluation-of-Directive-on-the-legal-
protection-of-databases_en)

제적으로 중요한 의미를 갖는 데이터세트 모두에 적용되지는 못한다는 한계가 있으며, 실제 거래계에서 활용되는데 장애가 될 만한 몇 가지 요소를 담고 있다. 따라서 기존의 데이터베이스권이 데이터세트 보호를 위하여 활용되기 위해서는 저작권법의 개정을 통해 다음과 같이 수정·보완될 필요가 있다.

(2) 개정 방향

첫째, 비정형데이터로 이루어진 데이터세트를 보호대상에 포함할 수 있도록 데이터베이스의 요건에서 체계성과 검색가능성을 제외할 필요가 있다. 그 경우 전통적 데이터베이스의 개념 범위를 벗어날 가능성이 있는데, '데이터베이스' 대신에 '데이터세트'라는 용어를 채택하는 것도 방법이 될 수 있을 것이다.

둘째, 데이터베이스권을 갖는 데이터베이스 제작자의 개념에서 '상당한 투자'라는 요소를 '기획'이라는 요소로 대체할 필요가 있다. 상당한 투자라는 요소는 명확성이 부족하여 잠재적 분쟁의 원인을 제공하고 지배권 모델의 장점을 희석하고 있다. 또한 상당한 투자를 한 자가 다수 존재할 수도 있고, 소재의 검증·갱신 과정에서 그 수가 계속 늘어날 가능성도 있다.[1421] 이는 다수 권리자의 존재로 인한 자원의 과소 활용의 문제를 악화시킬 수 있다. 따라서 저작인접권[1422]이나 업무상저작물[1423]의 경우처럼 데이터세트 생산을 위한 전체적인 '기획'을 담당한 자에게 데이터베이스권을 집중시키고, 그 밖에 데이터세트 생산을 위한 노력과 비용을 부담한 작성자나 투자자에게는 계약이나 법률에 따른 보상을 하도록 하는 것이 보다 실효성이 있다고 생각된다. 다만 예측가능성을 확보하기 위해서는 기획의 개념과

1421) 소재의 검증과 보충 역시 데이터베이스에 대한 투자에 해당하며 데이터베이스의 중요한 요소라고 이해되고 있다(이일호·김기홍, 앞의 논문, 44면).
1422) 저작권법 제2조 제6호, 제14호, 제78조 이하, 제101조.
1423) 저작권법 제2조 제31호, 제9조.

보상의 요건을 명확히 규정해야 할 것이다.

셋째, 데이터베이스권의 등록을 권리 발생의 요건으로 할 필요가 있다.[1424] 체계성과 검색가능성을 데이터베이스의 개념에서 제외할 경우 그 특정에 상당한 어려움이 있을 수 있다. 따라서 데이터 표준화 등 관련 기술을 발전시킴과 동시에 공적 장부에의 등록을 성립요건으로 함으로써 특정성과 관련된 우려를 불식시킬 필요가 있다. 이를 위해서 특정성을 비롯한 등록의 요건을 구체적으로 명시해야 함은 물론이다. 이처럼 등록을 권리 발생 요건으로 하는 것은 데이터베이스권을 저작권의 전통에서 더욱 멀어지게 한다는 반론이 있을 수 있다. 그러나 저작권의 성립에 등록이 요구되지 않는 가장 큰 이유는 자유의 실현으로서의 저작물의 창작 자체를 보호할 필요가 있기 때문이다. 데이터베이스권은 재화로서의 데이터세트 생산을 위한 인센티브로서 부여되는 것으로서 자유 논변보다는 효용 논변에 의하여 주로 정당화된다는 점을 고려하면 이러한 반론은 타당하지 않다. 등록 가능한 데이터베이스가 제한되어 제도의 실익이 반감된다는 반론도 있을 수 있다. 그러나 특정성의 결여 등으로 인해 등록할 수 없는 데이터베이스라면 처음부터 높은 거래비용으로 인해 지배권적 보호에 부적합한 것이라고 볼 수 있다.

넷째, 데이터베이스권자의 권능을 명확히 하여 제3자의 입장에서 어떤 행위가 침해행위로 될 것인지 예측할 수 있도록 해야 한다. 침해행위가 되려면 '상당한 부분'의 복제 등이 있어야 한다는 현행법의 태도는 재고를 요한다. 지배권 모델의 장점인 명확성을 확보할 수 없기 때문이다. 유럽에서 데이터베이스 제작자의 권리에 관한 분쟁들이 대부분 '상당한 부분' 여부의 판단과 관련되어 있다는 점[1425]은 이를 방증하는 것이다. '상당한 부분'

1424) 과거 「콘텐츠산업진흥법」이 입법될 당시 제1차 공청회안은 '디지털화권'을 포함하고 있었는데, 비저작물을 디지털화한 경우 등록을 권리발생의 요건으로 하고 있었다(유대종, 앞의 논문, 71-72면).

1425) 대표적인 사례로, The British Horseracing Board Ltd and Others v William Hill

요건은 그 취지를 살릴 수 있는 보다 명확성 있는 기준으로 대체되거나, 공정이용 등의 항변사유로 재구성될 필요가 있다.

다섯째, 공유의 영역을 지속적으로 재조정할 필요가 있다. 지배권 모델의 장점 중 하나는 지배와 공유의 영역을 비교적 예측 가능하게 구분할 수 있다는 점이다. 데이터 경제의 발전 과정에서 공중의 접근이 허용되어야 할 사유와 영역들이 새롭게 드러날 수 있으므로 공유의 영역이 충분한지 지속적으로 관심을 갖고 지켜보아야 한다. 한 가지 적극적으로 고려할 만한 대안은 유일한 출처의 정보에 대한 접근권을 인정하는 것이다. 이 경우 권리자에게 FRAND 조건에 의한 라이선스 계약 체결 의무를 부과하는 것은 사적 자치의 원칙을 견지하면서 독점과 경쟁 침해의 우려를 해소할 수 있는 좋은 방법이 될 수 있다.1426)

나. 대안 2 : 데이터세트에 대한 새로운 배타적 지배권의 신설

(1) 서설

두 번째 대안은 데이터세트에 대한 새로운 배타적 지배권을 신설하는 것이다. 예컨대 콘텐츠산업진흥법이 입법될 당시 제1차 공청회안은 부정경쟁 모델이 아닌 지배권 모델로서 '디지털화권'을 포함하고 있었다.1427) 데이터세트 보호를 위한 새로운 권리의 창설은 학자와 실무가들의 충분한 논의가 뒷받침되지 않으면 예상치 못한 허점이 많이 생길 수 있다는 점에서 이미 확립된 데이터베이스권의 수정·보완에 비하여 더 낫다고 말하기는 어렵다. 그럼에도 불구하고 지배권 모델에 바탕을 둔 데이터 보호 방안들이 법안이

Organization Ltd.(Case C-203/02).
1426) 과거 콘텐츠산업진흥법이 입법될 당시 제1차 공청회안은 '디지털화권'을 포함하고 있었는데, 비저작물을 디지털화한 경우 '이용요금을 포함한 무차별적이고 합리적인 이용조건'을 제시한 경우에만 권리를 인정함으로써 결과적으로 이용요금만 지불하면 이용할 수 있는 채권적 권리로 구성되어 있었다(유대종, 앞의 논문, 71-72면).
1427) 유대종, 앞의 논문, 71-72면.

나 학설의 형태로 많이 제시되고 있는 상황이다.

(2) 산업디지털전환 촉진법안

2020년에 제출된 「산업디지털 전환 촉진법안」[1428]은 지배권 모델과 관련이 있어 보이는 다음과 같은 데이터 보호 규정을 두고 있다.

> 제2조(정의) 이 법에서 사용하는 용어의 뜻은 다음과 같다.
>> 2. "산업데이터 생성"이란 산업활동 과정에서 인적 또는 물적으로 상당한 투자와 노력을 통하여 기존에 존재하지 아니하였던 산업데이터가 새롭게 발생하는 것(공정한 상거래 관행이나 경쟁질서에 반하지 않는 범위 내에서 산업데이터 활용을 통하여 당초 산업데이터와 구분되어 독자성을 인정할 수 있는 산업데이터가 발생하는 경우를 포함한다)을 말한다.
>> 3. "산업데이터 활용"이란 산업데이터의 수집, 연계, 저장, 보유, 가공, 분석, 이용, 제공, 공개 및 그 밖에 이와 유사한 행위를 말한다.
> 제9조(산업데이터 활용 및 권리보호)
>> ① 산업데이터를 생성한 자는 해당 산업데이터를 가공, 분석, 이용, 제공 등의 방법으로 활용하여 사용·수익할 권리를 가진다.
>> ② 산업데이터를 2인 이상이 공동으로 생성한 경우 각자 해당 산업데이터를 가공, 분석, 이용, 제공 등의 방법으로 활용하여 사용·수익할 권리를 가진다. 다만, 당사자 간의 약정이 있는 경우에는 그에 따른다.
>> ③ 제1항 또는 제2항에 따라 생성된 산업데이터가 제3자에게 제공된 경우 산업데이터를 생성한 자와 제3자 모두 각자 해당 산업데이터를 가공, 분석, 이용, 제공 등의 방법으로 활용하여 사용·

1428) 2020. 9. 14. 조정식 의원 대표발의, 의안번호 제2103873호. 「산업의 디지털 전환 및 지능화 촉진에 관한 법안」(2020. 10. 14. 고민정 의원 대표발의, 의안번호 제2104509호)도 사실상 이와 동일한 내용을 담고 있다.

수익할 권리를 가진다. 다만, 당사자 간의 약정이 있는 경우에는 그에 따른다.

④ 누구든지 산업데이터에 대한 제1항부터 제3항까지의 권리를 공정한 상거래 관행이나 경쟁질서에 반하는 방법으로 침해하여서는 아니 된다. 이 경우 공정한 상거래 관행이나 경쟁질서에 반하는 방법인지 여부를 판단할 때에는 산업데이터 활용의 목적 및 성격, 산업데이터의 활용이 그 산업데이터의 현재 또는 잠재적 가치에 미치는 영향 등을 종합적으로 고려하여야 한다.

⑤ 산업데이터 생성 또는 활용에 관여한 이해관계자들은 산업데이터의 원활한 활용과 그 결과에 따른 이익의 합리적인 배분 등에 관한 사항을 내용으로 하는 계약을 체결하도록 노력하여야 한다. 이 경우 이해관계자들은 합리적인 이유 없이 그 지위를 이용하여 불공정한 계약을 강요하거나 부당한 이득을 취득하여서는 아니 된다.

⑥ 산업데이터를 사용·수익할 권리를 가지는 자는 산업데이터의 무결성·신뢰성을 확보하고 산업데이터가 분실·도난·유출·위조·변조 또는 훼손되지 아니하며, 산업데이터를 활용한 제품·서비스가 위해를 발생시키지 않도록 노력하여야 한다.

⑦ 고의 또는 과실에 의하여 제4항 및 제6항을 위반하여 타인에게 손해를 입힌 자는 손해를 배상할 책임을 진다.

위 법안에 의한 데이터 보호는 다음과 같은 특징과 한계를 갖는다. 첫째, 데이터세트만이 아니라 기계에 의하여 생성된 개별데이터도 보호한다(제2조 제2호). 데이터세트와 개별데이터는 생산·유통을 위한 인센티브 구조의 차이로 인해 정당화 근거와 보호 범위가 다름에도 불구하고 이를 함께 규율하는 것은 무리가 있다. 또한 산업데이터인 개별데이터와 개인정보나 저작물과 같이 다른 권리의 목적이 된 개별데이터를 함께 바라볼 수 있는 틀도 제공하지 않는다. 둘째, 산업데이터 생성자에게 권리를 귀속시킨다(제9

조 제1호). 다만 생성자가 다수인 경우 각자 산업데이터를 사용·수익할 수 있고, 생성자가 제3자에게 산업데이터를 제공한 경우 다른 약정이 없는 한 산업데이터 생성자와 제3자 모두 산업데이터를 사용·수익할 수 있다(제9조 제2, 3호). 생성자의 개념이 정의되고 있지 않기 때문에 작성, 투자, 기획 가운데 어떠한 역할이 산업데이터의 '생성'과 연결될 수 있을지는 불분명 하고, 따라서 다수의 권리자가 존재할 개연성이 크다. 문언상 명확하지는 않지만 처분 권한은 생성자에게 유보되어 있는 것으로 보이는데, 다수 권 리자의 존재로 인한 자원의 과소 활용 문제의 여지가 있다고 여겨진다. 셋 째, 산업데이터 생성자가 사용·수익할 권리가 있다고 하여 지배권 모델의 방식으로 표현되고 있지만 그 본질은 배타적 권리의 부여가 아니라 손해배 상에 의존하는 불법행위법적 구제에 해당한다고 여겨진다(제9조 제4항, 제 7항). 현실적 지배를 떠난 관념적 지배가 가능하다는 것이 지배권 모델의 특징인데 산업데이터 생성자에게 처분 권능이 따로 인정되지 않고 있고, 무엇보다 금지청구권이 규정되어 있지 않기 때문이다.

전체적으로 보아 위 법안은 데이터세트 생산자에게 어떠한 추가적 보호 도 부여하지 않는 것으로서 데이터세트의 생산·유통을 위한 인센티브로서 기능하지 못하며, 법적 명확성을 제고함으로써 거래비용을 절감시키지도 못한다. 오히려 산업데이터를 이용하는 자들의 제3자에 대한 책임을 강화 하는 기능만을 하는 것으로서(제9조 제6항, 제7항) '진흥법'이라기보다는 '규제법'에 가깝다고 볼 수 있다.

(3) 인공지능 학습용 데이터권

한편, 일본에서는 '인공지능(AI) 학습용 데이터권'이라는 새로운 지적재 산권을 창설하자는 주장이 제기되고 있기도 하다.[1429] 이에 따르면 양질의

1429) 岡本義則, "人工知能(AI)の學習用データに關する知的財産の保護", 「パテント」 Vol.70, No.10, 2017.

학습용 데이터세트를 많이 생산하도록 하기 위한 인센티브로서 새로운 지적재산권을 도입할 필요가 있으며, 그러한 권리는 기존의 저작권이나 특허권이 아닌 새로운 유형의 것이라고 한다. 저작권법은 산업 발달을 주된 목적으로 하는 법률이 아닌데다 보호기간이 저작자의 수명에 의존하고, 특허법상 특허의 요건인 진보성은 학습용 데이터의 맥락에서는 요구되지 않기 때문이다.1430) 그러나 위 주장은 인공지능 학습용 데이터권의 구체적인 내용은 제시하지 않고 있다.

앞서 본 것처럼 인공지능 학습용 데이터의 경우 데이터세트 생성 '방법'과 데이터세트 생성 '장치'에 대한 특허를 통해 간접적으로 보호될 수 있을 뿐이다. 이 때문에 우리나라에서도 학습용 데이터세트를 특허법에 의하여 보호하기 위한 여러 가지 방안들이 제시되고 있는 상황이다.1431) 데이터세트의 보호 필요성은 학습용 데이터세트의 경우에 국한된 것이 아니라는 점에서 한계가 있음은 명백하지만, 문제되는 상황을 좁힐 경우 보다 실효적인 방안을 도출할 수 있다는 점에서 학습용 데이터세트에 초점을 맞춘 지배권 모델은 충분히 가치가 있다고 생각된다. 다만 그러한 모델의 구체적인 모습을 그려내기 위해서는 보다 많은 조사와 논의가 필요할 것이다.

(4) 데이터세트권

필자는 지배권 모델에 입각한 데이터세트 보호 방안으로서 가장 바람직한 것은 기존의 데이터베이스권을 수정·보완하는 것이라고 생각한다. 그러나 견해에 따라서는 데이터베이스권이 나름대로의 역할을 하고 있다는 점을 중시하여, 기존의 데이터베이스권은 그대로 두고 이를 수정·보완한 내용의 새로운 권리를 창설하자는 입장을 취할 수도 있을 것이다. 그럴 경우 '데이터세트권'이라고 불릴 만한 이 새로운 권리는 앞서 데이터베이스권의

1430) 岡本義則, 前揭論文, 93頁.
1431) 이규호, 앞의 논문(2020A), 156-170면.

수정·보완 방안을 논하면서 제안했던 특징을 갖추고 있어야 할 것이다.

제5절 부정경쟁 모델

1. 서설

부정경쟁 모델은 권리자에게 데이터세트에 관한 배타적 보호영역을 할당하지는 않지만 경쟁자의 경쟁침해행위를 금지할 수 있게 함으로써 데이터세트에 관한 이익을 독점할 수 있도록 한다. 앞서 보았던 것처럼 학자들의 견해는 지배권 모델이 실익이 크지 않고 오히려 데이터의 자유로운 흐름을 방해할 위험이 있다는 점을 근거로 지배권 모델보다 부정경쟁 모델이 우월하다는 쪽으로 기울어져 있다. 그러한 논거가 반드시 타당하지는 않다는 점은 이미 살펴보았지만, 부정경쟁 모델만이 갖는 장점이 있는 것은 엄연한 사실이다. 아래에서는 부정경쟁법방지상의 여러 제도 가운데 데이터세트의 보호수단으로서 잠재력이 크다고 할 수 있는 영업비밀의 법리와 성과물 무단사용의 법리의 가능성과 한계를 살펴보고, 권리의 내용, 권리의 범위와 제한, 그리고 공시방법의 순으로 바람직한 모습을 그려본 뒤에, 이를 바탕으로 하여 최근에 입법된 구체적 대안들을 평가해보기로 한다.

2. 영업비밀 법리와 성과물 무단사용 법리

우산법(Umbrella Act)이라는 별칭에서 알 수 있듯이 부정경쟁방지법은 실로 다양하고 이질적인 제도들의 집합으로 이루어져 있다. 그 중에서 데이터세트 보호수단으로서의 잠재력이 가장 큰 것은 영업비밀의 법리와 성과물 무단사용의 법리이다. 이들은 모두 부정경쟁 모델로서 지배권 모델보다는 비교적 권리 귀속의 문제로부터 자유롭고 유연하다는 장점을 가지지 만,[1432] 몇 가지 중요한 차이도 있다.

첫째, 요건 측면에서 '비공지성'을 요건으로 하는 영업비밀의 법리는 정 보 공개의 범위와 유통을 위한 인센티브 측면에서 이를 요건으로 하지 않 는 성과물 무단사용의 법리에 비하여 상당히 취약한 측면이 있다. 즉, 데이 터세트가 일단 공개되면 더 이상 영업비밀로서 보호될 수 없기 때문에 영 업비밀의 법리는 데이터의 유통을 위한 인센티브는 되지 못한다.[1433]

둘째, 효과 면에서 보더라도 두 법리 사이에는 약간의 차이가 존재한다. 즉 영업비밀에 대한 보호의 경우 일반 부정경쟁행위와 달리 금지청구권을 행사할 수 있는 기간에 제한을 두고 있고(부정경쟁방지법 제14조), 선의의 상대방에 대하여는 금지청구를 할 수 없도록 하고 있다(동법 제13조).[1434] 이런 점을 근거로 영업비밀의 보호가 일반 부정경쟁행위의 경우보다 물권 법적 규율에 보다 가깝다고 평가하는 견해도 있다.[1435] 하지만 지배권 모 델에 좀 더 접근한 것은 「콘텐츠산업진흥법」이다. 뒤에서 보듯이 위 법은 비록 권리자에게 배타적 보호영역을 할당하지는 않지만, 침해행위의 유형, 의무자의 범위, 공시방법 등에 있어서 지적재산권과 유사한 규율을 한다.

3. 보호의 내용

가. 보호 대상

부정경쟁 모델에서는 배타적 보호영역이 할당되지 않기 때문에 지배권 모델과 달리 보호 대상의 특정성이나 독립성이 강하게 요청되지 않는다.

1432) 권영준, 앞의 논문(2021), 27면; 박준석, 앞의 논문(2019), 110-111면은 부정경쟁방 지법에 의한 데이터 보호가 현실적으로 가장 합리적인 방법이라고 설명한다.
1433) 박준석, 앞의 논문(2019), 109면, 117면.
1434) 영업비밀 침해에 있어 선의자를 위한 특례를 정한 부정경쟁방지법 제13조 참조.
1435) 박준석, 앞의 논문(2019), 113-114면.

그렇다고 하여 부정경쟁 모델에서 보호 대상이 존재하지 않는 것은 아니다. 예컨대 영업비밀 법리에서는 영업비밀이, 성과물 무단사용 법리에서는 성과물이 보호 대상이 되며, 데이터세트가 그에 해당하는지 여부는 각 조항에 정해진 요건의 해석에 의하여 결정된다. 그러나 영업비밀은 비공지성의 요건으로 인해, 성과물 무단사용 조항은 일반조항이라는 구조적 특성과 자유경쟁 및 공유영역 확보의 요청으로 인한 소극적 해석의 경향으로 인해 데이터세트가 각 조항의 보호 대상으로 포섭될 것인지 여부는 불분명하다.

한편 보호 이익은 양자 모두 데이터세트 생산에 들어간 노력 내지 투자라고 할 수 있다. 영업비밀의 요건 중 하나인 경제적 유용성은 노력 내지 투자와 그로 인한 경제적 가치라는 요소로 구성되고,[1436] 성과물 무단사용 조항에서 성과물이란 '타인의 상당한 투자나 노력으로 만들어진 성과 등'을 의미하기 때문이다[부정경쟁방지법 제2조 제1호 (파)목]. 한편 콘텐츠산업진흥법 역시 '상당한 노력으로 제작'한 콘텐츠만 보호하고 있다(제37조 제1항).

부정경쟁 모델에 의할 경우 데이터세트를 보호대상으로 명시하여 예측 가능성을 제고할 필요가 있다. 이 경우 보호 이익은 데이터세트 생산을 위한 투자나 노력으로서 상당한 정도에 이른 것이라야 할 것이다.

나. 금지되는 행위

영업비밀의 경우에는 침해행위가 영업비밀의 ① 부정한 취득, 사용 또는 공개, ② 의무위반에 의한 사용 또는 공개, ③ 부정사용 또는 부정공개된 영업비밀의 취득, 사용 또는 공개 등으로 나뉘어 규정되어 있고(부정경쟁방지법 제2조 제3호), 성과물 무단사용의 경우에는 침해행위가 '성과 등을 공정한 상거래 관행이나 경쟁질서에 반하는 방법으로 자신의 영업을 위하여 무단으로 사용함으로써 타인의 경제적 이익을 침해하는 행위'라고 규정

1436) 김동준, 앞의 논문, 590면 참조.

되어 있다(동법 제2조 제1호 (카)목). 한편 콘텐츠산업진흥법은 정당한 권한 없이 '콘텐츠의 전부 또는 상당한 부분을 복제·배포·방송 또는 전송함으로써 콘텐츠제작자의 영업에 관한 이익을 침해'하는 행위를 침해행위로 하고 있으며(제37조 제1항), 기술적 보호조치 무력화 수단을 제조·양도·대여하는 등의 행위도 침해행위로 하고 있다(동조 제2항).

즉, 영업비밀의 경우 침해행위가 구체적으로 유형화된 반면, 성과물 무단사용의 경우 추상적이고 일반적으로 규정되어 있고, 콘텐츠의 경우 저작권 침해행위와 유사하게 규정되어 있다. 영업비밀과 콘텐츠의 경우 예측가능성이 높은 반면 성과물의 경우 예측가능성은 떨어지지만 새로운 침해유형에 대응할 수 있는 유연성이 있다고 여겨진다. 한편 어떤 행위가 침해행위로 될 것인지는 권리자에게 주어지는 권능을 대변하므로 권리의 범위 내지 공유 영역의 확보와 관련이 깊다. 영업비밀의 경우 '부당' 또는 '부정' 등의 개념에 의하여, 콘텐츠의 경우 '정당한 권한 없이'의 개념에 의하여 공유영역을 확보할 여지는 있으나 그 범위는 제한적이다. 성과물 무단사용의 경우 '공정한 상거래 관행이나 경쟁질서에 반하는 방법'이라는 침해행위의 태양이 위법성 판단을 위한 요소로 기능하는 것을 통해 공유 영역의 확보가 이루어지겠지만,[1437] 그 경계는 불명확하다.

부정경쟁방지법은 기업 간의 부정경쟁을 방지하기 위한 제도로서 경쟁자만이 의무자가 되고 침해행위를 할 수 있다.[1438] 따라서 영업비밀의 법리나 성과물 무단사용의 법리는 데이터 보유자와 이용자 사이의 법률관계를 일반적으로 다루기에는 적합하지 않을 수 있다.[1439] 이에 비하여 콘텐

1437) 대법원 2020. 3. 26.자 2019마6525 결정. "성과 등을 무단으로 사용함으로써 침해된 경제적 이익이 누구나 자유롭게 이용할 수 있는 공공영역(public domain)에 속하지 않는다고 평가할 수 있어야 한다"고 판시하였다.

1438) 김원오, 앞의 논문(2014), 281면; 박정희, 앞의 논문, 843면; 이규홍, 앞의 논문, 84면 등.

1439) 정진명, 앞의 논문, 323면; 한국법제연구원, 앞의 자료, 122면.

츠산업진흥법은 '누구든지' 침해행위를 하여서는 안 된다고 규정하고 있어서 의무자가 경쟁자로 제한되지 않는다고 해석될 여지가 있다.

데이터세트를 부정경쟁 모델에 의하여 보호할 경우 침해행위를 어떻게 규정할 것인지는 쉽지 않은 문제이다. 데이터세트를 보호하는 취지가 단순히 데이터세트의 생산·이용만이 아니라 그 유통에도 있다는 점을 고려하면 가급적 그 권능의 내용과 침해행위의 유형을 명확하고 예측 가능하게 규정해야 할 것이다.

다. 구제수단

부정경쟁 모델도 침해에 대한 구제수단으로서 금지청구권[1440]과 손해배상청구권[1441]을 인정한다. 이 점에서 부정경쟁 모델은 데이터세트에 대한 넓은 의미의 배타적 권리를 부여한다고 할 수 있다. 다만 부정경쟁 모델에서는 지배권 모델과는 달리 배타적으로 할당된 보호영역이 존재하지 않으므로 데이터세트의 침해만으로 위법성이 징표되지는 않고 침해행위 태양과의 상관관계를 고려하여 이익형량을 거쳐야만 비로소 위법성이 판단될 수 있을 것이다.

4. 보호의 범위와 제한

부정경쟁 모델의 경우에도 금지청구권에 의한 배타적 보호를 인정함에 있어서 공유 영역이 충분히 확보될 필요가 있다. 지배권 모델과 달리 배타적으로 할당된 보호영역이 존재하지 않는다는 점과 위법성의 판단 과정에서 자유 경쟁 등의 요소가 고려된다는 점은 지배권 모델에 비하여 공유 영역의 확보에 유리한 측면이 있다.

1440) 부정경쟁방지법 제10조 제1항, 제4조 제1항, 콘텐츠산업진흥법 제38조 제1항.
1441) 부정경쟁방지법 제11조, 제6조, 콘텐츠산업진흥법 제38조 제1항.

그러나 보호기간의 제한과 권리 제한의 측면에서는 부정경쟁 모델이 유리하다고 볼 수는 없다. 우선 보호기간의 경우에 관하여 보면, 영업비밀이나 콘텐츠의 경우에는 보호기간이 제한되어 있지만,[1442] 성과물의 경우에는 보호기간이 제한되어 있지 않다. 즉 성과물 무단사용의 법리는 공유의 영역을 충분히 확보해주지 못한다. 한편, 부정경쟁 모델은 공정이용 등 권리제한 제도를 마련하지 않고 있다. 지적재산권과 같은 지배권 모델에서는 그 침해는 위법성을 징표하고 공정이용 등 권리 제한 규정이 위법성조각사유로서 항변사유로 기능한다. 그런데 부정경쟁 모델에서는 할당내용이 존재하지 않기 때문에 권리제한 제도가 발전하지 못한 것으로 여겨진다.

부정경쟁 모델의 장점은 유연성에도 있지만 무엇보다도 충분한 공유 영역의 확보를 통하여 데이터의 자유로운 흐름에 기여할 수 있다는 점에 있다. 따라서 부정경쟁 모델에 의하여 데이터세트를 보호하려 할 경우에도 공유 영역의 충분한 확보를 위하여 보호기간의 제한은 물론 공정이용과 같은 제도를 두는 것을 적극적으로 고려할 필요가 있다. 공중의 영역으로 전형적으로 요구되는 상황들을 명시적으로 규정하여 침해행위가 되지 않음을 밝히는 것은 공유 영역의 확보와 예측 가능성 제고 모두에 도움이 된다. 부정경쟁 모델의 위법성 판단구조가 지배권 모델과 다르다고 해도 이러한 규정을 두는 것이 불가능한 것은 아니다. 유럽연합의 데이터베이스 지침 제정 과정에서 초기에 논의되었던 초안은 부정경쟁 모델을 취하면서도 유일 출처의 정보에 관하여 FRAND 조건에 의한 라이선스 계약 의무를 명문화하였다.[1443] 이 점을 보더라도, 부정경쟁 모델 역시 공유 영역 확보를 위한 적극적인 규정을 두는 것이 가능하고 또 필요해 보인다.

1442) 콘텐츠의 경우에는 최초 제작일부터 5년이 지나면 더 이상 보호되지 않고(콘텐츠산업진흥법 제37조 제1항), 영업비밀의 경우 금지청구권은 침해 또는 그 우려의 존재와 침해행위자를 안 날부터 3년이 경과하거나 침해행위가 시작된 날부터 10년이 경과하는 경우 시효로 소멸한다(부정경쟁방지법 제14조).

1443) 채명기·이영록, 앞의 자료, 28면, 108-109면

5. 공시방법

시방법은 주로 할당내용이 있는 지배권 모델에서 활용되지만, 지배권 모델이 아닌 경우에도 보호되는 권익의 내용과 주체를 외부에 표상하기 위한 제도가 마련될 수 있다. 다만 이 경우 지배권 모델에서와 달리 공적 장부가 아니라 데이터세트와 같은 보호객체 자체에 권리의 내용과 주체 등에 관한 사항을 표시하는 방식이 주로 사용된다. 부정경쟁 모델을 취하고 있는 콘텐츠산업진흥법상 콘텐츠제작자가 법적 보호를 받기 위해서는 콘텐츠 자체나 그 포장에 콘텐츠의 제작연월일,[1444] 제작자명 및 위 법에 따라 보호받는다는 사실을 표시해야 한다고 되어 있는 것이 좋은 예이다(제37조 제1항). 나아가 이러한 공시기능은 데이터세트에 대한 배타적 보호가 인정되지 않고 단지 사실상 지배와 계약에 기하여 데이터세트를 보호하는 경우에도 제한된 범위 내에서 확보될 수 있다. 리눅스 재단에서 발표한 데이터세트의 공개 라이선스를 위한 표준계약서(CDLA)가 데이터세트를 생성한 자에 대한 정보를 유지하고(preserve all credit or attribution to the Data Provider), 데이터에 대한 권리의 부여 사실을 원장(ledger)에 기록하는 것을 제한하지 못하도록 하는 조항을 담고 있는 것[1445]이 그 예라고 할 수 있다.

지배권 모델의 경우와 마찬가지로 부정경쟁 모델에서도 공시방법은 여러 가지 역할을 할 수 있다. 첫째, 특정성을 제고할 수 있다. 예컨대 콘텐츠산업진흥법상 법정 사실의 표시 제도는(제37조 제1항) 콘텐츠 식별체계의 확립 및 보급과(제23조 참조) 함께 콘텐츠의 특정성을 높여준다.[1446] 외부에 공표되는 공시방법이 아니라도 증명 비용을 낮추는 제도는 상당히 유용

1444) 판례는 콘텐츠의 원저작물 출판일을 표시한 것만으로는 부족하다고 한다(대법원 2006. 2. 10. 선고 2004도9073 판결).
1445) The Linux Foundation, op. cit.
1446) 판례는 콘텐츠산업진흥법 제37조 제1항의 표시 제도의 취지가 보호의 대상과 보호기간을 명확히 하려는 것이라고 설명한다(대법원 2006. 2. 10. 선고 2004도9073 판결).

하다. 예컨대 부정경쟁방지법은 영업비밀 보유자가 영업비밀이 포함된 전자문서로부터 추출된 고유의 식별값(전자지문)을 등록할 수 있게 하고, 원본증명서를 발급받은 자를 전자지문 등록 당시 영업비밀의 보유자로 추정하는 조항을 두고 있다(제9조의2). 둘째, 거래비용을 완화할 수 있다. 콘텐츠산업진흥법상 법정 사실의 표시 제도는 콘텐츠 거래사실 인증제도(제21조)와 함께 거래비용을 절감해준다. 셋째, 공시방법은 부정경쟁 모델에서도 보다 강한 보호를 위한 전제가 된다. 일부 견해가 불법행위에 기한 일반적 금지청구의 요건으로서 공시 가능성을 제시하고 있는 것은 이를 단적으로 보여준다.[1447] 넷째, 공시방법은 거래안전을 위한 제3자 보호제도의 바탕이 될 수 있다. 현행법상 부정경쟁 모델 가운데 공신의 원칙과 유사한 제도를 갖고 있는 것은 찾아보기 어렵다. 다만 거래안전을 위한 다른 장치는 존재한다. 예컨대 영업비밀의 경우에는 선의의 상대방에 대한 권리행사를 차단함으로써 거래안전을 도모하고 있다.[1448]

부정경쟁 모델에 의하여 데이터세트를 보호할 경우에도 여하한 방법으로든 권리의 내용과 주체 등에 관한 사항을 외부에 표시하기 위한 공시방법을 마련하는 것이 바람직하다. 이는 권리자의 보호를 위해서도 중요하지만, 무엇보다 거래비용을 낮춰 데이터세트의 유통을 원활하게 한다는 점에서 중요성이 매우 크다. 다만 공시방법의 구체적 형태나 효력은 면밀한 실태 조사 결과에 따라 정해져야 할 것이다.

1447) 김종현 외, 앞의 논문, 329면.
1448) 부정경쟁방지법 제13조 참조.

6. 대안들의 검토

가. 대안 1 : 영업비밀 법리에 기반한 새로운 부정경쟁행위 창설

(1) 서설

영업비밀 법리에 의한 데이터세트의 보호는 일단 해당 데이터세트가 공개되면 비밀관리성과 비공지성의 상실로 인해 무력화므로 데이터의 유통을 위한 인센티브가 되지 못한다. 이러한 문제를 해결하는 한 가지 방법은 영업비밀의 요건을 수정하는 것이다. 최근에 일본에서 도입된 한정제공데이터 제도가 바로 이에 해당한다. 2018년에 개정된 일본 부정경쟁방지법[1449]은 특정한 자에게 제공하더라도 여전히 보호받을 수 있는 '한정제공데이터'라는 개념을 세계 최초로 도입하면서, 이에 관한 부정경쟁행위에 대하여는 금지청구나 손해배상청구를 할 수 있도록 하는 한편,[1450] 기술적 제한수단의 효과를 저해하는 행위에 대한 규율을 강화하였다.[1451]

한정제공데이터 제도는 데이터에 대한 배타적 지배권을 부여하지 않고도 데이터의 생산은 물론 유통을 위한 인센티브를 부여할 수 있는 제도로서 국내에서도 여러 전문가들의 관심을 받았고,[1452] 결국 아래와 같이 2021년 개정 부정경쟁방지법[1453] 제2조 제1호 (카)목의 신설을 통해 우리

1449) 日本 特許庁, 不正競争防止法等の一部を改正する法律 (平成30年5月30日法律第33号). 2018년 5월 30일 개정되어 2019년 7월 1일 시행되었다.

1450) 제2조 제1항 제11호~16호, 제2조 제7항, 제19조 제1항 제8호

1451) 제2조 제1항 제17호, 18호, 제2조 제1항, 제19조 제1항 제9호

1452) 일본의 한정제공데이터 제도에 관한 소개로는 심현주·이헌희, "데이터의 부정경쟁 유형으로의 보호에 관한 소고- 일본의 부정경쟁방지법 개정을 중심으로", 법학논총 제35권 제4호, 한양대학교 법학연구소, 2018 참조.

1453) 2021. 12. 7. 법률 제18548호로 개정되어 2022. 4. 20.부터 시행될 예정이다. 참고로 개정 부정경쟁방지법은 그동안 논란이 많았던 유명인의 초상·성명 등 인적 식별표지, 즉 퍼블리시티(publicity)의 무단사용을 금지하는 규정도 도입하였다[제2조 제1항 (타)목]. 위 조항은 저작권법 개정안(2021. 1. 15. 도종환 의원 대표발의, 의안번호 제2107440호) 제126조의 초상등재산권과 함께 앞으로 많은 논쟁을 야기할 것으

나라에 도입되기에 이르렀다. 입법이유에 따르면, 데이터의 중요성이 날로 커지고 있음에도 불구하고 데이터 보호를 위한 법적 기반의 미비로 인하여 양질의 데이터가 원활하게 이용·유통되지 못하고 있는 상황을 타개하기 위하여, 보충적 일반조항이라는 한계를 지니는 성과물 무단이용 조항 이외에 새로이 '데이터 부정사용행위'를 부정경쟁행위의 유형으로 명확히 규정한 것이다.

제2조(정의) 이 법에서 사용하는 용어의 뜻은 다음과 같다.

1. "부정경쟁행위"란 다음 각 목의 어느 하나에 해당하는 행위를 말한다.

   카. 데이터(「데이터 산업진흥 및 이용촉진에 관한 기본법」 제2조제1호에 따른 데이터 중 업(業)으로서 특정인 또는 특정 다수에게 제공되는 것으로, 전자적 방법으로 상당량 축적·관리되고 있으며, 비밀로서 관리되고 있지 아니한 기술상 또는 영업상의 정보를 말한다. 이하 같다)를 부정하게 사용하는 행위로서 다음의 어느 하나에 해당하는 행위

     1) 접근권한이 없는 자가 절취·기망·부정접속 또는 그 밖의 부정한 수단으로 데이터를 취득하거나 그 취득한 데이터를 사용·공개하는 행위

     2) 데이터 보유자와의 계약관계 등에 따라 데이터에 접근권한이 있는 자가 부정한 이익을 얻거나 데이터 보유자에게 손해를 입힐 목적으로 그 데이터를 사용·공개하거나 제3자에게 제공하는 행위

     3) 1) 또는 2)가 개입된 사실을 알고 데이터를 취득하거나 그 취득한 데이터를 사용·공개하는 행위

     4) 정당한 권한 없이 데이터의 보호를 위하여 적용한 기술적 보호조치를 회피·제거 또는 변경(이하 "무력화"라 한다)하는 것을

로 여겨진다.

주된 목적으로 하는 기술·서비스·장치 또는 그 장치의 부품을
제공·수입·수출·제조·양도·대여 또는 전송하거나 이를 양도·
대여하기 위하여 전시하는 행위. 다만, 기술적 보호조치의 연
구·개발을 위하여 기술적 보호조치를 무력화하는 장치 또는 그
부품을 제조하는 경우에는 그러하지 아니하다.

(2) 보호되는 데이터

개정 부정경쟁방지법상 부정사용이 금지되는 '데이터'는 데이터산업법
상의 데이터1454) 가운데 '업으로서 특정인 또는 특정 다수에게 제공되는
것으로, 전자적 방법으로 상당량 축적·관리되고 있으며, 비밀로서 관리되
고 있지 아니한 기술상 또는 영업상의 정보로 정의되고 있다. 이는 일본 부
정경쟁방지법상 한정제공데이터의 정의와 거의 동일한 것이다.1455) 위와
같은 정의에 따르면, 데이터가 부정사용으로부터 보호받기 위해서는 ① 한
정제공성, ② 전자적 관리성, ③ 상당 축적성, ④ 유용성(기술상 또는 영업
상의 정보), ⑤ 비밀로 관리되지 않을 것 등의 요건이 구비되어야 한다.

첫째, 보호대상이 되는 데이터는 '업으로서 특정인 또는 특정 다수에게

1454) 다양한 부가가치 창출을 위하여 관찰, 실험, 조사, 수집 등으로 취득하거나 정보시
스템 및 「소프트웨어 진흥법」 제2조제1호에 따른 소프트웨어 등을 통하여 생성된
것으로서 광(光) 또는 전자적 방식으로 처리될 수 있는 자료 또는 정보를 말한다(데
이터산업법 제2조 제1호).

1455) 일본 부정경쟁방지법 제2조 제7항은 한정제공데이터를 '업으로서 특정한 자에게
제공한 정보로 전자적 방법에 의하여 상당량이 축적, 관리되고 있는 기술상 또는
영업상의 정보(비밀로서 관리되고 있는 것은 제외)'라고 정의하고 있다. 다만 일본
부정경쟁방지법은 무상으로 공중이 이용 가능하게 되어 있는 정보(공개 데이터)와
동일한 정보에는 한정제공데이터 규정이 적용되지 않도록 하고 있는데(제19조 제1
항 제8호 참조), 우리 부정경쟁방지법상 이에 상응하는 규정은 없다. 일본 경제산
업성은 「한정제공데이터에 관한 지침」(限定提供データに関する指針, 日本 経済産
業省, 不正競争防止法平成30年改正の概要, 2018, 8-14頁)을 발표하여 유권해석의 자
료로 삼고 있는데, 그 내용은 유사한 제도를 법제화한 우리 부정경쟁방지법의 해석
에도 참고할 수 있을 것이다.

제공'되어야 한다. 여기에서 '업으로서'란 데이터 보유자가 데이터를 반복·계속해서 제공하거나 제공할 의사가 있는 경우를 말한다. 제공이 반복·계속되는 한 유료인지 여부는 문제되지 않지만, 무료 제공의 경우에는 결과적으로 영업상 이익의 침해 요건을 충족하지 못하게 될 것이다. 한편 '특정인 또는 특정 다수'란 일정한 조건 하에서 데이터 제공을 받은 자를 말한다. 전형적으로 ① 일정한 비용을 지불하면 누구라도 제공받을 수 있는 데이터에 대해서 비용을 지불하고 제공을 받는 자 또는 ② 자격을 갖춘 자만이 참여할 수 있는 데이터 공유 컨소시엄에 참가하는 자 등이 특정인의 범주에 포함될 수 있을 것이다.

둘째, 보호대상이 되는 데이터는 '전자적 방법에 의해 관리'되고 있어야 한다. '전자적 관리'는 데이터 보유자와 해당 보유자로부터 데이터 제공을 받은 특정인 이외의 자가 정보에 접근할 수 없도록 전자적 방법으로 접근을 제한하는 것을 말한다. 전자적 관리의 구체적인 내용과 정도는 기업의 규모, 업종, 데이터의 성질이나 기타 사정에 따라 달라지겠지만, 제3자가 일반적으로 또는 용이하게 인식할 수 있는 관리일 필요가 있다. 예컨대 아이디와 패스워드, IC 카드, 생체 정보, 암호화 기술, 전용 회선 등이 활용될 수 있을 것이다.

셋째, 보호대상이 되는 데이터는 '상당량 축적'되어야 한다. 여기서 '상당량'이란 데이터의 성질에 따라 유용성을 지닌 정도의 양을 의미한다. 상당량인지 여부의 판단에는 축적된 데이터의 부가가치, 활용 가능성, 거래 가격, 수집·분석에 투입된 노력·시간·비용 등이 고려될 수 있다.

넷째, 보호대상이 되는 데이터는 '기술상 또는 영업상의 정보'여야 한다. 기술상 정보에는 지도 데이터, 기계 가동 데이터 등은 물론 인공지능 학습용 데이터세트나 학습의 결과 얻은 모델도 포함된다. 영업상 정보에는 소비 동향 데이터 등이 포함된다.

다섯째, 보호대상이 되는 데이터는 비밀로 관리되지 않아야 한다. 이는

'영업비밀'로서 중복 보호되는 것을 피하기 위해서이다. 데이터가 제3자의 접근제한조치를 통해 관리되고 있다고 하더라도 이는 결국 특정인에 대한 공개를 목적으로 하는 것이므로 비밀로 관리되는 것은 아니다. 예컨대 요금을 지불하면 회원이 될 수 있는 회원 전용 데이터베이스 제공 사업자가 회원에게 해당 데이터에 액세스 할 수 있는 ID와 패스워드를 부여하는 경우는 비밀로 관리되지 않는 경우에 해당할 수 있다. 주의할 것은 동일한 데이터라도 상황에 따라 비밀 관리성 여부를 달리 판단하게 될 수 있다는 것이다. 제3자에게 판매하거나 판매하려던 데이터가 영업상 이유로 판매 중단되었다면 그 시점에 비밀로 관리하려는 의도가 존재하는 경우 비밀 관리성을 충족할 수 있다.

(3) 금지되는 행위

(가)데이터 부정사용 행위의 금지

개정 부정경쟁방지법 제2조 제1호 (카)목은 보호 대상이 되는 데이터의 부정사용 행위를 금지하되, 데이터 보유자와 이용자의 이익 균형을 고려하여 데이터의 유통과 활용이 촉진될 수 있도록 부정한 수단에 의한 취득, 사용, 공개만을 금지하고 있다.

먼저 침해행위 여부가 문제되는 행위로는 취득, 사용, 공개 등이 있다. 취득이란 데이터를 자기의 관리 하에 두는 것을 의미한다. 취득의 방법에는 제한이 없는데, 예를 들어 데이터를 전송하거나 다른 매체에 복사하거나 클라우드 상의 자신의 계정에서 사용할 수 있게 하는 것은 물론 데이터를 종이에 인쇄하거나 데이터가 표시된 화면을 촬영하는 것도 취득에 해당한다. 사용이란 데이터를 이용하는 행위를 말한다. 다양한 행위가 이에 포함될 수 있지만, 데이터를 사용하여 얻어진 성과물이 데이터와는 별개의 것으로 평가되는 경우(예컨대 데이터로 학습시킨 모델을 이용하여 개발된 물품)라면 그 성과물의 사용이나 양도는 포함되지 않는다. 이는 영업비밀의 경우 이를 사용하여 생긴 물건의 양도도 부정경쟁행위로 되는 것과 다른 점이다.1456) 공개란 데이터를 다른 사람이 알 수 있는 상태에 두는 것을 말한다. 다른 사람이 실제로 알았거나 취득에 이르렀는지 여부는 문제되지 않으므로 다른 사람이 접근 가능한 홈페이지에 데이터를 게시하는 것도 이에 해당한다.

부정사용 행위의 유형은 ① 부정한 취득 또는 사용·공개(부정취득형), ② 부정한 목적에 의한 사용·공개(권한남용형), ③ 부정취득행위나 신의칙 위반행위가 개입된 영업비밀의 고의에 의한 취득 또는 사용·공개(전득형), ④ 기술적 보호조치의 무력화 등으로 나뉜다. 이러한 행위유형들은 영업비밀 침해행위의 유형들에 바탕을 둔 것으로서 일본의 개정 부정경쟁방지법 규정과도 유사한 점이 있지만,1457) 세부적인 점에서는 차이가 있다.

(나) 부정취득형

먼저 부정취득형의 경우, 접근권한이 없는 자가 절취·기망·부정접속 또는 그 밖의 부정한 수단으로 데이터를 취득하거나 그 취득한 데이터를 사용·공개하는 행위는 금지된다[제2조 제1호 (카)목 1)]. 여기에서 부정한 수단은 형벌 법규 위반만이 아니라 사회통념상 이와 동등한 불법성을 갖는 것으로 판단되는 공서양속에 반하는 수단을 포함한다. ID와 패스워드만을 획득하고 데이터 자체는 입수하지 않아서 아직 취득에 이른 것은 아니라고 판단되는 경우에도 취득의 개연성이 높고 영업상의 이익이 침해될 우려가

1456) 이처럼 데이터를 이용한 성과물에 대하여 데이터 부정사용 금지에 따른 보호가 미치지 않도록 한 이유는 데이터를 사용함으로써 생긴 물건의 가치에 대한 데이터의 기여도 등이 현재로서는 분명하지 않기 때문이다.

1457) 본문에서 데이터 부정사용 행위를 부정취득형, 권한남용형, 전득형 등으로 유형화한 것은 일본에서 한정제공데이터에 관한 부정경쟁행위를 부정이용형, 신의칙 위반형, 전득형 등으로 유형화하고 있다는 점에 착안한 것이다(産業構造審議會 知的財産分科會 不正競爭防止小委員會, データ利用促進に向けた檢討, 中間報告(案), 産業構造審議會, 2017, 8~9頁 참조).

있다면 예방적 금지 청구를 할 수 있다.

다른 법률에서 취득을 정당한 것으로 규정하는 경우 부정이용 행위가 인정되지 않을 수 있다. 예컨대 저작권법상 저작권 제한 규정에서 요구되는 목적이 인정되는 경우에는 부정이용 행위에 해당하지 않는다. 바이러스가 혼입되어있는 등 데이터 자체에 유해 가능성이 생긴 경우 그 확인과 필요한 조치를 취하기 위해 권리자의 허가 없이 데이터를 취득하는 것처럼 형법상 위법성 조각사유가 인정되는 경우에도 마찬가지이다. 타사 제품과의 기술적인 상호 호환성 등을 연구하는 과정에서 해당 제품의 보호 기능을 해제하고 필요한 범위 내에서 데이터를 취득하는 행위 역시 부정이용 행위가 아니다.

(다) 권한남용형

권한남용형의 경우, 데이터 보유자와의 계약관계 등에 따라 데이터에 접근권한이 있는 자가 부정한 이익을 얻거나 데이터 보유자에게 손해를 입힐 목적으로 그 데이터를 사용·공개하거나 제3자에게 제공하는 행위는 금지된다[제2조 제1호 (카)목 2)]. 일본의 개정 부정경쟁방지법과 달리 금지되는 행위는 행위태양과는 무관하게 목적에 의하여만 한정되고 있다.[1458] 이는 수범자로 하여금 금지되는 행위가 무엇인지 쉽게 파악할 수 있도록 하기 위한 것으로 짐작된다.

이 유형에서는 취득 자체는 정당하더라도 사용이나 공개에 가해목적이

1458) 일본 부정경쟁방지법은 한정제공데이터를 정당하게 취득한 자가 부정한 이익을 얻을 목적 또는 데이터 제공자에게 손해를 가할 목적으로 한정제공데이터를 횡령·배임에 상당하는 태양으로 사용하는 행위, 또는 개시하는 행위를 신의칙 위반 유형의 부정경쟁행위로서 금지하고 있다(제2조 제1항 제14호). 즉, 개시 행위와 달리 사용 행위의 경우에는 한정제공데이터의 관리에 관한 임무에 위반하여 행한 횡령·배임에 상당하는 행위로 제한되어 있다. 이는 데이터의 취득 자체는 정당하게 이루어졌다는 점을 고려하여 취득자의 사업활동에 위축효과가 미치지 않도록 배려할 필요성이 있기 때문이다(日本 經濟産業省, 前揭資料(2018B) 32頁).

있을 것이 요구된다. 데이터에 대한 접근권한이 계약관계에 비롯된 경우, 가해목적 유무의 판단에 있어서는 해당 사용 또는 공개행위가 계약상 목적 외 사용 금지 또는 제3자 공개 금지 조항에 따라 허용되지 않음이 명확하고 이를 취득자가 인식하고 있을 것이 전제된다. 예를 들어 제3자 공개 금지 규정이 포함된 라이선스 계약에 따라 제공된 데이터를 취득한 사람이 제3자 공개가 금지되었음을 인식하면서 해당 데이터를 보유자에게 손해를 가할 목적으로 홈페이지에 공개하거나 부정한 이익을 얻을 목적으로 데이터 브로커에게 판매하는 경우, 위탁된 분석 업무에만 사용한다는 조건으로 취득한 데이터를 그 조건을 인식하면서 무단으로 자사의 신제품 개발에 사용하는 경우 등이 권한남용형의 데이터 부정사용 행위에 해당한다.

계약상 허용되는 행위인지 여부에 다툼이 있는 경우에 재판 등에서 최종적으로 문제된 행위가 계약 위반으로 판단되더라도 사안에 따라서는 가해목적이 부정될 수 있다. 취득자가 계약상 허용된 것으로 오인한 경우, 과실에 의한 계약상 채무불이행인 경우, 계약 갱신 여부가 불명확한 경우, 계약 교섭 중에 제공받은 데이터를 보유자의 묵시적 허락이 있다고 오인하거나 사후적 추인을 기대하며 사용·공개한 경우, 보유자의 이익을 위한 적법한 사무관리인 경우, 보유자의 연락 두절 등 보유자 측에 귀책사유가 있는 경우 등이 이에 해당할 것이다. 정당한 목적이 있는 경우에도 가해목적이 부정되는데, 데이터 보호를 위한 긴급행위에 해당하는 경우, 법령에 의거한 경우, 수사나 기소를 위하여 제출이 요구되는 경우, 그 밖에 보유자의 이익을 넘는 공익상의 이유가 인정되는 경우에 필요한 한도에서 데이터를 제공하는 행위는 가해목적이 있다고 보기 어렵다. 바이러스에 감염된 데이터를 감염 확산을 방지하기 위해 감염 진단 회사 등의 제3자에게 공개하거나, 영장에 따라 데이터를 개시하거나, 재해시 피난을 위하여 교통정보 데이터를 관할 관청에 공개하는 경우 등이 이에 해당할 수 있다.

(라) 전득형

전득형의 경우, 부정취득 행위나 권한남용 행위가 개입된 사실을 알고 데이터를 취득하거나 그 취득한 데이터를 사용·공개하는 행위는 금지된다[제2조 제1호 (카)목 3)]. 데이터는 성질상 복제가 용이하기 때문에 의도하지 않은 제3자에게 유통되어 버리면 순식간에 모든 사람에게 공개될 위험이 있다. 이 때문에 개정 부정경쟁방지법은 부정행위가 개입된 경우 악의인 전득자의 취득 및 사용·공개 행위를 금지한 것이다. 여기에서 악의란 부정행위의 존재 및 부정행위가 이루어진 데이터와 취득한 데이터의 동일성에 대한 인식을 의미한다. 예컨대 데이터 보유자로부터 부정행위가 존재했다는 근거가 적시된 경고장을 받은 경우 악의라고 할 수 있다.

특히 개정법은 데이터의 유통과 활용을 지나치게 제약하지 않도록 금지의 범위를 세밀하게 조정하고 있다. 즉, 영업비밀의 경우 부정행위가 개입된 사실을 알았던 경우뿐만 아니라 중과실로 몰랐던 경우에도, 그리고 취득 후에야 비로소 부정행위 개입 사실에 관한 악의·중과실이 인정되는 경우에도 부정경쟁행위가 되는 것과 달리[제2조 제3호 (나), (다), (마), (바)목], 데이터 부정사용 행위로서 금지되는 것은 사전적인 악의의 경우에 한정된다.[1459] 따라서 전득자는 부정행위의 개입 여부에 관하여 조사해야 하는 부담 없이 데이터를 취득·사용·공개할 수 있다. 이러한 규율은 데이터와 관련된 거래 안전을 제고하는 데 큰 역할을 할 수 있을 것이다.

[1459] 한편, 일본 부정경쟁방지법은 우리와 마찬가지로 한정제공데이터에 관한 부정경쟁행위에서 중과실에 의한 경우를 배제하였지만, 사후적 악의에 의한 부정경쟁행위의 성립을 제한적으로 인정하였다는 점에서('사용'의 경우는 부정경쟁행위가 되지 않지만, 계약 범위를 위반하여 '공개'하는 경우에는 부정경쟁행위가 된다. 일본 부정경쟁방지법 제2조 제1항 제13호, 제16호 참조) 우리와는 다르다. 우리 부정경쟁방지법이 사후적 악의에 의한 데이터 부정사용행위를 금지하지 않은 것은 수범자로 하여금 금지되는 행위가 무엇인지 쉽게 파악할 수 있도록 하기 위한 것으로 짐작된다.

(마)기술적 보호조치의 무력화

개정 부정경쟁방지법은 데이터 부정사용 행위의 금지와 함께 기술적 보호조치의 무력화도 금지하고 있다[제2조 제1호 (카)목 3)]. 즉, 정당한 권한 없이 데이터의 보호를 위하여 적용한 기술적 보호조치를 회피·제거 또는 변경하는 것을 주된 목적으로 하는 기술·서비스·장치나 그 부품을 제공하는 등의 행위를 금지한다. 다만, 기술적 보호조치의 연구·개발 목적인 경우는 예외로 하고 있다.

(4) 구제수단

데이터 부정사용의 금지는 비록 영업비밀의 법리를 바탕으로 입안된 것이지만 법문상 일반적 부정경쟁행위의 하나로 규정되어 있다. 따라서 데이터 부정사용 행위로 인하여 자신의 영업상의 이익이 침해되거나 침해될 우려가 있는 자는 일반적 부정경쟁행위의 경우와 마찬가지로 금지청구(제4조 제1항)와 손해배상청구(제5조) 및 신용회복청구(제6조) 등을 할 수 있다. 금지청구를 할 때에는 데이터 부정사용 행위를 조성한 물건의 폐기나 그에 제공된 설비의 제거 또는 그 밖에 그러한 행위의 금지 또는 예방을 위하여 필요한 조치를 구할 수도 있다(제4조 제2항).

(5) 의미와 한계

개정 부정경쟁방지법상 데이터 부정사용 금지 규정의 도입은 데이터 제공 영업을 법적으로 뒷받침함으로써 이를 안정적으로 영위할 수 있게 하였다는 점에서 매우 바람직하다고 여겨진다. 위 규정에 의하여 보호되는 데이터에는 본고에서 주로 논의하는 데이터세트도 당연히 포함되며, 실제에 있어서 거래되는 데이터의 대부분은 데이터세트에 해당될 것이다. 개정 부정경쟁방지법의 모범이 된 일본 부정경쟁방지법상 한정제공데이터 제도 역시 데이터 보호를 위한 제도적 기반이 취약한 일본의 법 상황 하에서 데이터 보호를 적절한 수준까지 강화하기 위한 선제적 대응으로서 대체로 긍정적인 평가를 받고 있다.[1460] 그동안 일본에서는 우리나라와 달리 데이터베이스제작자의 권리가 마련되어 있지 않고 성과물 무단사용 조항과 같은 부정경쟁방지법상 일반 조항도 없어서 적절한 데이터 보호 수단이 없었는데, 한정제공데이터 제도의 도입이 이러한 상황을 타개할 수 있는 계기가 될 것으로 기대되고 있는 것이다.

그러나 한정제공데이터 제도의 도입만으로 오늘날의 데이터 보호 요청에 충분히 부합할 수 있는지에 관하여는 의문이 제기되기도 한다. 가장 큰 문제점은 일본 부정경쟁방지법상 영업비밀은 한정제공데이터 보호대상에서 제외되어 있지만, 구체적 사례에서 영업비밀과 한정제공데이터를 구별하는 것이 쉽지 않다는 점이다.[1461] 제3자에 대한 공개가 금지되고 사용 목적이 제한되어 있는 경우에는 더욱 그러하다. 앞서 보았듯이 일본 경제산업성이 발표한 가이드라인에 따르면 판매 목적의 데이터는 비밀 관리성이 없다고는 하지만 판매 목적이라는 주관적 사정만으로는 비밀관리행위와 구별하기 어려울 것이다. 또한 한정제공데이터의 개념 자체에 의하더라도 영업비밀과 마찬가지로 공개시 보호적격이 상실될 우려가 있다.[1462] 한정제공데이터의 개념 속에 이미 '타인의 지각에 따라서 인식할 수 없을 것'이라는 요소가 자리하고 있고, 해석론으로서 ID나 패스워드 등에 의한 방법으로 관리되어야 한다는 기술적 관리성까지 요구되고 있기 때문이다.[1463]

1460) 田村善之, "ビッグ・データの保護 -客体に着目するアプローチと行為に着目するアプローチの優劣という觀点から-", 産業構造審議会 知的財産分科会 不正競爭防止小委 1回 配布資料8(2017. 7. 27.) 21-22面 참조.

1461) 한국법제연구원, 앞의 자료, 119면.

1462) 박준석, 앞의 논문(2019), 116면. 그런 점에서 위 견해는 일본의 개정 부정경쟁방지법이 영업비밀 보호 제도에 착안하기보다는 일반 부정경쟁행위를 규제하는 법리로 처리하겠다는 방향성을 보였더라면 더욱 좋았을 것이라고 평가한다(위 논문 118면).

1463) 産業構造審議会 知的財産分科会 不正競爭防止小委員会, 「データ利活用促進に向けた檢討 中間報告」(平成30年1月), 5-6頁 참조.

특히 일본 부정경쟁방지법상 한정제공데이터 제도는 우리 법과 달리 무상으로 공중이 이용 가능한 정보에 대한 적용 제외 규정(제19조 제1항 제8호 마목)을 두고 있는데, 실제 운영하기에 따라서는 일단 일반 공중에게 공개되면 보호적격을 상실한다는 결과로 이어질 여지도 있다.[1464]

일본 부정경쟁방지법에 특유한 무상 공중이용 정보에 관한 적용 제외 규정에 관한 내용을 제외하면, 위와 같은 우려들은 우리 부정경쟁방지법상 데이터 부정사용 행위의 금지 규정에도 대체로 적용될 수 있는 것들이다. 그 밖에 지배권 모델이 아닌 부정경쟁 모델로서 갖는 한계, 즉 담보로 제공하거나 집행의 대상이 될 수 없다는 점은 데이터 부정사용 금지 규정의 경우에도 마찬가지이며,[1465] 무엇보다 데이터 제공을 업으로 하는 사안에 한하여 제한적으로 활용되는 제도라는 점이 한계로 지적될 수 있을 것이다. 데이터세트의 거래를 뒷받침하기 위한 제도로서 마련된 것이므로 영업비밀과 관련된 선의자 보호 규정(부정경쟁방지법 제13조)과 같이 거래 안전을 위한 제도가 마련될 필요가 있다. 또한 적절한 공유영역의 확보를 위해서는 영업비밀의 경우처럼 보호기간을 제한할 필요도 있다(동법 제14조). 그리고 사소한 문제일 수도 있지만 보호받을 수 있는 데이터가 한정되어 있음에도 불구하고 '데이터'라는 일반적 용어를 사용하고 있는 것은 적절하지 않아 보인다.

나. 대안 2 : 성과물 무단사용 법리에 기반한 새로운 부정경쟁행위의 창설

(1) 서설

성과물 무단사용 법리를 일반조항의 형태로 규정한 부정경쟁방지법 제2조 제1호 (파)목은 데이터 보호를 위한 잠재력을 가진 제도로서 여러 학자

1464) 박준석, 앞의 논문(2019), 116면.
1465) 박준석, 앞의 논문(2019), 117면.

들의 주목을 받아 왔고,[1466] 실제로 이를 인정한 판례도 상당수 있다.[1467] 성과물 무단사용 법리는 특유의 유연성으로 인해 새로운 침해형태에 대응할 수 있다는 점에서[1468] 데이터세트의 보호에 유리한 측면이 있다. 하지만 위 조항은 지적재산권법과의 관계에서 자유경쟁과 공유영역의 확보를 이유로 소극적인 해석론이 일반적이며, 예측 가능성을 담보하기에는 지나치게 불명확하다는 단점이 있다. 이에 따라 데이터세트의 보호를 위해서는 이에 특화된 새로운 부정경쟁행위를 신설하자는 견해가 제기되기도 한다.[1469] 이와 관련하여 데이터자산의 보호를 규정한 데이터산업법 제12조를 주목할 필요가 있다.

(2) 데이터산업법상 데이터자산의 보호

제12조(데이터자산의 보호)

① 데이터생산자가 인적 또는 물적으로 상당한 투자와 노력으로 생성한 경제적 가치를 가지는 데이터(이하 "데이터자산"이라 한다)는 보호되어야 한다.

② 누구든지 제1항에 따른 데이터자산을 공정한 상거래 관행이나 경쟁질서에 반하는 방법으로 무단 취득·사용·공개하거나 이를 타인에게 제공하는 행위, 정당한 권한 없이 데이터자산에 적용한 기술적 보호조치를 회피·제거 또는 변경하는 행위 등 데이터자산을 부정하게 사용하여 데이터생산자의 경제적 이익을 침해하여서는 아니 된다.

③ 제2항에 따른 데이터자산의 부정사용 등 행위에 관한 사항은 「부

1466) 권영준, 앞의 논문(2021), 27면; 박준석, 앞의 논문(2019), 110-111면, 118면 참조
1467) 대법원 2017. 6. 15. 선고 2017다200139 판결; 서울중앙지방법원 2015. 11. 27. 선고 2014가합44470 판결
1468) 박준석, 앞의 논문(2019), 117면.
1469) 한국법제연구원, 앞의 자료, 125면.

정경쟁방지 및 영업비밀보호에 관한 법률」에서 정한 바에 따른다.

데이터자산 보호 규정은 데이터자산의 보호를 선언하면서 보호받기 위한 요건을 제시하고 있다. 우선 위 조항에 의하여 보호되는 데이터는 데이터산업법 제2조 제1호의 데이터 가운데 '상당한 투자와 노력'이 투입되고 '경제적 가치'를 지닌 것에 한정된다. 보호받는 주체, 즉 데이터의 귀속자는 데이터생산자로 표현되어 있지만, 생산자의 개념은 정의되고 있지 않다. 금지되는 행위는 어느 정도 유형화되어 있지만 열거적으로 규정되어 있지는 않다. 즉, ① 공정한 상거래 관행이나 경쟁질서에 반하는 방법으로 무단취득·사용·공개하거나 이를 타인에게 제공하는 행위, ② 정당한 권한 없이 데이터자산에 적용한 기술적 보호조치를 회피·제거 또는 변경하는 행위, ③ 그 밖에 데이터자산을 부정하게 사용하여 데이터생산자의 경제적 이익을 침해하는 행위 등이 금지되어 있다. 마지막으로 '누구든지 … 아니 된다'는 문언상 위 규정에 따른 금지의무를 부담하는 자의 범위는 경쟁자에 국한되지 않는다고 해석될 여지가 있어 보인다.

이처럼 위 규정은 금지의무의 요건을 비교적 상세하게 규정하고 있지만, 위반한 경우의 구제수단에 관한 조항은 마련하지 않은 채 부정경쟁방지법에 이를 맡기고 있다. 이러한 규정 구조는 이례적이고 생소한 것이어서 그 해석에 관하여는 논란이 클 것으로 예상된다. 생각건대 ① 구체적 법률효과를 발생시키지 않는 선언적 규정으로 이해하는 견해, ② 부정경쟁방지법상 데이터 부정사용 조항[제2조 제1호 (카)목]과 연결하여 이해하는 견해, ③ 부정경쟁방지법상 성과물 무단사용 조항[제2조 제1호 (파)목]과 연결하여 이해하는 견해 등이 제시될 수 있을 것이다. 사견으로는 ③과 같이 성과물 무단사용 조항과 연결하여 해석하는 것이 적절하다고 생각된다. 부정경쟁방지법상 데이터 부정사용 조항은 영업비밀 법리를 바탕으로 창안된 것으로서 금지행위가 부정취득형, 권리남용형, 전득형 등으로 세밀하게 유형화되어 있으며, 행위태양과 관련한 요소로 '부정한 수단'을 강조하고 있다. 그런데 데이터산업법상 데이터자산 보호규정은 이러한 유형화가 이루어져 있지 않고, 행위태양과 관련한 요소로 '공정한 상거래 관행이나 경쟁질서에 반하는 방법'을 강조하고 있다. 이러한 규정 구조나 내용은 오히려 성과물 무단사용 조항과 유사한 것이다.

이처럼 데이터산업법상 데이터자산 보호규정을 부정경쟁방지법상 성과물 무단사용 조항과 연관지어 이해할 경우, 의외로 효과적인 방안이 될 수도 있다. 즉, 데이터세트를 침해하는 행위가 데이터산업법상 데이터자산 부정사용 행위에 해당하는 경우, 부정경쟁방지법 제2조 제1호 (파)목의 부정경쟁행위로 쉽게 포섭되어 금지청구권과 손해배상청구권 등의 구제수단이 부여될 수 있는 것이다. 이는 일반조항으로서의 성과물 무단사용 조항의 장점을 유지하면서도 명확성과 예측가능성을 확보하고 소극적 해석론을 비껴갈 수 있는 좋은 해결방안이 될 수 있다. 특히 부정경쟁방지법 제2조 제1호 (파)목의 '타인'을 '경쟁자'로 제한하는 해석론이 다수인 상황에서,[1470] 데이터산업법 제12조가 콘텐츠산업진흥법 제37조 제1항과 같이 '누구든지' 침해하여서는 아니된다고 규정한 것은 데이터세트 보호의 절대적 효력을 강화함으로써 데이터세트가 재화로서 보다 널리 유통되고 활용되는데 기여할 수 있다고 생각된다.

1470) 김원오, 앞의 논문(2014), 281면; 박정희, 앞의 논문, 843면; 이규홍, 앞의 논문, 84면 등

제5편

결 론

　오늘날은 데이터가 중요한 자원이자 재화로 기능하면서 생산성을 높이고 경제 조직을 변화시키는 데이터 경제의 시대이다. 빅데이터 기술과 인공지능 기술을 비롯한 새로운 기술들은 양질의 데이터를 대량으로 요구하는 동시에 수많은 데이터를 쏟아낸다. 데이터를 얼마나 많은 사람들이 잘 이용하는지가 국가 경쟁력을 좌우하고 있다. 그러나 데이터는 사람들이 일상에서 쉽게 접할 수 있고 오랜 세월 동안 거래 경험이 쌓여 온 유체물과 달리 손에 잡히지 않는 정보에 불과하여 이를 다루기 위한 법제도는 아직도 형성 중에 있는 실정이다.

　많은 학자들은 기존의 법제도가 데이터의 보호와 거래를 충분히 뒷받침할 수 있다고 주장하지만, 면밀히 검토해보면 그렇지 않음을 알 수 있다. 데이터 경제의 맥락에서 정책적으로 의미를 갖는 것은 개별데이터라기보다는 이를 소재로 하는 데이터세트이다. 양질의 데이터세트가 많이 생산되고 유통되어 이를 필요로 하는 많은 사람들이 이용할 수 있어야 하는 것이다. 데이터세트가 정보로서 지니는 비경합성과 비배타성으로 인해 인센티브가 제공되지 않으면 데이터세트가 사회적으로 최적인 수준보다 적게 생산되고 유통되는 결과로 이어진다. 개인의 활동과 기계의 작동에 따라 인센티브 없이도 데이터가 충분히 생산된다고 하는 주장은 개별데이터에 관하여는 일부 타당한 면이 있지만 생산에 많은 노력과 비용이 필요한 데이터세트의 맥락에서는 맞지 않는 주장이다. 그런데 기존 법제도는 이를 위한 충분한 인센티브를 제공하지 못한다. 소유권에 의한 보호는 데이터세트에 물건성이 인정되지 않아 불가능하다. 점유권에 의한 보호는 유추적용이 가능하지만, 그 잠정적인 성격으로 인해 적정한 보호를 달성할 수 없다. 저작권에 의한 보호는 데이터세트에 창작성이 결여되어 있어 불가능하다. 데이터베이스 제작자의 권리는 창작성을 요하지 않지만 체계성과 검색가능

성의 요건 때문에 오늘날 빅데이터와 인공지능 기술의 맥락에서 점차 중요
성을 더해가는 비정형데이터를 보호할 수 없다. 특허권에 의한 인공지능
학습용 데이터세트의 보호는 그 간접적 성격으로 인해 한계가 있고 무엇보
다 인공지능 학습용이 아닌 일반적 데이터세트를 보호하지는 못한다. 이러
한 사정 때문에 부정경쟁방지법에 의한 보호가 주목을 받고 있지만 그 역
시 한계가 있다. 우선 영업비밀 법리에 의한 보호는 비공지성의 요건으로
인해 데이터세트의 유통을 위한 인센티브로서 기능하지 못한다. 이에 비해
성과물 무단사용의 법리에 의한 보호는 데이터세트를 보호할 수 있는 잠재
력이 있지만, 일반조항 형식으로 인한 명확성과 예측가능성의 부족은 소극
적 해석의 경향과 맞물려 충분한 보호를 제공할 수 있을지 우려하게 만든
다. 콘텐츠로서의 보호 역시 마찬가지이다. 불법행위법의 경우 일반적 금지
청구권이 인정되지 않아 배타적 보호가 불가능하므로 데이터세트의 생산
과 유통을 위한 충분한 인센티브를 제공하지 못한다. 계약법상의 권리는
계약 상대방에 대하여만 주장할 수 있는 상대적 권리에 불과하므로 더더욱
그러하다.

　데이터세트의 생산과 유통을 위한 충분한 인센티브의 제공은 데이터세
트에 배타적 권리를 부여함으로써 이루어질 수 있다. 여기서 배타적 권리
란 소유권과 같은 절대적인 지배권만을 가리키는 것이 아니라 금지청구권
에 의하여 타인의 간섭을 배제할 수 있는 지위를 말하는 것으로서 부정경
쟁방지법상의 보호를 포함하는 넓은 의미의 것이다. 이러한 배타적 권리의
부여는 법철학적, 경제학적, 헌법적 관점에서 정당화되고 또 요구된다. 법
철학적 관점에서 데이터세트에 배타적 권리를 인정하는 것은 데이터세트
를 생산한 사람이 들인 노력과 투자를 보호함으로써 그의 자유를 지키는
것이고, 데이터세트의 생산과 유통을 위한 인센티브를 부여함으로써 사회
적 효용을 극대화하는 것이다. 경제학적 관점에서 보더라도 데이터세트에
대한 배타적 권리는 정당화된다. 즉 외부성의 내부화에 의한 데이터세트의

생산 및 유통의 증가, 그것이 촉발하는 혁신에 따른 동적 효율성의 증가, 유보가치의 명확화에 따른 거래비용의 감소 및 시장의 창출 등 사회적 편익이 데이터세트에 대한 독점의 인정에 따른 정적 효율성의 감소나 데이터세트의 가치재로서의 특성 또는 다수 권리자의 존재로 인한 자원의 과소활용과 같은 사회적 비용을 능가할 수 있는 것이다. 이 중 다수 권리자의 존재로 인한 문제는 개별데이터에 대한 권리자가 다수인 경우와 데이터 생산자가 다수인 경우를 구별하여 보아야 한다. 전자의 경우는 데이터세트에 배타적 권리를 인정하는지 여부와 무관하게 발생하는 문제일 뿐이며, 효율적으로 개별데이터 이용의 적법성을 확보할 수 있는 제도적 보완이 이루어져야만 해결될 수 있다. 후자의 경우는 데이터 생산자의 개념을 전체적 '기획'에 초점을 맞추어 구성함으로써 데이터세트에 관한 권리를 집중시키고, 권리 귀속의 문제를 당사자 간의 합의에 의하여 해결할 수 있는 표준계약서를 보급함으로써 해결될 수 있다. 헌법적 관점에서 데이터에 대한 배타적 권리는 재산권으로 보호될 수 있으며, 그 내용 형성은 입법자의 광범위한 재량에 맡겨져 있다. 한편 법철학적, 경제학적, 헌법적 검토의 결과는 데이터세트에 대한 배타적 권리 부여를 정당화할 뿐만 아니라 이러한 권리의 범위와 내용이 일반의 유체물에 비하여 상당히 제한되어야 함을 보여준다. 즉 데이터세트에 대한 배타적 권리는 강화된 사회적 기속성의 제한을 받으며 충분한 공유 영역이 확보되어야 한다.

데이터세트에 대한 배타적 권리를 설정함에 있어서는 이러한 점이 잘 반영되어야 한다. 데이터세트의 보호를 위한 방안은 크게 지배권 모델과 부정경쟁 모델로 나눌 수 있다. 지배권 모델은 권리자에게 배타적으로 할당된 보호영역을 지닌 절대적인 지배권을 부여하는 반면 부정경쟁 모델은 침해행위의 금지를 통한 독점을 허용하는 것에 그친다. 학설은 대체로 부정경쟁 모델이 데이터의 자유로운 흐름을 도모하기에 낫다는 입장이지만, 두 모델은 각기 장단점이 있어서 어느 하나가 반드시 우월하다고는 할 수 없다. 생각건대 데이터세트의 적법한 보유자가 자신이 처한 상황에 따라 선택할 수 있도록 하는 것이 자유와 사회적 효용의 증대를 도모하는 길일 것이다. 지배권 모델은 부정경쟁 모델에 비하여 권리를 주장할 수 있는 상대방의 범위가 넓고, 데이터세트를 직접적으로 지배할 수 있어서 침해부당이득의 반환청구가 가능하며, 담보 제공이나 강제집행과 같은 법률적 처분이 가능하고, 보호영역의 침해만으로 위법성이 징표된다는 점에서 권리자 보호의 수준이 높고 따라서 데이터세트의 생산이나 유통을 위한 인센티브도 보다 크다. 또한 공유의 영역을 명확하게 규정할 수 있고 국가의 개입이 상대적으로 적다는 장점도 있다. 반면에 부정경쟁 모델은 법률이 정한 부정경쟁행위가 존재하고 이익형량을 거쳐 위법성이 인정되는 경우에만 금지청구가 가능하다는 점에서 일반적으로 지배권 모델에 비하여 공유의 영역이 넓게 인정되는 것으로 이해된다.

지배권 모델은 다시 포괄적 지배권이 인정되는 소유권 모델과 권능의 묶음인 지적재산권 모델로 나뉠 수 있는데, 데이터세트의 경우 강한 사회적 기속성의 제한을 받는다는 점을 고려하면 침해행위가 한정되고 공유영역의 확보를 위한 제도가 발달해 있는 지적재산권 모델을 채택하는 것이 타당하다. 공유영역의 확보를 위한 일반적 장치로는 보호기간의 제한이나 권리의 제한 등이 있다. 추가적으로 데이터 독점의 우려를 완화하기 위해 유일한 출처의 정보를 개별데이터로 포함하고 있는 데이터세트의 경우 권리자에게 공정하고 비차별인(FRAND) 조건에 의한 라이선스 계약 체결 의무를 부과하는 방안을 검토할 수 있을 것이다. 한편 데이터세트에 대한 배타적 권리를 제도화함에 있어서는 특정성을 보완하고, 거래비용을 절감하며, 권리자를 보다 강하게 보호하고 제3자 보호를 통해 거래안전을 도모하기 위한 장치로서 공시제도를 마련할 필요가 있다. 현행법상 이러한 이상적인 모습을 그대로 구현하고 있는 제도는 없지만 데이터베이스권을 적절히 수정·보완한다면 데이터세트의 보호를 위해서도 훌륭히 기능할 수 있을 것이다. 데이터베이스의 요건에서 체계성과 검색 가능성을 삭제하여 비정형데이터로 이루어진 데이터세트도 보호할 수 있도록 하고, 데이터베이스 제작자의 개념 가운데 '상당한 투자'를 전체적인 '기획'으로 대체하여 다수 권리자의 발생을 막으며, 등록을 권리 발생의 요건으로 함으로써 특정성과 관련된 우려를 불식시키고, 권리자의 권능에서 '상당한 부분'을 보다 명확한 기준으로 대체하며, 공유의 영역을 확대하는 등의 방안이 검토될 수 있다.

부정경쟁 모델 가운데 데이터세트의 보호를 위한 제도로서 잠재력이 있는 것은 영업비밀 법리에 의한 보호와 성과물 무단사용의 법리이다. 영업비밀 법리는 침해행위 유형이 비교적 명확하여 예측가능성이 높다는 장점이 있지만 비공지성의 요건 때문에 데이터세트의 유통을 위한 인센티브가 되지 못한다는 치명적인 단점이 있다. 다행히 2022년 시행되는 개정 부정경쟁방지법 제2조 제1호 (카)목은 일본의 한정제공데이터 제도를 바탕으로 특정인에게 이를 제공하더라도 여전히 보호받을 수 있도록 '데이터 부정사용행위'에 관한 조항을 도입하여 많은 기대를 받고 있다. 한편 부정경쟁방지법 제2조 제1호 (파)목의 성과물 무단사용 조항은 기술과 산업의 발전에 따라 나타나는 새로운 유형의 부정경쟁행위에 대응할 수 있는 유연함이 큰 장점이지만 일반조항의 형식으로 되어 있어 예측가능성이 떨어지고 소극적 해석론의 빌미가 되고 있다는 단점이 있다. 이와 관련하여 2022년에 시행되는 데이터산업법은 데이터 자산의 침해행위를 구체적으로 규정하여 금지하면서 그에 대한 구제수단은 부정경쟁방지법의 규율에 맡기고 있다. 이는 일반조항으로서의 성과물 무단사용 조항의 기본적 구조를 유지하면서 간접적으로 침해행위를 구체화하여 명확성과 예측가능성을 도모한 것으로서 효과적인 방안이 될 수 있다고 여겨진다. 다만 이러한 부정경쟁 모델에 있어서도 지배권 모델에서처럼 공유 영역의 확보를 위한 적극적인 규정들을 도입하고, 공시방법이 제공하는 효익을 누릴 수 있도록 지속적인 제도 보완이 있어야 할 것이다.

참고 문헌

1. 국내 문헌

가. 단행본

고학수·임용 편, 데이터 이코노미, 한스미디어, 2017.

곽윤직 편집대표, 민법주해(II) 총칙(2), 박영사, 1992.

_____, 민법주해(IV) 물권(1), 박영사, 1992.

_____, 민법주해(V) 물권(2), 박영사, 1992.

_____, 민법주해(XVIII) 채권(11), 박영사, 2005.

곽윤직·김재형, 민법총칙(제9판), 박영사, 2013.

_____, 물권법(제8판), 박영사, 2015.

곽윤직, 채권각론(제6판), 박영사, 2003.

권영성, 헌법학원론, 법문사, 2010.

김기선, 한국채권법각론, 법문사, 1988.

김남두 편역, 재산권 사상의 흐름, 도서출판 천지, 1993.

김상용, 채권각론(개정판), 법문사, 2003.

김용덕 편집대표, 주석민법(제5판) 물권(1), 한국사법행정학회, 2019.

_____, 주석민법(제5판) 총칙(2), 한국사법행정학회, 2019.

김윤명, 정보기술과 디지털법, 진한 M&B, 2005.

김재형, 민법론 Ⅲ, 박영사, 2007.

김증한·김학동, 민법총칙, 박영사, 2013.

_____, 물권법, 박영사, 1997.

_____, 채권각론, 박영사, 2006.

나종갑, 불공정경쟁법의 철학적·규범적 토대와 현대적 적용, 연세대학교 출판문화
       원, 2021.

남형두, 표절론, 현암사, 2015.

박세일, 법경제학(개정판), 박영사, 2013.

박성호, 저작권법(제2판), 박영사, 2017.

서승환, 미시경제학, 홍문사, 2011.

송덕수, 채권각론(제4판), 박영사, 2019.

송영식 외 6인, 지적소유권법(하)(제2판), 육법사, 2013.

신현윤, 경제법(제3판), 법문사, 2010.

양창수·권영준, 민법 II 권리의 변동과 구제(제4판), 박영사, 2021.

양창수, 민법연구 제1권, 박영사, 1991.

_____, 민법연구 제3권, 박영사, 1995.

_____, 민법연구 제5권, 박영사, 1999.

오병철, 디지털정보계약법, 법문사, 2005.

이성엽 편, 데이터와 법, 박영사, 2021.

오승종, 저작권법(제4판), 박영사, 2016.

이영준, 민법총칙(개정증보판), 박영사, 2007.

_____, 물권법(전정신판), 박영사, 2009.

이은영, 물권법(제4판), 박영사, 2006.

이준구·조명환, 재정학, 문우사, 2016.

이해완, 저작권법(제3판), 박영사, 2015.

이호영, 독점규제법의 이론과 실무, 홍문사, 2006.

정상조, 부정경쟁방지법원론, 세창출판사, 2007.

정용찬, 빅데이터, 커뮤니케이션북스, 2012.

정종섭, 헌법학원론, 박영사, 2016.

정호열, 부정경쟁방지법론, 삼지원, 1993.

_____, 경제법(전정 제5판), 박영사, 2016.

조영선, 특허법(제5판), 박영사, 2015.

지원림, 민법강의(제18판), 홍문사, 2021.

최병조, 로마법강의, 박영사, 2004.

최정열·이규호, 부정경쟁방지법, 진원사, 2015.

탁희성, 전자정보 침해의 실태와 법적 규제, 한국형사정책연구원 연구총서 05-11, 2005.

허희성, 신 저작권법 축조개설(하), 명문프리컴, 2011.

한국인공지능법학회, 인공지능과 법, 박영사, 2019.

허영, 한국헌법론, 박영사, 2016.

현승종·조규창, 게르만법, 박영사, 1989.

황의창·황광연, 부정경쟁방지 및 영업비밀보호법(6정판), 세창출판사, 2011.

나. 논문

강만모·김상락·박상무, "빅데이터의 분석과 활용", 정보과학회지 제30권 제6호, 한국정보과학회, 2012.

강명수, "특허법 제127조 개정안에 대한 연구", 지식재산연구 제13권 제4호, 한국지식재산연구원, 2018.

강정인, "로크사상의 현대적 재조명-로크의 재산권 이론에 대한 유럽중심주의적 해석을 중심으로", 한국정치학회보 제32집 제3호, 한국정치학회, 1998.

강태수, "개발제한구역지정에 대한 헌법불합치결정", 헌법판례연구(2), 한국헌법판례연구학회, 2000.

_____, "분리이론에 의한 재산권체계 및 그 비판에 대한 고찰", 헌법학연구 제10권 제2집, 한국헌법학회, 2004.

강태수·정필운, "지적재산권과 관련한 헌법소송의 쟁점과 처방", 공법연구 제48권 제2호, 한국공법학회, 2019.

강태욱, "지적성과물의 부정한 이용행위의 규제와 한계", GLOBAL IP TREND, 2017.

고학수, "데이터 이코노미의 특징과 법제도적 이슈", 고학수·임용 편, 데이터 오너십: 내 정보는 누구의 것인가?, 박영사, 2019.

곽충목·차상육, "인공지능(AI)관련 발명의 지식재산권법상 보호방안: 특허법 및 영업비밀보호법을 중심으로", Issue Paper 제2019-11호, 한국지식재산연구원, 2019.

구병문, "계약에 의한 디지털콘텐츠 보호와 그 문제점에 관한 연구", 경희대학교 박사학위 논문, 2008.

권영준, "배타적 사용수익권 포기 법리에 관한 비판적 검토," 법학 제47권 제4호, 서울대학교 법학연구소, 2006.

_____, "인터넷상 정보에 대한 접근 및 취득행위의 위법성", 비교사법 제14권 제3호, 한국비교사법학회, 2007.

_____, "불법행위와 금지청구권 - eBay vs. MercExchange 판결을 읽고 -", Law &

Technology 제4권 제2호, 서울대학교 기술과 법 센터, 2008.

_____, "불법행위법의 사상적 기초와 그 시사점", 저스티스 제109호, 한국법학원, 2009.

_____, "저작권과 소유권의 상호관계: 독점과 공유의 측면에서", 경제규제와 법 제3권 제1호, 서울대학교 법학연구소, 2010.

_____, "민법학, 개인과 공동체, 그리고 법원," 비교사법 제22권 제4호, 한국비교사법학회, 2015.

_____, "개인정보 자기결정권과 동의 제도에 대한 고찰", 법학논총 제36권 제1호, 전남대학교 법학연구소, 2016.

_____, "데이터 귀속·보호·거래에 관한 법리 체계와 방향", 비교사법 제28권 제1호, 한국비교사법학회, 2021.

김경훈·이준배·윤성욱, 데이터거버넌스 법안(Data Governance Act) 주요 내용 및 시사점, KISDI Premium Report 21-10, 정보통신정책연구원, 2021.

김관식, "컴퓨터프로그램의 전송과 특허권 침해", 특허판례연구, 박영사, 2017.

김남두, "소유권에 관한 철학적 성찰 : 사유재산권과 삶의 평등한 기회 – 로크를 중심으로 -", 철학연구 제27권, 철학연구회, 1990.

김동준, "영업비밀 성립요건 중 경제적 유용성", 강원법학 제52호, 강원대학교 비교법학연구소, 2017.

김상중, "불법행위에 대한 사전적 구제수단으로서 금지청구권의 소고", 비교사법 제17권 4호, 한국비교사법학회, 2010.

_____, "불법행위에 대한 금지청구권 규정의 신설 제안", 민사법학 제55권 제1호, 한국민사법학회, 2011.

_____, "데이터 거래와 오픈마켓", 경영법률 제31권 제3호, 한국경영법률학회, 2021.

김성룡, "불법행위의 요건으로서의 위법성의 역할", 민사법학 제30호, 한국민사법학회, 2005.

김성은, "커먼즈 개념의 민사법적 소고", 토지법학 제37권 제1호, 한국토지법학회, 2021.

김영환, "법학방법론의 관점에서 본 유추와 목적론적 축소", 법철학연구 제12권 2호, 한국법철학회, 2009.

김영희, "미국 불법행위법의 기본 구조에 관한 연구 -불법행위의 유형과 성립요건을 중심으로-", 법학연구 제21권 제4호, 연세대학교 법학연구원, 2011.

김원오, "영업비밀 침해소송에서 그 특정을 둘러싼 쟁점과 과제", 법학연구 제14권 제2호, 인하대학교 법학연구소, 2011.

_____, "부정경쟁방지법상 신설된 일반조항의 법적성격과 그 적용의 한계", 산업재산권 제45호, 한국지식재산학회, 2014.

김재형, "언론에 의한 인격권 침해에 대한 구제수단", 인권과 정의 제339호, 대한변호사협회, 2004.

_____, "2010년도 민법 판례 동향", 민사재판의 제문제 제20권, 박영사, 2011.

김종현·성준·임미경, "금지청구권의 허용을 위한 기준", 서울대학교 법학평론 제2권, 2011.

김주영, "정보시장의 균형을 위한 정보의 공공성에 관한 헌법학적 연구", 서울대학교 박사학위논문, 2007.

김지홍·김승현, "미국 AMEX카드 판결과 양면시장 이론의 경쟁법적 적용", 저스티스 제176호, 한국법학원, 2020.

김진우, "대가로서의 디지털 개인정보 - 데이터의 개인정보보호법 및 계약법적 의의 -", 비교사법 제24권 제4호, 한국비교사법학회, 2017.

김차동, "금지(유지)청구권에 관한 비교법적 고찰 -대한민국과 미국을 중심으로", 법학논총 제26권 제4호, 한양대학교 법학연구소, 2009.

_____, "금지청구권의 요건사실에 관한 법경제학적 검토", 법경제학연구 제7권 제1호, 한국법경제학회, 2010.

_____, "금지(유지)청구권의 일반근거규정 도입에 관한 연구", 법학논총 제31권 제4호, 한양대학교 법학연구소, 2014.

김천수, "우리 불법행위법의 소묘 - 그 자화상과 미래상", 민사법학 제52호, 한국민사법학회, 2010.

김현경, "인공지능 창작물에 대한 법적취급 차별화 방안 검토 - '방식주의'의 도입을 중심으로", 법학연구 제29권 제2호, 충남대학교 법학연구소, 2018.

김현수, "불법행위에 대한 금지청구권의 요건", 법학논고 제39호, 경북대학교 법학연구소, 2012.

김형배, "과실 개념과 불법행위책임 체계", 민사법학 4·5집, 한국민사법학회, 1985.

나종갑, "부정경쟁방지법의 본질론과 무임승차 행위의 한계 : - 한 우산속 바람꽃, 너도바람꽃, 나도바람꽃 -", 산업재산권 제53호, 한국지식재산학회, 2017.

나지원, "인터넷포털 광고방해금지 가처분사건의 법적 쟁점", 판례연구 제25집, 서울지방변호사회, 2011.

남구현, "표준특허에 대한 특허법과 경쟁법 적용의 제문제 - FRAND 위반행위에 대한 규율을 중심으로 -", Law & technology 제11권 제6호, 서울대학교 기술과 법 센터, 2015.

남기연, "Bitcoin의 법적 가치에 관한 연구", 법학논총 제38권 제3호, 단국대학교 법학연구소, 2014.

남효순, "나뽈레옹 법전(프랑스 법전)의 제정에 관한 연구", 법학 제35권 제1호, 서울대학교 법학연구소, 1994.

문선영, "특허권 간접침해 규정의 문제점과 개선방안", 법학논고 제45집, 경북대학교 법학연구원, 2014.

문재완, "유럽연합 개인정보보호법의 특징과 최근 발전", 외법논집 제40권 제1호, 1‐18면, 한국외국어대학교 법학연구소, 2016.

민동보, "Artificial Neural Network", 충남대학교 인공지능법학회 발표자료, 2017.

박상철, "데이터 소유권 개념을 통한 정보보호 법제의 재구성", 법경제학연구 제15권 제2호, 한국법경제학회, 2018.

박성호, "지적재산법의 비침해 행위와 일반불법행위 ‐불법행위법리에 의한 지적재산법의 보완 문제를 중심으로-", 정보법학 제15권 제1호, 한국정보법학회, 2011.

박시훈, "위법행위에 대한 금지청구권의 연구", 서울대학교 박사학위 논문, 2015. [2015A]

박시훈, "위법행위에 대한 금지청구권의 연구 - 위법성 판단의 문제를 중심으로", 민사법학 제71호, 한국민사법학회, 2015. [2015B]

박영규, "독일 부정경쟁방지법(UWG)상 일반조항의 의미와 역할", 지적재산권 제29호, 한국지적재산권법제연구원, 2009.

박영호, "암호화폐의 강제집행, 비트코인을 중심으로", 사법 제49호, 사법발전재단, 2019.

박익환, "편집물의 저작물성 ‐ '법조수첩' 사건의 판례평석", 계간 저작권 통권 제66권, 저작권심의조정위원회, 2004.

박인환, "일본메이지민법 입법이유(총칙편 : 물건) 분석", 법학논문집 제35권 제2호, 중앙대학교 법학연구원, 2011.

박정희, "부정경쟁방지법 제2조 제1호 차목의 적용범위", 특허법원 개원20주년 기념논문집, 2018.

박종태, "상표법과 부정경쟁방지법과의 관계(부정경쟁방지법 제15조의 해석상 문제점을 중심으로)", 지식과 권리 제2권 제2호, 대한변리사회, 2004.

박주현, "스마트 공유경제 사회에서 빅데이터의 법률관계에 관한 소고", 법학논총 제35권 제2호, 한양대학교 법학연구소, 2018.

박준석, "게임 아이템의 법적 문제", Law & Technology 제5권 제1호, 서울대학교 기술과 법 센터, 2009.

_____, "영업방법 발명 등 컴퓨터프로그램 관련 발명의 특허법적 보호에 관한 비교법적 고찰", 비교사법 제46호, 한국비교사법학회, 2009.

_____, "무체재산권·지적소유권·지적재산권·지식재산권 - 한국 지재법 총칭(總稱) 변화의 연혁적·실증적 비판 -", 법학 제53권 제4호, 서울대학교 법학연구소, 2012.

_____, "4차 산업혁명에 대응한 우리 지적재산권법 관련 쟁점들의 통합적 분석", 정보법학 제21권 제3호, 한국정보법학회, 2017.

_____, "빅 데이터 등 새로운 데이터에 대한 지적재산권법 차원의 보호가능성", 산업재산권 제58호, 한국지식재산학회, 2019.

박진아, "데이터의 보호 및 유통 법제 정립 방안", 서강법률논총 제9권 제2호, 서강대학교 법학연구소, 2020.

배대헌, "거래대상으로서 디지털 정보와 '물건' 개념 확대에 관한 검토", 상사판례연구 제14권, 한국상사판례학회, 2003.

백대열, "데이터 물권법 시론 - 암호화폐를 비롯한 유체물-동등 데이터를 중심으로 -", 민사법학 제90호, 한국민사법학회, 2020.

손승우·문수미·박장혁, "영업비밀 침해의 실효적 구제 방안: '합리적 비밀관리성' 기준과 '손해배상제도'를 중심으로", 동북아법연구 제11권 제2호, 전북대학교 동북아법연구소, 2017.

손승우, "Legal Challenges to AI·Big Data Utilization", 스포츠엔터테인먼트와 법 제22권 제3호, 한국스포츠엔터테인먼트법학회, 2019.

_____, "데이터산업 활성화를 위한 법제 이슈와 과제", 데이터 경제 가속화를 위한 데이터산업 활성화 방향, 2020년 데이터산업포럼 정책세미나, 데이터산업진흥원, 2020.

송문호, "법률상 사이버재물개념과 철학적 근거", 원광법학 제33권 제1호, 원광대학교 법학연구소, 2017.

_____, "데이터의 법적 성격과 공정한 데이터거래", 동북아법연구 제14권 제1호, 전북대학교 동북아법연구소, 2020.

송오식, "불법행위의 효과에 관한 일제언", 민사법연구 제6집, 호남민사법연구회, 1997.

_____, "불법행위의 효과로서 금지 및 예방청구권 - 대법원 2010. 8. 25.자 2008마 1541 결정-", 법학논총 제31권 제1호, 전남대학교 법학연구소, 2011.

신지혜, "공중의 영역에 해당하는 저작물 이용에 대하여 일반불법행위 책임을 인정한 판결례에 대한 고찰", Law & Technology 제6권 제2호, 서울대학교 기술과 법 센터, 2010.

심미랑, "배타적 재산권으로서 특허권의 개념에 관한 연구", 법학연구 제14권 제2호, 인하대학교 법학연구소, 2011.

심재한, "독일의 개정 부정경쟁방지법 고찰", 경영법률 제16권 제1호, 한국경영법률학회, 2005.

심현주·이헌희, "데이터의 부정경쟁 유형으로의 보호에 관한 소고- 일본의 부정경쟁방지법 개정을 중심으로", 법학논총 제35권 제4호, 한양대학교 법학연구소, 2018.

안병하, "인격권의 재산권적 성격 - 퍼블리시티권 비판 서론", 민사법학 제45권 제1호, 한국민사법학회, 2009.

안효질, "데이터베이스의 보호에 관한 유럽공동체의 영향", 계간 저작권 통권 제38권, 저작권심의조정위원회, 1997.

양삼석, "로크의 사유론에 나타난 몇 가지 논점", 대한정치학회보 제18집 2호, 대한정치학회, 2010.

양창수, "불법행위의 요건으로서의 위법성", 월간고시 제141호, 법지사, 1985. 10.

_____, "재산과 물건", 고시연구 제25권 제9호, 고시연구사, 1998. 9.

염호준, "데이터베이스의 보호, 저작권법, 누구를 위한 법인가?", 서울대 기술과 법 센터 창립 3주년 기념 워크숍 자료집, 서울대학교 기술과 법 센터, 2006.

엄동섭, "민법상의 첨부제도(부합, 혼화, 가공)에 관하여", 후암 곽윤직 선생 고희 기념논문집 편찬위원회 편, 민법학논총, 박영사, 1995.

오병철, "인격적 가치 있는 온라인 디지털정보의 상속성", 가족법연구 제27권 제1호, 한국가족법학회, 2013.

유대종, "디지털콘텐츠제작자 보호 법리에 관한 소고 - 온라인디지털콘텐츠산업발전법상의 보호 법리를 중심으로 -", 법학연구 제15권 제1호, 경상대학교 법학연구소, 2007.

유시형, "데이터 유통 플랫폼을 위한 객체 식별자", TTA 저널 제192호, 한국정보통신기술협회, 2020.

유영운, "부정경쟁방지법 일반조항의 적용범위에 관한 고찰", LAW & TECHNOLOGY 제11권 제4호, 서울대학교 기술과 법 센터, 2015.

유형원 외 4인, "헬스케어 빅데이터 유통을 위한 블록체인기술 활성화 방안", 한국 빅데이터학회 학회지 제3권 제1호, 2018.

윤웅기, "MMORPG 게임 아이템 현금 거래에 대한 법정책적 고찰", 게임문화연구 회, 2005.

윤재왕, "자연법과 역사 - 존 로크 법철학의 양면성?", 강원법학 제34권, 강원대학 교 비교법학연구소, 2011.

윤진수, "민법 중 법인, 물건 및 소멸시효, 취득시효에 관한 개정예비안", 민사법학 제19호, 한국민사법학회, 2001.

_____, "법의 해석과 적용에서 경제적 효율의 고려는 가능한가?", 법학 제50권 제 1호, 서울대학교 법학연구소, 2009.

_____, "이용훈 대법원의 민법판례", 정의로운 사법 : 이용훈 대법원장 재임기념, 2011.

윤철홍, "고대의 소유권에 관한 소고", 법학논총 제8권, 숭실대학교 법학연구소, 1995.

_____, "소유권의 개념과 그 제한의 법리", 토지법학 제24권 제1호, 한국토지법학 회, 2008.

윤태영, "영업이익의 침해와 위법성", 민사법학 제30호, 한국민사법학회, 2005.

_____, "경쟁질서 위반행위에 대한 불법행위책임", 경제법연구 제5권 제2호, 한국 경제법학회, 2006.

이계정, "총유 규정의 개정 여부와 비법인사단의 규율", 민사법학 제78호, 한국민 사법학회, 2017.

이권호, "게임 디지털콘텐츠의 법적 성격에 대한 연구", Law & Technology 제3권 제5호, 서울대학교 기술과 법 센터, 2007.

이규호, "인공지능 학습용 데이터세트 보호를 위한 특허법상 주요 쟁점 연구", 산 업재산권 제64호, 한국지식재산학회, 2020. [2020A]

_____, "인공지능 학습용 데이터세트에 대한 저작권법과 부정경쟁방지법상 보호 와 그 한계", 인권과 정의 제494호, 대한변호사협회, 2020. [2020B]

이규홍, "부정경쟁방지법 제2조 제1호 차목(변경 후 (카)목)에 대한 연구", 정보법 학 제22권 제2호, 한국정보법학회, 2018.

이대희, "디지털환경에서의 접근권의 인정에 관한 연구", 창작과 권리 제34호, 세창출판사, 2004.

_____, "빅데이터와 개인정보 보호", 정보법학 제19권 제2호, 한국정보법학회, 2015.

_____, "개인정보 보호 및 활용을 위한 공정정보원칙(FIPPs)의 융통적인 적용과 새로운 접근방법에 대한 연구 – 사물인터넷 및 빅데이터의 예를 중심으로 -", 법조 제67권 제1호, 법조협회, 2018.

이덕연, "보상 없는 재산권 제한의 한계에 관한 연구", 헌법재판연구 제9집, 헌법재판소, 1997.

이동진, "데이터 소유권(Data Ownership), 개념과 그 실익," 정보법학 제22권 제3호, 한국정보법학회, 2018.

_____, "목적합치의 원칙", 이성엽 편, 데이터와 법, 박영사, 2021.

이문지, "불공정거래 규제의 문제점과 보완방안", 기업법연구 제권, 한국기업법학회, 2000.

이상용, "데이터 거래의 법적 기초", 법조 제67권 제2호, 법조협회, 2018.

_____, "알고리즘 규제를 위한 지도(地圖) - 원리, 구조, 내용 -", 경제규제와 법 제13권 제2호, 서울대학교 법학연구소, 2020.

_____, "데이터의 비계약적 이용 – 데이터 마이닝을 위한 저작권 제한을 중심으로 -", 강원법학 제65권, 강원대학교 비교법학연구소, 2021. [2021A]

_____, "데이터에 대한 배타적 권리의 법철학적 정당화", 일감법학 제50호, 건국대학교 법학연구소, 2021. [2021B]

이상정, "부정경쟁금지 법리의 발전", 경쟁법연구 제1권, 한국경쟁법학회, 1989.

_____, "데이터베이스제작자의 보호", 계간 저작권통권 제63권, 저작권심의조정위원회, 2003.

이연갑, "법인의 업무방해에 대한 금지청구", 민사판례연구[XXXIV], 박영사, 2012.

이영록, "퍼블리시티권에 관한 연구(I) -그 주체·객체에 대한 미국에서의 논의를 중심으로-", 저작권심의조정위원회, 2003.

이영준, "특별법과 특례법에 의한 소유권의 변천", 저스티스 제32권 제4호, 한국법학원, 1999.

이인호, "지적재산권의 헌법적 한계-헌법상의 언론자유조항과 지적재산권조항의 긴장과 조화", CLIS Monthly, 정보통신정책연구원, 2002.

이일호·김기홍, "빅데이터는 누구의 소유인가? - 빅데이터의 저작권법에 의한 보호와 공공부문의 빅데이터 활용 문제”, 한국지역정보화학회지 제19권 제4호, 한국지역정보화학회, 2016.

이일호, “빅데이터의 법적 보호 문제 - 영업비밀보호법에 의한 보호 가능성을 중심으로”, 법조 제67권 제1호, 법조협회, 2018.

이중기, “데이터관리업자의 법적 지위 : 정보수탁자의 신탁법상 지위를 중심으로”, 4차산업혁명 법과 정책 제3권, 2021.

이진기, “점유법의 이해를 위한 시론”, 재산법연구 제22권 제3호, 한국재산법학회, 2006.

_____, “물권법정주의, 소유권과 제한물권의 범위와 한계 – 지상권에 관한 대법원 판결을 중심으로”, 비교사법 제19권 제4호, 한국비교사법학회, 2012.

이춘수, “인터넷 상 재산권: MMORPG상 가상재화인 아이템을 중심으로”, Law & Technology 제3권 제5호, 서울대학교 기술과 법 센터, 2007.

이춘원, “소유권의 구조에 관한 일고찰”, 민사법학 제35호, 한국민사법학회, 2007.

전경운·박수곤, “금지청구권에 대한 소고”, 민사법학 제93호, 한국민사법학회, 2020.

전승재·권헌영, “비트코인에 대한 민사상 강제집행 방안- 암호화폐의 제도권 편입 필요성을 중심으로 -”, 정보법학 제22권 제1호, 한국정보법학회, 2018.

전주열, “프랑스 공공데이터 관련 법제도의 최근 동향”, 외법논집 제40권 제4호, 한국외국어대학교 법학연구소, 2016.

정경영, “암호통화(cryptocurrency)의 본질과 스마트계약(smart contract)에 관한 연구”, 상사법연구 제36권 제4호, 한국상사법학회, 2018.

정대성, “추상적 소유이론에 대한 헤겔의 비판”, 인간연구 제22호, 가톨릭대학교 인간학연구소, 2011.

정상조, “인터넷 콘텐츠의 보호”, 인터넷법률 통권 제2호, 법무부, 2000.

_____, “저작권법에 의한 데이터베이스 보호의 문제점”, 데이터베이스 보호, 서울대학교 기술과 법 센터, 2003.

_____, “우리나라의 데이터베이스 보호”, 세계의 언론법제 제19호, 한국언론재단, 2006.

정성진, “부정경쟁행위와 불공정거래행위”, 법학논총 제12집, 국민대학교 법학연구소, 2000.

정원준, “빅데이터 환경에서 개인정보 이용에 관한 법적 고찰”, 고려대학교 박사학위 논문, 2019.

정진명, "데이터 이용과 사법적 권리구제", 민사법학 제92호, 한국민사법학회, 2020.

정종구, "개인정보처리의 허용범위와 그 한계 - 목적합치의 원칙을 중심으로-", 법학논총 제27권 제2호, 조선대학교 법학연구원, 2020.

정차호·이승현, "우리 민법상 전자파일(electronic file)의 물건성 인정 여부에 관한 연구", 성균관법학 제30권 제1호, 성균관대학교 법학연구소, 2018.

정필운, "헌법 제22조 제2항 연구", 법학연구 제20권 제1호, 연세대학교 법학연구원, 2010.

정필운·강태수·이규호·김갑성, "지적재산권의 헌법상 근거와 위헌심사방법 - 헌법 제22조와 제23조를 중심으로 -, 헌법재판연구 제30권, 헌법재판소, 2019.

정해상, "인터넷 게임 아이템 거래에 관한 법리", 중앙법학 제5집 제3호, 중앙법학회, 2003.

_____, "온라인콘텐츠의 선의취득에 관한 법리", 홍익법학 제17권 제3호, 홍익대학교 법학연구소, 2016.

_____, "가상화폐의 법적 특성과 거래에 관한 법리", 법학논총 제25권 제2호, 조선대학교 법학연구원, 2018.

전응준, "인공지능 관련 저작권 침해에 관한 시론", 경영법률 제31권 제4호, 한국경영법률학회, 2021.

차상육, "저작권법의 보호대상이 되지 않는 지적 성과물의 모방도용행위와 일반불법행위법리의 기능", 창작과 권리 제56호, 세창출판사, 2009.

_____, "빅데이터의 지적재산법상 보호", 법조 제67권 제2호, 법조협회, 2018.

_____, "인공지능 개발에 필요한 데이터셋의 지적재산법상 보호 - 저작권법을 중심으로 -", 인권과 정의 제494호, 대한변호사협회, 2020.

최난설헌, "기업결합 심사에 있어서 빅데이터의 경쟁법적 의미 - 최근 해외 주요 기업결합 사례를 중심으로 -", 외법논집 제41권 제4호, 한국외국어대학교 법학연구소, 2017.

최민수, "부정경쟁행위와 불법행위법상 금지청구권 - 대법원 2010.8.25.자 2008마1541 결정-", 법조 제62권 제1호, 법조협회, 2013.

최종모, "빅 데이터에 대한 저작권 등의 법적 고찰", 문화·미디어·엔터테인먼트법 제6권 제2호, 중앙대학교 법학연구원, 2012.

최경진, "민법상 물건에 관한 연구", 성균관대학교 박사학위 논문, 2003.

_____, "물건요건론 소고", 비교사법 제11권 제2호, 한국비교사법학회, 2004. [2004A]

_____, "민법상 정보의 지위", 산업재산권 제15호, 한국지식재산학회, 2004. [2004B]

_____, "데이터와 사법상의 권리, 그리고 데이터 소유권", 정보법학 제23권 제1호, 한국정보법학회, 2019.

_____, "데이터 경제 시대를 위한 데이터오너십에 대한 혁신적 접근", 한국법제연구원 제6차 규제혁신포럼 자료집, 2020.

최승재, "제품의 형태와 색채 모방행위와 부정경쟁행위에 대한 소고 : 비아그라 판결과 세레타이드 판결을 중심으로", 상사판례연구 30권 2호, 한국상사판례학회, 2017.

허성욱, "권리남용금지 법리에 관한 법경제학적 고찰", 법조 제55권 제1호, 법조협회, 2006.

한지영, "데이터베이스의 법적 보호에 관한 연구", 서울대학교 박사학위 논문, 2005.

_____, "지적재산의 철학에 관한 연구 : 로크의 노동이론을 중심으로", 산업재산권 제20호, 한국지식재산학회, 2006.

_____, "헤겔의 법철학과 지적재산", 산업재산권 제23호, 한국지식재산학회, 2007.

홍강훈, "분리이론·경계이론을 통한 헌법 제23조 재산권조항의 새로운 구조적 해석", 공법연구 제42권 제1호, 한국공법학회, 2013.

홍대식, "공정거래법상 손해배상청구-실무의 관점에서-", 경영법률 제13권 제2호, 한국경영법률학회, 2003.

_____, "데이터 소유권을 둘러싼 법적 쟁점과 경쟁법 원칙의 적용", 고학수·임용(편), 데이터오너십, 박영사, 2019.

홍은표, "암호자산에 대한 소유권 보호를 위한 시론", 정보법학 제23권 제3호, 한국정보법학회, 2019.

황경식, "소유권은 절대권인가 -사유재산권과 분배적 정의-", 철학연구 제72호, 철학연구회, 2006.

다. 기타

4차산업혁명위원회, 4차위 블록체인 연구반 활동보고서, 2020.

_____, 디지털 경제 대전환을 위한 국가 데이터 정책 추진방향, 2021.

개인정보보호위원회, 가명정보 처리 가이드라인, 2020.

과학기술정보통신부, 2018 데이터산업 현황조사.

관계부처 합동, 개인정보 비식별 조치 가이드라인, 2016. 6. 30.

_____, 데이터 산업 활성화 전략, 2018.

_____, 인공지능 국가전략, 2019.

_____, 한국판 뉴딜 종합계획, 2020.

_____, 데이터 플랫폼 발전전략, 2021.

금융보안원, 금융권 데이터 유통 가이드, 2020.

금융위원회, 금융분야 가명처리·익명처리 안내서, 2020.

민사법연구회, 민법안의견서, 일조각, 1957.

민의원 법제사법위원회 산하 민법안 심의소위원회 편, 민법안 심의자료집, 1949.

오병철, 디지털정보거래의 성립에 관한 연구, 한국법제연구원, 2001.

전성태 외 4인, 지능형 로봇분야 출원제도 및 심사기준 제정에 관한 연구, 한국지식재산연구원, 2018.

정보통신산업진흥원, 글로벌 ICT 포털 품목별 보고서 – 빅데이터, 2019.

정상조 외 5인, 데이터베이스 보호방안 연구보고서, 한국데이터베이스진흥센터, 2000.

채명기·이영록, "데이터베이스의 추가 보호", 저작권심의조정위원회 연구보고서, 2000.

한국게임산업개발원, 온라인게임 아이템 현금거래 심층실태 조사, 2006.

한국데이터산업진흥원, 2018 데이터산업 현황조사, 2019.

_____, 데이터 거래 가이드라인, 2019.

_____, 2020 데이터산업 현황조사, 2021.

한국법제연구원, 데이터 지식재산권 보호방안 연구, 2020.

한국정보화진흥원, "데이터 기반 산업 활성화를 위한 4대 공공정책 분석과 제언", IT & Future Strategy 제12호, 2017.

_____, "데이터 경제의 부상과 사회경제적 영향", IT & Future Strategy 제7호, 2018.

2. 영미·유럽 문헌

가. 단행본

Abraham, Kenneth, The Forms and Functions of Tort Law, 3rd Ed., Foundation Press,

2007.

Aristotle(translated by Benjamin Jowett), Politics, Clarendon Press, 1905.

Arthur Meier-Hayoz, Berner Kommentar, Band IV, Verlag Stämpfli & Cie AG, 1981.

British Academy·techUK·Royal Society, Data Ownership, rights and controls: reaching a common understanding, 2018.

Brownlee, Lisa, Intellectual Property Due Diligence in Corporate Transactions, Thomson West, 2021.

Checkland, Peter and Sue Holwell, Information, Systems, and Information Systems: Making Sense of the Field, John Wiley & Sons, 1998.

Cooter, Robert & Thomas Ulen(한순구 역), 법경제학(제5판), 경문사, 2009.

Dobbs, Dan, Law of Remedies: Damages-Equity-Restitution(2d. ed), § 1.2, West Publishing Co., 1993.

Drahos, Peter, A Philosophy of Intellectual Property, Routledge, 2005.

Fisher, William, "Theories of Intellectual Property", in: Stephen Munzer(ed), New Esseys in the Legal and Political Theory of Property, Cambridge University Press, 2001.

Goldberg, John, Anthony Sebok, & Benjamin Zipursky, Tort Law : Responsibilities and Redress, 2nd Ed., Aspen Publishers, 2008.

Green, Stuart, Thirteen Ways to Steal a Bicycle: Theft Law in the Information Age, Harvard University Press, 2012.

Hayek, Friedrich, The Constitution of Liberty, Routledge, 2013.

Hayek, Friedrich(김이석 역), 노예의 길, 자유기업원, 2018.

Höffe, Otfried(이상헌 역), 임마누엘 칸트, 문예출판사, 1998.

Krugman, Paul & Robin Wells, Economics (3rd ed.), Worth Publishers, 2013.

Kurzweil, Ray, The Singularity Is Near: When Humans Transcend Biology, Viking, 2005.

Landes, William & Richard Posner, "The Economic Structure of Intellectual Property Law", Harvard University Press, 2003.

Laycock, Douglas, Modern American Remedies: Cases and Materials, Wolters Kluwer, 2010.

Lessig, Lawrence, The Future of Ideas: The Fate of the Commons in a Connected World, Vintage, 2002.

Locke, John, Two treatises of government, Yale University Press, 2008.

Long, Joseph, "Equitable Jurisdiction to Protect Personal Rights", 33 Yale L. J. 115.

Macpherson, Crawford(황경식·강유원 공역), 홉스와 로크의 사회철학: 소유 개인주의의 정치이론, 박영사, 1990.

Megarry, Robert & William Wade, the Law of Real Property, 6th ed., Sweet & Maxwell, 2000.

Mulhall, Stephen & Adam Swift(김해성·조영달 역), 자유주의와 공동체주의, 한울, 2011.

North, Douglass, Institutions, Institutional Change and Economic Performance, Cambridge University Press, 1990.

Nozick, Robert(남경희 역), 아나키에서 유토피아로, 문학과 지성사, 2000.

Patterson, Lyman, Copyright in historical perspective, Vanderbilt University Press, 1968.

Posner, Richard, *Economic Analysis of Law* (8th ed.), Aspen Publishers, 2011.

Rawls, John(황경식 옮김), 정의론, 이학사, 2003.

Rendleman, Doug & Caprice Roberts, Remedies: Cases and Materials, West Academic Publishing, 2011.

Rose, Mark. Authors and owners: The invention of copyright. Harvard University Press, 1993.

Schwab, Klaus, The Fourth Industrial Revolution, Crown Business, 2017.

Schecher, Roger & John Thomas, Intellectual Property The Law of Copyrights, Patents and Trademarks, West, 2003.

Smith, Adam, An inquiry into the nature and causes of the wealth of nations, in: Campbell & Skinner(eds), Oxford University Press, 1976.

Stewart, Stephen, International Copyright and Neighbouring rights, 2nd ed., Butterworths, 1992.

Vare, Todd & Michael Mattioli, "Big Business, Big Government and Big Legal Questions", 243 Managing Intellectual Property, 2014.

Westin, Alan, Privacy and Freedom, IG Publishing, 1967.

나. 논문

Benkler, Yochai, "From Consumers to Users: Shifting the Deeper Structures of

Regulation Toward Sustainable Commons and User Access," 52 Fed. Comm. L. J. 561, 2000.

Bergelson, Vera, "It's Personal but Is It Mine? Toward Property Rights in Personal Information", 37 U.C. Davis L. Rev. 379, 2003.

Boldrin, Michele & David Levine, "The case against intellectual property", American Economic Review, vol.92 no.2, 2002.

Börding, Andreas et al, "Data Ownership - A Property Rights Approach From a European Perspective", 11 J. Civ. L. Stud. 323.

Calabresi, Guido & Douglas Melamed, "Property rules, liability rules, and inalienability: one view of the cathedral", 85 Harvard Law Review 1089, 1972.

Chaffee, Zacariah Jr, "Unfair Competition", 53 Harv. L. Rev. 1289, 1939.

Coase, Ronald, "The Problem of Social Cost", Journal of Law and Economics, vol.3, 1960.

Cohen, Julie, "Property and the Construction of the Information Economy: A Neo-Polanyian Ontology", in Routledge Handbook of Digital Media and Communication, Routledge, 2020.

Coleman, Jules, "The Practice of Corrective Justice", in David Owen(ed.), Philosophical Foundations of Tort Law, Clarendon Press, 1995.

Demsetz, Harold, "Toward a Theory of Property Rights", American Economic Review, vol.57, 1967.

Determann, Lothar, "No One Owns Data", 70 Hastings L. J. 1, 2018.

Loshin, David, "Knowledge integrity: Data ownership", as quoted in US Department of Health and Human Services, Data Ownership, Rockville, 2002.

Evans, Barbara, *Much Ado about Data Ownership*, 25 Harv. J. L. & Tech, 69, 2011.

Epstein, Richard, "Cybertrespass", 70 U. Chi. L. Rev., 2003.

Fairfield, Joshua, "BitProperty", 88 S. Cal. L. Rev. 805, 2015.

Farkas, Thomas, "Data Created by the Internet of Things: The New Gold without Ownership", 23 Rev. Prop. Inmaterial 5, 2017.

Gärtner, Anette & Kate Brimsted, "Let's Talk about Data Ownership", 39 European Intellectual Property Review, Issue 8, 2017.

Goldstein, Paul, "Copyright and Its Substitutes", Wisconsin Law Review, 5/1997.

Goodman, Bryce and Seth Flaxman, "European Union regulations on algorithmic decision-making and a 'right to explanation'", AI magazine, vol.38 no.3, 2017.

Gordon, Wendy, "Asymmetric Market Failure and Prisoners' Dilemma in. Intellectual Property", 17 U. Dayton L. Rev., 1992.

Graef, Inge, Raphael Gellert & Martin Husovec, "*Towards a Holistic Regulatory Approach for the European Data Economy: Why the Illusive Notion of Non-Personal Data Is Counterproductive to Data Innovation.*"

Hardin, Garrett, "The tragedy of the commons: the population problem has no technical solution; it requires a fundamental extension in morality", Science 162.3859, 1968.

Heller, Michael, "The tragedy of the anticommons: property in the transition from Marx to markets", 111 Harv. L. Rev., 1998.

Hicks, John, "The foundations of welfare economics", The Economic Journal, vol. 49, 1939.

Hirsch, Dennis, "The Glass House Effect: Big Data, The New Oil, and The Power of Analogy", 66 Maine Law Review 373, 2014.

Honoré, Anthony, "Owenership", in Anthony Guest ed., Oxford Essays in Jurisprudence, Clarendon, 1961.

Hughes, Justin, "The Philosophy of intellectual property", 77 Georgetown Law Journal, 1988.

Hugenholtz, Bernt, "Abuse of Database Right: Sole-source information banks under the EU Database Directive", in: François Lévêque & Howard Shelanski(eds.), Antitrust, Patents, and Copyright: EU and US Perspectives, Edward Elgar Publishing, 2005.

_____, "Data Property: Unwelcome Guest in the House of IP", Paper presented at 「Trading Data in the Digital Economy: Legal Concepts and Tools」, 2017.

_____, "*Against Data Property*", in: Hanns Ullrich, Peter Drahos & Gustavo Ghidini(eds), Kritika: Essays on Intellectual Property, vol.3, Edward Elgar Publishing Limited, 2018.

Kaldor, Nicholas, "Welfare propositions of economics and interpersonal comparisons of utility", The Economic Journal, vol. 49, 1939.

Kaplow, Louis & Steven Shavell, "Property rules versus liability rules: An economic analysis", 109 Harv. L. Rev., 713, 1995.

Karjala, Dennis, "Misappropriation as a Third Intellectual Property Paradigm", 94. Colum. L. Rev., 1994.

Kenneally, Michael, "Misappropriation and the Morality of Free-Riding", 18 Stan. Tech. L. Rev., 289, 2015.

Kerber, Wolfgang, "Governance of Data: Exclusive Property vs. Access", International Review of Intellectual Property and Competition Law, vol.47, 2016. [2016A]

_____, *A New (Intellectual) Property Right for Non-Personal Data? An Economic Analysis*, GRUR Int. 2016. [2016B]

Landauer, Rolf, et al., "Information is physical", Physics Today vol.44 no.5, 1991.

Landes, Elisabeth & Richard Posner, "The economics of the baby shortage", The Journal of Legal Studies, vol.7 no.2, 1978.

Lastowka, Gregory & Dan Hunter, "The laws of the virtual worlds", 92 California Law Review, 1, 2004.

Leistner, Matthias, "Big Data and the EU Database Directive 96/9/EC: Current Law and Potential for Reform", 2018.

Lemley, Mark, "Private Property", 52 Stanford Law Review 1545, 2000.

_____, "Place and Cyberspace", 91 California Law Review 521, 2003.

_____, "Property, intellectual property, and free riding", 83 Texas Law Review 1031, 2004.

Lemley, Mark & Philip Weiser, "Should Property or Liability Rules govern Information?", 85 Texas Law Review 783, 2007.

Lessig, Lawrence, "Privacy as Property", Social Research: An International Quarterly 69.1, 247, 2002.

Liebowitz, Stan and Stephen Margolis, "Network externality: An uncommon tragedy", Journal of Economic Perspectives, Vol.8 No.2, 1994.

Lipton, Jacqueline, "Mixed Metaphors in Cyberspace: Property in Information and Information Systems", 35 Loyola University Chicago Law Journal 235, 2003.

_____, *"Information Property: Rights and Responsibilities"*, 56 Fl. L. Rev. 135, 2004.

Litman, Jessica, "Information privacy/information property", 52 Stanford Law Review 1283, 2000.

Lund, Jamie, "Property Rights to Information", 10 Northwestern Journal of Technology & Intellectual Property 1, 2011.

Merrill, Thomas & Henry Smith, "Optimal Standardization in the Law of Property: The Numerus Clausus Principle", 110 Yale L. J. 1, 2000.

Moringiello, Juliet, "False Categories in Commercial Law: The (Ir)relevance of (In)tangibility", 35 Fla. St. U. L. Rev. 119, 2007.

Musgrave, Richard, "A Multiple Theory of Budget Determination", in: Finanzarchiv, N.F. Bd. 17, 1956/57.

Murphy, Richard, "Property Rights in Personal Information: An Economic Defense of Privacy", 84. Geo. L. J. 2381, 1996.

Nakamoto, Satoshi, "Bitcoin : a peer to peer electronic cash system", 2018.

Nash, Jonathan & Stephanie Stern, "Property Frames", 87 Wash. U. L. Rev. 449, 2009.

Neal, James, "Copyright is dead ⋯ long live copyright", American Libraries vol.33. no.11, 2002.

Nimmer, Raymond & Patricia Krauthaus, "Information as Property Databases and Commercial Property", 1 International Journal of Law and Information Technology 3, 1993-1994.

Nimmer, Raymond, "Breaking Barriers: The Relation Between Contract and Intellectual Property Law", 13 Berkeley Technology Law Journal, 1998.

Okamoto, Tatsuaki & Kazuo Ohta, "Universal electronic cash", *Advances in Cryptology – CRYPTO '91*, Springer, 1992.

Posner, Richard, "The Right of Privacy", 12 Georgia L. Rev. 393, 1972.

_____, "Misappropriation: A Dirge", 40 HOUS. L. Rev., 2003.

Purtova, Nadezhda, "The Law of Everything. Broad Concept of Personal Data and Future of EU Data Protection Law", 10 Law Innov Technol 40, 2018.

Rahl, James, "The right to appropriate trade values", 23 Ohio State Law Journal 56, 1962.

Raskind, Leo, "The Misappropriation Doctrine as a Competitive Norm of Intellectual Property Law", 75 Minn. L. Rev., 1991.

Reichman, Jerome & Pamela Samuelson, "Intellectual Property Rights in Data?", 50 Vanderbilt. L. Rev., 51, 1997.

Richter, Heiko and Peter Slowinski, "The Data Sharing Economy: On the Emergence of New Intermediaries", International Review of Intellectual Property and Competition Law, Vol.50, 2019.

Ritter, Jeffrey, and Anna Mayer. "Regulating data as property: a new construct for moving forward", 16 Duke L. & Tech. Rev. 220, 2017.

Ryan, Cheyney, "Yours, Mine and Ours : Property Rights and Individual Liberty", in: Jeffrey Paul(eds), Reading Nozick, Rowman Littlefield, 1981.

Sadurski, Wojciech, "To each according to his(genuine?) needs", Polical Theory, vol.11. no.3, Sage Publications, 1983.

Samuelson, Pamela, "Privacy as Intellectual Property?", 52 Stanford Law Review 1125, 2000.

Stucke, Maurice & Allen Grunes, "Debunking the myths over big data and antitrust", CPI Antitrust Chronicle, May, 2015.

Schwartz, Paul, "Beyond Lessig's Code for Internet Privacy: Cyberspace Filters, Privacy-Control, and Fair Information Practices", 2000 Wisconsin Law Review 743, 2000.

_____, "Property, Privacy, and Personal Data", 117 Harv. L. Rev. 2056, 2003.

Steinz, Thomas, "The Evolution of European Data Law", in Paul Craig and Gráinne de Búrca (eds), The Evolution of EU Law(3rd edn), 2021.

Warren, Samuel & Louis Brandeis, "The Right to Privacy", 4. Harv. L. Rev. 193, 1890.

Woodberry, Evelyn, "Copyright vs Contract: Are They Mutually Exclusive?", Australian Academic & Research Libraries vol.33. no.4, 2002.

다. 기타

Van Asbroeck, Benoit, Jasmien César & Julien Debussche, White Paper - Data ownership in the context of the European data economy: proposal for a new right, Bird & Bird, 2017.

Banterle, Francesco, Data Ownership in the Data Economy: A European Dilemma, EU Internet Law in the Digital Era (edited volume based on the REDA 2017 conference), Springer, 2018.

Bechtold, Stefan, 3D Printing and the Intellectual Property System, WIPO Working Paper No. 28, 2015.

Commission of the European Communities, First Evaluation of Directive 96/9/EC on the Legal Protection of Databases, 2005.

Drexl, Josef et al, *Data Ownership and Access to Data - Position Statement of the Max Planck Institute for Innovation and Competition of 16 August 2016 on the Current European Debate*, Max Planck Institute for Innovation and Competition Research Paper No. 16-10, 2016.

Drexl, Josef, Designing Competitive Markets for Industrial Data - Between Propertisation and Access, Max Planck Institute for Innovation and Competition Research Paper No. 16-13, 2016.

Duch-Brown, Nestor et al., The economics of ownership, access and trade in digital data, Joint Research Centre Digital Economy Working Paper 2017-01, 2017.

EU Commission Staff Working Document, "A Digital Single Market Strategy for Europe-Analysis and Evidence", 2015.

European Commission, Communication : Towards a thriving data-driven economy, 2014.

_____, Proposal for a Directive on certain aspects concerning contracts for the supply of digital content, 2015

_____, Communication : Building a European Data Economy, 2017. [2017A]

_____, Synopsis Report Consultation on The 'Building A European Data Economy' Initiative, 2017. [2017B]

_____, Evaluation and Fitness Check(FC) Roadmap - Evaluation of Directive on the legal protection of databases, 2017. [2017C]

_____, Communication : Towards a common European data space, 2018.

_____, Communication : A European strategy for data, 2020. [2020A]

_____, Proposal for a Regulation on contestable and fair markets in the digital sector (Digital Markets Act), 2020. [2020B]

European Patent Office, Guidelines for Examination in the European Patent Office.

European Political Strategy Centre, Enter the Data Economy EU Policies for a Thriving Data Ecosystem, EPSC Strategic Notes Issue 21, 2017.

EU Working Paper, The Economoics of Ownership, Access and Trade in Digital Data, 2017.

Hofheinz, Paul & David Osimo, Making Europe a Data Economy: A New Framework for Free Movement of Data in the Digital Age, the Lisbon Council Policy

Brief, 2017.

IDC·Open Evidence, European Data Market Smart 2013/063, 2017.

IDC·Lisbon Council, D2.2 First Report on Policy Conclusions, 2018.

National Data Strategy, 2020.

NITRD, The Federal Big Data Research and Development Strategic Plan, 2016.

Nurton, James, European Commission Proposes Strategies for Data and AI, February 20, 2020

OECD, Data-Driven Innovation: Big Data for Growth and Well-Being, 2015.

_____, Key Issues for digital transformation in the G20, 2017.

Osborne Clarke LLP, Legal study on Ownership and Access to Data, European Union, 2016.

President's Management Agenda team, Federal Data Strategy 2020 Action Plan, 2020.

The Linux Foundation, "Community Data License Agreement - Sharing - Version 1.0", 2017.

UK Digital Strategy 2017.

USPTO, Public Views on Artificial Intelligence and Intellectual Property Policy, 2020.

White House Office, Digital Government: Building a 21st Century Platform to Better Serve the American People, 2012.

3. 독일 문헌

가. 단행본

Bappert, Walter, Wege zum Urheberrecht : die geschichtliche Entwicklung des Urheberrechtsgedankens, V. Klostermann, 1962.

Eidenmüller, Horst, Effizienz als Rechtsprinzip, 3. Aufl., Mohr Siebeck, 2005.

Fezer, Karl-Heinz, Repräsentatives Dateneigentum Ein zivilgesellschaftliches Bürgerrecht, Konrad Adenauer Stiftung, 2018.

Fikentscher, Wolfgang & Andreas Heinemann, Schuldrecht, 10. Aufl., De Gruyter, 2006.

von Gierke, Otto, Deutches Privatrecht, Bd. 1, Duncker & Humbolt, 1895.

_____, Die soziale Aufgabe des Privatrechs, Springer, 1889.

Hacker, Philipp, Datenprivatrecht: Neue Technologien im Spannungsfeld von Datenschutzrecht und BGB, Mohr Siebeck, 2020.

Hegel, Georg Wilhelm Friedrich, Grundlinien der Philosophie des Rechts oder Naturrecht und Staatswissenschaft im Grundrisse, Suhrkamp, 1986.

Haedike, Maximilian, Rechskauf und Rechtsmangelhaftung; Forderungen, Immaterialgutterrechte und das reformierte Schuldrecht, Mohr Siebeck, 2003.

Hedemann, Justus, Grundriß der Rechtswissenschaft, Bd.3. Sachenrecht des Bürgerlichen Gesetzbuches, Walter de Gruyter, 1950.

Höffe, Otfried(이상헌 역), 임마누엘 칸트, 문예출판사, 1998.

Isensee, Josef & Paul Kirchhof(Hrsg.), Handbuch des Staatsrechts der Bundesrepublik Deutschland, Band VI, C.F. Müller, 2009.

Janson, Gunnar, Ökonomische Theorie im Recht, Dunker & Humbolt, 2004.

Jänich, Volker, Geistiges Eigentum － eine Komplementär - erscheinung zum Sacheigentum?, Jus Privatum 66, Mohr Siebeck, 2002.

Kant, Immanuel, Die Metaphysik der Sitten, Suhrkamp, 1977.

Kaser, Max & Karl Hackl, Das Römische Zivilprozessrecht, 2. Aufl., C.H. Beck, 1996.

Larenz, Karl & Claus-Wilhelm Canaris, Lehrbuch des Schuldrechts, Bd. II/2, 13. Aufl., C.H, Beck, 1994.

Leinemann, Felix, Die Sozialbindung des Geistigen Eigentums, Nomos, 1998.

Münchener Kommentar zum Bürgerlichen Gesetzbuch: BGB, Band 8: Sachenrecht, 8. Auflage, C.H. Beck, 2020. [Münckkomm

Nissen, Raoul, Der monetäre Wert von Daten im Privatrecht: Dogmatik und Rechtspolitik des Datenprivatrechts Vol. 22, Mohr Siebeck, 2021.

Rehbinder, Manfred, Urheberrecht, Aufl. 10., C.H. Beck, 1998.

Specht, Louisa, Konsequenzen der Ökonomisierung informationeller Selbstbestimmung － Die zivilrechtliche Erfassung des Datenhandels, Carl Heymanns Verlag, 2012.

Staudingers Kommentar zum Bürgerlichen Gesetzbuch: Staudinger BGB - Buch 3: Sachenrecht, De Gruyter, 2019.

Thiesen, Michael, Daten in der Erbmasse: Der digitale Nachlass zwischen Erbgang und Rechtsdurchsetzung, Peter Lang GmbH, 2017.

Thormann, Martin, Abstufungen in der Sozialbindung des Eigentums, Boorberg, 1996.

Troller, Alois, Immaterialgüterrecht, Bd. I, 3.Aufl., Helbing & Lichtenhahn, 1983.

Weber, Max(translated by Talcott Parsons), The Protestant Ethic and the Spirit of Capitalism, translated by Talcott Parsons, George Allen & Unwin Ltd, 1930.

Zech, Herbert, Information als Schutzgegenstand, Mohr Siebeck, 2012.

나. 논문

Amstutz, Marc, "Dateneigentum. Funktion und Form", Archiv für die civilistische Praxis 218, 2018.

Baranowski, Anne & Udo Kornmeier, "Das Eigentum an Daten – Zugang statt Zuordnung", Betriebs Berater, 22/2019.

von Caemmerer, Ernst, "Wandlungen des Deliktsrechts", in : Festschrift deutscher Juristentag Ⅱ, Müller, 1960.

Dorner, Michael, "Big Data und Dateneigentum", Computer und Recht, 9/2014.

Fezer, Karl-Heinz, "Dateneigentum der Bürger - Ein originäres Immaterialgüterrecht sui generis an verhaltensgenerierten Informationsdaten der Bürger", Zeitschrift für Datenschutz, 2017.

Gaster, Jens, "Zur anstehenden Umsetzung der EG-Datenbankrichtlinie (I)", Computer und Recht, 11/1997.

Gawel, Erik, "Ökonomische Effizienzforderungen und ihre juristische Rezeption", in Gawel(Hrsg.), Effizienz im Umweltrecht, 2001.

Grosskopf, Lambert, "Rechte an privat erhobenen Geo- und Telemetriedaten", Der IP-Rechts-Berater, 2011.

Grundmann, Stefan, "Methodenpluralismus als Aufgabe", Rabels Zeitschrift für ausländisches und internationales Privatrecht Bd. 61, 1997.

Grützmacher, Malte, "Dateneigentum: Ein Flickenteppich", Computer und Recht, 8/2016.

Härting, Niko, ""Dateneigentum" – Schutz durch Immaterialgüterrecht?", Computer und Recht, 10/2016.

Heun, Sven-Erik & Simon Assion, "Internet(recht) der Dinge", Computer und Recht, 12/2015.

Heymann, Thomas, "Der Schutz von Daten bei der Cloud Verarbeitung", Computer und Recht 12/2015.

_____, "Rechte an Daten", Computer und Recht, 10/2016.

Hoeren, Thomas, "Dateneigentum ‐ Versuch einer Anwendung von § 303a StGB im Zivilrecht", MultiMedia und Recht, 8/2013.

_____, "Datenbesitz statt Dateneigentum", MultiMedia und Recht, 1/2019.

Kegel, Gerhard, "Von wilden Tieren, zerstreuten Leuten und versunkenen Schiffen", in Festschrift für Ernst von Caemmerer zum 70. Geburtstag, J.C.B. Mohr, 1978.

Kilian, Wolfgang, "Strukturwandel der Privatheit", in: Hansjürgen Garstka & Wolfgang Coy (Hrsg.), Wovon - für wen - wozu? Systemdenken wider die Diktatur der Daten, Wilhelm Steinmüller zum Gedächtnis, Humboldt-Universität zu Berlin, 2014.

Kroeschell, Karl, 양창수(역), "게르만적 소유권 개념의 이론에 대하여", 법학 제34권 제1호, 서울대학교 법학연구소, 1993.

Meier, Klaus & Andreas Wehlau, "Die zivilrechtliche Haftung für Datenlöschung, Datenverlust und Datenzerstörung", Neue Juristische Wochenschrift, 1998, 1585.

Mich, Fabian, ",,Datenbesitz" ‐ ein grundrechtliches Schutzgut -", Neue Juristische Wochenschrift, 2019.

Redeker, Helmut, "Anmerkung zu LAG Sachsen, Urt. v. 17.1.2007 - 2 Sa 808/05", Comuter und Recht, 2008.

Specht, Louisa, "Ausschließlichkeitsrechte an Daten ‐ Notwendigkeit, Schutzumfang, Alternativen", Computer und Recht 2016.

Trute, Hans-Heinrich(김태호 역), "빅데이터와 알고리즘: 독일 관점에서의 예비적 고찰", 경제규제와 법 제8권 제1호, 서울대학교 법학연구소, 2015.

Trute, Hans-Heinrich(이성엽 역), "독일과 EU에서 Industry 4.0: 소유권과 접근권 사이의 데이터 주도 경제에서 데이터", 경제규제와 법 제20호, 서울대학교 법학연구소, 2017.

Welp, Jürgen, "Datenveränderung (§ 303a StGB) ‐ Teil 1 Münsteraner Ringvorlesung ,,EDV und Recht", Informatik und Recht, 1988.

Wieacker, Franz, "Sachbegriff, Sacheinheit, Sachzuordnung", Archiv für die civilistische Praxis 148, 1943.

Wiebe, Andreas, "Rechtsschutz von Datenbanken und europäische Harmonisierung", Computer und Recht, 1996.

_____, "Protection of industrial data ‒ a new property right for the digital economy?", GRUR Int. 2016.

Zech, Herbert, "Daten als Wirtschaftsgut - Überlegung zu einem "Recht des Datenerzeugers"", Computer und Recht, 3/2015. [2015A]

_____, "„Industrie 4.0" - Rechtsrahmen für eine Datenwirtschaft im digitalen Binnenmarkt", GRUR 2015. [2015B]

_____, "Information as Property", 6 Journal of Intellectual Property, Information Technology and Electronic Commerce Law 192, 2015. [2015C]

_____, "A legal framework for a data economy in the European Digital Single Market: rights to use data", Journal of Intellectual Property Law & Practice, 2016.

다. 기타

Arbeitsgruppe „Digitaler Neustart" der Konferenz der Justizministerinnen und Justizminister der Länder, 2017.

4. 일본 문헌

가. 단행본

아카하네 요시하루 외(양현 역), 블록체인 구조와 이론, 위키북스, 2017.

甲斐道太郎 외(강금실 역), 소유권 사상의 역사, 돌베개, 1984.

中山信弘, マルチメデイアと著作權, 岩波新書, 2005.

中山信弘(윤선희 편역), 저작권법, 법문사, 2008.

我妻榮, 事務管理・不當利得・不法行爲, 日本評論社, 1940.

松村信夫, "インテリアデザイン," 小谷悦司・小松陽一郎 編「意匠・デザインの法律相談」, 靑林書院, 2006.

加藤一郎, 「不法行爲[增補版]」, 有斐閣, 1974.

加藤雅信, 「事務管理・不當利得・不法行爲(第2版)」, 有斐閣, 2005.

根本尙德, 差止請求權の理論, 有斐閣, 2011.

林紘一郎, 情報法のリーガル・マインド, 勁草書房, 2017.

田村善之, 不正競爭防止法 第2版, 有斐閣, 2003.

나. 논문

上野達弘, "自動集積される大量データの法的保護", 『パテント』 Vol.70 No.2, 日本弁理士會, 2017.

松下 外, "AI 技術關連發明の特許出願及び權利行使", 『パテント』 Vol.72 No.8, 日本弁理士會, 2019.

末川博, "權利侵害論", 京都帝國大學法學博士學位論文, 1930.

岡本義則, "人工知能(AI)の學習用データに關する知的財產の保護", 『パテント』 Vol.70, No.10, 2017.

Yoshiyuki Tamura, "Legislative Movement for Big Data Protection in Japan", Guangzhou Sun Yat-sen University (SYSU) International Conference: Intellectual Property in Big Data Era: Opportunities and Challenges, 2017.

다. 기타

日本 經濟産業省, 「AI・データの利用に關する契約ガイドライン」, 2018. [2018A]

日本 經濟産業省, 不正競爭防止法平成30年改正の概要, 2018. [2018B]

日本 特許廳, AI關連技術に關する特許審査事例について, 2019.

日本 特許廳 産業構造審議會 知的財產分科會 特許制度小委員會, AI・IoT技術の時代にふさわしい特許制度の在り方—中間とりまとめ—(案), 2020.

村善之, "ビッグ・データの保護客体に着目するアプローチと行爲に着目するアプローチの優劣という觀点から-", 産業構造審議會 知的財產分科會 不正競爭防止小委 1回 配布資料(2017. 7. 27.)

A study on the legal system for dataset protection

Name : Sang Yong Lee

Department : Law

Thesis Advisor : Won-Lim Ji

Content

In the era of data economy, it has become a national task to encourage the production and distribution of data, which is attracting attention as an important resource and a source of innovation and productivity improvement. In the analysis of the legal system to support this, it is necessary to distinguish between individual data and its aggregate dataset. This is because the incentive structures for each are completely different. Unlike individual data, which could be produced naturally during the service process, it requires a lot of cost and effort to produce high-quality datasets. In the end, it is the dataset that has meaning in new technologies such as big data analysis and artificial intelligence that are leading the transition to data economy today. For this reason, legislative measures are required to promote the production and distribution of datasets.

For this purpose, the use of existing legal systems such as property law, intellectual property law, law of the prevention of unfair competition, torts, and the contract law could be reviewed. But a close analysis shows that they are insufficient to achieve the above purpose. This is because some schemes are easy to meet but not provide sufficient protection, while others provide sufficient protection but difficult to meet.

As a solution to this, a method of granting exclusive protection to the dataset has been discussed. From a functional point of view for the purpose of legislative policy, it is reasonable to analyze not only the traditional property right with an exclusively allocated protection area, but also the de facto monopoly right which could exclude others by requesting an injunction. We can analyze both in a broad sense of exclusive right. The results of the philosophical, economic, and constitutional review provide a rationale for the justification of the exclusive right to the dataset, as well as the rationale for the limitation of that right. In other words, the harmony between monopoly and sharing is most important in dealing with datasets. It is justified that the right to the dataset belongs to the producer. However, the concept of producer can be defined by various factors such as scribing, investment, and planning. It is necessary to limit the number of right holders by defining producers by focusing on factors such as planning and investment.

If the exclusive protection of the dataset is recognized, there may be property model and unfair competition model as implementation methods. The former has the advantage of providing clarity, while the latter has the advantage of providing for flexibility and securing public domain. Since it cannot be concluded that one is superior, it would be reasonable to give the legitimate holder of the dataset a choice according to their situation. As a way to implement the property model, it is reasonable to modify the existing database right to the purpose of protecting the dataset. In particular, it is necessary to relax the requirements of systematicity and searchability to protect datasets composed of unstructured data. As a way to implement the unfair competition model, we could revise the jurisprudence of trade secrets by removing the requirement of non-disclosure, or supplement the jurisprudence of misappropriation by specifying the aspect of infringement. The prohibition on illegal use of data under the revised Unfair Competition Prevention Act falls under the former, and the prohibition on the illegal use of data assets under the Data Industry Act can be seen as close to the latter.

Key Words : data, dataset, database, data ownership, property model, unfair competition model

■ 이상용

서울대학교 법과대학 (법학사)
고려대학교 일반대학원 (법학석사, 법학박사)

판사
충남대학교 법학전문대학원 부교수
건국대학교 법학전문대학원 교수(현)

한국인공지능법학회 회장
블록체인법학회 부회장
개인정보보호법학회 회장

대통령 직속 4차산업혁명위원회 위원
기획재정부 중장기전략위원회 위원
국방부 정책자문위원회 위원

주요 저서 및 논문

인공지능과 법 (공저, 박영사, 2019)
인공지능 윤리와 거버넌스 (공저, 박영사, 2020)
인공지능과 포스트휴먼 (공저, 경희대학교 출판문화원, 2022)
개인정보 판례백선 (공저, 박영사, 2022)

〈인공지능과 계약법 - 인공에이전트에 의한 계약 체결과 사적자치의 원칙〉, 비교사법
　　　제23권 제4호(2016)
〈데이터 거래의 법적 기초〉, 법조 제67권 제2호(2018)
〈인공지능과 법인격〉, 민사법학 제89호(2019)
〈알고리즘 규제를 위한 지도(地圖) - 원리, 구조, 내용〉, 경제규제와 법 제13권
　　　제2호(2020)
〈데이터에 대한 배타적 권리의 법철학적 정당화〉, 일감법학 제50호(2021)
〈데이터의 비계약적 이용 - 데이터 마이닝을 위한 저작권 제한을 중심으로 - 〉,
　　　강원법학 제65호(2021)
〈데이터세트에 대한 배타적 보호〉, 인권과 정의 제503호(2022)
〈데이터경제 발전을 위한 데이터베이스권의 보완 및 개선〉, 계간 저작권 제36권 제1호
　　　(2023)

유민총서 20

데이터세트 보호 법제에 관한 연구

초판 1쇄 인쇄 2023년 4월 20일
초판 1쇄 발행 2023년 4월 27일

지 은 이 이상용
편   찬 홍진기법률연구재단
주   소 서울특별시 종로구 동숭3길 26-12 2층
전   화 02-747-8112 팩   스 02-747-8110
홈페이지 http://yuminlaw.or.kr

발 행 인 한정희
발 행 처 경인문화사
편 집 부 김지선 유지혜 한주연 이다빈 김윤진
마 케 팅 전병관 하재일 유인순
출판번호 제406-1973-000003호
주   소 경기도 파주시 회동길 445-1 경인빌딩 B동 4층
전   화 031-955-9300 팩   스 031-955-9310
홈페이지 www.kyunginp.co.kr
이 메 일 kyungin@kyunginp.co.kr

ISBN 978-89-499-6698-4 93360
값 34,000원